与最聪明的人共同进化

湛庐 CHEERS

HERE COMES EVERYBODY

思想本质

语言是洞察
人类天性之窗

Language as a Window
into Human Nature

[美] 史蒂芬·平克
Steven Pinker 著

张旭红　梅德明
译

The
Stuff of Thought

浙江科学技术出版社

你了解如何用语言洞察人性吗?

扫码激活这本书
获取你的专属福利

- 空间、时间、（　）是人类赖以思考的三大基础结构。

  A. 逻辑关系

  B. 因果关系

  C. 类比关系

  B. 言语关系

扫码获取全部测试题及答案，
一起了解语言与思想的魅力

- "一个人为自己索取的积极社会价值"这是社会学家欧文·戈夫曼对（　）的定义。

  A. 讽刺

  B. 批评

  C. 面子

  D. 评论

- 尽管人类对较大的数量也能做出粗略的估量，但他们所拥有的数字概念却十分初级，它仅能区分1、2和许多。这是真的吗？（　）

  A. 真

  B. 假

扫描左侧二维码查看本书更多测试题

Steven Pinker

史蒂芬·平克

当代思想家
世界顶尖语言学家和认知心理学家

世界顶尖语言学家和认知心理学家

史蒂芬·平克，犹太人，1954 年 9 月 18 日出生于加拿大蒙特利尔。

1976 年，平克取得加拿大麦吉尔大学心理学学士学位；1979 年，取得哈佛大学实验心理学博士学位。

1980—1982 年，平克先后在哈佛大学、斯坦福大学担任助理教授。之后，他加入麻省理工学院，开始在脑与认知科学系任教，专心研究儿童的语言学习模式。他认为，语言是人类经过自然选择形成的一种适应功能，通过不断再生和优化，语言同手、眼等器官一样也在进化。1990 年，平克和他的学生——现耶鲁大学心理学教授保罗·布卢姆（Paul Bloom）联名发表了论文《自然语言和自然选择》（Natural Language and Natural Selection），在学术界引起巨大反响。

在这篇论文的启发下，平克出版了《语言本能》一书。这本书一经出版，就成为轰动一时的畅销书，并入选《美国科学家》杂志（American Scientist）评出的"20 世纪 100 本最佳科学书籍"。凭借此书的成功，平克得以拓展研究领域，开始思索更宽泛的人性问题。史蒂芬·平克于 1994 年成为麻省理工学院认知神经学中心的掌门人。

2003 年，平克回到哈佛大学，担任哈佛大学心理学教授。2008—2013 年，因在教学方面的杰出贡献，史蒂芬·平克被授予哈佛学院荣誉教授头衔。

截至目前，平克获得了麦吉尔大学、纽卡斯尔大学、特拉维夫大学等多所大学授予的 9 个荣誉博士学位；共出版了 9 部面向大众的通俗著作，并于 1998 年和 2003 年两次入围普利策奖终选名单。

1986 年，平克获得美国心理学协会的博伊德·麦克坎德莱斯奖（Boyd McCandless Award），1993 年获得美国国家科学院特罗兰研究奖（Troland Research Award），2004 年获得英国皇家神经科学亨利·戴乐奖（Henry Dale Prize），2010 年获得认知神经科学学会的乔治·米勒奖（George A. Miller Prize）。

平克的父亲曾是一名律师，母亲曾是一所中学的副校长。他的妹妹苏珊·平克（Susan Pinker）也是著名的发展心理学家，是畅销书《性别悖论》（*The Sexual Paradox*）和《村落效应》（*The Village Effect*）的作者。

史蒂芬·平克在其著作《词与规则》（*Words and Rules*）中引用了小说家和哲学家丽贝卡·戈尔茨坦（Rebecca Goldstein）小说中的不规则动词"stridden"，他们因此而相识。丽贝卡·戈尔茨坦十分敬仰平克，她说，自大卫·休谟（David Hume）之后，就没有哪位思想家打动过她，但平克是个例外。2007 年，史蒂芬·平克与丽贝卡·戈尔茨坦结婚，这是他的第三次婚姻。

Steven Pinker

当代思想家

2004 年，平克当选《时代周刊》"全球 100 位最有影响力人物"。2005 年和 2008 年，他两度被《前景》（*Prospect*）杂志和《外交政策》（*Foreign Policy*）杂志联合评选为"世界最受尊敬的 100 位公共知识分子"。

2006 年，因在人类进化知识普及方面的突出贡献，史蒂芬·平克当选美国人道主义协会（American Humanist Association）"年度人道主义者"。

2010 年和 2011 年，平克两度被《外交政策》杂志评选为"全球顶尖思想家"。在 2013 年《前景》杂志"最伟大思想家"的评选中，平克名列第三。

2016 年，平克当选为美国国家科学院院士。2021 年，根据学术影响力网站（Academic Influence）的计算，在 2010—2020 年的 10 年间，平克是世界上第二大最有影响力的心理学家。

史蒂芬·平克典藏大师系列

作者演讲洽谈，请联系
BD@cheerspublishing.com

更多相关资讯，请关注

湛庐文化微信订阅号

湛庐CHEERS 特别制作

语言是洞察人类天性之窗

　　人们使用语言的方式不仅意味着我们对空间和时间的概念假设，同时也意味着对事件及其因果关系的概念假设。我们的语言不仅有性别模式（实际上是两种模式），同时还有对隐私、权力以及公正的概念假设。不仅幸福和自由意志的人生观深深地扎根于我们的母语中，就连敬神、堕落和危险也随之踏上了这块神秘的土地。尽管由于各民族所使用不同的语言使得这些概念的细节也不尽相同，但总的来说，它们的逻辑基本还是相通的。它们加在一起构成了一种独特的现实认知模式。这种现实认知模式在很大程度上有别于科学逻辑观指导下的客观现实认知。尽管这些假设已经融入语言，但它们的根扎得却比语言还要深。它们为人们如何理解周围环境、如何信任和责备自己的同伴、如何与他们达成友好关系等奠定了基础。仔细观察我们的语言 —— 人们的交谈、玩笑、诅咒、法律纠纷、为婴儿取的名字，能让我们对"我们到底是谁"这个问题有更加深刻的感悟。

　　这就是你手中这本书的前提：这本书是我为广大热衷于语言与思想问题的读者所奉献的三部曲中的最后一部。第一部《语言本能》，概述了语言的机制问题，即那些你一直想了解却又没有勇气问的语言问题。由于语言是语音与语义的结合体，所以其他两本书分别针对这两个领域进行了探讨。《词与规则》是关于语言的基本单位的研究，例如，它们是如何在记忆中存储的、如何被组合成赋予语言强大表达力的大量的语言结构的。《思想本质》则是关于语言的另一个重要方面：意义的探讨。它主要涉猎了词语、句法结构以及语言在社会语境中的使用等问题，也就是语言学家们所说的语义学和语用学的研究话题。

同时，本书也为我所创作的另一套三部曲画上了圆满的句号，这套三部曲的另外两本书是关于人性本质的著作：《心智探奇》（ *How the Mind Works* ）在认知科学和进化心理学的框架下，对心智问题进行了尝试性的逆向探讨。《白板》（ *The Blank Slate* ）[①] 探讨了人类本性及道德、情感和政治的本来面貌。本书的切入点是：人们是如何根据思想和情感的口头表达方式来了解人性虚伪的本质的。

就像我所著的其他有关语言的书籍一样，在本书前面的章节中，我不时也会谈到一些非常专业的话题。但我尽量做到深入浅出，言简意赅。我深信我所探讨的这个主题会使每个读者对"什么能让我们为之动容"这个问题产生浓厚的兴趣。语言与人类生活有着密不可分的关系。我们不仅利用语言传递信息、游说他人，我们也用它来威胁、引诱他人，当然，语言还可以被用来发誓赌咒。语言反映了我们对现实的领悟，不仅如此，它还是我们留在他人心目中的活生生的印象，是把人们紧密联系在一起的纽带。我希望你也能相信这个事实：语言是通向人性的窗口。

---

① 平克的《语言本能》、《心智探奇》和《白板》三本力作的中文简体字版已由湛庐文化策划、浙江科学技术出版社出版。——编者注

语言，表达思想和情感的媒介

　　2001 年 9 月 11 日上午 8 时 46 分，一架遭恐怖分子劫持的客机突然撞入纽约世贸中心的北塔楼。上午 9 时 03 分，又一架飞机冲进了南塔楼。炼狱般的袭击瞬间便摧毁了这两座摩天大厦，在燃烧了 1 小时 2 分钟之后，南塔楼以排山倒海之势迅猛地坍塌下来。23 分钟之后，北塔楼也相继轰然倒塌。发动此次袭击事件的主谋是"基地"组织领导人、恐怖分子头子奥萨马·本·拉登。本·拉登希望借此暴力袭击事件胁迫美国政府结束在沙特阿拉伯的驻军和对以色列的支持，并以此联合伊斯兰国家，为恢复伊斯兰王权做好准备。

　　我们把发生在那天的事件称为"9·11"恐怖袭击事件，它代表了迄今为止发生在 21 世纪最重大的一起政治与暴力事件。"9·11"事件引发了大量的争议话题：如何缅怀遇难者；如何重建曼哈顿；袭击事件到底源自古代伊斯兰宗教激进主义还是现代革命风潮；袭击发生前，美国在世界舞台上到底扮演的是什么角色，以及针对此次袭击事件美国应做出什么反应；如何妥善地平衡反恐与尊重民权之间的关系；等等。

不过，这里我最感兴趣的却是一场"9·11"事件所引发的鲜为人知的辩论：9 月 11 日的那个早上，纽约到底发生了几起事件？

有人可能会说，很显然，就一起啊。按照这种说法，世贸双塔的恶性袭击事件不过是某个人为了某个议事日程所设计出的某个计划的一个部分而已。恐怖分子瞄准了目标：一个由同一楼名、一套设计方案、一个所有权主体构成的复合体建筑物，袭击便在几分钟内、相距仅数米的地方发生了，其后还引发了一系列军事和政治的辩论和冲突。

还有一些人认为，这起事件是由两个事件组成的。众所周知，北塔楼和南塔楼是两个分开的玻璃钢架建筑物，而且它们并不是同时遭到袭击，楼体的倒塌也是相继发生的。目击者拍下的视频显示，当第二架飞机接近南塔楼时，北塔楼已经浓烟滚滚。这一录像再次证明：在那个令人恐怖的时刻，灾难接踵而来，一波未平，一波又起。其实，那一天还险些发生第三起袭击事件——在机上乘客的奋力抵抗下，第三架被劫持的飞机在未抵达目标华盛顿五角大楼之前便坠毁了。这件事情令人们对另一种可能性浮想联翩：要是世贸中心的两个塔楼也能免遭袭击该多好啊！据此，人们辩称，由于每个"可能"的世界中只能有一起事件发生，因此在我们"现实"的世界中，那天发生的恐怖袭击事件肯定是由两件组成的，这个数字就像"1+1=2"那样，毋庸置疑。

在如此重大的"9·11"事件面前，整个讨论似乎显得有些苍白，甚至让人觉得荒诞无稽，这简直就是我们常说的吹毛求疵、斤斤计较、辩论一颗大头针帽上能容下几个天使跳舞的纯"语义学"问题。是啊，别忘了，本书就是一本关于语义学的论著，不过请注意，我之所以要唤起大家对这场辩论的关注，就是因为我坚信这样一个事实：语言与我们内、外世界关系的本质就是心智幻想与现实世界的价值问题。

通常情况下，"价值"这个概念是很难被量化的，不过，针对"9·11"事件这一案例，却可以给它一个精确的价格：35 亿美元。这笔巨款是用来支付世贸中心承租人拉里·西尔弗斯坦（Larry Silverstein）的保险理赔金。这个数字是经历了一系列激烈的庭审辩论才得以裁定下来的。按照保险单条款的规定，世贸中心遭受任何一次毁灭性"事件"，西尔弗斯坦都将得到一笔最高金额的赔偿。现在的问题是，假如"9·11"事件是一起事件，那他就将获得 35 亿美元的理赔。假如"9·11"事件包含两起事件，那他将可以获得高达 70 亿美元的理赔。庭审过程中，律师们就"事件"（event）一词的适用性意义问题展开了激烈的唇枪舌剑。站在租赁人一边的律师采用物质术语对"事件"进行定义（两次坍塌）；站在保险公司一边的律师则利用心理术语对其进行界定（一次策划）。看到了吧，这不再是什么"纯粹"的语义学问题了吧！

由此可见，我所关注的这个话题绝不是个什么微不足道的智力游戏。很清楚，这场关涉"9·11"事件赔偿底数的辩论的真正目的并不是要澄清那天所发生的物质事件，而是要讨论物质事件与人类行为的关系。当然，这个问题应该说一直都备受关注，举例来说，一些对"9·11"事件持各种阴谋论观点的人认为，世贸双塔很可能是美国自己用导弹或是目标管理信息系统炸毁的，也可能是美国新保守主义者、以色列间谍或某个精神科医生一手策划出来的。不过，除这些疯子以外，绝大多数民众还是尊重事实的。那么，到底是什么造成了人们之间这种迥然不同的看法的呢？我认为这个罪魁祸首就是人们对同一事实的不同识解方式，换句话说，这个问题的实质是人类心智到底该如何对空间上错综复杂的事件关系进行概念化的问题。正如我们在后面将要看到的那样，由于这场辩论所涉及的那些概念范畴遍布于我们大脑对现实的表征中，因此它们在语义中随处可见。

语义学是关于词语间关系作用于思想的科学，当然它也关注词语关系对人们所关心的其他问题的影响；语义学是关于词语关系作用于现实的科学，即说话者致力于共识真理的方式；语义学是说话者将自己思想物化到现实世界中的事物与情景的方式；语义学是关于词语关系作用于语言社团的科学，即一个人原创的新词是如何唤起他人心中的共鸣和理解的；语义学也是关于词语关系作用于情感的科学，即词语是如何做到不仅指称事物，而且充满感情，而这种感情又赋予词语某种魔力、禁忌和罪孽的含义的；语义学还是关于词语关系作用于社会关系的科学，即人们是如何使用语言不仅交流想法，还借此确立他们所期望的人际关系类型的。

　　人类心智的重要特征之一就是利用具体场景解读概念，即使对那些最抽象的概念进行解读也是如此。我将在本书中反复申明这个特征，因为它恰恰与本书的主题是相辅相成的。作为引言，我将从报刊和互联网上选取一些只有透过语义学视角才能弄清楚的语言片段，以此帮助读者预览一下本书将要探讨的部分主题内容。这些语言片段均源自与人类语言相关的世界——思想、现实、语言社团、情感以及社会关系。

思想是思想，语言是语言

　　让我们再来回顾一下语义学史上那次最昂贵的庭审——由"事件"含义所引发的价值 35 亿美元的辩论。到底怎样才能算作是"一起"事件呢？一起事件其实是一个时间段，根据物理学家的观点，时间是一种连续变量——它是牛顿世界中的一次不可阻挡的宇宙流，是爱因斯坦世界中一个无缝多维空间的第四维，然而人类心智却将时间这个构造雕刻进那些被我们称为"事件"的离散样本中。既然是雕刻进去的，那么我们的心智把这个时间与事件的切口放在了哪里呢？有时，正如世贸中心租赁人的辩护律师们所说的，这个切口就环绕在一个物体发生状态改变的地方，比如一个建筑物的坍塌；有时，又如保险公司的辩护律师所说的，它就环绕在人类行动者的目标之处，比如一个正在实施中的阴谋。多数时候，这两种情况的切口是相互吻合的：行动者意欲一场变化的发生，行动者的意图和事物的命运沿着一条时间直线同向而行，事物变化发生的时刻也就是行动者意图实现的瞬间。

　　不仅语言如此搬口弄舌，就连隐藏在语言背后的概念内容也总是搬弄是非（我将在第 1 章和第 2 章中对此进行详细讨论）。概念内容所呈现的是一个数值型的、单词大小的单元（例如事件）所构成的模拟现实。不仅如此，概念内容还能按照句法结构关系把这些数值型单元有机地组合在一起，而不是像把破布胡乱地扔在袋子里那样随意地堆砌它们。概念内容对我们理解"9·11"事件是至关重要的。举例来说，不仅本·拉登采取的行动伤害了美国——世贸中心在那个时段被毁，而且是本·拉登所采取的那场行动直接"造成了"这场破坏。这是一个特定人的阴谋与一个特定事物改变之间的直接因果关系，正是这个因果关系把人们对"9·11"事件的主流理解同阴谋论者的观点区分开来。语言学家把这些相关概念及它们的组合方案称为"概念语义学"。概念语义学，即思想的语言，必须与语言本身加以区分，否则，我们将无法讨论词语的内涵。

同一起事件的不同解读方式竟然引起了一场如此昂贵的法庭官司，这个事实提醒人们，现实的本来面目与它在人们头脑中的表征并不总是一一对应的。思想的语言赋予了我们用不同或完全对立的方式"框架"（frame）同一个情景的能力。9 月 11 日早上在纽约上演的那场历史悲剧，到底应该看成是一起事件还是两起事件完全取决于我们的心智对它的描述，而这种心理描述又取决于我们对应该专注什么或应该忽略什么的选择。人们采用不同的方式框架事件不只是为了法庭辩诉，事实上，它也是人类用于丰富自己精神生活的重要手段。正如我们将要看到的，它为人类的科学发明与文学创作，为幽默与文字游戏，为社会生活的剧本提供了不可或缺的素材。它也曾为人类无数的辩论竞技场搭建过舞台：干细胞研究毁灭的到底是一个细胞团还是一个早期人类胚胎？美国军事入侵伊拉克的行径到底是侵略还是解放？堕胎到底是结束妊娠还是杀婴？高税率到底是财富的重新分配还是个人收入的充公？公费医疗制度到底是用来保护公民健康还是用来扩大政府权力？在所有这些辩论中，两种不同框架方法明争暗斗，辩论双方都拼命想证明自己所采取的框架方法更加顺理成章（我将在第 4 章讨论关于这个问题的标准答案）。在过去的十余年间，一些著名的语言学家一直给民主党建言献策，例如，共和党如何在近期的大选中过度夸大了自己的形象，民主党应该如何通过重新框架概念（比如，将"税收"重新定义为"会员费"，将"激进法官"定义为"自由法官"等）以及在政治辩论中重获对语义学这门学问的控制权等。

此外，关于"9·11"事件赔偿底数的辩论还突出了思想语言另一个有趣的特征。我们的大脑在思考如何计算那天发生的事件时，要求我们把那天的事件当成是能够被统计的东西，就像处理一堆扑克筹码那样。从这个意义上来说，那天纽约发生的事件到底是一起还是两起的问题，就与我们在收银台结账时，我们所购买的那些商品到底是按一项记账还是按两项记账是一样的。比如，从装着 4 个黄油棒的盒子里取出两个黄油棒，这种以模棱两可的计数方法来同等地处理事件和物品的方法，只是人类心智在对时空概念进行等效处理时所采用的众多方法中的一种，当然，在爱因斯坦提出等效原理之前，情况便是如此了。

在第 3 章中我们将会看到，人类大脑把物质划分为离散性物质（例如香肠）和连续性物质（例如肉类），把时间划分为离散性事件（例如过马路）和持续性活动（例如漫步）。在时空范围内，前面提到的那个用于统计物质或事件的大脑变焦镜头还可以让我们放大焦距，以便更加接近这些物质或事件的内部成分。在空间上，我们的大脑可以聚焦于构成一个物质的原材料（例如，当人们说"香肠弄脏了我的衬衫"）；在时间上，我们的大脑可以聚焦于构成一起事件的活动（例如，当人们说"她正在横穿那条街道"）。这个认知镜头还可以让我们变焦空间，进而看到作为一个整体的物质集合（就像区分卵石和沙砾之间的不同），它也可以让我们变焦时间，进而看到作为一个连续体的事件集合（比如"钉钉子"和"连续敲打钉子"的差异）。在时间里，就像在空间里那样，心智把一个心理实体先安置在某个位置上，然后再将其分流开来：就像我们可以把一辆停放在街区一端的车辆开到另一端那样，我们也可以把会议从 3 点推迟到 4 点。说起"端点"（end），就连大脑认知结构中的一些非常微小的端点都是从空间到时间延期呈现的。"一根绳头"，从技术上来说，指的是一个端点。然而，我们却可以说"赫伯切断了绳头"。这说明，这根绳头被识解为临近端点的"一小段绳子"。时间的概念也是这样的："演讲结束"在技术上指的是一个"瞬间"，但是我们可以说"我马上就要给我的演讲画上个句号了"，这说明一个事件的节点指的也同样包括了即将结束的那一瞬间在内的一小段时间，而不是一个时间点。

正如我们将要在后面看到的，语言中充满了各种诸如"事件是物体"和"时间是空间"等深藏不露的隐喻。事实上，空间不仅是识解时间的概念工具，它还可以用来解释多种状态和情形。正如一次会议可以从 3 点推迟到 4 点那样，交通灯可以由绿变红，一个人可以从烙牛肉饼起家到开一家大公司，经济可以从蒸蒸日上到每况愈下。隐喻在语言中是如此普遍，以至于我们很难找到一个不含隐喻的抽象表达式。那么，语言的具体性与人的思想到底有什么关系呢？它是否意味着，即使那些最微不足道的概念在我们的头脑中也要被表征成在某个心理阶段反复思考的复杂事件呢？是不是可以说，关于世界对立的主张根本就不存在对与错的问题，而只不过是人们对同一情景的框架所采用的隐喻不同而已呢？关于这些问题我将留在第 4 章中为您解答。

布什是否说了谎，Learned 这个词是关键

"9·11"事件还催生了另一场语义辩论，这场辩论的后果甚至比不同计数方法带来的数十亿美元的额外理赔还要严重。这场辩论的后果牵扯出了一场战争，战争的耗资和人员的伤亡远远超过"9·11"事件本身的损失。不仅如此，它将影响到整个 21 世纪的历史进程。这场辩论是围绕着这样一组单词展开的——确切地说，一共有 16 个英语单词：

> The British government has learned that Saddam Hussein recently sought significant quantities of uranium from Africa.
>
> 英国政府已获悉，萨达姆·侯赛因近期向非洲求购了大量的铀矿石。

这句话出现在 2003 年 1 月乔治·布什总统的国情咨文演讲中。这句话说的是：有谍报暗示萨达姆正设法从西非尼日尔（Niger）购买 500 吨叫作"黄饼"的铀矿石。对于许多美国人和英国人来说，进攻伊拉克、推翻萨达姆政权唯一站得住脚的理由就是当年萨达姆正在研制核武器。于是，就在 2003 年的春天，美国发起了对伊拉克的战争。自越南战争以来，那场战争是美国外交政策上一次最大的失败。在美军占领伊拉克期间，情况变得越发明朗起来：萨达姆根本没有可供核武器制造的任何现成设施，更可悲的是，他本人可能连想都没想过要从尼日尔购买"黄饼"。借用世界各地的标语牌和新闻头条上的话来说，"布什说谎了"。

那么布什到底有没有说谎呢？这个问题的答案并非像两党成员想象得那么简单。英国议会和美国参议院进行的调查已经证实，当时英国谍报确实认为萨达姆正在设法购买"黄饼"。据他们透露，那些能够验证情报局官员设想的证据并非

完全不合理，但也远非确凿。他们还透露说，之前美国情报专家们也曾怀疑过那份报告的真实性。如果上述情况属实，那么我们到底该如何断定布什是否说谎了呢？这不是布什轻信英国情报是否明智的问题，也不是他是否依据不确定信息制定冒险计划的问题，这是一个关系到布什总统在选择如何向世界宣布入侵伊拉克的理由时，他的态度是否诚实的问题。看待这个问题的关键就在于对上面那 16个单词中的一个动词——learned（获悉）的语义理解上了。

"获悉"属于语言学家所说的叙实动词（factive verb）：这类动词意味着说话者相信这种说法是真实的。从这一点上看，它与动词 know（知道）类似，但不同于动词 think（认为）。举例来说，我的一个朋友米奇错误地认为，在 1948 年的总统选举中，托马斯·杜威击败了哈利·杜鲁门。针对他的错误，我可以如实地说"米奇'认为'杜威击败了杜鲁门"，但我却不能说"米奇'知道'杜威击败了杜鲁门"。因为事实上，杜威并没有击败杜鲁门。米奇本人可能认为杜威获胜了，但你我都知道，事实上杜威并没有获胜。出于同样的原因，我也无法诚实地说，米奇已经"承认了"、"发现了"、"观察到了"、"记住了"、"展示了"或者"获悉了"（请注意这个最关键的词）杜威击败了杜鲁门。当然，learn 还有其他的含义，例如"学到"。"学到"就不属于叙实动词了。我可以说："我上大学那会儿学到人有 4 种味蕾。"尽管现在我知道，最新科学发现表明人有 5 种味蕾。但是，"学到"的一般含义，特别是在有叙实动词 have 构成的完成时的结构 have learned（已经学到）中，表达"获得真实信息"的意思。

在哲学家眼里，人都是现实主义者。在日常语言中，人们总是默默地从事着对某些命题真假的判定，而完全不考虑当事人是否相信它们的真假。叙实动词的意思是指说话者相信他所叙述的事实是毋庸置疑的真理，而不仅仅是他对这个事实很有信心。我们可以说："虽然我非常非常相信奥斯瓦尔德会枪击肯尼迪，但我却不知道是他干的。"不难看出，这句话并不矛盾。正是出于这个原因，叙实动词有时会产生些许的悖论。没有人能确定真理，而且多数人都清楚，我们永远也不可能做到完全确定，这就是为什么人们总是诚实地使用诸如"了解""获悉""记得"等叙实动词的原因。有时候，我们对"确实度"有一种直觉，而且这种直觉非常强烈，非常符合受众的标准和认可，以至于尽管我们已经意识到，我们所坚信的真理在一般情况下可能是错的，但在目前这个情况下，它却肯定是正确的。马克·吐温（Mark Twain）曾在作品中利用过叙实动词的这个语义特点，他这样写道："这个世界的问题并不在于人们知道得太少，而在于他们了解了太多不是那么回事的事情。"他还写过："在我年轻时，我什么都记得住，不管是发生的还是没发生的；而现在我的机能正在日益衰退，用不了多久……我就只能记住那些从未发生过的事情了。"

可是，布什到底是不是撒谎了呢？有一个有力的证据可以证明他确实说谎了。当布什说，英国政府已"获悉"萨达姆求购了铀矿石时，他就等于阐述了这样一个命题：铀矿石的求购行为已经确实发生了，而不是英国政府"相信"它发生了。假如当时布什有理由对此质疑（况且美国情报界的质疑精神在业内是众所周知的），那么，这 16 个单词中确实包含着一个心照不宣的谎言。国防部部长唐纳德·拉姆斯菲尔德（Donald Rumsfeld）在为布什辩护时说，该声明"从严格的法律意义上说是准确的"。国家安全顾问康多莉扎·赖斯（Condoleezza Rice）也补充说"英国人就是这么'说'的"。但注意这里动词的偷换：布什并没有说英国 said（说）萨达姆求购"黄饼"，如果使用的是"说"这个词，那么无论萨达姆做什么，"萨达姆求购黄饼"这个句子都有可能是真的。布什当时实际使用的是动词"获悉"。而如果是动词"获悉"的话，那么只有萨达姆确实购买了"黄饼"，这句话才能是真的。叙实动词逻辑因此成了布什的批判者们指责他说谎的依据。

对一个总统来说，说谎是一个可能招致弹劾的罪证，特别是这个谎言最终还演变成了一场可怕战争的宣战借口。在政治历史上，语义学真的能带来这么严重的后果吗？一个动词的细节真的就能决定一位美国总统的命运吗？在第 3 章中，我们将回到这个问题的讨论，你将会看到，这个问题完全取决于 is（是）这个动词的词义。

就像叙实动词那样，当词义取决于说话者对真理的承诺时，这些词语便与现实紧紧地绑在了一起。但有另一种方法能让词语与现实的捆绑比这更直接。词语不仅是存储在人类头脑中有关世界的事实，它们已经被编织进了这个世界本身的因果结构中。

词义显然取决于头脑内部的某些东西。前几天我遇到一个生词 sidereal，于是我便请教身边一个识文断字的朋友。现在即使那个朋友不在身边，我也可以独立地理解和使用它了。它的意思是"根据星球运行测定的"，例如，短语 a sidereal day（一个恒星日），指的是根据星球运行测定地球公转一圈所需要的时间。我猜想，从我学会了这个词的那一刻起，我的头脑中的某些东西一定发生了某些改变。而且，我相信，总有一天，认知神经科学家们能够告诉我们大脑里究竟发生了什么。当然，多数时候我们是不会靠查字典或向他人询问的方法来学习生词的，实际上，我们通常是从具体的语境中习得单词的。不过，无论是怎样学到的，它必定会在大脑中留下一些痕迹。词义似乎都是由存储在人脑中的信息组成的，这些信息就是能够定义一个单词基本概念的信息。对于一个指称事物的具体词来说，这个信息就是它所指称的那个意象。

但正如我们将在第 5 章中看到的那样，一个单词必定会有不止一个共享的定义和意象。这一点很容易得到验证，一个最简单的方法就是去考察一下人名的语义。人名到底意味着什么呢？以威廉·莎士比亚为例，当你翻开字典，你会发现这样一些注释。

> **威廉·莎士比亚**（1564—1616），人名：英国诗人、戏剧作家。被誉为最伟大的英国作家。他的许多剧本都被搬上伦敦环球剧院的舞台，其中包括：历史剧，例如《查理二世》；喜剧，例如《无事生非》《皆大欢喜》；悲剧，例如《哈姆雷特》《奥赛罗》《李尔王》。此外，他还创作了 154 首十四行诗。（同义词：莎士比亚、莎翁、吟游诗人。）

通常定义的后面还会附上一幅著名的莎士比亚的画像：瞪着一双天真无邪的大眼睛，秃头，留着一小撮胡子，还有那个大大的意大利花边衣领。估计这很接近你对这个名词的理解吧。

但这就是威廉·莎士比亚的真正含义吗？历史学家一致认为，16 世纪末 17 世纪初，在英国埃文河畔斯特拉特福（Stratford-on-Avon）和伦敦确实住着一个叫威廉·莎士比亚的人。但在之后的 250 年时间里,有人一直在怀疑那些作品到底是不是历史学家们所说的那个叫莎士比亚的人创作的。这听起来可能有点儿像是在推测美国中央情报局自己引爆了世贸中心,不过这种怀疑的确已经引起了沃尔特·惠特曼(Walt Whitman)、马克·吐温以及亨利·詹姆斯(Henry James)等许多现代学者的重视,而且学者们的怀疑并不是没有根据的。首先,莎士比亚的戏剧并未在他有生之年发表过,而且在那个年代,作者的身份并不像现在记录得那么翔实。其次,那个叫莎士比亚的人本人并没有受过多少教育,他没有出过国,子女也不识字。他在老家是个商人。即使到他离世也不曾受到过人们的颂扬,而且他的遗嘱中也未提到过任何书籍和手稿。就连那个著名的肖像也不是在他生前画的,因此我们有理由认为他并不是肖像里面的那个样子。此外,在那个年代,由于剧本创作是个声名狼藉的职业,因此,就连那些通过各种理论验证出来的真实身份,例如弗朗西斯·培根(Francis Bacon)、爱德华·德维尔(Edward de Vere)、克里斯托弗·马洛(Christopher Marlowe),甚至女王伊丽莎白当时都极有可能想掩藏自己的身份。

我并不是要说服你相信威廉·莎士比亚不是那个创作过《哈姆雷特》《皆大欢喜》以及 154 首十四行诗的伟大的英国诗人和剧作家,主流学者仍然相信他是,并且我也相信他们的说法。我想要做的是启发你去思考他不是莎士比亚的可能性,并希望借此帮你了解我所主张的那个观点,即词义是存储在人的头脑中的真正含义。为了便于讨论,接下来让我们设想这样一种情况:法庭已经证据确凿地证实,莎士比亚的毕生之作都是他人所著。现在,如果"威廉·莎士比亚"的含义是像词典的词条定义那样存储在我们头脑中的,那么我们就只能得出两个结论了:不是"威廉·莎士比亚"这个术语的定义已经发生变化,就是《哈姆雷特》的真正作者死后被命名为"威廉·莎士比亚",尽管生前没有人知道他叫那个名字。如果哪个倒霉学生考试时这么写"莎士比亚戏剧的作者是威廉·莎士比亚或另一个叫这个名字的人",我们也不得不给他满分。实际上,还有比这更糟糕的。如果真的是这样,就连这样的问题我们都没办法问了——《哈姆雷特》是莎士比亚写的吗?因为按照定义,这根本不是个问题,毫无疑义,那就是他写的。这就好像在问:"那个单身汉是未婚吗?""格兰特墓里埋葬的是谁?""哪个乐队唱的

'嘿，嘿，我们是门基乐队'？"简而言之，我们前面提到的那个结论，即"威廉·莎士比亚实际上没写过《哈姆雷特》"的说法是自相矛盾的。

上面这些假设的结果是匪夷所思的。因为实际上，当我们提问莎士比亚是否写了《哈姆雷特》时，我们的问题是有道理的。即使结论是他没有写过，我们也不会觉得这有什么自相矛盾的地方。我们仍会觉得威廉·莎士比亚就是威廉·莎士比亚——某个很久之前住在英格兰的人。退一步说，即使我们所了解的有关莎士比亚的传记事实全部被推翻了——比如说，如果事实证明他出生于 1565 年，而不是 1564 年，或者他来自沃里克（Warwick）而不是斯特拉特福——我们还是会觉得那个名字指的就是那个人，那个我们自始至终所谈论的威廉·莎士比亚。

假如没有那些修饰语，例如伟大的作家、《哈姆雷特》的作者等等，那么"威廉·莎士比亚"究竟意味着什么呢？一个名字实际上并不是用其他的词语、概念、图片等手段所给出的定义。相反，它指向的是现实世界中的某个实体，因为这个实体在过去的某个瞬间被赋予了这个名字，并一直与这个名字绑在一起。按照这个观点，"威廉·莎士比亚"指的就是一个出生时被"莎士比亚"先生和太太取名为"威廉"的那个人。名字和它所指向的实体是直接相联的，它与这个人要做什么，以及我们对他有多少了解毫不相干。名字指向世上某个人的方式，就像我现在可以指向我面前的一块石头一样。名字之所以有意义，是因为口头上的名字（或是书面的）起着一种链接（link）的作用，它链接了我们当下所使用的这个词与当初的命名行为。后面我们将会看到，不仅仅是名字，其他很多种类事物的名称也都是通过例如手势、配音、加标签等方法与现实世界紧密联系在一起的，这种联系并不是靠定义建立起来的。

词对世界的捆绑使我们不必过分担忧会陷入语言符号控制的网络陷阱。具体来说，这个担忧就是词义最终可能会陷入一种循环定义当中——用一个词义来定义另一个词义。就像一个语义学家所指出的那样，有一本标准字典就是采用这种循环定义法给下面几个单词定义的："命令"的意思是"指挥"、"指导"和"指示"，没有"指挥"的语气强。"指挥"的意思是"有被遵守权的指导"；"指导"

的意思是"命令"；"指示"的意思是"发出命令"。再如，"请求"的意思是"礼貌地要求"，而"要求"则意味着"似乎正当的索取"，"索取"的意思是"要求或需要"，而"要求"的意思是"提出请求"，等等。再请看下面这种极受解构主义和后现代主义者推崇的、由计算机术语辞典编纂人士开发出来的翻绞绞式的定义，它们确实能让那些渴望了解确切词义的人们欲哭无泪。

无限循环，名词。参见环、无限。
环、无限，名词。参见无限循环。

值得庆幸的是，人名逻辑以及其他与命名事件绑定在一起的词语逻辑缓解了我们对上述情况的担忧。

关于利用词语与真人真事的连通性（connectedness）而不只是这些真人真事的信息资料进行犯罪的新闻报道随处可见。21世纪初，犯罪率增长最快的就是身份盗窃案。窃贼利用与你名字相关的信息，比如你的社会保险号、信用卡号、银行账户等进行诈骗或者盗取你的财产。受害者很可能会因此失去工作、贷款、大学录取通知书等，或者在机场安检时遭到拒绝，他们甚至还可能成为窃贼的替罪羊。一旦身份被盗，受害者们往往要花上大量的时间和金钱才能重新找回自己的身份。

设想你丢了钱包，或者不小心泄露了电脑里的信息。假如你是默里·克莱普菲希（Murray Klepfish），现在有一个冒名顶替的家伙正以你的名义向人借钱或者购物。如果这种情况发生，你就得想办法说服户籍官你才是真正的默里·克莱普菲希，而不是那个冒名的骗子。你会怎么做呢？就像"威廉·莎士比亚"的名字问题那样，我们眼下的问题归根结底还是个名字的词义问题。你可能会说："'默里·克莱普菲希'是个折扣轮胎连锁商店的老板，出生于布鲁克林（Brooklyn），现居住在皮斯卡塔韦（Piscataway），在阿克米银行（Acme Bank）有活期存款，已婚，育有二子，目前正在泽西海岸（Jersey Shore）度假。"但他们会这样回答你："就我们所知，'默里·克莱普菲希'是个私人教练，他出生于德尔雷海滩（Delray Beach），通常在阿尔伯克基（Albuquerque）邮局取邮件，最近因与里诺

（Reno）的一家网上连锁店脱离关系，他正在被对方索费，克莱普菲希目前正在毛伊岛（Maui）度假。不过，您的银行账户属实，但顺便提醒一下，目前该账户已严重透支。"

那么你到底该如何证明你是默里·克莱普菲希这个名字的真正所指呢？虽然你可以提供他们所需要的任何信息，社会保险号、车牌号、母亲的姓氏等，但问题是，对于这些信息，盗取身份的窃贼要么可以复制一份（假如他也窃取了这些信息），要么可以对它们进行篡改（假如他在偷来的信息中添加了自己的资料，包括他的照片）。正如当莎士比亚的传记遭到怀疑时，我们必须找出那个真正的莎士比亚，以此来验证他的身份一样，为了确定一个人的真正身份，我们最终需要追溯到那个链接着你现在所使用的名字和你父母欢呼你降生的那个时刻的因果链（causal chain）。有银行账户才能获得信用卡，出示驾照才可以在银行开户，提供出生证明才可以申请驾照，有医院负责人担保才可以办理出生证明，而那个院方负责人就是那个在你呱呱坠地时便与你父母有联系的人，他曾亲耳听到你父母说，你是"克莱普菲希"家的一员，他们给你取名"默里"。至于那个骗子，越往前追溯这个因果链，他的证据就越少，更不要说降生命名的那一时刻了。身份盗窃案的侦破依靠的主要是人名逻辑以及词与现实的联系：它们其实就是一些因果链的甄别方法，不同的是，这个因果链必须始于你出生时的那个命名事件，并环环紧扣、口口相传地一直延续到现在，中间从未间断过。

名字透露出的重要信息

对大多数人来说，给孩子取名是他们能用自己所选择的词来命名事物的唯一机会。除弗兰克·扎帕（Frank Zappa）那样有创造力的艺术家以外（给他的两个孩子分别取名为"月光部队"和"顿则"，这是根据他妻子略弯曲的小脚趾头创造出来的词），绝大多数人会选择一个现成的而不是这种即兴的名字，比如约翰或者玛丽等。理论上讲，名字就是个任意的标签，没有什么实质性意义，人们不过是用它来指称一个以此命名的个体而已。但在现实生活中,名字却能从它们的使用者的身世和社会地位中获得意义。举例来说,对大多数美国人来说,在只知道一个人的名字叫"默里"而对其他情况一无所知的情况下,他们完全可以猜得出这样一些情况:这个男人一定是个 60 多岁的中产阶级,而且十有八九是个犹太人。人们是根据什么做出推断的呢?这个奥秘其实源于人名的另一件趣事,我把这个问题留在第 5 章再探讨。由于命名追随时尚并具有周期性,就像领带的宽度和裙子的长度那样,所以人们的名字很有可能会出卖他们的代群属性。在 20 世纪 30 年代的鼎盛时期,默里连同欧文、西德尼、马克斯韦尔、谢尔顿、赫伯特等名字传达了一种盎格鲁 - 撒克逊尊者们的优雅。他们似乎与上一代犹太人的名字,例如摩西、门德尔、鲁本等截然不同,这些名字让人们觉得这些名字的使用者一定是些老古板。但是,当那些叫默里和西德尼的男人和他们的妻子生儿育女之后,他们为下一代取了一些更加平淡无奇的名字,比如大卫、布莱恩、迈克尔等。在《圣经》的启发下,他们中有人还会为子女取名为亚当斯、乔舒亚、雅各布。许多与《圣经·旧约》中人物同名的人现在正用《圣经·新约》中的名字为他们的子女命名,如马克斯、鲁本、索尔,以此来完成这个命名的循环。

命名之所以会呈这种动态走势是因为生活在同一个语言社团中的人对一些人名有着惊人相似的反应。送孩子上学的时候,父母们经常发现他们为孩子量身定制的那个独具匠心的名字同样也被邻居们选中了。一个人名的独特韵味一方面源自名字本身的音色,另一方面则源自人们对这个名字的其他同名成年人的偏见。出于这个原因,第一代美国人为自己取的那些假英国名字在经历了一代人之后,反倒成了自己中产阶级地位的牺牲品。在 20 世纪 70 年代上演的一部爱情剧《当哈利遇到莎莉》(*When Harry Met Sally*)中有这么一段情节,哈利在调侃莎莉之前的性体验。

> 哈利:你都和谁发生过那种最棒的"关系"?
> 莎莉:我不告诉你!
> 哈利:好吧,那你别说啊。
> 莎莉:谢尔·戈登(Shel Gordon)。

> **哈利：** 谢尔……谢尔顿（Sheldon）？不会吧，不可能啊。谢尔顿不可能满足你的。
>
> **莎莉：** 是，我和谢尔顿也发生过。
>
> **哈利：** 不，你没有。叫谢尔顿的那个人帮你处理个人所得税、治个牙什么的还行。但那种事儿肯定不是他的强项。就这名字。"来吧，谢尔顿。""你真是个雄狮，谢尔顿。"哈哈，他不好使。

第二次世界大战后，尽管父母们可能顾不上想什么最棒的性体验，但即使在那种情况下，他们也会小心翼翼地避开给孩子们取上那些让人小视的名字：从20世纪40年代开始，"谢尔顿"就像"默里"一样，石沉大海再也没有出头之日。在整个英语世界，人们对这个名字的反应出奇地一致，幽默家们甚至利用它来恶搞。作家马西·卡亨（Marcy Kahan）最近把诺拉·埃夫龙（Nora Ephron）的电视剧本改编成了英国舞台剧，他说："我把'谢尔顿笑话'加进了这部舞台剧，扮演哈利的那3个演员都因此搞得观众忍俊不禁，捧腹大笑，每场演出都如此，屡试不爽。"

婴儿命名的动态性已经成了报纸和社交的谈资，这更加速了它的流行周期。内瓦艾（Nevaeh是从heaven逆拼出来的）这个在2006年间盛行于美国的女孩名，在5年前人们几乎听都没听说过。在这一时尚的另一端，人们日益发觉他们自己以及亲戚朋友的名字正迅速地走向平庸。我的一个学生曾经对我说，芭芭拉、苏姗、黛博拉、琳达等名字会让她联想起中年妇女的形象。要知道，这些名字可都是我们那个时代年轻女孩儿们最时髦的名字啊！这让我从来没有像今天这样觉得自己真的老了。

给孩子取什么名是父母的权利，显然他们给孩子取名的时候会受到流行名字影响。但是，一旦他们做出了选择，孩子就会一直叫那个名字，而且周围的人也会一直这么称呼他。然而，给其他事物命名的权利就不属于父母了，它们属于语言社团。词语的社会性本质在比尔·沃特森（Bill Watterson）的漫画《卡尔文与霍布斯虎》（*Calvin and Hobbes*）中表现得淋漓尽致，漫画中是卡尔文在物理考试中所做的一次注定倒霉的尝试。

Calvin and Hobbes © 1995 Watterson. Dist. by Universal Press Syndicate. Reprinted with permission. All rights reserved.

　　我们对"用你自己的语言"的理解是"用你自己组织语言的方式"，而不是"你自己创造语言"，这说明，语言是一个语言社团所共有的，而不是某个人的私有财产。假如你所说的话，周围没人能懂，你也就不会使用它了，因为没有人知道你在说些什么。不过有一点值得注意的是，尽管语言是共有的，但语言中的每个词语都必定是某个人在某个时刻发明创造出来的。其中的一些发明得到了社团成员的逐渐默许和使用，这就好比推倒了第一块多米诺骨牌，接着，这些发明被传给了子孙后代，他们用它来指称与祖先们所指称的相同事物。不过，正如我们将要看到的那样，关于这种默许到底是如何在一个语言社团内部达成的问题，始终是个神秘的话题。

　　在某些情况下，我们需要发明之母。例如，20 世纪 90 年代，计算机用户需要借助一个术语来指称大批电子邮件，垃圾邮件（spam）的出现恰恰填补了这一空缺。然而，并不是所有词语空缺都有这份运气。举例来说，20 世纪 60 年代以来的性解放运动中，人们急需一个术语来指称未婚同居的异性恋伴侣。但到目前为止，还没有任何一个流行词可以填补这个空缺——用"情人"（paramour）吧，过于浪漫；用"室友"（roommate）吧，又浪漫不足；"伙伴"（partner）听起来过于放纵，采用那些媒体人的建议，又过于诙谐了；比如，出自人口普查目的的首字母缩略词 POSSLQ（persons of opposite sex sharing living quarters，共享同一住处的异性），又比如 umfriend（This is my, um, friend，这是我的，呃，朋友）。21 世纪的第一个 10 年已经过去了，未婚同居也已经被谈论了几十年，可是至今仍然没有人知道该如何称呼他们。怎么称呼呢？称呼他们为"双零"（aughts）、"两零"（nought-noughts）、"零比零"（naughties）吗？

　　传统词源学对我们搞清词语的来源及流行趋势等问题也没有多大的帮助。尽管词源学家们能够对大多数词根进行追根溯源，甚至可以追溯到几个世纪以前甚至更久，但他们却怎么也捕捉不到我们的祖先为这些词根命名的那个瞬间。幸运的是，语言中随时有新词出现，我们不妨对这些新词进行一次寻根追底的考察，看看是否可以发现点什么蛛丝马迹。

　　Spam（垃圾邮件）并非像人们想象的那样，是由 Short（短的）、Pointless（毫无意义）和 Annoying Messages（恼人的信息）的首字缩略而成的。这个词与霍梅尔公司（Hormel）自 1937 年以来出售的一种午餐肉有关，它其实是五香火腿（SPiced hAM）的混成词。问题是，它怎么会被用来指称那些借以扩展男性成员并分享废黜非洲独裁者的不义之财的电子邀请邮件的呢？对此，很多人的观点是：它与隐喻有关。就像霍梅尔公司所出售的那种食之无味、弃之可惜的午餐肉那样，电子邮件不仅廉价、量多，而且附赘悬疣、连篇累牍。"发送垃圾邮件"（spamming）是"垃圾邮件"（spam）的一个词源变体形式，指的是当你把垃圾邮件转储至 CPU 时所发生的情况。上述这些直觉尽管可能会有助于该词的传播，但这种起源实在有些太隐晦了。事实上，垃圾邮件这个词的灵感来源于英国著名六人喜剧团的幽默短剧《巨蟒剧团之飞翔的马戏团》（*Monty Python's Flying Circus*），剧中有这么一个情节，一对夫妇走进一家咖啡馆，询问女招待（一只缓慢爬行的蟒蛇）有什么东西可吃，她回答说：

　　　　嗯，我们这儿有鸡蛋和培根；鸡蛋、香肠和培根；鸡蛋和五香火腿；鸡蛋、培根和五香火腿；鸡蛋、培根、香肠和五香火腿；五香火腿、培根香肠和五香火腿；五香火腿、鸡蛋、五香火腿、五香火腿、培根和五香火腿；五香火腿、香肠、五香火腿、五香火腿、培根、五香火腿、西红柿和五香火腿；五香火腿、五香火腿、鸡蛋和五香火腿；五香火腿、五香火腿、五香火腿、五香火腿、五香火腿、五香火腿、烘豆、五香火腿、五香火腿、五香火腿。我们还有法式焗龙虾：就是用那种以青葱、茄子为主料的普罗旺斯浓汁烹饪出来的大虾，上面扣着奶油蛋黄酱煎蛋和五香火腿，并配送松茸馅饼和白兰地。

　　你可能会想:"这叫什么幽默剧啊！早该封杀了，这也太愚蠢了吧！"是的，不过有一点别忘了，确实是它填补了英语中的一个词语空白。正是女招待对"五香火腿"那段漫不经心的反复重复激发了 80 后电脑黑客们的灵感，他们借用它作为一个动词，意为千篇一律的信息在新闻组 ① 内泛滥，经过大约 10 年的光景，它已从电脑黑客的专属动词变成一个广泛流行于民间的流行词。

　　如此奇异乖张的造词法居然能盛行起来，这似乎有些令人难以置信。不过我们很快就会看到，垃圾邮件这种荒谬的造词法并非史无前例。动词 gerrymander（为政党利益改划选区）出自 19 世纪的一本美国连环漫画。漫画表现的是州长埃尔布里奇·格里（Elbridge Gerry）为了达到给对手选民只留一席之地的目的，精心地设计了一个"蝾螈"（salamander）② 般弯弯曲曲的政治行政区。事实上,有很多这类荒唐的词语根本就没有词源可以追溯。举例来说，"布什双唇"（bushlips），意为"虚假的政治言论"（出现于布什 1988 年的竞选口号"读我的唇语：不要新税"之后）；再如，"远程性爱"（teledildonics）。每年美国方言协会都要选出一个本年度"最可能流行的词"，但就连该协会的成员们都承认，这种预测的难度实在太大了。人们是会记住 information superhighway 还是 Infobahn（均为"信息高速公路"）？又有谁会想到"上博客"（to blog）、"上谷歌"（to google）、"上黑莓"（to blackberry）那么迅速地就变成了人们日常用语的一部分了呢？

　　无论命名婴儿时对词语资源的索取，还是命名概念时对它的回馈，都是相当随意的。我们将看到，这种不可预见性对我们更全面地了解文化大有好处。正如语言中的词语、文化中的实践——每一种时尚、每一种礼仪、每一种共同信仰都必定源于一个缔造者，然后必定引起他的友人的关注，再后来是友人的友人、友人的友人的友人，如此循环往复、周而复始，一直到它演变为一个社团的特色方言为止。作为一种最容易追踪溯源的文化现象，命名所表现出的无常兴衰提醒我

---

① newsgroup，一个基于网络的计算机组合，新闻组像一个超级电子论坛，是网络用户相互交流的工具。——编者注

② 又名火蜥蜴、娃娃鱼，两栖动物。——编者注

们，千万不要轻信人们对一些道德观念和习俗兴衰的解释，例如，为什么男人不再戴呢帽，为什么居民区被隔离开来，等等。不过，命名过程同时也为我们呈现了一种个体选择与社会蔓延的模式，正是这种模式使得它们终有一天会变得言之有物并因此得以广泛应用和传播。

人为什么一激动就爱讲脏话

既然人名能够从其使用者那里获得意义，这说明词语具有吸收情感色彩的潜能，换言之，词语不仅有外延，而且还有内涵。伯特兰·罗素（Bertrand Russell）的接龙公式经常被用来解释"内涵"的概念。20 世纪 50 年代，罗素在一次电台采访中，设计了这样一个接龙公式：我坚定（I am firm）、你固执（you are obstinate）、他顽固（he is pigheaded）。这个公式后来成了广播节目和报纸专栏中一个文字游戏并很快引出了成百上千的类似三元组。例如：我苗条、你单薄、他骨瘦如柴；我完美、你吹毛求疵、他控制狂；我探索性、你滥交、她荡妇。在每个三元组中，每个词的字面意思虽保持不变，但情感意义却发生了变化——依次从褒奖到中立到贬损。

在一些充满了污言秽语的奇怪现象中（这是第 6 章的话题），词语的情感渗透潜能显得格外突出。对于心智科学来说，有关为什么、什么时候一些不愉快的事件会降临到人们身上的问题，始终是个不解之谜——切面包却划破大拇指，酒杯打了却弄伤了膝盖——我们的话题突然就转向了性欲、排泄物或宗教。不仅如此，当我们的人权受到他人侵犯时，词语的这个特征还能暴露出我们人性中的一种奇怪的特征。举例来说，当我们等了很久的车位被别人挤进去时，或者当有人在星期日早上 7 点钟便打开修草机整理庭院的时候，我们往往会像伍迪·艾伦（Woody Allen）那样情不自禁地咒骂一句："我告诉他要枝繁叶茂、多子多孙、见你的鬼去吧！"

这些突然爆发的诅咒似乎是从我们大脑深处最远古的地方发出来的，就像一只狗被人踩到了尾巴时发出的嚎叫，或者当它试图恫吓敌人时发出的咆哮。它们既可能出现在抽动症病人无意识的抽搐中，也可能发生在语言能力完好的精神病人的话语中。尽管诅咒似乎有着遗传的根源，但这些话语的本身毕竟是由语言中的词语构成的，而且它们的发音完全符合人类语言的语音模式。这就好像人类在进化过程中，大脑得以连线，于是这些古老的呼号喊叫系统的输出被填补进了当代语言系统的输入之中。

人们不仅能在极度兴奋的情况下情不自禁地使用与性、排泄或宗教有关的词语，而在其他场合下，他们还能小心谨慎地避开它们。很多绰号和诅咒不仅会让人感到不快，而且是犯忌讳的：无论直接表达还是间接表达，它们都是对对方的一种侮辱。透过世界各种文化中的禁忌语，我们发现词语所承载的这种可怕的力量让人触目惊心。在正统派犹太教中，上帝的名字，翻译成英文 YHVH，读作 Yahweh（耶和华）。这个名字只有在犹太人赎罪日那天主教在犹太教堂的内殿提起时才会听到，而在其他任何时间和地点人们都不会提及它。在日常交谈中，严守教规的犹太人会使用另一个替代词"哈希姆"（hashem）来尊称上帝。哈希姆是"圣名"的意思。

如果说禁忌语是对普通情感的冒犯，那么禁忌现象则是人们面对常识的一种方式。新陈代谢是人体必要的日常行为，然而所有与此相关的英语单词都是不雅、儿童不宜或者是临床使用的。尽管盎格鲁－撒克逊优雅的单音节赋予了英语优美的韵律与活力，但没有一个词可以用来描述人们无法回避的新陈代谢行为。英语中有一个极其明显的词语空缺，它就是一个能够体面地描写性爱的及物动词——Adam verbed Eve or Eve verbed Adam（亚当"爱爱了"夏娃，或者夏娃"爱爱了"亚当）。我们的语言中不是没有描述性交的简单及物动词，就是即使有也令人无法接受，而且所有这些表示性爱的动词竟然都排在了"7 个电视禁忌语"的榜首。

至少可以说，1973 年时那 7 个禁忌语是不能公开使用的。当年，为了反抗脏话在广播媒体中不得使用的禁令，喜剧演员乔治·卡林（George Carlin）发表了一段史上闻名的独白。一家无线电网络因为播放了这段独白而受到了联邦通信委员会的严惩（该案最终移交最高法院审理），指控的理由是该网络公然允许卡林在广播中提及了那些他声称不该被禁用的脏话。虽然这是一场令人十分费解的官司，但它却引发了人们对所谓言论自由的深思。我们目前也有一条现行律法，该律法禁止自我批判，这是一种可以和罗素以及其他大家们搜集那些自我指涉陈述相媲美的悖论。甄别却不使用禁忌语的悖论总是带有一定的规范"性"话题的目的。美国法律禁止人与动物发生性关系。有几个州，在起草这条法令时遇到了麻烦，由于法律起草者们无法直接提及这种行为，所以他们只好宣布"令人生厌的违背自然规律的犯罪"是不合法的。这条法令后来因被质疑空洞无效而被终止。为了避免这种情况再次发生，新泽西州出台的一则有关淫秽语言的法规明确地规定了属于淫秽范围内的词语和图像的种类。遗憾的是，由于该法令中随处可见的淫秽语言和色情图片，一些法律图书馆不得不把每本法令藏书副本中的这一页都撕掉了。

当前语言禁忌仍然是新闻报道的热门话题。无论在有线电视、卫星电视还是互联网上，有关"性"与"污秽物"的语言比以往任何时候都更容易看到。在文化保守主义者的敦促下，美国政府正在对此采取制裁措施，特别是针对范围日益缩减的广播媒体。《电视广播扫黄法案》（Clean Airwaves Act）和《体面广播实施法案》（Broadcast Decency Enforcement Act）等立法对没有审查出嘉宾所使用的"卡林脏词"的广播站进行苛刻的惩罚。有趣的是，《体面广播实施法案》是在2004年的一起出人意料的事件过程中被通过的。这场事件充分暴露了语言禁忌的虚伪——法案投票的当天，副总统迪克·切尼（Dick Cheney）与参议员帕特里克·莱希（Patrick Leahy）在参议院发生了争执，口角中，切尼诅咒参议员："枝繁叶茂、多子多孙，见你的鬼去吧！"

任何有点好奇心的人都会对语言禁忌的不合理性和虚伪性感到困惑。为什么某些特定的词语被赋予了可怕的道德力量，而它们的同音异义词或同义词却可以逍遥法外呢？而且，不管它们听起来有多么不合逻辑，但人们就是言听计从，至少是对其中的一部分禁忌深信不疑。是所有人吗？是的，每个人都是如此。假如我告诉你们，有一个让人非常瞠目结舌的禁忌词，即使是在闲聊中一个体面人也不会脱口而出的，就好像严守教规的犹太人不敢对上帝直呼其名那样，他们必须使用另一个词来间接指称上帝的名字。我说的这个词，只有那些属于一个选举圈的人才敢使用，如果其他任何人使用了它，都有可能招来包括合法暴力在内的严重的后果。那么这个禁忌词到底是什么呢？它就是"黑鬼"（nigger）——体面论坛上用"n 开头的词"代替 nigger。不过也只有那些非洲裔美国人才能使用这个词，他们在自己选定的语境下，用这个词来表达友谊和团结。这里我想说的是，"黑鬼"这个词的使用给其他人（甚至包括言论自由的拥护者和性词语恐慌论的怀疑者）带来的惊恐说明了一个问题——语言魔法心理不仅仅是求全责备的清教徒们的变态心理，更是人类情感和语言构成方式的一部分。

你知道我是谁吗

近年来互联网已成了语言研究的实验室。它不仅为人们提供了一个巨大的真人真语语料库，而且还为流行思想的传播提供了一个高效的平台，从而使那些人们发觉有趣并希望传播给他人的语料得以彰显。接下来，我想通过一个小故事给您介绍一下本书最后一个话题。1998 年间，这个小故事曾在电子邮件间广泛流传。

在丹佛斯泰普尔顿机场（Denver's Stapleton airport）的最后一天，一班满员的美国航班被临时取消了。人们排着长队焦急地等待着改签，登机口处只有一个女服务员在忙活着。这时，一个乘客突然愤怒地挤到服务台前，他把机票往柜台上一拍，厉声说："我就要这个航班，而且还得是头等舱。"服务员礼貌地说："抱歉，先生，很乐意为您服务，不过我得先接待前面的乘客，我想我们会有办法的。"然而那个乘客并不买账。为了让他身后的乘客也能听到，他特意提高了嗓门："你知道我是谁吗？"没有片刻犹豫，女服务员随即微笑着抓起了身边的扩音器话筒："大家请注意！"她开始广播，声音从扩音器的这端传出，"登机口这儿有位乘客不知道自己是谁。如果哪位乘客能帮忙找到他的身份，请到这里来。"话音刚落，那个乘客身后爆发了一阵哄笑。他恼羞成怒地瞪着女服务员，咬牙切齿地说："X 你！"女服务员毫不让步，她面带微笑地说："对不起，先生，这你也同样得排队。"

这个故事听起来似乎有点儿离谱，不像是真的，倒有点儿像都市传奇。但女服务员那两句妙语却激发了我们对扑朔迷离的语言奥秘的猎奇心。事实上，本书后面的章节都在探讨这个问题。我在前面已经谈了一些有关第二句妙语的困惑，即某些与性有关的词语同时也可以用于咄咄逼人的诅咒（详见第 6 章）。而第一句妙语则引出了我所要探讨的与词有关的最后一个世界——社会关系世界（详见第 7 章）。

女服务员对"你知道我是谁吗"这句话的应答源于她对乘客的反问句的故意曲解。乘客的意图是提醒对方重视他的社会地位，而服务员则假装不懂，并将其字面地理解为一个关于自己身份认证的请求。作为旁观者的其他乘客（以及电子邮件的读者）的积极响应源自他们从第三层面对这句妙语的理解——女服务员的假意误解是她用来扭转局势、挫败对方的傲慢无理并使之受到罪有应得的嘲讽的一种手段。

语言理解是在多层面上进行的，而绝不是对一个句子进行直接句法分析所能办得到的。在日常交谈中，我们期望对方能够领会我们不好直截了当提出的请求和提议。电影《法戈》（*Fargo*）中有这样一幕，两个绑匪开着一辆车，车的后座上藏着他们的人质，途中由于车子丢了一个轮盘，他们被警察截了下来。警察要求开车的绑匪出示驾驶证，那个绑匪故意把一张 50 美元的纸票随着驾驶证一起暴露在钱包外面，他对警察说："布雷纳德（Brainerd）最值得称道的地方就是可以就地解决问题啊。"当然，绑匪的言外之意并不是称赞这个地方交罚金方便，他是在暗示那个警察，他希望贿赂他。事实上，很多话语都有不同于字面含义的言外之意。

> If you could pass the guacamole, that would be awesome.
> 　　要是你能把鳄梨酱递给我，那就太好了。
> We're counting on you to show leadership in our Campaign for the Future.
> 　　我们都指望您在我们未来的活动中带个头呢。
> Would you like to come up and see my etchings?
> 　　你难道不想过来看看我的蚀刻板画吗？
> Nice store you got there. Would be a real shame if something happened to it.
> 　　你那儿的那个店可真不错，要是它发生点什么事儿，那就太可惜了吧。

第一个陈述句很显然是一个请求，第二句意在拉赞助，第三句是一种性引诱，而最后一句则是个威胁。但是为什么人们不直截了当地表达自己真实的意图，例如"少废话！放我过去，我就把这 50 美元给你""请把鳄梨酱递给我"呢？

人们之所以选择使用含蓄的语言进行贿赂或威胁，可能是因为他们觉得这样会有利于日后推卸责任：我们知道行贿和敲诈勒索都是犯罪，含糊其词的表述至少可以给法庭指控带来些麻烦。事实上，那些所谓的含而不露其实是非常显而易见的，因此它们根本起不到阻止起诉或欺骗陪审团的作用。正如律师所说，它们根本无法通过法庭上的"咯咯笑测试"。令人费解的是，人们明明知道没人会被愚弄，但都愿意参与到这种文字游戏中来。准确地说，应该是"几乎"没人会被愚弄。喜剧《宋飞正传》（Seinfeld）中就有这么一个情节，乔治的幽会对象问他是否愿意过来一起喝杯咖啡。乔治拒绝了，他说咖啡因会使他晚上无法入睡。后来他突然恍然大悟，她说"喝咖啡"其实并不是真的喝"咖啡"，而是邀请他去"做爱"。当然，这也可能有点儿离谱。弗洛伊德曾在《诙谐及其与无意识的关系》（Jokes and Their Relation to the Unconscions）中讲了这么一个笑话：两个竞争商在火车站偶遇了，一个问另一个要去哪里。对方回答去明斯克（Minsk）。提问的商人接着说："我知道你告诉我你要去明斯克是因为你是想让我觉得你要去明斯克，可不幸的是我却碰巧知道了你真的要去明斯克。那么，你为什么要对我撒谎呢？"

如果对话双方真的要挖掘隐藏在对话背后的心照不宣的潜台词的话，那些次第出现的环环紧扣的心理状态会令人眼花缭乱——绑匪司机意欲贿赂；警察知道他有贿赂的意图；司机知道警察对此心知肚明；警察知道司机知道他心知肚明；等等。他们为什么不直截了当地说出来呢？为什么对话双方都心甘情愿地在这种文雅的风尚喜剧中扮演各自的角色呢？

礼貌的晚餐时间请求——语言学家称之为疑问祈使句，为我们解释这种现象提供了一些线索。当你提出一个请求时，你其实是假设对方一定会接受你的要求。但除了对方是你的雇员或密友，否则你不能对人家发号施令，可是你又确实想要那该死的鳄梨色拉酱。在这种情况下，最好的办法就是把你的请求藏进一个愚蠢的问句（"你能……吗"），一个愚钝的想法（"我想知道是否……"），一句露骨的嘘寒（"如果你能……那就太好了"），或其他一些皮里阳秋的托词里。对方在本能地对你的真实意图进行揣测的同时，也能感受到你的这种委婉是尽量让她觉得你并没有把她当成一个家庭主妇。由此可见，一个巧妙的祈使句可以同时起到两个作用——转达请求、暗示人际关系。

正如我们将在第 7 章中看到的，普通交谈和面对面的外交会议并无两样，交际双方无非是在探索如何照顾彼此的面子，如何给对方留个"台阶"，在交涉双方的关系时（例如权利、性、隐私和公平等），如何为相互间合情合理的推诿保留一点儿余地。就像真正的外交那样，一份公告的细致有加或者细致不足都可能会引发一场轩然大波。1991 年，一场指控几乎使克拉伦斯·托马斯（Clarence Thomas）与美国最高法院的提名失之交臂。有人指控他向下属安妮塔·希尔（Anita Hill）律师提出过性要求。在美国参议院行使建议和审批权的历史上，奇怪的一幕上演了：参议员们必须判定托马斯与希尔谈及艳星银郎东（Long Dong Silver）的真正意图是什么，以及当他问 Who has put pubic hair on my coke（谁把体毛放到我的可乐里了）的时候，他的真正意图又是什么。这大概是制宪者在制定权力分立条例时没有考虑到的，但这类问题已经成了我们民俗话语的一部分了。自从托马斯－希尔把性骚扰案件搬上了民俗的舞台，裁决性骚扰便成了企业、大学和政府机构最头疼的难题，尤其是那些隐晦的性引诱更是让人头疼不已。

消息和网络上的这些花边新闻让我们看到了一些语言与思想、社团、情感、人际关系以及现实本身的联结方式。难怪语言会给人们的公共及隐私生活带来如此之多的棘手问题。人类是语言动物，是一种以词语为生的物种，所以，如何使用语言，如何理解语义必然是人类思考、分享和辩论的主要话题之一。

请注意，假如你认为上述这些讨论是关于语言本身那就错了。正如我将在第 2 章中阐释的那样，语言充其量也就是人们用于表达思想感情的媒介，而且它不能与思想和感情本身混为一谈。关于这一点，语言的另一种现象——声音象征（参见第 5 章）可以提供一些说明。假如我们所使用的语言没有思想做基础，那我们就不是真的在说话了，那只能算是牙牙学语、喋喋不休、滔滔不绝、絮絮叨叨、胡言乱语、含糊其词、闲聊、磨叨、胡扯、废话等诸如此类的咿咿呀呀—— 一个言之无物的空洞拟声词而已。

　　本书其他章节则是关于"言之有物"的探讨：思想、感情以及那些构成人类本性的、透过语言方可清晰看到的其他东西。我们的词语和语言结构展现了物理现实和社会生活的抽象概念。所有文明社会的生活大同小异，但人类科学成果和人际关系类型却不尽相同。语言植根于个体的发展进程中，同时也伴随着语言社团的历史发展以及人类物种的进化。人类有能力把它们合成更大的集合甚至可以通过隐喻性的跳跃将其扩展到一个全新的领域，这种能力对我们了解致使人类变得如此聪明的原因大有裨益。不过，语言也同样可以与事物的本质发生冲突，如果冲突真的发生了，其结果很可能是自相矛盾的、荒唐的，甚至是悲剧性的。为此，我想敬告大家，那笔取决于"事件"一词解读的 35 亿美元的理赔款不过是我们为了解词与各种世界关系所付出的一小部分代价而已。

The Stuff of Thought

Language
as a Window into
Human Nature

第一部分

语言与思想

The Stuff of Thought

Language
as a Window into
Human Nature

01

动词的奥秘

　　动词不仅可以将句子的核心成分组合起来，而且在很大程度上决定了句子的意思。儿童善于在学习动词时发现潜在模式，并将其扩展到对其他动词的使用上。不过，过度泛化规则也会让儿童误入歧途。人类的心智具有用截然不同的方式框架同一起事件的能力。对于我们的一些创造性应用，有一些还没有被大众接受，另一些则在反复应用中得到了大众的认可，我们的语言就是这样不断变化和发展的。

探索隐藏在日常生活的一隅或裂缝中的世界是儿童文学屡试不爽的创作手法。《爱丽丝梦游仙境》（*Alice in Wonderland*）就是其中最著名的一个例子。爱丽丝跌跌撞撞地掉进一个兔子洞里，在那里，她发现了一个离奇的地下王国。在这种创作模式下，无数栩栩如生的神秘王国魔术般地展现在人们的面前：通向纳尼亚王国衣柜的通道、时间的皱纹、魔法神刀、一粒灰尘中的呼呼城，等等。

现实世界也是如此，微观世界的意外发现往往是人类幻想取之不尽的源泉。1968 年，设计师查尔斯·伊姆斯（Charles Eames）和雷·伊姆斯（Ray Eames）就制作了一部这样的电影，取名为《十的次方》（*Power of Ten*）。电影以十亿光年之遥的银河系为背景拉开了序幕，画面成十倍的幅度逐级放大，银河系、太阳系、行星等一一跃然屏上，随着画面的放大，一个躺在公园草坪上小憩的野餐者渐渐出现在观众的眼前，接下来，他的手、他的细胞、他的 DNA、碳原子，最后是碳原子的 16 个数量级的粒子都被清楚地呈现在银幕上。这部电影的科学顾问菲利普·莫里森（Philip Morrison）和菲利斯·莫里森（Phyllis Morrison）后来还特意为该电影写了一本观赏指南，书中详细地解释了物质现实这种壮观呈现的方式。有趣的是，这部电影的理念最近被用在了网络上一种极为有趣的消磨时间的玩法上：从一张通过 7 个数量等级从太空中拍摄下来的卫星照片开始平滑地调整焦距，直到清楚地俯瞰到自己所生活的那条街道和那幢房屋为止。

　　本章要探讨的是我本人无意中发现的一个微观世界，即一个基本人类理念及与其相联系的世界。这个发现是我在解决一个心理语言学问题的过程中的意外收获，而我过去曾一度认为，它不过是个不足为奇的小问题而已。我所偶遇的这个隐秘世界一开始并不是通过望远镜的追踪观察发现的，但由于它总是不断地从现象背后显露端倪，因此我觉得，我正在对它进行探索。要想搞清楚这个问题，我必须带你进入心智组织的不同空间，通过本次探索之旅，我希望你也能领略一下我所发现的这个精神世界的神奇景象。

　　通往这个微观世界的"兔穴"就是英语的动词系统：动词的含义是什么，它们在句子中是如何使用的以及孩子们是如何掌握它们的。本章的目的是设法让你了解，上述这些问题的破解是如何引发我对认知内容的顿悟的，而这些认知内容恰恰是本书的主旋律。我承认，我之所以选择动词系统作为探索这个微观世界的突破口，这与我个人的兴趣有关。我发现，动词总是那样令我着迷。一个同事曾经对我说："它们可真是你的小朋友，是吧？"当然，每个感情用事的人都清楚这一点，那就是，你不能指望别人也都乐于分享你的激情。不过，除了激情，我还有个更好的理由将我的这些"小朋友们"介绍给你。

　　科技进步往往是通过对特殊现象的研究而取得的，没有人曾因为要研究"人类心智"而获得资助。人们必须研究一些更易于驾驭的东西，而当幸运降临时，一种普遍规律便可能在这一研究过程中浮出水面。在本书的引言中，我介绍了以下4个观点：

- 人类心智可以通过多种途径来识解同一个指定场景。
- 每一种识解都是围绕着几个基本理念，例如"事件"（event）、"原因"（cause）、"改变"（change）和"意图"（intend）等建立起来的。
- 这些概念可以被隐喻性地扩展到其他领域，比如，我们可以像统计物体一样统计事件，或者将空间作为时间的隐喻。
- 每一种概念都具有一些人类所特有的怪癖，这使得它们能够在某些特定事件的推理过程中大显身手，不过，一旦被滥用，它们也会导致荒谬和混乱。

　　你也许会认为上述主张似乎很有道理，但意义不足——它们不过是4个可以被列为人类思想加工的事实而已，可是，像这样的陈词滥调数不胜数。通过本章的内容，我希望向你证明，它们绝不像你所想象得那么简单。事实上，在探索儿童动词习得这个难解之谜的过程中，上面所提到的每一种假设都起着一个拼图的组块作用。正如你所了解的那样，在拼一幅画面时，我们往往需要花上很长时间才能找到一块所需的组块，不过，一经找到，它便可以被完美地镶嵌在属于自己的空槽里，并与其他组块一起，构成一幅美丽迷人的画卷。这更加坚定了我的信心，那就是，本书的主题是对心智的真正探索，而不是无关痛痒的评论。

本章内容安排如下：首先我将带你做一次从跨星际的宏观视角到夸克粒子的微观视角的洞穴之旅，以此来让你了解，对心智工作原理的普通好奇心是如何引起我对动词以及儿童动词习得的浓厚兴趣的。

接下来，我们将遭遇一个悖论——孩子们似乎要学习无法学习的东西。艾萨克·阿西莫夫（Isaac Asimov）曾这样写道："科学上，最令人振奋的、预示着新发现的一句话不是'我发现它了'而是'这太有趣了'！"在接下来的章节中，我将向你介绍我的一个发现——心智具有在不同框架间进行切换的能力，这也是揭开悖论谜底的一个关键突破口。

这个悖论问题解决方案的剩余部分将两个基本心智概念"运动"（moving）和"改变"（changing）呈现在我们的面前。当应用于其他动词时，这种相同的推论方法让我们又看到了其他一些构成人类理念的基本要素："拥有"（having）、"了解"（knowing）、"帮助"（helping）、"行动"（acting）、"意欲"（intending）和"致使"（causing）等概念。

在上述概念的基础上，我们将回过头来对这样一个问题进行反思：这一切到底意味着什么。英语中这些智能设计的符号是否意味着每个英语使用者也同样智能呢？既然我将语言看成是通往人性的窗口，因此，这个问题将贯穿本书的始末。随后，我将向你推荐一个基本人类理念的清单，在后面的章节中，我将对其中的概念逐一进行解释。最后，我会告诉你，在人们对现代生活难题进行推理的过程中，这些基本理念中的设计怪癖是如何造成谬误、荒唐和错误的。

动词决定句子的意思

随着变焦镜头的移动，现在让我带你开始我们本次从广泛关注人性到近距离观察儿童动词习得的心智之旅吧。

星际视野下，第一个映入我们眼帘的就是人类的心智和它那非凡的力量。凭着自身完善的心智，人们往往不屑于去想那些平凡无奇的认知活动，相反，他们会津津乐道地谈论一些离奇古怪、耸人听闻的活动。不过，人类的心智科学恰恰始于对这样一个事实的认同，即在处理那些看似平凡无奇的认知活动时，比如看到、听到、记住、移动、计划、推理以及说话等，我们的大脑却需要处理很多相当棘手的技术难题。尽管载人太空飞行风险大、成本高，但大多数太空探险计划都希望把人送上天。究其原因，我们不排除这可能是因为人们期望看到真正征服宇宙的并不是芯片，而是我们勇敢的宇航员；不过，这并不是全部的原因。人们这么做主要是因为到目前为止，世界上没有任何一种机器人的认知能力能与一个普通宇航员的相媲美。宇航员对意外出现的目标和状况的识别力、决策力以及灵活的控制力都是机器人望尘莫及的。探索这些心智能力的工作原理是现代科学的一个前沿。

在这些非凡的心智能力中，语言当居首位——它贯穿着人类发展的整个历史，它是动物王国的一枝独秀，它与社会生活、文明以及科技息息相关。语言一旦丧失或遭到破坏，那将是一场毁灭性的灾难。

语言在人类生活中的用武之地数不胜数。通告、请求、劝说、质疑、游说，甚至简单的搭讪，这些行为都离不开语言的参与。不过，我们对语言所做的最了不起的一件事情还是最初对它的学习。婴儿呱呱坠地时对周围人的话语一无所知。然而在短短3年间，无须借助于任何训练，孩子中绝大多数便可以凭借着数以千计的词语、运用自如的语法规则、娴熟的语音模式（几乎所有法国的游客都会为当地儿童地道的发音感到惊讶）滔滔不绝、喋喋不休了。孩子们对句法规则的熟练运用足以让他们能够搞明白"母牛跳月""盘子与汤匙私奔"这样的天方夜谭，或者让他们分享彼此天真烂漫的瞬间感受，例如"我猜风是要进来避雨的"或者

"当别人从我身边走过时，我总在想，他们会不会也在想我呢"。

孩子能够如此流利地使用语言，这说明他们对身边的语言肯定做过认真的分析，而绝不是简单地记忆下来。在孩子们说话时所犯的那些令人啼笑皆非的错误中，我们可以清楚地看到这一点。事实上，那些错话所暴露出来的恰恰是孩子们对语言组合方式的一种过度规律化的假设。孩子们常常会犯这样的错误：All the animals are wake-upped（所有的动物都被唤醒了）、Don't tickle me; I'm laughable（别咯吱我，我是能笑的）、Mommy, why did he dis it appear（妈妈，为什么他把它给弄没了呢）。这些错误不可能是他们模仿父母造成的，很显然，他们肯定是调用了心智中的相应语法规则，例如加词缀规则、短语动词和小品词序列规则等。

就连一个牙牙学语的孩子都能够处理这样棘手的语言泛化问题了：观察有限的事件样本，再概括出潜藏在这些有限事件的背后的一般规律。一想到这一事实，我们就更应该对语言习得这一人类奇迹刮目相看了。利用手头上的数据来预言一种尚未观察到的事实的规律，这是科学家们经常使用的一种推理方法，这种方法就是归纳推理。比如，受压气体会被液体吸收，高纬度地区的恒温动物体型较大，等等。在科学思想家的眼里，归纳类似于一种"流言蜚语"，因为符合一组观察的一般规律实在太多，而且并没有一种严格的逻辑基础可以对它们进行取舍。举例来说：上一年的科学新发现并不能确保在下一年还能继续得到认可；连接一个曲线图上一组点的平滑曲线并没有严格的数量限制；在苏格兰看见一只黑色的绵羊，并不能证明所有苏格兰羊都是黑色的，也不能证明至少有一只苏格兰羊是黑色的，或者至少有一只苏格兰羊的一侧身体是黑色的。正如马克·吐温所说的，科学的诱人之处就在于"点滴的'观察'投资可以换来海量的'预测'回报"。而且，这种回报还会源源不断地涌现。在科学思想家们看来，不是只有数据才能形成理论，理论建立的前提是人们对于宇宙运行方式的合理假设，比如，"自然是有规律的"或者"符合数据的理论越简单越有可能是真理"。

儿童在学习母语时，实质上也是在解决归纳问题。在听父母以及兄弟姐妹的交谈时，孩子们不可能只是简单地把每个句子都分门别类地装进自己的记忆以备后用，或者像八哥学舌那样，有口无心。当然，他们更不可能将所听来的词语全部随心所欲地拼凑在一起。为了参与交流，他们必须从身边的话语中提取出一套能帮他们弄懂他人意图并能传达自己新想法的规则，而这套规则还必须与周围人所使用的语言模式是一致的。孩子们之所以要进行归纳推理，是因为他们身边的那些话语为他们提供了太多诱人却可能是错误的泛化机会。举例来说，当孩子们学习如何提问时，他们应该能从 He ate the green eggs with ham（他吃了火腿煎蛋）中推理出 What did he eat（他吃了什么），或者 What did he eat the green eggs with（他吃的是什么煎蛋），但不大可能问出 What did he eat the green eggs and...（他吃了什么蛋和……）这样的问题。下面再举两个例子：Harriet appeared to Sam to be strong（山姆觉得哈里特很坚强）、Harriet appealed to Sam to be strong（哈里特要求山姆坚强起来）。从形式上看，两句话的唯一差别就在卷舌音 l 和 r 上，然而它们所传达的意思却是完全不同的（尤其是两个人谁应该是坚强的）。听过第一句话的孩子是不会因为这两个句子听起来相似，就用第一个句子的解读方法去理解第二个句子的。

这样看来，在破解语码时，儿童心智一定是在某种东西的限制下才从周围的话语中找到了正确的规律的。尽管不会被句子的发音方式所误导，但他们一定会对隐藏在词语及其语序后面的语法规则进行深入探究。语言学家诺姆·乔姆斯基（Noam Chomsky）的普遍语法假说就是沿着这种推理路线提出来的：儿童语言习得是理解语言本质的关键。儿童头脑中天生具有普遍语法，即一套广泛适用于所有人类语言的语法方案。这种观点本身其实并没有听起来那么有争议性（或者至少超出了它所应得的争议），因为归纳逻辑使儿童有权对语言的工作原理做出"某些"假设，以便帮助他们成功地掌握整个语言体系。普遍语法唯一值得争议的问题是这些假设到底包括些什么：一个特定类型的规则系统蓝本、一套抽象原则，或是一种发现简单模式的机制（这也许还能被应用到语言之外的学习上）。语言习得科学的目标就是要发现儿童的内在语言分析能力，无论这种能力最终被证明是什么。

语言本身并不是一个单一的系统，相反，它是一种由多种成分构成的奇妙设计。因此，就儿童是如何习得语言的这个问题的研究而言，与其将精力放在对语言面面俱到的研究上，我们倒不如对它的某个内部成分进行一下全面的考察。具体来说，构成语言的成分主要包括：语音、由语音组合而成的单词、由单词组合而成的短语、由短语组合而成的句子。所有这些成分都势必与大脑系统相连，它们共同驱动着我们的嘴巴、耳朵、我们对词语和概念的记忆、我们的话语计划，以及当新话语输入时，我们用于更新知识的心智资源。

将词语组合成句子并决定着这些句子的含义的那个语言成分被称为句法。句法自身包含几种机制，语言不同，它们被开发和利用的情况也不尽相同。这些机制是：正确的词序组合、语法单位间的关系强制（例如，主谓一致）、对特殊双重功能词语的跟踪。比如，What do you want（你想要什么）中的 what（什么），既可以充当特殊疑问词又可以充当代词，指代所需要的东西。

一个重要的句法现象就是句子围绕动词的建构方式。这种现象曾先后被冠以很多名称（其中包括次范畴化、动词语态、述词论元结构、原子价、化合价、元数、参数、格结构、θ - 的角色分配等），在本书的叙述中，我将继续沿用传统术语"动词构式"（verb construction）来指称它。

对于多数人来说，动词构式其实并不陌生，只不过人们对它的了解多半来自对及物动词和不及物动词用法之分的模糊记忆。不及物动词不能接直接宾语。以 snore（打鼾）为例，我们可以说 Max snored（马克斯打鼾了），但假如有人说 Max snored a racket（马克斯打鼾出了一阵喧闹），这就会让人感到莫名其妙了。而及物动词则必须接一个直接宾语。例如，sprain（扭），我们可以说 Shirley sprained her ankle（雪莉扭伤了踝关节），但不能说 Shirley sprained（雪莉扭伤了）。事实上，及物与不及物动词构式只不过是冰山的一角。英语中有些动词还要求一个格宾语（由介词引入的宾语），例如，The swallow darted into a cave（燕子飞进了洞）；有些动词要求一个宾语和一个格宾语，例如，They funneled rum into the jugs（他们用漏斗把朗姆酒倒入壶中）；还有些动词要求一个补足句，例如，She realized that she would have to get rid of her wolverines（她意识到她必须得脱掉她的渥弗林鞋）。在一本书中，基于动词的句法构式，语言学家贝丝·莱文（Beth Levin）将 3 000 个英语动词分成了 85 类。请注意，这本书的副标题是：《一个"初步"的调查》（A Preliminary Investigation）。

　　一个动词不仅仅是一个用于指称动作或状态的词,它实际上是句子的"底盘"。它为该句子的其他成分提供了一个多槽的框架,在这里,无论主语、宾语还是各种格宾语和从句等成分都可以各就各位,各司其职。这样一个以动词为核心的简单句还可以被插入另一个更具包容性的句子里,如此反复,取之不尽、用之不竭。就像那个老标识牌上写的那样:"I know that you believe you understand what you think I said, but I am not sure you realize that what you heard is not what I mean."(我知道你相信你明白你所认定的我的那个意图,但我并不确定你是否意识到你所认定的并不是我的真实意图。)

　　一个动词被赋予的信息不仅可以将句子的核心成分组合起来,而且在很大程度上,它还决定了句子的含义。这一点在那些最小对立句中(仅仅动词不同的句子中)表现得尤为突出。举例来说,在 Barbara caused an injury(芭芭拉造成了伤害)和 Barbara sustained an injury(芭芭拉受到了伤害)两个句子中,芭芭拉以完全不同的方式参与了伤害这个事件。Norm gave a pashmina(诺姆给人一个披肩)和 Norm received a pashmina(诺姆收到一个披肩),这对句子也是如此。仅凭"主语是施事者,宾语是受事者"这条规则,我们是无法断定一个句子的意思的,我们还得考虑句中的动词本身的语义特征。举例来说,动词 give(给)在我们心理词典中的用法表明,它的主语是给予者,宾语是给予物;恰恰相反,动词 receive 的主语是接受者,宾语却是给予物。此外,名称短语 Harriet appearing to Sam to be brave(山姆眼里非常勇敢的哈里特)与 Harriet appealing to Sam to be brave(要求山姆勇敢起来的哈里特)之间的差别表明,语义角色的不同分配方案可能会相当复杂。

　　玩味那些基于动词模糊语义(即不同构式的相同动词)的恶搞是我们体验动词构式妙用的一个好方法。下面这个笑话就是个经典的例子: Call me a taxi(叫我出租车), OK, you're a taxi(好吧,你叫出租车)。还有一个关于酒店招牌滥译的笑话。这个笑话曾在电子邮件间广泛传播,说的是挪威一家酒吧贴出的通告的英文翻译 Ladies are requested not to have children in the bar(本酒吧禁止女士在此生孩子)。电影《沉默的羔羊》(The Silence of the Lambs)中,汉尼拔·莱克特(Hannibal Lecter,又名食人者汉尼拔)嘲弄他的追踪者:"真希望我们可以多聊会儿,不过晚餐我要去吃个老朋友。"喜剧演员迪克·格雷戈里（Dick Gregory）在自传中讲述了一件发生于 20 世纪 60 年代的趣事："上次去南方，我走进一家餐厅，有位白人女服务员走过来对我说：'我们这儿不提供有色人种服务。'我回答说：'没关系，我不吃有色人种。给我上一整只炸鸡。'"

一个动词所胜任的构式类型部分地取决于它的词义。举例来说，snore（打鼾）在英语中是不及物动词，这并不是什么碰巧的事情，因为打鼾是一个无须任何人帮助便可完成的行为。而 kiss（接吻）之所以是个及物动词，是因为一个接吻动作通常需要两个人完成：一个人施吻、一个人受吻。根据一个存在已久的语言学假设——一个乔姆斯基普遍语法以及他的一些反对派，例如，查尔斯·菲尔莫（Charles Fillmore）的格语法均认可的假设，动词的含义是通过指定名词所能充当的少量语义角色的方式来影响它所处的那个句法构式的（这些角色曾被冠以各种名称，其中包括语义角色、格角色、语义关系、主位关系、θ-角色等）。如果一个动词只要求一个施事者（例如打鼾中的打鼾者），那么它很可能是个不及物动词，而它的主语自然就是那个施事者。如果一个动词不仅要求一个实施者，而且还要求一个承受对象（例如施吻者和受吻者），那么它十有八九是个及物动词，实施者为其主语，承受对象为其宾语。甚至一个描述移动的动词也规定了一个或多个介词宾语，比如，"自 - 短语"（from-phrase）表示源动作，"去 - 短语"（to-phrase）表示目标动作。

尽管如此，人们很早就已经认识到，动词背后的概念与它可能出现的句法构式之间的配合是相当不严格的。最终起决定作用的是动词本身，而不是它所蕴含的概念。举例来说，一个指定的概念，比如 eating（吃），它既可以充当一个及物动词，例如短语 devour the pâté（吃馅饼），你不能只说 Olga devoured（奥尔加吃），也可以充当一个不及物动词，例如 dine（进餐），你不能说 Olga dined the pâté（奥尔加进餐馅饼）。像这种拒绝在那些看似非常适合它们的构式中出现的动词举不胜举。假如仅仅根据意思来使用动词的话，那么下面这些说法应该都是没有问题的了：Sal rumored that Flo would quit（萨尔传言弗洛要辞职了），或者 The city destroyed（这座城市被毁了），或者 Boris arranged Maria to come（鲍里斯安排玛利亚过来）。遗憾的是，尽管这些话语完全可以听得懂，但对于以英语为母语的人来说，它们听起来会让人感觉怪怪的。

为了习得地道的母语，儿童必须整体地掌握这个系统：每个动词的词义是什么，它们能够自然地出现在哪类构式中，以及与它同现的各类名词承担着什么语义角色，等等。而这恰恰就是我邀请你一起探险的兔穴——它将引领我们走向那个人类意念的世界，在那里，我们可以观赏到它们所做的各种表演。

在开始我们的洞底探险之前，我首先为你解释一下我在说下面这两句话时的真正意思是什么，一句是"你不能这么说"，另一句是"如此这般的说法不符合语法"。这些判断是语言学最常用的经验数据：一个句子在某种特定的解释下，或者在某个特定语境中被分类为符合语法句、不符合语法句和不同程度的可疑句。这些判断既不意味着一个句子正确性的主观授权（不管那意味着什么），也不意味着它们得到了某些类似法兰西学术院的理事会的合法认定。当我说一个句子"不合语法"时，这只意味着它是一个本族语使用者尽可能回避的句子，一个会让他们听起来感到极其不舒服，而且怪怪的句子。

此外，还要提醒你注意的是，即使一个句子被断定为不合语法，但它仍然有机会出现在其他语境中。以特殊构式为例，比如，及物动词被用作不及物动词，当家长对孩子说 Justin bites—I don't want you to bite（贾斯汀咬人——我不希望你咬人）。还有些时候，不及物动词被当作及物动词来使用，例如，Jesus died a long, painful death（耶稣死的过程漫长而痛苦）。

当陷入句法死胡同或者找不到任何其他恰当语言表达方式时，人们往往会对现有语言加以适当的改造，举例来说，I would demur that Kepler deserves second place after Newton（我反对继牛顿之后开普勒享誉第二），或者 That really threatened the fear of God into the radio people（那可真把对上帝的敬畏降低到了普通人的程度了）。当我们说一个句子不符合语法时，它的真正意思是说，在"同等条件下"——也就是说，它所出现的语境是中立的，含义是约定俗成的，而且没有任何有效的指定情景的条件下，这个句子听起来让人感到怪怪的。

　　语言学家们这种将自己对句法的判断作为客观经验数据的做法往往令一些人感到不解。这种做法的危险是，一个语言学家所钟爱的理论很有可能会无意间歪曲了他的判断。尽管这种忧虑并不是没有道理的，但在实践中，语言学家们的个人判断还是利多弊少。基础认知研究的一个得天独厚的优势就是你总能轻而易举地接触到你所要研究的物种标本，因为这个标本就是你自己。记得我还是个语言实验室的学生的时候，有一次，我问导师，什么时候我们才能不再生成音调、听音调，然后开始真正的实验研究。导师纠正说：听那些生成的音调本身就是研究，就他而言，既然他坚信，如果他能听出来一系列音调背后的特定发声模式，那么其他所有正常人对这个模式的感知和他应该是一样的。当然，为了客观起见（也是为了让期刊审查委员们满意），最后我们还是要雇学生来听那些语音，并根据学生们所听到的情况来控制按钮。但结果往往证明，学生们听到的和研究者们所听到的并没有什么差别。我个人在心理语言学的实验研究中也是这样做的，而且在很多研究中我都发现，来自志愿者的平均评定与语言学家最初的主观判断往往是一致的。

贝克悖论：儿童似乎在学习不可学习的知识

　　设想你自己是一个处于语言习得阶段的儿童，你要设法弄懂父母、伙伴和兄弟姐妹们是如何说话的。现在你已掌握了几千个单词，并且有了一些懵懂的语法概念（当然是下意识的），比如主语、动词、宾语以及介词宾语之间的区别，等等。语言习得过程中，你会不断地遇到新动词，要想学会它们，你就得想方设法推断它们的用法。当然，仅仅了解一个动词的词义是远远不够的，因为正如我们前面所说的，相近含义的动词可以出现在不同的句法构式中。例如，dine（进餐）和 devour（猛吃），或者 hint（暗示）和 rumor（谣传），所以你还必须考虑到那个与动词同现的参与者所扮演的角色的问题。

　　举例来说，假如你第一次听人说起 load（装载）这个动词，比如，Hal is loading hay into the wagon（豪尔正往马车上装干草）。假定当时你已经知道这个词的含义了，再加上你对现场的观察，你看到豪尔正将干草倒进马车里。这种情况下，最保险的做法就是对信息进行分类：load 可以出现在由装货人（豪尔）做主语的句子里面，它还要求一个宾语（那堆草）来表示被移动的内容和一个介词宾语来表示容器（马车）。有了这些知识，现在你就能理解并说出下面这样的替换句了：May loaded some compost into the wheelbarrow（梅把一堆化肥装进了手推车）。语言学家把这种构式叫作"内容格构式"（content-locative construction），因为在这个句式中焦点是处于宾语位置上的内容。不过，你所能进行的归纳基本就到此为止了。你不大可能会冒险地说 May loaded（意思是她把某物装进其他东西中），或者说 May loaded into the wheelbarrow（梅装进手推车了）。

到目前为止，一切似乎都还不错。不过，不久你又听到了有关 load 的新构式句型，例如 Hal loaded the wagon with hay（豪尔把干草装上马车）。对你来说，只不过干草再次被扔进了马车而已，换言之，这个句子和你所熟悉的那句 Hal loaded hay into the wagon（豪尔往马车上装干草）的意思没什么两样。你可以在心理词典中给 load 这个词条添上一个备注：这个动词还可以出现在这样一个构式中——有一个主语（装载者）、一个宾语（容器，比如马车）、一个由介词 with（用）引导的宾语（内容，比如干草）。语言学家把这种构式命名为"容器格构式"（container-locative construction），因为在这个构式中，容器成了焦点。

在对动词日积月累的积累过程中，你还会遇到其他一些和 load 用法相近的动词：它们可以同时出现在含义相同但结构不同的两个构式中，一个构式的直接宾语由内容格充当，一个由容器格充当。

> Jared sprayed water on the roses.
> 杰瑞德给玫瑰花喷了水。
> Jared sprayed the roses with water.
> 杰瑞德用水喷了玫瑰花。
> Betsy splashed paint onto the wall.
> 贝琪把涂料喷刷到墙上。
> Betsy splashed the wall with paint.
> 贝琪用涂料喷刷墙壁。

> Jeremy rubbed oil into the wood.
>
> 杰里米把油漆刷在木头上。
>
> Jeremy rubbed the wood with oil.
>
> 杰里米用油漆刷木头。

不难看出，这里一个模式已经崭露了头角，这就是语言学家所说的"交替模式"（alternation）。此刻，你该面临严峻的挑战了。你是会继续像从前那样保守地一个一个地记忆它们，然后将它们成对归档呢，还是会大胆地对它们进行归纳总结呢？比如，你可以归纳说，所有能出现在这两种构式之一的动词都能出现在另一个构式中。如果再创造一个规则，这个概括就可以应用了。这个规则大致可以这样描述：假如一个动词能够出现在一个内容格构式中，那么它就能出现在一个容器格构式中，反之亦然。我们暂且将这个规则称为"位置格规则"（locative rule）。有了这个规则，当你听到有人说 brush paint onto the fence（把油漆刷在栅栏上），你就可以推理出 brush the fence with paint（用油漆刷栅栏）也是正确的，即使你从来没听别人这么说过。同样地，如果你听人说 Babs stuffed the turkey with breadcrumbs（芭布斯用面包屑填火鸡肚里），你就能够推断 Babs stuffed breadcrumbs into the turkey（芭布斯把面包屑塞到火鸡肚里）也是可以的。

这只是个小小的进步，却是孩子们朝着正确的方向迈出的第一步。在英语中，像这种动词交替模式的句法构式随处可见。假如儿童能够挖出其潜在的模式，并将它们扩展到其他动词的使用上，这将对他们的学习起到事半功倍的效果。不仅如此，它很可能是使孩子们最终成为能言善辩的语言使用者而不是笨嘴拙舌者的重要途径。

但现在却出现了一个问题。以上面提到的位置格规则为例，假如孩子们在推理过程中过度泛化了这条规则，那么这种归纳推理带给孩子们的非但不是事半功倍的学习效果，反而会让他们误入歧途。举例来说，如果孩子们将这条位置格规则应用到下面这句话语中，Amy poured water into the glass（艾米把水倒进了玻璃杯），他们就会推理出这样的句子 Amy poured the glass with water（艾米用水装满了玻璃杯）。但是，这种句式是以英语为母语的使用者拒绝使用的说法。假如反过来使用这条规则，孩子们还是会遇到同样的麻烦。以动词 fill（装满）为例，就这个动词来说，在容器格构式中没问题，例如，我们可以说 Bobby filled the glass with water（鲍比把玻璃杯装满了水），但是在内容格构式中却出了问题，例如，Bobby filled water into the glass（鲍比充水进玻璃杯）。请注意，这并不是什么特例，其他许多动词也都抵抗这条位置格规则。下面让我们再来看看另外 4 个不能同时进入这种替换构式的动词。在这 4 个动词中，其中两个只适用于内容格构式，另外两个只能用于容器格构式（按照语言学惯例，我在本族语者认为听起来不对劲儿的句子的前方加上了＊）。

> Tex nailed posters onto the board.
> 　　特克斯把海报钉在墙上。
> * Tex nailed the board with posters.
> 　　特克斯用海报钉墙。
> Serena coiled a rope around the pole.
> 　　赛琳娜把绳子绕在轴上。
> * Serena coiled the pole with a rope.
> 　　赛琳娜用绳子缠轴。
> Ellie covered the bed with an afghan.
> 　　埃莉用毯子罩床。
> * Ellie covered an afghan onto the bed.
> 　　埃莉把毯子罩在床上。
> Jimmy drenched his jacket with beer.
> 　　吉米用啤酒弄湿了夹克。
> * Jimmy drenched beer into his jacket.
> 　　吉米把酒洇湿到夹克上。

　　这是个很有趣的问题。为什么每一对例句中的第二个句子听起来都怪里怪气的呢？这些可疑句听起来并不难懂。没有人听不懂 Amy poured the glass with water 或 Jimmy drenched beer into his jacket 所要表达的意思。不过，请注意，语言并不是一种人们想怎么说就可以怎么说的任意组合方式。从长远来看，儿童语言习得的过程终究要以被迫接受一个苛刻的语言协议而落下帷幕，而他们所接受的这个苛刻的协议有时也会将一个完美的沟通方式拒之门外。这是为什么呢？一些本来看似合理的归纳最终却顾此失彼地背叛了孩子们，使他们误入歧途。然而，就是在这样的困境下，孩子们依然能够学会语言的使用方法，他们是怎么做到的呢？孩子们到底是如何搞懂某些"顽固动词"是不能出现在那些完美的句法构式中的呢？

即使我们换个角度思考这个问题，让儿童主宰语言，语言成为奴隶，此等问题也一样会出现。既然儿童主宰语言，那么第一代儿童完全可以把他们所遇到的所有顽固动词都驯化了。假如真的是这样的话，现在的问题是，现代英语中为什么还保留着如此之多的例外的动词呢？

针对这个悖论，我们目前有 3 种解释方法，遗憾的是，这些解释无一能令人满意。让我们先来看看第一种解释，该主张认为，我们（以及我们所设想的那个孩子）所归纳出来的位置格规则过于宽泛了。也许那个真正的位置格规则仅适用于一小部分动词，这些动词所共享的某个特征被人们忽视了。而孩子们却莫名其妙地推断出了某些限制，并将这些限制以附录的形式添加到那条规则上。不过，假如这些动词真的存在共享特征的话，那么可以肯定，这个特征一定是相当隐蔽的，因为无论遵守还是抵制这一规则的动词，它们的含义都是非常相近的。举例来说，动词 pour（注入）、fill（装满）和 load（装载）所描写的都是移动的方式，这些移动的参与者也都相同：一个移动者、一些待移动的内容、一个作为移动目标的容器。然而 pour 仅适合内容格构式（pour water，注水），fill 仅适合容器格构式（fill the glass，装满水杯），而 load 却适合两种位置格构式（load the hay，装干草；load the wagon，装马车）。

第二种解释是，儿童根本就没有创造规则。也许他们真的只是一个个地记忆存档那些从身边大人们那里听来的动词组合句法构式，然后保守地坚持着这些组合方式。这个解释的问题是，假如这种说法成立的话，那么孩子们就会像下面漫画中的马文一样沉默寡言了。

好吧，这回问题解决了。再也没有什么能够诱惑孩子们说 pour the cup with juice 或 cover an afghan onto the bed 这样的错话了，因为他们永远都不会有机会听到大人们那样说话。动词也会因此永葆特权，因为孩子们只能像逐个学习每一个由独特的语音和含义结合而成的动词本身那样，一个一个地去记忆它们的语法构式了。

Marvin-NAS. North American Syndicate.

　　尽管一些语言学家对这种假设非常看好，但在我看来，它并不是正确的。首先，假定儿童仅仅通过接触有限的话语样本就能掌握无限的语言资源，那么儿童如此保守的学习态度就太令人难以置信了。其次，从当代英语来看，语言正以前所未有的速度将新动词纳入新的构式中。这一事实表明，至少在成人之后，人们不会再继续做一个被动的动词咏诵者了。当听到英国人说 He hoovered ashes from the carpet（他用吸尘器吸地毯上的灰尘——内容格），大多数美国人都会立即将 hoovered 的这种用法推广到 He hoovered the carpet（他用吸尘器吸地毯——容器格）这样的句式中。同样，当一些容器格构式，例如，当 burn a CD（把歌曲拷贝进 CD）、rip a CD（从 CD 里复制出歌曲）等涌入日常语言中来的时候，相应的内容格构式，比如 burn songs onto the CD（刻录歌曲到 CD）、rip songs from the CD（从 CD 翻录歌曲）也会紧随其后、悄然而至，反之亦然。

　　到底是只有成人才能做这样的推理呢，还是语言习得过程中的儿童就已经显示了他们这方面的天赋呢？为了寻找答案，梅利莎·鲍尔曼（Melissa Bowerman）像许多语言心理学家一样一丝不苟地跟踪记录了自己孩子儿时的话语，并对每个异常现象都进行了录音和分析。她的研究表明，儿童确实会在一些构式中使用动词，而这些构式不可能是从父母口中听来的。下面是她记录的 3 组例句，它们分别是 3 个内容格和 3 个容器格的：

Can I fill some salt into the bear?

我能把盐放到这只小熊里面吗？

I'm going to cover a screen over me.

我要用个屏风把自己盖上。

Feel your hand to that.

你摸摸。

Look, Mom, I'm gonna pour it with water, my belly.

看，妈妈，我要把水倒在我的肚皮上。

I don't want it because I spilled it of orange juice.

我不想要了，因为我洒上橘子水了。

I hitted this into my neck.

我用它打进了自己的脖子。

THE STUFF OF THOUGHT ≫≫ 语言与思想实验室

　　为了确保上述错误不属于非正常儿童所犯的罕见错误，我和心理学家杰斯·格鲁彭（Jess Gropen）从两个方面对这个发现进行了验证。首先，我们在在线儿童话语语料库中进行了筛选，在筛选的过程中，我们确实发现了一些与此类似的错误。接下来，在对儿童语言中的过度泛化现象进行评估后，我们使用了一种叫作"wug 试验"（wug test）的方法，这种方法是心理学家珍·格利森（Jean Berko Gleason）率先使用的。格利森的试验是这样的：她首先让孩子们看一只卡通鸟，然后告诉那个孩子，这有一只 wug（随便编造的一个词），我们有两只这样的小鸟。然后她诱导说："这有两只……"——在她的诱导下，一个 4 岁的受试儿童恰当地用 wugs 填上了问题中的空缺。很显然，wugs 这个词不可能是他们从大人那里听来的，英语中根本没有这个单词。在我们所进行的评估试验中，我们告诉孩子们 mooping 就是"将一块海绵移到一块紫布上，使它变成绿色"的意思。果然，孩子们很快就能说出 We were mooping the cloth 这样的表达式——这是个他们之前从未听任何人说过的容器格构式。这一事实足以让马文告别他的沉默寡言了。

　　下面我们再来看看最后一种解释方法，该解释主张，孩子们也许确实犯了错误，但他们的错误得到了父母的纠正。为了免遭惩罚，他们开始不再把那些讨厌的动词用在讨厌的构式中了。这种解释同样不太可能。尽管心理学家们普遍认为父母对孩子的一切发展都是负有责任的，却从未有人曾去研究父母纠正孩子异常的话语行为，甚至没有人研究父母对孩子所犯的错误做出的反应。通常情况下，父母关心的是孩子们说话的内容而不是形式。而且就算他们确实试着纠正过孩子们的错误，但孩子们是根本不会往心里去的。请看下面这段典型的对话。

> 孩子：I turned the raining off.
> 　　（我把这个下雨的关掉了。）
> 爸爸：You mean you turned the sprinkler off？
> 　　（你是说你把喷水器关掉了吗？）
> 孩子：I turned the raining off of the sprinkler.
> 　　（我把喷水器的下雨的给关掉了。）

　　退一步来说，就算父母确实会对孩子的奇怪说法表现出惊讶，而且孩子也很往心里去，但是这也还是不足以解释当前的问题。就那些难以驾驭的动词本身来说，其中有相当一部分是罕见动词，然而事实是，对于它们能做什么，或者不能做什么，人们有着十分清楚的直觉。举例来说，人们觉得他们永远也不可能说 They festooned ribbons onto the stage（他们把丝带装饰在舞台上），或者 She siphoned the bottle with gasoline（她用汽油抽取瓶子）这样的奇怪话语，另外，对英语高频词的统计表明，这类动词的出现频率连百万分之一都达不到。在这种情况下，我们很难想象，每个以英语为母语的人在其母语习得的过程中都有机会——错误地使用这些单词，我们也很难想象，他们的错误会得到——纠正。最令人无法想象的是，人们现在对这些罕见动词的直觉竟然来自他们儿时所经历的错误、纠正和惩罚。这样的假说，也有点儿太荒谬了吧。

　　我们有这样一个悖论，即贝克悖论。它包括这样 4 个内容：（1）人们从孩提时起就开始归纳；（2）他们回避归纳某些特定的动词（至少在成年以后）；（3）他们那样做并不是由于曾因过度归纳而遭到了纠正；（4）他们允许自己归纳的词语与不允许自己归纳的词语之间并不存在系统化的差别。很显然，以上 4 句陈述不可能同时都为真。

　　人们为什么会如此关心这个位置格构式的可学性问题呢？它只不过是躲在心理语言学角落中的一个名不见经传的小问题而已呀。原因很简单，因为它是我们在解释语言现象时所遇到的众多悖论中的一个典型代表。位置格构式中的部分模式对人们有着相当大的诱惑，以至于人们根本无法对它视而不见、听而不闻，但它又相当危险，危险到让人无法随心所欲地使用它。不仅如此，它还无处不在，如影随形。在《疯狂英语》（Crazy English）中，语言大师理查德·莱德勒（Richard Lederer）的隽语唤起了我们对下面这些语言怪相的关注：

　　　　如果成年人（adult）犯通奸罪（adultery），那么婴儿（infant）是否犯步兵罪（infantry）？如果橄榄油（olive oil）是从橄榄（olives）中提炼出来的，那么婴儿油（baby oil）又是从哪里提炼出来的？如果素食主义者（vegetarian）吃蔬菜（vegetables），那么人道主义者（humanitarian）吃什么？作家（writer）是写作（write）的人，螫针（stinger）是用于刺伤（sting）的工具，那么指头（fingers）却不是源自 fing，杂货商（grocers）与 groce 无关，还有锤子（humdingers）并非衍生于 humding，引领员（ushers）并非衍生于 ush，而且男服经销商并不做衣服（haberdash）。

　　　　如果 tooth 的复数是 teeth，为什么 booth 的复数就不该是 beeth？一只鹅是 goose，两只鹅是 geese——所以一只驼鹿是 moose，两只却不是 meese？今天摇铃是 ring，昨天摇铃是 rang，为什么昨天投球不能说 flang 呢？如果他们写了（wrote）一封信，也许他们还咬了（bote）舌头。

　　上面每一种困惑都定义了一个语言学和心理学的科学问题。其中第二段那个困惑，即对不规则复数和动词过去式的困惑，是个相当棘手的问题。为了搞清楚这个问题，我曾特意写过一本书和好几篇文章。遗憾的是，我最满意的那个解决办法在这里还派不上用场。Teeth 和 rang 这类不规则复数形式就是语言学家们所说的"积极例外"（positive exceptions）：它们就是那样存在着，即使像"过去式由动词加 -ed 构成"这样的普通规则也拿它们没办法。对于这些形式，孩子们只能听到一个学一个。此外，针对孩子们是如何利用积极例外词对那些规则动词形式进行占先或者阻止的，也就是，他们为什么不会用 flang 代替 flung，或用 mooses 代替 meese 的问题，我们也有一种很好的解释办法：变位和变格都是有章可循的，每个动词通常只有一个过去式形式，而每个名词只有单、复数两种形式。当儿童听到 Boggs flung the ball（博格斯猛击那个球），或者 Vern shot two moose（弗恩射了两只鹿）这样的句子时，句中不规则动词形式就会在一个心智矩阵中立杆标出它们的单元格，并避开它们的竞争形式 flang 和 meese 或者 flinged 和 mooses。

动词与构式不匹配属于"消极例外"（negative exceptions）：尽管它们可以由规则生成，但它们却还是不能存在的。对于孩子们来说，他们并没有来自父母的直接言语证据可以用来证明这些形式是不符合语法的。但没听过本身并不能成为证据，因为孩子们没听过的完美语法形式太多了，他们不可能把没听过的语法形式全部排除掉吧，如果这样的话，那他们就只能八哥学舌了。由于动词构式不同于动词变位那么井井有条，因此儿童也无法使用其竞争形式去阻止它们，就像用 flung 阻止 flinged 和 flang 那样。我们不能说 pin a board with posters（用海报钉在板上），或者 coil the pole with a rope（用绳子缠在木杆上），并不是因为它们被一些守卫着语法阵地的同义词所排斥，就像 flung 对 flang 和 flinged 的阻止那样。这里的根本原因在于，英语中根本就不存在这样一个动词，它既能够用于容器格构式，又允许人们谈论"通过钉海报来覆盖告示板"这类事情。

当然，这个位置格动词的可学性悖论之所以受到这样的关注，还有另外一个原因。在我们从宏观的人类心智转入微观的位置格构式的过程中，我曾说过，语言习得的问题本质上是一个归纳问题的实证——从当前有限的可及数据中有效地归纳出未来的状况。事实上，无论儿童语言习得还是计算机技术的掌握，或者科学家的理论概述都牵涉到这个问题。因此，我们目前所处的困境与所有其他类型的归纳问题所面临的问题并无两样：即在缺乏负面数据的前提下，如何从过度泛化的假设中摆脱出来。如果你把一个结论框架得过于宽泛了，而且你又没有来自外部世界的完整的矫正反馈（例如，在成长过程中，你始终认为天鹅是白色的，而且你从未去过新西兰，如果去过的话，你会发现那里的天鹅是黑色的），那么，在这种情况下，你很可能面临着"永远都不知道自己的结论是错误的"的危险。就我们手头的问题而言，一个善于假设的孩子会情不自禁地做出这样的归纳：所有表示把某物移动到某处的动词都可以同时出现在两种位置格构式中。然而，孩子们终究要长大成人，成人后，他们一边下意识地避开一些从未听过的动词，一边对听过的动词继续进行归纳。事实上，位置格构式（及其类似构式）呈现给我们的是一种悖论，即儿童似乎在学习不可学习的知识。正因如此，它也成了那些热衷于普通学习逻辑的语言学家和计算机科学家们所关注的一个焦点问题。

自然界是不会以背叛自然法则的代价来迷惑人类的。假如有那么一些现象，无论我们怎样观察它们似乎都毫无意义，这说明，一定有某些事物运作原理的深层法则被我们忽视了。我们手头上这个位置格动词的可学性悖论问题也不例外，而且，在我看来，这里被我们所忽略的深层法则很可能就是操控着人类心智的那些概念的工作原理。

相同的场景，不同的框架

在贝克悖论那 4 个不可能同时为真的论述当中——人们归纳推理、人们回避某些例外、被回避的例外不可预知、并不是儿童所犯的每个错误都会得到纠正，最不经一击的就是那个"例外不可预知"的断言，即那个主张人们无法区分哪些动词是积极参与替换构式的，哪些动词是消极抵制替换构式的命题。我们之所以说"例外不可预知"是个错误的命题，是因为我觉得我们对这个问题的观察还不够深入。很多时候都是这样，一个乍看起来杂乱无章的语言模式最终却被证明是层次有致、泾渭分明的。举例来说，人们曾一度把为什么某些形容词，例如 special（特别的）和 beautiful（美丽的）等，不能加后缀 -er 和 -est 当成一个不解之谜，但当有人注意到这两个后缀仅适用于单音节形容词（redder、nicer、older）或者由一强一弱组成的双音节形容词（prettier、simpler、narrower）时，这个问题就再也不是什么难解之谜了。就我们手头的悖论而言，它的背后也许同样隐藏着一个微妙的法则，而正是这个法则驱动着一些动词积极参与位置格构式，同时它又迫使另一些动词在位置格构式面前临阵脱逃——语言学家本杰明·沃尔夫（Benjamin Lee Whorf）将这类法则称为"隐型"（cryptotype）。假如儿童归纳出来的规则对那个法则是敏感的，那个悖论就不会出现了。那么这个深藏不露的法则到底是什么呢？我觉得，首先可以肯定的是，它不太可能与动词的发音有关，因为这些动词在发音规律方面并不存在明显的差别。假如与发音无关，那么很显然，它一定与这些动词的词义密切相关了。

我的这个突破受益于马尔卡·拉帕波特·贺华夫（Malka Rappaport Hovav）和贝丝·莱文两位语言学家所公开发表的一篇论文。当时他们就在麻省理工学院工作，他们的办公地点和我的办公室在一条走廊上。在乔姆斯基的影响下，语言学家们一直倾向于认为规则就是一些剪切和粘贴短语的操作，例如，向左移动一个介词宾语，使之出现在直接宾语的位置上，或向右移动一个直接宾语，使之进入介词短语中。在这种心态的驱动下，很多人都觉得，位置格规则与动词的词义有关这种想法听起来实在有些另类。对他们来说，这就好比你的文字处理器一边正常工作，一边宣称它将拒绝处理一些文字的剪贴工作一样令人不解。但是，假如这个位置格规则所转换的不只是构式中短语的布局，而是一些更抽象的东西，具体来说，就是那个介入该构式含义的事件框架，那么情况又会是怎样的呢？

让我们假定内容格构式的含义为"A 致使 B 向 C 移动"，容器格构式的含义为"A 致使 C 改变状态"（通过致使 B 向 C 移动）。换句话说，loading hay onto the wagon（把干草装进马车）是你对干草所采取的行动，也就是说，致使干草向马车移动；loading the wagon with hay（用干草装马车）是你对马车所采取的行动，也就是说，致使马车被干草所装满。事实上，它们是同一个事件的两种不同的识解方法。这有点儿像图 1-1 所示经典脸谱 - 花瓶幻觉图中的格式塔转换，画面中图形和背景在人的知觉场中可以翻转位置。

就那两个干草和马车的句子而言，图形与背景的翻转并不是心智视角所致，而是心智本身所致——它是对"事件到底是什么"的一种诠释。

图 1-1 脸谱 – 花瓶

乍看起来，"致使某物去某地"和"通过移动某物到某处导致某地发生变化"之间的区别，与世贸大厦的坍塌究竟包括一起事件还是两起事件之间的区别一样枯燥乏味——是一个纯语义学的学术问题。不过，就语义学与"9·11"事件所涉及的巨资理赔间的利害攸关来说，我们绝不可小觑它的作用。

首先，这种新认识不仅更简单，而且更优雅，当然这并不等于说它就是一个理论正确的先兆，不过它起码预示着这个理论是不容忽视的。当我们把位置格规则重新设想成一个概念的格式塔转换时，它就不再是一个无缘无故剪贴短语的事情了。相反，在这种新认识下，位置格规则可以被分解成两个非常普通而又适用的原则：

- 语义再识解原则（格式塔转换）：如果一个动词意指"A 致使 B 向 C 移动"，那么它同样可以指"A 通过将 B 移向 C 致使 C 发生状态改变"。
- 含义与形式贯通原则：把受影响的那个实体表述为直接宾语。

在内容格构式中（将干草装上马车），我们把干草作为直接宾语，因为此事件被识解为对干草的所作所为。在容器格构式中（用干草装马车），我们把马车作为直接宾语，因为事件被识解为对马车的所作所为。句中其他参与者的表达方式由另外一些贯通原则负责处理。一条原则将施事者（投掷干草的人）链接到主要位置。另外一条原则将其他参与者链接到一个格宾语的位置，每个参与者得到了一个适合它们语义的介词。介词 into 的意思是 to in，即"进到某物的里面"；

onto 代表 to on，即"到某物的上面"；with 的意思是"改变状态的一种手段"。

尽管我们把原来的一条原则变成了现在的几条原则，但总的来说，它比原来更简单了。因为正如我们将要看到的，这些原则会在语言的其他不同组合中得到重新利用。而且有了这几条原则，我们就能对原来位置格原则为什么会那样规定做出令人满意的解释了。参与者"马车"必须从介词宾语的位置切换到直接宾语的位置（而不是被剪贴到任何其他已知位置上），因为这个参与者已经被重新识解为"受影响的实体"。作为受影响的实体，无论被改变了位置还是改变了状态，它们在句法中都要被表示为直接宾语。

我向你保证，我们之所以在一本关于人性的书籍里为一个位置格规则而纠结，就是因为它能告诉我们有关人类思维方式的事情。我在引言中曾经提到过这一点：人类的心智具有用截然不同的方式框架同一起事件的能力。在这里，我们看到，这个能力无所不在、如影随形，它们不仅在"入侵伊拉克还是解放伊拉克""遏止在妊娠萌芽状态还是杀死一个婴儿"等矫情的辩论中大显威风（人们对那两种可能性都不感到惊奇），即使在那些最简单、最具体、最无伤大雅的日常琐事的识解过程中，比如，把干草装进马车或把面包屑放入火鸡肚子里，它们也不失时机地操控着大局。

对这个位置格构式的考察不仅证明了识解（consturing）和再识解是认知的一个基本能力，它还揭示了构成每种识解的要素以及它们的一些怪癖。前面提到的格式塔转换理论提醒我们，两个位置格构式所表达的意思并不是完全相同的，这与我们最初的看法正好相反。这说明，在这些构式背后，一定存在着某些情境，在这些情境中，一个构式应用得恰到好处，而另一个却相形见绌。事实的确如此。

当有人把干草装上马车（loads hay onto a wagon）时，干草的数量是任意的，它甚至可以只有几钢叉。但是，当有人用干草装马车（loads the wagon with hay）时，它意味着马车被装满了。语言学家称这种微妙的差别为"整体效应"（holism effect），其他位置格动词也存在这个效应问题。用水喷玫瑰（spray the roses with water），意味着所有玫瑰花都被喷上了水，而不只是把水喷到玫瑰上（spraying water onto the roses）；用面包屑塞火鸡（stuff the turkey with breadcrumbs）意味着火鸡的肚子被完全填满了面包屑。

这个整体效应并不是强加在位置格规则上的一个任意规定，它是位置格规则发挥作用的自然产物。具体来说，是心智将容器识解为受影响的实体的必然产物，而这种识解方式反过来又揭示了人类心智在构思事情及其变化方式上的一个有趣的特征。整体效应并不仅限于位置格构式，它普遍地适用于直接宾语。举例来说，Moondog drank from the glass of beer（穆恩多格喝过那杯啤酒），句中的 the glass 是介词 from 的格宾语，这句话的意思是他只喝了几口；而 Moondog drank the glass of beer，句中的 the glass 是直接宾语，则意味着他喝光了整杯啤酒。同样，即使某人希望爬到半山腰就下来，你也会说 He climbed up the mountain（他向山上爬去），但是如果你说 He climbed the mountain（他爬过那座山），你的言外之意是说他到过那座山顶。让我们再来看看下面每对句子的区别，它们乍看起来很像同义句：

> Peter painted on the door.
>> 彼得在门上刷漆。
>
> Peter painted the door.
>> 彼得刷了门。
>
> Betty put butter on the bun.
>> 贝蒂在小面包上抹黄油。
>
> Betty buttered the bun.
>> 贝蒂把面包抹上了黄油。
>
> Polly removed peel from the apple.
>> 波莉把那个苹果上的皮削掉。
>
> Polly peeled the apple.
>> 波莉削了苹果。

在每对句子中，第二个句子将受影响的实体表述为直接宾语，它的言外之意是，对事物整体实施了行动，而不只是其中的一部分：门被完全粉刷了，小面包被全部抹上了黄油，整个苹果都被削掉了皮。

不过，整体效应的应用范围比这要广泛得多。整体效应并不是直接宾语自身的属性（直接宾语不过是句子的一个位置而已），它是那些倾向于被表述为直接宾语的概念属性，即受影响的那个实体的属性。在上述我们所观察的例子中，那些受到影响的实体恰恰都被表述成了直接宾语，这是因为当一个句子包含一个因果施事者时，这个施事者通常会得到主语空位的优选权。但当施事者未被提及时，受影响的实体同样也可以做主语，例如，The ball rolled（球滚了），或者 The butter melted（黄油融化了）。关键的问题是，当一个受影响的实体被纳入主语时，它是被作为整体来解读的，就像直接宾语那样。这一点可以从下面 3 对句子中看得非常清楚：

> Bees are swarming in the garden.
> 　　蜜蜂云集在那个花园里。
> The garden is swarming with bees.
> 　　那个花园里飞满了蜜蜂。
> Juice dripped from the peach.
> 　　桃汁儿从那个桃子里滴下来。
> The peach was dripping with juice.
> 　　那个桃子正滴着桃汁儿。
> Ants crawled over the gingerbread.
> 　　蚂蚁爬上了那张姜饼。
> The gingerbread was crawling with ants.
> 　　那张姜饼上爬满了蚂蚁。

每对句子中的第二个句子所呈现的都是一个充满了本质（stuff）或位元（bit）的实体感官意象，它的饱和程度足以使我们的大脑模糊了意象本身与其本质的界限，并将原本是其本质或位元的行为理解成整个实体的行为：the garden swarms（花园蜂拥）、the peach drips（蜜桃滴汁）以及 the gingerbread crawls（姜饼爬蚁）。

但在这些构式中，内容为什么会被作为一个整体来解读呢？这是因为英语在处理一个"变化实体"（负载的马车、喷水的玫瑰、粉刷的门）时所采用的方式与它在处理"移动实体"（被投掷的草、被喷洒的水、被泼洒的油漆）时所采用的方式是一模一样的。"状态"被设想成处于一个可能状态空间上的位置，"变化"则被等同于在一个状态空间上从一个位置到另一个位置的移动。通过这种方法，位置格构式为我们阐释了隐藏在兔穴底部的第二个发现——隐喻在日常语言中无处不在。许多用于描述移动、位置或物理空间运动障碍的动词和构式也同样可以用于对一种隐喻性的运动、位置或心理空间运动障碍的描写，对此，语言学家雷·杰肯道夫（Ray Jackendoff）曾做过深入的探讨：

> Pedro went from first base to second base.
>
> 　佩德罗从一垒跑到了二垒。
>
> Pedro went from sick to well.
>
> 　佩德罗病了又好了。
>
> Pedro was at second base.
>
> 　佩德罗在二垒。
>
> Pedro was sick.
>
> 　佩德罗病了。
>
> The manager kept Pedro at first base.
>
> 　主教练让佩德罗留在一垒。
>
> The doctor kept Pedro well.
>
> 　医生使佩德罗的健康状况保持得不错。

就第一个句子而言，佩德罗的身体确实发生了空间上的移位，但在第二个句中，他的身体可能一直都躺在床上，只是他的健康状况发生了变化（打个比方来说"移动了"）。不仅如此，空间概念似乎也能影响到其他概念，我在前言中就已经提到过，人类在计算事件时，往往把事件看成是由时间－物质所构成的物体，并以计算物体的方式来计算事件。再比如，当人们谈论工资上涨与下浮、体重增加与减少、情绪高涨与低落，或者在坐标纸上绘制点图的时候，他们也会把空间作为这些抽象连续体的模型。至于隐喻的普遍性的发现到底是一场心智革命还是语言史上的平庸琐事，或者介于这两者之间的问题，我们将留到后面的章节中讨论。本章我想为你阐释的是，空间心理学是如何对整体效应和一般意义上的概念心理进行解释的问题。

　　当心智对一个位置上或者移动中的实体进行概念化的时候，它往往会忽略该物体内部的几何体，而只把它作为一个极其小的点，或者一个难以名状的团。语言学家莱恩·托尔密（Len Talmy）注意到，一个典型的介词，或者其他空间术语为一个图形和一个由某个参照物界定的地点指定了一种关系。一般来说，比起图形，参照物会更大、更突出些，而图形则相对于它进行移动和定位。再好的规则也难免有例外，当碧翠丝·莉莉（Beatrice Lillie）第一次看到这条规则时，她借用玛丽皇后打趣说："从玛丽皇后到伦敦需要多长时间？"通常情况下，这个参照物会被指定更多的几何细节。它被概念化为有一定数量的延伸维度：一维，比如一根棍子或绳子；二维，比如一张纸或胶合板；三维，比如一张沙发或一个西瓜。此外，它还会被概念化为一个具有与相应维度相连接的轴、组件、腔体以及边界等。

　　也就是说，被放置的那个图形与被界定的那个位置在语言中得到了不同的处理：前者被当成了一颗内部几何体被忽略不计的微粒，而后者则被图解化了。以英语短语为例：on your hand（在你手上）、under your hand（在你手下）、in your hand（在你手里）。不难看出，每个短语都挑选了手的一个几何面，即上面、下面以及手心里。介词的选择取决于几何体：如果捧起手，弹球就可以在手心里（in your hand），而且它是在手掌的方向上；如果把手掌伸平，或把弹球放在手背上，我们就可以说，弹球在手上（on your hand）。弹球不能在一个人的前臂、胫骨或躯干上，因为这些部位被概念化为一维空间的物质。下面我们来把这种图式的图形处理方法与传统的程式化的处理方法做一下对比。在上面的例子中，我把弹球作为图形，实际上，图形的形状构式可以是任意的：它可以是大理石、火柴棍、纸板火柴或是一只蛾子，它还可以是垂直的、倾斜的或者倒置的，它可以在你的手里、手上或者手下。当然，并不是所有的介词都把图形看成一个团或一个点：举例来说，along（沿着）和across（穿过）等介词就需要图形被延长或拉伸。尽管如此，绝大多数常见介词对被定位的那个图形还是看不大清楚的。

　　有了上面这些事实的启发，我们对整体效应现象有了更加深刻的理解。在位置格的替换构式中，当容器——比如 load hay into the wagon（把干草装上马车）中的 the wagon 被提升为直接宾语时，它同时也被重新概念化为一个在状态空间上被移动的实体（从"空"槽移到了"满"槽）。根据这种再识解，它被压缩成一个内部几何体被闭塞的点。我们并不是像在壁龛和隐蔽的洞式空间里——整理物品那样来装满马车、灌溉花圃、填满火鸡肚子的，相反，在做这些事情的时候，我们是把它们当作随时可以运出、盛开或烹饪的整个实体来处理的。事实上，整体效应这个术语有些用词不当。我们实际探讨的是一种"状态－改变效应"，通常情况下，一个受力物体发生状态改变的最自然的方式就是它的全部腔体或用于接受外力的全部表面被填充物给填满了。但是，假如一个只有部分被填充了的物体也被视为状态发生了变化的话，那么容器格构式也同样可以派上用场。因此，我们可以说一个涂鸦艺术家 sprayed a statue with paint（把颜料涂抹在雕像上了），即使他只涂抹了雕像的一小部分，因为一个小斑点就足以让人们觉得那座雕像受损了。

　　言归正传，现在我来为你解释这个理论是如何解决我最初提到的那个悖论的。那么位置格构式的格式塔转换到底是如何解释一些动词欢迎转换，而另一些看上去并无两样的动词却抵制转换的原因的呢？这个问题的答案就是化学反应，即位置格构式的含义与动词的词义之间所发生的化学反应。举一个简单的例子来说，我们可以 throw a cat into the room（把猫扔进房间），但不能 throw the room with a cat（用猫把房间扔满），因为通常情况下，我们不会仅仅因为房间里被扔进些什么东西就认为房间的状态发生了变化。这种化学反应还适用于比这更微妙的情况。一些句法模糊程度不同的动词，例如 pour（倒入）、fill（装满）和 load（装载），由于它们描绘的都是"移动某物至某处"的行为，所以往往会让人们觉得它们是一丘之貉。但当我们对每个动作进行仔细观察的时候，我们就会发现，它们之间存在着截然不同的含义模糊性——它们所关注的事件运动侧面不同。

　　以动词 pour（倒入）为例，想一想我们什么时候使用它，to pour 或多或少意味着让液体连续不断地向下流淌。它所指定的因果关系是"允许"（letting），而不是"迫使"（forcing），而且它同时还指定了一种运动方式；这些都是使其区别于其他流动液体的含义单位的地方，比如 spray（喷射）、splash（飞溅）以及 spew（呕吐）等。由于 pour 所描述的是运动，因此它可以被用在有关运动的构式中，所以，我们可以说 pour water into the glass（把水倒入杯子）。但 pour 并不关心液体怎样，或者在哪儿停止流动。你可以把水倒入一个玻璃杯、倒在地板上，或从飞机窗口倒出去，让它消散于雾中。没人知道它们的归宿，所以这个动词不符合一个指定了容器状态变化方式的构式的含义要求，因而我们不能说 She poured the glass with water（她用水倒进玻璃杯）。

现在我们来看看动词 fill（装满）。To fill 的意思是致使某物变满（看来 fill 和 full 发音相仿并非巧合），它就是关于容器的状态的：未满、未填满。换言之，fill 对容器改变状态的方式毫不感兴趣。你可以把水倒进玻璃杯填满它，当然，你也可以用浴缸里排出来的水填满它，另外，下暴雨时把杯子举到窗外也一样能把它填满，或者用晚上水龙头滴漏下来的水滴填满它。这就是为什么说 fill 是 pour 的镜像句法的原因：通过指定一个容器的状态变化，它就可以和一个关于状态改变的构式和平相处了，因此我们可以说 fill the glass with water（用水装满玻璃杯）。不过，由于它对内容运动的原因或方式漠不关心，因此它无法与一个关于运动的构式相匹配，这就是为什么我们不能说 fill water into the glass（把水装满杯子）的原因。

最后，我们再来看动词 load（装载）。是什么共同的主线将你和你对干草和马车、子弹和枪、胶卷和相机、行李箱和汽车、软件和计算机等所做的事情联系在一起的呢？这不只是一个东西被安置到某个地点的问题。这个东西必须有合适的大小、形状和内容才能使这个地方能够履行它应该履行的任务——射击、拍照、旅行等诸如此类事情。装相机（load a camera）并不是把干草或子弹放进相机里；把爸爸的手提箱扔进了车厢却把妈妈的箱子扔在了道边，这也不叫装车（loaded the car）。事实上，如果你把胶卷塞进了胶卷盒以外的任何地方，比如相机镜头盖的后面，或其他什么盒子里面，这就等于你根本没装相机。动词 load 因此需要同时指定两件事情：一件事情是，一个内容是怎样移动的；另一件事情是，一个容器是怎样变化的。正因如此，它不知不觉地混进了两种构式：要么内容格构式（装胶卷），要么容器格构式（装相机）。

THE STUFF OF THOUGHT ▶▶ 语言与思想实验室

我们该怎样来验证这个理论呢？一个最直接的方法是设计一个 wug 测试，首先教会孩子或成人不同种类的、自创的位置格动词，然后再去观察他们是如何使用这些动词的。当受试动词属于一种运动方式时，受试者应该自然地将其用在内容格构式中；当受试动词属于一种状态变化时，受试者应该把它用在容器格构式中。我和格鲁彭做了这个 wug 测试（确切地说，是 moop 测试）。在一些实验变体中，mooping 指用显而易见的方式移动某物，比如，让一块湿海绵朝着一块湿紫布的方向锯齿形移动。在另外一些实验中，这个动词还指朝着一块布移动这块海绵，但这次涉及的运动方式是难以名状的，而且当海绵接触到那块布的时候，布就变成了绿色或粉色。当那个动词描述锯齿形移动时，儿童和成年人倾向于把事件描述为一个内容格构式，即 mooping the spong（移动海绵）。当它描述一个导致颜色变化的运动时，他们更倾向于将其描述为容器格 mooping the cloth（移动布）。实验的结果跟我们对这种情况的预测是一致的（即人们根据一个动词所选择事件的侧面来决定它可以插入哪个构式中）。

总之，在破解儿童是如何推理母语句法这个难题的过程中，我们对孩子们必须学习的那些内容重新进行了概念化：从剪贴短语的操作到情景识解方式的格式塔转换。这一做法揭示出许多人类思想加工过程的基本特征，特征之一：即使面对一个最单调乏味的日常琐事，心智也会调用一组能以多种方式来识解一个事件的竞争框架；特征之二：真实空间中位置变化的框架还可以被隐喻性地应用于概念化状态空间的位置变化；特征之三：当心智想象一个处于某地或去往某地的实体时，它往往会把它融进一个难以名状的团里。

不过，上述这些结论也带来了一些新问题。我们的心智是否已经灵活到足以用任何方式概念化任何事件了呢？如果真是这样的话，那么我们怎么才能做到想入非非、畅所欲言呢？我们对运动和改变的基本认识是否能比仅仅把它们看成是一个处于某地、去往某地或者以某种方式变化的团更复杂些呢？

动词与思想 1：内容移动，还是容器状态改变

应该说人类心智的灵活性——它所具有的框架翻转能力、格式塔转换能力，或者事件重新识解能力，是一种令人惊叹不已的天资。不过，也正是因为这一天资才使得我们几乎无法对人们对一个指定情景的思考和谈论的方式做出准确的判断。比如，当我用手杖敲击墙壁的时候，我到底是在墙壁上撞击手杖呢，还是用手杖击打墙壁呢？当哈罗德喜欢上希尔迪，到底是哈罗德自己对希尔迪产生了好感呢，还是希尔迪令他对她刮目相看呢？假如比尔模仿约翰·特拉沃尔塔（John Travolta）在《周末夜狂热》（*Saturday Night Fever*）中的表演逗得黛比捧腹大笑，那么，黛比到底是被比尔逗笑的呢（像气球被戳破一样），还是自己主动发笑的呢（她有足够的自由意识）？当贝姬在吵闹的房间里和利兹高声谈笑时，贝姬在做什么：影响利兹、创建信息、制造噪声、穿过房间发送消息，还是仅仅以某种方式运动自己的机体呢？即使是最明显的认知区别——谁做了什么，谁让某人对自己做了什么，都会引起人们心理上的跌宕起伏，这种例子举不胜举。比如，曲棍球员高喊"吻我的手肘"；再比如，在《呆头鹅》（*Play it Again*）中，伍迪·艾伦遭到几个骑摩托车家伙的殴打，事后他对他的朋友说："我用下巴把那家伙的拳头打得啪啪作响，又用鼻子把另外一个家伙的膝盖一顿猛磕。"

在很多方面，应该说，认知的灵活性是上帝对人类的赐福。但遗憾的是，在探索人类语言工作原理的道路上，它却成了一句可怕的诅咒。语言本应该赋予人们一种谈论"谁对谁做了些什么"的交流方式，但如果面对着同一起事件，两个不同的人却可能会将完全不同的角色分配给了"谁"、"什么"和"对谁"，那我们的语言怎样才能赋予人们这种交际方式呢？这并不是杞人忧天，认知灵活性削弱了格式塔转换理论对儿童动词习得的解释力。为了复原它的威力，我们必须对那个运动和变化的心理学进行更加深入的探索。

问题就在这里。如果人的思维敏捷得足以从多方面解释事件，那么还有什么能阻止一个儿童将 to nail 解释为"通过在墙表钉东西来遮掩墙体"，或者将 to coil 解释为"致使一根长物体被一根细线缠绕"吗？假如这个问题的答案是"没有"，那么也就没有什么能够阻止孩子们说 Tex nailed the house with shingles（特克斯用木瓦钉房子），或者 Serena coiled a pole with a rope（塞丽娜用绳子缠木杆），这样的话，我们又回到了原点。具备了足够的认知灵活性，我们的心智可以将任意一个指定内容移动的动词重新识解为一个指定容器状态变化的动词。在这种万事皆有可能情况下，人们会以任何方式使用任何动词。

当然，我们有理由相信英语母语者对事件的识解方式是相仿的，因为他们对动词使用方式的判断基本上是相同的。但问题是，人们是如何达成这种共识的呢？一定是存在着某些独立的准则，它们告诉孩子们，什么时候可以将一种运动识解为显著的状态变化，什么时候这种状态变化会过于乏味虚假，并必须将它们排除掉。

这就需要我们深入动词内部去发现更深层面的含义了，这个深层含义也就是人类心智用于判定哪一种认知角色（比如施事者、运动的物体、变化的事物）应该被用于这类事件的识解那一层含义。

要想揭开这层含义，我们最好从微小的含义单位入手。首先设法归类出那些语义相近并能够同时参与两种位置格构式的动词微类和不能同时参与这两种构式的动词微类，然后设法找出它们藕断丝连的地方。下面是一些可以同时出现在这两种构式中的动词——也就是说，它们不仅允许你说 smear grease on the axle（在车轴上涂润滑油），而且还允许你说 smear the axle with grease（用润滑油涂车轴）。

> brush（刷）、dab（轻拍）、daub（涂抹）、plaster（涂以灰泥）、rub（摩擦）、slather（厚厚地涂）、smear（涂上）、smudge（涂污）、spread（散布）、streak（加条纹于）、swab（擦拭）

下面这些动词是不能同时出现在两种位置格构式的，即它们只允许你说 pour

water into the glass（把水倒入杯子），但不允许你说 pour the glass with water（用水倒进杯子）。

> dribble（流口水）、drip（滴下）、drop（使降低）、dump（倾倒）、funnel（灌进漏斗）、ladle（舀取）、pour（倒）、shake（摇）、siphon（抽取）、slop（溢出）、slosh（搅动）、spill（流出）、spoon（用勺舀）

它们的区别在哪里呢？这两组动词似乎都是把黏性物质弄进或弄在一个容器里面或表面，现在让我们想想隐藏在它们背后的物理学。在第一组动词中，施事者以一种力推动另一种力的方式，将动力同时作用于相应的物质及其表面上（内容）。在第二组动词中，施事者把这份体力劳动留给了地球引力。这就是"致使"（causing）与"允许"（letting）的差别，即直接作用与间接作用的差别，是人们做事情时希望立见成效还是循序渐进的差别。当然，仅凭"运动"和"变化"，我们的心智还无法对一起事件进行独特的识解。要想做到这一点，它还需要对一些更加细微的概念差别加以关注，例如"迫使"（forcing）与"使能"（enabling）、"致使"（causing）与"允许"（letting）以及"相继"（before-and-after）与"同时"（at-the-same-time）等。

让我们再来看看处于这个语言分水岭对面的另一组动词微类。这类动词（均可以出现在两种替换构式中）究竟有什么共同之处呢？

> inject（注射）、shower（抛洒）、spatter（溅）、splash（泼）、splatter（飞溅）、spray（喷射）、sprinkle（洒）、spritz（喷）、squirt（喷湿）

这次我们还是要考虑它们背后的物理学。上述所有动词均把作用力施加给相应的物质（内容），使其迅速进入或停留在相应的表面（容器）。这是另一种因果关系的形式，它们既有别于 brush（刷）那组表示挤压（pressing）的动词，又不同于 pour（倒）那组授权于地心引力的动词。而且它们与下列这些拒绝进入容器格构式的动词也不同，即你不能说 spit the floor with tobacco juice（用烟色唾液吐地）。

> emit（排放）、excrete（排泄）、expectorate（咳出）、expel（排出）、exude

（渗出）、secrete（分泌）、spew（喷出）、spit（吐出）、vomit（呕吐）

这组令人反胃的动词均表示物质从容器中被排出，尽管这些容器的种类、排泄口、排泄物以及排泄方式各不相同。独特的内、外几何既使这些动词有别于其他微类的动词，又将它们紧密地团结起来。

下面还有一组动词。它们是一些表示四处发送微粒的动词，它们可以同时出现在两种位置格构式中。

bestrew（散落）、scatter（散射）、seed（播种）、sow（散布）、spread（传播）、strew（散播）

但是下面这类表示用扣件把某物附着到另一种东西上的动词却不能同时出现在两种替换构式中。

attach（系上）、fasten（扣紧）、glue（黏合）、hook（钩住）、nail（钉）、paste（粘贴）、pin（别住）、staple（钉上）、stick（粘住）、strap（捆住）、tape（捆扎）

下面这组动词表示无视容器的容量限制，强行将一个物质放进容器中，它们可以同时出现在两种构式中。

cram（填满）、crowd（挤满）、jam（挤进）、pack（群集）、stuff（塞满）、wad（填塞）

但表示将一个韧性一维物体绕在一个坚硬物体上的动词微类则不能同时出现在两种构式中。

coil（卷）、spin（旋转）、twirl（转动）、twist（捻）、whirl（回旋）、wind（缠绕）

假如我们对那些可以出现在容器格，但不能出现在内容格的动词进行仔细观察，比如动词 fill，它允许 fill the glass with water（用水装满杯子）这种容器格构式，但不容许 fill water into the glass（把水装满进杯子里）这种内容格构式，我们就能发现，它们无一例外地属于一个由几何体、物理现象以及人类意志共同界定的动词微类。下面是我给各位词语爱好者们提供的一个动词微类清单，目的是让大家对这些动词微类有个大致的印象。

> **致使表层覆盖表面。** 液体层: deluge（泛滥）、douse（浸泡）、flood（淹没）、inunda（淹没）；固体层: bandage（包扎）、blanket（用毯覆盖）、coat（覆盖）、cover（包括）、encrust（结壳）、face（抹盖）、inlay（嵌入）、pad（填补）、pave（铺设）、plate（电镀）、shroud（覆盖）、smother（窒息）、tile（铺以瓦片）。
>
> **在某物上添加某物，令其审美上感觉更好或更差。** adorn（修饰）、burden（负担）、clutter（凌乱）、deck（装甲板）、dirty（弄脏）、embellish（润色）、emblazon（颂扬）、endow（赋予）、enrich（充实）、festoon（以花彩装饰）、garnish（装饰）、imbue（渗透）、infect（感染）、litter（乱丢）、ornament（装饰）、pollute（污染）、replenish（补充）、season（调味）、soil（侮辱）、stain（玷污）、taint（腐蚀）、trim（修剪）。
>
> **使一团不成形的东西和固体或表层同延。** 液体: drench（湿透）、impregnate（灌输）、infuse（泡）、saturate（饱和）、soak（浸泡）、stain（玷污）、suffuse（弥漫）；固体: interlace（交织）、interlard（混杂）、interleave（交错）、intersperse（点缀）、interweave（织进）、lard（润色）、ripple（泛涟漪）、vein（成脉络）。
>
> **添加一个阻碍某物运动的物体。** 液体: block（阻止）、choke（窒息）、clog（阻塞）、dam（筑坝）、plug（塞住）、stop up（堵塞）；固体: bind（绑）、chain（束缚）、entangle（纠缠）、lash（扎捆）、lasso（套索）、rope（捆绑）。
>
> **把一组物体分布在一个表面上。** blot（涂污）、bombard（轰炸）、dapple（使有斑纹）、riddle（粗筛）、speckle（点缀）、splotch（使有斑点）、spot（满是斑点）、stud（散布）。

这到底是怎么了？难道过度的如厕训练把英语民族摧残成了一个吹毛求疵的民族了吗？什么样的文明仅仅为了决定一个动词的使用方式竟如此斤斤计较一个物体被弄脏、搅动、泼溅、喷出、塞满或者涂鸦的方式呢？这个问题的答案实际上与性心理发展阶段并无关系，它与人们识解物理事件的心理状态有关。

让我们回想一下，位置格构式的使用取决于它们被看作哪类属性的动词：一个事物运动的方式、一个表面受影响的方式，或者二者兼顾。这些动词微类告诉我们，几何学和物理学的某个方面在英语使用者头脑中起着极其重要的作用，它们决定着人们对事件的识解方式。

就 brush 那组动词微类来说，施事者将力同时作用于物质和表面，所以这些动词很自然地被识解为对双方实体都施加了影响，这解释了它们为什么适合两种替换构式。Stuff 那组动词体现了一种共同的感受力，其中内容与容器相互挤压，因此这一组动词也能同时出现在两种构式中。而 pour 那组，由于地心引力隔在了施事者与被弄湿的表面体之间，所以施事者不大可能被识解为对容器直接施加力，因此这些动词只能出现在内容格构式中。Attach 那组动词也意味着一种媒介（胶水、钉子等）的存在，它将施事者的行为与它对表面体的影响区分开来，不出所料，这类动词也不适用于容器格构式。

另一类动词则正好相反。它们被用于准确地描述一个东西的表面或一个容器被它物所粘时发生变化的方式：变得更好或更差（adorn、pollute）、不能容忍运动（block、bind）、被渗透（drench、interlace）、被淹没（cover、inundate）。由于这些动词只关心表面体的变化方式，而不关心浸剂和沉积物抵达该表面的方式，因此它们只胜任容器格构式。你可以说 drench the shirt with wine（葡萄酒浸透了衬衫），但不能说 drench wine into the shirt（把葡萄酒浸入衬衫）。

为了搞清楚动词参与位置格替换构式这个复杂的问题，我们已经对人类心智在识解一起事件时的独特表现的内因进行了深入探讨。正是在这一深度上，我们发现了人类心智用于组织世俗经验的一个全新的概念层：关于物质、空间、时间和力的概念。这些概念激励我们的心智将那些表面上听起来、闻起来、摸起来似乎毫不相干，但对心智来说却相当重要的事件联系了起来。不仅如此，它们在人类的社会生活中俯拾皆是，一些哲学家甚至把它们看作人类用于组织心智生活的"脚手架"。在第 3 章中，我将为你们展示这些概念是如何在我们的科学、幻想、道德、法律甚至是幽默中大显身手的。在设法搞清楚儿童语言习得过程中所出现的这个不起眼的现象的过程中，我们不仅意外地发现了这些了不起的认知范畴，而且还中了它的咒语。这个意外的发现坚定了我继续从此类难题入手去探讨人类心智的另外两个主题的信心。

动词与思想 2：使其移动，还是使谁拥有它

也许你会觉得，上节中我们借助的框架翻转理论仅仅为了解释 pour the glass with water（用水倒入杯中）这么个违背语法的小问题，竟然能扯出这么多思想工具来。不过请注意，这些思想工具并不是位置格构式的专属，它们还可以用来解释英语中的其他构式问题。不仅如此，在对其他构式进行解释的过程中，我们还将发现更多诸如此类的思想工具。

"与格"（dative）构式包含一对语法构式，其中一个与内容格构式相仿，而另一个则包含两个"裸宾语"（naked objects）。

> Give a muffin to a moose.
> 用松饼喂麋鹿。
> Give a moose a muffin.
> 喂麋鹿松饼。

第一种构式被称为"介词与格"（prepositional dative），因为它包含一个介词 to；第二种构式被称为"双宾语与格"（ditransitive or double-object dative），因为动词后面跟着两个宾语，而不是一个。传统语法将这两个短语分别称为间接宾语和直接宾语；当代语言学家则通常将它们简单地称为第一宾语和第二宾语。

我们在位置格构式中看到的那 4 个不可学性悖论的要素，在与格构式中也全都存在。第一，这对构式含义相近。第二，这个替换构式所涉及的动词并不在少数。

> Lafleur slid the puck to the goalie.
> 拉弗勒把冰球传给了守门员。
> Lafleur slid the goalie the puck.
> 拉弗勒传给守门员一个冰球。

Danielle brought the cat to her mother.

　　丹尼尔把猫带给妈妈。

Danielle brought her mother the cat.

　　丹尼尔带给妈妈一只猫。

Adam told the story to the baby.

　　亚当讲故事给婴儿听。

Adam told the baby a story.

　　亚当给婴儿讲故事。

　　对于一个聪明的孩子来说，这种构式习得起来相对容易一些，其中的句型也比较容易归纳出来：如果一个动词能够出现在介词与格构式中，那么它也同样可以出现在双宾语与格构式中，反之亦然。

　　第三，儿童确实是通过习得掌握这种句型的。在儿童的日常用语中，你可以发现许多这种双宾语的话语。这些话不可能是孩子们从父母那里听来后记下来的。

Mommy, fix me my tiger.

　　妈妈，给修修我的老虎。

Button me the rest.

　　系上我剩下的扣子。

How come you're putting me that kind of juice?

　　你怎么给我倒那种果汁呢？

Mummy, open Hadwen the door.

　　妈妈，给哈文开门。

　　我和格鲁彭所做的那个 wug 测试表明，那些受训学会说 norp the pig to the giraffe（用敞篷车把猪送到那只长颈鹿那儿）的受试儿童会对这个结构进行归纳推理，并能说出 norp him the horse（用敞篷车把他送到那匹马那儿）。成人也一样在归纳推理与格构式。在 20 世纪 80 年代，当 to fax（发传真）进入日常会话时，没过多久，人们就开始说 Can you fax me the menu（能传真给我那个菜单吗？）人们这种开放精神还表现在他们将 e-mail 动词化地使用在与格 I'll e-mail him the directions（我会用电子邮件把说明书发给他）上。

第四，悖论就出在这里——归纳在两种与格构式中都遭遇了反例。下面是一些只能用于介词与格的动词。

> Goldie drove her minibus to the lake.
>
> 　　戈尔迪开面包车去湖边。
>
> * Goldie drove the lake her minibus.
>
> Arnie lifted the box to him.
>
> 　　阿尼给他举起箱子。
>
> *Arnie lifted him the box.
>
> Zach muttered the news to him.
>
> 　　扎克低声地给他讲那个新闻。
>
> *Zach muttered him the news.

而下面是一些只能用于双宾语与格的动词。

> The IRS fined me a thousand dollars.
>
> 　　美国国税局罚了我 1 000 美元。
>
> * The IRS fined a thousand dollars to me.
>
> Friends, Romans, countrymen: Lend me your ears!
>
> 　　朋友们、罗马兄弟们、同胞们：把你们的耳朵借给我！
>
> *Friends, Romans, countrymen: Lend your ears to me!

第五，两种与格构式都能参与的动词和只能参与一种的动词所传达的意思似乎是同一种类型的。Slide the puck（滑冰球）和 lift the box（举起箱子）是移动东西的方法；tell a story（讲故事）和 mutter the news（咕哝新闻）是传播事情的方式。这里，这个悖论还是儿童到底是怎么做到既能归纳又能巧妙地知道什么时候该避开那些例外的，即使那些例外看上去似乎非常武断。

当我们面对位置格这个悖论的时候，我们的解决办法是将那个替换构式想象成一个在"致使运动"和"致使变化"间转换的格式塔。与格构式也不例外，它所涉及的也是一个格式塔转换的问题，只不过这个转换是在"致使运动"和"致使拥有"间进行的。Give a muffin to a moose（用松饼喂麋鹿）的意思是"致使一个松饼移动到一只麋鹿嘴里"，而 give a moose a muffin（喂麋鹿松饼）的意思是

"致使麋鹿拥有了松饼"。

　　这似乎又是一次无谓的纠缠，因为通常情况下，致使运动的后果就是致使拥有。有了一个可运动的东西，你就得致使它移动到某人那里，以便那个人能够获得它。当然，即使你拥有的那个东西不能运动，或者连形状都没有，它也可以被想象成隐喻意义上的运动。在这个隐喻中，"所有物"是"东西"，"拥有者"是"位置"，"给予"是"运动"。这样我们就可以说 The condo went to Mar（公寓归了马弗），或者 Marv kept the condo（马弗保管公寓），即使公寓不可能从空间上移动到任何地方去。

　　尽管如此，这两种识解在认知上是有差别的，因为并不是所有致使运动的行为都能致使拥有。请考虑一下下面这些同音异义词。

> Annette sent a package to the boarder.
> 安妮特把包裹寄给寄宿生。
> Annette sent a package to the border.
> 安妮特把包裹寄往边境。

　　就第一个句子来说，你可以使用与格规则说 Annette sent the boarder a package（安妮特给寄宿生寄包裹）。但如果第二个句子使用与格规则 Annette sent the border a package（安妮特给边境一个包裹），这句话就毫无意义了，因为边境是个没有生命的实体，所以它不可能认领一个包裹或其他什么东西。所属物的概念通常只适用于有生命的实体。这就是为什么一些动词拒绝进入双宾语构式的直接原因。举例来说，*Goldie drove the lake her minibus（戈尔迪驱车来到湖边）这个句子意味着那个湖现在拥有了面包车，但这是讲不通的。

　　不仅某种"致使运动"与"致使拥有"不兼容，而且有些"致使拥有"与"致使运动"也同样是不兼容的。当我们说 Cherie gave Jim a headache（切丽令吉姆头疼），我们的意思是说，切丽致使吉姆拥有头疼，我们可以假定切丽是个令人讨厌的女人，因此，她滑稽可笑的行为使吉姆感到头疼，但没人会认为，头疼长了两条小腿从切丽的脑袋跑到了吉姆的脑袋里。毫无疑问，Cherie gave a headache to Jim（切丽把头疼给了吉姆）听起来会非常不自然，尽管并不是不可以这么说。

即使两个与格构式听起来一样自然，但我们仍然可以感受到它们之间的意思差别。在谈论一垒手时，如果说 Pedro threw him the ball, but a bird got in the way（佩德罗把垒球抛给了他，但一只鸟挡住了球的去路），人们就会觉得有点儿怪异。但是如果这么说，Pedro threw the ball to him, but a bird got in the way（佩德罗把垒球抛向他，但被一只鸟挡住了去路）就没有问题了。这是因为，对于许多动词来说，双宾语构式意味着受事者实际拥有那个所属物，而不只是该物体朝着它的位置被送出。出于类似的原因，Senor Jones taught Spanish to the students（琼斯先生给那些学生们讲西班牙语）就等于说琼斯徒劳地教一些一个单词都不记的笨蛋。但如果说 Senor Jones taught the students Spanish（琼斯先生教学生们西班牙语）则意味着学生们现在已经了解一些西班牙语了——他们隐喻性地拥有了它。

说到隐喻，许多表示交流的动词都适用于与格构式，比如，Ask me no questions（别问我问题）、I'll tell you no lies（我不跟你说谎）、Sing me no song, read me no rhyme（不要为我唱歌，不要为我咏诗）。这就好像我们把"思想"看成"东西"、"知道"看成"拥有"、"交流"看成"发送"、"语言"看成"包裹"。这种隐喻有时被称为"导管隐喻"（conduit metaphor），我们可以从一些关于思想、言论和教学的表达式中看到它。举例来说，我们"收集"（gather）想法并"付诸"（put into）言语，如果我们的措辞不是"言之无物"（empty）或"空洞"（hollow）的，我们就可以把这些思想"传递"（get across）给我们的听众，而我们的听众则可以对我们的话语进行"解码"（unpack），并"领会"（extract）其中的"内涵"（content）。

这里，我们又遭遇了位置格构式的另一个难题，而且在解决这个难题的过程中，我们又开启了通往思想机制的另一扇窗户。

致使运动和致使拥有间的格式塔转换（即使能够隐喻性地拓展概念）并不足以区分哪些动词能够进入与格构式，哪些则不能。看来，这个问题也同样中了那个认知灵活性的诅咒：我们的心智有潜力把所有事件都识解成"拥有的改变"，但是我们需要对为什么它对某些动词如此青睐，而对另外一些却置之不理的原因做出解释。为什么一个英语使用者可以 throw someone a box（通过把盒子扔给他使他拥有它），但不能 lift him the box（通过给他抬起盒子使他拥有它）？为什么你能 tell him the news（告诉他这个消息）却不能 mutter him the news（嘀咕他这个消息）？

之所以出现这个困惑还是因为我们观察问题的立足点离那些真正发挥作用的认知细节太远了。一旦走近些，我们就能够发现一些较细的含义点，而正是它们授权我们的心智只将某些类型（而不是其他类型）的"发送"和"交流"识解为"使拥有"。

给予类动词可以完全符合逻辑地出现在两种与格构式中：

> feed（供给）、give（给予）、hand（交给）、lend（借给）、loan（贷款）、pay（支付）、sell（销售）、serve（供应）、trade（交易）

表示迅速地把作用力分配给一个物体，将其沿着弹道发送给一个接受者的动词，就像 Lafleur slapped him the puck（拉弗勒猛击他的冰球）中的 slap 那样，也能同时出现在两种与格构式中：

> bash（猛击）、bat（用球棒击球）、bounce（弹跳）、bunt（顶撞）、chuck（轻拍）、flick（轻弹）、fling（猛动）、flip（轻击）、heave（投掷）、hit（打击）、hurl（猛掷）、kick（踢）、lob（抛高球）、pass（传递）、pitch（投）、punt（踢悬空球）、roll（滚动）、shoot（射击）、shove（猛推）、slam（摔）、slap（掌击）、slide（滑动）、sling（投掷）、throw（扔）、tip（翻倒）、toss（辗转）

就像位置格替换构式那样，这里起决定作用的也是物理学。表示对一个物体持续施力以使其保持运动的动词（而不是表示把物体猛弹出去的动词）均不喜欢双宾语构式（问卷调查证实这种差异）。这解释了为什么 lifting him the crate（给他举起箱子）听起来有些别扭的原因，这类表示持续施力行为的动词还包括：

carry（搬运）、drag（拖拉）、haul（拖运）、hoist（吊起）、lift（举起）、lower（降下）、lug（拉）、pull（拖）、push（推）、schlep（携带）、tote（手提）、tow（牵引）、tug（用来拉）

即刻发生事件（例如投掷）与延迟发生事件（例如拖拉）间的差别在语言中起着十分重要的作用。语言学家把这一普通含义领域，即状态和事件在时间上的分布方式称为"体"（aspect），注意不要与另一个计时概念"时态"相混淆。在第 4 章探讨时间概念的时候，你会看到"体"的差别在语言和推理的许多领域中都发挥着举足轻重的作用，而不只在我们当前所谈论的与格构式中。

针对交流问题（前面提到的关于 ask 和 mutter 的问题），双宾语构式所采取的是两种不同的识解态度。它很乐于接纳那些明确指定信息种类或目的的动词，例如，ask（只适用于一个问题所涉及的信息）、read（只适用于写出来的东西）：

ask（询问）、cite（引用）、pose（提出讨论）、preach（说教）、quote（引述）、read（读）、show（说明）、teach（教）、tell（告诉）、write（写）

但那些限定说话方式的动词却遭到双宾语构式的百般阻挠，这类动词包括：

babble（喋喋不休）、bark（厉声道）、bawl（大声宣布）、bellow（吼叫）、bleat（咩咩）、boom（发隆隆声）、bray（叫）、burble（发咕咕声）、cackle（咯咯叫）、call（呼叫）、carol（歌颂）、chant（唱）、chatter（唠叨）、chirp（尖声地说）、cluck（咯咯叫）、coo（唔唔地叫）、croak（用嘶哑的声音说）、croon（低吟）、crow（啼叫）、cry（叫喊）、drawl（慢吞吞地说）、drone（低沉地说）、gabble（七嘴八舌地说）、gibber（胡扯）、groan（呻吟）、growl（咆哮）、grumble（嘟囔）、grunt（咕哝着说）、hiss（发出嘘声）、holler（大喊大叫）、hoot（大声叫嚣）、howl（狂喊着说）、jabber（快而含糊地说）、lilt（用欢快的节奏唱）、lisp（口齿不清地说）、moan（呻吟着说）、mumble（含糊地说）、murmur（私下抱怨）、mutter（咕哝）、purr（满意地说）、rage（发怒）、rasp（粗声粗气地说）、roar（吼叫）、rumble（低沉地说）、scream（尖叫）、screech（尖着声音讲）、shout（喊叫）、shriek（尖声发出）、squeal（高密）、stammer（结巴着说）、stutter（口吃）、thunder（大声喊出）、trill（用颤声说）、trumpet（发出喇叭般的声音）、tsk（喷

喷）、twitter（吱吱叫）、wail（哀号着说）、warble（用柔和的声音唱出），wheeze（喘息着说），whimper（呜咽），whine（哀诉）、whisper（耳语）、whistle（吹口哨）、whoop（高声说）、yammer（大声抱怨说）、yap（瞎讲）、yell（大叫）、yelp（叫喊）、yodel（用真假嗓子互换着唱）

这就好比人们对发音方式的专注打破了"交流即发送"的咒语，万般无奈的情况下，我们的心智只好借用物理术语将这些行为识解为"制造噪声"。

与格构式为我们展现的最后一个含义世界是"帮助"（helping）或者"伤害"（hurting）的概念世界。世界上的许多语言中都有一个用于标识"一个受益于一种行为的人"的专门标记，语言学家把这个标记叫作"受益格"（benefactive）。英语中，受益格通常由介词 for 引导，例如，Gentlemen still open doors for women（先生一直为女士开门），或者 She bought a house for her fiancé（她为未婚夫买了一所房子）。一些受益格还能用于与格的交替构式中：你既可以说 buy a house for your fiancé（为你未婚夫买房子）也可以说 buy your fiancé a house，或者 build a house for your fiancé，build your fiancé a house（为你未婚夫建房子）。但只有受益格还不够：Gentlemen open women doors（绅士为女士开门），或者 He fixed me my car（他修好了我的车）这类说法就会让人感到不舒服。归根结底，这个问题的罪魁祸首还是双宾语构式的含义问题，即"致使拥有"问题。在这两个听起来怪怪的句子里，不是因为门被绅士打开了，那个妇女就过来占有了这个门，也不是因为汽车被修理了，那个客户才拥有了汽车的主权（汽车原本就是他的）。

通常情况下，一个受益格只有在受益者真正受益（收到某种东西）的情况下才能进入双宾语构式，即使这样的情况，也只有部分类型的动词才能进入。其中一类是表示"为了使某人拥有某物而做某事"的动词，例如，Oh Lord, won't you buy me a Mercedes-Benz（哦，天啊，你不能给我买一辆奔驰啊）。这类动词还包括 earn（赚得）、find（发现）、get（获得）、grab（攫取）、order（订购）、steal（偷窃）和 win（赢得）。另一类动词表示"出于给予他人的目的而创造某事"，例如，Bake me a cake as fast as you can（尽快给我烤一块蛋糕）。这类词还包括：build（建造）、cook（烹饪）、knit（编织）、make（制造）和 sew（缝合）。

那么与受益格对立的是什么呢？当然是受害格（malefactive）了——一个因为某种行为的影响而处于逆境的倒霉蛋。英语有时用介词 on 来引导受害格，例如，They played a trick on us（他们对我们耍阴谋）和 My horse died on me（我的马弃我而去）。英语中也有一类能进入双宾语构式的受害格动词，这个动词微类所表达的意思是"致使或意欲使某人不能拥有某物"。

> They fined her twenty-five cents.
> 　　他们罚了她 25 美分。
> That remark just cost you your job.
> 　　那个言论让你搭上了工作。
> And forgive us our trespasses, as we forgive those who trespass against us.
> 　　原谅我们自己所犯的错，就像我们原谅了别人对我们所犯的错那样。
> You bet your life!
> 　　你竟然用生命打赌！
> They took all the trees and put them in a tree museum, and charged all the people a dollar and a half just to see 'em.
> 　　他们砍掉所有的树，放在树木展览馆里，然后向每个人收取 1.5 美元的观赏费。

此外，这类动词还包括 begrudge（嫉妒）、deny（否认）、envy（妒忌）、spare（饶恕）和 save（挽救）。由于这些动词不含有"致使运动"的意思，因此，毫不奇怪，它们中的大多数都适合介词与格构式——你既不能说 They fined twenty-five cents from her（他们从她那儿罚了 25 美分），也不能说 on her（在她身上）或 of her（从她那里）。

然而，双宾语构式并非不假思索地将所有纯粹的受益格和受害格都禁足于门外。在有些情况下，即使某人得到了帮助，或是受到了伤害，但他并没有什么改变，这时双宾语构式就又派上了用场。这种情况最典型的例子就是 give 和 do 所构成的习语。

> Hymie, give me a hand!
> 　　海米，帮我个忙！

Give me a kiss, just one sweet kiss.

给我一个吻，就一个香吻。

Can you do me a favor?

你能帮我个忙吗？

Someone should give him a good swift kick.

真该有人猛踢他一脚。

另一类例子涉及的是一些象征性的奉献行为。

If you want my hand in marriage, first you'll have to kill me a dragon.

想让我跟你结婚，你得先为我宰一条龙。

Cry me a river!

为我泪流成河吧！

God said to Abraham, "Kill me a son."

上帝对亚伯拉罕说："为我杀了你的一个儿子吧。"

非标准美语中还有另一类常见的"自助式构式"（help-yourself construction）。

Why don't you take yourself a cab and go jump in the lake?

你为什么不打个车赶紧滚开？

Five more minutes, he'd have chewed himself a hole through the fence.

5 分多钟过后，他终于绕过了我的卡车。

Have yourself a merry little Christmas.

你自己好好过个快乐的圣诞。

I stepped outside to smoke myself a J.

我走到外面去抽烟，让自己振作起来。

Mercy sakes alive, looks like we got us a convoy.

看在上帝的份上，看起来我们给自己弄了个大车队。

不过我最喜欢的还是那个造新词的祈使反驳，一种流行于英国文艺复兴时期的习语，意为"别以为你对我大包大揽或指手画脚的就是在帮我"。

What is this?

"Proud"—and "I thank you"—and "I thank you not"— And yet "not proud"?

Mistress minion you, Thank me no thankings, nor proud me no prouds.

—Shakespeare, Romeo and Juliet, act III, scene 5

这算什么？

是"自豪"——"感谢"——"不谢"——还是"惭愧"呢？

亲爱的夫人，谢我却没有一点谢意，为我自豪却没有丝毫的自豪感。

——莎士比亚，《罗密欧与朱丽叶》第三幕，第 5 场

"I heartily wish I could, but—"

"Nay, but me no buts—I have set my heart upon it."

—Sir Walter Scott, The Antiquary

"我由衷地希望我能，但是——"

"不，但对我来说没有但是——我意已决。"

——沃尔特·斯科特爵士，《古董商人》

Advance and take thy prize, the diamond; but he answered, Diamond me no diamonds! For God's love, a little air! Prize me no prizes, for my prize is death!

—Tennyson, Lancelot and Elaine

快去啊，去领取你的奖赏，那块钻石；但他却回答说，给我钻石却不是钻石，看在上帝的份上，冷静点吧！奖赏我却不是奖赏，因为我的奖赏只有战死沙场！

——坦尼森，《蓝斯洛和爱莱霓》

尽管这些说法听起来有点儿装腔作势，但这类习语在报纸和互联网上始终可见。下面是我搜集的一些例子：UT me no UTs（出自一篇短文的标题，抗议用两个字母的缩写形式代替地区邮政地址，比如，把 Utah 缩写成 UT）、Comment me no comments（评价我却没有评语）、Blog me no blogs（让我看博客却不是博客），甚至 Jeff Malone me no Jeff Malones，这来源于一个篮球记者反对马龙是全明星材料的说法的报道。

为什么英语这种语言——事实上是很多语言，对"给予"和"收益"、"否认"和"伤害"使用相同的构式呢？这个问题可以由另一种语法隐喻来解释——"殷实就是拥有财产""帮助就是给予"。占有者和受益者在双宾语构式中的模糊性所揭示的只是这类隐喻关于"帮助‐即是‐给予"那部分，事实上，它还有另外一个更加基础的部分，即"殷实‐即是‐拥有"，这部分隐喻在动词 have 所构成的

习语中非常常见。举例来说，我们谈论 having good fortune（有好运气）、having it made（有成功把握）、having a good time（玩得高兴）、having a hall（有一个大厅）、having it all（拥有一切）、having your teeth fixed（修牙）、having something for dinner（晚餐吃东西）、having someone for dinner（有人来吃晚饭）、having someone（拥有某人——在性方面）以及 having someone where you want him（随叫随到）。与格构式向我们再次展示了人类大脑以落地有声的具体方式表征抽象概念的这一事实（至少在大脑与语言接口处是这样的）：殷实被表征为拥有财产；了解某事被表征为掌握了它；拥有某种东西被表征为让它靠近你。

动词与思想 3：及物动词，还是不及物动词

在对第 3 种构式进行剖析的过程中，我们将发现另一个重要的基本概念组件。正如你所了解的那样，英语中的许多动词都能以不及物和及物的双重身份出现在句法构式中，尽管它们要与主语的不同角色互相配合。

> The egg boiled.
>
> 　　鸡蛋煮熟了。
>
> Bobbie boiled the egg.
>
> 　　博比煮了鸡蛋。
>
> The ball bounced.
>
> 　　球弹起来了。
>
> Tiny bounced the ball.
>
> 　　泰尼拍球。
>
> The soldiers marched across the field.
>
> 　　士兵穿过战场。
>
> Washington marched the soldiers across the field.
>
> 　　华盛顿率领士兵穿过战场。

这种形式叫作"使役替换构式"（causative alternation），因为在及物形式中，主语致使宾语去做它原本在不及物构式中所做的事情，例如 boil（煮沸）、bounce

（弹跳）、march（行军）等。不仅如此，这种构式似乎与前面那两种构式一样不可学。

同样是一个极具诱惑力的句法模式。至少 200 个英语动词活跃于使役和不及物形式之间，其中包括 bend（弯曲）、drop（下降）、dry（变干）、float（浮动）、melt（融化）和 rip（裂开）等。

同样是归纳的依据。下面是一些儿童的语法错误，这些错误表明儿童不仅能够习得使役构式，而且能将其应用于新动词。

> Go me to the bathroom before you go to bed.
>> 上床睡觉之前带我去厕所。
>
> And the doggie had a head. And somebody fell it off.
>> 这个小狗本来有头，被人给弄掉了。
>
> Be a hand up your nose.
>> 把一只手举到鼻子。
>
> Don't giggle me!
>> 别把我弄得咯咯笑！
>
> He's going to die you, David. The tiger will come and eat David and then he will be died and I won't have a little brother anymore.
>> 他要咬死你，大卫，那只老虎要过来吃大卫，然后他就死了，我就再也没有小弟弟了。

我们在 wug 测试中还能观察到孩子们是如何进行归纳的。我和格鲁彭首先告诉受试儿童 pilk 的意思是 "做倒立"，孩子们学会了之后，当他们看到一个玩具熊把一只小猪倒立起来时，他们就会说 bear pilked him（小熊倒立他）。成人也同样进行归纳：苹果电脑操作系统告诉其用户 Allow power button to sleep the computer（允许电源开关让电脑休眠），意思是允许电源开关进入 "睡眠" 模式；hover the mouse over the box（令鼠标悬停在框处），意思是令光标悬停。

同样有例外。一些不及物动词抵制因果施事者进入句型。

The baby is crying.

婴儿在哭。

*The thunder is crying the baby.

* 雷声哭婴儿。

The frogs perished.

青蛙死了。

*Olga perished the frogs.

* 奥尔加弄死了青蛙。

My son came home early.

我儿子回家得早。

*I came my son home early.

* 我回我儿子家早。

还有一些及物动词抵制把因果施事者排除。

We've created a monster!

我们创造了一个怪兽！

*A monster has created!

* 一个怪兽创造了！

She thumped the log.

她猛击那块木头。

*The log thumped.

* 木头猛击。

He wrecked the car.

他毁坏了汽车。

*The car wrecked.

* 汽车毁坏了。

同样具有明显的任意性。仅举两个例子来说明这点：你可以说 march soldiers home（让士兵行军回家），但不能 come them home（来他们家）。而当你煮龙虾时，你可以说 the lobster boiled（龙虾煮熟了），但当你做煎蛋时，你却不能说 the omelet made（炒蛋做了）。

　　同样框架翻转。使役构式背后的格式塔转换没有位置格构式和与格构式那么神秘，因为使役的两个构式显然不是相同的含义。The cookie crumbled（曲奇碎了），意味着发生了某事；She crumbled the cookie（她弄碎了曲奇），意味着某人致使某事发生。然而，使役构式中的概念转换远不只把一个因果施事者拼接到一部心智影片的片头那么简单。当你分别使用 make 或 cause 时，比如，She made the cookie crumble（她把曲奇弄碎了）或 She caused the cookie to crumble（曲奇是她弄碎的），情况就是那样的。这么说吧，为了让一个使役构式得以应用，你要么得赤手空拳地制造一起因果关系事件，要么就让它像一只台球噼噼啪啪地撞在另一只球上那么直截了当地发生。你完全可以说 She made the cookie crumble by leaving it outside in the cold（因为她把曲奇落在天寒地冻的屋外了，所以曲奇都碎了），但是如果你说 She crumbled the cookie by leaving it outside in the cold（她把曲奇落在天寒地冻的屋外，她把曲奇弄碎了）就不太合适了。同样，你可以说 Darren caused the window to break by startling the carpenter, who was installing it（因为达伦吓到了正在安装玻璃的木匠，所以玻璃打碎了），但在这种场景下，如果说 Darren broke the window（达伦打碎了玻璃）就有悖常理了。你可以说 Fred caused the glass to melt on Sunday by heating it on Saturday（因为弗雷德周六对这块玻璃进行加热，所以周日它就熔解了），但 Fred melted the glass on Sunday by heating it on Saturday（弗雷德周六对这块玻璃进行加热，周日他把玻璃熔解了）听起来就有些怪异了。

　　使役构式倾向于事件的结果与施事者所希望的结果的一致性。假如我们那个弄碎曲奇的女士希望曲奇碎掉，但由于她的关节病太重，她没办法靠自己的力量弄碎它们，她知道如果把曲奇冷藏几分钟它们自己就能粉碎，这种情况下，我们就不能把她的行为描写成 crumbling the cookies（把曲奇弄碎）了。如果事件的结果并不是一个行为的最终目标，使役构式则不能使用。尽管 to butter 的意思是"致使黄油涂到……上面去"，但当国王首先把黄油涂在高贵的黄油刀上，然后再把刀上的黄油涂在皇室的面包片上时，我们却不说 The King buttered his knife（国王把黄油涂到餐刀上），这是因为把黄油涂在刀上并不是最终目标，而是达到这一目标的手段。

就其自身而言，这种直接效应会削弱我们谈论因果关系的能力。直接因果关系是一种幻觉上的东西，在倍数足够大的万能显微镜下面，它会从视线中消失。当我要削一个苹果时，我得首先做出决定，然后将这一神经冲动传输到我的胳膊和手上，进而使肌肉收缩，以此来支配手指运动。然后，手再支配刀，刀再接触苹果表面，使苹果表皮破裂。尽管这一系列行为有些迂回，但我们对整个这个事件链有着清晰的感知，比起让一个仆人来削苹果，这个过程要直接得多。在描述一个事件时，我们必须首先选择一个粒度，即一个内部子事件被忽略不计的事件单位。对于一起由人发起的物理事件来说，由于肌肉收缩以及每一起先于后果的物理事件都处于该粒度的内部，因此你可以用拳头或者一脚踢出球"打碎玻璃"。但当这个因果链涉及另外一个人类施事者时，比如一个不小心的玻璃安装工，这个链接就超出了那个粒度，因此那个主要的行为就不再被看成是使役动词所要求的直接方式后果了。

心理学家菲利普·沃尔夫通过一系列实验证实，当人们使用使役动词时，他们会把由直接后果引起的、有预谋的以及没有介入其他施事者的事件挑选出来。例如人们判定：一个女人，只有在调整变光器开关时，而不是在打开烤面包机时，她才能 dimmed the lights（把灯调暗）；一个男人，只有在摇动旗杆时，而不是在风天举旗时，他才能 waved the flag（挥舞旗子）；一个男孩，只有在戳气球时，而不是让气球碰到天棚上的热灯泡时，他才能 popped a balloon（弄爆气球）。

心智世界观的粒度是可以调整的。从高处俯瞰，尽管福特的生产行为与一辆从装配线上下来的 T 型发动机小汽车之间的因果链上存在着许多介入链接，但我们仍然可以说"亨利·福特制造汽车"或"布什入侵伊拉克"。贝尔托·布莱希特（Bertolt Brecht）的《来自一个读史书的劳动者的问题》（*Questions from a Worker Who Reads*）的灵感正是来自概念语义的这一特性。

Who built Thebes of the seven gates?

是谁建造了 7 座城门的底比斯？

In the books you will find the names of kings.

在这本书里你将看到那些国王们的名字。

Did the kings haul up the lumps of rock?

是那些国王把岩石瓦块搬上去的吗？

The young Alexander conquered India.

年轻的亚历山大征服了印度。

Was he alone?

就他一个人吗？

Caesar beat the Gauls.

恺撒打败了高卢人。

Did he not have even a cook with him?

他该不会连个烧饭的都没带吧？

不难看出，在上面的例子中，还是那个直接效应在起作用，不同的是，这里，它是在一个新的粒度中发挥着自己的作用。当我们透过那个只能观察到位高权重的领导人行为的历史广角镜头聚焦事件的时候，使役动词会将那个与后果直接相连的因果链切断。因此，我们不会说"新保守派的知识分子们入侵伊拉克"，尽管是在他们的影响下布什才做出的决定；我们也不会说"本·拉登入侵了伊拉克"，尽管如果没有"9·11"事件的借口，布什也不会理直气壮地吹响进攻的号角。当然，我们也不会说"不明蝴蝶选票真相的佛罗里达选民们入侵了伊拉克"。

说话者预期他的听众能够分享他头脑中的那个粒度，但如果他们不能，那么交流就失败了。举例来说，笛鸻是一种可爱的小水鸟，它们系着个小领结，整天在科德角海滩上飞来飞去，仿佛一群装着发条的小玩偶。笛鸻属于濒危物种（尽管它们似乎无处不在），为此，当地政府对它们的筑巢地采取了保护措施。尽管我对上述情况有所了解，但当我第一次看到《普罗温斯敦旗帜》（*Provincetown Banner*）上的那个标题 PLOVERS CLOSE PARKING LOT（笛鸻关闭停车场）时，我半天没回过神来。当时我的脑海中一直闪现着这样一幅画，一群一字排开的小水鸟飞过停车场的入口，致使交通瘫痪。我当时心想，这应该是我所见过的最愚蠢的事情了，但当我在下一页看到了另一条新闻 DOG FECES CLOSES BEACHES（狗粪关闭了海滨）时，才恍然大悟。

使役构式符合自由意志论。大多数表示人类行为的动词都不能参与使役构式，即使那些行为在某种意义上是受先前事件驱使的。你不能说，比尔凭着他对特拉沃尔塔的印象"弄笑了"（laughed）黛比；你也不能说，由于朱迪和强尼一起离开了聚会随后又带着他的戒指回来了，所以朱迪"弄哭了"（cried）莱斯利；你同样不能说，由于那个乐队指挥给唐·科莱昂提供了一个无法拒绝的机会，所以他和他"签了"（signed）那个合同。这与这些行动本身被看成是自愿的（例如，签署合同）还是非自愿的（例如，笑和哭）无关。由于人类行为被概念化为施事者内心所拥有的某种隐藏原因，因此，局外人是无法直接致使其发生的。

"人类行为源于内部品质或冲动"这个隐喻是通过物理事件动词表现出来的。有两种物理事件动词可以随时参与到使役构式替换中。一类是表示运动或体态方式的动词，即摇滚乐式的动词，这类动词包括：

> bounce（反弹）、dangle（摇摆）、drift（漂移）、drop（下降）、float（浮）、fly（飞）、glide（滑移）、hang（垂下）、lean（倾斜）、move（移动）、perch（栖息）、rest（休息）、revolve（旋转）、rock（摇滚）、roll（滚动）、rotate（旋转）、sit（坐）、skid（打滑）、slide（滑）、spin（自旋）、stand（站立）、swing（摇摆）、turn（翻转）、twist（扭曲）、whirl（旋转）、wind（缠绕）

另一类是表示状态变化的动词，例如弯曲与折断、生长与收缩，或者硬化与软化等，这类动词还包括：

> age（变老）、bend（弯曲）、blur（模糊）、break（断裂）、burn（烧毁）、char（烧焦）、chill（冷藏）、chip（削）、collapse（崩溃）、condense（浓缩）、contract（收缩）、corrode（腐蚀）、crack（裂纹）、crash（崩溃）、crease（弄皱）、crinkle（起皱）、crumble（粉碎）、crush（压碎）、decrease（减少）、deflate（缩小）、defrost（解冻）、degrade（降低）、diminish（减少）、dissolve（溶解）、distend（膨胀）、divide（分裂）、double（加倍）、drain（耗尽）、enlarge（放大）、expand（扩大）、explode（爆炸）、fade（褪色）、fill（填满）、flood（淹没）、fold（褶皱）、fracture（断裂）、fray（磨损）、freeze（冻结）、fuse（融合）、grow（成长）、halt（停止）、heal（治愈）、heat（加热）、ignite（点燃）、improve（提高）、increase（增加）、inflate（膨胀）、light（点亮）、melt（融化）、multiply（繁殖）、

pop（流行）、reproduce（再生）、rip（撕裂）、rumple（弄得乱七八糟）、rupture（破裂）、scorch（烧焦）、shatter（粉碎）、shrink（萎缩）、shrivel（萎缩）、singe（烧焦）、sink（下沉）、smash（粉碎）、snap（拉断）、soak（吸入）、splay（张开）、splinter（分裂）、split（劈开）、sprout（发芽）、steep（充满）、stretch（拉伸）、tear（撕掉）、thaw（溶解）、tilt（翘起）、topple（倒塌）、warp（扭曲）、wrinkle（起皱）

但这类动词中大多数描写一个物体发射出某种东西的词却抵制使役构式，例如光束、声音或某种物质。因此，在使役句中，你不能说 glow a light（洋溢一道光）、whine a saw（牢骚一句格言）、bubble a sauce（冒泡一种酱），或者其他意为发射的动词。

blaze（发光）、flame（泛红）、flare（闪耀）、glare（眩光）、gleam（闪烁）、glisten（闪亮）、glitter（闪光）、glow（发热）、shimmer（闪烁）、shine（闪耀）、sparkle（闪耀）、twinkle（闪烁）
blare（发出嘟嘟声）、boom（发隆隆声）、buzz（发嗡嗡声）、chatter（喋喋不休）、chime（发出和谐声）、creak（发咯吱咯吱响）、fizz（发嘶嘶声）、gurgle（咯咯声）、hiss（发出嘘声）、howl（狂喊着说）、hum（哼出）、peal（大声发出）、purr（发咕噜声）、splutter（气急败坏地说）、squawk（诉苦）、swoosh（嗖地发射）、thrum（弹）、vroom（发呜呜声）、whine（哀诉）、whump（拟声）、zing（发尖啸声）
drip（发出）、emanate（散发）、erupt（爆发）、foam（起泡沫）、gush（喷出）、leak（漏出）、ooze（渗出）、puff（喷出）、radiate（辐射）、shed（流出）、spout（喷射）、sweat（流出）

这就好像在说，这类爆发与人类的行为是一样的，它们均源自内在动力，因此，它们绝不承认其他任何作用于其粒度上的直接原因。

此外，抵制使役构式的动词还包括意为"不复存在"的动词。你不能说 To die a mockingbird（去死一只知更鸟）、Decease Bill（死亡比尔）或者 Mr. Gorbachev, fall down this wall（戈尔巴乔夫先生，倒塌这堵墙），这类动词还有：

decease（死亡）、depar（离开）、die（死亡）、disappear（消失）、disintegrate

（瓦解）、expire（期满）、fall apar（崩溃）、lapse（流逝）、pass away（逝去）、pass on（去世）、perish（灭亡）、succumb（死）、vanish（消失）

这并不等于说那个直接导致某物灭绝的概念是不可言喻的。实际上，英语中存在着大量的屠杀和毁灭这样令人毛骨悚然的词语。

assassinate（暗杀）、butcher（屠杀）、crucify（钉死）、dispatch（处死）、electrocute（使触电身亡）、eliminate（干掉）、execute（判处死刑）、garrote（绞喉）、hang（吊死）、immolate（献祭）、kill（杀死）、liquidate（消灭）、massacre（大屠杀）、murder（谋杀）、poison（毒死）、shoot（射杀）、slaughter（屠杀）、slay（残杀）

abolish（废除）、annihilate（湮灭）、ban（禁令）、blitz（闪击）、crush（粉碎）、decimate（大批杀害）、demolish（破坏）、destroy（毁灭）、devastate（消灭）、exterminate（破除）、extirpate（灭绝）、finish（结束）、obliterate（消灭）、ravage（蹂躏）、raze（夷为平地）、rescind（撤销）、ruin（毁灭）、tear down（拆卸）、terminate（终止）、waste（废弃）、wipe out（消灭）、wreck（失事）

与那些表示灭绝的动词坚决抵制外来因果施事者的事实正好相反，上面这类表示蓄意伤害的动词执意保留它们的因果施事者。你不能用 Bill killed（比尔杀了）来形容他死了，或者用 The building razed（建筑物夷平）来说那座建筑物坍塌或烧毁了。英语让人们既能谈论主动消亡也能谈论被动消亡，但要借助不同的动词。这就好像语言采取了一个存在的立场，或许是个道德的立场——当某些东西基于年事、平和的外因、自燃、内部腐坏或者携带自我毁灭的种子等原因而不复存在时，这样的消亡与那些恶意蓄谋的后果是有本质上的差别的。这并不是英语的独到之处，其他许多语言也都采用不同的动词描写死亡和谋杀，尽管它们可以容忍其他动词有自发和强制的双重用途。

请注意，我提出用道德情感来解释使役动词的句法，并不是为了借助什么引人注目的修辞手段来活跃语法课堂的气氛。事实上，道德和使役动词所利用的是同一种人类行为的心理模型。道德判断最适用于那些意图明确的行为者。这恰恰也是使役构式的主语的角色说明。这就是为什么人们对及物和不及物构式的熟练使用可以被用来框架一个道德论点的原因。

通常情况下，使役构式会将一个责任方当事人暴露出来，但在被动表达式中，它们也可以不提及这个肇事者。被动使役构式的这一特点使得它成了掩藏及物动词的施事者，并进而掩藏责任方身份的一个最方便的手段，就像毫无诚意的里根总统的那句臭名昭著的忏悔 Mistakes were made（错误已然铸成）那样，这句话现在已成为公众人物用于推诿的老生常谈了。不过，不及物动词的使役构式（也称非宾格构式）则更胜一筹。它不仅隐藏原因，而且根本就不承认这个原因的存在。The ship was sunk（船被击沉了，被动式）隐含着一个肇事者的存在，尽管这个肇事者可能是未知的，但 The ship sank（轮船沉没了，不及物式），就好像沉船不过是个意外事故而已，也许是缺乏定期检修，也许是厄运的冲击或者是俗话所说的"天灾人祸"（尽管没有神）。为了寻找证据来证明某个新闻机构可能正试图为自己开脱责任，或者暗示冲突中的一方或另一方有罪，媒体监管机构有时会对包含使役动词的主动式、被动式和不及物式的新闻头条进行统计。例如，一家亲以色列集团就曾对路透社一些盛行的新闻头条进行过指责，以 BUS BLOWS UP IN CENTRAL JERUSALEM（中央耶路撒冷巴士爆炸）为例，这个标题中使用了一个不及物动词，目的是以此淡化人们对肇事方的关注。正如该集团的语言学家杰弗里·普勒姆在其博客中谈论关于语言学与公共事物时所说的，"用 Bus Blows Up（巴士爆炸）来描述一起如此暴力的事件，这实在令人费解。该暴力事件中，恐怖分子身缠炸药，在闹市区挤上一辆拥挤的公交巴士，他引爆身上的炸药，造成 13 人死亡，毫无疑问，他的目的是要一举炸死尽可能多的犹太人……而路透社对此事件的报道，听起来就像公交巴士是自行爆炸的一样"。

顺便说一下，动词得到或失去因果主语的语言现象并不都是使役规则造成的。生活中，人们能够致使某事发生的方法实在是数不胜数，正因如此，很多生活领域中的使役动词都是人们肆意杜撰出来的，所以它们未必是使役规则的产物。正是出于这个原因，一些使役动词似乎凌驾于我前面所提及的那些原则之上。不过它们的叛逆行为往往是专业性的：如果他是个击球手，你可以 walk someone（让他走）；如果他是个病人，你可以 bleed him（给他抽血）；如果他是个婴儿，你可以 burp him（使他打嗝）。下面这些动词就没有真正意义上的使役了：to shine a light（用灯照亮），是瞄准的意思；drive（驱车）、sail（航海）、walk（散步）、waltz（跳舞），或者带某人到某处转转，是陪伴而不是逼迫的意思。

在结束我在本章对通往人性之窗的语言所做的探讨之前，让我来总结一下我的这个语言传奇。我们看到，语法构式的替换结构所反射出来的是认知的格式塔转换：致使运动与致使变化、致使运动与致使拥有，发生与致使发生。这些转换赋予了每对语法构式微妙的含义差别，同时反映出一种情景的不同识解方式。动词的那些令它们看似不可学的挑剔属性是可以在两个层面上得到解释的：在宏观层面上，我们看到，一些类动词之所以拒绝进入一种语法构式，是因为它们的含义与该构式根本不兼容。例如，throwing a cat into the room（把猫扔进房间），并不是改变房间状态的方法；driving a bus to the lake（驱车到湖边），并不会致使那个湖拥有任何东西；laughing a person（弄笑一个人），并不适用于一个有自由意志的施事者。但由于人们有能力将自己捻进认知的椒盐卷饼里，还几乎能以任何方式去识解几乎任何事件，因此，要想预测到最后一个动词的用法，人们不得不对那些能够或者不能进入一个语法构式，并且含义相近的动词微类进行细心观察。不负众望，这些动词微类不仅为我们呈现了一个个性的认知层面，而且还为我们展现了一些基于这些个性的隐喻：能够运动或变化的整体团、能够即刻或延时实施的作用力、包括思想和好运在内的财产以及自发或者引发的事件。

智慧的说话人还是智慧的语言？语言的进化

到目前为止，英语在我的笔下，一直被描写得犹如一个思辨家一般能够自圆其说、无懈可击。我们看到了心智对不同构式所描述的同一情景采取不同识解方式所依据的精明的理由（例如，受影响的那个实体总是作直接宾语，无论它是被动运动、被动变化还是被动拥有）；也看到了那些从远处看起来并无差别的动词在横跨语法构式时所表现出的一些微妙的含义差别；还看到了动词微类对语法构式的选择方法背后所隐藏的物理学和心理学原理。不过，这里我想提醒你注意，语言本身并不能思考问题，思考问题的是使用语言的人。那么，在学习和使用动词的过程中，一个有血有肉的语言使用者真的要经历这些理性化的思考吗？

应该说，这个问题的答案既是肯定的又是否定的。"肯定"的是，我们知道，语言并不是由一个委员会设计出来的，而是在一个语言社团中自发产生的。任何一种形式与含义间的可预测的联系都不是偶然产生的（比如很多动词的句法都可以通过它们的语义得到预测），这种联系必定是某些语者在某个历史时刻脑力劳动的产物。"wug 测试"以及其他实验的结果告诉我们，现代语者，无论儿童还是成人，对那些连接着语法构式的含义和形式的主要规律都相当敏感。

"否定"的是，对于大多数动词来说，假如个体语者并不想以个性的方式使用它们，那么他们就无须了解这些动词的基本原理。他们需要做的只是学习每个动词微类的语义（这类动词所具有的共同点）和它的句法（哪些构式是这类动词喜欢进入的）就可以了。因为这已经足以让他们在知其然不知其所以然的情况下，预测出哪些新动词可以扩展到哪些构式中去了。

这个问题之所以有双重答案，是因为不同的人在不同时期对不同的动词和动词类的敏感程度是不一样的。就这一点而言，语言很可能像其他文化产物一样，它可以被创新者、早期接受者、早期从众者、晚期从众者以及迟滞者在不同时期所使用。一个动词类所框架的语义原理很可能率先进入了那些创新者和早期接受者的心智，这些人就是在一种语言历史上，第一个将一个构式扩展到一个新动词类的语者。这种新用法有可能从创新者的口中一出来便销声匿迹了，但它也可能被张开双臂的语言社团所接纳。这种接纳有时是反复无常的（我们将在第 5 章看到），但一种新组合一旦真正地流行起来，后面还涉及很多问题。比如，后期接受者对发明者创意意图的领会、对那个构式中所使用的动词的死记硬背，或者介于这两者之间的其他做法。然而最重要的是，当人们听到一个构式中的一个动词时，他们会自然而然地把这种构式泛化到一些与这个动词含义相似的动词中去。

那么，人们能否赶上创新者们扩展语言的步伐呢？事实上语言的发展变化时刻都在发生。尽管语言学家们常常为语言建立一种理想状态，把它当作由理想的语言使用者们所达成的一个固定的共同体协议，就像物理学家们眼里的无摩擦平面和理想气体那样，但是语言学家们也清楚地知道，现实生活中的语言是要不断经受不同的语言使用者们以不同方式、在不同地区对其所实施的推动和拉引的。

　　总会有一些时候，人们发现不得不对语法进行扩展，因为有时一个句子同时要做几件事情，而且这些事情还可能是相互矛盾的。到目前为止，我一直在向你解释人们是如何指派句子上某个位置的含义的。比如，第一宾语表达的是被动拥有某物的那个人，第二宾语表达的是他所拥有的东西。不过，别忘了，句子从左至右的词序还必须保证听话者能习惯那些作为背景知识的"已知"信息以及识别用于更新他们世界认知的"新"信息。而且，语序除了要受制于这两种信息，还要保证说话者必须出于听话者记忆力的考虑，把较长的短语置于句尾，让听话者心平气和地思考（置新语料于句尾以及置重语料于句尾是良好的写作和演讲风格的最重要指导方针）。为了权衡这些要求，有时，我们不得不牺牲对某个动词的个人喜好。

　　举例来说，我们从前面已经了解到，相比于 give Jim a headache（让吉姆头疼）来说，give a headache to Jim（给吉姆带来头疼）听起来会让人觉得有些不自然。但当我们需要用一个冗长、复杂而且是出人意料的词条来取代短语中的那个单音节词 Jim 时，我们很可能会插入一个介词与格，以便将那个冗长的词条分流到句尾去。语言学家琼·布莱斯南（Joan Bresnan）和她的合作者们曾在网上对人们个性化的介词与格使用方法进行了全面搜索，下面是他们搜集到的一些真实例句。

> The spells that protected her identity also gave a headache to anyone trying to determine even her size ...
>
> 　　保护她身份的那些咒符同时也令那些对她有所企图的人感到头疼，他们甚至无法确定她的服装尺码……
>
> From the heads, offal and the accumulation of fishy, slimy matter, a stench or smell is diffused over the ship that would give a headache to the most athletic constitution.
>
> 　　从一些头、内脏和一堆黏糊糊的似鱼的东西里散发出来的一股恶臭，或者说腥臭弥漫了整个船舱，这股臭味足以把一个最健壮的体魄熏得头晕目眩、站立不稳。

　　如果使用上面这些说法的替换形式——give anyone trying to determine her size a headache（令任何设法确定她的服装尺寸的人头疼）和 give the most athletic constitution a headache（令最强健的体魄头疼），我们就需要把冗长的语料放在句子的中间，句尾只留下一个 a headache（头疼）。网上这个人大概正是出于避免这种头重脚轻的目的才没有使用它们吧。

　　人们在热烈的聊天或写作得十分尽兴的时候，往往也会把某一语法构式扩展到新动词中去，但这并不等于说它们一定能像正常句式那样被人们完全接受。听话者对他人基于自身的年龄、出生地、亚文化甚至个性所泛化出来的句式的接受能力并不完全相同。比如，尽管我可以接受（当然是勉强地接受）前面那个泛化句式 give a headache to，但怎么也无法接受像 kiss it goodbye（告别）这样的泛化形式。不过，对于专栏作家大卫·布鲁克斯（David Brooks）和他的《纽约时报》的文字编辑来说，这种说法听起来一定相当悦耳，因为他曾在一篇报道 2006 年以色列真主党危机的文章中，至少不下 3 次使用了这个说法：

> You can kiss goodbye, at least for the time being, to some of the features of the recent crises. You can kiss goodbye to the fascinating chess match known as the Middle East peace process... You can also kiss goodbye to the land-for-peace mentality.
>
> 你可以吻别，至少暂时地吻别近期危机的某些特性。你可以吻别那场以中东和平进程而著称的引人入胜的象棋比赛……你还可以吻别那种土地换和平的心态。

　　尽管这段话我已经反复读了多次，但我始终无法接受。不只是这个 kiss goodbye，我还听说过或草草记下过许多令我至今仍无法接受的前卫句式。比如，苹果操作系统的 sleep the computer（让电脑休眠）和 hover the mouse（令光标悬停），对我来说，它们听起来始终有一种怪怪的感觉。但是我敢打赌，对那些伴随着苹果电脑一起成长起来的年轻用户来说，这些说法一定非常完美。下面这些古灵精怪的用法均来自我的个人收藏。

> 内容格构式：
>
> Women do not invest sexual messages in clothing choice.
> 女人是不会在服装选择中投资性信息的。

She said we just dug up some trash someone littered.

　　她说我们只不过挖出了一些某人乱丢的垃圾而已。

容器格构式：

He squeezed them [fish fillets] with lemon juice.

　　他把柠檬汁挤到了（鱼排）上面。

We installed twenty-one banks with ISDN lines.

　　我们为 21 家银行安装了 ISDN 线路。

双宾语构式：

Reach me my socks.

　　帮我把袜子拿来。

When you go I'm going to preach you a great funeral.

　　等你死了，我会为你举行一场盛大的葬礼。

介词与格构式：

The report was given a normal and wide distribution, but we did not brief it to the President.

　　那份报告还是被正常地广泛发行了，只不过我们没有向总统递交简报。

使役构式：

The year Sidney Poitier won best actor he rose us all up in the world.

　　西德尼·波迪埃赢得最佳男主角称号那年，他让我们所有黑人在世界上站了起来。

Lectric Shave: Stands up whiskers for a 50% closer shave.

　　Lectric 剃须：让胡须站立起来，额外为你剃除 50% 的胡须。

不及物动词构式：

The bacteria live off the dissolved minerals that exude from the vent.

　　那些细菌以火山口喷发出的溶解矿物质为生。

Can germs harbor in these things?

　　细菌能在这些东西里面寄居吗？

　　所有这些灵光一现的构式都被保留在了不同类型句法构式的语义大信封里（致使变化、致使拥有、致使发生），它们在为语义原理的心理真实性提供了更多证据的同时，也拓展了动词微类的外延。未来，随着它们中的一些句式会反复被使用，无论它们是否被用于当初那些成就了它们的语境中，它们都将改写所属的动词微类，或在一些善于接受新生事物的人们的心中播下更新的种子。这些人可能更加年轻有为，在各行各业精心钻研，或者他们不像我对语言这么斤斤计较。我们的语言就是这样不断地变化和发展的。

思想的语言

假如人们避免在某些构式中使用一个动词，或者当他们听到别人使用它时，会感到不寒而栗，这说明他们一定是对那些微妙的语义差别相当敏感。比如定位一种运动和定位一种变化之间的差别，或者即刻实施作用力和延迟实施作用力之间的差别。没有人曾为我们讲解过这些细微差别，也没有人曾把它们写进字典的定义中。事实上，语言学家们需要倾注很多的时间和精力才能发现它们。而且，也不会有人发自内心地想要学习那些阻碍他们言简意赅地表达思想的规则。如果这些都不是原因，那么，人们的这种敏感究竟从何而来呢？

要想回答这个问题，我们所需要做的全部事情就是假定人们是以一种特殊方式在记忆中表征动词的，这种方式将句法癖好相近的动词表征为定义重叠的动词。以此方式，一个新动词无论何时被人们所习得，它都会自动激活那些与它同属一类的其他动词。为了实现这一目标，人们必须将该动词的含义隐藏到一种思想的语言中去，这种思想的语言会去同存异地展现出该动词与其所属动词微类的其他动词所共享的各种含义。

举例来说，一旦学会了如何使用 pour（倒），孩子们就会把它的句法癖好泛化到动词 drip（使滴下）和 slosh（泼）上去，而不会将其泛化到 spray（喷射）和 squirt（注射）上。假如孩子们的心理定义能够大胆地为他们呈现"允许"和"致使"这两个概念的话，那么这种泛化就会自动地发生。这是因为"允许"和"致使"这两个概念在刻意地忽略 pour（倾泻）与 drip（滴下），或者 spray（喷射）与 squir（注射）间的细微语义差别的同时，作为补偿，它们又将 pour、drip 和 slosh 归结为一类与 spray 和 squirt 不同类型的动词。这种归类方法让我们的心智觉得，pour 和 drip"看起来很像"（尽管肉眼中的 pour 和 drip 并没有那么相似），而 pour 和 spray "看起来很不同"。正是出于这个原因，孩子们会把自己所了解的 pour 知识迁移到 drip 上，而不会把它迁移到 spray 上。

假定确实存在着这么一种思想的语言，那么，为了使同一微类中的动词看起来像，而不同微类的中的动词看起来不像，这个思想的语言就必须得十分抽象。它不能仅仅体现该动词所指示的那个事件的视听。举例来说，就感官经验而言，hand（传递）、carry（运送）和 bring（带来）看起来非常相近（在一部电影中它们可以用来描写同一个事件），而动词 throw（扔）、kick（踢）和 roll（滚）却有很明显的差别。然而，就与格构式的入门要求而言，情况则恰恰相反。后面这 3 个动词有一个共同特点：它们都是表示瞬间运动的因果关系的动词，正因如此，它们均可以进入双宾语构式，而在前面那 3 个动词中，hand 是一个表示给予的动词（可以用于双宾语构式），carry 是一个表示运动的持续因果的动词（不能用于双宾语构式），bring 是一个表示顺向移动的因果关系的动词（可以用于双宾语构式）。同样，就语言机制而言，tell（告诉）不同于 say（说）、shout（喊）、talk（谈）或者 speak（讲），它们属于不同的动词微类，但与 quot（引用）、leak（泄露）、ask（请求）、pose（提出）和 write（写）相同；而 shout（喊）与 yell（叫喊）和 scream（尖叫）的相似度并不比它与 whisper（低语）和 murmur（自言自语）的相似度更高（因为他们都是表示说话方式的动词）。Baking a cake（烤蛋糕）必须被看成与 building a house（建房子）和 writing a letter of recommendation（写推荐信）相仿（表示创造的动词），但与 warming a cake（热蛋糕）、burning a cake（烤煳蛋糕），或者 reheating a cake（重新加热蛋糕）不同（表示状态改变的动词）。Betting（打赌）不得不被看成与 envying（嫉妒）、sparing（饶恕）和 begrudging（忌妒）相近（表示没有未来回报的动词），但与 selling（出售）、paying（支付）或 trading（交易）不同（表示给予的动词）。在所有上述情况中，一起事件的观察与感受以及它所牵涉的具体事物与行为（运送、谈话、蛋糕、金钱）都必须被淡化掉，而它的抽象结构（变化、因果关系、直接性、即时性）则必须被突显出来。

那么，到底什么东西能进入这个抽象思想语言呢？你们可能已经注意到了，一些空间、时间、作用力、实体、意向等之间的区别总是出现在那些动词微类的定义中。这也许暗示着，它们就是组成人类概念大厦的结构框架。但仅仅证明这些区别在英语中的重要性还不足以说明问题。如果真的是它们构成了思想的语言——人类的概念基础框架，那么，在世界各地的语言中，我们都应该能够捕捉到它们的踪影。

不过，可以肯定地说，我们一直在探讨的那些现象——句法构式、替换以及动词微类，它们本身并不具有普遍性。就连在英语的各种方言、各个不同历史时期，或者在操着标准英语的当今语者的个体方言中，它们也不是一成不变的。不过，我们本来也不应该指望它们会一成不变。即使儿童与生俱来地具备了某些语言的普遍知识，他们也无法像电影《音乐之声》中的朱莉·安德鲁斯那样突然地说出语言来。孩子们必须仔细聆听那些早已存在于他们所生活的语言社团里的词语和语法构式，只有这样，他们才能充分合理地调配自己的普遍知识，使自己的语言能够被同胞们所理解。不仅如此，能为人们所用的词语和句法构式资源也是由当地的历史兴衰所决定的：它们取决于那些在几个世纪之前甚至是几千年前塑造了当地语言的入侵者、贸易伙伴、移民、附庸风雅之徒、潮人、嫁人的新娘等，以及那些席卷整个语言社团的、含混的或是夸张的发音时尚。假如心智确实在语言上留下了什么普遍性的痕迹，那么它应该远比这些在世界各种语言中所处看见的规则和句法构式要微妙得多。

幸运的是，这种痕迹随处可见。尽管我们一直在探讨的那些句法构式并不是普遍的，但是它们却反复地出现在世界各地一些毫不相干的语言及语系当中。这个事实表明，当某种思想交流被迫切需要时，人们就会调动自己的语言潜能去重新开发和利用这些构式。根据文献记载，位置格替换构式在德语、西班牙语、俄语、希腊语、匈牙利语、印尼语、阿拉伯语、柏柏尔语、伊博语（使用于尼日利亚）、汉语、日语、韩语、齐佩瓦语以及邵纳语（班图语）中的表现，与英语中非常类似。此外，各大洲的非印欧语系的语言也都有与格或类似与格构式的文献记录。世界上数以百计的语言都在使用着使役替换构式，而且，它们之间的共同点已经被许多相关调查所证实。

不仅许多语言中都有我们在英语中看到的那些句法构式，而且这些句法构式在这些语言中的概念脚本也往往是相同的。在多数语言中，当一个动词从一个内容格转换到一个容器格时，整体效应便开始生效，就像在英语中那样。也有一些语言要用很多词来表述它：当伊博语人用直接宾语表达一个容器时，他们给那个动词添加一个意为"满"的词，类似我们说 pack/full the suitcase with clothes（用衣服把手提箱装满）。双宾语构式的情况与英语也很类似，它们也不随便地表达变化或运动，就像英语那样，它们也把第一宾语留给拥有者、受事者、受益者或者受害者。那些由一个动词在主动发生和被动发生之间的交替所构成的使役构式则更倾向于直接的、亲力亲为的、故意的因果关系，而不是那些迂回的，或非个人因素的因果关系链。

尽管各种语言的动词类和动词微类各不相同，但它们之间的差别并非没有规律可循。这个差别往往在于各种语言对动词概念与构式含义匹配关系的划分标准上。就与格而言，"给予"构成了一个概念连续体。在这个连续体的一端我们找到了原型动词，比如动词 give（给）本身，任何一种有双宾语构式的语言都允许这样的动词进入该构式。一些语言的与格就此止步了，但大多数语言还会进一步允许"发送"类动词进入该构式。还有一些语言走得更远些，它们还允许"投掷"这样的即时运动动词类进入（英语就到此为止了），还有几种语言甚至允许像"提升"和"拖拽"这样的延迟运动类动词出现在与格构式中。当我们到达这个连续体的另一个终端时，我们发现了朝着一个无生命目标前进的纯粹运动。例如开车去湖边，可以肯定地说，几乎或者根本没有哪种语言会允许这类概念进入双宾语构式的。

普遍存在于世界各国语言中的使役构式所揭示的思想普遍性则更多。在对动词微类进行划界时，不同语言使用了一些不同的界线。其中有一条最重要界线，它的一端始于那些明显由内因驱动的事件（在这种情况下，用使役构式表达台球杆冲力就是不合适的），另一端止于那些需要借助明显外力才能发生变化的事件。正因如此，几乎没有哪种语言会允许描述人类活动的动词被转换为一个使役的同音异义词，例如，Bill laughed Debbie 的意思是比尔弄得黛比大笑（Bill made Debbie laugh），这大概就是因为引发事件的直接原因是人本身的某些内在因素吧。就是由于缺少这种最大限度的许可，一些语言只允许表示变化或运动的动词进入使役构式。此外，还有一些类似英语的语言，它们在几种受限的运动和变化的动词微类处划界，将其他表示不复存在的或喷射类的动词拒之门外。也有一些非常保守的语言，它们把使役规则的使用仅仅限制在最被动的物理状态变化上，比如breaking（破坏）、opening（开放）和melting（融化）。

　　我们一直通过一个狭窄的语言门镜，即动词的语法构式，寻找思想的普遍要素。这意味着，我们一直在观察的这个可变性实际上夸大了思想脚手架本身的可变性。就基本概念而论，世界各民族语言就好比一场打地鼠游戏：如果一种语言把一个概念从其中一种语法构式中击出来，这个概念往往会突然出现在另一种语法构式中。在这方面，使役构式就是一个非常完美的例子。我们一直把注意力放在那些通过其内部动词来体现因果关系的句法构式上，就像 break the glass（打玻璃）和 slide the puck（滑冰球）那样。可是，因果关系还可以通过其自身的前缀或者后缀来表示，如英语中的 en-（使成为），enlarge（扩大）、enrich（使富有）、ensure（确保）；-ify（使……化），beautify（美化）、electrify（电气化）、falsify（歪曲）；-ize（使成为），centralize（使集中）、publicize（公布）、revolutionize（革命化）。在英语中，这些前缀和后缀只能附着在形容词和名词上，而在其他一些语言中，例如，希伯来语和土耳其语，它们可以大量地添加到动词上。在第三个鼹鼠洞里，因果关系又得到一个表示它自身含义的动词，该动词与另外一个动词（即那个表示事件被引发的动词）结成姐妹，构成一个双头动词（two-headed verb），与此对等的英语形式应该像这样 Karen made-break the window（凯伦致使－打碎玻璃）。还有这样的情况，因果关系的自身动词独自出现在句法构造的主句中，而结果则被降至一个从句中，例如，Karen made the window break（凯伦把玻璃打碎了）。一种语言一旦拥有了不止一种上述这样的手段时，它会将较简明的手段用于较直接的因果关系，而将较烦琐的用于较间接的因果关系上。例如，在英语中，当滑动电源开关时，我们说 dimming the lights（调暗车大灯），而当打开烤面包机时，我们说 making the lights dim（使指示灯变暗）。这就好比人们用这些语素在图解一个因果链上的环节，一个因果链上的环节越少，描绘这些环节所需要的语素也就越少。

　　因果关系只是在世界语言的不同语法槽中不时突然冒出的几种意思的鼹鼠之

一。这场游戏中的语法槽主要包括：动词类和动词微类；前缀、后缀和其他语法词（比如，介词、连词及助词），以及轻动词，例如 make（使得）、do（做）、be（是）、have（有）、take（拿）和 go（去），它们是某些语言中唯一存在的动词。突然现身于这些插槽中的概念并不多，它们大致可以被分为以下几类。

- 一组基本概念：事件、状态、事物、路径、地点、性质、方式；
- 一组基本概念的组合关系：行动、离开、存在、拥有；
- 一个实体分类法：人类与非人类、有生命与无生命、物体与填充物、个人与集合、灵活与死板、一维或二维或三维；
- 一个界定地点和路径的空间概念系统，例如，on（在……上）、at（在……）、in（在……里）、to（向）、under（在……下）；
- 一条排序事件时间线，该时间线区分即刻时间点、有界区间以及无界区间；
- 一族因果关系：致使、允许、使能、防止、阻碍、鼓励；
- 一个目标的概念以及手段和结果间的差别。

它们可以说就是一种思想语言的主要词语。在后面的章节中，我们将会看到它们是如何塑造我们对物质世界和社会世界的认识的。

当然，完整的思想词语要比这些多得多。举例来说，动词 to butter（涂黄油）还必须还包含一个黄油状的实体表征。假如有人想要说"布什比尼克松还尼克松"，他心里一定还记着那位第 37 届总统的某些显著特征。但问题是，在决定动词在一个句法构式中的使用方法时，我们的心智只能将目光集中在动词本身的特征上，即哪些动词是相似的，哪些动词是不同的，它根本无暇顾及我们上面提到的那些细节，更不要说无数其他有关感觉、认知以及情感上的细微差别了。被心智忽略掉的概念表征除了上面提到的特定的人和实体，还包括说话者的情绪、态度、心境，运动物体的比例、对称性、颜色，参与者的语法性别以及背景的物理特征（比如：气温如何；发生在室内还是室外，是陆地还是空中或是海上；等等）。因此我们说，语言背后的概念是以一种特殊的方式组织在一起的。那些基本的概念差别，比如意象、声音、情感、心智电影以及其他意识内容，自行地组装进一个布满挂钩的含义脚手架，在那里它们各就其位、各从其志。

　　我们的大脑真的能从如此血肉丰满的含义组块中识别出那些与一种语法相关的基本概念骨架吗？基于对大脑受损病人所表现出的不同失语模式的研究，神经心理学家大卫·凯默勒（David Kemmerer）指出，我们的大脑的确能做到这一点。

　　在一项研究中，凯默勒对一个因大脑受损而不能区分 drip（滴下）、pour（倒）和 spill（泼洒）的病人进行了观察，这 3 个动词属于同一个位置格动词微类，尽管它们在运动细节上有所不同，但共享同一个概念骨架（使一种液体能够向下运动，或者汇集）。尽管病人失去了对这 3 个动词的辨别能力，但她对支配这些动词行为的抽象语义概念却依然很敏感。她知道 Sam spilled beer on his pants（山姆把啤酒洒裤子上了）是符合语法的，而 Sam spilled his pants with beer（山姆用啤酒洒裤子）则不符合语法。这并不只是因为这个语法测试比较简单。凯默勒发现，另外两个不同大脑部位受损的病人表现出了与此病例相反的模式：他们能够说出 pour（泼洒）、dripp（倒）和 spill（泼洒）之间的区别，但听不出 Sam spilled his pants with beer（山姆用啤酒洒裤子）这类核心概念有冲突的句子有什么不妥的地方。其他研究还显示了其他一些与此相关的语言分离现象。例如，一些病人在重获了对填充物与形状或者接触与因果关系（重要的差别）的分辨能力的同时，却丧失了对热与冷、红与绿或者敲击与拍打的分辨能力（对语法并不重要的区别），反之亦然。

　　此次洞穴之旅将我们带到了一个神奇的语义王国。在这里，我们首先发现的是一个芳草鲜美、落英缤纷的动词王国——12 个描述喷泻物质的动词、20 个描述外表美学改变的动词，还有不少于 69 个描述说话方式的动词。随后，我们又目睹了一场亦真亦幻的花瓶－面孔格式塔转换。爬行的姜饼、摇身变成动词的篮球明星、象征着爱的奉献的屠龙……数不胜数的语言奇观让人有些应接不暇。不过，在我们所造访的那些区别性的动词特征中，例如喷射与涂抹、卷曲与起皱、尖叫与嚎叫等，最令我无法忘怀的还是我在那些动词背后的美丽邂逅：那些空灵的空间、时间、因果关系、拥有和目标等概念。在我看来，正是它们悄然无声地编织着人类赖以思想的语言。

奇怪的人类认知

我在前面向你保证过，我们对动词的深入思考将揭示很多人类心智的问题，比如，它将为我们揭示：人们从一种概念框架翻转到另一种概念框架的潜能、人们利用一些概念作为另一些概念的隐喻的习惯，以及一个建构句子含义乃至思想本身的含义的基本概念清单。那么，我们能用这个概念清单来做些什么呢？我们思考它们，或我们用它们进行思考——无时无刻，人们可能会怀疑，它们是不是所有智能实体，无论是人类、硅胶还是外星人在被迫处理现实问题时所不可或缺的范畴呢？让我用一些反例来结束我们本次的兔穴之旅吧。支配我们日常思想活动的那些基本概念一旦反常起来，它们的怪诞表现一点儿都不亚于假海龟和红心女王。

我们所遇到的那些常识组成要素，比如因果关系、作用力、时间以及物质，并不只是用于逻辑、科学或人类自我管理方式的最佳共同理解的家庭版本的基本概念。它们曾在人类心智进化的过程中高效地运转过，但是，在现代社会的某些概念的挑战面前，它们有时也会令我们的常识感到力不从心。这里，我所想到的并不是只有业内人士才懂的量子力学和相对论的悖论问题，而是一些更大众化的难题，即我们的直觉与我们生活的现实有时似乎并不合拍。在面对生活挑战的时候，我们在本章所发现的那些核心概念有时也会将我们引入歧途，下面请看一些这方面的例子。

拥有与受益。让我们先从一个老生常谈的例子说起。还记着那个关于幸福生活的语法隐喻吧，"要想幸福就得拥有"。歌星索菲·塔克（Sophie Tucker）曾说过这样一句话："腰缠万贯的日子我享受过，一贫如洗的生活我也经历过，但富贵总比贫穷好。"我想，对绝大多数人来说，这句话是真理。不过，这只是人们对拥有的肤浅认识。当涉及更深层次意义上的拥有时，历朝历代都不乏努力阻止人们萌生这种念头的哲人。哲人们竭力提醒人们，幸福并不是金钱所能买到的，只有犬儒主义者才懂得价值以及一无所有的真正含义，一生家财万贯、富可敌国并不一定意味着你就是赢家。此外，现代幸福学家还向我们证实，一旦人们富裕的程度达到了一定的水平，多余的财富则几乎不能给他们带来任何额外的满足感。

拥有与了解。另一个误导性的概念公式是管道隐喻，根据此类隐喻，"了解就是拥有""交流就是把了解到的东西打包进语言发出去"。这个问题同样也涉及真理的核心问题：如果人们未如实地把自己所了解的信息传播给别人，那么知识将永远无法在一个社会中得到积累，如果这样的话，语言本身也就毫无用途了。不幸的是，这个隐喻的不足之处已经遭到了当代认知科学的反复证明。我们在前言中了解到，理解话语意图不仅仅是提取语言的字面含义，你一定还记得那个乔治·科斯坦萨的故事吧，尽管他事后意识到"咖啡"不见得一定指喝咖啡，但为时已晚。一种意思一旦被人们提取出来并存储在记忆中，它就再也不会像摆在架子上的小玩偶那样一动不动地待着了。人们对记忆所进行的研究证实了马克·吐温的观察，即人们对一件事情的记忆往往与它是否真的发生过毫不相干。举例来说，主宰传统教育的是一种叫作储贷模型的导管隐喻，这种教育模式下，教师把有价值的信息灌输给学生，学生则设法尽可能地记住它们，以备将来考试时使用。而进步主义教育哲学的目标则是引导孩子们重新开发知识，而不是被动地仓储一个个孤立的事实，尽管它有些矫枉过正，但有一点是不可否认的，那就是，鼓励学生们对所学的知识认真思考的教学效果比要求他们死记硬背的效果好得多，通过这种方法学生们所学到的知识要比死记硬背的多得多。

拥有与运动。语言通常把财产识解成位于某个地点的东西，把给予或销售识解成将它移动到一个新地点的运动，届时它不再处于原来的地点。对于像鸡和蛋糕这样的有形动产来说，这种识解方法是奏效的。不仅如此，当这种识解方法被隐喻性地延伸到更加抽象的产品上时，例如金钱和房地产等，这种识解方法也完全行得通。然而，当涉及知识产权问题时，问题就出现了。很显然，我们不能既吃掉一块蛋糕同时还能拥有它，但对于信息来说，这却是完全可能的事情，因为信息可以无限复制、永不丢失。由于有了文件共享和上传下载等信息技术，人们可以在不侵犯原始所有人的拥有权的前提下，获得一首歌、一个图像或一个软件。人们对"一个物体在同一时间只能处于同一位置"与"信息需要自由"的直觉冲突引发了一场当今最激烈的法律竞争：如何将那些原本为有形产品所制定的法律扩展到那些可复制的思想上，例如语言、歌曲、图像、设计、配方甚至基因等。

时间。构成语言基础的时间模型并不是那种以恒定单位测量生命之流的永远滴答作响的时钟。相反，它把一段时间粗糙地打包进一起即刻的事件（比如投掷）、延迟的过程（例如推和拉）以及一个过程的高潮（例如打碎一块玻璃）。不仅如此，与语言接口的那部分心智仅仅利用"前与后"和"同时"两个路标来跟踪这些时间区域。这种直觉计时方法中所缺少的是把时间看成是与人类共存的、可测量的连续体的观念。我们经常会遇到这样的情况，第三世界国家、美国南部或者在马萨诸塞州的汽车监理所里工作的那些人，他们所持的懒散的时间概念，往往会令后工业化社会行色匆匆的人们感到十分沮丧，人们不禁想知道，这种的沮丧是否正是这种概念化的冲突造成的。

实体与位置。当心智相对于另一个物体定位一个物体的时候，它倾向于把第一个物体压缩进入一个无法辨别形状和内容的点或团，就像被装进盒子里一件东西。我们在前面已经看到过这种将质量或状态处理成抽象空间的整体形态的例子，例如一辆装满的马车或一个飞满蜜蜂的花园。我怀疑这就是为什么人们在理解统计类比时会遇到那么多困难的一个原因。新闻中常常引用这么一个例子：许多研究证明，男女的天赋和性格的分配并不是一模一样的。举例来说，在三维物体的心理旋转测试中，男性的平均得分较女性高；而在言语流畅度的测试中，女性的平均得分则比男性高。然而这只是个平均数，它并不能完全说明问题。对于有些女性来说，她们对空间性的理解能力远远超过大多数男性，当然，有些男性的语言比大多数女性还要流畅。不幸的是，当人们听说了这个研究结果的时候，他们竟把它扭曲为所有男人都比女人强（或者反之）。一些赞成这种差别论的人还特意为此著书立作，例如《男人来自火星，女人来自金星》（*Men Are from Mars, Women Are from Venus*）。这是一个明显的一地一事的隐喻例证；而持反对观点的人则对此类研究人员的说法，即"整个一性别组的人天生注定要失败"给予了批判。这就好比"当听说女性的平均寿命比男性的长，于是我们就得出的结论说，每个女人都比男人活得长"是一样的。对于心智而言，漂浮于另一个球体上方的意象似乎要比两条相互重叠的钟形曲线意象更加自然些。

因果关系。用语言所表述的因果关系原型意象是这样的：一个人自愿地作用于一个实体，并直接导致一个预期的位置或状态的改变。这与我们法律系统所制定的刑事责任的概念差不太多——犯罪行为和犯罪意图，或者构成一级谋杀和其他严重犯罪的所必需的罪恶行径和犯罪心理。不幸的是，现实生活却总是抛出一些与这个弹球游戏不易吻合的因果关系场景，利奥·卡茨（Leo Katz）曾在《坏行径与犯罪心理：刑法的难题》（*Bad Acts and Guilty Minds*：*Conundrums of the Criminal Law*）中对许多此类案例进行了诙谐的分析。举例来说，为了毒死自己的丈夫，一个女人在他的苹果里下了砒霜，结果苹果却被她丈夫扔掉了。不巧的是，这只苹果被一个无家可归的拾荒者拾到了，拾荒者吃了苹果之后被毒死了，这种情况该怎么论罪呢？我们能说拾荒者是那个女人谋杀的吗？假如一个房主眼看一个孩子被狗追咬却关上了大门，结果孩子被撕咬致死，这种情况又该如何论罪呢？再比如，一个男人来到一个抑郁妇女的家中，正赶上她拿着绳子站在箱子上，绳子的一端已经被她系到了橼子上，另一头系成了套索，男人见状，于是就劝她把头放进绳套并踢开脚下的箱子，那么，这个男人又该被如何定罪呢？

此类因果关系的难题并不仅仅是法学院学生们的练习题。1881年7月1日，就在詹姆斯·加菲尔德（James Garfield）总统等候上车的时候，查尔斯·吉特奥（Charles J. Guiteau）向他连发两枪。虽然两发子弹均未打中加菲尔德的致命脏器和动脉，但其中一颗射中了他的背部。按今天的标准来看，他的伤势应该说非常轻，事实上，即使在加菲尔德的年代，这点儿伤也不至于致命。遗憾的是，加菲尔德的医生却让他饱受了那个时代的医疗之苦：他不仅用不洁净的双手为他探查伤口（在防腐剂被发现数十年之后），而且还通过直肠，而不是口腔为他进食。80天的持续饥饿和伤口感染使加菲尔德临终时的体重仅仅剩下50多千克。在庭审过程中，吉特奥反复申诉："害死他的是医生，我只是打中了他。"当然，他的申诉并未说服陪审团，1882年，吉特奥被判处绞刑——他成了动词语义的另一个牺牲品。

The Stuff of Thought

Language
as a Window into
Human Nature

02

一个人真的天生有 5 万
个概念吗

　　极端天赋论认为，人类天生就具有大约5万个概念，而词义无法再被分解成更基本的概念。激进语用学认为，在不同语境下，人们可以用同一个词表达不同的东西。而对于语言决定论者来说，人们所使用的语言就是思想的语言。实际上，语言是一扇通往人性的窗口，透过语言，人类思想情感的深层普遍特征将被一览无余，但是，思想和情感并不等同于语言本身。

　　凡是参加过辩论的人都能识破那些诡辩者们在事实和逻辑对自己不利的情况下所使用的迷惑他人的战术、计谋以及其他肮脏的伎俩：有的诉诸权威，"斯波尔丁（Spaulding）就是这么说的，他获得过诺贝尔奖"；有的归因动机，"飞萤航空（Firefly）只不过是在寻求关注和资金而已"；有的直呼其名，"德利福特伍德（Driftwood）的理论就是种族主义"；还有的利用社团败坏名誉，"赞助哈肯布什（Hackenbush）的那个基金会就是曾经资助纳粹的那家"。在这些伎俩中，最著名的当属稻草人策略。此策略相当高深莫测，以至于人们有时甚至怀疑，离开了它，人类智慧的生命是否还能延续下去。

　　稻草人策略之所以如此妙不可言，是因为它常常可以被花样翻新地使用。最常见的方法是"稻草人拳击比赛"：比赛中，人们用一个不堪一击的笨蛋来替代一个骁勇善战的劲敌。第二种是"稻草人两部曲"：人们首先竖起一个稻草人，然后承认它实际上并没那么差，不过，人们为这个稻草人所打造的那些合理性实际上都是对它的致命批判的妥协。第三种是"献祭稻草人"，当人们对自己观点缺乏信心时，这种方法就被派上了用场：人们先为自己的理论设一个极端版本，然后让自己远离这个版本，借此证明自己观点的适度性。这是葡萄酒经销商们经常使用的伎俩：他们在每个酒架上囤放一瓶价格昂贵的葡萄酒，他们知道缺乏安全感的买主往往倾向于价格的中间值域。因此，如果架子上摆放一瓶价值 100 美元的葡萄酒，他们就会选择 30 美元的；而如果酒架上最贵的是 30 美元的，他们则会为仅仅消费了 10 美元而感到心满意足。

在之前出版的一本书里，我曾讨论过一个问题，即当今有许多知识分子都认同白板说这样一种极端的观点。所谓"白板"（blank slate）的意思是人类心智并不具备任何先天的能力或气质。因此，所有归因于本应完美的心智官能的理论，比如因爱生妒、父母之爱或语言本能等现象，均被视为是极端的。要想遏制这种情况，就必须有一种思想与白板说完全相反，而且要更加极端。比如，某个相信人类的标准配置不只包括几种情感和思想技巧，而且还包括"低音号"、"汽化器"和"门把手"等成千上万诸如此类具体概念的理论。起初我克制自己不要去接受这种策略，但这并非出于知识分子的顾虑。我觉得自己的立场是适度的，而且不管怎么说，那个挫败我的激进天赋论者并不是"稻草人"，他是一个活生生的血肉之躯——我前麻省理工学院的同事、哲学家兼心理学家杰里·福多（Jerry Fodor）。

福多是个才华横溢、诙谐风趣，而且十分好战的学者，姑且不提他在其他方面所取得的成就，他在认知科学领域已影响非凡。他的研究奠定了认知科学的理论基础，同时他还为句子理解的科学研究做出了巨大的贡献。在其饱受非议的理论中，福多提出，人们天生就被赋予了大约 5 万个概念（一个普通英语使用者的词量的常规估量）。不过请注意，在这里，福多并不是以一个"先天与后天"之争的辩手身份登场的，而是以一个"词义的表征方式"之争的玩家身份现身的。我在上一章中提出了一个主张：人类心智包含着由更基础的概念，比如"致使"、"意味"、"事件"和"地点"等构成的词义表征。福多对此却持完全不同的看法，在他看来，词义就是不可再分的原子。Kill（杀死）的意思并非 cause to die（致使死亡），它就是"杀死"，仅此而已。同样，cut（切割）就是"切割"，load（装载）就是"装载"，trombone（低音号）就是"低音号"，等等。以此类推，一个人所拥有的原子词义大约有 5 万个。他还主张，假如词义背后的这些概念不是由天赋的组件在习得过程中组装出来的，那么它们自身就是天赋的。由此可见，福多的激进天赋论并非来自基因决定论。福多认为词义是一个不可分割的整体。遗憾的是，对于这一问题的看法，我们两个之中只能有一个是正确的。

福多最值得称颂的是，不管他主张的那些逻辑结论听起来有多么惊世骇俗，他始终锲而不舍地追求自己的目标。正如哲学家丹·丹尼特（Dan Denenett）所说：

> 大多数哲学家好比是一张旧床：你一旦跳上去，就会被深深地陷入限定性条件、修正、规范、增补之中。而福多则不然，他像一张蹦蹦床：你跳上去，他会将你用力反弹回去，并向你提出更加苛刻、离谱的要求。如果我们当中一些人能够比别人看得更远一些的话，那要归功于福多的助跳。

最后这句话是由牛顿的名言"如果说我比别人看得更远一些，那是因为我站在了巨人的肩膀上"衍生出来的，它解释了本章为什么会给予一个看似疯狂的理论如此巨大的关注。要知道，这个理论甚至疯狂到将"汽化器"看成人类DNA的编码。我在这里之所以用大量的篇幅介绍福多的理论，并不只是出于对知识的公正的考虑，而更多是为了澄清和发现问题。在对两个替换理论进行对比的过程中，我们可以从中获得很多收获和启发，即使是那些看上去矫枉过正的理论也是如此。

只有了解了一个东西的否定属性，你才能真正地理解它。在前面的章节中，我向你讲述了概念语义学的理论——一个关于词义被心智表征为一种思想语言的基本概念集合的理论。对此，你的反应很可能是："那又有什么了不起的呢？人们还能了解自己词汇表中的单词的其他使用方法吗？"本章中，我们就来看看其他方法。我将设法通过证明其他3个替换理论的不足来为你阐释概念语义学的长处。

第一个替换理论是福多的"极端天赋论"（Extreme Nativism）。第二个替换理论是"激进语用学"（Radical Pragmatics），主张心智不包含固定的词义表征。这一理论强调词语是流动的，不同语境下可以表达完全不同的意思。我们只能在匆忙中，即在当前对话或文本的语境中赋予它们含义。而且在记忆中，我们所凭借的并不是词典的定义，而是凭借词语、事件类型以及典型的参与角色的关联网络。第三个替换理论是"语言决定论"（Linguistic Determinism），一个颠倒了我对语言和思想关系一贯主张的理论。在该理论中，语言并未被视为是通往更丰富、更抽象的人类思想的窗口，相反，它被等同于思想的语言，因此，它决定着人类思想所能企及的各种思想活动。

除了可以进一步澄清概念语义学的理论，对这一语义理论竞技场的造访还能帮助我们发现一些有关人性的其他方面的特征。举例来说，我们将了解到，人类心智是如何想象人体和人的、如何表征数字的以及如何处理三维空间的。此外，我们还将看到，为了达到吸引和娱乐他人或者对语言本身进行评论的目的，人们是如何利用词语知识为语言的态度与情感增添色彩的。

我们跟踪这场"词语表征大论战"的最后一个原因是，这场论战的背后隐藏着一个更大的思想冲突，而它却是这个思想冲突的一个典型代表。这个思想冲突中经常涉及的问题包括："什么是天生的，什么是习得的？""话语或写作的含义决定着语境，还是与语境相关？""语言是否限制思想？""人类文化在本质上是相似的，还是不同的？"等等。这些问题贯穿于整个智慧生命的始终。在《白板》那本书中，我已经论证过，这些问题往往广泛地掺杂着道德和政治的色彩。这里，我的目的并不是要对上述问题一一做出解答，我所关注的依然是词语，因为与文化的其他构成要素相比，词语更容易被清点和探测。因此，对于词语的细心观察，将为我们指明弄懂这些问题的方向。

本章的开篇以及我所提出的那个承诺，即将我的理论与那些激进的替代方案进行对比，一定引起了你的兴趣，我们马上就要进入那个稻草人的世界了。在对几个替代理论进行解释的过程中，我将尽力将"普通床"，即已经提出了激进思想却又退缩回去的人们，与"蹦蹦床"，即提出激进思想并奋力坚持到底的人们，区分开来。

极端天赋论

启发福多极端结论的论证思路其实非常简单。几乎所有致力于"先天与后天"之争的人都认同这样一个事实，即人类天生一定具备了表征某些初级概念的能力（即使只能表征"红色的""高声的""圆的"等概念），以及在经验基础上，将这些天赋的初级概念组织成新概念的能力（即使只能通过将它们联系在一起的方式）。以复合概念"红色的广场"为例，人们就是通过将两个简单的概念"红色的"和"广场"联系在一起而习得的。问题的关键是，哪些概念才是天赋概念表中的基本概念，而哪些概念是衍生出来的（至少是从它们与基本概念的连接方式中获得含义的）。一种答案是，我们可以将那些显然可以进一步分解的概念（例如"穿灰色法兰绒外套的男人"）与那些显然不包含任何更小或更基本概念的原子概念（例如"红色的"或"路线"等直接由眼睛和视觉系统触发的概念）区分开来。在后天论的阵营里，经验主义者们坚信，在建构复杂概念时，人们所利用的全部手段仅仅是一个为数甚少的感觉运动特征词汇表和对它们的联想加工。而在先天论的阵营里，先天论者们则辩称，人类天赋的概念中还应该包括一个更大、更抽象的概念集合，比如"导致"、"数字"、"生物"、"交换"、"亲戚"和"危险"等诸如此类的概念，在他们看来，这些概念绝不是即时组合的产物。

有一点可以肯定，辩论双方都必须承认这样一个事实，即认知的基础模块自身——就好比钢琴上的琴键、打字机上的字母或盒子里的蜡笔，一定是天赋的。你可以在一个标准的英文打字机上打出任何你想要的东西，然而尽管你可以迅速地打出任意数量的英语单词、句子和段落，但你却永远也不会看到一个希伯来语、泰米尔语或日语字符。正如莱布尼兹在修改经验主义的口号时所说的那样："世上没有任何东西可以不经过感官就进入智慧……除了智慧本身。"

那么，词义背后所隐藏的那些概念应该是一种什么情况呢？无论经验主义者还是不十分极端的先天论者都会对这样一种主张表示满意，即这些概念中的绝大多数是由更加初级的单位构成的，例如"母亲"这个概念或许被表征为"女性家长"，"杀死"或许被表征为"致使死亡"。总之，不是这些初级概念单位是天赋的，就是由它们所分解出来的更基本的概念单位是天赋的。问题的关键就在于，人类的某种东西是天赋的。正因如此，我们才能解释为什么儿童一生下来就能学习词语和概念，而小鸡或大黄或砖块却不能。假如一个单位不能被进一步分解成一个更加基础的单位，那它本身必定是天赋的，就像字母 A，它不可能由任何更简单的东西构成，因此它是打字机上必备的一个键。

但是，福多认为，绝大多数词义的本身都是不可再分的基本单位。对于福多来说，只要是定义就无法回避漏洞的问题。举例来说，"杀死"并非真的意味着"致使死亡"。正如我们在上一章所看到的那样，你可以因为星期二给某人下了毒，使其在星期三被"毒死"，但你却不能因为星期二给某人下了毒，星期三将其"杀死"；也不能因为你拒绝了一个被疯狗追赶的人的进屋请求，就说你"杀死"他，尽管你那么做的后果很可能会"致其死亡"。此外，福多还指出，那些试图尽量减少复合概念（比如"知道"、"科学"、"善行"、"解释"以及"电子"等）、并希望用更基础的概念来界定它们的哲学家们，往往被证明是徒劳无功的。最后福多辩称，当我们对人们即时使用语言的心理进行观察时，我们并没有发现任何迹象表明人们对复合概念的推断比对简单的概念更费力气。举例来说，就直觉而言，人们并不觉得"父亲"这一概念比"家长"更难理解，尽管一些学者坚持认为，"父亲"是一个由两个简单概念"男性"和"家长"所构成的复合概念。

那么，假如"概念不可定义"这一说法是正确的，这就意味着这些概念不是由更基本的概念构造而成的，假如它们不是由更基本的概念构造而成的，那也就意味着它们自身就是基本概念，也就是说，它们自身就是与生俱来的。不过，请注意，尽管如此，这并不等于说，儿童一出生就具备了完全成熟的关于"父亲"、"杀戮"以及"汽化器"等方面的知识。这些概念还需要得到现实世界中相关对应物的进一步触发或者动物行为学家所说的"释放"（release）。举例来说，必须在目睹了一只移动中的破船的前提条件下，幼鹅头脑中那个天生的"母亲"的概念才能被释放出来；而雄棘鱼天生的"竞争"概念，只有在目睹了一个红色的斑点之后，才得以释放。这也同样不等于说，词义的这种原子属性意味着人们对那些习惯上强加进它们定义中的信息视而不见、充耳不闻。人们知道父亲是家长而且是男性，很可能是因为他们头脑中有这样一条推理原则，"如果谁是父亲，那么他一定是个男性；如果谁是父亲，那么他一定是个家长"。这类"含义假设"再加上其他一些推理规则，例如，"假如 p 或 q 为真，且 p 为假，那么 q 为真"等，就能够进一步扩充人类的逻辑系统，但它们只是不会成为词义的一部分。

当然，福多也允许少数例外。例如，在福多看来，一些专门术语就是可以定义的。举例来说，ketch（双桅纵帆船）和 sloop（单桅纵帆船）；此外，数学术语，比如 triangle（三角形）和 prime number（质数）以及多语素词，比如 dishwasher（洗碗机）和 blackness（黑色）。这是因为，如果说 wash dishes（洗碗）作为一个短语是复合认知概念，而它的对应名词 dishwasher（洗碗机）却是简单概念，这种说法有点儿有悖常理。但是，福多最后总结说："除了上述那些可定义的词类，《牛津英语词典》中还另有约 5 万个词条。很显然，就这些剩下来的词条而言，我们不能再做任何解析了。"如果我们不能定义它们，那它们必定是原子的，因此也必定是天赋的。这与它们的数量无关——无论 5 万还是 50 万，假如我们将那些无法用一个单词翻译成英语的外来词语也考虑在内的话，这个数字甚至会更大。如果你觉得这种说法有悖于进化生物学的观点（因为人们可能会认为，在"汽化器"和"低音号"出现之前，自然选择不可能预料到人们还需要像"汽化器"和"低音号"这样的概念），那么对进化论来说，这还不算最糟糕——像那些经验主义阵营中的反对派一样，福多将达尔文主义经验学说轻蔑地视为一堆事后诸葛亮式的远古传说。如果说这仅仅有悖于常识，那么对常识来说，也还有比这更糟糕的。当涉及其他物种行为学时，比如蜘蛛或鱼，人们不会用常识去推翻科学发现，但为什么当谈及人类行为学时，常识却被赋予了否决权呢？然而无论出于什么原因，比这更怪诞的事情已经在科学史上发生了——想想那些来自量子物理学的奇闻怪事吧。

我之所以反对极端天赋论主要是因为，我认为它的关键前提，即"词义不能被分解成更基本的概念"是错误的。当然，福多无视常识的态度也是应该受到批判的。福多很清楚，非常规的想法常常会得到历史的首肯——别忘了，哥伦布和爱迪生都曾遭到过人们的嘲笑。但问题是，曼尼·施瓦茨（Manny Schwartz）也遭到过人们的嘲笑。什么？你没听说过施瓦茨？他是"大陆溢出论"（Continental Drip）的发起人和主要的捍卫者。该理论认为南部大陆的底部是尖的，这是由于它们在熔融状态下，一边向下流淌一边冷却凝固造成的。我的意思是说，施瓦茨本来就该被人嘲笑。什么是离奇的主张？5 万个概念都是天生的，甚至还包括"低音号"和"汽化器"，这就是离奇的主张。既然观点这么离奇，那就应该有同样离奇的证据。正如我们将要看到的那样，福多的证据还真是单薄得离奇。

为什么说拥有成千上万先天概念的主张是离奇的呢？这么说吧，如果你打算声称某种东西是先天的，那你就应该验证一下它是否符合进化的科学，即进化生物学理论。我们对进化的最佳理解是这样的：那些昂贵的、精致的、适用的东西之所以来到我们的心智中，是因为它们增强了我们祖先繁衍生息的成功率。正如我前面提到的，如果"汽化器"和"低音号"这类的概念是天赋的，那么我们很难想象，在它们还未被发明的数十万年之前，它们的"适用性"究竟体现在哪里！

福多的同盟者，认知科学家马西莫·皮亚泰利－帕尔马里尼（Massimo Piatelli-Palmarini）后来意识到，这个超数量级的概念理论确实存在问题。于是，他精心设计了一场争论，企图以此调和福多的理论与当代生物学理论间的紧张气氛。同样坚信概念是天赋的乔姆斯基也曾经发起过类似的辩论。帕尔马里尼辩论道，就拿人类的免疫系统来说吧，生物学家曾一度认为，在环境的"指令"下，有机体命令可塑性抗体来抵御由病原体和寄生虫所带来的外源蛋白质（抗原），抗体是通过参照抗原的形状塑造自己的方式抵御抗原的。然而，我们现在已经了解到，实际情况并不是这样的，事实上，我们的免疫系统制造了数以百万计不同的抗体，其中甚至包括一些对付我们身体从未遇到过的或者永远都不会遇到的抗原的抗体。我们的免疫反应首先甄别出预先存在的最佳抗体，然后让它迅速繁殖激增。每个抗体起初都是由比较简单的元素生成的，但是这些元素并不具有"看见"外源抗原的能力，因此初始抗体都是从这些元素中盲目地生成出来的。我们的免疫系统不仅能够自我适应，而且它还相当智能，但这并不是因为它具有接受环境"指令"的能力。相反，它天性挥霍无度、铺张浪费。值得庆幸的是，它的内部包含了大量性质各异的抗体单位，需要时，那些符合特定环境需要的抗体就会被触发。也许，生成我们概念的神经系统也是这样工作的。

这个论述的问题在于，它掩盖了免疫系统与大脑之间一个至关重要的差别。人体挥霍、慷慨地提供抗体并不能代表它在消耗自身的资源，实际上，这是它针对无数瞬息万变的恶意微生物所带来的威胁的一种自我适应。有机体之所以储备如此大量的抗体，是因为任何一个创面都有可能迅速地成为那些无孔不入的细菌的攻击目标。这与机场安检类似：机场安检人员之所以"兴师动众"地检查每一位乘客是否携带了武器，而不只是检查部分人，是因为他们一旦放行了某个老太太，恐怖组织成员就会设法将炸弹放进她的手提包里。

概念系统的要求则是完全不同的。概念系统完全没有必要覆盖每一个能够想得到的可能性，相反，为了确保儿童能够从一些词语应用的实例中揣摩出它们的含义，概念必须受到数量上的限制。正如句法习得或者科学实践那样，词语学习是一个触目惊心的归纳问题。在这一过程中，人们会遇到无数泛化的可能性，而且其中大部分泛化都是错误的，尽管理论上它们与任何一个经验样本都是一致的。举例来说，假如一个成人看见一只兔子从身边跳过，于是他喊了声："Gavagai!"在这种情况下，gavagai 不仅可以指"兔子"，还可以指"好像兔子"、"蹦蹦跳跳的兔子"或者"兔子的身体部位"。再比如，当有人拿出一块绿宝石说 green 时，他既可能想说"绿色"，又可能想说"在 2020 年之前是绿色的，自那以后就变蓝色了"，否则就不会有 grue（绿蓝）① 了。假如儿童头脑中的天赋概念数量真的与天赋抗体的数量一样数不胜数，那么他们就不仅仅拥有类似"兔子"和"绿色"这样的先天概念，他们还应该拥有像"兔子的身体部位"和"绿蓝"这样的概念，而且他们永远也无法追究到那些单词的恰当含义。应该说，这一事实有力地反驳了概念全部来自天赋的主张。

在我们将单词放进"原子击破器"内并对它们是否能被解构成更基本的概念要素进行考察之前，我想就极端天赋论的最后一个概念问题再谈谈我的看法。这个问题就是，假如真的像福多所说，概念跟鹅卵石一样，没有任何内部成分可言，那么人类是如何让这些概念发挥作用的呢？我们不只是拥有概念，我们还要使用它们，而且对于一个能在复杂任务中派上用场的东西来说（比如一个工具、一个器官、一个软件等），它必须要有分工合作的内部成分。举例来说，如果"熔化某物"意味着"致使某物熔化"，那么我们完全可以通过对下面情况的思考来了解人们是如何使用"熔化"这个概念的：比如，人们是如何使用"致使"这个概

① 绿蓝悖论（Grue Paradox），又称"新归纳之谜"，是哲学家纳尔逊·古德曼（Nelson Goodman）提出的归纳悖论。——编者注

念的；儿童是如何通过"弹道"来识别因果关系实例的；人们是如何推导下面公式的，假如 X 导致 Y，如果没有 X，Y 就不会发生。可以说，上述任何一种问题都比"熔化"这个概念是如何被整体使用的容易驾驭，因为后面这个问题不仅涵盖了上述全部问题，而且还在这些问题之外添加了一些新问题。更重要的是，一旦上述那种因果关系心理被揣测出来，这个解决方案便能自动地适用于成千上万的其他因果关系：杀害、弹跳、涂黄油，等等（很快你会看到更多诸如此类的动词）。其他意思的成分也是这样。但假如"熔化"就意味着"熔化"，那么儿童究竟是如何识别这个概念实例的，他们又是如何利用这个概念进行推理的，这些问题就只能是些无解之谜了——而且，我们所要面临的还是 5 万个类似的无解之谜。假如你研读福多的理论，你很容易就能发现，事实上，他从始至终都在回避着这个问题，而且，他似乎总是津津乐道地利用一个词的不同大小写形式和字体来解释一个概念。

> 基本观点是这样的：就什么使某物成了一只 doorknob（门把手）来说，它只不过就是：作为来自经验的一种东西，我们的心智正是利用这个经验毫无困难地习得 DOORKNOB（门把手）这个概念的。反过来，就什么使某物成了 DOORKNOB 这个概念来说，它只不过就是：对人类心智所锁定的"门把手"的性能的表达。我们的心智从 doorknobhood（门把手性）的理想的实例中获取经验，正是这种经验将心智锁定在门把手的性能上……我想要说的是，"门把手性"就是指人们被锁定的那个门把手的性能，这个被锁定的性能来自人们对门把手将门锁住的典型体验，而门把手将门锁上所凭借的则是它所具有的典型门把手的性能。

公平地说，这并不是晦涩难懂的天书；福多是在设法建构一种连贯的哲学辩论，尽管它有些难懂（这里我将不做任何解释）。不过，在涉及心理概念时，福多给人留下的印象的确是在玩印刷骗局：doorknobhood（门把手性）的性能到底是什么，人们究竟是如何识别它们并利用它们进行推理的，对于这些问题，福多一个也没有解释。

　　上述问题是极端天赋论中存在的一些理论问题，那么看看它在语言事实方面还有些什么问题呢？语言学家都了解的一个眼前问题就是：单语素词义（福多所说的天赋原子）和多语素词义（福多所说的由部分组成的词义，而且是习得的，就像短语和句子的含义）之间的界限通常是任意的。首先，相同的概念在一种语言中表示为一个多语素词，而在另一种语言中则可能被表示为一个单语素词，反之亦然，就像我们在前面的章节中对出现在不同语言槽中的"致使"概念进行观察时所看到的那样。举例来说，在英语中，我们有独立的语素，例如 see（看）和 show（显示）、come（来）和 bring（带来）、rise（上升）和 raise（提高）、write（写）和 dictate（听写）。在希伯来语中，表示 show 的词是 cause-to-see（致使看），表示 bring 的是 cause-to-come（致使来），表示 raise 的是 cause-to-rise（致使上升），表示 dictate 的是 cause-to-write（致使写）。但没有人会说，"带来"这个概念对美国人和英国人来说是天赋的，而对于以色列人来说则是习得的。即使在同一语言中，随着时间的推移，一个概念也同样可以在多语素词和单语素词之间进行转换。语言中大多数的不规则形式正是这样形成的：要么说话人把两个语素含混在一起了，要么听话人没有分辨出它们来，总之，原本是两个语素，结果被融入了一个。例如，made（制造）原本是 maked（make + ed），feet（足）原本是 foeti［fot（foot）+ -i］。不过，我们可以肯定地说，"过去制造"和"不止一只脚"的概念绝非英语使用者在中世纪英语时期通过习得而演变成天赋概念的。在离我们更近些的英语时期，每当一个新发明进入常用词语时，我们都可以看到从多语素词向单语素词的转换：refrigerator（冰箱）→ fridge（电冰箱）、horseless carriage（老式汽车）→ car（汽车）、wireless（无线电）→ radio（收音机）、facsimile transmission（传真发送）→ fax（传真）、electronic mail（电子邮件）→ e-mail（电子邮件）、personal computer（个人电脑）→ PC（个人电脑）。难道当人们开始用单语素词指称原本是多语素词的概念时，每一个这样的概念都要唤醒一个沉寂中的对等天赋概念吗？

　　所有这些事实都突出了语言的一个重要设计功能，那就是句法功能。句法机制使人们能够利用简单概念去构建复合概念，比如 remove caffeine from（从……脱去咖啡因），复合概念的解释取决于简单概念的词义，就这个短语而言，短语的含义取决于 remove（去除）、caffeine（咖啡因）和 from（从）。事实上，在其他辩论场上，福多就是充分地利用了语言的这个功能来搏击对方的，例如，在他与有关联结主义的辩论时。形态学（复合词的构词）与句法学的机理相仿，即通过简单概念来构造复合概念。在这种情况下，我们可以根据 de-（除去）、caffeine（咖啡因）、-ate（动词化）和 -ed（过去分词）的概念含义来解释 decaffeinated（脱咖啡因的）的概念含义。但是，福多却坚持认为，这一机理必须在单个词语的门前收住脚步——换言之，当人们开始使用 decaf（脱因咖啡）或 Sanka（山咖）时，必须有一个全新的概念来代替原来的咖啡，实际上，这个全新的概念也是天生的。但遗憾的是，多语素词可以轻松融入单语素词这一事实说明，语言并不遵守福多的划界。

当然，我们应当承认，概念通过不同方式来表达，比如短语、复合词和简单词，其含义确实会发生一些变化。举例来说，一个词自身的含义成分比其出现在短语中时更专属。To butter 并非像字面那样专指用"黄油"涂抹，它可以指用任何一种类似黄油的物质涂抹：你可以把廉价的人造黄油涂在面包上。衍生于名词的齐名动词，比如，gerrymander（为正当利益改划选区）、bowdlerize（删除文句）和 boycott（联合抵制）的含义比当初赋予它们灵感的那个人的任何记忆都要长久。但这些变化只是作为短语或词的性能的一个条件而被普遍应用的，而并不是作为每个单词的特质而应用的（正如你可以用廉价的人造黄油涂抹面包，你也可以用乙烯基布糊墙是一样的）。这些变化是对原始含义的调整或补遗，但它们并不是像用"大电车"来替代"香蕉"那样的彻底替换，而且只有在简单词义和复合词义是毫不相干的原子的情况下，这种情况才有可能发生。

我们前面说过，福多还宣称，表达复合概念的词并不比表达简单概念的词更难以使用和掌握。不过，复合词本来也不必更费心，因为通过实践，心智完全可以将要素包组装进模块，并在记忆和加工过程中为每个模块分配一个单独的槽。因此，人们使用"致使死亡"这个概念所耗费的心智资源很可能并不比使用"死亡"所消耗的多。假如在儿童发展的某个阶段中，一个概念确实超过了模块的自然尺寸，那么他们就真的遇到学习麻烦了。

心理学家黛迪莉·特纳（Dedre Gentner）曾对下面一组动词做过认真的考察，这些动词包括：简单动词 give（给予）和 take（采取）、略微复杂一点的动词 pay（支付）和 trade（交易）——给予 X 并接受 Y，以及更复杂一些的动词 spend（花费）——给予钱并且收到 X、buy（买）——收到 X 并且给予钱和 sell（销售）——给予 X 并接收钱。特纳的研究结果表明，孩子们发现简单动词比复杂动词容易表演，而越是复杂的动词就越难于付诸行动。这与预期的结果是相同的。研究结果还显示，孩子们所犯的错误主要集中在，他们有时会漏掉一些额外的含义成分，比如，当孩子们表演"卖东西"时，他们往往把东西给出去却不知道收钱。这种由于"局部学习"（partial learning）造成的儿童言语失误时有发生，比如，一个两岁小男孩在自动取款机前问妈妈："我们在买钱吗？"

福多的核心论证就是他对定义的攻击，他说，定义将不可避免地漏掉一些那个接受定义的词的含义。这个论证的问题在于，它混淆了定义与表征的概念，事实上，定义（本来就不总是完整的）与心智对语义的表征并不是一回事。所谓定义（definition）是指利用其他英语词语对一个英语单词的词义所做的辞典解释，它所面向的是天下的"全人"（whole person），为了弄懂这些辞典解释，他们需要运用他的全部智力和语言技能。所谓语义表征（semantic representation）是指一个人所拥有的关于一个概念结构（思想的语言）中的单词的词义知识，而这个概念结构则是由操控其模块并将其与其含义相联系的大脑系统所加工出来的。定义完全可以是不完善的，因为它们可以为语言使用者们留下大量的想象空间。语义表征则不然，它必须比定义更明确，因为它们本身就"是"语言使用者的想象力。不幸的是，福多对复合语义表征所进行的攻击恰恰是建立在对复合语义表征与辞典定义的混淆基础之上的。

福多的论据只有一个：及物动词 paint（油漆）及其定义 cover a surface with paint（用涂料覆盖表面）：

让我们从一个相当天然的道理开始吧。考虑这样一种情况，一个油漆厂爆炸了，爆炸弄得旁观者满身都是油漆。这可能是件很好玩的事情，但这并不等于说，这个油漆厂（或爆炸）粉刷了旁观者。

正如他自己所承认的，这的确是个天然的道理，因为 to paint 以及其他使役动词的语义表征通常要求一个有生命的施事者。一个乳牛场爆炸并不能给乳牛涂上牛奶，美国 WD-40 工厂的爆炸也无法给铰链上润滑剂。就这个天然的道理来说，它并不需要劳驾辞典编辑者们特意做什么说明，因为他们完全可以指望读者们自己将这一点补充上。这恰恰是问题的关键——只要读者意识到 paint 是个使役动词时，他们就可以将这一点补充上，因为他们的大脑对 paint 的表征已经包括了"因果事件的施事者"这一概念。

因此，福多继续辩称：

考虑一下意大利文艺复兴时期的著名艺术家米开朗琪罗的情况，尽管他是油画的施事者，但他不是个油漆工。尤其当他将油漆喷刷在西斯廷教堂的天花板时，他并不是在给天花板刷油漆，而是在天花板上绘制油画……请比较一下汤姆·索亚[①]和他刷油漆的栅栏。

暂且不计较确实有许多人将米开朗琪罗的行为描述为 painting the ceiling（给天花板刷油漆），实际上，这个句型是在 paint a picture on the ceiling（在天花板上绘制油画）上应用了位置格规则的直接产物。如果在谷歌上搜索短语 Michelangelo painted the ceiling（米开朗琪罗油漆天花板），共可检索到 335 个链接，尽管其中一个把天花板锁定在"西斯廷教堂"，另一个锁定在"第十六教堂"。福多注意到，对一个要在天花板上绘画的人来说，遮盖天花板必定是他的主要意图，油画是带着这个意图被画上去的，而绝非其他意图的副产品偶然地遮盖了天花板。这个论点的确很敏锐，但遗憾的是，它与动词 paint 的特质含义毫不相干。正如我们在第 1 章所看到的，那只不过是所有进入容器格构式的动词

---

① 汤姆·索亚（Tom Sawyer），马克·吐温代表作《汤姆·索亚历险记》中的主人公，一个聪明、好动又调皮捣蛋的小男孩。——编者注

的入门条件而已：这些动词均指定一种状态变化，而这种状态变化则是由于对一个事物的表面体或一个容器有目地实施影响而引发的。一个要去井边打水的人，半路上却掉进了湖里，这并不等于说他装满了水桶（filled the bucket）；一个将绷带绕在肩上取暖的人，他并不是绑住了自己的肩膀（bandaged her shoulders），等等。所以说，福多在抱怨 paint 的定义"正在添枝增叶"的同时，他却忽略了这样一个事实，这并不是一个 paint 的定义问题，同样的枝叶会添加在成千上万的动词定义上，而且只要将它们的目的性去掉并将它们插入更加专属的概念中去，比如"行为"、"致使"和"目标"——即那些被福多否认的词义的递归要素，它们的枝叶就会立刻消失得无影无踪。

为证实自己的观点，福多又做了一次努力：

> 无论怎样，这个定义还是不起作用。请考虑一下这种情况，当米开朗琪罗将画笔浸入天蓝色的油彩时，他就等于用油漆覆盖了画笔的表面，而且他这么做的主要意图就是想通过浸渍画笔而令它被油漆所覆盖。尽管如此，米开朗琪罗并不是在"绘制他的画笔"。

说得没错，但这是因为这个动词 paint 和成千上万的其他动词一样——区分手段和目的，米开朗琪罗浸渍画笔被识解为一种手段，而墙表则被识解为目的。

列举了这 3 个例子之后，福多希望他的读者正在失去耐心。"我真的不知道何去何从了。"他叹息道。福多的故事到此戛然而止，目的是以此不让读者们发觉，事实上，他所设的 3 个理论障碍（有生命的施事者、预期的效果、手段和目标之分）均不符合原子论的要求，即无论有生命的施事者、预期的效果还是手段和目标的区分都不是动词 paint 所独有的无可复归的癖好，恰恰相反，它们是许多类似 paint 的动词所共有的特性，而这正是与原子论背道而驰的。

现在让我通过分裂原子——通过展示动词是由少量概念粒子构成的，来圆满地结束我们对极端天赋论的讨论。我们整个第 1 章的讨论都是在这个思想的基础上进行的。这里我不再重复前面的例子，相反，我将为你隆重地推出一个极其优雅的原子裂变实验，这个实验部分基于贝丝·莱文的研究。该实验的研究对象是一类最典型的动词：简单及物行为动词，此类动词所传达的是"X 对 Y 的所作所为"。假如真有哪类动词的含义是原子的，那么就当属这一类了。

该实验是用这种方法来分裂原子的：首先将及物动词应用于各种句法构式中，然后再对所产生的不合理句法构式进行仔细考察。第一个用于实验的句法构式是"意动式"（conative），意动一词来自希腊语，意为"尝试"。意动式所传达的基本思想是，"施事者反复尝试去影响某事物，但结果却并不十分令人满意"。

> Mabel cut at the rope. [Compare "Mabel cut the rope."]
> 　梅布尔砍向那根绳子。（比较"梅布尔割断了那根绳子。"）
> Sal chipped at the rock.
> 　萨尔劈向那块岩石。
> Vince hit at the dog.
> 　艾斯瞄向那只狗。
> Claudia kicked at the wall.
> 　克劳迪娅踢向那堵墙。

上述意动式中的介词 at 均指向施事者意图的那个目标实体。请注意 at 的这种隐喻性的扩展，它原来所表达的含义更具体些，即物理运动的一个目标，就像它在 Harry fired an arrow at the tree（哈利朝那棵树射了一箭）中所表达的那样。正如我们所预料的，并不是所有的动词都可以进入此类构式中，即使有些组合从意思上是可以讲得通的，但是它们听起来却让人觉得怪怪的。

> *Nancy touched at the cat.
> 　南希摸向那只猫。
> *Jeremy kissed at the child.
> 　杰里米吻向那个孩子。
> *Rhonda broke at the rope.
> 　朗达砍向那股绳子。
> *Joseph split at the wood.
> 　约瑟夫劈向那块木头。

由此可见，意动替换构式所能适用的行为类型远比我们想象得要少。总结起来，意动构式只适用于以下两类行为的动词：cutting（切割）类行为的动词，如chip（削）、chop（剁）、cut（切）、hack（砍）、slash（猛砍）以及hitting（打）类行为的动词，如beat（打败）、bump（碰撞）、hit（打击）、kick（踢）、knock（敲击）、slap（拍击）、strike（撞击）、tap（轻打）；但它却不适合touching（接触）类行为的动词，如hug（拥抱）、kiss（亲吻）、pat（轻拍）、stroke（抚摸）、tickle（弄痒）、touch（触摸）；也不适合breaking（破坏）类行为的动词，如break（打破）、crack（破裂）、rip（撕裂）、smash（粉碎）、split（分离）。简言之，只有那些表示某类接触所导致的运动的动词才符合意动构式的使用条件。

现在我们再来看看用于实验的另一种叫作"物主提升"（possessor-raising）的句法构式。

> Sam cut Brian's arm.
> 　山姆砍了布莱恩的手臂。
> Sam cut Brian on the arm.
> 　山姆砍在了布莱恩的手臂上。
> Miriam hit the dog's leg.
> 　米利亚姆打中了狗的腿。
> Miriam hit the dog on the leg.
> 　米利亚姆打到狗的腿上了。
> Terry touched Mavis's ear.
> 　特里触摸了梅维思的耳朵。
> Terry touched Mavis on the ear.
> 　特里摸到梅维思的耳朵上了。

像其他句法转换构式一样，物主提升构式也牵涉到一个概念性的格式塔转换问题，这里的格式塔转换在于到底该将一个人识解为"拥有身体器官的不朽灵魂"，如cut Brian's arm（砍了布莱恩的手臂），还是将他识解为"自身脏器的一个化身"，如cut Brian（砍了布莱恩）。就第1个例句来说，有人可能会问"布莱恩"到底是谁，或者"布莱恩"到底在哪儿，你能砍断他的任何一个部分——四肢、头、躯干，却砍不到他本人。就第2个例句而言，你可以砍在这家伙的头上、胸上甚至小脚趾上，总之，无论你砍在哪个部位上，它们都是属于布莱恩的，而不只是一些随便的身体部位而已。当我们将无知觉的对象而不是身体部位用在这个构式中时，身心二元论（mind-body dualism）问题就一目了然了。我们不能说 The puppy bit the table on the leg（小狗咬在桌子的腿上了）；Sam touched the library on the window（山姆摸到图书馆的窗户上了），或者 A rock hit the house on the roof（一块石头打在房子的屋顶上了），这是因为与身体部位不同，我们的心智并不把以上这些对象识解为由一个统一的天赋知觉支配的组件。

请注意，我在这里提及物主提升构式并不是要阐释它所蕴含的心理模型，我们所要阐释的是这个构式对动词的选择问题。举例来说，下面这两个句子就有些不大对劲，James broke Thomas on the leg（詹姆斯打破在托马斯的腿上）或者 Hagler split Leonard on the lip（哈格勒撕裂伦纳德在唇上）。由此看来，物主提升构式只适用于击打类动词和切割类动词，它不适用于破坏类动词。可用于物主提升构式的动词有一个共同点，那就是它们必须指定一种身体接触。

说到身体接触，我们再来介绍一种与位置格替换构式相似的构式。

> I hit the bat against the wall.
> 　　我打那只倚在墙上的蝙蝠。
> I hit the wall with the bat.
> 　　我把蝙蝠摔在墙上。
> She bumped the glass against the table.
> 　　她撞击那个放在桌子上的玻璃杯。
> She bumped the table with the glass.
> 　　她用玻璃杯撞击那张桌子。

同样，还是有几个动词拒绝成为这个貌似属于它们的俱乐部的会员。

> I cut the rope with the knife.
> 　　我用小刀割绳子。
> *I cut the knife against the rope.
> 　　* 我割靠在绳子边上的小刀。

They broke the glass with the hammer.

　　他们拿锤子打碎了那块玻璃。

*They broke the hammer against the glass.

　　* 他们打碎了靠在玻璃边上的锤子。

She touched the cat with her hand.

　　她伸手摸了摸那只猫。

*She touched her hand against the cat.

　　* 她摸了摸靠在猫身上的手。

　　当然，以下情况不在我们的考虑范围内，刀被切坏了，锤子被碰碎了，或者手被触摸了。在这种情况下，打击类动词能够进入此句法替换构式，而破坏类动词和接触类动词则不能进入。换言之，能够参与此句法构式的动词所表达的是伴随接触的运动，但该运动却不能伴有特殊效应的接触（例如一个切口、一个破裂），而且这个运动还不能伴随没有事先位置变化的接触（就像在接触类的例句中那样）。

　　我们的原子分裂需要对 5 个句法构式均进行原子测试，请容许我将最后两个介绍完。"中动语态"（middle voice）构式指的是对某物实施作用的容易度，例如，This glass breaks easily（玻璃杯轻而易举地打碎了）和 This rope cuts like a dream（绳子毫不费力地割断了）。同样，仍然不是所有的动词都可以参与到中动语态中来。

*Babies kiss easily.

　　* 婴儿很容易亲吻。

*That dog slaps easily.

　　* 那只狗很容易拍打。

*This wire touches easily.

　　* 这条线很容易触摸。

　　中动语态适用于那些预示着一个由某种原因导致的特定效应的动词，这些动词包括破坏类动词和切割类动词，但不包括接吻类、拍击类和接触类动词。没有特定效应，就没有中动语态。

　　最后，让我们来看看"反使役替换构式"（anticausative alternation），该构式通过去除因果施事者的方式将及物动词转换为不及物动词。它与中动语态构式有所不同，因为它所描述的是，一个对象在一个真实的事件中所经历的一场具体的变化，而不是该对象的一般属性有多么容易改变。例如，对于 Jemima broke a glass（杰迈玛打碎了一只玻璃杯，一种使役构式）中的及物动词 broke（打碎）来说，你可以在下面句子中使用它的不及物形式，比如，At three o'clock, the glass broke（三点钟时，那个玻璃杯打碎了），不过，并不是所有的使役动词都会同意将它们的施事者去掉的。

> *Sometime last night, the rope cut.
>
> 　* 昨晚的某个时候，那根绳子剪断了。
>
> *Earlier today, Mae hit [meaning "Mae was hit"].
>
> 　* 今天早些时侯，梅袭击了（意思是"梅遭袭击"了）。
>
> *At three o'clock, Clive touched [meaning "Clive was touched"].
>
> 　* 三点钟时，克莱夫感动了（意思是"克莱夫被感动"了）。

　　反使役构式接受那些指定一个特定效应的动词，但条件是它们只能表示一个效应，仅此而已。在这一点上，它们比可以进入中动语态构式的动词受到的限制还要多，中动语态构式中的动词不仅可以指示一个效应，而且还可以指定实施该效应的手段（例如切割）。

　　我对此的看法就是，这些替换构式是在根据简单行为动词所共享的含义成分在为它们进行交互分类，结果界定出了一族纵横交错的简单行为的动词微类。请看表 2-1 对本裂变实验的小结（拒绝进入构式替换式的动词以星号标记）。

表 2-1　　　　　　　　　　　　　动词微类总结

替换式	简单行为动词微类	例词
意动式	运动，接触	hit, cut, *break, *touch
物主提升式	接触	hit, cut, *break, touch
接触位置格构式	运动，接触，无影响	hit, *cut, *break, *touch
中动语态	影响	*hit, cut, break, *touch
反使役式	影响，无接触，无运动	*hit, *cut, break, *touch

表 2-1 蕴含着一个深层结构，该结构解释了为什么这些动词可以整齐地被分配进行列中。如果我们用动词代替构式来重新排列的话，这个深层结构便会一目了然了。

> hit：运动、联系
> cut：运动、接触、影响
> break：效应
> touch：接触

这个排列的格外优雅之处就在于，行列中的动词所利用的是概念的公共资源，这里没有任何一个概念在解释一个句法构式入门条件时需要被重新划定界限。相反，一些概念一直反复出现在不同的动词和句法构式中。同一个"接触"概念，不仅定义了物主提升构式的动词，同时也帮助定义了意动构式、接触位置格构式以及反使役构式（通过缺省值来定义）。同一个"效应"概念既区别了"切"与"打"，又区别了"接触"和"破坏"。没有任何一个动词需要一个为它自己量体定制的意义成分，至少在区分它所能应用的句法构式时不需要这么做。当然，许多动词，比如 kiss（亲吻）、chip（削）和 snap（拉断），确实有一个属于它们自己的独特的概念含义，但它并不排挤由基本概念界定的动词含义或者影响动词的句法行为。

我们在这些原子爆炸碎片中看到的是一个动词内部的含义组合系统。那些把动词归进不同构式替换式中去的概念元素并不是任意的标记，就像拉丁语中对性（gender）或变格类（declensional class）进行归类的那些概念元素那样，这是因为它们决定着动词使用的真实世界的情景。举例来说，动词 hit（打）中表示"运动"的含义成分使其无法胜任描述这样一种"致使"情况，即倚靠某人胳膊并缓增压力而导致其胳膊青肿。相反，由于动词 break 中没有"运动"这个含义成分，所以它允许我们说 Someone broke the bicycle（某人弄坏了那辆自行车），即使他并没用长柄锤子击打那辆自行车，而只是自行车轮胎承受不了他的体重而爆胎了。这些概念元素的功能条款不只是人类推理（含义假设）系统的一部分，由于它们控制着动词进入句法构式的方式，因此它们是语言引擎本身的一个部分；它们也并非只是人们在日常推理中所运用的常识。

　　总而言之，类似"运动"、"接触"和"因果关系"这样的概念将动词划入纵横交错的范畴中，这些概念本身也因此成为动词含义的组成成分。这意味着这些动词本身是具有含义成分的，意味着它们并不是不可复归的原子，意味着它们没必要是与生俱来的。而且，假如"击打"、"切割"和"破坏"这样基本的含义都不是天赋的，那么像"汽化器"和"低音号"这样的词语就更不可能是与生俱来的了。这是一个令人振奋的结论。它从常识和进化生物学两个方面印证了我们对概念本质的怀疑。它使我们更加坚信，人类的认知工具箱里确实装载了"致使""运动"等基本概念组件。我们的结论也同时表明，承认"部分"概念是基础的，而且可能是天赋的，并不意味着我们必须极端地认为"所有"概念都是基础的且都是天赋的。

激进语用学

　　假如你能想象出一个理论，它与极端天赋论要多对立就多对立，那这个理论一定就是激进语用学了。激进语用学与概念语义学的分歧并不在于词义的心智表征是不是天赋的，也不在于词义是不是原子的，而在于词义是不是存在的。激进语用学的口号可能出自威廉·詹姆斯（William James）的这句话："一个定期闪现在意识中的、永恒存在的'概念'或表征其实就是一个像黑杰克一样虚幻的实体。"根据激进语用学的理论，隐藏在一个词义背后的、永恒存在的概念结构也同黑杰克一样虚幻，因为在不同语境下，人们可以用同一个词表达不同的含义。连环漫画《蒙蒂》（Monty）中的恶魔对话活生生地阐释了激进语用学的这个思想梗概。

Monty © United Feature Syndicate, Inc.

英语及其他语言都没那么极端。根据激进语用学的观点，人们使用词语的方式之所以如此精微玄妙，是因为它基于一种语言与思想关系的思考方法，而这种思考方法显然不同于头脑中为每个词条都固定地配备了概念结构模块的辞典意象。

"激进语用学"听起来就像一个矛盾修辞法，不过，它所暗指的是语用学——一门语言学的分支科学。语用学是研究语言如何在语境中按照会话双方的知识和期待被使用的科学。激进语用学就是语用学领域的霸权集团，它试图利用这些术语尽可能多地解释语言方面的问题。这一名称最初是语言学家杰弗里·纽伦堡（Geoffrey Nunberg）杜撰出来的，纽伦堡曾一度因其在报纸和电台对语言所做的一些评论而享誉美国。其他激进语用学家包括人类学家丹·斯伯伯（Dan Sperber）和语言学家迪尔德丽·威尔逊（Deirdre Wilson）、心理语言学家伊丽莎白·贝茨（Elizabeth Bates）以及以联结主义和动态系统著称的认知科学流派的成员们。这些流派的倡导者们是最有弹力的蹦床，在本章后面的篇幅里，我们将对一个联结主义的模型进行探讨，该模型将为您展示激进语用学的激进程度。

激进语用学的试金石就是卡通漫画《蒙蒂》中所展示的那个现象：一词多义（polysemy）。一词多义是指，一个词有许多不同但相关的含义，它不同于其他两种一个声音对应多种含义的构词法。

首先，一词多义与同音同形异义关系（homonymy）不同，同音同形异义词是指一个词同时有几个不相关的含义。当一个古老的单词在语言的发展过程中萌生了新意且当前的语言使用者已经不记得它的原始关联时，同音同形异义词就出现了。举例来说，odd（奇数）这个词原本指某个醒目的东西，比如三角形的尖端。后来它被扩展来隐喻地指称某物由于与众不同而醒目，进而又被扩展来指称奇数。

此外，一词多义与同音异形异义关系（homophony）也不同，同音异形异义词是指发音相同的不同单词，通常是因为它们原来的发音在语言的发展过程中被合并了。例如，four（四）和 fore（前部）现在听起来是一样的，但 four 最初与 tour（旅游）相谐音，而 fore 最初与 flora（植物群）相谐音（或多或少地）。我们是通过拼写方式来考察古发音化石的。同音同形异义词和同音异形异义词经常被用在文字游戏中，就像下面这个证明一匹马有无数条腿的书呆子式的笑话那样。

> Horses have an even number of legs. Behind they have two legs, and in front they have fore-legs. This makes six legs, which is certainly an odd number of legs for a horse. But the only number that is both even and odd is infinity. Therefore, horses have an infinite number of legs.
>
> 一匹马有偶数条腿。2 条后腿，4 条前腿。加一起就是 6 条腿，对一匹马来说，这个数字无疑是与众不同的。但唯一一个既是偶数又是奇数的数字是无穷大。因此，马有无数条腿。

相比之下，就一词多义而言，一个词的多种含义则相当紧密地联结在一起，以至于只有语言学家或人工智能研究人员才能发现它们之间的差别。请看下面的例句。

- Chicken 可以指称一种动物（为什么小鸡能过马路？）或一种肉（尝一尝，它的味道像小鸡！）。
- Newspaper 可以指称一个机构（吉尔为一家报社工作）或一种物品（给，用这张报纸压扁那只蟑螂！）。
- Book 可以指称信息体（亚伯写的书不可信）或一种物品（亚伯的书重 2.5 千克）。
- Window 可以指称一扇窗户（她打碎了浴室的窗户）或一个通路（她是从浴室的窗户进来的）。
- Monkey 可以指称一个物种（猴子生活在树林里）或一个个体（猴子们接管了那个小岛）。
- France 可以指称一个政治实体（France is a republic，法国是一个共和国）或该实体的领导人（France defied the United States，法国领导人公然反抗美国）或一片领土（France has two mountain ranges，法国境内有两条山脉）。
- Construction 可以指称一个事件（The construction took nine months，工程耗时 9 个月）、一个过程（The construction was long and noisy，施工又长又吵人）、一个结果（The construction is on the next block，那个建筑物在下一个街区）或者一种方式（The construction is shoddy，劣质的施工）。

我们似乎是根据多义词所处的句子、对话或文本中的语境为其配置适当含义的。要不是在一种叫作轭式修饰法（zeugma）或一语双叙法（syllepsis）的文字游戏中看到了多义词含义之间的冲突的话，人们通常是不会意识到他们在这些词义之间所做的切换有多么轻而易举。轭式修饰法是指两个不相容的含义被并置在一起。典型的例子包括本杰明·富兰克林的名言 We must all hang together, or assuredly we shall all hang separately（我们必须同心协力，否则我们肯定会分崩离析）、查尔斯·狄更斯的 She came home in a flood of tears and a sedan chair（她乘着泉涌的泪水和一顶轿子回到了家）和格鲁乔·马克思（Groucho Marx）的 You can leave in a taxi. If you can't get a taxi, you can leave in a huff. If that's too soon, you can leave in a minute and a huff（你可以乘出租车离开。如果你找不到出租车，你可以悻悻而去。如果太早了，你可以一分钟后悻悻而去）。偶尔，说话者为了表明一种看法，会特意引起人们对一词多义的关注，就像在电影《西线无战事》（*All Quiet on the Western Front*）中所表现的那样，一个士兵被告知，如果一个国家辱骂另一个国家，那么战争就要开始了。他回答说："那我就不明白了。德国的山脉无法辱骂法国的山脉，不仅山脉做不到，河流、森林或者玉米田都做不到这一点。"不过多数情况下，多义词的含义混合是无须令人皱眉的。

> Yeats did not enjoy hearing himself read aloud.
>
> 　叶芝不喜欢听到自己大声朗读。
>
> The Boston Globe decided to change its size and typeface.
>
> 　《波士顿环球报》决定改变它的字号和字体。
>
> Don't worry about that review—tomorrow it will be wrapping fish.
>
> 　别担心那个检查——明天就过去了。
>
> Sally's book, which would make a good doorstop, is full of errors.
>
> 　莎莉的书到处是错误，会拒人千里的。
>
> The chair you're sitting in was common in nineteenth-century parlors.
>
> 　你坐的那把椅子在 19 世纪的会客厅里很常见。
>
> The window was broken so many times that it had to be boarded up.
>
> 　窗户被打碎了好多次，所以只好被钉上了木板。

　　一词多义无处不在。一部苦情（sad）的电影让人难过（sad），可是一个伤心（sad）的人一直是悲伤（sad）的。当你开餐（begin a meal）时，你是准备吃；

但如果你是一个厨师，你要准备做。当你开始一本书（begin a book）时，你是准备阅读它；但如果你是一个作家，你是准备写它。使一辆车成为好车（good car）的品质与使牛排成为好牛排、丈夫成为好丈夫、亲吻成为香吻的品质并不相同。一辆快车（fast car）行驶急速，而一本快速阅读的书（fast book）根本不需要快速移动（它只是可以在短时间内读完而已），快车手（fast driver）、高速公路（fast highway）、紧急决定（fast decision）、高效打字员（fast typist）、仓促约会（fast date）都是快，但"快"的方式却不尽相同。

　　甚至像颜色词这样具体的词也能像变色龙一样千变万化。红色（red）可以用来修饰葡萄、剑叶兰、蹄类动物的肉，或者当一个男老师上课时发现裤子拉链开着时羞红的脸，尽管都是"红"，但在上述情况中的颜色却是浓淡不一的。下面这首撒罗拉·萨比阿（Saroja Subbiah）的小诗的灵感就来自颜色词的多义性，他将同样的灵感也传给了我。

> Dear White Fella
>
> When I am born I'm black
>
> When I grow up I'm black
>
> When I am sick I'm black
>
> When I go out ina sun I'm black
>
> When I git cold I'm black
>
> When I git scared I'm black
>
> And when I die I'm still black.
>
> But you white fella
>
> When you're born you're pink
>
> When you grow up you're white
>
> When you git sick you're green
>
> When you go out ina sun you go red
>
> When you git cold you go blue
>
> When you git scared you're yellow
>
> And when you die you're grey
>
> And you got the cheek to call me coloured?

亲爱的白人小伙子

我生来就是个黑人

长大后我还是黑色的

生病时我是黑色的

太阳底下我也是黑色的

着凉的时候我仍然是黑色的

害怕时我会发黑

直到我离开人世，我依然是个黑人。

而你，白人小伙子

一降生，你是粉色的

长大后你是雪白的

生病时，你会发绿

太阳底下你又变得通红

着凉时你会发蓝

害怕时你会发黄

而当你死去时，你又成了死灰色的

可你有什么颜面叫我有色人种呢？

当一个词被用于指称与其通常所指相关的事物时，一词多义现象往往就发生了，这就是人们常说的转喻修辞法（metonymy）。我可以说"苏西被停放在偏僻的地方了"或者"布兰得利被公交车追尾了"，在这两个例句中，我分别使用了两个人的名字指代他们的车。与此类似，我们还可以说"把乔姆斯基放在语言学架上"或者"你可以在书店后面找到希区柯克"，这里我们用名字指称他们的作品。还可以用人们的器官和财产来指称他们，比如，护士们有时会说"220病房的胆囊需要换衣服"，或者一个女招待会这样告诉另一个服务员"那个火腿三明治要埋单"。

人们该如何理解这种明显的语义混乱呢？在激进语用学看来，语义理解是一个非常弹性的过程，在这一过程中，人们只是随机应变地利用自己所了解的知识以及他们对对方的了解。不仅如此，在激进语用学学者们看来，我们所说的"词义"根本不是字典中或心智中离散的词条，而是常规事件及其典型参与者之间相互联系的模式。这一模型使得听话人能够对话语中的词语加以改造，然后再以某种能够产出说话人在那个语境中最有可能要传达的信息的方式将改造后的词语有机地联系在一起。

　　就所指事物而言，激进语用学有一个真值元素，这个真值元素就是词语指称的是外界事物。就连"火腿三明治"都可以指称一个坐在餐台旁吃午餐的男人，这着实令那些希望利用一套逻辑指针将语言表达式投射到外部世界的逻辑学家们大跌眼镜、心灰意冷。不过，这里我所关心的是，激进语用学关于人类心智的看法到底是不是正确的。激进语用学关于词语缺乏精确的心智表征的主张，很显然与我们在观察动词替换构式时所看到的画面大相径庭。我们所看到的画面非但不混乱，而且看上去泾渭分明，这主要表现在以下 3 个方面。

　　第一，人们放弃了使用本来完全可以理解的一些动词的表达方式。比如，He clogged hair into the sink（他的头发堵住了水槽）、She yelled him her order（她喊着向他传达命令）、We melted at the butter（我们企图融化那块黄油）以及 She broke him on the arm（她把他的胳膊弄断了）。假如按照激进语用学所说的，只要能在语境中讲得通，我们的大脑就会满意的话，那么为什么上面这些完全讲得通的句子却有一股不合语法的味道呢？

　　第二，我们清楚地看到了动词使用的界限是如何在相似的事件间进行精确分类的，这些界限并不总是徘徊在常规类型的周围。举例来说，当我想到日常生活中的一个典型场景时，比如，将水倒进玻璃杯，大脑就会为我呈现出一幅血肉丰满的意象——一个口渴的人，手里拿着干净的水杯，走到一个水龙头前，打开水龙头，让几股水流到杯子里。然而，现在我们去掉细节，只看梗概。假如我选择了动词 pour（倒），我的视线就会自动聚焦在水被迫运动的方式上，而对它的去向视而不见，这就是为什么我们可以说 pour the water（倒水），但不能说 pour the glass（倒玻璃杯）。假如我选择使用动词 fill（装满），我的视线则会聚焦在玻璃杯被注满的结果上，而无视它的方式，这就是为什么我们可以说 fill the glass（装满水杯），但不能说 fill the water（装满水）。就连那些简单类型的及物动词也被纵横交错地分割开来，动词 cut（切）、break（打破）、touch（接触）以及 hit

（打击）等也被发配到不同的语义地带。每个动词只瞄准事件的一个必要方面（因果关系、运动、接触），而对其他方面却必须目不斜视，不管那些方面与我们经验的联系有多么普遍。这与激进语用学所声称的、支配我们对语言使用方法的典型情景是常规类型的观点截然相反。

第三，动词类之间的切分不只把一些紧密相连的特征圈在了一起（快、慢、湿、干燥、自愿等），它们还受句法和代数结构规则的制约。举例来说，cut（切）并不只是引起一种普通的运动、接触和效果。移动一个鸡蛋，使其与热锅发生接触，致使鸡蛋破裂，这并不等于切鸡蛋（cutting an egg）。相反，切割类的运动必须包括切割工具与鸡蛋的接触，然后是该工具穿透鸡蛋表面的运动，穿透的结果导致鸡蛋破裂，这才是 cut（切）。同样，词类的代数性表现在它们需要变量来填充特定的句法空位。想一想，我们需要用什么来描述一个动词微类的共同特征呢？比如说话方式类动词，whisper（低声地说）、mumble（喃喃自语）、shout（呼喊）、purr（咕噜）、yammer（叹息）等到底有什么共同之处呢？它们的共同之处并不是某种特别的方式，因为任何一种方式都能将它们区别开来。这个共同点也不可能是那些方式的"公分母"，因为根本就没有这样的"公分母"：低语和喃喃自语的共同特征会被嚎叫和尖叫的共同特征所抵消。恰恰相反，一个类别中的动词必须而且只能指定某个方式。这就意味着，对词类的描述必须遵守"定义之定义"（a definition of a definition），即对任何动词的定义都必须包含这样一个陈述："方式 = x"。这一方面提高了心智对词义表征的逻辑精密度的门槛，另一方面也引起了我们对那个所谓的"词类的描述是各种联系的松散结合"的观点的怀疑。

假如动词和句法构式真的如此精确，那么我们该如何解释一词多义这个桀骜不驯的语言现象呢？事实证明，一词多义现象实际上并不比语言的其他现象更加难以驾驭。一词多义现象是记忆形式与组合操作间交互作用的产物，而记忆形式和组合操作是语言的两个主要成分，它们也是我在《词与规则》中探讨的主题。

一旦一词多义的指称范围在语言中变得明显起来，语言学家便开始了对其实例的仔细研究。到目前为止，语言学家区分了不规则和规则两类一词多义关系，就像对曲折变化的不规则与规则的区分那样。不规则形式，如 come-came 和 mouse-mice 是异质的，需要一个个地进行记忆；规则形式，如 walk-walked 和 cat-cats 是由规则生成的。一些多义词的语义关系就像不规则的曲折变化一样不可预测，因此，它们也只能靠记忆了。举例来说，当某人了解到英语单词 red 可以指"消防车的颜色"时，他随即将这一知识作为一条定义归档到自己的心理辞典里；而在另一个独立的情景中，他又了解到 red 还可以指"露西·鲍尔头发的颜色"，于是他同样将这个知识也归档。以此类推，这就要求人们在自己的心理辞典中为一些词条添加许多定义，我们在前面已经看到，对词语来说，人类的记忆是相当慷慨的——5 万～ 10 万个单词之间，而且它们很可能不只是单词，还有可能是习语。因此，对于我们的记忆来说，多几个额外的定义算不上什么了不起的事情。当然，最初必须得有一个人，他能相当灵活地将一个词语扩展到一个新的含义上，随后，当这个创新者将它散布到人群中去时，还得有另一些人会对其含义进行推理。不过，对于我们大多数人来说，我们只要记住创新的产物就可以了，并不需要对每个词进行重新定义。我们在上一章中已经看过了这种劳动分工的情况。

我们之所以相信一词多义的含义是记忆下来的，而不是按需要扩展出来的，是因为它们是约定俗成的，是一个语言社团内部既无从推导也不具普遍性的任意实践活动。英语可以借用 red 指称一种天然的头发颜色，但在其他语言，比如法语中，却保留着一个专属形容词 roux 来指称它，这就好比英语使用者说玛丽莲·梦露的头发是 blond（金色）而不是 yellow（黄色）的。其他表示头发颜色的词语，如 platinum（银灰色）、ash（灰色）、strawberry（草莓色）、chestnut（栗色）、brunette（深褐色）、auburn（赤褐色）等，均需要一个一个地记忆。例如，strawberry blond 是指微红色的金发而不是草莓色的金发。问题是，为什么偏偏 red 的意思就不需要这样呢？还有皮肤的颜色词，就像那首诗《白人小伙子》给我们带来的启迪那样：这是一种习俗。它告诉我们"一个白人生病时皮肤是绿色的，寒冷时是蓝色的，惊吓时是黄色的"，这并不是视觉的问题。

另一个可以证明一词多义的含义多数是通过纯粹的广泛使用而习得的证据来自语言统计学：一个词使用的频率越高，它的词义就越多，反之亦然。举例来说，常用动词 set（建立，使用频率为 372 次 / 百万）的词典定义超过 80 条；非常用动词 sever（断绝，9 次 / 百万）的词典定义有 4 条；而罕见动词 senesce（开始衰老，少于 1 次 / 百万）则仅有 1 条定义。假如词义的默认值是精准的，而且词语是通过独立暴露来积累额外含义的话，那么这个统计结果与我们的预期完全相符，但假如词义的默认值是弥散的，而且词语是通过甄别训练过程中的额外暴露而变得愈发敏锐的话，那么这个统计结果则恰恰与我们的预期相反。

　　实验室的研究也证明了这个事实，即许多多义词都是作为独立的含义而被存储在大脑中的。心理学家戴弗拉·克莱因（Devrah Klein）和格雷戈里·墨菲（Gregory Murphy）利用一种在实验心理学中被叫作"启动效应"（priming）的技术做了相关的实验研究，这种实验的通常做法是，将一个单词呈现给一个受试者，使其头脑中的这个词被激活，以便他能在短短的零点几秒内便能轻松地将这个单词（以及与其相关的其他词语）识别出来。克莱因和墨菲的具体实验做法是，他们首先为受试者快速地出示了一个带修饰语的多义名词，比如 paper（它要么指日报，要么指印刷日报的纸浆），显示修饰词的目的是帮助受试者锁定 paper 那两个含义中的一个，比如 wrapping paper（包装纸）。这个修饰词就是所谓的启动词，这一过程结束后，受试者需要回答的问题是，这个启动词在他头脑中启动了什么：是仅仅启动了那个特定的含义呢，还是某个涵盖了这个词全部含义的语义核（semantic core）。为了找出问题的答案，克莱因和墨菲再次为受试者显示了 paper，这次他们采用了另外一个修饰语，这个修饰语要么与 paper 的原始含义一致，比如 shredded paper（切碎的纸），要么与另一个不兼容的含义一致，比如 liberal paper（自由报）。实验人员在受试者推断第二个短语时开始计时，当他们得出正确结论时，他们身边的按钮就会被按下。实验结果表明，相比于 paper 被一个不同于其原始含义的词所启动词的情况（例如 wrapping paper liberal paper），受试者对 paper 被一个与其含义相同的词所启动（例如 wrapping paper shredded paper）所做出的反应更迅速、更准确。这一结果说明，对于多数多义词来说，每个含义都是他们大脑中存储的一个独立单位，换言之，它可以完全不依赖于其他含义而被独立激活。近年来，启动技术得到了进一步完善，脑磁图仪的应用使得大脑活动情况的测量变得更加直观，高科技的启动技术再一次验证了克莱因实验结论的可靠性。

与不规则多义现象对立的是规则多义现象。这类多义词的特点是，整个一类词语可以同时获得一个新意思，人们无须一个个地记忆它们。一些规则多义词甚至根本不需要增殖自身的词义，只要遇到一个经验丰富且善于分析的语言使用者就足够了。以形容词 good（好）为例，它在"好刀"、"好妻子"和"好生活"中意味着完全不同的东西。这是不是就等于说 good 有多重含义呢？只有那些蠢家伙才会这么认为，也只有他们才会愚蠢地满脑子搜罗词义成分的交叉点，比如，寻找那些既是刀又是好东西的事物。只要是个正常人，人们都会深入上述名词短语内部去捕获那个被 good 所修饰的含义成分，并将其从它与被修饰词所共同经营的数十种含义中解放出来。

问题是，这个含义成分究竟是什么呢？就此问题，计算语言学家詹姆斯·普斯捷约夫斯基（James Pustejovsky）认为，亚里士多德的主张是正确的。亚里士多德认为，心智对每个实体的理解均依据这样 4 种因果关系：它是谁或由什么创造的，它是由什么组成的，它是什么形状的，它的用途是什么。在解释形容词，如 good（好）和 fast（快）——a good road（一条好车道）、a fast road（一条快车道）以及动词，如 begin（开始）——He began his sandwich（他开始吃三明治）、She began the book（她开始读书）时，人们往往会对涉及对象使用意图的那部分概念结构进行深入思考（道路用于车辆行驶、三明治用于饮食、图书用于阅读等），然后得出结论，good 与 begin 所指的就是那个部分。而当一个可数名词被用作不可数名词时，例如，There was sausage all over his shirt（他衬衫上到处都是香肠），人们就会设法辨别该物质的组成成分；注意，这里同样不需要新名词含义的参与。人类所拥有的并不是恶魔语言中 phhlëmkes（美味的意思）那样的多形态的多义词，相反，他们所拥有的是从词语内部结构中挑选含义成分的一整套方案。

在彻底不规则（例如 red hair 中的 red）与完全可预测（例如 good road 中的 good）这两个多义词极端之间，我们还发现了两者互动的情况。这种互动源于一些词语的替换规则，比如改变一个动词识解的那些规则（例如，从致使运动到致使改变的规则）。就名词多义词而言，这些规则可以包括：允许用指称产品的名称来指称它的生产者规则，该规则反之亦然（例如本田、《纽约时报》）；允许用指称开口的名称指称其掩体的规则（例如门、窗）；允许用指称动物的名称来指称动物的肉的规则（例如羊肉、鹅肉、剑鱼肉）。尽管这种情况所需规则的数量是巨大的，但这些规则本身都很简洁。

在这一点上，激进语用学的拥护者可能会反驳说，这些"规则"都是臆造的，它们只是一些常识的快照，它们不过是人们在需要时对词义所实施的拉伸而已。看来，要想证明这些规则确实是语言引擎的一部分，就必须证明它们与其他语言机制是相互配合的，尤其是与那些令常识和愿望在交际中受挫方面的配合。

规则多义关系与其他语言机制相互配合的一个重要表现就是它对词形（不只是词义）的敏感。在某些情况下，多义关系受限于语音。举例来说，一个表示国籍的形容词可以被转换成复数形式，指称它的人民，例如 the Swiss（瑞士人）、the Spanish（西班牙人）、the Dutch（荷兰人）、the French（法国人）和 the Japanese（日本人）。但这条规则仅适用于两种情况：第一种情况是以齿擦音（sibilant）结尾的形容词——你可以指称 the Swiss（瑞士人）和 the Spanish（西班牙人），但不能指称 *the German（德国人）、*the Coptic（科普特人）或者 *the Belgian（比利时人）；第二种情况是保持非英语语音模式的形容词，例如 the Hausa（豪萨人）、the Tuareg（图瓦雷格人）或者 the Wolof（沃洛夫人）。而且在一些情况下，多义关系受限于形态结构（由词干和后缀构成的一个词的成分）。举例来说，指称政体的名词可以扩展到指称实际的国家，就像我们在谈及 democracies（民主国家）、tyrannies（暴政国家）、oligarchies（寡头政治国家）、monarchies（君主制国家）和 dictatorships（独裁政体国家）时那样——但这种情况不适用于以"-ism"结尾的名称：你不能用 fascisms 指称一群法西斯国家，同样，一张地图上也不可能遍布着 communisms（共产主义国家）、marxisms（马克思主义国家）、maoisms（毛泽东思想国家）、islamisms（伊斯兰主义国家）或者 totalitarianisms（极权主义国家）。

此外，多义关系与语法的密切配合还表现在用于区分美国英语和英国英语的一种方法上。当一种商品将其名称转让给了一个老板的时候，这个名称在美国通常是单数的，如 The Globe is expanding its comics section（《全球报》正在扩展它的漫画版），而在英国，这个名称则是复数的，如 The Guardian are giving you the chance to win books（《卫报》正在为您提供一个赢得图书的机会）。

规则多义关系还受限于苛刻的语义限制条件。你可以使用 France（法国）指法国领土、国家或领导人，但不能指称法国人民：France eats a lot but stays thin（法国人吃得多却能保持苗条），这种说法虽然能懂，但听起来却怪怪的。你可以为 a newspaper（一家报社）或 a magazine（一家杂志社）工作，但不能为 a book（一本书）或 a movie（一部电影）工作。用于指称食物的词语，可以指称该类食物捣碎后产生的黏性半流体物质——some carrot（一些胡萝卜泥）、some salmon（一些三文鱼泥）、some apple（一些苹果泥）、some egg（一些生蛋羹），但如果该物质是混合物而不是单一的物质就不能这么指称了。这就是为什么墨西哥餐馆供应的是 refried beans（炸豆泥），而不是 refried bean（炸豆泥）；印度餐馆供应的菜泥叫 lentils（腌扁豆），而不叫 lentil（腌扁豆）。我们发现，多义名词与替换动词一样：它们不会仓促地跳进随便哪个能够被理解的句法构式中，相反，它们要么应征加入一个整齐的微类词，要么就彻底退出这个词语行列。

还有一种多义关系与实际词语（而不只是貌似合理的含义）纠结在一起的方式。在一种语言中，如果有一个词已经在一系列相关含义中立桩标出了自己的语义槽，它就会击退任何一个由多义规则打发来的入侵者（这有点类似于曲折变化，不规则复数形式 mice［老鼠］优先占领了规则形式 mouses 的位置）。就交通工具名词扩展来的旅行动词而言，你可以利用 ferry（摆渡）、truck（驾驶卡车）、cycle（骑自行车）、canoe（乘独木舟）或 motorcycle（骑摩托车）抵达某地，但你却不能car（汽车）或 plane（飞机）到达某地，因为在英语中，drive（开车）和 fly（乘飞机）已经占据了优先权。我们可以吃 chicken（鸡肉），但不能吃 cow（奶牛）、calf（小牛）、sheep（绵羊）、pig（猪）或 deer（鹿），而吃 beef（牛肉）、veal（小牛肉）、mutton（羊肉）、pork（猪肉）或 venison（鹿肉，在新西兰，鹿肉被称为 cervena）。顺便提一下，许多人相信这些成对的词语——一个属于指称动物的日耳曼语，另一个属于指称肉食的法语。当时，只有诺曼领主才吃动物肉，而盎格鲁－撒克逊的农民只有饲养动物的权力。这一学说来自沃尔特·司各特（Walter Scott）爵士的小说《艾凡赫》（*Ivanhoe*），小说中小丑万巴向一个养猪人解释道：

> 猪肉，我认为，是个很好的诺曼法语；因此，这牲畜活着的时候，由撒克逊的奴隶照料它，她于是就从了它的撒克逊名字——母猪（swine）；但从她被抬到城堡大厅的那一刻起，她便成为一个诺曼猪，他们叫她猪肉（pork）……老总督牛（ox）在撒克逊奴隶（比如像你这样的人）的照料下，一直享用着他的撒克逊人的绰号，但当他来到那些注定要吃他的虔诚的大嘴们的面前时，他就成了牛肉（beef），一个热气腾腾的法国情人。小牛先生同样在劫难逃，它以同样的方式成了小牛肉先生：当他需要被照料时，他是撒克逊人，当成为物质享受时，却被赋予了诺曼名字。

故事虽然令人着迷，但历史语言学家却告诉我们，这个理论是错误的；盎格鲁－撒克逊和法语的词语直到之后的几个世纪后才被区分开来。不过有一点倒是真的，那就是人们并不会随心所欲地使用那些被赋予了新意的词语。他们首先要掌握大量词语的规约含义，然后将自己从中总结出的多数规律应用到那些偏离了既有常规含义的词语理解中去。

可是，我们又该怎样解释那个坐在 14 号餐台旁、打着响指召唤服务员结账的"火腿三明治"呢？没有任何一个神经正常的语言学家会提出用"三明治"代替"人"的转换规则，更不用说用"需要换绷带的胆囊"来代替"病人"了。不过，人们改造词语的灵活表现有时确实有点像刘易斯·卡罗尔（Lewis Carroll）的童话人物——汉普蒂·邓普蒂，汉普蒂·邓普蒂说："当我使用一个词时，它的意思恰恰就是我选择它来表达的意思。"随后，他又关键性地补充道："当我让一个词像那样做了那么多的工作时，我总是要付给它加班费的。"当说话者将一个单词打造成一个真正的非常规含义时，听众可绝不是不费吹灰之力就能理解它的字面意思的。相反，说话者的非常规含义与听者头脑中的规约含义间存在着一种摩擦，而这种摩擦本身就传递着信息。事实上，正是双方之间存在的这种可预计的摩擦才使得人类的语言变得如此淋漓尽致、妙趣横生。可以说，它是委婉与恶俗语（刻意的冒犯言辞）、潜台词与信息、语言幽默与文字游戏以及文学暗喻的生命之源泉。下面我们来一一地进行说明。

　　委婉语（Euphemism）与恶俗语（dysphemism）。服务员用"三明治"指称顾客并不只是为了省点力气，她其实是在运用一种冷漠的诙谐，把本应受到恭维的顾客贬低成服务人员们唯一真正共同关注的卑微食品。同样，用生病的器官来称呼病人是卫生保健人员常用的一种黑色幽默，一种用于平衡工作压力（例如过度同情与拘谨）的办法。举例来说，他们常常用CTD（快要断气的）指称晚期病人，用Code Brown（棕色警报）指称大小便失禁的病人，用wallet biopsy（钱包检查）指代对病人的费用所进行的核查。这也是为什么女服务员或实习生不会在顾客或病人家属面前用火腿三明治／胆囊来谈论顾客或病人的原因。我们的心智把可数名词转换成不可数名词利用的也是这个原理，就像下面这个例句中的cat（猫的血肉）的用法那样，After he backed up, there was cat all over the driveway（他倒车之后，车道上到处都是猫的血肉）。例句中的cat被用作不可数名词，这不只是因为死猫被当作了"血肉"（flesh）的同义词。cat的这种用法类似于一种糗事幽默（sick humor），还因为它是一个敏感人会设法回避在猫主人面前谈及的一类事情。

　　一般而言，用人体部位、生理特征或典型的穿着打扮来指称一个人——也就是换喻词（metonym）是粗俗的。许多民族的绰号，例如，用a slope（歪眉）或a slant（斜眼）称呼亚洲人，用a redskin（红色皮肤）称呼印第安人，用a wetback（非法入境的农工）称呼美国墨西哥人，歧视妇女的言辞a skirt（裙子：对女人的轻蔑）、a broad（宽大的身躯：娘儿们，下层社会对女人的称呼）、a piece of ass（屁股：一个被当作满足性欲的妇女）以及对某些固定工作人员的不敬称谓，如称公司官员a suit（西装革履）、运动员a jock（运动服）、技工a wrench（扳钳）都体现了这一点。我们前面提到了"物主提升式"，此构式蕴含的心态是人大于自身的组成部位。上述的用法实际上是对物主提升构式心态的一种扩展，通过扩展，人被贬低成其自身的组成部位（或其他财产），这等于是对"他"或"她"作为一个人的否定。

相比之下，委婉语通常用上位词（hypernym）来指称人——上位词是指比最初出现在脑海中的那个词更宽泛的词类。相比于换喻词，上位词并不是真正意义上的一词多义的实例。不过，它们在话语中的富于情感的使用从另一个侧面重申了这个道理：词语选择方式的不同会造成人们心理感受上的差异。当吉卜林（Kipling）用"你将成为一个男人，我的孩子"结束他那首著名的小诗《假如》（*If*）时，1851年，当索杰纳·特鲁斯（Sojourner Truth）在一次充满火药味的演说中反复地申明"难道我不是个女人吗"，他们并不是在枉费口舌。相反，他们是在利用"男人"和"女人"赋予一个小男孩和一个非裔美国女性一定程度上的尊严，否则这些尊严很可能会被剥夺。这种性别叙述语也经常被人们骄傲地颂扬：马迪·沃特斯演唱的"男子气概"的副歌、斯蒂夫温·伍德的"我是个男人"、海伦·瑞蒂的"我是个女人，听我怒吼！"、佩姬·李（后称佩姬小姐）的"我是个女人（W-O-M-A-N）"，等等。此外，下面这两个委婉语中也回荡着这种声音：person of color（有色人种）和意第绪式英语中的mensch（受尊敬的人）原本指称"男人"，但现在它们指"非凡成熟和正派的人"。

上位词的褒义功能还体现在无生命物质的命名中。市场营销人员经常用自命不凡的绰号来粉饰他们的产品，例如driving machine（驾驶机器）、photographic instrument（摄影仪器）、beauty bar（美颜棒）以及dental cleaning system（牙科清理系统）。至于为什么用上位词所指称的人或产品会让人听起来更高雅些这一问题，我们并没有明确的答案。也许它是对屈辱的一种镜像反应吧，这些屈辱来自那种用人体部位和特质指代人本身的粗俗行为。总之，人们倾向于将抽象本质或原型看得比具体标志属性的细节更加纯净和高贵。不管出于何故，这里所反映出来的一条基本规则是：换喻词贬损，上位词褒奖。

潜台词（Subtexts）。许多人文学者以 *The Invention of X*（X的发明）或 *The Construction of X*（X的建构）为题目著书立说，其中X从字面上是指那些能够被发明或建构的东西，比如传统、浪漫爱情、人类、美国以及现实。学者们这样写作的意图并不是想将发明或者建构这样的创举贬低为自然而然的起源，当然，如果听众在语境中应用最大期望解释，这种情况是会发生的。学者们这么做的真正目的在于唤醒读者的意识，即被他们认为是自然的东西实际上是历史创造的产物，它们因此可以被再创造——如果发明和建构的含义在读者心中站不住脚，那么这一潜台词便将不复存在。帕梅拉·麦可杜克（Pamela McCorduck）在其关于人工智能的《思考的机器》（*Machines Who Think*）一书中就是运用了这个技巧。

文字游戏（Wordplay）。当幽默大师们迫使其听众从一种非规约含义蓦然回到规约含义时，那种严肃程度方面的巨大落差往往会逗得人们忍俊不禁、捧腹大笑，就像下面这段 W. C. 菲尔兹（W. C. Fields）与唐的对话。

> **唐：** Oh, it must be hard to lose a relative.
>
> （哦，比尔，失去亲人一定是件很难的事情。）
>
> **W.C.:** It's almost impossible.
>
> （不是难，是办不到。）

电影《不可儿戏》（*The Importance of Being Earnest*）中的布拉克尔内夫人也说过类似模棱两可的话："To lose one parent, Mr. Bracknell, may be regarded as a misfortune; to lose both looks like carelessness."（沃辛先生，如果失去一方父母，那应该算是一种不幸；如果双亲都失去了，那就有点太粗心大意了吧。）这句话的诙谐是由"lose"的多义关系间的冲突引起的："忘记所属物在什么地点了"、"承受所爱的人的离世"以及"摆脱掉一个追随者"。如果人们可以毫不费力地在多义关系间切换，那也就不会有语言效果上的严肃与不严肃的冲突了，没有了这种冲突，玩笑也就不存在了。也就没有人能理解为什么梅·韦斯特（Mae West）会说：Marriage is a great institution, but I'm not ready for an institution yet（婚姻是一个了不起的公共机构，不过我还没准备好加入一个团体呢）。

文学暗喻（Literary metaphor）。作家在使用明显隐喻时，比如，纳博科夫（Nabokov）的 I was the shadow of the waxwing slain / By the false azure of the windowpane（我是那惨遭杀害的连雀的幽灵 / 凶手便是那片窗玻璃投射的碧空幻影）和汤姆·莱勒（Tom Lehrer）的 Soon we'll be sliding down the razorblade of life（我们很快就将从生活的刀片上滑下），他／她并不只是在用新词来传达一个命题（例如，"我是沮丧的"或"生活是艰辛的"），他是在利用这些词的字面意思来震撼读者，使其带着更加强烈的情感（而不是平常的心态）去体会作品的主题，进而使他们能够意识到，作家是在着意将自己从自鸣得意中警醒。第 4 章我们将就文学暗喻及它们与死暗喻间的区别问题进行专题讨论，届时我们还会回到这个问题的讨论。就目前的主题而言，我们只要意识到这一点就可以了，即在文学暗喻中，就像恶俗语、潜台词和文字游戏所表现的那样，常规含义与非常规含义间存在着一种摩擦（friction），而正是这种摩擦向我们证明了这样一个道理：人类心智所真正拥有的是语言的常规含义，而不是什么某一瞬间的弹性明智解释。

激进语用学真的意味着词义只是一缕随语境飘散的鬼火吗？当词义无法合理地解释人们是如何注册那些意想不到的词语用法时，它们真的要为此而付出代价吗？回答这些问题的一个办法是，让我们来观察一下一个计算机模拟，它是联结主义建模者詹姆斯·麦克兰德（James McClelland）和艾伦·川本（Alan Kawamoto）共同设计的。计算机模拟的优势在于，人们可以看到一组未经审查的假设的含义。他们的模型被证明是一种真正的蹦床——是对激进语用学思想全力以赴地贯彻实施，他们对模型的惊人行为没有表示任何歉意。

麦克兰德和艾伦·川本打算模拟的是多义词在语境中的消解（resolution）情况，比如 Luke ate his pasta with a fork（卢克用叉子吃意大利面）和 Luke ate his pasta with clam sauce（卢克吃拌蛤蚧油意大利面）中的 with（用、拌）的含义，或者 A ball broke the window（一个球打破了那扇窗户）和 A boy broke the window（一个男孩打破了那扇窗户）中主语（ball 和 boy）的不同角色。与激进语用学完全一致，他们提出，在执行此任务过程中，含义的固定表征（fixed representations）显得过于僵化和笨拙，相比之下，那些连接了特征与特征的人工神经网络（而不是操控结构化表征的人工神经网络）则能够游刃有余地完成这项任务。

这两位建模者于是建了一个网络，该网络旨在将一个句子中的单词作为输入，并生成一个解释"谁对谁做了什么"的输出。输入由一系列数以千计的类似神经的单位组成，每个单位分别表征一个动词含义的特征（比如"激烈的行动"或"引起化学变化"）或一个句子伴侣的特征（例如，"主语是柔软的"、"主语是中型的"、"宾语是坚硬的"或"宾语是女性的"）。输出由 2 500 个单位组成，每个单位分别表征一个句子解释中的参与者所扮演的角色特征，例如，"因果施事者是圆的"

（这个角色特征适用于玻璃被球打碎的事件）或者"撕扯事件的工具是坚硬的"（这个特征适合用于刀割纸事件）。这些特征的类属性质是刻意的，以便使每个特征都能包括进许多相关的解释中。该模型没有个别词义的表征，只有一个输入与输出联结的密集阵列，训练会使这个阵列得到加强。操作者把成千上万的句子和它们的正确解释一同展示给这个模型，该模型逐渐学会了哪种事件往往由哪种参与者完成。作为结果，它能正确地驱使短语 eat pasta with a fork（用叉子吃意大利面）中的 with 表达"工具"的意思（原因是它已经了解到坚硬的东西往往被用作工具），还能正确地驱使短语 eat pasta with clam sauce（吃拌蛤蚧油的意大利面）中的 with 表达"伴随物"的意思（因为它已了解到，柔软的东西往往被用作食品）。

不幸的是，该模型为此灵活度也付出了代价。它的词义知识过于可塑，导致它在遇到任何一个异常句时，都会将其含义分解成与它从受训中所汲取的那个最接近原型的要素。举例来说，当为它输入 The wolf ate a chicken（那只狼吃了一只鸡）时，它将这顿美餐解释为"煮熟的鸡肉"，因为这就是应该出现在动词 eat（吃）后面的 chicken（鸡）的通常所指。在处理 The plate broke（那只盘子打了）时，它将 plate（盘子）解释为"花瓶"或"窗户"，因为那些东西易于打碎。当它被告知 John touched Mary（约翰抚摸玛丽）时，它把 touch（抚摸）解释为"击打"，因为大多数触摸是运动造成的。当处理 The bat broke the window（蝙蝠／球拍打碎了窗户）时，这是个歧义句，它可以表示一只飞向窗户的蝙蝠打破了它，也可以表示一只被抛起的球拍打碎它，于是一个虚构的怪物诞生了："一只蝙蝠（那个动物）用棒球棒打碎了那扇窗户"——人类是不会做这样的解释的。这就是你从含义取决于预期和语境而与规则和词条无关的主张中所获得的全部：一个柔情的男人却被无辜地指控殴打妻子；一只东方蝙蝠挥舞着大棒砸向窗户。

我认为，激进语用学与语言的基本设计规范是背道而驰的。语言是人们用于传达意外事实、怪诞思想、不受欢迎的消息以及其他语出惊人的想法的杠杆。这种杠杆作用需要一根坚硬的杠杆和一个结实的支轴，这才是一个句子含义及支持其词语和规则所应有的表现。假如含义可以根据上下文自由地重新获得解释的话，那么语言岂不就成了一根无力将新观念强加给听众的软面条？即使当语言被隐喻性地运用到委婉语、文字游戏、潜台词以及暗喻中——尤其是这些时候，语言的理解也完全取决于话语字面含义所带给听众的灵感与听者对说话者合理意图的猜测所形成的摩擦。在第 6 章中会看到，我们大部分的社会生活都是靠这些冲突手段心照不宣地达成协议的。

语言决定论

在艾萨克·辛格（Isaac Bashevis Singer）的儿童故事集中，有一个故事叫作《海乌姆城众长老们和盖嫩德尔的钥匙》（*The Elders of Chelm and Genendel's Key*）。故事是在许多犹太民间传说的基础上改编而成的，讲述了发生在一个虚构的叫海乌姆的傻瓜城的趣事。当时，海乌姆城的居民马上要庆祝一个节日，节日里人们要吃一种薄饼卷，但是做薄饼用的酸奶油不够了，这将直接影响到节日的庆祝活动。海乌姆的长老们绞尽脑汁，终于想出了办法。长老们"用力拽着胡须、擦着额头，以此表明他们正在使劲儿动脑想办法"。一个长老终于灵机一动："让我们来制定一条法律吧，从现在开始，我们把水叫作酸奶油，把酸奶油改称为水。既然海乌姆镇的井里有充足的水，那么每个家庭主妇就能得到满满一桶酸奶油了。"该故事是以作者的画外音结尾的：

> 海乌姆的"酸奶油"从此便再也没有供不应求过，不过，很快，一些家庭主妇们就开始抱怨起"水"的短缺问题了。但这毕竟是另一个全新的问题了，让我们留待节日之后再解决吧。

故事的奇思妙想其实根据的是人们对现实的认知方式，即人们并不依赖于描写现实的词语来认识现实。尽管凭借常识人们都知道思想是不受话语摆布的，但总有那么一些人，在诉诸理智的时候却跑到了对立的立场上。事实上，这种"人们对语言的使用控制着他们的说话方式"的主张——即语言决定论是人类智慧生活中的一个老生常谈的话题。在 20 世纪的行为主义者中间，这种观点曾一度广泛流行，这些行为主义者们希望用语言（无论是公众场合的讲话还是默默地喃喃自语）这样的具体应答取代"信仰"之类的空洞概念。以沃尔夫假说或萨丕尔－沃尔夫假说为例（因语言学家爱德华·萨丕尔及其学生本杰明·李·沃尔夫而得名），它主宰了整个 20 世纪 70 年代早期的语言学课程，不仅如此，当时它已渗透进了大众的意识中。（在写这本书时，我不得不停下来向人们解释，它是关于"语言和思想相互关系"的探讨，因为他们都认为它是关于语言是如何塑造思想的——这是他们能想到的语言与思想两者间的唯一关系）。这种情况一直持续到 20 世纪 90 年代，90 年代心理学史上那场认知革命，终于使得纯思想的研究成为现实。同时，大量的研究表明，语言对概念的影响实际上是极其微不足道的，而且我也曾在《语言本能》一书中为这个语言决定论写了讣告。可不知为什么，最近它又死灰复燃了。最近，"新沃尔夫主义"（neo-Whorfianism）又悄然成了心理语言学领域的一个活跃的研究课题。我发现有几篇旨在论证语言决定思想的近期研究成果在媒体上得到了广泛的宣传。

　　语言决定论是我要与概念语义学进行对照的第三个激进理论。根据概念语义学的观点，词义和句义是潜藏在抽象思想语言中的规则。根据语言决定论的观点，人们所使用的语言就是（等同于）思想的语言，或者至少在主要方面构造了思想的语言。事实是否真的如此呢？那就让我从语言对思想的确有"影响作用"开始说起吧——说句公道话，假如一个人的话语不能影响到另一个人的思想，语言岂不彻底无用了吗？换言之，语言决定论的真正问题并不在于语言是否对思想有影响作用，它的问题在于语言是否真的"决定"思想——是否我们所使用的语言使得我们难以，或者根本无法对某些想法进行思考，或者改变我们在吃惊或即时情况下的思维方式。语言决定论最令人讨厌的是，它把语言与思想原本可以相互联系起来的许多方式都弄得一塌糊涂，而且本来一些陈腐的观点却往往被它渲染成激进的发现。举例来说，《新闻周刊》曾报道过一项关于爱斯基摩语中雪的词语研究成果，研究表明，雪在爱斯基摩语中的词语数量比英语中多，该论文的作者杰里·阿德勒（Jerry Adler）是这样写的：

　　　　我们不难发现，为什么令绝大多数文科专业生始终无法遗忘的知识竟是这个平凡无奇的观察结果。它虽然浅显易懂，但意义深远，以至于任何一个经过心理学导论课程培训后变得头脑清醒的人都会觉得自己成了第二个笛卡儿。因为既然爱斯基摩人用那么多不同的词语来描写一个被英语使用者塞进一个范畴的事物，难道这不意味着不同语言的人对世界的实际感知是不同的吗？难道这不意味着爱斯基摩人并不理解各种冰降水形式的统称，而非爱斯基摩人——至少在他们设法提起一铲子雪泥之前，却看不出它们之间的差别吗？换句话说，这个重家伙——这个概念，不是那个铁铲，还能是其他什么呢？

无独有偶，尤皮克语和因纽特语中表述雪的词语竟比英语还少（这取决于你的计算方法），但这并没什么可大惊小怪的。那种认为爱斯基摩人之所以更加注意雪的种类是因为"他们有更多的表示雪的词语"的观点纯粹是颠倒黑白、混淆是非（你能想到任何其他爱斯基摩人可能注重雪的原因吗），我甚至怀疑，要不是因为它在常识面前所表现出的那份狡黠，它根本不可能骗取人们的那份热情。我认为，沃尔夫对爱斯基摩语中与雪有关的词语的解释不仅颠倒了因果关系，而且夸大了人与人之间认知差异的程度。正如《新闻周刊》所指出的那样，即使爱斯基摩人平时确实更加注意雪的种类，对于非爱斯基摩人来说，这也无外乎就是多铲几铲雪，然后再进行仔细观察罢了。

沃尔夫假说中提到了多种语言与思想的联系方式，有些联系方式很陈腐，有些却又很激进。由于激进的版本是一些更刺激的版本，而无聊的版本则是一些符合发现的版本，所以有必要先把它们从中挑选出来。下面，我首先从沃尔夫假说的 5 个陈腐版本谈起。

　1. 语言影响思想，因为人们的多数知识是通过阅读和交流获得的。

举例来说，除非通过语言向其他人学习，否则人们不大可能了解知识，比如Tuesday（星期二）的由来、恺撒征服高卢人的史实或者原罪理论。这个版本的沃尔夫假说之所以是彻底陈腐的，是因为它几乎就是对什么是语言（即一种交流手段）的重述对语言对人类的重要性的阐释。问题是，根本没有人会对这些产生怀疑。

　2. 比上述观点略微有趣的主张是，句子除了简单地传达"谁为谁做了什么"之外，还可以对事件进行框架，影响人们对该事件的识解方式。

在上一章中，我曾举过很多类似的例子。对句法构式的选择决定着听话者是把一个事件识解为"致使水运动"还是"致使杯子变满"以及他们把这个事件看成是主动发生的还是被动发生的，等等。事实上，词语框架事件的潜能早就被应用到修辞和劝导中了（例如，提倡堕胎还是反对堕胎，重新分配财产还是财产充公，入侵还是解放），而且它的效果很容易在文献中得到佐证。

心理学家阿莫斯·特沃斯基（Amos Tversky）[1]和丹尼尔·卡尼曼（Daniel Kahneman）[2]的研究表明，当一个危险系数较低的公共卫生项目被医生识解为"能够从 600 个病人中拯救 200 人的生命"时，他极易选择加入这个项目中，但当这个项目被识解为"600 人中有 400 人死亡"时，他便会选择远离这个相同的项目。

如果能看到语言是如何为框架事件提供方法的，这当然是件令人心驰神往的事情，而且这也是本书的一个主要目标。问题是，它们只是对人们如何在交际中使用语言的一个扩展（版本 1）。没有人强迫我们用说话者的方式去识解一个情景，相反，我们往往被迫相信说话者所说的事实。在除说话者的言语之外没有其他任何信息可以作为参考的情况下，我们往往会被说话者框架事情的方式所征服，就像我们可能被虚假的目击报告所欺骗一样。但正如我们将在第 4 章中看到的，人们具有评估框架过程是否忠于现实的能力，框架并不能将我们的心智锁定在识解世界这唯一一种方式中。

3. 一种语言的词语量反映的是该语言使用者在日常生活中要处理和考虑的事情。

当然，这显然是非沃尔夫主义者对"爱斯基摩人的雪"这个伪陈述的诠释。可以毫不夸张地说，沃尔夫主义者对此问题的看法为我们提供了一个混淆因果关

---

[1] 著名的心理学家、行为科学家。其著作《特沃斯基精要》包含了他一生的 14 篇精华之作，能够充分体现他的思想和研究的特点。该书中文简体字版已于 2022 年由湛庐引进、浙江教育出版社出版。——编者注

[2] 诺贝尔经济学奖得主，行为经济学之父。卡尼曼在《噪声》一书中分析了人类判断出错的原因，并指出噪声是影响人类判断的黑洞。该书中文简体字版已于 2021 年由湛庐引进、浙江教育出版社出版。——编者注

系谬论的经典案例。就各种各样的雪以及表示雪的词语而言，不仅要先有雪，而且必须在人们改变对雪的注意力时，才会因此改变表达雪的词语。气象学家、滑雪者、新英格兰人在创造雪的新的表达式时也是这样做的，他们要么利用赘述法（circumlocutions），例如 wet snow（湿雪）、sticky snow（黏雪）等；要么利用新词法（neologisms），例如 hardpack（压紧了的雪）、powder（干粒雪）、dusting（雪末）、flurries（小雪）等。不过，反过来大概就不同了——词语炫耀者们首先发明了一些指称不同雪的新词，然后把它们用到滑雪运动或者天气预报中，因为他们被自己的发明创造给迷住了！

问题是，这个因果箭头是否可以颠倒呢？理论上讲，这是可以的。当语言爱好者们遇到一个生词或新的语法构式时，他们肯定会努力学习它，并且在学习的过程中，他们确实很可能会留心一个曾经很容易被忽略的世界。不过，即使是这种情况，引起这一过程的也不是词语本身，而是人们的兴趣、知识和推理。当听到一个单词时，只有对它所属的概念族感兴趣，人们才肯费心去学习它的含义。举例来说，人们可能听说过数以百计的鸟类名称（绿鹃、金冠戴菊、海鸦等），但除非他们是观鸟者，否则，对于绝大多数人来说，这些词都是左耳进右耳出的。为了学习这些词语，人们不得不去开发它们背后的潜在概念。例如，在遇到 neutrino（中微子）这个词并学到了它的含义的过程中，我们实际上是在学习某些物理知识，而不只是某些英语知识。对于其他缺乏想象力的概念，我们的学习过程也都与此大同小异。

4. 既然语言是通过唤起含义而起作用的，而且含义与通过其他手段（例如看到和推断）得来的思想紧密相连，那么如果一个人松散地利用"语言"这个词来指称含义，而不是直接使用实际的单词、短语和组成语言的结构来指称含义，于是，基于定义，我们可以说语言影响思想——即语言"就是"思想。

这种说法简直太无聊了，因为它只是一种松散的"语言"一词的使用方法，这种使用方法甚至让"人们是通过媒介（而不是语言）进行思想的"的命题都成了空想。

5. 当人们考虑一个实体时，名字是一定要考虑的问题。

这意味着，如果有人问一个既没有正确答案也没有现实后果的模糊问题时，人们就可以依据自己对问题所涉及事物的名字来回答问题。举例来说，假如给你3 个在色谱上等间距的芯片（蓝色、绿蓝色、绿色），然后要求你从中选择出两个属于一类的芯片，在没有其他任何依据的情况下，你很可能会根据它们的名称特征来做选择。比如，你会选择其中在你所使用的语言中那两个用单个单词命名的芯片（蓝色、绿色）。这种测试方法是人们在验证沃尔夫假说时所使用的最常见的方法。从技术上讲，它充其量只能算是一个"语言影响思想"的实例，因为就实验者所提出的这个模糊的问题来说，任何一种解决问题的思想活动都会受到语言的影响。而且，这种实验对有正确答案的问题和不取决于词义的歧义问题只字不提。

现在让我们来看看沃尔夫假说中另外两个更有趣的版本。但正如我们将要看到的那样，比起真正的"语言决定论"，它们还差得远着呢。

6. 任何计算机系统都必须具备存储计算中间产品的功能。

例如，电脑在中央处理器内外交换信息，将其暂时存储在 RAM 或硬盘中，因此，当你打开你的个人电脑时，图标会不停地闪烁，而且还会出现令人讨厌的延时。与此类似，在日常生活中，我们都有过算数的经历。做加法时，我们通常会在一列数字的顶端草草记下一个进位数字。当一个中间产品被存储到人类心智中，而不是一个磁盘或纸上时，心理学家将其称作工作记忆（working memory）。工作记忆有两种最活跃的形式：一种是心智意象（mental image），也叫作视觉空间模板（visuospatial sketchpad）；另一种是内部言语片段（snatches of inner speech），也叫作语音回路（phonological loop）。语音回路帮助人们记忆电话号码和进行心算，不仅如此，它在跟踪方向和记忆位置的过程中，还能帮助人们辨别左右。

另外，语言还具有物理特征——语音和发音，这使得语言成为工作记忆的媒介，因为它使得信息能够仅以声音的方式进入听觉和大脑皮层运动区，以便为那个承载着更加抽象信息的中央系统释放出一些容量。如果一个复杂的概念在一种语言中被赋予了名称，那大脑可以简化对此概念的思想过程，因为在对一系列概念进行玩味的过程中，大脑可以将它们处理为一个单独的"包"（package），而不必对其中每一个成分进行一一处理。进入长时记忆中的概念还可以被赋予一个额外的标签，以便使它能够比那些不可言喻的概念或其他迂回的语言描述更加容易被提取出来。

也就是说，当一个概念被赋予了名称后，它就额外地获得了一定程度的可激活性和可操作性。我怀疑，这一说法应该算是沃尔夫假说中唯一有点儿可信而又不那么无聊透顶的版本。但遗憾的是，它仍与语言决定论相去甚远。一方面，一种语言中的词语并不是封闭的，它们不可能一成不变地束缚着人们的思想活动，相反，随着认知需要的发展，人们会不断通过创造行话、俚语以及专业术语来充实它（正如我们将在第 5 章中看到的那样）。另一方面，许多人用于满足认知需求的语符并不是语言的一部分。最近我们对一个新近提出的耐用语言决定论的主张进行了认真的考察，我发现这一点在这个主张中显得尤为重要。下面我就来详细地介绍一下我们的研究。

人类心智凭借语言片段来处理概念的一种常用方法就是语言记忆术（verbal mnemonic）。人们通常会给那些任意的或易于混淆的概念编制记忆法，例如，用音乐五线谱 EGBDF 来记忆 Every Good Boy Deserves Favor（每个好孩子都该受宠），或者把 Red sky at morning, sailors take warning; red sky at night, sailors delight（朝霞红满天，水手慎出航；晚霞红满天，水手放心行）当成一个非专业性的天气预报。总之，在心算过程中，心智会调用一整套独特有效的记忆法。

许多认知科学家认为，人类心智从我们哺乳动物祖先那里继承了两个跟踪数量的系统：一个是相似估算系统，该系统通过将数量与头脑中固有的连续级（continuous magnitude）相比较，对其进行大致的校准，比如"材料总数"的模糊含义或者一条虚线的范围等。另一个系统负责跟踪准确的数量，不过，它所能处理的数量极其有限，最多也就是 3 或 4。当需要处理既大又精确的数量，比如 9、37 或 186 272 时，这两个系统就都不够用了。要想处理这类数量，人们必须从小在学校学习记数系统和算术运算。而且，当人们在心里而不是在纸上进行这些运算时，语言片段充当了运算所需的查找表和便条簿的角色。例如，存储在记忆中的一段心智回声"7×8=56"能够触发"6 + 9=15"。

那么，这些语言片段是否被用于心算了呢？为了寻找这个问题的答案，认知心理家斯坦尼斯拉斯·迪昂（Stanislas Dehaene）、伊丽莎白·斯皮克（Elizabeth Spelke）以及他们的同事们精心设计了一个相当完美的实验。他们首先把几对两位数用英语或俄语中的一种语言呈现给俄英双语者，训练他们做加法，然后他们用两种语言分别对受试者进行测试。迪昂和斯皮克对此实验的结果假设是：当人们进行近似运算时，比如，估算 53+68 更接近 120 还是 150 时，他们会调用大脑中的相似估算系统，即心理数字线（mental number line），而当他们进行精确运算时，比如，判断 53+68 之和是 121 还是 127 时，他们会喃喃自语——在这种情况下，他们所咕哝的语言应该是他们之前受训的那种语言。如果真是这样的话，当受试者接受未经受训的语言测试或者被指派一个全新的算术任务（而不是之前受训的那几对两位数的加法）时，任何对语言的依赖都能表现在他们计算速度的减缓上。实验结果果然验证了他们的假设，测试所采用的语言（英语或者俄语）并不影响受试者对总数的估算，但它确实会影响受试者的精确计算。在一次设计严密的后续实验中，迪昂和斯皮克对正在执行同样两个项计算任务的受试者的大脑进行了扫描观察，结果发现，当受试者进行估算时，其大脑两个半球负责空间认知的区域表现得异常活跃；而当受试者进行精确计算时，其大脑左半球与语言相关的区域变得异常活跃。

那么，上面这个实验是不是就可以证明人们是依赖语言进行思想的呢？这么说还为时过早。一方面，双语受试者在实验中所施展出的计算能力与英语和俄语本身毫不相干，他们所依靠的是语言记忆术（即喃喃自语）。关键问题是，这些用于记忆的语符并不属于任何一种自然语言，它们是在文化发展的进程中被独立地发明创造出来的，是在人们已经掌握了口语之后从学校里学来的。同样，数学推理并不一定要借助一个运行中的语言系统。

THE STUFF OF THOUGHT ⌄⌄ 语言与思想实验室

我曾看到过一篇题目为《语法无能但计算超能》（*Agrammatic but Numerate*）的论文，在该项研究中，神经心理学家罗马利·瓦利（Rosemary Varley）和她的同事们对 3 个大脑左半球（负责语言的区域）严重受损的病人进行了测试。这 3 个病人既不能说出完整的句子，也听不懂语言，就连说出或理解一个口头的或字面的数词都有困难。尽管如此，他们却能够做加、减、乘以及多位数字的除法，其中包括负数、分数以及带括号的表达式，例如，50 - [(4+7)×4] 这种算式类似于嵌入式句法构式，如 The man whom the woman likes is bald（那个女人喜欢的那个男人是个秃头）。

许多人觉得自己是在用本族语"思想"，我认为，他们之所以会这么想，是因为人们在进行算术和其他形式有意识的思想时用到的是心智回声共振器（mental echo-box）的原因。问题是，这些回声并不是思想过程中的主要事件，大脑对绝大多数信息的加工都是在无意识状态下进行的。杰肯道夫指出，有意识的思想似乎总是处于原始感觉和抽象知识所构成的层级关系的中间层面。以视觉为例，我们能够清楚地意识到摆在我们面前的物体的外观、颜色和纹理，但无法感受到它们不稳定的特征、投射到我们视网膜后扭曲的形状或者它们所属的抽象范畴（比如"工具""蔬菜"等）。他指出，就语言而言，人们意识最清楚的只是它的音系层面，即构成词语和短语的音节序列。也就是说，人们既意识不到声波中的未加工的嘶嘶嗡嗡声，也意识不到赋予语言含义的抽象句法和概念结构。这就是为什么语音成了人们清醒意识中最显著的思想证据的原因，尽管事实上它们只能算是心智运算冰山的一角。下面让我们来看看沃尔夫假说的另一个有趣的版本。

7. 任何语言的使用者在构思或理解语句时都不得不留心世界的某些方面。

举例来说，使用英语交际时，你必须得小心时态（tense）的问题——即与你谈论事件相对应的时间以及你说话的那个时刻。无论何时，只要你开口说话，你就得注意它。其他语言，比如，土耳其语则强迫其使用者明确他们所谈及的事件到底是目睹还是道听途说。再如，英语空间术语，比如 in（在……里）和 on（在……上）区分"包含关系"和"支撑关系"（或多或少），而韩语的空间动词则忽略这种区分，但它们却关注"内容"与"容器"间的配合是宽松适度的（例如碗里的水果和花瓶里的花）还是紧实紧凑的（例如乐高积木块之间的咬扣、嵌入磁带盒的磁带、手指上的戒指）。此外，英语动词可以将运动事实与方式结合在一起，比如 float（漂浮），而将运动方向交由介词短语去处理，例如，The bottle floated into the cave（瓶子漂到洞里去了）。西班牙语和希腊语的动词则倾向于把运动事实与方向相结合，而将运动方式留在句尾，例如，The bottle entered the cave, floating（瓶进了洞，漂浮着）。

假如非要说语言影响思想的话，那么它施加影响的方式就是令语言使用者在选词造句时注意不同的方面—— 一种被丹·斯洛宾（Dan Slobin）称为"言语之思想"（thinking for speaking）的效应。但问题在于，人们重视一些差别却忽略另一些差别的习惯是否会深入"思想之思想"（thinking for thinking）之中，换言之，人们推论物体和事件的目的绝不是仅仅描述它们。与其他语言使用者相比，英语母语者真的不能把握"目击与非目击事件"、"内容与容器的宽松与紧实度"或者"运动的方向"吗？这一问题本身就等于对它的回答，很显然，我们在与社会和物理世界打交道的过程中凭借的就是对上述这些区别的操控。因此，尽管"言语之思想"是新沃尔夫研究最热门的话题，但研究者们却一直在回避对语言决定论方面的测试，并将自己的目标设定在一些虚无缥缈的可能性上。举例来说，他们质疑当英语使用者被指派一个不明确的任务时，比如，通过一系列的行动来辨认一个老人，他们是否不大可能像韩语使用者那样去选择一种与一个容器紧密度相关的行动。一些实验还真的验证了这些判断下语言所起的作用，而其他的则没有。

"言语之思想"对思想本身起不了太大作用，这一点并不值得大惊小怪。因为类似于"事物是如何结合在一起的"和"一个事件到底是亲眼所见还是道听途说"这样的概念在人类生活中扮演了重要角色，它们决定了塑造一种语言的历史偶然事件不可能比用于追踪这些历史偶然事件的文化和认知资源还重要。尽管一种语言的区别已经被编码到其使用者的整个生命中，但这并不等于说它就能在推理中更加便捷。不过，相反的情况倒是有可能的。当一种思想加工演变成了机械化的行为，它就会被作为一种认知反射而深深根植于语言系统，其内部运作不再受意识操控，甚至比人们系鞋带时的手指运动还要机械。

几个现实生活中的例子可以证明为什么"言语之思想"对思想本身起不到作用。以时态为例，时态是英语语法的一个突出特征，而且根据沃尔夫的论证，终生的实践会令英语母语者对事件发生的时间和说话者说话的时间的相对顺序相当敏感。然而对于侦探和检察官来说，他们的观点却恰恰相反：心智对事件顺序的机械计算是被封存在语言系统中的，正因如此，它会导致犯罪嫌疑人被自己所说的话出卖。苏珊·史密斯谋杀亲子案就是一个典型的案例。1994 年苏珊亲手溺死了自己的两个亲生儿子并宣称他们被绑架了。她对记者说的 My children wanted me. They needed me. And now I can't help them（我的孩子们需要我，他们需要我。而现在我帮不了他们了）中对两个动词的过去时（wanted 和 needed）的条件反射的用法泄露了她知道两个孩子已经被害的事实。此类英语语法不仅出卖了苏珊，它还帮助检察官判定了斯科特·佩特森的注射死刑。检察官审判所使用的证据就是佩特森的语言，因为佩特森在其妻子的尸体还未被发现之前就用过去时态指称她和他们未出世的儿子。所以，即使对一个怀着强烈动机（至关生与死）去考虑事件顺序的英语母语者来说，他平日计算时态的习惯对他在现场判断什么该说或者什么不该说也丝毫没有帮助。现在我们终于可以一睹沃尔夫假说的激进版本了——真正的语言决定论。

8. 一种语言的词语和语法结构深刻地影响着该语言使用者的思维方式，即使他们实际上并没有讲话或者聆听他人讲话。

9. 思想的媒介是由说话者母语中的实际词语和句子组成的。

正因如此，人们无法构想出母语中没有名称的概念，而且语言与思想的因果关系走向是"由语言到思想"：一个概念在母语中的不可言说性（ineffability）为人们对它的理解能力制造了永久的盲点。

10. 如果是两种文化使用概念不同的语言，那么它们的使用者的信仰是没有可比性的，而且他们之间的交流也是不可能的。

当然，假如这些主张是正确的，它们不仅意义深远，而且引人入胜。因而此刻你应该提高警惕。不过，语言决定论并不缺乏真正的代言人，事实上他们都是"蹦床"。沃尔夫本人说过一句名言：

> 我们沿着母语规定的线路剖析自然……我们首先将自然分解，然后形成概念并同时赋予它意义。这在很大程度上是因为我们是同一个协议的当事人……这是整个语言社团都遵守的协议，而且它是以语言进行编码的。当然，这是一个隐含的、不成文的协议，但它的条款绝对是毋庸置疑的。

许多哲学与文学批评的圣贤们也都发表过类似的言论。

弗里德里希·尼采

如果我们拒绝在语言的囚笼里思考，那我们就只能停止思考了。

路德维希·维特根斯坦

我语言的局限意味着我世界的局限。

马丁·海德格尔

人类表现得仿佛他是语言的塑造者和主宰者，而事实上语言始终是人类的主宰者。

罗兰·巴特

语言产生之前并无人类的存在，无论是作为物种还是作为个体。

这些观点并不只局限于人文科学。《科学》杂志在刊登了一篇关于"英语是如何成为科学界的通用语"的报道后，随即又刊登了一封信，信中写道：

　　语言通常引导思想。假如有一天，所有科学家都使用同一种语言，而这种语言将对事实和理论的描述通通塞进一个单一的"主语－动词－宾语"的语序中，我们将会失去些什么呢？在科学领域中，用一种通用的"主谓宾结构"的语言来取代所有其他语言，很可能会严重地扭曲科学家对世界、时间、空间和因果关系的观察方式。不仅如此，它还可能会无意识地将一些未曾涉猎的研究领域拒之门外。我认为，我们绝不应该低估这种可能性。

　　此外，这家美国科学的旗舰杂志最近还发表了一项关于"南美洲部落的计数能力"的研究，其作者心理语言学家彼得·戈登（Peter Gordon）这样写道：

　　　　我们对一些概念无法理解的原因是我们所使用的语言，这是真的吗？这里讨论的问题是沃尔夫假说的最强势版本，即语言决定思想的本质和内容……本项研究为强势的语言决定论提供了一种罕见的，也可能是独一无二的实证。

　　大多数其他新沃尔夫主义者则表现得更加"养尊处优"一些。他们的标题和摘要多是对语言决定论的调侃，例如，《语言能影响你的思维方式》（*Language Can Affect the Way You Think*）、《语言能够重构认知结构》（*Language Can Restructure Cognition*）以及《语言被看作认知的潜在催化剂与变革》（*Language Is Thought of As Potentially Catalytic and Transformative of Cognition*）。但是这些调侃并不能区分语言影响思想的陈腐版本和那些更吸引人的版本。

　　要想真正地展示语言决定论，我们必须真正搞清楚下面3个方面的问题。第一个问题是，一种语言的使用者发现他们几乎不可能或者至少是相当困难地用另一种语言使用者的某种特定思维方式进行思考。第二个问题是，人们对现实的推理受到了他们思想差异的影响，思想差异绝非简单地改变了人们在一些"墨迹式的判断"中的主观印象，实际上，正是它使得人们在某些问题面前完全丧失解决问题的能力或者深陷悖论中不能自拔。第三个也是最重要的问题是，人们思想的差异是由语言"导致"的，而绝不是其他原因造成的，也不是文化或环境对语言与思维模式的影响结果。

　　接下来我将对语言决定论的 3 个新出现的戏剧性观点进行考察，并以此结束本章的内容。这 3 个观点向我们证明了几乎人类生活的方方面面都与语言和思想这个古老的话题息息相关，这使得我们没有理由不去澄清构成思想的 3 个基本范畴——物体、数字、三维空间。在最近的一项关于语言与思想的研究中，这 3 个基本范畴均被牵涉其中。

THE STUFF OF THOUGHT ❯❯　语言与思想实验室

　　在一个有关婴儿心智生活的独创性研究中，心理学家许飞（Fei Xu）和苏珊·凯里（Susan Carey）向我们证明了这样一个事实：在跟踪物体时，10 个月大的婴儿并不按照形状对它们分类。对于这个月龄的婴儿来说，物体似乎就是一个个的物体而已。许飞和凯里装配了一个显示屏，显示屏中，一只鸭子出现在屏幕的右侧边缘，然后回到屏幕背后。接下来是另一个玩具，比如一辆小卡车，出现在屏幕的左侧边缘然后返回。一直重复这个场面直到婴儿表现出厌倦为止，届时，实验人员让显示器落在地上，将玩具暴露出来。在一个实验版本中，屏幕在落地过程中先露出了一辆小卡车，随后又露出了一只小鸭子，这个结果与你我所预期的完全一致。但在另一个实验版本中，实验人员变了一个小戏法，这回屏幕落在地上时只露出了一辆小卡车（或者只有一只小鸭子）。从物理意义上来看，这个结果是不可能的，然而，对于 10 个月大的婴儿来说，他们并没有表现出什么惊讶，他们看着那辆小卡车（或者那只鸭子）的表情就好像他们之前只见过它一样。看来，对婴儿来说，出现在屏幕两侧的两个实体一定是一个相同的实体，只不过这个实体一会儿看上去像卡车一会儿看上去像鸭子，这对他们丝毫没有影响。不过，当实验人员将这个相同的实验设计用在 12 个月大的婴儿身上时，他们却得到了完全不同的结果。当掉下来的屏幕里只露出其中一个玩具时，这些稍微大一点儿的婴儿困惑地盯着那个玩具，就像成人会表现出的困惑一样，显然，他们知道卡车是一回事，而鸭子是另一回事。

那么，在这两个月之间，到底发生了什么呢？许飞和凯里注意到，12个月是大多数婴儿第一次对词语做出反应的年龄。他们提出，也许正是词语的学习才使得这个月龄的婴儿在跟踪物体数量时能将玩具彼此区分开来。许飞和凯里认为，在这两个月的过渡期中，由于婴儿开始对一些简单的词语有了了解，所以当看到屏幕背后魔术般地只剩下一个玩具时，他们才会表现出不解，这同时也解释了那些没有任何词语知识的10个月大的婴儿对此无动于衷的原因。许飞和凯里通过上述实验支持了语言决定论的这个版本。他们还进一步指出，一个命名该物体的画外音（例如，"快看，一辆卡车！快看，一只鸭子！"）有助于9个月大的婴儿将注意力放在两个玩具间的区别上。

但从表面上判断，一个关于人们是如何学习区分物体种类的强势沃尔夫理论是不大可能的。一个在成长过程中从来没有听过语言的聋人在跟踪他周围的事物时，一样能够区分开什么是自行车、香蕉和啤酒罐。而且，所有人都能区分开壁橱和抽屉里那些用我们从未学过的名称命名的东西，例如各种whozit牌玩具、thingamabob标的产品和各种单独包装的whatchamacallit糖块等。因此，我们对这个婴儿实验的另一种解释方式将彻底逆转其中的因果关系箭头：一旦婴儿成长到了能够用心智区分事物的时候，他们便开始从事物中学习词语。事实上，除非婴儿能够从两类不同事物的区别入手进行思考，否则，我们很难想象婴儿是如何获得学习事物名词的能力的。

近年来，动物认知领域的最新研究成果为语言与思想的研究提供了一个最强有力的证据资源。心理学家劳里·桑托斯（Laurie Santos）和马克·豪泽（Marc Hauser）以及他们的合作者们所做的一系列实验致命地打击了语言决定论关于语言是人们归类物体时所需的必要条件的主张。他们的实验是这样进行的，实验人员首先设法吸引猴子的注意力，然后为它们呈现那场"卡车－鸭子剧"，不过实验人员给猴子们看的不是玩具卡车和鸭子，而是一些它们喜欢

THE STUFF OF THOUGHT ▶▶ 语言与思想实验室

的典型食物,例如胡萝卜和南瓜。胡萝卜和南瓜从屏幕后面轮流出现,当屏幕被移开后,却只剩下其中一样事物,猴子们见状均表现出惊讶的神情——就像 12 个月的婴儿以及你我所表现出的惊讶那样。现在的问题是,众所周知,猴子是不识字的。他们的其他研究结果同时表明,和 10 个月以下的人类婴儿一样,猴宝宝(4 个月龄)对实验里的小魔术也是无动于衷的。这个事实表明,灵长类动物的大脑必须发展到某个成熟期后才能按照种类——列举事物。这才是婴儿学习词语的真正内因,反之则不然。

近年来,彼得·戈登对亚马孙一个土著民族的数字感研究当属语言决定论中最不齿的一个主张。就像我们从他的论文中看到的那样,他支持沃尔夫假说的"最强势版本",2004 年的媒体也是这么报道这项研究的。像许多其他狩猎与采集民族一样,巴西食人鱼部落(Piraha)只用 3 个数字词来计数,它们分别是"1"、"2"和"许多"。就是对这 3 个数,他们的使用也不是很严密,他们的用法有点像英语表达式"a couple"(一对),虽然学术上它指称的是"2",但通常却被用于指称其他少量的数字。1947 年,物理学家乔治·伽莫夫(George Gamow)在他那本可爱的小书《1、2、3……无穷大》(*One, Two, Three…Infinity*)的开头部分引用了这样一个笑话:两个匈牙利贵族举行了一场数数比赛,看谁数的数最大。第一个人聚精会神地数了几分钟之后说"3"。第二个人在这个挑战面前,低下头默默地思考了 15 分钟,然后说"你赢了"。正如伽莫夫所注解的那样,这个故事本身也许是对匈牙利贵族的恶意诋毁,但那两个贵族间的对话却极有可能发生在许多未开化的民族之间。这些民族应该早已败给了一个美国学龄期儿童,这是对西方数字系统的伟大成就的肯定,遗憾的是,我们中的绝大多数人却将这一伟大创举视为天经地义的平凡小事。

我过去一直对盛行于那些不识字民族间的"1、2、许多"的算术系统感到困惑,后来我特意请教了人类学家拿破仑·查冈(Napoleon Chagnon,他曾研究过另一个亚马孙部落——亚诺玛迷部落),他为我解释了这些民族是如何利用这个算术系统来应付计算的。他说,在日常生活中,亚诺玛迷人并不需要确切的数字，因为他们是用个体来跟踪事物的，一个事物接着一个事物地进行。举例来说，一个猎人认识他的每一支箭头，因而无须数数，他们就能知道自己的箭头有没有丢失。再比如，当有人问我们有几个堂兄妹、厨房里有多少件电器或者头上有多少个毛孔时，我们中的大多数人都会停顿片刻，这其实就是人们的个体跟踪思想习惯在作祟。

回想一下，除了那个表征个体集合的人类普遍能力，人类还能够跟踪一些小的、确切的数字（能够达到"3"或者"4"），而且还能估算更大的数字，尽管只是大致的估算（这些模拟数字系统来自迪昂和斯皮克对双语者的研究以及脑部扫描）。这两个数觉（number sense）组件存在于婴儿和猴子的心智中，当然，它们也存在于整个人类社会中。那些能够精确计算较大数字的更加复杂的系统会在晚些时候的历史和儿童发展过程中出现。当一个社会发展农业、产生了大量无法区分的物品，并且需要记录它们的准确大小时，而且尤其是要对它们进行交易或征税时，这两个数觉组件就应运而生了。

戈登的研究表明，巴西食人鱼部落几乎没有能力应付任何从"3"到"9"的准确数量的计算任务。在对放在桌上的几个坚果进行观察后，他们甚至不能把相同数量的电池排放在那几个坚果的下方，或者在纸上画一条线来代表他们所看到的每一块电池；在观看了几个坚果被放进一个罐头盒后，当这几个坚果被一次一个地拿出时，他们无法猜出要几次才能把罐头盒拿空。食人鱼部落的这种反应并非无章可循：就平均而言，看到的东西越多，他们能够指出的也越多。但他们的反应却相当不准，而且数字越大，他们的准确度就会越低。（所有这些都是模拟评估系统的鲜明特征——它们强化了数觉组件是不依赖数字词而独立存在的观念）。戈登因此得出结论，食人鱼部落无法思考准确数量的原因是他们没有足够地表达准确数量的数词，这是对语言决定论的一个"罕见的且很可能是独一无二的佐证"。

但是，正如认知科学家丹尼尔·凯萨撒托（Daniel Casasanto）所说的，这是一个极糟的沃尔夫主义的例证：它基于一个由相互关系向因果关系的毫无把握的飞跃。食人鱼部落恰巧缺乏大数量词（不像英语那样）的事实与他们恰巧曾在石器时代偏远的村落里以狩猎和采集为生（与英语母语者不同）的事实绝不可能是巧合的。采集狩猎者落后的生活方式、历史以及文化，势必会导致这个民族数字词的贫乏和数字推理能力的欠缺，这种解释应该更加合理一些。（事实上，从事食人鱼部落研究长达 23 年之久的语言学家丹尼尔·艾弗雷特［Daniel Everett］也反对戈登的论断，他将该部落数字推理的局限性归因于该部落文化的一般模式。）我们之所以认为这个非沃尔夫主义观点是合理的，是因为没有哪个现代城市化的社会会缺乏一套详尽的数字词语体系，也没有哪个采集狩猎社会有一套这样的体系。当然，一个没有数字词和数字概念的部落也不大可能发展成为一种文明，所以我们不会指望一个现代社会尽管缺乏数字词却仍然还是现代的。但这正是问题的关键—— 一旦有了需要，无论数字词还是数字推理都将从现有的认知资源中被迅速地开发出来。

这并不等于说一种语言与一种社会有分歧是不可能的，当这种情况真的发生的时候，沃尔夫假说在原则上将永远得不到验证。发音和语法的内在动力以及历史的多变性导致了语言发展与分化方式的多样性。出于这些原因，类似的社会完全可以有不同类型的语言，例如，匈牙利语和捷克语，或者希伯来语和英语。假如语言决定论是正确的，单单这些语言类型的差异——还不包括社会类型中的任何相关差别，就足以将各自的社会与人们的思想导向不同的方向。就我们手头上的这个例子来说，情况一定是这样的：有些民族的语言中碰巧数字词不足，这一不幸的历史偶变导致了这些民族至今也没有开发出一套包括计数在内的文化实践；而另一些民族的语言中却幸运地拥有了足够的数字词，这使得这些民族有机会进入一个复杂的数学领域。历史事实表明，在现实生活中，当社会发展到一个更加安定和复杂的阶段，无论出于自身发展的需要还是迫于邻邦的压力，它们很快便会发展或借鉴一个计数系统，这与它们的语言类型毫不相干。

那么，食人鱼部落会有一个控制组吗？（即一个与他们的文化相似，但数字词却完全不同的部落。）假如有的话，这样一个不受文化困扰的民族将是对语言决定论的真正的挑战。令人惊讶的是，这样的对照组不仅存在，而且它就出现在《科学》上发表的另外一篇有关同样问题的论文中。蒙杜鲁库也是亚马孙流域一个不识字的狩猎民族，但他们语言中的数字词的数量竟达到了 5 个。不过，这 5 个数字词并不足以给予他们 5 个数字的概念。迪昂与语言学家皮埃尔·皮卡（Pierre Pica）和他们的合作者的研究表明，正如食人鱼部落那样，蒙杜鲁库也近似地使用数字词（除 1 和 2 之外）：他们不一定非得使用表示 3、4、5 的数量词来命名这些准确的数量，他们也用这些词来命名这些数量的近似值。就像亚马孙流域的其他民族那样，对于 3 以上的数字来说，蒙杜鲁库人的减法能力的发展是不完全的（例如计算机动画演示，5 个点进入了一个罐头盒，随后 4 个点又从盒子中出来，实验人员让他们猜测盒子里面还剩下几个点，他们对此会感到十分困惑），而且数字越大，情况就越糟糕。所以说，他们语言中的那些额外的数字词（3 以外）对于他们准确建立数字感，几乎是丝毫不起作用的。

那么，既然蒙杜鲁库人有 3、4、5 的数字概念，为什么他们不准确地使用它们呢？研究人员找到了这个问题的答案：蒙杜鲁库人的大脑中缺少一个计算程序。人们很容易错误地把使用"数字 5"与"计数 5 个物体"的能力等同，实际上，它们是非常不同的技艺。计数（counting）是一种运算法则（algorithm），例如，长除法（long division）或对数表（logarithmic tables）的使用——在这种情况下，它是评价一组对象准确数量表征（numerosity）的运算法规。运算法规就好比是一段背诵下来的无韵体诗（1、2、3、4、5……），为每一个引人注目的物体匹配一个韵脚，它既不会遗漏掉任何一个物体，也不会重复匹配任何一个物体。然后，当所有物体都受到关注之后，你便宣布，在这首诗中，你所到达的最后一个韵脚便是这个集合的数量表征。这只是众多确定数量表征的运算法规之一。在一些社会中，人们用他们的身体部位与物体一一匹配，我认识几个电脑程序员，他们是这样计算的：0、1、2、3、4，一共是 5 个。现在，我们通常借助词语来教学龄前儿童计算算法（counting algorithm，就像我们教学龄儿童更复杂一点的心算法则那样）。但它们不是语言的一部分（像主 - 谓一致那样的语言），当然，它们也不是与语言一点关系也没有。因此，就数字意识而言，这些恰当的比较结果——相似的文化、不同的语言，不仅不能成为语言决定论的佐证，反而有力地驳斥了它的错误论点。换言之，2 以上的确切数字概念的先决条件并不是一种有数量词语的语言，而是一种计算算法。

当我们将目光从物体和数字转向空间时，我们发现了新沃尔夫主义运动的核心研究——由人类学家史蒂芬·列文森（Stephen Levinson）和他的同事们所做的一系列研究，旨在证明一种语言的空间术语是如何决定其使用者利用三维空间去记忆物体位置的。史蒂芬的团队对泽套语进行了研究，泽套语是一种墨西哥恰帕斯地区的美国原住民使用的语言，这些居民是玛雅人的后裔（一个繁荣于公元250年—900年的文明）。泽套人不仅没有通用词"左"或"右"，也没有表示左或右的普通术语。它所用的最接近这两个概念的术语就是左手、左腿或右手、右腿，而且这些术语极少被用来指代一个左侧的目标、桌子或房间等。相反，泽套语使用者用相对于俯瞰他们的村庄的那些山坡来描述空间。泽套语的空间词语包括"上坡"（up-the-slope，大致向南）、"下坡"（down-the-slope，大致向北）和"越坡"（across-the-slope）。这些坐标（coordinates）不仅被当地人用于山上山下的闲庭漫步，也被用于平坦地带或是室内，人们甚至用它们来指称小物件的摆放。根据列文森的研究，泽套人说"勺子在茶杯的下坡"，而不说"勺子在茶杯的右边"。

列文森和他的同事们这样描写道："这种语言的使用者不能以你我所使用的方式来记忆物体数组。"他们注意到，尽管泽套语者混淆镜像（mirror images），但他们却神奇地知道哪边是北，哪边是南——甚至在室内，或者被蒙上眼睛后转得晕头转向时，他们也能做到这一点，仿佛他们的头脑中被安装了罗盘一样（就像某些导航的鸟类那样）。有这么一件趣事，一天晚上，一对泽套夫妇来到了一个远离家乡的城市，他们住进一家陌生的酒店。妻子问丈夫，酒店里的热水应该从"上坡"的水龙头中放出来，还是应该从"下坡"的水龙头放出来？

THE STUFF OF THOUGHT　》》语言与思想实验室

　　在一系列实验中，列文森团队让受试者坐在桌边观看3个玩具——例如一只苍蝇、一条鱼、一只青蛙，它们由左至右排成一排。然后他们让受试者转体180°面对他们身后的一张图片，实验人员递给他们一套玩具，要求他们按照自己在第一张图片中看到的玩具布局"一模一样"地排放手中的玩具。

　　这是个模棱两可的任务。"一模一样"可能意味着"相对于环境的相同布局"，在这种情况下，苍蝇现在应该位于受试者的右侧，但俯瞰时，它与第一个图片中的苍蝇同在一端，如图2-1（a）所示。

此外，"一模一样"还可能意味着"相对于人的相同布局"，在这种情况下，苍蝇出现在了受试者的左侧，尽管俯瞰时它出现在图片的另外一端，如图2-1（b）所示。泽套人倾向于采用相对于环境的布局方式来排放玩具，就像图2-1（a）所示的那样。但荷兰语者（他们和英语语者一样，使用普通术语"左""右"）则倾向于保持玩具的原有位置优势，采用从左到右的方向排列它们，即相对于世界来安排它们的顺序，就像图2-1（b）所示那样。据此，列文森得出结论："这种语言系统的使用……实际上迫使其使用者对那些他们原本不会去计算的东西进行计算。"

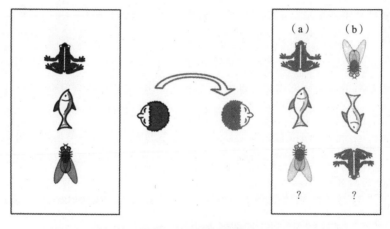

图 2-1 "一模一样"？

就像我们前面看到的那样，作为语言决定论的一个真正的佐证，它必须能阐明3件事：某种语言的使用者发现用另一种语言使用者的思考方式去思考问题是不可能的或至少相当困难；语言差异影响的是人们的实际推理而不是他们在朦胧状况下的一种主观倾向；思想差异是由语言差异造成的，而不仅仅出于其他原因（例如物理或文化背景等）与语言发生的某种关系。无论新沃尔夫主义在心理语言学领域中取得的地位如何显赫，他的这个佐证却未能经受住这3条标准的考验，一条也没有。

要想真正弄清楚这个实验所反映出来的问题的原因，我们首先需要观察一下人们是如何思考和谈论空间的。人类的头脑中并不存在 GPS 那样可以从地球同步轨道卫星那里接收信号的接收器。相反，人们必须选择一个能够被不同人（或处于不同时间的同一个人）识别出来的参考坐标，然后相对于这个坐标来确定一个物体的方向和距离。就上－下维度而言，地心引力就是一个无处不在、无时不在的参考坐标。但对于其他两个方向来说就没那么简单了，因为世界上并不存在什么遍布于世界的指南针，或"你在这里"的显示器来帮助我们确定我们到底是在南北，还是西东。

要想定位，一种选择就是寻找一个地心参照坐标：一个与地标、山脊或者其他某个固定地形的特征相匹配的南－北轴或东－西轴。地心坐标的优势在于它的锁定性，如果有什么东西"指向东方"，它就始终指向东方，无论你站在哪里。但它也有缺点，地心坐标的缺点在于，当人们在室内或远离家乡时，他们不仅很难判断地心坐标的位置，而且还常常会坚信自己的失误判断。任何能够移动的物体或部件都将相对于自己所附属的某个"其他物体"（而不是相对于"世界"）来保持一个恒定的位置。车把总是在自行车的前部（而不是在自行车的南、东、西、北方），冷水龙头总是在手盆的右侧，这与自行车和手盆自身朝向哪个方向无关。

对可移动物体的形状或组件的描述需要一个以物体为中心的参考坐标系（object centered reference frame）：横穿于一个突出物体的坐标系，使得该物体的组件或者其他物体可以相对于它的上方、下方、前方以及两侧来定位。这个参考系也同样不是完善的。尽管它在识别形状和跟踪物体布局时起作用，但在对两个水平维度进行一致性的区分时就会遇到麻烦。有些物体具有天然的前后面（自行车、电视机、冰箱），但其他一些物体却没有，比如大树和落地灯。更糟糕的是，除了少数人造形状，例如汽车和信件，世界上几乎所有东西都没有一成不变的、可区分的左右面。图片通常是以人们难以察觉的反像负片（mirror-reversed）形式发行的，2000 年，美国邮政一时疏忽发行了一张邮票，该邮票上的大峡谷图案被印刷成镜像的样子。与先前那次相同的因邮票设计而造成的混乱不同（本应该位于亚利桑那州自然景观一边的纵标目却被印刷到了科罗拉多州一边，一个造成了一亿张邮票被召回的地心错误），他们认为这一次的新错误并不会使这张邮票看起来有什么不同，所以他们未做任何修改。

不过这倒为第三种坐标系铺好了道路，即自我中心参照系（egocentric frame），在该参照系中，人们把自己的精神禁锢在坐标轴上，无论上面和下面、前面和后面、左面和右面都相对于自己随身携带的身体来界定。自我中心参照系的一个问题是，人们总是走来走去的，所以参照系不适合定位那些并非系于我们的东西，除非我们同意面向某一方位站在某个地方。该参照系的另一个问题是，由于我们的身体和大脑的大部分都是对称的，所以我们拥有一种令人不爽的区分左右的时间概念。孩子们常常倒叙着写信，而且常常记不住哪只鞋应该穿在哪只脚上。成年人很容易记错美分上的"林肯"注视着哪个方向、惠斯勒母亲的肖像面向左侧还是右侧。

空间认知的研究人员认为，人们（以及许多其他动物）天生就具有基于特定任务和环境来使用这三种参照系的能力。在观察一个特定的形状时，我们时而会把它看成立菱形的，时而又会看成斜方形的，这种简单的实例证明了我们是能够感受到自己在自我中心系和物体中心系间所进行的切换。心理学家弗雷德·阿特尼夫（Fred Attneave）用图 2-2 为我们做了生动的阐释，在图 2-2 中，右上方的那个图形既可以被看作一个菱形又可以被看作一个正方形，这取决于我们的心智到底是将其与水平线上的图形归为一组还是将其与对角线上的图形归为一组。

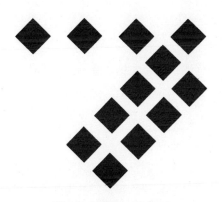

图 2-2　菱形 or 正方形

　　我们解析视觉世界的方法在语言所提供的多帧参照系中还有一个副本。许多英语空间术语，例如 front（前面）和 right（右边），既能以自我为中心参照的方式表达（自行车的右边），又能以物体参照的方式表达（自行车的右踏板）。英语中也有地心参照的词语。不仅有指称罗盘方向的词语，还有下面这样的词语，例如 uphill（上坡）、downhill（下坡）、seaward（向海）、shoreward（向岸），以及短语，如 toward the lake（朝向湖水）、away from the hills（远离山丘）。心理语言学家莱拉·格雷特曼（Lila Gleitman）曾讲述过这样一个孤岛的故事，像玛雅人一样，这个岛上的居民在地心参照系的帮助下定位了岛上的许多地点和方向。这个孤岛就是曼哈顿，人们所借鉴的术语包括 uptown（上城区）、downtown（商业区）、crosstown（穿越市区）。类似地，波士顿的地铁系统用 inbound（入站）和 outbound（出站）来估算方向。

　　鉴于以上 3 种参照系的有效性以及它们之间的互补性，假如某个特定的民族缺乏使用其中之一的能力，于是我们便断言这种能力的缺失是这个民族的语言历史上的某些意外事件所造成的，这就有点太离谱了吧。事实上，就像泽套语那样，英语也同样拥有其使用者相当熟悉的地心参照语，就强势沃尔夫主义对玛雅人和美国人以不同方式排放玩具这一现象所做出的解释来说，上述事实无疑是抽薪止沸、斩草除根。英语使用者当然能够使用地心坐标，而且许多人还可以得心应手地使用它。我就认识几个这样的人，他们能在没有窗户的房间里通过航位推测法（dead reckoning）指出朝北的方向。我过去曾雇用过一个承包商帮我装修，那个承包商在提及任何一件固定装置，哪怕是件小部件时，都要参照东、南、西、北（这些方向非常突出，因为从房间的窗户望出去，北海岸线清晰可见）。类似地，我曾访问过南犹他州大学，该大学坐落在美国西部盆－山构造的两个平行山脉之间。在那里，教师和高年级的学生根据罗盘方向指称建筑内部的方位（东北休息厅、南讲堂），这种定位方式，常常令新生感到十分困惑。当地形提供了一个显著的视觉参照系时，即使是英语母语者也会使用地心参照系来定位空间的。所以，英语中"左"和"右"的有效性以及"上坡"和"越坡"等术语的缺失，并不大可能"重构"英语母语者的认知；当环境使然的时候，他们仍然有能力以地心参照系来定位事物。

那泽套母语者们又是一种怎样的情况呢？心理学家佩吉·李（Peggy Li）、琳达·阿巴巴奈尔（Linda Abarbanell）以及安娜·芭芭弗拉格（Anna Papafrapou）在墨西哥南部的恰帕斯州做了几个实验，目的是要观察"左"和"右"等术语的缺失以及"上坡"等诸如此类术语的存在是否真的会重构当地人的认知，并导致他们无法以地心参照定位物体。实验中，他们蒙上玛雅受试者的眼睛，旋转他们的椅子，然后要求他们取出事先藏在两个盒子之中的一枚硬币。在一个实验情景下，盒子被放置在地板上，所以它们的位置在地心参照系中是固定的。在另一个实验情景下，两个盒子被分别放置在一根搭在椅子一侧的横梁两端，横梁随着椅子一起转动，因此，盒子的位置在自我中心参照系中是固定的。这两个任务玛雅受试人都能完成——事实上，相比之下，他们更善于参考自我中心参照系来发现周围的硬币，尽管他们的语言中并没有"左"和"右"等自我中心参照系的术语。因此我们可以说，当情况需要时，泽套人同样可以利用自我中心参照系来定位，这与英语母语者也可以利用地心参照系定位的理由完全相同。

当然，在列文森所做的那个原始实验中，英语和泽套语受试者在经过180°旋转后，他们所排放玩具时的方式确实是不一样的。但是，正如我们在前面看到的，这个实验本身就是一个没有正确答案的墨迹测试：make it the same（使它与……相同）既可以相对于人体而言，也可以相对于世界而言，而且实验人员拒绝就此向受试者做任何解释（因为他们根本就不想让它意味着任何一方）。假如在受试者举棋不定的时候，实验人员能够暗示受试者哪一种参照系的选择更适合当前的情况，那么所谓的差别便会消失得无影无踪，或者至少会大幅地降低。佩吉·李、阿巴巴奈尔以及芭芭弗拉格的研究表明，当任务需要时，泽套语者完全可以用这两种坐标系定位物体。他们可以受训观察一个表格中的物体，然后在第2个表格里复制它们的排列顺序，无论是保持南北走向还是保持东西走向都没有问题。在心理学家莱拉·格雷特曼和兰迪·加利斯特尔（Randy Gallistel）的协助下，他们3个人通过简单的改造，将这个针对玛雅人的实验用在了美国人身上，他们将用玩具测试玛雅人的方法改成了对美国人的户外（突出地形）测试，他们在表格的一端粘上一个地标，比如一个鸭池，或者让受试者走到同一个表格的另一边，而不是把他们的座椅旋转到另一个表格旁。

语言决定论的第3记重击（就像对爱斯基摩人的雪和食人鱼部落的数字词的打击那样）同样来自一个能够区分因果关系和相互关系的测试。即使我们承认泽套语者与英语语者之间的差别——具体来说，泽套语者更倾向于把地心参照系扩展到桌面上，我们也可以用以下两种方式陈述这一区别。

1. 泽套语者习惯性地依据地势估算方位，这一点反映在他们的语言中（非沃尔夫主义解释）。
2. 泽套语里有表示相对于地势方向的术语，这是导致泽套语者依据地势估算方位的原因（沃尔夫主义解释）。

我们如何来判断哪一种解释是正确的呢？假如泽套人的栖息地或生活方式中存在着某种导致他们更加关注北方和南方而不是左侧和右侧的特征，而这一特征与语言无关，那么我们是能够发现的。无独有偶，我们还真的发现了，而且这样的特征还不仅一个，而是许许多多。与在美国和荷兰的大学生不同，泽套语者生活在一座大山的附近。身为农民，他们绝大多数时间都花在户外，一年中大约有半年的时间，他们中的许多人要跋涉到位于高地和低地之间的农耕田里去耕种。而且他们很少去境外旅游。所有这些生活方式的选择使得他们头脑中的地势概念远比闲庭信步、居于室内的美国人和荷兰人头脑中的地势概念要多。换言之，西方人把生命中的大部分时间用在读书上，阅读使他们陷入一片不可动摇的自左向右的文本田地（美国邮政永远都不会容忍一张印有文本样本的镜像反转照片的邮票——比如好莱坞的标志）。所以我们有足够的理由相信，就空间定位而言，玛雅人更依赖于当地的地势，而美国人和荷兰人则更依赖于相对自己身体的"左"和"右"，丝毫不需要考虑他们的语言。

佩吉·李、阿巴巴奈尔、格雷特曼以及他们的合作者们的实验帮我们找到了这个问题的症结所在。他们注意到，另一个居住在恰帕斯的玛雅民族，他们说一种叫作"佐齐尔"（Tzotzil）的玛雅语，这种语言确实使用左、右术语来指称相对的方向。尽管如此，他们文化的其他方面却与泽套人的相仿。不出所料，佐齐尔人排放玩具的方式与泽套人完全一致。这使我们再次意识到，决定哪一种心智能力更容易被派上用场的真正因素并不是语言，而是文化和环境。

因此，这些旨在支持语言决定论的新研究结果被证明只能支持沃尔夫假说的那个老生常谈的版本，即不同语言的使用者在执行一个模棱两可的任务时，会有不同倾向性的行为，但这并不等于说他们的心智结构不同。而且就连他们所表现出这些倾向性的差别也很可能并不是语言造成的，而是由一些反射在他们语言中的文化和环境的特征所造成的。

我对上述这些新沃尔夫主义的突出主张所做的认真考察并不是出于口诛笔伐的目的。我之所以这么做，一部分原因是想向你展示，我们应该如何以科学的方法解开人们对语言和思想的那份永不言弃的好奇；另一部分原因是，这些考察为我们提供了进一步探究心智如何推理物体、数量和三维空间能力的机会。此外，我还希望通过这些考察来强化本书的一个重要主题：语言是一扇通往人性的窗口，通过语言，人类思想情感的深层普遍特征将被一览无余；思想和情感不可能等同于语言自身。基于上述原因，下面我将以一些积极的论证和我个人对这 3 个激进理论的看法来结束本章的内容，这些论证均支持这样一种观点：思想的语言是人类心智工作机制这个大图式的组成要素。

我之所以认为语言在人类的心理功能中不可能扮演"过于"中心的角色主要出于以下几个原因。原因之一是，要想利用语言进行思想，我们首先必须学会语言。如果知道了儿童能够揣测出他们周围的事件和意图，并能设法将它们映射到父母发出的语音中，那么我们不难想象语言习得是如何发生的。尽管如此，人们始终无法弄懂一股噪声的原始流是如何与儿童心智中的概念联系到一起的。对尚未掌握语言的婴儿的心智研究结果表明，他们对因果关系、人类动因、空间关系以及能够形成其他概念结构的核心概念都很敏感，对这一结论，我们不感到惊讶。

我们也知道，人类思想是以一种比句子更抽象的形式存储在记忆中的。记忆研究的重要发现之一就是，相对于句子内容来说，人们对句子形式的记忆要差一些。然而，这种"形式健忘症"并不影响人们保留自己所见所闻的要旨。

> 在一个经典的实验中，实验者将一组相关的句子呈现给受试者，例如，"那棵大树在前院""蚂蚁吃了果冻""树阴遮住了那个人""果冻是甜的""果冻在桌上"，等等。接下来，实验人员又将另外一组句子呈现给受试者，句子给出后不久，实验人员便要求受试者将他们上一次看到的句子挑出来。当面对一些与第一次看到的句子所合成的含义一致的句子时，例如，"蚂蚁吃了甜果冻"或"前院的树荫遮住了那个人"，受试者信誓旦旦地表示，这肯定是他们之前见过的句子，他们的自信程度甚至超过他们真见到过的那些句子。这说明，语段通常在到达记忆之前就被丢弃了，那些被存储并合并到概念结构的大型数据库的并不是句子的形式，而是句子所承载的内容。

我们知道的另一个有关语言无法决定思想的原因是，当人们在找不到恰当的语言来表达自己心中的概念时，他们并不会抓耳挠腮、瞠目结舌（至少不会很久），他们只是会换一种说法而已。他们要么通过隐喻和换喻进行引申，要么借用其他语言的词语和短语，或者干脆创造一些新的俚语和行话。你想想，还能怎么办呢？如果人们离开语言就不能思想，那么他们的语言是哪里来的？对语言学来说，势不可挡的改变才是一种最大的恩赐，这绝非你在"思想的囚笼"里所能预料到的。这就是为什么语言学家们对一些常见的观点（例如，德语是最理想的科学语言，只有法语适合真正的逻辑表达式，土著语言与现代世界不相适宜等）不以为然的原因。正如雷·哈洛（Ray Harlow）所说的，这就好像在说"因为没有人用古英语讨论电脑，因此就不能用现代英语来讨论它"。

语言决定思想的思想必须受到限制的最深刻的原因当属这样一个事实，即语言本身并不太适合担当一种推理的媒介。只有在一个巨大的抽象心智运算基础结构的支持下，语言才是可用的。句子里面不仅要掺杂一些为视听交流而量身定制的信息，例如讲话的声音、适时的词序安排以及其他众多吸引听众注意力的策略等，而且句子还没有包含明晰推理所需的足够的信息。语言最明显的缺陷就是一词多义现象，尽管任何一个智力健全的人都能区分开墙上的一扇窗与窗上的一扇玻璃、一页纸与一个新闻公司、一个为期 10 个月的装配过程与一座高达 10 层的大厦，或者一个物种与一只活着的野兽。但实验心理学家们会对每一项都进行测试，事实上现有的研究已经表明，人们并不会弄混一个多义动词的含义。不过，这只是就普通英语词语而言，假如它们被作为一种内部的思想介质，那么就连一个思想家也会被搞昏头的。在这种情况下，即使诉诸心智能力在语境中对多义词进行消解也无济于事，因为我们现在所说的就是负责消解的心智组件，而且这个组件还不得不去对那些混杂在一个词中的范畴进行区分。

就上述那些情况而言，在这场"石头－剪子－布"的游戏中，3 个语言与思想的激进理论之间的争战从未停息，各有胜负。"语言决定思想"这一令语言决定论引以为豪的观点给持"概念天赋观和普遍观"的极端天赋论者平添了许多麻烦。极端天赋论者用于诋毁定义的"词义精密度"的主张又对坚持"词语知识具有高度可塑性"的激进语用学提出了疑问。激发激进语用学研究动机的"一词多义现象"鬼使神差地成了语言决定论的克星，因为这一现象说明，思想必定比言语更加纹理细密。

兼顾了以上所有复杂难题，概念语义学理论提出，心智在一种更丰富、更抽象的思想语言中将词义表征为各种表达式，因此它站在了这场论战的中间立场。由于儿童是从更基本的概念入手装配并调整词义的，因此，跨语言的词义不必完全相同。词义完全可以是精确的，因为概念往往会对准现实的某些方面，同时放弃其他方面。词义还可以支持我们的推理，因为它们代表的是有章可循的现实（空间、时间、因果关系、物质、意图以及逻辑），而不是在一个语言社团内发展起来的用于交流的语音系统。同时，概念语义学与人们的常识观念也是一致的，即语言并不等同于思想。事实上，许多至理名言中都包含着不可将语言与思想相混淆的思想。哲学家托马斯·霍布斯（Thomas Hobbes）曾说过："语言是智者讨价还价的筹码、愚人滥花浪掷的金钱。"几个世纪后，西格夫里·萨松（Siegfried Sassoon）再次唤起了人们与此类似的联想，他写道：

> Words are fools
>
> Who follow blindly, once they get a lead.
>
> But thoughts are kingfishers that haunt the pools
>
> Of quiet; seldom-seen...
>
> 语言好比愚人
>
> 一旦遇上引路人，便盲目地随波逐流。
>
> 思想好比栖息在静静池塘边上的翠鸟
>
> 似露非露、若隐若现……

The Stuff of Thought

第二部分

语言与现实

The Stuff of Thought

Language
as a Window into
Human Nature

03

空间、时间和因果关系

　　空间、时间和因果关系是人类赖以思考的
三大基础结构，但我们却无法真正理解它们。
尽管我们体验中的空间和时间都是连续的，但
在用语言所表达的时空模型中，语言却不是模
拟介质而是典型的数字介质。解读人性的认知
模型，都是根据人们的需要打造出来的，因此，
我们会以对自己有利的方式操纵物理环境和归
因道德责任，而我们的日常生活也因此多姿
多彩。

　　几年前的一天，由于闹钟没响，我险些误了航班。自那以后，我便养成了一种习惯，每次出行的前一天晚上，我都会同时设置两个闹铃，一个设在我的个人掌上电脑上，另一个设在宾馆提供的闹钟上。因为觉得掌上电脑的铃声不像闹钟那么吵人，所以每次我都让掌上电脑提前一分钟响铃。几年过去了，记不清楚到底有多少个早晨我是被一阵阵掌上电脑的铃声和紧随其后的刺耳的闹钟铃声唤醒的。按照著名哲学家大卫·休谟的因果知觉论的观点，我应该认为：掌上电脑的铃声引起了闹钟的铃声。

　　我当然不赞同休谟的这种因果关系说。尽管我承认，间隔 8 小时与 3 小时确实是有差别的，我也知道闹铃并不总是会响的（因为在设定数字闹钟时，很多事情会出错），我对数字闹钟的工作原理只有一点儿模糊的概念（我想闹铃不响可能与芯片的电荷有关），但我仍然坚信，闹钟之所以发出刺耳铃声无疑是我在睡前设置的按钮造成的。

　　退一步说，就算按钮与铃声之间的关系并不直接，或者说掌上电脑的铃声与闹铃声之间的关系更直接一些，我也不会改变对这件事的看法。因此，偶尔闹钟意外罢工时，我不会去摇晃我的掌上电脑或者把它举到灯前，相反，我会回想一下前一天晚上到底是怎样设置闹钟的。也许是我太笨了，没把数字闹钟设置好（也许我没有注意闹钟上的 P.M. 指示灯，或者被闹钟上面的 A 铃声和 B 铃声给搞糊涂了，或者给闹铃设置了音乐却把铃声关了）；要不就是设计师不够聪明，没有把闹钟设计得人人都可以随心所欲地设置闹铃；也可能是闹钟的某个零件（一条线路或芯片）被烧坏了；还有可能是闹钟的运行方式被某条宇宙射线、某个捣鬼蛋或从射手座升起的月亮给搞乱了。总之，无论发生了什么，我始终坚信，闹钟的意外哑音一定是某种可理解的原因造成的，而这个原因必须从某种驱动力或者某种具有因果力的机制中去寻找，而不应该从其事前发生的事情中去寻找。

人们通常假设，我们的世界是由一种因果结构构成的——也就是说，事件并不是由一个个事情简单叠加而成的，而是可以通过世界的本质被解读的。此外，人们还假设，事物是按照空间和时间——布局的。我曾见过这样一幅雕画，上面写着："时间是大自然阻止一切蜂拥而至的手段，空间是大自然阻止一切都降临到自己头上的方式。"然而，时间和空间在人们心目中的意义远比这些更重要。无论是否有事件等待着它们的解析，它们似乎始终存在，它们是人类经验中的物体和事件赖以栖息的"媒介"，不仅在真实世界中扮演着这一角色，在想象世界中也是如此。

人类的想象力是一个了不起的设计师：我们能够臆造出独角兽和半人马；我们的思想驰骋得比子弹还要快；我们的手足之情足以温暖整个世界。不过，也有一些事情是我们无法想象的，至少我们无法以心理意象的形式对它们进行表征。举例来说，人们无法想象将一个苹果和一个柠檬不分前后左右地并排放在一起会是怎样一种情形（尽管我们可以谈论这种布局，就像我刚说的那样）。就像爱丽丝评价柴郡猫时所说的那样（她经常看见一只笑不露齿的猫，却从未见过猫不在场的露齿而笑），我们无法想象一个对称的或者三角形的物体突然失去了特定的形状会是什么样子的（比如三角形、正多边形、等腰三角形或不等边三角形）。我们知道大象是一种灰色的大型动物，它需要占据一定的空间，而且在每个特定时间点上，它会位于一个特定的位置。尽管我能够想象出一头不大又不灰的大象的样子，但无论如何也无法想象一头不占据空间或者根本没有位于任何位置的大象会是一种什么情况（即使我让它漂浮在我的脑海里，让它时刻都位于某个不定的地方，我还是无法想象）。有这么一个古老的笑话：一个游客向当地人问路，那个人告诉他：“你从这儿无法到那儿。”这个笑话令人发笑的原因是，人们知道空间的本质是，所有位置都是联结在一起的。正如认知心理学家罗杰·雪帕德（Roger Shepard）所观察到的那样：人们通常都希望他们的办公室里能有一点儿额外空间（additional space），以便能存放更多的书籍；但从不希望他们的办公室里有一个额外的空间（additional dimensions），以便有更多的方法来安排书籍的摆放方式。连续的三维空间是一个人类想象中的物体赖以栖身的亘古不变的母体。

此外，人类的心眸还被监禁在时间的世界里。正如我们能够想象空空如也的空间却不能想象不占空间的物体那样，我们可以想象一段安然无事的时间，却无法想象某个事件并不是在一个特定的时间发生是一种怎样的情况。我们可以想象时间减速、加速、倒退或者完全停止，但无法想象时间拥有两个或三个维度。事实上，当时间始终一如既往地流逝时我们还不清楚，人们是否真能想象时间变缓或阻滞，就像某个物体缓慢前行甚至干脆定格在某个时刻一样。

说到这里，你一定想知道人类经验的这些特性到底出自天赋心智还是可感知的宇宙本性吧。归根结底，我们的世界是一个三维空间，事件发生呈时间顺序，并且遵循因果律（至少在我们的感官所能感受到的层面上如此），也许人类的心智所反映的只是它所能观察到的环境。但是，心智呈现的空间、时间和因果与现实生活中的时间、空间和因果存在着关键性的差别。在心智中我们的直觉对这些实体充满了悖论和矛盾，但在现实中，它们并不存在任何悖论与矛盾，现实就是现实。

让我们以空间为例。现实中的空间要么是有限的，要么是无限的，然而这两种可能性都与我们的直觉有出入。每当我试着去想象一个有限的宇宙时，马歇·马叟（Marcel Marceau）用双手表演出来的那堵无形的墙便映入我的心眸。在刚刚读完物理书上关于集合管的介绍之后，我眼前就会浮现出一群在管道内壁上爬来爬去的蚂蚁，或者被困在一个大管子内部的一群不知所措的人。但在上述这些情况下，总是有一个空间顽固地悬浮于一个更大的空间之中，尽管这个空间本不该出现，但我的心眸却将目光情不自禁地投向了它。

也许，一个无限的宇宙更适合我们的心眸，因为在那里，心眸能够无限地穿越空间，无限的宇宙会适时地为人们呈现出一片广阔的新天地。当然，它同样也能给人们带来更多的惶恐与不安。在这个无限大的空间里，物质的数量是否也是无限的呢？这不仅有可能，而且可能性非常大：物理学家最近已经发现，在大范围内，物质均匀地分布于整个可观测的空间中。这个发现大大地增强了无限空间里布满着无数宇宙的可能性。由于一组给定的基本粒子只能存在于有限的状态和位置中，所以在一个指定的空间里，合理分布的物质数量也是有限的。再加上物质在空间中的分布是均匀的，这就意味着可能的宇宙的数量也是有限的，而这反过来又意味着，这些可能的宇宙会在一个无限的多重宇宙中反复地重复自己。如果真是这样的话，那么大约在 10×10^{28} 米远的地方，还会有另一个复制的你正在读着你手中这本书的一个复本，而某个地方，另一个复制的你已经决定放下手中的这本书；在另一个宇宙中，也许还有一个叫默里的你；还有一个宇宙中，你的头发正被微风轻轻吹起——事实上，无数个另一个宇宙中有无数个另一个你。尽管这听起来似乎有些不可思议，但它毕竟反映了人们对亘古不灭的空间和物质的直觉。

时间也是如此，它既不希望被人们感知为有限，也不希望被感知成无限。我们很难相信时间是随着宇宙大爆炸而产生的，因为人们宁愿自欺欺人地相信这样一种假设：存在一个初始状态的空间，里面除了一个小宇宙时间炸弹，空空如也。当然，我们并不明白，在那之前，这个虚无缥缈的时间为何无限地向过去延伸着。我们能做的最多也不过是倒转一张空白录像带，让它播放一会，然后再多倒回去一点儿，仅此而已，也就是说，我们从未真正触及无限的过去。我们也从未弄懂过，在没有物质和能量的情况下，时间到底意味着什么。一片虚无之中，没有什么能用来区分此时与彼时，因此我们也就没有任何办法理解宇宙为什么是在它爆炸的那个时刻爆炸的，而不是那之前的几万亿年或者之后的几万亿年，或者从未发生过。还有一种更加令人不安的可能性，那就是时间是一成不变的。这更令人百思不得其解了，如果真是这样，这就意味着每一件发生过的事件都可能会被无数次地重演——一个宇宙版的《土拨鼠日》(Groundhog Day)。

就像空间和时间那样，我们想象的事件间的因果关系网也同样是经不起推敲的。我设定了闹铃，让它晚些时间叫醒我，可又是谁设定了我，让我去设置闹铃的呢？一方面，我可以把自己想象成是一堆发条，我大脑中的神经元就像一个个紧密相连的小齿轮和弹簧，当我心甘情愿地做决定时，我当然会觉得自己在按需要选择想要的东西，而不会把自己想象成那些齿轮和弹簧的机械外壳。另一方面，我又想不通，那个无须触发却神秘地操纵着人们言行的自由意志到底是什么。它是如何起作用的呢？如果它真的只是随机的灵光一现，那么在特定的语境中，这个随机的闪现因何如此合情合理呢？如果它只是巧合，那么我们又该如何对它的选择负责呢？如果它的选择不是出于偶然而是对语境做出的反应，那么，它的那些自由性又该是如何体现的呢？

对于空间、时间和因果关系，尽管它们是人类赖以思考的三大基础结构，但我们无法真正地搞清楚它们。上述对于这些构成人类经验的基础结构的反思当然不是我个人的原创，这些思想主要来自德国哲学家康德，我只是略加点缀而已。康德指出，休谟的思想，尤其是休谟对因果关系的怀疑论，使他自己从"独断论的迷梦"（dogmatic slumber）中猛然惊醒。休谟曾说，我们没有理由来证明我们的假设，即世界上的事件必定是一个接着一个发生的。我们所拥有的不过是一种期待而已，基于过去相似的经历我们期待着事件接踵而至。正如其他同时代的联结主义心理学家那样，休谟主张，因果直觉只是人们的一种习惯而已，当人们反复地观察一个事件并注意到另一个事件的接踵而至时，长此以往，便将此印象深深地刻入了心灵并形成习惯。休谟这种解释方法存在一些问题，例如，在现实生活中，当人们反复聆听了两次连续铃声后，他们并不会觉得一个铃声是由另一个铃声引起的。不过，这并不是令康德感到不满的问题。令康德不满的是，人人都相信因果关系问题是可以通过支配宇宙的合法力得到合理解释的，可是，休谟的因果观却不能对人们的这种信仰做出解释。正如威廉·詹姆斯指出的那样，休谟的观察者生活在"一个单纯的'连接'世界中，即一个仅仅由合取连接词'且'构成的世界中"。

针对这个问题，康德的结论是，真正的观察者必须生活在一个什么（whatness）、哪里（whereness）、何时（whenness）以及为什么（becauseness）的世界里，这个世界是人类心智以其把握现实的方式强加给观察者的。人类的经验是在时空媒介中展开的，这个媒介并不是从我们的感官体验中抽象而来的，事实上，一开始就是它在组织着我们的感官体验。我们并不只是这些感官体验的被动观众，我们是这些体验的解释者，而且是将它们作为逻辑和科学概念中的一般法则的实例来加以解释的，这些逻辑和科学概念包括"且""或""不是""所有""一些""必要""可能""原因""结果""物质""属性"等（最后两个概念属于物质概念，比如，设想冰块融化后变成水，而其物质却保持不变）。这些概念一定源于我们先天的生理构造，因为我们的感官经验并没有迫使我们去思考它们。假如你坐在一棵树下，你可以注意观察从树上掉下来的苹果，没有什么强迫你去假设它们是不是被万有引力吸引下来的。你坐在那里享受这万花筒般的景象，什么都不用考虑，你还可以盯着一头母牛看，一直看到牛群回家为止。事实上，没有任何你所观察到的事物会强迫你去思考"它不是长颈鹿""所有母牛都是哺乳动物""至少有一种动物是食草动物""它一定有个母亲""它不可能是那头上周死去的那头牛"，等等。

虽然空间、时间和因果关系（连同逻辑和物质）组织了我们的世界，但影响这些概念的悖论（空间和时间，既非有限又非无限，既非致使又非无前因所致）却证明了一个事实，即它们并不是这个自主世界的组成部分，相反，它们从属于人类不必一致的心智。可以肯定的是，世界确实存在：它撞击着我们的感官，用知觉内容填充了我们的心智，从而防止我们的心智被幻觉填满。康德说过，由于人们只是通过自己的心智结构来掌握世界，因此我们无法真正了解世界本身。不过，这算不上得不偿失。虽然我们永远无法直接了解世界，但这并不等于说人类不借助心智也能了解这个世界，而且，心智与现实协调一致的程度足以成为科学研究的契机。例如，牛顿就曾经在他的著名理论中写道："无须参照任何其他事物，绝对、真正的数学时间按照自身规律自然而然地均匀流动着。"他接着写道："无须参照任何其他外界事物，绝对的空间总是依照自身的本性保持着相似性与稳定性。"对康德来说，这些都是对心智协调现实的支持，离开它们或者不围绕它们去思考问题，都将是徒劳的。他曾借用一个比喻对人们进行了批评："那只划破长空自由翱翔着的鸽子，在感觉到大气的阻力时，它很可能会想，要是在真空里飞翔，也许要轻快得多。"

本章要探讨的是呈现在语言、心智和现实中的空间、时间、因果关系以及物质的问题。基于康德的思想，我已大致勾勒出本章的内容，因为康德所说的组织我们感官经验的概念脚手架在语言的组织中同样十分显著。尽管你可以设想一种语言，其结构专用于各种感官体验，例如，视觉和声音；或者专用于生态学的主要参与者，例如植物、动物和亲属；又或者专用于人类的癖好，例如食物、交易或性；等等，但真正的语言应该还是由康德哲学的抽象范畴组织。在人类语言中，这些抽象范畴比比皆是。在语言的基本词类中，我们可以观察到名词中的物质、介词中的空间、动词中的因果关系以及时态中的标记。举例来说，在第 1 章中，我曾介绍过一种对事物的运动方式百般挑剔的句法构式和一些动词进入这类句式的基本方式。在这些基本方式中，我们也窥见了各种抽象范畴。比如，某物是一种物质还是一个物体，一起事件是即时的还是延伸的，谁或者什么触发的它，等等。透过弥漫于语言和推理中的日常隐喻，我们更是随处都能发现各种抽象范畴。例如，当我们说汽油的价格像气球一样上升或下降的时候；当我们像数黄油棒一样计算"9·11"事件的个数的时候；当我们像谈论闹钟的时间间隔一样谈论两个城市间隔一小时的距离的时候；当我们说"索尼娅强迫亚当友善待人"还是"索尼娅强迫自己友善待人"的时候，我们都能够看到它们。即使当我们的思想似乎在漫无目的、天马行空地胡思乱想时，我们仍能感觉到这些抽象范畴正在空间、物质、时间和因果关系等隐形概念的引导下，划破长空，迎风翱翔。因此，要想了解人性，我们就必须认真地审视这些概念。

当然，这并不等于说康德可以指导我们对思想的本质的理解以及对思想与世界的关系问题的认识。当今，许多哲学家认为，康德对认识世界的可能性问题的反对观点本身就是模棱两可的，而且大多数物理学家反对康德将心智经验上的时空概念与科学意义上的时空概念混为一谈的做法。与日常经验恰恰相反，人类最前沿的物理学理论主张：宇宙并不是严格意义上的欧几里得几何框架，它是被物体扭曲过的框架，很可能是蜿蜒曲折或壁垒分明的；黑洞充斥着整个宇宙，而且它们很可能是虫洞；宇宙至少有 11 个乃至更多的空间维度；宇宙可以根据不同的参考坐标系进行测量，参考系不同，测量结果也会有所不同。时间并不是人类经验中稳定的动态流，它是一个静态时空的第四维度，它也可能是如同电影般环环紧扣的多重宇宙的连连看游戏的谜底。在上述所有这些情况中，人类对时空的最佳科学理解均与人类的心智倾向背道而驰。对于许多物理学家来说，他们根本不承认脱离物质与事件的时空的存在，在他们看来，时空只是 26 个字母表中的一个"字母"而已。

另外，康德还是个出了名的朦胧派作家。直到今天，关于他究竟是断言人类拥有心智还是详细证明了存在一般理性智者的问题，专家们始终无法达成一致。不过，我认为他是提出了存在人类心智的，至少是含蓄地表达了这一观点。而且，一个研究康德的学者帕特丽夏·基切尔（Patricia Kitcher）曾辩论说，康德不仅是一位伟大的哲学家，而且还是一位雄心勃勃的、远见卓识的认知心理学家。无论康德当初的思想是否真的与当今那些以他冠名的思想是一致的，但至少那其中的两个观点是我们了解人类心智不可或缺的无价之宝。

康德试图打造出一个经验主义和理性主义的折中思想，他的思想为当今的先天与后天之争提供了一个粗略的框架。康德认为心智不仅仅是感官经验的副产品（康德时代的经验主义和当今的联结主义的观点），也不是一开始被上帝赋予所有关于世界的实际知识（康德时代的唯理主义和当今的极端天赋论的观点）。所谓心智的先天官能是一组用于组织人类经验的抽象概念框架，这些概念框架可以组织关于空间、时间、物质、因果关系、数量以及逻辑的知识（今天我们还可能再添加一些其他领域，例如生物、其他心智功能以及语言）。不过，其中的每一种概念框架都是个空架子，它们必须用人们的感官经验或想象的实例加以填充。正如康德所说，他的理论"绝不承认神的灌输或天赋的表征……不过，存在一个基础官能，而心智对现实世界的表征依赖于这个基础官能……而这个基础官能至少是天赋的"。事实上，康德的天赋论版本，即关于"心智拥有抽象的组织框架而不是实际知识"的论断，才是最切实可行的天赋观。我们在如今的很多相关理论中都能看到它的身影，比如乔姆斯基的语言学、进化心理学，此外还有被认为领域特殊的认知发展研究。人们甚至说，康德预见了先天与后天之争的解决方案的雏形，即无须考虑经验的组织是什么，尽量去描述它们的特性，这使得有效学习成为可能。

康德将时空作为感觉媒介的论述相当现代。从逻辑上讲，视野可以被描写为由斑点和线条组成的一个大型数据库，其中每个数据都有指定的颜色、亮度、位置、方向、深度等。但从心理学上讲，空间的概念则完全不同。空间是一种视觉内容赖以栖息的无时不在的介质，而不是一个大型数据库中的一个数据那么简单。回想一下那些想象实验，有些是我们能够形象化的，比如一匹半人半马兽；还有些是我们不能形象化的，比如，一个人和一匹马并排站在一起，但谁也没有位于对方的左侧的情景。在人类的心眸中，位置不仅是一个物体的强制性特征，它还是心智用于使之个体化和计数的主要属性。举例来说，我们通常会将图 3-1 这个列阵看成是 3 个物体：一个是位于左侧带条纹的物体，一个是位于右侧灰色的物体，一个是位于中间既有条纹又为灰色的物体。

图 3-1　列阵

理论上，我们也可以将图 3-1 所示列阵看成是两种物体：一种是左侧和中间有条纹的物体，另一种是右侧和中间的灰色物体。但现实生活中，我们是不会以这种方式观察事物的，因为在区分物体时，我们的心智并不以颜色和表面花纹作为参照。类似地，我们能够把注意力的焦点集中在空间上的某个区域，甚至是一个真空区，就像一个紧盯着对手眼睛的篮球运动员那样，他的注意力其实并不在对方的眼睛上，而是在他希望队友出现的那个空位置上。但实验表明，人们很难将注意力调节到一种指定颜色或外表花纹的区域上，无论它们在哪里被看到都是如此。就连大脑的主要视觉区域也显示了空间的特殊组织功能，每一个皮层的特定区域都专用于视野内的一个固定位置，而世界的轮廓则被表征为横跨大脑表层的轮廓（至少是大规模的）。时间也存在于人类的心智中，而不只是作为一种经验的属性。神经学家已经在简单生物体的大脑中发现了生物钟的存在，例如果蝇。正如在空间上，我们将物质看成是被联结起来的一个物体；在时间上，我们将它看成是被联结成的一种运动，比如弹道或手势；而就声音而言，我们则将它们看成是被联结而成的一段旋律或话语。

因此我们可以说，现实世界中存在的时空模型是各种各样的（就像我们当今最前沿的物理学所描述的那样），而人类的感知和想象世界中的时空模型却只有一种。在本章后续的论证过程中，我们会陆续看到，语言表达的时空模型与上述任何类型的时空模型都不同。这些差别主要表现在，首先，语言并不是一种模拟介质，而是一种典型的数字介质。尽管我们经验中的空间是连续、立体的，我们经验中的时间是连绵不断、一去不复返的，但语言中根本就没有描述立体或者流动的时空表达式，语言只不过是一些不连贯的语音串（staccato strings）。就拿我们后面将要看到的最简单的例子来说，目标的位置被表述为"近"还是"远"，事件被表述为"过去时"还是"现在时"，这些表达式都不是用码尺或秒表可以精确测量的。其次，语义还会挑出一些无实质意义的现实，并对它们加以评论。我可以借助"紧挨着"和"对称"这样的语言表达式将一种无法视觉化的布局描写出来，尽管我们根本无法了解物质的这种布局究竟是如何填充空间的。我也可以利用一个无时态的短语来描述一个事件，比如 for Bill to leave（比尔该走了），而无须暴露自己所处的时间。这种语义的选择性使得我们的心智在抽象的概念世界中行走自如，尽管这个概念世界并未锚定在直接组织我们经验的时空感知媒体上。这也许就是心智货币吧，就是因为有了它，现代的科学家和数学家们才能以完全非直觉的方法去描述空间和时间。

正如我们将要看到的，这些嵌入语言中的时空模型（以及物质和因果关系模型）与物理学和逻辑学，也就是哲学家和心理学家普遍用来评估认知行为的基准是不一样的。我们的各种认知模型也不只是用来解读感觉器官或生物钟的表征结构，它们所解读的是人性的主要方面。所有这些理解模式都是应人类的各种目标的需要而被分门别类地打造出来的，而且正是因为它们，我们才能够对物质、空间、时间和因果关系进行雕刻，尤其在那些对我们的物质和社会目标最重要的环节中。虽然康德并未预料到我们的基本认知范畴会被他所说的"人性的曲木"（the crooked timber of humanity）所扭曲，但这些独特的人类版本的范畴却将人类的生活组织得更加意义深远，它们决定着人们所统计追踪的实体的类型；决定着我们对人和事物的分类；决定着我们对物理环境利己的操纵；决定着我们对人类行为进行道德责任的归因。正因如此，那些人类赖以迎风翱翔的、充满人性色彩的概念，例如物质、空间、时间以及因果关系等，不仅助力了人类的抽象认知，而且大大推动了人们的日常生活进程——我们的政治、我们的法律争端乃至我们的诙谐幽默。

物体思维和物质思维

除了在连接各种思想中起着重要作用，空间、时间和因果关系还是一些抽象的框架，这一点同样十分重要，然而，除了哲学家和物理学家，几乎没有人对它们所扮演的这一角色进行过认真的思考。人们有意识地思考的东西往往都是那些占据了一定空间且彼此相互影响的具体实体。不仅如此，我们思想中那些最基本的实体也都是些以名称命名的实体——那些关于人、事物以及物质的概念。无论在哪一种语言中，名词都是最容易辨别的词语，它们通常最先被儿童习得，而且是最稳定、易懂的人类概念的标签。不过请注意，正是对这些貌似简单的词义的反思将我们带入了另一个兔窟。事实上，名词所扮演的并不仅仅是物质的指称角色。当人类的心智要捕获一个人、一个对象或者一种物质时，它能以相去甚远的方式去识解它的猎物，而这种灵活性又为我们的心智带来了更加空灵的实体。

从那些表面上看上去毫无意义的名称含义入手来理解词义，是我们能够真正欣赏名词含义的最佳办法。下面请大家思考一下下面这些例句［其中许多例子是由语言学家安娜·维尔斯比克（Anna Wierzbicka）收集的］。

Boys will be boys.

男孩儿终归是男孩儿。

A deal is a deal.

买卖就是买卖。

What difference does it make what kind you get? Coffee is coffee.

你所得到的有什么不同呢？咖啡就是咖啡。

A man is a man, tho' he have but a hose upon his head.

男人还是男人，即使他把紧身裤穿在了头上。

Let bygones be bygones.

过去的事情就让它过去吧。

A woman is only a woman, but a good cigar is a smoke.

女人不过是女人而已，但上好的雪茄却是能让人过瘾的烟。

Que sera, sera; whatever will be, will be.

不该是什么就不是什么，该是什么就是什么。

East is East and West is West, and never the twain shall meet.

东方就是东方，西方就是西方，这两端永远也不会交汇的。

You must remember this: a kiss is just a kiss, a smile is just a smile.

你必须记住这一点：亲吻就是亲吻，微笑就是微笑。

Let Poland be Poland.

让波兰成为波兰。

A horse is a horse, of course, of course.

马就是马，当然——（没有人能和它说话）。

　　有这么一个笑话，讲的是一个女人走访一位离婚律师的故事。那个律师问道："你多大年纪了？"女人回答说："82岁。"律师继续问道："你丈夫呢？"女人回答："85岁。"律师又问道："你们结婚多久了？"女人回答："57年。"律师简直不敢相信自己的耳朵："那你为什么现在才想离婚呢？"女人说："因为够了就是够了！"（Because enough is enough！）

　　从字面上看，这些句子似乎只是一些空洞的重言表达式，当然，实际上它们并不是。任何一个使用这类表达式的人都清楚它们所传达的意思：这是一种提醒方式，即无论人们对某一实体的期望或健忘到了何等程度，它所具有的同类实体的基本属性始终是不会改变的。"男孩儿终归是男孩儿"意味做事无聊、鲁莽或乏味才是年轻小伙子的本性。我最近一次听人说起这句话是在哈佛大学，当时一群男子赛艇运动队的学生正在校园里的一堆冬雪上雕刻一个巨大的男性生殖器。

　　由于"X-是-X"这种说法的含义并不是循环的，所以，第一个X与第二

X 必定有着不同的含义。有时，一个名词在指称某物时却起着帮助听者预测该客观实体的指针（pointer）作用。有时，它还能指示一个以定义或者某种范式为特征的范畴或类型。对于语言来说，这种指称与预测之间的区别是最基本的。像"加拿大"或"鲁契亚诺·帕瓦罗蒂"这样的名称词（names），尽管它们可以转化为一个范畴的标签，例如，"每个制作人都在寻找另外一个帕瓦罗蒂"，但一般情况下，它们的典型用法还是指称某人或者某物。而像"男孩"和"咖啡"这样的独立名词（isolated nouns）则被默认为一种范畴或一种类型（一般而言的男孩、一般而言的咖啡），尽管当它被插入短语时也可以被转化成所指词语（referring expressions），例如，"那个男孩"或者"巴西产咖啡"。一个基础句——也许是个基本思想指称主语所提及的某个事件，同时还在谓语结构中对它的某些属性加以说明。

在这本书中，我始终坚定地主张，一定是以语法为特征的含义选择了主要的人类思想类型，正因如此，它们对人类生活产生了真正意义上的后果，即那种人们所关注的、为之奋斗并付出代价的后果。就这一点而言，事物的名称就是一个最好的例证。我在前面曾经提到过这样一个问题，假如结果证明威廉·莎士比亚的戏剧并非他本人所创作，而是其他什么人的杰作，那么对于一个普通民众来说，威廉·莎士比亚这个名字到底意味着什么呢？而且我们也已经看到了，为这个文学问题注入生机的正是专有名词的语义学问题。我们前面还提到了另一个与此相关的实际问题，那就是假如有人窃取了你的全部身份信息，你该如何找回自己的身份的问题。下面我再为您举 3 个生活片段，在这 3 个例子中，名词同样发挥着无可替代的作用。

预测和指称的区别是可以用价格来衡量的。迄今为止，谷歌可以称得上 21 世纪最成功的一家企业了，事实上，其发财致富之路无非是成功地"贩卖了名词短语"。早期的互联网门户网站的问题是没有人知道如何利用它们来发家致富：用户憎恨横幅广告，因此很少有人会通过点击它们来联系广告商。广告业有这样一个说法，即每个广告的半数以上预算都是被浪费掉的，但是没有人知道是哪半部分被浪费掉了——看广告的大多数人对其宣传的产品或服务不感兴趣。后来，谷歌的拉里·佩奇（Larry Page）和谢尔盖·布林（Sergey Brin）突发灵感，他们发现，往往人们键入搜索引擎的词语就是他们希望购买产品的类型，也就是说，人们键入搜索引擎的词语就是了解他们需要的最佳线索。他们的这个发现使得搜索引擎一举成为买家和卖家的理想中间商。于是，连同一些干净的网络搜索结果，谷歌打出了几个与屏幕边缘上的那个搜索词相关的商业赞助网站。各家公司则通过高价购买那些持续竞价的、最吸引网民眼球的术语来支付谷歌给它们提供的这份特惠服务。作为一个对名词复数有着独到鉴赏力的专家，我好奇地发现，商家们为它们所付的费用要远远高于单数的费用。Digital camera（数码相机的单数词）可以以点击一次 75 美分的价格购进，而 Digital cameras（数码相机的复数词）一次的点击费用竟可以提高到 1.08 美元。广告商都知道，一个词的复数形式更容易被计划买相机的人键入，尽管他们并不清楚这到底是为什么。在我看来，这个原因就是，像 digital camera 这样的裸名词短语（bare noun）其实是非商标性的，人们键入它很有可能只是为了了解它的工作原理。而一个复数名词短语，比如 digital cameras，所指称的数码相机更可能被网民作为参考，而且它们往往是那些想了解广告中的相机类型以及购买方式的人键入的。

我们还在一些自食其果的公司中发现了这个企业语言学被更加侵略性地使用的情况。这些企业往往是自身成功的受害者，它们迫切需要收回它们那些已经被作为普通名词广泛使用的产品名称［这类名词有时被称为"商标名词"（generonyms），从专有名词到普通名词的过渡称为"非商标化"（genericide）］。几乎没人会意识到"拉链""阿司匹林""自动扶梯""格兰诺拉麦片""溜溜球""油布"等专有名词过去曾是某个特定公司产品商标的名称。今天，这种非商标化的噩梦正纠缠着 Kleenex（纸巾）、Baggies（灯笼裤）、Xerox（施乐办公设备）、Walkman（随身听）、Plexiglas（树脂玻璃）以及 Rollerblade（直排轮滑）等商家，他们担心竞争对手会窃取这些商品名称（以及他们赢得的声誉），将它们非法据为自己的产品商标。那些把这些名字用作动词、普通名词或者小写体的作家们往往成了上述商家的攻击目标，商家们会向他们发出措辞严厉的警告。不过，我这里倒是有一个很好的建议：受到警告的作家们不妨效仿一下戴夫·巴里（Dave Barrey）下面的这个答复。

　　我愿以合法的形式向生产骑师牌服装的赛马骑师国际公司表示真诚的歉意。最近，我收到骑师品牌公司法律顾问夏洛特·夏皮罗发来的一封挂号信，她在信中说，在一次关于"内衣是否能吃"的专栏讨论中，我在下面这个句子中错误地使用了官方骑师品牌的名字："服务员，这些骑师（Jockeys）新鲜吗？"

　　夏皮罗女士指出，Jockey 这个词是一个官方注册商标而不是一件内衣的通用词，因此它只能作为一个"后接此类产品普通名称的形容词"来使用。因此，我的句子应该合法地理解成："服务员，这些骑师里有一只苍蝇！"……

　　我别无他意，只想向骑师公司及其庞大的法律机构表达我最深切的敬意。以防我在本专栏中可能还误用或中伤过其他品牌的商品名称，让我以下面的致歉来结束这封正式的道歉声明：Nike（耐克）、Craftsman（工艺品人）、Kellogg's（家乐氏）、Styrofoam（聚苯乙烯泡沫塑料）、Baggies（喇叭裤）、Michael Jordan（迈克尔·乔丹）以及任何其他可能被我冒犯过的大公司实体，真的很抱歉，可以了吧？好了，还是不要让你的 Jockeys 庸人自扰了吧。

当得知自己所珍爱的产品名称被等同于一个普通名词时，庸人自扰不只是那些商标的所有人，就连普通人在得知自己被冠以普通名词的标签时也会表现出极大的愤慨。其原因是，人们觉得一个名词谓语（noun predicate）好像是用某一范畴的原型来分类他们，而不是将他们视为碰巧具有某一特征的个体。尽管这些差异的界定问题令逻辑学家们十分头疼，但在人们的心理上，它们却起着非常重要的作用。举例来说，你可以客观地描述某人的头发是金色的、黑色的或者红色的（形容词），但当你意欲将一个人，尤其是一个女人，称为金发女郎、浅黑肤色的女人或者一个红发女郎（名词）时，那么你要三思而后行了。这些术语似乎把女人贬低到了某一个性吸引的身体特性上。根据传统观念，这些名词蕴含着轻浮、世故或暴躁等特性。由于换喻的贬损特征以及上位词的提升作用（参见第 1章），在当今社会，我们通常会使用"金色头发的女人"而不用"金发女郎"来指称一个女人，当然，如果谈话的焦点是头发，那就另当别论了。随着人们对个人尊严的日渐关注，一些用于指称不健全人的名词正在日渐消失，例如跛脚、驼背、聋哑人、傻子、麻风病人甚至糖尿病人等。目前，精神病治疗学正在开展一项运动，大力提倡避免使用由形容词转换而来的名词称呼某人，例如，"精神病"（a schizophrenic）或"酒鬼"（an alcoholic），同时提倡用以"者"为核心词的名词短语来指称他们，例如，"精神分裂症患者"（a person with schizophrenia）或者"酗酒者"（a person with alcoholism）。美国著名导演兼医学学者，犹太人乔纳森·米勒（Jonathan Miller）对名词的转换力非常敏感，他曾说过这样一句话："我个人不能代表犹太人（Jew）。我只是犹太人中的一员（Jewish）。我没有那么不自量力。"这句话表达了许多犹太人的共同心声。

当然，用普通名词指称普通物体和物质还是很安全的，而且当我们这样做的时候，我们所揭示的是另一种敏捷的思想。乍看起来，语言学对可数名词和物质名词的区分正好可以用来区分一个物体（an object）和一种物质（a substance）这两个概念。可数名词，例如，apple（苹果）和 pebble（卵石）往往被用于指称有界的大块事物；而物质名词，比如，applesauce（苹果酱）和 gravel（砾石）则往往被用于指称无界的物质。英语语法严格地区分这两类名词。我们可以对可数名词，如 *two pebbles（两块鹅卵石）进行列举并复数化它们，但物质名词却行不通，如 *two gravels（两块砾石）。如果要指称物质名词的数量，我们就必须使用不同的量化词：我们可以说 a pebble（一块卵石）很细滑，但不能说 *a gravel（一块砾石）不细滑；我们可以说 many pebbles（很多块鹅卵石），但不能说 *many gravel（很多块砾石）；我们可以说 much gravel（很多砾石），但不能说 *much pebble（很多鹅卵石）或者 *much pebbles（很多鹅卵石）。物质名词可以不加任何修饰地出现于句子中——Gravel is expensive（砾石价格很高）、I like gravel（我喜欢砾石）；但可数名词一般则不能这么使用——*Pebble is expensive（卵石价格很高）、*I like pebble（我喜欢卵石）。

物质名词背后隐藏着一个重要的物质心理模型的线索，那就是，在某些方面，它们表现得类似复数可数名词。例如，它们共享一些量词，more applesauce（更多苹果酱）、more pebbles（更多鹅卵石）；而且它们也可以不加任何修饰地出现在句中 I like applesauce（我喜欢苹果酱）、I like pebbles（我喜欢卵石）；它们还能与空间词，比如 all over 搭配，例如，Applesauce was all over the floor（地板上到处都是苹果酱）或者 Pebbles were all over the floor（地板上到处都是鹅卵石），比如 *A rock was all over the floor（地板上到处都是一块石头）。这些语法上的重叠说明，我们对各种物质（那些典型用物质名词标签的东西）和复数物体（那些典型用复数标签的东西）的想象在方式上是类似的，我们将物质和复数物体在一起称作"总量"。物质和复数物体都缺乏固有的边界，并且都可以被突然分离出来并变成任何其他形状。它们可以被合并起来：把一些鹅卵石和另一些鹅卵石放在一起，你得到的仍然是鹅卵石；把一些苹果酱倒入另一些苹果酱，你得到的还是苹果酱。它们也可以被分离开来：半车鹅卵石仍然是鹅卵石，半碗苹果酱还是苹果酱。这些都不是可数名词（例如一匹马）的典型所指。没人会怀疑一匹马与空间的界限，没人会认为当两匹马被放在一起或把一匹马拦腰斩断，马就不再是马了——对儿童来说，了解这一点对理解所罗门的智慧中的故事很有必要。

名词的复数形式与物质名词的区别就在于，前者被人们设想成一组可以加以识别和统计的个体。这使我们能够区别地对待现实世界中的一切事物。"卵石"这类单数可数名词代表的是一种有界的东西（由一个固定的形状所描绘），而不是由许多个体组成的东西。类似"苹果酱"这样的物质名词所代表的是一些既无界又没有个体成分的东西。所有这一切表明，我们对物质的基本看法既不是"数量"也不是"质量"，而是"有界"（bounded）和"由个体组成"（made up of individuals）这两个微型概念。如果这种假设成立的话，我们就应该能够发现第 4 种可能性的存在：既有界又由个体组成的东西。值得庆幸的是，这种可能性还真的被我们发现了。请看下面这几个例子：committee（委员会）、bouquet（花束）、rock band（摇滚乐队），它们是一些集体名词，再请看下面这几个表示成群动物的矫揉造作的名词，这些词是学生们被迫死记硬背下来的生僻名词，例如 a gaggle of geese（一群鹅）、an exaltation of larks（一群云雀）。

如果有人认为可数名词和物质名词只是大块物质和黏性物质的标签，那就等于低估了人类的语言和大脑。在一种语言中，一种物质到底被一个可数名称还是一个物质名词来指称往往是不可预测的。英语中有可数名词 noodles（面条），但 macaroni（通心粉）却是物质名词；beans（豆子）可数，但 rice（大米）却是物质名词，而 hairs（几根头发）和 hair（头发）两种形式都有，理查德·莱德勒的《疯狂英语》中的那个问题 why a man with hair on his head has more hair than a man with hairs on his head（为什么一个满头秀发的男人头上的头发比有几根头发的男人的头发多）就是由 hairs（几根头发）和 hair（头发）引发的。不同语言对这两类名词的选择也有所不同——spaghetti（意大利面条）在英语中是物质名词，在意大利语中则是可数名词，不同历史时期的同一种语言对它们的选择也不尽相同。英语母语者常常吃一种叫 pease（豌豆）的东西，就像一首童谣中说的那样，Pease porridge hot, Pease porridge cold（豌豆粥热，豌豆粥凉）。但是一些语法的热心听众在历史的迷雾中错误地将 pease 分析成了 peas 的复数形式，从此再向前推进一小步，便有了我们今天所使用的那个可数名词 pea 了。数学语言学家吉姆·兰贝克（Jim Lambek）曾经推测说，将来有一天，a grain of rice（一粒米）一定会被称为 a rouse（一粒米）。这对于学习英语的成年人来说简直是件可怕的事情。我祖父过去常说 he combed his hairs（他梳头），头发的这种复数用法（hairs）是犹太语、法语以及其他许多语言的表述方式。

语言总是任意性地选择一种物体的可数性或物质性，这大概是因为人类的心智不仅能将一个总量识解为一大批个体，还能将其识解为连续的物质。毕竟，当你把一块岩石削磨成越来越小的碎块，从一块大卵石到一块小卵石，再到一块鹅卵石、砾石、砂石乃至灰尘时，这一过程中总会有一个灰色区域，在此区域内，人们既可以将一个总和识解为一些小物件的集合，也能将其识解为一个连续的介质。究竟如何识解，完全取决于人们距离石块的远近、他们多久更新一次眼镜甚至取决于他们的个性特点（比如那些只见树木不见森林的人）。在那个灰色的区域中，一种语言（或者更准确地说，这种语言过去的使用者）为该语言使用者所说的词语逐字地分派了一种认知识解的方式。

不仅名词关注有界性和个体性，动词也是如此。正如我们在第 1 章所看到的那样，像 pour（倾泻）这样的动词也要求一个总量，比如 water（水）或者 pebble（鹅卵石）。此外，smear（涂上）和 streak（加条纹）等动词适用于物质名词；而 scatter（散射）和 collect（收集）等动词则适用于一批个体。这是因为一个动作的概念取决于它所施加影响的物体的数量和种类，就像 eat（吃）与 drink（喝）、throw（扔）与 scatter（散射）、murder（谋杀）与 massacre（屠杀）的用法的区别那样。生物学家简·罗斯丹（Jane Rostand）曾经说过："杀一个人，你是个凶手。杀成千上万的人，你就成了一个征服者。杀光所有人，那你就是神了。"这种选择的不同不仅存在于各种不同的语言间，甚至连方言也不例外，如美国英语和英国英语。每次我的英国编辑提出要来酒店 collect（接）我时，我都感到惊讶，我感觉我在他眼里就像是一堆需要被收集起来的残肢断臂一般。

心智对物质的这种识解力不仅能在磨削岩石的中间环节中大显身手，事实上，任何事物都可以从这两种不同的方面得到识解。我们总是能够盯着一个杯子（可数），心里却在思考它的塑料成分（物质）；我们也可以看着冰激凌（物质），心里却在思考它可能的形状，比如一勺或一根（可数）。许多种类的物质识解都是过去的语言使用者慷慨地以"一词一识解"的一一对应的方式遗赠给我们的。我们的语言中有 butter（黄油，物质）、pat（小块黄油，可数）、gold（金子，物质）、ingot（锭，可数），我们甚至区分 shit（大便，物质）和 turd（屁屁，可数）——一个遵循语法的禁忌语。

语言使用者们在上述这些语言实例的推动下，要么将一个物体识解成一个个体，要么将它识解成连续的物质。有人可能会怀疑，人类这种思考物质的能力是否建立在他们对可数与物质概念间的区别有所掌握的基础上——一种逻辑学家奎因（W. V. O. Quine）的语言决定论的高级版本。

为了寻找这个问题的答案，心理学家南希·索亚（Nancy Soja）、苏珊·凯里(Susan Carey)以及伊丽莎白·斯皮克设计了这样一个实验：他们为两岁的儿童（儿童在这个年龄并没有表现出能够区别可数名词与物质名词的迹象）出示一种孩子们不熟悉的物体，例如铜管三通或粉红色的发胶。然后通过 This is my tulver（这是我的 tulver）这样的句子——一种没有明确可数性与物质性的句子框架，告诉他们每一种物体的名称（任意的一个词，例如 tulver）。当孩子们掌握了这些名称之后，他们再给孩子们出示两套道具，一套道具的形状相同但质量不同，另一套的质量相同但形状不同，然后要求孩子"指向那个 tulver"。实验人员希望观察到的是：在没有任何语言线索的帮助下，孩子们是否仍然可以区别地对待被成人识解为物体的东西和被成人识解为物质的东西。

实验的情况是这样的：一开始为孩子们出示被成人识解为物体的东西时，例如铜管三通，他们指向了那种形状相同但物质不同的物体，例如塑料管道三通，但他们却不指那些物质相同但形状不同的物体，例如一堆铜焊头。但为孩子们出示被成人识解为物质的东西时，例如发胶，他们丝毫不考虑形状便指向相同物质的东西，例如三涂发胶；而不是不同物质、相同形状的东西，例如弧形的手霜坨。上述实验结果表明，在了解英语是如何区分单个对象和物质之前，孩子们自己就能做出区分，而且还能根据这个区别为它们概括出名称：有显著形状的固体的名称被用来命名同类物体、任意形状的非固体的名称被用来命名同类物质。

索亚等人的研究表明，一种语言不仅不会影响孩子们对物体和物质之间的区别的习得，它对成人识解物质的方式也没有多少束缚力。语言使用者完全可以通过心智打包物质名词的所指来对抗语言规则的束缚，例如 I'll have two beers（我要两个啤酒），或者还可以通过碾磨可数名词的参照物的方法，例如 There was cat all over the driveway（车道上一只猫尸横遍野）。此外，人们也会将物质名词打包进各种范畴，例如，当他们指称不同的树木时（橡树、松树、红木）或者乳霜（旁氏、妮维雅、凡士林）。正如我们在第 2 章中看到的那样，这种打包和碾磨是有代价的。例如 We labeled the bloods（我们标签了血液），尽管这种说法对医务人员来说是家常便饭，但对普通人来说，人们会觉得这话听起来怪怪的；又如，我们用 cat（猫肉）的物质名词用法来指称猫的肉体，这是对猫作为一个个体的尊严的践踏。但不管怎样，名词可以以这种方式被使用的这一事实表明，语言并不能决定语言使用者心智的可及识解。

隐藏在可数与物质区别背后的直觉材料科学（intuitive materials-science）

假定，我们的世界中存在着一个培乐多世界，即一个由物质模塑出来的物体世界：rocks（岩石）是由 rock（石材）构成的，glasses（玻璃）是由 glass（玻璃材料）制成的，beers（啤酒）是由 beer（啤酒原料）酿制而成的，cats（猫）是由 cat（猫的有机体）构成的，等等。当一个物体不能被识解为一堆原料构成的时候，说明这个心理模型发生了故障。因为电视不是由某个叫电视材料的东西制造而成的，所以我们不能说"压路机过后，电视机散落一地"。事实上，当一种物质在高倍显微镜下被放大到一定程度后，物体和物质的区别也会消失。我们用 rice 这个词来指代一杯大米、一粒米，甚至一个碎米粒儿，但当显微镜头被越拉越近的时候，我们最终会发现，一颗大米在我们眼前消失得无影无踪（大概根本不存在大米分子、原子或者夸克）。假如人类的肉眼能够看到构成物质的水晶、纤维、细胞、原子的话，那么我们的祖先也许就不必费心去开发这个可数与物质间的区别了。同种疗法（homeopathy）是一种在西方十分盛行的医术，这种疗法的从业者们坚信，当一种物质被高倍稀释到一定程度时（据化学家的观点），它的分子微粒就会荡然无存。当然，人们也许会指责执业医生们过于看重隐藏在物质名词背后的物质心理模型。

心智中的这种可数 - 物质之分并不受限于世界中的物体与物质之间的差别，不仅如此，就连整个物质世界对它也是无可奈何的。它被认为是最好的认知透镜或认知心态，因为通过它，人们可以将世界上任何一种事物识解为有界的、可数的、无界的、连续介质的。这一点可以在一类显著的物质名词中得到验证，这类名词的特点是它们与可数名词的作用相当，即它们可以指称像椅子和苹果那样的有界物质。它们就是物质的上位词（上义词），比如 furniture（家具）、fruit（水果）、clothing（服装）、mail（邮件）、toast（土司）、cutlery（餐具）等。它们并不指称一种具体的物质——椅子和桌子并不是由一些叫作"家具"的成分制造的，明信片和书信也不是由被称为"邮件"的物质印刷出来的——也不能直接指称它们所代表的个体对象，它们需要专门的分类名词，正如短语 a stick of（一件）家具、an article of（一件）衣服以及通用分类词 piece（片）所表达的那样。

就像漫画中的丹尼斯将会发现的那样，a piece of toast（一片吐司）并不真的是"一小块儿"，但我们需要使用 piece 作为分类词，分离出一块水果、一个家具、一片吐司，以便对它们进行区分和统计。就像我们使用分类词来截取大块物质那样，例如 a sheet of paper（一张纸）、a blade of grass（一片草叶）或者 a stick of wood（一根木头）。在英语中，用于指称物体的物质名词往往适用于事物的范畴，这些事物范畴尽管在大小和形状方面是异构的，但它们却常常整体地受到影响，比如一辆房车内的家具、放在篮子里的水果、手提箱里的衣服或者麻布袋里面的邮件等。但在其他一些语言中，例如汉语，所有名词都有物质名词的表现，它们代表着概念本身而不是其分开的部分，其语言使用者可以不用统计它们，或者不用使用分类词对它们进行复数化，就像短语 two tools of hammer（两把锤子）和 three rods of pen（3 支钢笔）那样。

Dennis—NAS. North America Syndicate.

假如可数名词和物质名词可以应用于任何事物，那么语言为什么还要为它们如此费尽心机呢？其中的原因之一是，语言可以使人们在分离、统计以及测量事物的方法上达成一致。设想，如果有人让你"数数房间里的所有东西"，你到底该怎么数？数椅子，还是椅子腿？数颜料，还是数墙？房间本身是不是也应该算上一件呢？看来，除非指定某种计算单位，否则这种数数的任务是毫无意义的，而这种任务只有可数名词才能胜任。它们被称为"可数"名词并非出于偶然。假如你不明确到底使用可数还是物质术语的话，你也同样无法对数量做出比较。如果莎莉有 1 块大石头，而詹妮有 3 块小石头，那么她们两个到底谁的石头更多些呢？这个问题本身没有答案，因为它取决于你要问的是"更多的石材"还是"更多块的石头"。根据实验心理学家大卫·班纳（David Barner）和杰西·斯内德克（Jesse Snedeker）的实验，即使是一个 4 岁的孩子都知道这些问题需要不同的答案。对物质量化方式的不同理解也是我们弄懂下面这幅漫画幽默的关键。

Monty © United Feature Syndicate, Inc.

出于同样的原因，对"两个东西是否一模一样"的最简单的判断取决于我们到底对"什么是相同的"所达成的一致——在"陶瓷材料"上，一个杯子和一堆杯子碎片是"一模一样"的，尽管它们并不是"一模一样"的杯子。也就是说，可数与物质之分有助于人们在"到底哪些个体是被心智当作实体进行统计追踪的，哪些却只被当作一个范畴的化身"的问题上，取得一致意见。

综上所述，我们认为可数名词和物质名词是人们对事物类型的认知态度，而不是对它们的条件反射。如果这种假设成立的话，那么在那些根本不是由物质组成的实体上，我们也应该能找到它们被使用的例子。不出所料，我们还真的发现了这样的例证。事实上，在很多到处充斥着没有质量或不占空间的事物的思想领域中，我们都能发现它们幽灵般的身影。举例来说，我们可以在一连串的建议（物质）中分离出离散的意见（可数）、从小说中出分离出故事、从空间中分离出小孔、从知识中分离出事实、从音乐中分离出歌曲、从睡眠中分离出打盹、从胡话中分离出谎言。

人类具有的这种能力（即以识解物体与物质的方式识解抽象实体）是不是我们成熟心智（由于广泛地暴露于抽象可数和物质名词中）的一个后期成就呢？心理学家保罗·布卢姆（Paul Bloom）的研究表明，这个问题的答案似乎是否定的：在一个 3 岁儿童身上，这种能力能够很自然地得到体现。实验中，实验人员首先让孩子们听一下编钟互相撞击的声音并告诉他们，"它们是 feps——这里的 feps（可数名词）真的好多噢"。然后他们要求孩子们用一根棍和一个铃 make a fep（敲一个 fep），这种情况下，孩子们很可能会只敲一下。而当实验人员告诉孩子们"这是 fep——这儿真的有好多 fep"（物质名词），然后要求他们 make fep（敲 fep），他们很可能会敲击多次。这个结果与孩子们对"lentils"（扁豆）这类指称一个物理集合的词语所做出的反应完全一致——他们对"敲一个 fep"和"一颗扁豆"所做出的反应是一致的，而对敲"fep"与"一把扁豆"的反应是一致的。因此我们可以说，在区分可数名词和物质名词时，孩子们依据的是它们所指称的是一个短暂事件还是一个物理对象，我们将会看到，这是隐藏在时间语义学背后的心理敏捷度的一个显现。此外，一些其他相关实验表明，儿童还能对其他非离散实体进行统计，其中包括集合物件、耳垂、行动、孔洞以及水坑。

也难怪，既然我们对事物的思考能力根植于我们对物质世界中块状物和黏性物质的感知之中，那么将其应用于思想世界的认识也是理所当然的事情。这就是我们为什么能够公然地识别、跟踪和统计我们的意识内容，无论它们有多么空灵。事实上，对无实体物质的量化能力是人类精神生活的一个署名。例如，布朗宁的那首"我该如何爱你？让我来细数爱你的方式（ways）"、那句著名的谚语"10 个犹太人，11 种观点（opinions）"，还有下面这些歌词："一定有与情人分手的 50 种方法（ways）""一个人要仰望多少次（times）才能看见青天""4 件最好与我无缘的事情（things）：爱、好奇心、雀斑和怀疑"。当然，还有那个"2001年9月11日上午纽约到底发生了几起事件（events）"。

空间思维

人们经常将棒球、足球、高尔夫等比赛和性爱比喻成一场"寸土必争的游戏"。其实任何涉及空间移动的活动都可以说是一场"寸土必争的游戏"，因为仅仅错失一步或一个转折点，结果就很可能是生死攸关的。对世界布局进行评估并引导身体穿行而过是一项相当复杂的任务，我们从未见过自我清空的洗碗机或者自行爬楼梯的吸尘器是如何工作的。然而，我们的感觉运动系统却能得心应手地完成这项任务。它能自如地引导人们骑自行车、穿针引线、投篮、玩跳格子游戏等。哈姆雷特曾这样赞美过人类："健步如飞，令人钦佩！"

不过，涉及空间语言的问题时，人类似乎就没那么敏捷和令人钦佩了。人们常说，一幅画胜过千言万语。这是因为，有时仅凭一句口头描述，人们很难形成心理意象。下面这些例证是我这几天从报纸上收集来的。

- "建筑的第一步是修建一个池式的衬砌，并将30厘米的水注入其中，以此来保护双塔断裂的残柱。"（衬砌到底是在水位的上方还是下方呢？那些残柱只有30厘米高吗？那些残柱是像帐篷柱一样支撑衬砌呢，还是像帐篷桩一样穿透衬砌呢？）
- "出于通过控制海滩侵蚀来保护海滨的目的，大部分城镇海湾的海岸上都已建起了岩石墙。"（它们是平行于岸边的，还是垂直于海岸的呢？）
- "位于运河之端的那堵钢墙的中间位置被开了一个12米的通道。"（这堵钢墙是像闸门那样横跨运河，还是像车门那样位于运河的一侧呢？）
- "维修人员显然把一个增压控制器的旋钮放在了不当的位置上，追踪调查的官员如是说。"（他们到底是移动了旋钮，还是把它安错了位置呢？）
- "要想修建一个T型防洪堤，我们首先得将钢板桩，一种钢栅栏，夯进堤坝上那些结实的泥土中。然后将钢筋棍从钢板桩的顶部穿过，最后倒入混凝土，将钢板桩顶部封装起来，防洪堤就搭好了。"（嗯？）

　　语言上的这种不严谨会带来严重的后果。最近好几起可怕的飞机坠毁事件都是飞行员和空中交通管制员错误地理解了飞机位置报告造成的。

　　人类粗糙歧义的空间语言与他们在宇宙中平稳精确的运动很显然是不协调的，而这种不协调性的根源就在于人类大脑的特殊设计，即我们的大脑中天生具备多个 3-D 世界的跟踪系统。其中一个是负责感觉运动协调的复杂网络系统，包括小脑、基底神经节和几个负责岔开大脑中央沟的环路。该系统主要是一个模拟系统，它能精确地编码位置，不过在很大程度上，它是意识思想无法触及的。在视觉脑系统中，存在着一个"什么"系统，该系统从后沿着大脑的底部向前延伸。它对字母、脸、物体等形状进行注册，假如这个系统受到损伤，就可能导致难语症或失认症。例如，有个男患者就曾误将妻子当帽子 [也是神经学家奥利弗·萨克斯（Oliver Sacks）一本著作的书名]。

　　此外，人类的视觉脑中还有一个"哪里"的系统，它从大脑后面向上延伸到头顶。它使人们能够跟踪物体的位置，因此该系统的损伤可能会导致所谓的忽略综合征，比如，患者可能注意不到房间另一侧的家具、漏掉盘子另一边的食物或者只刮一侧脸上的胡须，等等。就像大脑的其他系统那样，"什么"和"哪里"系统会在大脑的左右两个半球中得到复制，尽管它们在这两个半球中所做的事情并不相同。右半球的"哪里"系统更加擅长评估对等的空间关系，例如，两个物体是否正好相隔 1 厘米；左半球的"哪里"系统则更擅长数字空间关系，例如，两个物体是否接触或者一个位于另一个的右侧还是左侧等。

　　灵长类动物视觉大脑的这两个主要分工以英语的疑问代词来命名并非出于偶然。当然，大脑是先于这两个代词出现的。我们之所以会问"什么"和"哪里"，是因为我们的大脑生来就是跟踪事物和地点的。这两种区别在大多数语言的词语中都有所表现，语言的词语中往往会有很多用于命名不同形状物体的名词类（它们是左半球"什么"系统的关键）和相对较少一些用于指定路径和地点的词类或语素（它们是左半球"哪里"系统的关键）。在英语中，这两类范畴的差别相当明显。翻开任何一本图解词典你都能发现，英语中的形状词数量惊人，大约有 1 万之多吧。

Zippy-Bill Griffith, King Features Syndicate.

相比之下，英语中的空间介词只有 80 多个：

about（到处）、above（在……之上）、across（在对面）、after（之后）、against（逆向）、along（沿着）、alongside（旁边）、amid(st)（在旁边）、among (st)（在中间）、apart（分开）、around（在周围）、at（在某处）、atop（在顶上）、away（在远处）、back（在后面）、backward（向后）、behind（在后面）、below（在下面）、beneath（在下方）、beside（在旁边）、between（在中间）、beyond（超过）、by（通过）、down（往下）、downstairs（楼下）、downward（向下）、east（向东）、far from（远离）、forward（向前）、from（从）、here（这儿）、in（在里面）、in back of（在……后面）、in between（在中间）、in front of（在前面）、in line with（与……一致）、inside（在里面）、into（到……里）、inward（向内）、left（左）、near（靠近）、nearby（在附近）、north（北）、off（离开）、on（在……上面）、on top of（在……顶部）、onto（在……之上）、opposite（在……对面）、out（出去）、outside（外面）、outward（向外）、over（遍于……之上）、past（越过）、right（右）、sideways（一旁）、south（南）、there（那儿）、through（通过）、throughout（遍及）、to（向）、to the left of（在……的左侧）、to the right of（在……的右侧）、to the side of（在……的旁边）、together（在一起）、toward（向）、under（在下方）、underneath（在……的下面）、up（向上）、upon（在……之上）、upstairs（楼上）、upward（向上的）、via（经由）、west（西）、with（和……在一起）、within（在……之内）、without（在……之外）等

有时空间也会被编码为名词，例如 edge（边缘）和 vicinity（邻近）；被编

码为动词，enter（输入）、spread（传播）以及 cover（覆盖）被编码为后缀，例如，副词 homeward（返航）和 Chicagobound（芝加哥方向）的后缀。许多语言对上述这些编码形式的依赖甚至超过介词及其等价词语。在所有这些手段的辅助下，一般来说，语言对位置的划分要比形状粗糙得多。

这种不平衡性部分源于形状几何与位置几何固有的差别。具体说明一个形状可能需要许多信息，因为形状有许多棱面、隐蔽处和缝隙。但具体说明一个物体相对于另一个物体的心理倾向却只需要 6 种信息。从理论上来说，语言完全可以通过由 6 个音节建构出来的介词来准确定位任何一个物体对象的位置：通过一个自上而下、从左至右、由远及近的参考系界定彼此间的距离（如以对数的方式来利用那些被一个通用对象或身体的部位所锚定的标度单位），或者通过绕垂直轴旋转、绕横轴旋转、绕纵轴旋转来界定彼此的角度（如利用一个旋转的 1/16 的角增量）。事实上，哪种语言也做不到这一点。语言描述空间的方式不同于任何已知几何学，它有时会让人们对一个物体的处所百思不得其解，使人们仿佛置身云端、海底或者茫茫黑夜。

语言空间描述的第一种怪现象就是，空间术语往往一词多义。大多数英语母语者从来不会想到介词 on 所指示的空间关系并非只有一种（比如，一个东西放在另一个的顶部；再如桌上的一本书），而是多种。试想一下：a picture on a wall（墙上的画）、a ring on a finger（手指上的戒指）、an apple on a branch（树枝上的苹果）中的介词 on 的不同含义。在这些情况下，就连与英语极其相近的荷兰语也使用不同的介词：op 替换 a book on a table（桌上的书）中的介词 on, aan 替换 a picture on a wall（墙上的画）中的 on, om 替换 a ring on a finger（手指上的戒指）中的 on。更糟糕的是，像 over（在……之上）这样的介词，甚至有超过百种的区别用法，其中包括 Bridge over troubled water（恶水上的大桥）、The bear went over the mountain（那只熊越过了那座大山）、The plane flew over the mountain（那架飞机飞过了那座山）、Amy lives over the hill（艾米青春已逝）、Barney spread the cloth over the table（巴内把一块布铺在桌子上）以及 The book fell over（那本书掉了），等等。如果你也曾像理查德·莱德勒在《疯狂英语》中那样对人们恋爱时总是 head over heels（字面意思：头在鞋跟的上方，意为神魂颠倒）表示怀疑的话（因为我们的头总是在我们的鞋跟上方，为什么不说鞋跟在头的上方呢），那么这个问题的答案就是 over（越过）不仅能指称位置，而且还能指称运动的路径。比如，The cow jumped over the moon（那头母牛跳过了月亮），因此那种"神魂颠倒"正是以前空翻的视角描写的。

这并不是说英语是混乱的，而其他语言却是明晰的。事实上，世界上有很多语言都不区分 on 和 over 使用着同一个术语来表示超级链接，有的还不分 in 和 under。但这并不等于说空间如何表述都可以，人类语言往往都有接触、垂直对齐、附着、包含、接近等诸如此类的术语，就好像什么地方存在着一个比语言中的介词更基础的空间关系认知字母表一样。因此，当语言将各种空间关系一并放入一个介词中时，那么这些关系一定具备一种共同的普遍意义。举例来说，a book on a table（桌上一本书）中的介词 on（垂直对齐＋接触）与 a picture on a wall（墙上一幅画）中的 on（附着）能够通用大概是因为两者都涉及一种保持一物与另一物接触的力量。出于类似的原因，柏柏尔语中的 di 有"附着"（桌上一本书）和"包含"（盒子里一件玩具）双重意思，同样，这是因为它们共享了一个对象阻碍另一个对象的运动方式，这两种语言的差异表现在是否依据垂直或包含将障碍物分开。西班牙语则将这 3 种情况都放进了介词 en。不过，并没有哪种语言将"垂直"、"对齐"和"包含"放在一个介词里，却将附着排除在外的；或者将"之上"和"围绕"放在一起，却将"上面"排除在外的，因为那样的集合毫无认知意义。

空间语言的另一种缺陷是它的差别是数字性的，确切地说，它通常是二进制的。在许多语言中，最基本的空间区别都是相对于说话者的距离远近而言的，例如，"这儿"与"那儿"。这种区别是相对的而不是绝对的，就像史蒂芬·列文森所指出的那样，对一个吊车司机和脑外科医生来说，Put it there（把它放在那儿）的意义差距是相当大的。世界上绝大多数语言都将说话者周围的空间分为"这儿"和"那儿"两个区域。不过，也有一些语言（大约占世界语言的 1/4，其中包括西班牙语）对空间采取了 3 种区分方式："靠近我"、"远离我"和"在中间"。当然，还有非常少的一些语言（例如特林吉特语和育空语）对此采取 4 种分类方式，它们在前 3 种区分的基础上，又增加了一个"非常远离我"的概念。目前为止，世界上没有任何一种有空间术语的语言利用实际单位来测量距离。当然，对一个有计数系统的文明社会来说，它们完全可以利用名词和形容词来表述距离，例如5 280米。

在世界各地的语言中，最常见的空间差异就是"非此即彼"（either-or）：你要么在家，要么不在家，就这么简单。这并不只是语言采用模糊界切割空间所造成的。语言所关心的许多空间关系在本质上都是定性的，其中涉及了那些可以被大致称为拓扑的区别。拓扑学家也被认为是数学家，他们并不能解释咖啡杯里的面包圈究竟发生了什么变化，因为拓扑学所处理的是定性特征，例如接触、包含、连通和孔洞的属性。假如世界是由橡皮泥构成的，而且还不会被拉断，那么这些特征就不会改变。在语言中具有拓扑性的编码概念主要有"接触"、"包含"和"附着"。格鲁乔·马克思道出了拓扑结构与连续空间关系的根本差别："要是我把你抱得再紧一些，那我就跑到你身体的另一边去了。"

空间的连续术语对那些平稳地进入距离、大小以及形状之中的量变也视而不见。语言学家莱恩·托尔密注意到，我们使用同一个介词across来描述一只蚂蚁从手上爬过的经历和一次环城汽车旅行的回忆。然而蚂蚁运动属于"步进运动"（stepping motion），而且它们是在观察者上帝般的俯视范围内完成它们的手掌之旅的；而沿着公路的汽车之旅是要历经许多天、途经很多地方的，而且只有在记忆中，这些经历才能被拼凑起来，构成一个完整的情节。尽管这两种经历有天壤之别，但我们还是使用同一个介词来定位它们。事实上，我们在儿童语言中就能看到人类所具有的这种抽象的几何艺术天赋。作家劳埃德·布朗（Lloyd Brown）曾记述过这样一些情节。他的小女儿曾经这样描述两只一前一后慢跑的小狗："看看这些狗跑得真像个小钩梯（那种长的云梯消防车，后面带一个可变换位置的驾驶室）。"还有一次，她向爸爸要一盒蜡笔，她说："它们看起来像一群观众。"（不是那种平放8支蜡笔的扁盒子，而是那种较大的、人字形平台式摆放蜡笔的盒子。）

孩子的这些表现完全是有可能的，因为心智与语言接口的那部分是以图式化的方式处理物体的，它所依据的就是这些物体在每个三维空间上的伸展方式。在现实中，每一计量单位的物质都是由长度、宽度和厚度构成的，但当人们谈及这些计量单位时，他们佯装有些维度是不存在的。举个最简单的例子来说，我们可以像几何学家那样将一个点假定为零维度、将一条直线或曲线假定为一维空间、将一个表面假定为二维空间、将一个体积假定为三维空间。不过，通过对维度进行排列组合，我们也可以设想一些更复杂的形状。一个物体被想象成具有一个或多个主维度，这个（些）维度就是在推理中起决定作用的那个（些）维度，此外还有一个或更多的次维度。一条路、一条河或者一条丝带被概念化为被一条有界线（即充当一个次维度的宽度）充实的无界线（即充当唯一主维度的长度），这种概念化的结果就是一个表面。一个"层面"或"板面"有两个用于定义自己的主维度，此外还有一个有界的次维度，即它们的厚度。一段"管子"或一截"横梁"也只有一个主维度，即长度，此外还有两个用于定义其横截面的次维度。

　　我们的心智也可以专注于一个物体的边界，就好像它们就是物体的自身那样。一个几何学家会说，一个 3D 体积必须受到一个 2D 平面的约束；一个表面必须受到一个 1D 边缘的约束；一条直线必须受到一个 0D 点的约束。但人类的心智所看到的比这些要多得多。我们还可以将一个 2D 的条纹想成一个约束 2D 的平面，比如一个盘子或地毯的边缘，条纹的主维度是 1D 这一事实足以使它成为一个表面的边界。同理，一个"端点"被认为只有一个零主维度，而且要利用一个主维度来界限一个物体。"端点"这个词因此包括了一组在欧几里得几何学上完全不同的实体：标界一条直线的 0D 点、标界一条缎带的 1D 边缘以及标界一段横梁的 2D 表面。一段"边缘"和一个"端点"的工作原理相仿，不同的是它有一个主维度，而不是零个。通常，一段"边缘"和一个"端点"被认为包括极少的相邻的线或面。这就是为什么我们可以剪断一段丝带的"端点"或刨去木板的"边缘"，严格地说，这些是几何学无法做到的。当 3D 固体的 2D 边界被赋予少许附着物，我们将其称为"外壳"。尽管我们很多人都是通过"面包"了解这个词的，但我们也用它来指结痂和地壳，却丝毫不顾及它们在大小、成分、可食性上的本质差异，我们赋予它们的共同思路就是空间几何学。

　　当主、次维度的心智官能应用于负空间时（即部分物质被从物体中掏出后留下的空间），我们就有了下列这些与"空无"有关的词语：缺口、凹槽、凹陷、酒窝、切口、插槽、孔洞、隧道、腔体、中空、弹坑、裂口、内庭、开口、孔口，等等。

人们在实物与虚无的物体面前所表现出的这种认知相似性引发了很多悖论及其揭秘。我们在前面已经碰到过"窗"和"门"的一词多义问题（即它们既可以指开口，也可以指覆盖物）。令哲学家们烦恼的是，他们不知道该如何把孔洞纳入本体论对宇宙间所有物体的分类，一个洞可以是又高又大的，这就说明它应该也是一种物体，但如果它是物体，那就意味着它也应该像普通类型的物质一样有重量。但是，"沉重的洞"与"快乐的桌子"或者"绿色的理念"一样，听起来是荒诞的。令人头疼的"孔洞"问题——心智中的实体、现实中的虚无，还不只是一个语言学家和哲学家的职业危机，"洞"还可以充当下面两个脑筋急转弯的答案。"什么是放进桶里却可以使桶变得更轻的东西？""你从我这儿取走的东西越多，我长得就越大，猜猜我是什么？"它们还是许多偏题怪题的出处，举例来说："一个宽 1.8 米、深 2.4 米、长 1.5 米的洞里有多少吨泥土？"（答案：没有泥土。）"洞"还可以用来制造视觉误差，就像本书第 1 章中的那个人面花瓶那样。此外还有埃舍尔和马格里特的艺术品和电影《黄色潜水艇》（*Yellow Submarine*）的片段"洞穴之海"，在"洞穴之海"中，被赋予了生命的林戈把一个个折叠起来的、黑色椭圆形的洞放进自己的口袋里，后来，他又将它重新找回，用它给监禁在佩珀军士孤独之心俱乐部乐队的气泡放气。"我口袋里放着个洞！"他提醒自己。再后来就有了唐恩都乐出售的小炸面圈，被异想天开地取名为"甜甜圈洞"。

事实上，心智可以依据坐标轴将形状看成是图解式的"团"的想法最初来源于计算神经学家大卫·马尔（David Marr）提出的一个形状识别理论。马尔指出，人们很容易就能认出人物简笔画和烟斗通条做的动物或形状各异的气球，尽管在像素点的分配上，它们与真实物体有着很大的不同。他提出，实际上我们的心智是以一些"团 - 轴模型"而非原始图像来表征形状的，因为物体在相对于观察者运动时，这种模型是稳定的，但那些原始图像却遍布整个运动过程。尽管这种图解式模型并不是我们识别物体的唯一方式（比如，我们完全可以依据颜色和质地从一个礼物篮中识别出一件衬衫），但它们似乎确实居于视觉、语言和推理的接口处。不仅那些表示形状的名词（例如带、层、壳、块、槽等）从烟斗通条、简笔画、气球等世界中得到了定义，而且，我们似乎就是借助于这些术语想象周围物体的。几乎没人会认为，一条线是一个非常非常细的圆柱状物体，或者 CD 是一个极小的物体，尽管从本质上讲，它们确实如此。实际上，我们将它们分别设想成只有一个和两个主维度的物体。我们通常也不会将一个湖泊想象成是由一个平顶、锐缘并且有许多构成湖底凹凸形状的半透明块状物组成的。事实上，我们通常会将它想象成一个 2D 的表面。

这个图解式的维度不仅影响着我们对物体的识别和将之形象化的方式，而且还会影响到我们对它们进行推理的方式。例如，我们倾向于将一个盒子看成是一个中空的 3D 容器。在一个经典的问题解决实验（心理学本科生必修的实验）中，受试者拿到一个纸板火柴、一盒图钉和一根蜡烛，实验人员要求他们设法将蜡烛固定在墙上。大多数受试者都被这个任务难住了。由于人们习惯于将一个盒子考虑成容器，因此他们从没想过可以清空盒子里面的图钉，然后把它们钉到墙上，使其充当摆放蜡烛的 2D 支架。

当谈及我们的身体时，这些概念的工作原理则正好相反：我们认为身体是实体而不是容器。人类对身体的这种认知方式引发了许多奇特的直觉，一些对人们的这种常识感到不解的人工智能人员注意到，如果人们的车上有一个包，包里面放着 1 升牛奶，人们就会认为，车上有 1 升牛奶。如果车上坐着一个人，这个人的体内有 1 升血液，人们就不会认为车上有 1 升血液。情感研究人员注意到，绝大多数人一想到要喝溅了口水的汤就感到恶心，但没有人会一想到他们喝汤时嘴里满是唾液就感到恶心。有这样一个笑话：一个小女孩正在自家的花园里填一个坑，一个邻居透过栅栏友好地问道："嗨！你在忙什么呢？"小女孩含泪回答说："我的金鱼死了，我刚刚把它埋了。"邻居又问："这么大个坑埋一条金鱼，有点太大了吧？"小女孩一边夯土，一边回答说："那是因为我的小金鱼在你家那只大蠢猫的肚子里面呢。"

让我们把话题再拉回到语言上。形状的这种图解式模型方式属于一种几何学，这种几何界定了英语以及其他语言中的多数空间术语。举例来说，一个介词要想定位一个相对于参考对象的图形，它就必须对这个图形的形状和这个参考对象的形状进行详细说明。那些最普通的介词，比如 in（在……里面）、on（在……上面）、near（在……附近）和 at（在……地点）等，根本不能说明这些图形是如何定位的，因为它们将这些图形当成了 0D 的点或块。这就是我们在第 1 章所谈及的整体效应的宗旨，在该效应中，一个运动或变化被认为影响着一个实体的整体。回想一下，我们前面曾说过，任何事物都可以在某物的里面或者上面，无论它是一颗卵石、一支铅笔还是一个衬垫，而且它指向哪里都没关系。与此相反，参考对象则必须有供一个介词应用的特定几何形状，例如，in（在……里面）需要一个 2D 或 3D 的腔体；along（沿着）需要一个 1D 主轴：一只小虫子可以沿着铅笔爬行，却不能沿着 CD 爬行，尽管它可以沿着 CD 的 1D 边缘爬行，就像一条鱼游过水或一只熊穿过树林那样；inside（在……之内）则需要一个围场，而且通常是一个 3D 的围场。

空间事物的实际描述既要考虑到这些物体的几何学又要考虑到空间术语的维度需求。如果你仅仅将湖泊设想成两个主维度，它虽然具有了几何意义，但你却无法在里面游泳了。莱德勒曾经问过这样一个问题：为什么我们可以说某物处于水下或地下，即使它是被水或者地面包围着，而不是位于它们的下方。这是因为"水"和"地面"被设想成 2D 表面，而不是 3D 体积，尽管这是不大现实的。当物体的维度与该物体共同出现在一个短语中时，维度就是限定"观察视角"的几何方面。举例来说，如果说"大盘 CD"，那必然意味着它有一个大于平均值的直径，而不是大于标准的厚度（那就该叫作"厚 CD"了）；再如，"大湖泊"的意思是超大面积的湖，与深度无关，仅仅几米宽，但深度却有 1 千米的湖泊不能算作大湖。

在第 1 章中我们已经了解到，一旦一个参考物体被分解为棍棒、床单或斑点时，它就需要借助坐标轴来确定方向，以便使那个需要定位的对象能够相对于它来定位。一种语言对地点和方向进行分配的最常见方法就是在参考对象上添加一个"身体"，并为它指派一个相应的部位术语。这一点可以在英语的普通空间术语中得到验证，比如 back（背后）、face（面向）和 head（头朝）。而在包含更多人体几何学的词语中，例如眼睛（针眼或风暴之眼）、鼻子（机首）、脚（山脚或桌腿）、口（河口）、颈部、手肘、手指、腹股沟、侧腹、屁股以及那个在《蒙蒂》漫画中令外星人派先生迷惑不解的 soft（软）。

Monty © United Feature Syndicate, Inc.

毫无疑问，身体隐喻肯定不是空间关系词的唯一来源。我们在第 2 章中已经看到过不同的语言以及相同语言中的不同术语是如何选择参照系的了，其中包括一个以万有引力为基础的参照系，适用于 above（在上方）；一个地心参照系，适用于 north（在北方）；一个物体中心的参照系，适用于 the car's right（在那辆汽车的右边）；一个自我中心参照系，适用于 behind the pole（在那个杆子的后面）。上面提到的这些参照系是我们的视觉系统利用不同坐标系统捕捉目标的机敏度的产物，就像我们在 170 页看到的那个由正方形转换成菱形的插图所表现的那样。

空间描述如此令人困扰的原因之一是，坐标轴定位参考对象的自由方式并不受空间术语的限制。设想一个日光浴者躺在那里，用膝盖撑起一本书，一只苍蝇落在她的大腿上，如果将地心引力作为参考系，我们可以说那只苍蝇在她膝盖的"下方"；如果用她的身体作为参考系，我们却可以说苍蝇在她膝盖的"上方"。实际上，还有比这更糟糕的。托尔密曾建议我们设想一个这样的场景：在教堂大厅的后面，有两个人——说话者和听话者一左一右地站在那里聊天，另有一群人面向右墙从左向右地排成了一队。约翰站在那个队列的中间，他转过身，面向左侧。约翰身体的两侧站着另外两个人，他们都面朝教堂大厅的正面，其中一个人（3 号）离祭坛比约翰近一点儿，另一个人（4 号）离入口比约翰近一点儿。图 3-2 是这个场景的俯视图。

现在请问，谁在约翰的前面？左侧聊天者如果采用约翰的身体作为参考坐标，他就可以说这个人是 1 号。如果他采用队列作为参考坐标，他则可以回答是

2 号。如果他以教堂和教堂固有的前后方位为参考坐标，他会说是 3 号。如果他以自己朝向约翰的视线为参考，他就会说是 4 号。当然，并不是世界上所有语言中的空间术语都像英语的 in front of（在……前面）这么模糊不清，但可以肯定地说，它们都有着各自不相同的模糊方式。

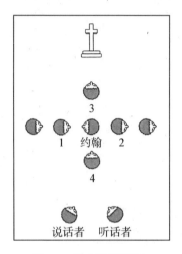

图 3-2　谁在约翰前面？

为什么人类的日常空间语言会如此糟糕呢？为什么我们描述空间——无处不在的体验媒介所使用的术语如此模棱两可、数字化、拓扑化、图解化和相对化呢？就像其他所有涉及语言设计的问题一样（或别的什么问题），这个问题的答案同样还是在于"权衡"的问题上。

回想一下我在前面提出的那个理想的空间词汇表的假设，我假定介词可以由 6 个音节组合出来，每个音节代表一种物体对参考系选择倾向的自由。这个假设的一个明显问题就在于，人们往往不喜欢 6 音节词，尤其是那些我们必须经常使用的介词，比如空间介词。例如，in（在……里面）和 to（朝……方向）在英语中位居 10 个最高频词之首，紧随其后的是 on（在……上面）、at（在……地点）、by（在……附近）和 from（从）。

当然，我们可以用一个独特的短词来替换每个又长又深奥的多音节词，但这会增加儿童记忆单词的数量。即使我们只有 7 个层次的长度和角度，我们也要记忆 10 万之多的单词，这仅仅是为了掌握语言的空间词语，更不要说类似门把手、长号、化油器等低频单词了。启蒙时代的各种"完美语言"设计正是基于人们对透明度、精密度、字长与词量之间的利弊权衡，在《词与规则》中，我曾说过，现实语言的许多特征都是因为把这些需求作为一种妥协而出现的。

词和音节并不是取之不尽、用之不竭的，所以只要能节约，语言就会尽可能地节约。造成空间词语歧义（以及其他歧义）的原因之一就是，在面对面的交谈中，多数可能歧义的术语都会变得明朗起来，因为对话双方分享着共同的语境和相关的知识。不过，在报刊新闻和其他文本中，语言就没那么"推心置腹"了，而且它们的受众也换成了远在天边的陌生人。

空间术语还有一种节约的方法。一个物体出现在另一个物体上方的方式可以有很多，但并不是每一种方式都值得加以识别。设想你身处暴风雨中，10 步之外有一个岩脊。你向它移动了一步，你还在风雨中。即使再移动一步，仍然无济于事。不过，只要你继续前进，总会找到一个能为你遮风挡雨的地方。于是，你继续朝它走去，最后终于到了那个岩脊。

但是，假如你再继续往前走，你会重新回到雨中。事实上，在淋雨路段和避雨路段之间，大自然已经为我们建好了一个间断体（岩脊）。因此，只有在这个间断体的位置上，我们才会使用 under 而不是 near 来描述自己的位置。那句老话"棒球运动就是一场寸土必争游戏"背后的道理就是这种模拟距离的数字化效果。类似的谚语还有 A miss is as good as a mile（失之毫厘，差之千里）和 Close only counts in horseshoes and hand grenades（差之毫厘，失之千里）。

空间术语是在端点上对空间进行量化的，这些端点是因果事件不同结果的分水岭。就像你用手掌慢慢地捧起一个玻璃球，球体的弧线让你不再使用 on the hand（在你的手上）来形容它的位置，而用 in the hand（在你的掌心里），当你摇晃它时，正是这个弧线或多或少地防止了它滚落到地上。同样，一根 around（绕）在杆儿上的绳子能做到的事情，未必是一根放在杆儿旁边的绳子（by）所能做到的。有时，人们对介词这种定性意义的忽视还能带来悲剧性的后果。

林肯冰池塘获救的牛顿女子辞世

周日，一名女子踏破薄冰不慎落入水中，长达 90 分钟后才被营救上岸，该女子不幸于昨日去世。与此同时，林肯地区的消防部门解释说，电话报案者与调度员之间的误解显然延误了营救工作的时间……林肯消防部门的长官说，延误是由混乱造成的，混乱中，救援人员误以为该女子 on the ice（掉在了冰上），而不是 through it（在冰下），为了寻找出事地点，救援人员搜遍了整个树林。

由此可见，一个介词往往涵盖着一系列结构，而这些结构在可操纵性、能见度、稳定性以及静止状态等方面是相仿的。这种数字化方案比一整套坐标系组还要节约。一个简单的"出现"或"缺失"的二进制就可以对时间中的因果间断体进行编码，而人们却能从中受益匪浅。

这种数字化方案还有一个更大的优势，那就是除了节约，它还能使其所涵盖的一种结构的因果力变得非常明确。一个空间的符号一旦在记忆中编码，就可以直截了当地参与推理运算。举例来说，为了确定某物是否"被弄湿"，你根本不用根据物体位置数据库的资料进行几何计算，只要直接检查一下 under（在……下方）这个符号是"出现"还是"缺失"就可以了。

当然，这并不意味着语言中存在着一种既简单又理想的空间关系划分方法，而且，并不是所有的语言都是以同样的方式划分空间的。想必这是大自然赋予空间太多可选因果关系的端点造成的，或者是各种语言对可表达度、精密度、字长和词语量进行权衡的方式差别造成的。不管怎样，空间关系的量化是普遍存在的，而且，一些重要的因果关系，例如接触、附着、对准、垂直、邻近等，在世界上所有语言的空间词汇表中都有所体现。

在我和保罗·布卢姆首次提出空间术语很可能与因果间断体有关时，我们两个当时还只是凭借着自己的直觉。不过最近，这种观点在肯尼·考文垂（Kenny Coventry）、西蒙·加罗德（Simon Garrod）以及其他人的实验中均得到了证实。实验中，他们首先向受试者展示了一组照片，照片中的物体奇怪地摆放着。然后要求受试者对那些用于描写照片中物体布局的各种介词的适切性进行评价。实验人员发现，人们的直觉不仅对物质的纯几何布局反应敏感，而且对物体的功能也很敏感。当一个灯泡被插入底座时，人们认为它 in（在）灯槽的里面，因为那样它才能发光。但如果一个人仅仅将手臂伸进车窗，他就被认为 not in（不在）车里面，因为那样车并不能载他，甚至不能掩蔽他。雨伞 over（在）人头上的位置就是它能保护人免受雨淋的最佳位置。当我们说一坨牙膏在一个牙刷的上方用 above（在……之上）时，它并不是直接位于牙刷质心的上面，而是位于刷毛的上方，这实际是几何与功能之间的一种折中。

我们看到，用语言表达的空间概念与康德作为经验矩阵提出的无处不在的、连续的欧几里得媒介之间存在着极大的差别。语言的空间概念是由数字符号组成的，这些符号将一个对象理想化为木棒、被单和气泡，它们被坐标系组装成一个组织缜密的结构。这些符号不仅与物质和空间的范围一致，而且与支配我们使用容器、紧固件、工具的工作端的力量也是一致的。

不过，这并不等于说，康德对心智拥有一种从真实世界内容中抽象出来的纯粹空间概念的主张是错误的。只是这种概念是在人类认知阶梯的两端被发现的，它跳过了我们说话和思考的习惯性层面。就这个阶梯的底端而言，一种空间媒介将我们固有的视觉和意象官能系统化，就像我们在本章讨论心眸中的空间角色时所看到的那样。就它的顶端而言，作为明确系统的空间知识的一部分，它可以通过学校教育得以传播，它就是我们所说的几何学。

时间思维

本杰明·富兰克林曾经说过："不要挥霍时间，因为时间是生命的组成元素。"意识在时间中的展现甚至超过了它在空间中的展现。举例来说，我完全可以想象这样的情况，即尽管从我的意识中将空间删除——比如，假想自己漂浮在一个感官剥夺池里面，双目失明或肢体瘫痪，而我却仍然能够像往常一样进行思考。但我却几乎无法想象，将时间从我的意识中删除，留下那个最后被固定下来的如同卡住了的汽车喇叭一般的思想，而我却还能继续进行思考的情形。对笛卡儿来说，生理与心理的区别就在于此。物质在空间上延伸，而意识则存在于时间中，这个命题就像意识必定会从"我想"过渡到"我是"一样肯定。

就像对其他人性方面的断言那样，有人主张，一些现存文化中根本不存在时间概念。为了验证这种观点的可靠性，语言学家伯纳德·科姆里（Bernard Comire）做了一系列考察，他指出，这些主张是站不住脚的。对于一个来自无时间概念文化的人来说，既然他不能归纳出人"出生－成长－衰老－死亡"这一发展过程，那么，假如有一天他遇到了一个从死亡到复活到成人再到青少年，最后回到母亲子宫里的人，他是不会感到惊奇的。毫无疑问，这种由此类疯子构成的社会根本不存在。在自传、家谱、历史以及关于创世及其起源的神话中，无论哪种文化的民族都是按照先生后灭的时间顺序来记录着相关事件的。

不仅如此，人们还能利用自己语言中的词语和结构对时间进行跟踪。许多语言都利用"昨天"或"很久以前"等诸如此类的副词来表达事件排序。世界上大约一半以上的语言还将时间嵌入语法的时态形式中。按照时间语义学的观点，即使对那种认为许多民族都将时间理解为循环的观点，我们也不能过于望文生义。虽然人们意识到日月星辰会斗转星移，但这并不能代替人们对那些构成生命大潮的线性事件的序列认识。举例来说，世界上没有任何一种语言中会有这样的时态表达式："在当下，或者在一个不同循环的相同时间点上。"

不过，我们对时间概念的直觉与牛顿和康德所设想的永无止境的宇宙流确实是不同的。首先，我们对"现在"的体验并不是无穷小的瞬间。相反，它包含了一些微小的持续时间段，它相当于一个生活的移动窗口，从中我们捕捉到的不只是瞬间的"现在"，而是少许离我最近的过去和同样少许迫近我们的未来。它也就是威廉·詹姆斯所说的"似是而非的现在"：

> 那个被人们实际认知的"现在"并不是一把刀刃，它倒更像是一座鞍形的屋顶，它本身有一定的宽度，我们可以坐在上面栖息，从这里，我们可以从两个方向观察时间。构成我们时间感知单位的是一个有头有尾的时间段，这就好像——它们一个是用于后视的端点，一个是用于前瞻的端点……我们不会首先感知其中的一端，然后再去感知另一端，最后再从相继的知觉中推断出一段时间的间隔，事实上，我们似乎将这段时间间隔感知为一个整体，其两端的端点嵌入这个整体之中。

那么这个"似是而非的现在"到底有多长时间呢？通过一条法则，神经学家恩斯特·波佩尔（Ernst Pöppel）给出了这个问题的一种答案："一次生命只有3秒钟。"这个"间隔"基本上就是一种意向运动所持续的时间，如一次握手的时间；一种精确运动的即时计划时间，如击打一个高尔夫球；在一个两可图形间进行格式塔转换所需的时间，如第55页和第171页上的那些图形；一段我们能够准确地复制一个间隔跨度的时间；一段未经预演的短期记忆的衰退时间；迅速做出决定的时间，如我们在快速转换电视频道时所做出的决定；一句话语、一行诗或一个音乐主题所持续的时间，如贝多芬的第五交响曲的前奏。

时间，至少像语言的语法机制所表达的那样，与牛顿时间单位的不可衡量性也是不一样的。一种语言的各种时态将时间的缎带切分成若干小段，例如，我们前面提到的那个似是而非的现在、永恒的未来、脱口而出那一瞬间之前的宇宙历史，等等。有些时候，过去和将来还会被再次切分为最近的和遥远的间隔，类似于"这里"和"那里"，或者"远"和"近"之间的二分法。不过，世界上并没有哪种语言的语法系统是从某个"固定的起点"来估算时间的（就像专门用语中关于耶稣的传统诞辰那样），也没有哪种语言使用一成不变的数值单位来估算时间，例如秒或分钟。出于这些原因，事件在时间上的位置变得高度模糊。例如，格劳乔对一个女主人说的："我度过了一个非常美妙的夜晚。但不是今晚。"

在表述数字、空间和时间的精确度方面，人类语言表现得出奇相似。利用短语，我们能表达从无穷小到无穷大的任何一个精确的数量，这要归功于数目短语（362）、方向短语（23 号出口右侧的第三栋房子）、日期和时间短语（下午7:42、5 月 17 日、1977 年）。但假如我们把自己仅仅局限于简单单词和复合词上，那么这种精确度就会骤然降低到几十个。就数字而言，有 one（一）、two（二）、twelve（十二）、twenty（二十）等几个词。或者，在许多语言中，只有 one（一）、two（二）和 many（许多）；就空间而言，只有 across（穿过）、along（沿着）等介词；就时间而言，now（现在）、yesterday（昨天）、long ago（很久以前）等时间副词。而假如我们仅仅依赖编码在语法中的区别，那么这种精确度就会变得更加概要化。举例来说，在英语中，我们只区分两种数（单数和复数），大约 5 种时态（取决于你如何计数），这与许多语言对"这里"和"那里"两个位置的二分法很相仿。

人类语言在表达时间方式上所表现出的这种不精确性与我们对时间的体验和记忆的不精确性是密切相关的。尽管没有人会像时态那样粗糙地将自己的时间体验分为为数甚少的几种区别，但我们也绝不会以心智秒表的方式去体验时间。

　　有这么一个笑话：一个父亲要求身为物理学家的儿子解释一下爱因斯坦的相对论。儿子说："你看，爸爸，是这样的。当你坐在一个牙医的椅子上，一分钟似乎漫长得像一个小时；但如果是一个漂亮的女孩坐在你的腿上，一个小时短暂得就像一分钟一样。"父亲对儿子的解释沉思了片刻，然后说："那你告诉我，爱因斯坦先生就靠这么说事儿来谋生的吗？"

出于对爱因斯坦先生的公正起见，他的理论实际上是这样说的：时间是相对于惯性坐标系测定的，而不是主观臆断的。当然，人类对时间的体验是主观的，而且，一段时间间隔的长短快慢取决于人们对它的需求和喜欢的程度。爱因斯坦理论中也确实包括了一个时间心理的对应物，至少它是这样用语言表述的：时间与空间的深层等效性。

时间和空间之间的相似性显而易见，这就是为什么我们通常会在万年历、沙漏以及其他计时设备中利用空间概念来表示时间。此外，在日常隐喻中，当空间术语被借用来指称时间时，其背后的认知相似性也是一览无余的。乔治·莱考夫（George Lakoff）和马克·约翰逊（Mark Johnson）就曾经对这样一些"概念"隐喻进行过深入的探索，之所以将这类隐喻称为概念隐喻，是因为它们不是由单一的比喻组成，相反，它们是由一组共享一个深层概念的比喻组成的。在时间取向的隐喻中，观察者所处的位置是现在，他的身后是过去，他的身前是未来。例如，That's all behind us, We're looking ahead（一切都过去了，我们正展望未来）、She has a great future in front of her（美好的未来就摆在她的面前）。然后一个隐喻性的运动可以以下面两种方式中的任意一种被添加到此场景中。在运动的时间隐喻中，时间从一个静态的观察者面前走过：The time will come when type-writers are obsolete（总有一天打字机会被淘汰）、The time for action has arrived（是采取行动的时候了）、The deadline is approaching（最后期限即将来临）、The summer is flying by（夏天飞逝而过）。但我们也发现了另一种运动观察者隐喻，在此类隐喻中，时间的景象是静止的，而观察者从时间的面前走过：There's trouble down the road（将来肯定会有麻烦的）、We're coming up on Christmas（我们马上就到圣诞节了）、She left at nine o'clock（她9点时离开了）、We passed the deadline（我们错过了最后期限）、We're halfway through the semester（我们正在这学期的中期）。莱考夫和约翰逊指出，这两种隐喻是不相容的，尽管它们都利用空间来表述时间。因此，类似于Let's move the meeting ahead a week（让我们将会议提前一个星期）等诸如此类的表达式都是有歧义的。例句中，如果ahead（向前）由从观察者面前走过的时间来界定，那么它就意味着"使会议提前"，如果ahead由通过时间路径的观察者来定义，那么它则意味着"使会议拖后"。注意这种情况与落在日光浴者大腿上的苍蝇的平行关系，即苍蝇既可以被认为在日光浴者膝盖的上方，也可以被认为在其膝盖的下方。

尽管利用空间来表示时间似乎是一种普遍存在的现象，但时间对准空间的某个维度的方式却是多样化的。就英语本身来说，"时间－运动"和"观察者－运动"的隐喻与作为线性的时间，例如，Old age overtook him（他老了）和作为垂直旋转时间，例如，Traditions were handed down to them from their ancestors（传统从他们的祖先那里传到了他们这里）是共存的。汉语中的垂直时间隐喻更为常见一些，在汉语中，早些时候发生的事件为"上"，晚些时候即将发生的事件为"下"，这也许是他们的书写系统的遗产。在艾玛语（一种安第斯山脉的语言）中，我们前面提到的那个时间取向隐喻被旋转了180°，于是，"将来"被他们说成在观察者的身后，而"过去"则被说成在观察者的身前。尽管这种隐喻的方法看起来有些与众不同，但后面当我们对将来概念进行考察的时候，我们将会看到，它并没有表面上看起来那么怪异。

隐喻并不是人类语言将时间与空间相联系的唯一方式。事实上，时间还可以以一种更深层的方式与空间相关联：在时态与动词的语义学层面。之所以说这种等效比隐喻更深层，是因为它不是一个纯粹的词语问题。它是由一个时间、空间和物质的全等识解构成的，而且并没有连接它们的切实语言线索。

在语法中，时间是以两种方式进行编码的。一种大家比较熟悉的编码方式是"时态"，它可以被认为是一个即时事件或状态的"位置"。例如，She loves you（她爱你）、She loved you（她爱过你）与 She will love you（她会爱上你）之间的区别。另外一种计时方法叫作"体"（我们曾在第 1 章中遇到过它）：体可以被认为是一个即时事件的"形状"。英语中的体区别 swat a fly（拍苍蝇）、run around（东奔西跑）和 draw a circle（画个圈儿）。体还可以表达与时间有关的第三种信息，即对一个事件的看法。一个事件可以被描述为似乎它正被人们从内部进行观察（在一件正在展开的事件的深处），例如，She was climbing the tree（她正在爬那棵大树），或者被描述为似乎它正被人们从外部观察（作为一个整体加以考虑），例如，She climbed the tree（她爬上了那棵大树）。体这个词来自拉丁语中的 to look at（着眼于），它与 perspective（观点）、spectator（旁观者）和 spectacles（眼镜）相关。

虽然大多数人都听说过时态，但很少有人听说过体的概念，因为这两个概念在语言课程和传统语法中经常被混为一谈。事实上，时态与体和时间都有关，而且它们的表达方式也近似，即它们都借助动词或助动词。我们将看到一些曲折变化，将时态和体混合在一起，这使得人们很难将它们直接区分开来。但从概念上讲，它们却是完全不同的。事实上，它们在理论上是完全独立的——一个在时间上以特定方式（体）展开的事件，无论它发生在昨天、今天或者明天（时态），都能在时间上展开。值得注意的是，时态和体在空间和物质的领域内各自拥有一个独特的对应物。我们将会看到，时态的意义（时间的位置）与空间术语的意义相仿，体的意义（即时的形状和观点）与表示事情和东西的词义相仿，也包括复数、边界和"可数－物质"之分。时态被认为是语法最啰嗦的组成部分。在一个叫作《提问语言先生》（*Ask Mister Language Person*）的栏目中，戴夫·巴里回答了以下这些问题。

> 问：Please repeat the statement that Sonda Ward of Nashville, Tenn., swears she heard made by a man expressing concern to a woman who had been unable to get a ride to a church function.
>
> （请你重复一下田纳西州纳什维尔的桑达·沃德发誓她听到了一个男人表达他对一个女人无法搭车去教堂的关心时所说的那句话。）
>
> 答：He said: "Estelle, if I'd a knowed you'd a want to went, I'd a seed you'd a got to get to go."
>
> （他说："埃斯特尔，我要是知道你想去，我应该知道你想要去的。"）
>
> 问：What tense is that, grammatically?
>
> （从语法上来说，那是个什么时态？）
>
> 答：That is your pluperfect consumptive.
>
> （那是对过去完成时动词的挥霍。）

人们对时态的恐惧心理起源于时态的复杂构成方式，时态不仅可以与动词、体、副词相结合，而且它们还可以互相结合。例如，Brian said that if Barbara walked home he would walk home too（布莱恩说，如果芭芭拉步行回家，他也步行回去）。尽管如此，时态的基本意义依旧直截了当。

理解时间语言的最佳方式是利用空间概念对它自然地进行描绘。设想一条来自过去的直线，它将通过当前时刻并延伸到未来。我们可以用沿着下面这条直线的几个片段来描述上述那些情况（即事件或状态）：

在英语中，弄清这 3 种基本时态是很容易的事情：在图 3-3 中，过去时态用于状况 A（说话时刻之前的状况），现在时态用于状况 B（与说话时刻相重叠的状况），将来时态用于状况 C（说话时刻之后的状况）。

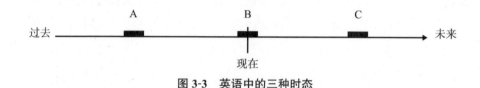

图 3-3　英语中的三种时态

但是对于其他英语时态以及其他语言中的许多时态来说，事情就没这么简单了，我们需要在时间中引入一个第三种时刻：不仅包括你正在谈论的那个事件以及你说话的那个时刻（即当下），而且还要包括一个"参考时间"，即一个在交谈中被识别出的、对叙事中的人物来说是发生在"现在"的事件。通常情况下，对于说话者来说，这个对于事件中人物的"现在"也是"现在"，但是，有时这两种"现在"并不总是相同的。举例来说，如果今天是星期五，我正给你讲莎莉在周一时所做的一些事，那么对于莎莉来说，周一就是"现在"——参考时间，尽管它不再是我的"现在"。因此，我们可以围绕下面这两个问题对时态进行界定。

事件到底发生在参考时间之前、之后还是同时？

参考时间到底发生在说话时刻之前、之后还是同时？

借助这两个问题—— 一些语言允许有两个或两个以上的参考时间，还有一些语言区分"之前""很久之前""之后""很久之后"，根据科姆里的研究，这两个问题的答案能够捕捉到任何一种语言中的任何一种时态的含义（大概连我们上面提到的那种过去完成时动词的挥霍也不例外）。

在英语中，对于过去时态、现在时态和将来时态来说，这个参考时间并不起任何作用，不过，就其他两种时态的定义而言，它却是不可或缺的。过去完成时——She had written the letter（她已经写完了那封信）——适用于图 3-4 中的状况 E。

图 3-4 过去完成时

这个时态意味着，在故事叙述中的写信这个事件，D，即被定位的事件（Event being located）发生在"现在"，E，即参照事件（Reference event）之前，它发生在讲述者说这句话的时刻之前。当我们要明确地甄别参与者时，这一点变得更加清晰：Francesca had already written the fateful letter（被定位的事件）when the count knocked on the door（参考事件，即在过去，当伯爵敲门的时候，弗朗西丝卡已经写完了那封决定命运的信）。将来完成时——Francesca will have written the letter（弗朗西丝卡即将写完这封信），除那个参考事件被位于当下时刻稍后一些以外，其他情况与此类似（见图 3-5）。

图 3-5 将来完成时

我在前面提到过，时态（时间的位置）与介词和其他空间术语（空间的位置）所起的作用是一样的。时态仅仅相对于一个参考点来定位一种状况（说话或一个参考事件的时刻），而不像时钟和日历那样在固定的坐标上定位。它虽关注方向（前或后），但忽略绝对距离（日、小时、秒）。不仅如此，它通常还忽略被定位的那个事情的内部组成成分，权当它们是一个"点"或一个没有可视内部组成的难以名状的"团"。

不过请注意，无论是在现实还是心智中，时间与空间都不完全是一回事，正是这种差异导致了时态和空间在一些术语上的差异。最显而易见的是，时间是一维的，所以时态术语远比空间术语少。而且时间的这种一维度性，使得当下时刻（"现在"）可以无须绕路而直接介入过去和未来之间，这就不可避免地将时

间切分为两个非连续的区域。因此，与空间不同，就空间而言，我们使用诸如
"那里""远""远离"指称除"这里"以外的全部空间，但没有一种语言的时态
是用来指称除"现在"以外的全部时间的，即用一个单一的标记将过去和未来一
揽怀中。不过，英语中确实有一个反例，但它只是一个词，而不是时态：then（那
时）既可以指称过去也可以指称未来，例如，She saw him then（她那时见到了他）、
She will see him then（到那时她就能见到他了）。

　　时间和空间的另一个本质区别是，时间的两个方向是截然不同的。过去时不
仅是固定的，而且是不能改变的［除非在《回到未来》（Back to the Future）那样的
科幻小说中］，而将来时只是一个纯粹的可能性，它可以因为我们对当下的选择不
同而改变。在世界上许多只有过去时和非过去时（其中包括现在时和将来时）双
向区分的时间语言中，我们都可以观察到这种直观形而上学的影子。世界上有许
多语言根本不在时态体系中表达将来时，但它们会在实际上已经发生的事件或正
在发生的事件与假定的、泛型的或未来的事件区分中表达将来时。我们前面提到
的那种过去在先而未来在后的艾马拉语隐喻的基础，正是源自形而上学和认识论
对过去与未来的区分。过去是指已经发生过的并且是可知的，仿佛它就在你的眼前，
而未来只是一个可争取的空位，它是不可预测的，它仿佛存在于人们的视域之外。

　　就连英语的将来时也很特别，与其他时态相比，英语中的将来时态有着自
己独特的身份。它并不是像其他时态那样，以一个动词的屈折形式存在，相反，
它是通过情态助动词 will 来表达的。因为将要发生的事情与必然发生的、可能
发生的、应该发生的、计划发生的事情是概念相关的，因此，这种将来时与此
类词语共享句法的现象并非偶然，此类动词包括：表达必然性的词语 must（必
须）；表达可能性的词语 can（可能）、may（可以）、might（也许）；表达道义
责任的词语 should（应该）、ought to（应该）。用于将来时态和表示决心的表达
式中动词 will 本身就是歧义的。例如，Sharks or no sharks, I will swim to Alcatraz
（无论有没有鲨鱼，我都将 / 决心游到恶魔岛），此外，出现在 free will（自由
意志）、strong-willed（固执的）以及 to will something to happen（愿意让某事发
生）中的 will 的同音异义词也是有歧义的。这种歧义在另一种将来时态的标记语
going to（将要）或者 gonna（将要）中也可以观察到。这似乎暗示着语言是对各

民族人民主宰自己未来的民族精神的一种肯定，你也许怀疑这只是一些野心家的心态、能人的志气或是那些洋溢着盎格鲁文化的新教伦理的产物。事实并不是这样的：就像英语那样，在来自世界不同文化的所有语言中，将来时态的标记无一例外地衍生于意志动词或者运动动词。

这种意志和未来的含混不清还表现在，将来时态用于自我行为和他人行为的方式是不同的。除了集权独裁者，一个人对自己不久的所作所为所能做出的决定要比他对别人所能做出的决定更可靠，所以在第一人称、第二人称和第三人称中，打包进一个未来助动词中的意愿和预测都是不同的。根据许多语言专家的观点，在符合语法的英语中，第一人称将来时的助动词是 shall，而第二人称和第三人称的则是 will。如果将它们交换使用，你所表达的是一个意图声明，而不是一个真正的将来时态。因此，I will drown, no one shall save me（我决意要溺水而死，谁也别来救我）是一个自杀者的挑衅性宣言；而 I shall drown, no one will save me（我马上就要淹死了，没人会来救我的）则是一个注定不幸的人对自己的命运的可怜预测。我怀疑这种区别是某个英国人在 20 世纪做出来的。温斯顿·丘吉尔在说下面这句话时，显得相当果断：We shall fight on the beaches, we shall fight on the landing grounds, we shall fight in the fields and in the streets, we shall fight in the hills; we shall never surrender.（我们要在海滩战斗，我们要在陆地战斗，我们要在田野上、大街上战斗，我们要在崇山峻岭中战斗，我们决不投降。）但有一个事实是不可否定的，那就是，世界上的许多语言都是利用可能性和决心的概念来模糊将来时态的。这也解释了宗科·哈里斯（Zonker Harris）在动画片《杜尼斯伯里》（Doonesbury）中的一个难题。

Doonesbury © 2002 G. B. Trudeau. Reprinted with permission of Universal Press Syndicate. All rights reserved.

　　将来时态常常被空姐和高档餐厅里的服务员用来表示礼貌。这种时态给人一种不排除任何可能性的假象，就好像在尘埃落定之前，听话者的许可在每一个环节中都将得到争取一样。正如我们将在第 7 章中看到的那样，这只是世界语言中的一种常见的礼貌策略：佯装给听话者选择的权利。

　　尽管英语母语者可以毫不费力地使用时态系统，但它却常常令成年英语学习者感到困惑。在为本章所做研究的过程中，我在一篇意大利语言学家所著的论文中发现了这样一个句子：It may be useful to step back and get a more general picture of what goes on.（退一步并对到底出了什么问题有个全面的了解，这也许是很有益处的。）没有哪个英语母语者会用 what goes on 写句子；我们只会说 what is going on（到底出了什么问题）。但为什么会这样呢？答案就是，英语有两种现在时态——一般现在时和现在进行时，但它们不能交换使用。它们的区别是由语言用于编码时间的第二种方式"体"所造成的。

　　让我们来回顾一下，我在前面曾经说过，体是关于一个事件的形状，是某人对它的看法。这里我所说的"形状"是指一个行为是如何在时间上展开的。语言学家根据动词的"时间基调"，将它们进行了归类，每个类型被称为一个"Aktionsart"，即德语"行为类型"的意思。其中最深层的划分是在什么也没有改变的"静态"之间进行的划分。例如，knowing the answer（知道答案）或 being in Michigan（正在密歇根），此外还有在某事发生的"事件"之间的划分。事件又分为那些可以无限期地继续下去的事件，例如，running around（四处奔波），或者 brushing your hair（梳头发）以及以一个端点告终的事件，例如，winning a race（赢得比赛的胜利）或 drawing a circle（画一个圈）。有一个端点的事件被称为"终结"（telic），来自希腊语"telos"，意为"终点"，这个词与"teleology"（目的论）有关。例如，drawing a circle（画个圈）的行为在画完了圆圈的时候就结束了。据称，丽兹·伯顿（Lizzie Borden）用斧头砍了她妈妈 40 下。如果真是这样的话，她在砍下某一斧致使其母亲丧生的那个时刻起（一个终结事件），她就已经杀了她的母亲。

　　动词分类的另一个标准是根据它们所描写的事件是在时间上延伸的，例如，running（跑），或者 drawing a circle（画一个圈）；还是即刻的，例如，winning a race（赢得比赛的胜利），或者 swatting a fly（打苍蝇）。当然，只有超人才能不费一分一秒就能完成一个动作；其他常人则必须首先举起苍蝇拍、打下去、打在苍蝇身上，等等。但如果事件处于似是而非的现在，它便可以被认为是即刻的。语言学家有时称这样的事件为 momentaneous（转折点），这是一个流行于 17 世纪的可爱的名词。

为了让大家感受到这一切，我们还是将时间形象化地描写为一条直线，这对我们来说是很有帮助的。下面让我们用图 3-6 来描述一个缺乏固定边界的事件，例如 running around（四处奔波），却是一个边界模糊事件。

过去 ━━━━━━━━━━━━━━━━━━━━━━━━━⟶ 未来

图 3-6　边界模糊事件

这就是一次所谓的"行动"，即一个持续性的（在时间上持续的）事件，而且是一个非终结性的事件（它缺少一个固有的端点）。现在我们可以用一个点来表示一个即刻的事件，例如 swatting a fly（打苍蝇，见图 3-7）。

过去 ━━━━━━━━━━━━━━▪━━━━━━━━━━⟶ 未来

图 3-7　完结动词

一个终结事件没有固定的开始，但根据定义，当施事者引发了那个预期的改变时，它会有一个终止的时刻（见图 3-8）。

过去 ━━━━━━━━━━━━━▪━━━━━━━━━⟶ 未来

图 3-8　瞬间实现动词

我们可以用两种方法来描述一个终结事件：一是利用一个既包括发展又包括高潮的持续性动词来描述它，比如 drawing a circle（画个圈）；二是利用一个瞄准高潮的即刻动词来描述，例如 winning the race（赢得比赛的胜利）、reaching the top（登上顶峰）或者 arriving（抵达）。令人困惑的是，语言学家把这两种方法分别叫作"完结动词"（accomplishments）和"即刻动词"（achievements）。我永远也记不住哪个是哪个，所以我将后者改称为"瞬间实现动词"（culminations）。英语中还有一些"迭代动词"（iterative verbs），例如 pound a nail（钉钉子，见图 3-9）。

过去 ——————————— ||||||||||||||||| ——————————→ 未来

图 3-9　迭代动词

还有一些"状态起始动词"（inception of states），例如 sit down（坐下，见图 3-10）。与 sit（坐）相反，sit 指的是一次行动。

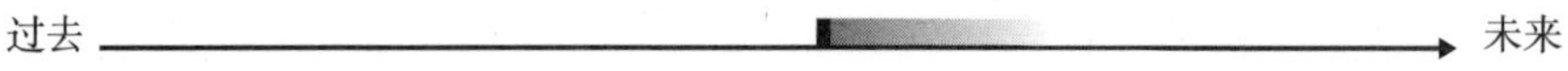

过去 ——————————————— ▮░░░ ———————————→ 未来

图 3-10　状态起始动词

我们可以从我们的朋友外星人派先生的问话中看出状态起始动词与即刻动词之间的区别。派先生对英语的过度字面化的理解阐明了语义的许多微妙差别。

Monty © United Feature Syndicate, Inc.

我曾提到过，行动类型动词的一个显著的特征就是，它们被等同于物体和物质，就好像事件都是从某种时间原料中被挤压出来似的。正如我们能够在物质领域中观察到有界物体（例如杯子）和无界物质（例如塑料）那样，在时间领域中，我们能够观察到有界的完结行为，例如 draw a circle（画个圈）和无界的行为，例如 jog（慢跑）；正如在物质领域中我们有用于命名同种聚合物（泥）的物质词以及命名由个体组成的聚合物的复数物质词（鹅卵石）那样，这里我们有命名同种行为的持续动词，例如 slide（滑动）以及命名一系列行为的迭代动词，例如 pound（捣烂）、beat（敲击）和 rock（摇动）。以同样的方法，大量的形状名词，如 pediment（捣烂）、cornice（捣烂）、frieze（捣烂）等则被还原为一条由许多线、板和难以名状的团等构成的基本构架；还是以同样的方法，我们将大量的行为动词，如 drumming（击鼓）、piping（用管道输送）、leaping（跳出）等还原为基本的瞬间和持续动词。不同的是，时间是一维的，所以，可供我们假设事件的构架"形状"要比现实生活中的"形状"少得多，因此我们的行动类动词也比形状类型要少得多。尽管如此，即使是一个一维形状也能被赋予一个零维度的端点。对于莱德勒的不解："为什么夜晚明明是'白天过后'（after light），可人们却偏偏要叫它'黑天过后'（after dark）呢？"我觉得这个问题的答案就是，dark（黑天）可以指称黑暗拉开序幕的那一瞬间。这也同样可以完美地回答莱德勒的另一个问题，即为什么我们说某物在"水下"或"地下"，在这种情况下，一个用于指称三维固体的词语也可以被用于指称其二维边界。

我们为什么要如此认真地观察这一行为类型呢？这是因为它们在语言和推理中扮演着很重要的角色。行为类型决定着人们能够从一个句子中得出的逻辑结论，因为一个命题的真值取决于它所指称的那个时间扩展。如果说 Ivan is running（伊凡正在跑步，属未终结性行为），我们可以得出结论，即伊凡跑了，但如果说 Ivan is drawing a circle（伊凡正在画一个圈，属终结性行为），我们则不能得出"伊凡画了个圈"这样的结论——他也许在中途被打断了。请再次注意物质和物体的相似度问题——半份苹果酱仍然是苹果酱，但半匹马则不再是马了。

行为类型还会对动词与显性时间表达式相互配合的方式产生影响。你可以说 He jogged for an hour（他慢跑了 1 小时），但不能说 He swatted a fly for an hour（他打一只苍蝇用了 1 小时），因为 for an hour（长达 1 小时）这个短语给一个事件强加了一个端点。它适用于像 running（跑）这样的动词，因为此类动词既能在时间上延伸，其边界还可以被打破，不过，它却不能适用于 swatting a fly（打苍蝇）这类即刻事件。不仅如此，甚至 He crossed the street for a minute（他过了 1 分钟的马路）或者 She wrote a paper for an hour（她写了 1 小时的论文）听起来都有些怪怪的，因为这些终结性的成就（过马路、写论文）已经被它们的即刻事件所限界了，它们不能再接受第二个端点。而 in an hour（在 1 小时以内）这样的短语则恰好相反：它们通过从其终点向后测量的方式强加给事件一个"起点"边界。你可以 cross the street in a minute（在 1 分钟内过马路）或者 write a paper in an hour（在 1 小时内写论文），但你却不能 jog in an hour（在 1 小时内慢跑），除了采用"从现在开始 1 小时"这个含义，因为 jog（慢跑）没有端点，你也不能 swat a fly in an hour（在 1 小时内拍一只苍蝇），因为 swat（击打）缺少一个可以测量的、有界的、持续性的行为。大门乐队（The Doors）的那首歌曲里有这样一句歌词，"爱我两次"（Love Me Two Times），乍听起来，它有些令人费解，因为时间短语 x times（几次）仅适用于事件动词而不适用于静态动作，而 loving someone（爱某人）恰恰是一种静态动作。当然，歌者是希望我们将这个动词理解为做爱的委婉语，这样它就不仅是一种行为，而且还是一种完成（有时以不止一种方式完成）。

事实上，类似 in an hour（1 小时内）和 for an hour（长达 1 小时）这样的时间短语是人类心智系统的组成部分，在该系统中，各种时间延展被动态地分离、测量、切段，它们就像希腊神话中主宰凡人生命的命运三女神那样主宰着我们的心智系统。它们是名词系统中那个心智包装机的时间版本，这个名词系统能够将物质转化进物体，就像当你点 a beer（1 个 / 杯啤酒）或者把 three coffees（3 个 / 杯咖啡）带走那样。事件的另一种包装方法要借助英语的小品词，比如 out（向外）、up（向上）和 off（离开），这些小品词提供了一个指向无止境行动的顶点，这就像仅仅摇动某物（shaking）和挥舞起来（shaking it up）之间的区别一样。摇动某物意味着在某物的状态发生改变之前一直摇晃它，这种摇晃有时是隐喻性的，就像猫王埃尔维斯·普雷斯利（Elvis Presley）坦承自己被震撼了（All Shook Up）那样。无论外星人派先生那可爱的书呆子气还是莱德勒先生过人的聪明睿智，都在警醒我们这样一个事实：许多空间意义小品词，例如 up（向上）、down（向下）和 out（向外），都可以用于某种体的意义，以此来结束一次行动。

为什么 slow down（放慢速度）和 slow up（慢下来）的意思是相同的呢？……我们不得不惊叹一种语言所特有的疯狂，当一所房子被 burns down（烧毁）的时候，它却可以 burn up（烧掉）；你通过 filling it out（填写）来 fill in（填）一个表格。英语是由人发明的，而不是由计算机发明的……这就是为什么当星星 out（出现）的时候，它们可以被看到，而当灯 out（熄灭）的时候，它们就看不见了，这也是为什么，当我 wind up（上紧发条）我的钟表，它便开始工作了，而当我 wind up（结束）这首诗时，它就到此结束了。

语言还有另一个更强大的负责打包持续性行动或磨削终结性事件的设备：体的第二个方面——观察点。实际上，就更近地观察一个事件的内部成分而言，"聚焦"这种说法比磨削或打包之类的比喻更加栩栩如生一些，在观察一个事件的内部成分时，聚焦可以将该事件的边界排除在观察者的视野之外，或者将其"后退"，这样可以使得包括任何模糊界限在内的整个事件缩成一个斑点。第一种情况称为"未完成体"（imperfective），如图 3-11 所示。

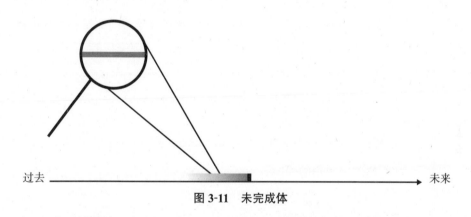

过去 ————————————————→ 未来

图 3-11　未完成体

第二种情况称为"完成体"（perfective），如图 3-12 所示。

为什么叫 perfective（完成体）呢？因为 perfect（完美的）还有 complete（完成）的意思，它不仅仅指"无瑕疵的"，就像在短语 perfectly useless（完全无用）、a perfect nuisance（十足的讨厌鬼）以及音乐术语 perfect fifth（完全五度）和数学概念 perfect square（完全平方）中那样。出于上述原因，perfective 便成为用来表达一种将整个事件都考虑进来的观察点的最佳词选。

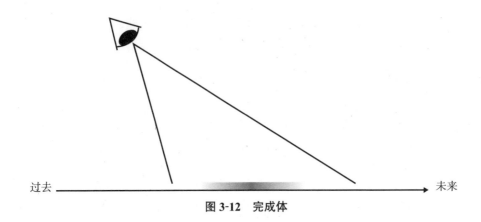

图 3-12 完成体

英语在现在进行体中有一个未完成的体，例如，Lisa is running（丽莎正在跑着），与一般现在时 Lisa runs（丽莎跑）对照。进行体聚焦于组成有界事件的行动的一部分，把它变成一个无界的行动，这就好比人们可以在心智中聚焦于一个塑料杯子的材质，将其想象成一种物质，而无须将杯子磨削成塑料材质的碎屑。所以，尽管 Lisa drove home, but she never got there（丽莎驱车回了家，但她一直没到家）的说法是不能接受的，但你却可以说 Lisa was driving home, but she never got there（丽莎那时正在驱车回家，但她却一直没能到家）——driving（驾驶）的后缀 -ing 所聚焦的是她开车回家这个行动的一部分，并且从人的视野中排除了这个端点。未完成体通常被用在叙事中，为一个事件做好铺垫（描述这个事件发生的场景，像它常常被使用的那样），而过去时和现在时则是用来推动故事情节发展的，就像在 Lisa was driving home when suddenly a spaceship landed on the roof of her car（当一艘宇宙飞船突然降落在丽莎的车顶棚上时，她正驱车在回家的路上）中那样。与许多其他语言不同（比如俄语），英语语法中没有标志完成体的后缀。不过我们可以在语境中将此类动词解释成完成体，就像我们说 After Sarah jogged, she took a shower（萨拉慢跑之后洗了个澡）那样。慢跑这个行动通常是没有边界的，现在它被当成了一个完成的事件，这仿佛是从一个遥远的有利点上所做出的判断。

到目前为止，除了一种叫作完成时的时态，例如，I have eaten（我已经吃完了），我们已经对英语的全部时态做了介绍。令人困惑的是，完成时与完成体并不是一回事。实际上，完成时并不是一种真正的时态，它是一个时态和体的结合体。它所表示的是，某事目前处于一种由一个过去行动而导致的一种状态或状况下（见图 3-13）。

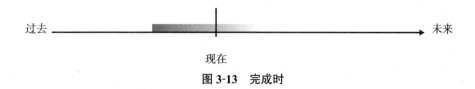

过去 —————————————————————————————→ 未来

现在

图 3-13　完成时

例如，I have eaten（我吃完了）这句话表明，某人现在处于饱腹的状态，他无须再吃什么了，而 I ate（我吃了）则只能描写发生在过去任何时间的一个叙述中的事件。与终结动词所规定的那种状态不同，完成时所隐含的状态必须在上下文中才能得到解释——它是任何一种现在被认为有意义的行动后果的特征。这就是为什么当有人说 I have spoken（我已经说过）或者 I have arrived（我已经抵达）时，我们会觉得他的语气有些肆无忌惮，这种说法远不如 I spoke（我说过）或者 I arrived（我到了）谦虚得体。下面是《绿野仙踪》（*Wizard of Oz*）中的一段话："不要惹怒伟大的、威力无比的奥兹！我说了（I said），明天再来吧！哦！伟大的奥兹已经说了（has spoken）！哦！不要理窗帘后面的那个人！伟大的、威力无比的奥兹已经说了（has spoken）！"

理论上，时态和体本应该是完全独立的。这是因为一个事件的时间基调以及人们观察它的有利点是不应该对它所处的时间位置有任何影响的，这就像对一个物体的形状来说，无论你放大或是缩小它，它的空间位置是不会发生任何变化的。不过现实生活中，事实并不总是这样。这是因为现实生活与人们的想象从来都不是完全吻合的，发生在世界上的真实事件与人们的话语之间的关系绝对不是清晰透彻的。正因如此，人们对时态的解释并不是基于动词的（并不是每个动词的现在时解释都是相同的），它取决于动词的行动类型。举例来说，在描述一种当前状态时，你必须使用一般现在时态，例如，He knows the answer（他知道答案）、He wants a drink（他想喝水），而不能说 *He is knowing the answer（他正在知道答案）、*He is wanting a drink（他正在想喝水）。但当描写一个目前的行动或者完结行为的时候，你就不得不使用进行体了，例如，He is jogging（他正在慢跑）、He is crossing the street（他正在穿过街道），而不是 *He jogs（他慢跑）、*He crosses the street（他穿过街道）。或者前面那位意大利语言学家的那句 get a general picture of *what goes on（对到底出了什么问题有个全面的了解）。这想必是因为对于本身已经是状态的动词来说，例如 know（知道）和 want（想要）等，那种表示将一种行为变成一种状态的进行体是多此一举的。不过，对于那些被默认为完成体却需要为现在时刻敞开大门以便让这个行动的一部分介入的行动和完结行为来说，进行体却是一个先决条件。现在时态根本就不适合即刻事件的描述，He swats a fly（他打苍蝇）和 He is swatting a fly（他正在打苍蝇）听起来都有些怪。这是因为一个"点状的事件"不可能正好就发生在人们对它进行描述的那个时刻。而进行体实际上将一个即刻事件变成了一个迭代事件，如 The light is flashing（灯光正在闪烁）意味着灯光重复地闪烁着。而 The light flashed 意味着灯光只闪了一次。就是这种复杂性，令外国语言学习者百思不得其解。

就一般现在时而言，它为语言使用者们提供了两种不同的使用方式。一种方式是在一个不间断的叙事中使用。这种情况适合于体育报道所使用的时态，例如，Lafleur skates down the ice…He shoots… He scores!（拉夫勒溜向冰球门……射门……得分了！）当叙述的参考点不是此刻而是过去的某一时刻，我们有"历史性的现在"，在这个时间中，作家试图将读者身临其境地带入故事发展的中间环节。例如，Genevieve lies awake in bed. A floorboard creaks…（吉纳维夫清醒地躺在床上，地板发出吱吱的响声……）。历史性现在时也常常被用在笑话的时间设置中，例如，A guy walks into a bar with a duck on his head …（一个头上顶只鸭子的家伙走进了一家酒吧……）。虽然历史性现在时给听众造成的现场错觉感可以作为一种不错的叙事策略，但它也会给人带来一种被操纵的感觉。最近就有一位加拿大专栏作家公开抱怨称，加拿大广播新闻节目过度地使用了现在时态，比如 UN forces open fire on protesters（联合国部队对抗议者开火）中的现在时就有问题。该节目负责人向他解释说，这个节目的宗旨是要比《晚间的新闻旗舰节目》听起来"少分析、少反思"，但要有"更多动态、更多热点"。

一般现在时的另一种用法是它可以被用于描写习惯性的行动，例如 Sarah

jogs every day（莎拉每天慢跑），或者类属性的行动，例如，Beavers build dams（海狸修建水坝），这里描写的是句中主语的一种习性。一种习性是可以随着时间的延伸而延续下去的，因此在现在时刻，它可以说是有效的，即使当你说这些话的时候，莎拉正在工作或者世界上所有的海狸都在睡懒觉。

亲爱的读者，现在你应该已经完全可以理解下面这段人类历史上意义最重大的关于时态和体的辩论了：

问题：Mr. President, I want to go into a new subject area... [Your] counsel is fully aware that Ms. Lewinsky... has an affidavit, which they were in possession of, saying that there was absolutely no sex of any kind in any manner, shape or form with President Clinton. That statement was made by your attorney in front of Judge Susan Webber Wright.

［总统先生，我想进入一个新主题。（您的）律师完全清楚莱温斯基女士那儿……有一份宣誓书，经确认，宣誓书上说，与克林顿总统绝对没有发生过任何方式、形状或形式的性行为。这是您的律师在法官苏珊·韦伯·赖特面前所做的声明。］

克林顿：That's correct.

（是这样的。）

问题：That statement is a completely false statement. Whether or not [your attorney] knew of your relationship with Ms. Lewinsky, the statement that there was no sex of any kind in any manner, shape or form with President Clinton was an utterly false statement. Is that correct?

［这个声明完全不符合事实。无论（您的律师）是否知道你与莱温斯基女士的关系，但那句"与克林顿总统绝对没有发生过任何方式、形状或形式的性行为"的声明是完全错误的。你同意我的说法吗？］

克林顿：It depends upon what the meaning of the word "is" is. If "is" means is and never has been, that's one thing. If it means there is none, that was a completely true statement.

［这取决于声明中 is 这个词的词义到底是什么。如果 is 意味着"现在"（is）和"从来都没有"（never has been），这是一回事。但如果它意味着"今后绝不会再有"（none），那它就是一个完全正确的声明了。］

1998 年 8 月，克林顿总统把这份臭名昭著的宣誓书（自此它被永远留在了巴特利特的名言选中）提交给了由特别检察官肯尼斯·斯塔尔选定的大陪审团。当年早些时候，保拉·琼斯诉讼克林顿总统对手下莫妮卡·莱温斯基实施性骚扰，而在克林顿提交这份宣誓书时，斯塔尔正在对克林顿在此期间的法庭证词的真实性以及它是否阻碍了司法公正等事宜进行调查。克林顿的律师在书面证词中曾申明，克林顿和莱温斯基之间"绝对没有任何形式的性行为"（there is absolutely no sex of any kind）。在这份证词中，克林顿确认这份声明中包含着一个现在时态的动词 is，而他们的风流韵事实际上在做出这一声明的那个时刻已经过去了，所以该声明是真实的。请注意，克林顿是如何正确区分了现在时 is 和完成时 has been 的，完成时暗示着在此声明做出前某种持续状态的存在，但不是声明之后。那个持怀疑态度的检察官继续问道：

> 问题：I just want to make sure I understand you correctly. Do you mean today that because you were not engaging in sexual activity with Ms. Lewinsky during the deposition that the statement Mr. Bennett made might be literally true?
>
> （我只是想确定我对你的理解是正确的。你今天的意思是说，因为你在宣誓做证期间没有再次与莱温斯基女士发生过性行为，所以班尼特先生的声明就是正确的吗？）

> 克林顿：No, sir. I mean that at the time of the deposition…that was well beyond any point of improper contact between me and Ms. Lewinsky. So that anyone generally speaking in the present tense saying that was not an improper relationship would be telling the truth if that person said there was not, in the present tense—the present tense encompassing many months. That's what I meant by that… I wasn't trying to give you a cute answer to that.
>
> ［不是这样的，先生。我是说在我宣誓做证的那个时间……它远远地超过了我与莱温斯基女士之间的不正当接触的任何时间点。所以，任何用现在时态来泛泛地说不存在一种不正当关系的人所说的话都是真话（如果那个人用现在时态来说过去没有）——现在时态包括许多个月。这就是我说那话的意思……我并不是在设法狡辩。］

在这个时态语义学的测试中，克林顿得了满分。正如我们所看到的，除了体育赛事报道的正在进行的叙事，英语现在时态主要适用于指称由一种习性或习惯而界定的状态，而不是一个特定的事件。在动词 is 被用在克林顿的宣誓书里时，克林顿和莱温斯基已经分手了，而且他们也不太可能再发生性行为了，所以这里的习性或者倾向已经不再起任何作用。诚然，终止一个由行为倾向定义的持续性的、未完成的状态本身是模糊的（就像一个聚合物的边界，例如砾石或者鹅卵石）。对于一个即将成为吸烟是曾经的习惯的人来说，在最后一根烟吸完之后要经过多长时间才能理直气壮地说"我不吸烟"（I don't smoke）呢？

至于克林顿是否给了一个"诡辩的答复"的问题，这正是语义学和语用学领域。正如我们将在第 7 章中看到的，听者假设说话者在传达与他们想要了解的事实相关的信息，以便他们能够猜测出那些模糊表达式的含义。这一点只有在对话双方所采取的态度是合作的，而且双方的意图保持一致的情况下才是有效的，但假如对话双方是对手（就像在一个法律调查中那样），情况就完全不同了。正如克林顿所说："我写这份证词的目的是想要诚实，但不见得有帮助。"假如律师想了解的是克林顿是否"曾经"与莱温斯基有染，那么这个问题就变成了克林顿在法律上对这个问题的此种缜密回答是不是正当的问题（根据其语义学），或者成了一个关于一个宣誓是否恪守了它所应该恪守的"完整的真相"的问题（根据其语用学）。针对上述问题，斯塔尔的报告所给出的结论是后者，报告中，斯塔尔援引了克林顿关于 is 的含义的证词，并将其作为克林顿试图妨碍司法公正和欺骗美国人民的 5 个实例之一。美国众议院对斯塔尔的报告表示赞同，并于 1998 年 12 月举行了弹劾克林顿总统的投票。不过，对此，美国参议院则表示了强烈的反对，参议院于 1999 年 2 月举行了克林顿无罪的投票。不管怎么说，克林顿总统首次发起了一场总统因为概念语义细节而陷入麻烦的新潮流，就像我们在前面所提到的有关乔治·布什以及动词 to learn（获悉）的情况那样。

时间语义学与空间语义学还有最后一种平行关系，这一平行关系证明了康德的那个组织我们知识抽象框架的甄别方案。就像空间语言不仅要由物体几何学来定义，而且还要由人们使用它们的方式来界定那样，时间语言不仅要根据事件是如何按照时钟爆发和结束的来定义，而且还要根据参与者的目标和权势来定义。

这些行动类型最初是亚里士多德勾勒出来的，而且它们完全符合亚里士多德所提出的那个理论，即每起事件都有其形式、物质、施事者以及一个它所服务的目标。假如亚里士多德知道除行动的时间形状概念外，4 种主要的行动类型中的任何一种类型，即状态类（state）、行动类（activity）、瞬间实现行为类（culmination）和完结行为类（accomplishment）都会悄然进入人类意志的一个概念中的话，那么他是不会感到有什么值得惊奇的。

一种状态不仅要由改变的缺省值来界定，而且还要由设身于自愿控制域之外的因素来定义。一般来说，你不能 persuade（说服）或 force（强迫）某人知道答案，或者 deliberately（故意）谈论某人或 carefully（小心地）知道答案；你也不能对人这样发号施令说 Know the answer（知道这个答案）。这种状态性与非自愿性在我们的语言中的耦合所反映的是一种我们道德责任归属概念中的更深层次的耦合。因为我们将状态识解为非自愿性的，所以我们往往不会坚持认为人们对它们应该负什么刑事上的责任，至少在经过认真考察之后是不会的。因此，美国最高法院于 1962 年裁定，立法机关可以宣布"使用"或"出售"毒品非法，但不能宣布对毒品"上瘾"的行为不合法。另一次法院裁定认为，对在公共场所喝醉酒的人定罪也是不公正的（这起案件牵涉到一个在家里喝醉了的人被警察拖到了一条公共街区），尽管人们仍然可以因为某人在公共场所喝醉酒或醉酒后出现在公共场所而起诉他。不过有一种情况是例外的，那就是拥有麻醉剂的犯罪，因为拥有确实是一种状态。很多人认为这样的法律是不公平的，这也许并不是什么巧合。

非自愿性也是一种将完结行为推向高潮的瞬间实现行为，比如 winning a race（赢一场比赛）、finding a diamond（发现一块钻石）、reaching Boston（抵达波士顿）、noticing a painting（注意到一幅油画）。这些动词与表示施力的副词，如 He deliberately won the race（他故意赢得了比赛）；表示启动一次行动的动词，如 I persuaded him to notice the painting（我劝他去注意那幅画）；或者祈使语气，如 Find a diamond（发现一块钻石）的搭配不协调。一旦其中某个活动开启，决定它高潮到来的时刻就是这个世界而不是某个人的意愿。

与此相反，行动类和完结行为类一般被认为是自愿性的。出于这个原因，完结行为类动词，比如 baking a cake（烤蛋糕）和 hiding a key（藏钥匙），既可以用于祈使句，也可以伴随像 deliberately（故意地）和 carefully（小心地）这样的自主副词。事实上，对于一个完结行为来说，将其推向高潮的动力就是决定了那个事件参与者的目标，例如，"致使一幅画存在"是 drawing a picture（画一幅图画）的动因，而"致使身处街道的另一侧"是 crossing the street（穿过街道）的动因。和其他语言问题一样，这个问题不只是一个语法细节问题，而是我们道德意识的基本原则问题。由于犯罪不仅需要一个坏行为，而且还需要一种犯罪心理，所以犯罪行为是由行动类或完结行为类动词来加以识别的：to kill（杀人）、to steal（偷窃）、to rape（强奸）、to bribe（贿赂），等等。如果一个完结性事件尚未完成，例如一个被警察制止的可能的扼杀者，那么我们只能用犯罪未遂来指控他了。而且因为一种瞬间实现的行为被识解为非自愿性的（它是由世界而不是由某人的意图来决定的），所以当一个由完结行为类动词定义的预期变化与实际发生的变化间出现脱节的时候，人们常常搞不清楚哪个犯罪才是被实施的犯罪。法学院里，师生们常常会花许多时间来论证下面一些情况的处理办法，比如，如果一个人刺伤一个他误以为是沉睡中的敌人的尸体。再比如，在距案发地约 5 分钟路程内的地方有个医院，如果受害者因为抢救及时而幸免于难，这个射手就可以被指控谋杀未遂；而如果受害者在医院医治无效死亡，这个射手就可以被指控犯了谋杀罪，这种指控是否合理。

综上所述，正如空间语言并不诉求一个毫无意义的坐标系那样，时间语言也不诉求一个自由运转的时钟。空间是参照人类所设想的物体以及它们被赋予的用途来估算的，而时间则是参照人类所设想的行动以及它们的能力和意图来估算的。正如时间和空间之于语言和思想的重要性，将时空作为人类经验赖以实现的宇宙媒介加以有意识地甄别，同样是对早期近代科学和数学所取得的成就的进一步完善和提升。

因果关系思维

休谟指出，因果关系给我们的直觉是，它是"宇宙的黏合剂"。我们每天都在不断地利用因果直觉去体会世界上正在发生的事情以及我们用于处理这些事情的方法。例如，因为窗户湿了，所以一定下雨了；如果我穿雨衣了，那我的衣服就不会被弄湿。当这些直觉不灵验时，我们知道要么是我们在做梦，要么是在梦游仙境，要么就是陷入其他什么空想之中了。我们指望我们的科学能够成为我们探索因果关系的一种更理性、更严谨的版本，作为甄别地震诱因、太阳系布局或者人类本身的物种起源的最好方法。正因如此，一旦我们经过仔细观察却发现这个"黏合剂"几乎与波士顿隧道所使用的原料一样劣质时，我们便会感到局促不安。你越仔细思考因果关系就越感觉它没有道理，以至于一些哲学家甚至建议现代科学应该远离对它们的研究。然而，由于因果关系深深地根植于我们的语言和思想，包括我们的道德意识，因此没有任何关于人类之谜的解释能够回避对我们的因果直觉是如何与宇宙的因果结构相联系的问题的思考。正是出于这个原因，休谟的《人性论》（*Treatise of Human Nature*）一书开启了人们对因果关系理解的新纪元。

　　困扰休谟（以及后来的康德从他的教条主义的睡梦中醒悟过来时）的是，人们如何证明对未经观察事件的推理的合法性问题——我们是否能将一个像"如果你掉了什么东西，它就会下落；我掉了一个玻璃杯，所以这个玻璃杯就会下落"这样的推论的确定程度提升到就像对我们所习惯的逻辑思想和数学推理那样的高度，例如，"如果一个三角形的两条边相等，那么它的两个角也相等；这个三角形有两条边相等，所以它有两个角是相等的"。对此问题，休谟得出的结论是，我们永远也做不到这一点，尽管我们对这个玻璃杯会下落的预测并不是不合理的。尽管因果直觉并未授予我们对它的完全确信性，但它仍是人类心理的一个相对易于驾驭的部分。我们对因果直觉的不确定性主要来自一个可悲的事实，即我们心底里的因果直觉只不过是一些由经验标记的期待而已，而且，只有在我们的宇宙是有法可依的条件下，这些期待才能够得到满足，但是，"宇宙是合法的"的命题却是一个我们永远也不能证实的无理性的假设。下面是休谟对人们为什么会认为一个台球的运动是另一个台球运动所致的解释：

　　　　假如一个人，例如亚当，被创造出来并被赋予了旺盛的理解力，
　　但他却没有任何生活经验，那么他将永远无法推断出一个球的运动是

由另一个球的运动的冲击所导致的……对于亚当来说（如果他不是受到启发），他必须体验过这两个球互相冲击后产生的效应。他必须几经观察这样的情况，即当一个球撞到另一个球时，总是另一个球获得运动。如果他对这种情况有过足够多的观察，那么每当他看到一个球滚向另一个球时，他就会毫不犹豫地得出这样的结论，即第二个球将获得运动。而且他的理解将领先于他的视力，并得出一个与他过去的经验完全相符的结论。

由此可见，所有有关因果的推理都是建立在经验的基础之上的，而所有来自经验的推理又都建立在自然过程是一成不变、始终如一的假设的基础之上的。在对人们能否证明因果性归因的合法性问题的论证过程中，休谟提出了一个关于因果关系心理的即兴理论，这个理论被称为"恒常连接"：我们的因果直觉只不过是一种预期而已，因此如果一些事情在过去接二连三地发生过多次，那么我们会预期这种情况在未来将继续下去。这种情况与当铃声敲响时，狗习惯于预期喂食的情况，或者鸽子在预期食物的情况下学会用嘴啄毽子的情况并没有什么本质上的差别。

让我们回头再来看看本章开头的两个闹铃相继响起的成因问题。那个闹铃故事恰恰对休谟的这一理论提出了疑问。事实上，人们完全清楚（即使他们不总是应用）这样一个道理，即恒常连接并不等于因果关系。公鸡啼鸣并不会导致日出；雷鸣并不会引起森林火灾；而打印机上的脉冲光也不会使打印机突然吐出一个文档来。它们充其量也只能被认为是一些"附带现象"：真正因果关系的副产品而已。

我之所以将休谟的这一理论称为"即兴论"，是因为休谟本人并没有始终如一地信奉它。他在总结中所引证的一个"因果关系"的例子——当我们想到儿子，我们倾向于把注意力转移到他的父亲身上。事实上，这是个不能更具破坏性的反例了。我们当然不认为儿子是父亲的先决条件，情况恰好相反。但是根据恒常连接理论，原因会将人们的注意力转移到结果上。更糟的是，我们不是一定要事先无数次地体验父子形影不离的场面才能理解父子之间的联系，因为即使是最溺爱孩子的父亲也不会整天黏着他的儿子。人们还可以通过闲谈、家谱或者当今流行的 DNA 测试来推断出一个父亲和儿子之间的血缘关系。即使在最优越的环境中，一个满 9 个月的婴儿也必须介入那个被认为是原因的父亲事件和被认为是结果的子女事件当中。而且在这段时间里，即使父亲有可能会抛弃他的家庭，或者不幸离世，他仍是那个应该为这一切负责的父亲。

休谟无疑也察觉到了这个问题，因为他在下面这段话里扩展了他的观点（同样即兴地）："我们可以把原因定义为一个物体被另一个物体紧随其后，所有类似于第一个的物体被类似于第二个物体的物体紧随其后。或者换句话说，假如没有第一个物体，第二个物体则根本不可能存在。"但这最后一个句子，非但没能用另一种说法表达出恒常连接的含义，相反却表达出了一种完全不同的想法。事实上，在许多其他方面，恒常连接不失为一个好见解，因为它成功地排除了附带现象所带来的尴尬。即使第一个闹钟的铃声没响，第二个闹钟的铃声也会响，因此并不是第一个闹钟的铃声导致第二个闹钟的铃声的响起。同样，如果打印机上的灯烧坏了，页面仍然会被印刷出来，所以灯光并没有导致印刷。不仅如此，恒常连接还成功地纳入了一些在时间上是分离的或者间接了解到的因果情况。假如从来没有过父亲，那么儿子也不可能存在，所以在某种意义上，父亲是儿子的一个成因。

这个因果关系的反事实理论——"A 导致 B"意味着"如果不是因为 A，B 就不可能发生"，可以说是对恒常连接理论的一种改进。但你对它思考得越多，它就会变得越陌生。"将"和"如果不是因为"指的到底是什么呢？在一个虚构的世界中，我们应该如何判断什么是正确的或者什么是错误的呢？人的生命只有一次，但世界却以某种特定的而不是什么其他方式存在着。它并没有配备重新启动按钮，让我们换个方式来看看究竟会发生什么。我们知道人们所说的下面这些话并没有实质性的意义，它们不过是那句犹太谚语"如果我祖母有睾丸，她就是我祖父了"的优雅版本而已，例如，"假如希望能变成骏马，那叫花子也就有坐骑了""我祖母要是装上了车轮，她就是一辆有轨电车"。伍迪·艾伦的名言更是如此，"我一生唯一的遗憾就是我不是别人"。

许多哲学家试图诉求"可能世界"来设法搞清楚反事实陈述的情况。这个可能世界并不是小绿人居住的外星球，它是事态逻辑一致的状态：宇宙在不违反逻辑规律的情况下的不同展现方式。说"A 导致 B"就意味着"如果 A 没有发生，B 也就不会发生"，它反过来意味着，"存在着一些没有发生 A 的可能世界，在这些可能的世界中，B 也不可能发生"。

不幸的是，这样还是不足以给因果关系在反事实思想中找到一个根据。假如在虚构的可能世界中，我们可以无拘无束地自由想象，那么任何结果都有可能出现，即使它们并没有假定的成因：你需要做的就是虚构一些可能导致它的其他情况。火柴燃烧是划火柴引起的吗？是，在这个世界以及许多可能世界中，如果你不划火柴，这根火柴就不会燃烧。但是假如有一个世界，一个房间突然升温到了232℃，在没人划火柴的情况下，火柴自己就点燃了，那么这又是一种什么情况呢？这类可能世界的存在是否就迫使我们得出结论说，"在我们的世界中，划火柴并不能引起火柴燃烧"的结论呢？

为了坚守住这个好想法，即因果关系取决于反事实，而反事实反过来又可以被可能世界界定，哲学家们建议可能世界可以根据其与现实世界的相似性或接近性进行调整。"今早我穿的是蓝袜子而不是黑袜子"的可能世界比起其他可能世界，如"我生来是个女性"的可能世界、"第三次世界大战爆发"的可能世界、"大气由甲烷和氨而不是氮和氧组成"的可能世界等，更接近真实世界一些。再回到因果关系的问题上，我们可以说，划火柴引起火柴燃烧，因为在最接近我们的可能世界中，如果不划火柴，火柴就不会燃烧。当然，在这些世界里，房间的温度是正常的室温而不是232℃。

你可能会问，哲学家们为什么要花这么多心思在这些或近或远的可能世界上，而不直截了当地说"其他条件相同的情况下"或"在其他因素均未改变的情况下"呢？这是因为其他因素从来都不是"从未改变"的：你不可能只做一件事。让我们来考虑一下"纽约在科罗拉多州"这个可能世界。纽约市在密西西比河以西吗？或者科罗拉多在大西洋海岸吗？我们对一个可能世界的描述遗落了这个重要的事实，对其并未详细说明。人类的言语是很吝啬的，所以任何一个可能世界的描述都将避而不提那些人类语言所导致的变化的关键事实。有这么一个故事，有人曾问赫鲁晓夫这样一个问题，1963 年遭暗杀的人如果不是美国总统约翰·肯尼迪而是他的话，那么这个世界会有怎样的不同。赫鲁晓夫回答说："首先，亚里士多德·奥纳西斯不可能和我的遗孀结婚。"这个笑话是合理的，因为不存在什么"其他条件相同的情况下"或"在其他因素均未改变的情况下"排除了"亚里士多德·奥纳西斯娶了一个超级大国遇刺领导人的遗孀"的可能性。还有一个笑话，这个笑话在 1993 年曾盛传一时，笑话说的是，一次克林顿夫妇在驱车经过希拉里的家乡时，希拉里看到了她过去的一个男朋友正在加油站工作着。克林顿说："如果你当初没有嫁给我，你可能会成为加油站工人的妻子。"希拉里回答说："如果我当初没有嫁给你，那当总统的就该是他了。""最接近的可能世界"这一概念的目的是挑出帮助我们挑选出事态的相关状态来搞清楚这些反设事实，之所以要挑出事态的相关状态，是因为为了适应这个唯一发生了变化的前提，这个相关状态只需要对现实世界做最少的附加改变。我不确信这样做真的能解决问题，但它确实让我们感觉好些。

　　将"A 导致 B"定义为"B 没有发生在那些 A 没有发生的最接近我们的可能世界里"，这是一个很大的思想改进，它意味着"当 A 发生时，B 也发生了"。它符合我们通过实验操控来区分因果关系和相互关联的科学实践。例如，如果咖啡饮用者被发现更易发作心脏病的话，那么这是否就意味着喝咖啡会导致心脏病呢？事实并非如此，因为相关性并不能证明因果关系的存在。也许这些咖啡饮用者同时还有不爱运动、吸烟、吃油腻食物等不良倾向，而其中的一个或几个因素才是诱发心脏病的真正原因，喝咖啡不过是一种附带现象而已。要想证明咖啡是诱发心脏病的真正原因，就必须要证明"在人们不喝咖啡的最接近的可能世界里几乎没有人突发心脏病"是事实。那么怎样才能证明它是真的呢？很简单：制造这样一个可能世界——把人群样本随机地分成两组，让一组放弃喝咖啡而另外一组继续享受他们的咖啡。如果在这个可能世界里，第一组人的心脏由此变得更加健康了，那么我们就有资格说咖啡就是心脏病的成因了。

　　尽管在当代哲学和法学中，反事实理论［与哲学家大卫·刘易斯（David Lewis）相关］被认为是对因果关系的最精致的分析，但它也同样存在着很多问题。只要一个结果牵涉到一系列条件，总会有一个问题冒出来。划火柴是火柴燃烧的必要条件，但火柴的干燥度、氧气的参与、避风等其他条件也同样必要。在所有接近我们的可能世界中，那里火柴是湿的、房间里充满了二氧化碳或火柴在室外，在这些条件下，火柴都是无法燃烧的。尽管如此，如果有人要我们来甄别这根火柴燃烧的原因，我们只会选择划火柴这个行为，而不会选择诸如氧气的参与、火柴的干燥度或者墙壁和屋顶的存在等条件。出于同样的原因，我们不会考虑结婚是不是寡居的原因，或者盗窃珠宝是警察将它们找回的原因，尽管在上述各种情况下，没有前面事件的发生，后面的事件肯定是不会发生的。

人们莫名其妙地将其中一个必要条件识别出来，以此作为一个事件的原因，同时却将其他条件作为该事件发生的动因和辅助因素，即使这些条件与那个被识别出的原因是一样不可或缺的。这些必要条件间的区别并不在于物理事件间的连接或它们所遵循的规律，而在于与某些其他事态的隐性对比（类似的可能世界，如果你喜欢这个术语），而这些事态就是隐藏在我们思想背后的现状合理的替代物。由于氧气几乎总是存在于我们的周围，因此我们往往不会将它的存在看成是导致火柴燃烧的一个原因。但相比于不划火柴，人们划火柴的机会要少得多，而且人们会觉得，划火柴的需求在任何时候都取决于自己的意愿，所以我们将火柴燃烧的原因归功给了划火柴这个行为。如果改变了这个对比集，那么你也就改变了那个原因。举例来说，假如某种焊接通常需要在无氧室里完成，但是有那么一天，无氧室突然泄漏并引起了一场火灾，在这种情况下，我们很显然会将氧气的参与作为火灾的直接原因。1967 年的火灾造成 3 名"阿波罗号"宇航员不幸遇难，人们将这场火灾的直接原因归咎于太空舱里的纯氧，正是这些充满太空舱中的氧气使一个小小的火花最终汇成了一场大灾难。同理，假如一个女人决定嫁给一个行将死去的男人，对于这种情况，我们也许就可以让结婚成为寡居的一个直接原因了［一种由安娜·尼克·史密斯（Anna Nicole Smith）创造的归因，她于 1994 年，也就是 89 岁的石油大亨霍华德·马歇尔（Howard Marshall）临终的前一年，嫁给了他］。将一个必要条件标签为"原因"意味着我们需要甄别出一个我们觉得很容易与众不同的因素，或者一个可以控制的或将来可能控制的因素。

一个与反事实理论有关的问题是，因果关系具有可传递性：如果 A 引发 B，B 引发 C，那么 A 引发 C。例如，如果吸烟引发癌症，癌症引发死亡，那么吸烟就会引发死亡。但必要条件（即反事实推论背后的条件）则是不可传递的。"假如肯尼迪没有当总统，他就不会遇害"，这种说法似乎是合理的。同样，"如果肯尼迪没有遇害，他会再次当选总统"，这种说法似乎也是合理的。但如果说"假如肯尼迪没当上总统的话，那么他将会被改选"，这种说法就有悖于常理了。

　　这个理论存在的另一个问题是被称为抢先权的问题。两个刺客在一次公共集会上合伙刺杀同一个独裁者。他们达成协议，谁先瞄准谁就先射击，届时另外一个刺客将混入人群。如果1号刺客一枪击毙了那个独裁者，那么很显然，他的行为就是导致独裁者死亡的原因。现在的问题是，假如1号刺客没开枪，那么这个独裁者就不会死，这种情况却不是真的，因为如果1号刺客没开枪，那么2号刺客就会击毙那个独裁者。不出所料，在实验心理学家芭芭拉·斯佩尔曼（Barbara Spellman）所做的实验中，当受试者被问及这种情况时，他们认为两个刺客都是造成那个独裁者死亡的原因。

让我们再来看一个来自法律学者利奥·卡茨的例子：亨利计划徒步穿越沙漠。打算杀死亨利的阿方斯把毒药倒入了他的水壶。加顿斯也想杀亨利，但他并不知道阿方斯对亨利所做的这些事情。他用刀刺破了亨利的水壶，结果，亨利在沙漠中干渴而死。现在的问题是，到底谁是造成了亨利死亡的真凶呢？阿方斯、加顿斯还是他们两个人，又或者两个人都不是呢？很显然，亨利的死亡是由于某人造成的，大多数人认为真正的凶手是加顿斯，或者是他们两个人。但遗憾的是，按照反事实理论的预测，他们应该认为"这两个人都不是真凶"。

　　反事实理论存在的最后一个问题就是那个所谓的"超定"问题了，有时也称"多重充分原因"。下面让我们来考虑一下这样一种情况：一个行刑队同时瞄准一个死囚，即使第1个射手并没有射击，那个囚犯也是会死的，所以根据反事实理论，并不是他的射击导致了那个囚犯的死亡。不过，这种情况同样也适合于第2个、第3个、第4个、第5个射手等。如果这样的话，那么囚犯的死亡与他们中的任何一个人都没有关系了，但这实在有点儿太不可思议了。

所有这些问题中的一个共性问题是，我们的世界并不同于以线性方式串联起来的多米诺骨牌，一起事件只能引起另一起事件，也就是说，每起事件都是由唯一的另一起事件所导致的。我们的世界是一个"纠结模式"中纵横交叉的因果组织。休谟这两个因果关系理论（恒常连接论和反事实论）的窘境可以用图3-14中这组扇入（fan in）、扇出（fan out）或循环（loop around）的网络关系图来形象地说明。

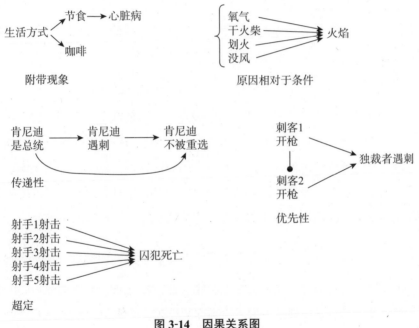

图 3-14　因果关系图

解决因果关系这种网状性的方案之一是一种被称为因果贝叶斯网络（Causal Bayes Networks）的人工智能技术。它们以托马斯·贝叶斯（Thomas Bayes）命名，贝叶斯的齐名定理展示了如何从来自事前的合理性以及引起某些症状备受关注的可能性中对某种条件的中选概率进行计算。首先，模型师要挑选出一组变量（如咖啡的饮量、运动量、心脏病的出现等），然后在原因与其结果之间画上箭头，并为每个箭头标上一个代表因果影响强度的数字（即在假定一个原因存在的条件下，它所导致的这个结果的可能性的增大或减小）。箭头出现在哪种扇面模式或循环模型是必然的，但没必要确定给定结果的"那个"原因。有了这个图表在手，再加上那些变量（比如，一个人喝了多少杯咖啡）的影响强度的测量值，一台计算机就可以通过一些算法来预测一个给定原因的结果了（如增大心脏病的风险），或者反过来，给定一个典型的结果，它就可以预测出一个原因出现的可能性概率。举例来说，借助因果贝叶斯网络，你可以从邻居家自动报警器传来的警鸣声中猜测出他家可能被非法闯入了，但如果你还注意到了一只猫在屋里跳来跳去，那么你就会放下正要拨通 911 的报警电话。在调用因果贝叶斯网络之前，你首先需要对它进行设置，设置可以从一些有关变量及其关系的初始假设开始。所谓变量间的关系指的是一组实验干预（比如，禁止人们喝咖啡然后看看他们的健康发生了什么变化等）或一组关于这些变量在一个大数据集中是如何相互关联的测量值。

因果贝叶斯网络是一种从关于因果间相互关联的信息中推理出因与果的最理想的方法，而且人们某些方面的表现已经证实了该网络的理念，比如那个猫与自动报警的场景。不过，它只能算是电脑版的休谟而已。它把因果推理看成是由一个巨大的关系集合体所驱动的行为，而对其中各种变量所代表的内容是什么，或者世界上存在着哪些允许这些变量的现实参照对象发生互相作用的机制等问题却漠不关心。针对下面这种情况，它倒是很适用，例如一个坐在巨型彩屏前的观察者，他要跟踪观察屏幕右上角的一个红灯是否要比位于中间行的一个绿灯早出现几分钟，除非屏幕左边缘底部的一个黄色方块在此期间闪烁两次。因此可以说，它漏掉了人们进行因果思想的一个关键组件：那就是人们对世界是由有因果力的机制和力量——也就是某种由原因传输给结果的推动力、能量或吸引力所组成的这一事实的直觉，而且，我们所观察的那些相互联系正是这些力量发挥作用的产物。

从人类的行为表现中我们不难看出，在思考因果关系时，人们常常依据的是隐藏的力量而不是它们的关联性。许多心理学实验也都表明，当人们得到一个有关事物工作原理的"宠物理论"时，例如，潮湿的天气导致关节疼痛，他们便会发誓，他们能够看到世界上的这些关联性，即使数据表明这些关联性并不存在，而且它们根本就不曾存在过，他们也依然会这么做的。人类对因果威力的习惯性幻想以及迫使自己顺应它们的习惯自远古时代起就已经成为一种文化习俗，不仅如此，它还为伏都教、占星术、魔法、祷告、偶像膜拜、新时代的灵丹妙药以及其他的巫医神术提供了丰富的土壤。就连那些令人尊敬的科学家们也不甘心仅仅停留在对这表面关联性的简单记录和描述上，相反，他们会设法撬开大自然的黑匣子，从中挖掘出那些发挥决定作用的隐藏力量。当然，有些时候他们所挖掘出的隐藏力量并不起作用，比如热素或光以太，不过，大多数情况下，它们还是非常奏效的，例如基因、原子以及构造板块等。

因果关系概率论的另一个缺陷是它们只适用于从长远角度观察的、不考虑特定事件成因的（例如，奶奶死于吸烟）总体情况（例如，吸烟会导致癌症）的分析。但实际情况是，人们对特定事件有着相当敏锐的直觉。设想，有一个意大利叔叔，他一天能吸两包烟，但他现在却已经健康地活到了 97 岁。那么在这种情况下，人人都会认为吸烟并不能导致他死亡。但如果"吸烟导致癌症"只不过就是对这种可能性的一种陈述的话，那么这种可能性对这位意大利叔叔来说是毫无适用性可言的。如果真是这样，那么人们坚持认为每个事件都有可甄别的成因似乎就不理性了。假如有很多人都死于心脏病发作，而且有一种药物会略微增加心脏病发作的风险，而服用了这种药物的约翰恰恰死于心脏病发作，那么他的死是不是这种药物造成的呢？有人可能会说，这样的问题是没有答案的。然而，绝大多数人却表现得就好像这个问题确实有一个答案一样。2005 年，一个男人因为服用了万络而不幸身亡，在这起针对药品制造商的案件起诉中，陪审团最终判给他的遗孀 2.53 亿美元。到目前为止，美国至少还有 6 000 个悬而未决的此类诉讼案。

人们不仅能将因果关系应用于个别事件，他们还能从个别事件中推断出因果关系，而且他们并不需要这个事件重复很多次。泰坦尼克号上的那些乘客肯定会认为，是冰山导致了大船的沉没，即使他们之前从来没有体验过冰山和随之而来的沉船事件。

阿尔伯特·米乔特（Albert Michotte）对长远记录一种因果关系与从个别事件中体会之间的差别做了研究，下面是他所做的一个经典实验，这个实验为我们提供了一个这方面的最简单的示范。实验中，米乔特为人们展示了几幕动画，动画中一个圆点沿着屏幕移动，直到它碰到了第二个圆点为止，届时，第一个圆点戛然停止，而第二个圆点则开始以同样的速度沿着同一个方向继续运动。通过第一次观看，人们头脑中就产生了一个清晰的印象，即第二个圆点的运动是第一个圆点造成的，就像一个台球撞到了另一个台球那样。不仅成人，就连 6 个月大的婴儿和至少一种猴子对此也有类似的印象。此外，米乔特的其他几幕移动点动画还证明了人们对另外几种相关类型因果关系的生动印象，比如协助（helping）、妨碍（hindering）、允许（allowing）和防止（preventing）。

心理学家马克·豪泽和贝利·斯波尔丁（Bailey Spaulding）最近做的一项实验表明，无须提前对一系列事件进行观察便可以对因果力进行推理的能力是灵长类动物天赋能力的一部分。在对几只之前没有任何使用刀或颜料经验的恒河猴所进行的测试中，他们发现，猴子对这些东西的因果力表现有着深刻的理解。猴子们对它们首次看到的这一幕丝毫不感到惊奇：一个苹果从屏幕上消失，随后出现一只拿着刀的手，接着又出现了两块苹果。下面这个情景一样没能引起它们的好奇心：一条白毛巾和一杯蓝颜料从屏幕上消失，紧接着一条蓝毛巾出现了。不过，当它们看到一杯水和一个苹果一起消失，随即出现了两块苹果；或者一把蓝色的刀和一条白色的毛巾一起消失了，然后出现了一条蓝色的毛巾时，它们却瞪大了眼睛，看上去似乎是在表示，这个结果令它们难以置信。

由此可见，因果关系是不能被简化为"恒常连接"或"可能世界"的，不仅如此，人类的因果识别力也不可能被统计学的网络完全捕获。那么，我们到底应该如何来理解人类对那个驱动着人类因果本能的吸引力的直觉呢？这个问题的答案也许可以在我们对因果关系语言表达方式的观察中被发现。

语言学家莱恩·托尔密对这个语言因果力的概念进行了阐述（他还阐述过语言的空间概念）。我们在第 1 章中已经看到，语言中存在着许多表达因果关系概念的动词，其中一些动词所表达的是纯粹的因果关系，例如 begin（开始）、bring about（引起）、cause（导致）、force（促使）、get（变成）、make（使得）、produce（引起）、set（设置）、start（启动）。其他一些动词的词义将自然结果包括其中，例如 melt（熔化）、move（移动）、paint（油漆）、roll（滚动）。还有一些动词传达着因果关系的韵味，这些对普通人意味着很多的韵味在哲学分析中却受到了怠慢。这类动词包括预防动词，例如 avoid（避免）、block（阻止）、check（中止）、hinder（阻碍）、hold（控制）、impede（妨碍）、keep（保持）、prevent（防止）、save（挽救）、stop（停止）、thwart（阻碍）；使能动词，例如 aid（援助）、allow（允许）、assist（帮助）、enable（使能）、help（帮助）、leave（委托）、let（让）、permit（许可）、support（支持）。此外，还有各种表达因果关系的连接词，例如 although（尽管）、but（但是）、despite（不管）、even（即使）、in spite of（不顾）、regardless（不管）。

托尔密的研究表明，所有这些概念实际上都连接着一个"力动态"的心智模式—— 一个有关内在倾向和抗衡力的概念，它让我联想起弹子球动画所表现出的生动的因果关系。在一个因果场景中，玩家被称为"主动力"：一个被设想为具有运动（见图 3-15 左）或静止（见图 3-15 右）内在倾向的实体。

图 3-15 "主动力"

另一个参与者被叫作"拮动力"：一个在主动力上施加外力的实体，这个外力通常是对主动力内在倾向的反作用力。如果拮动力的力量大于主动力的内在倾向性（见图 3-16 左），那么主动力将从运动状态变为静止，或者从静止状态变为运动。如果拮动力的力量小于主动力的内在倾向性（见图 3-16 右），那么主动力则保持其原始状态不变。

图 3-16 "拮动力"

设想，假如我们正好遇到一个正在进行中的因果场景，那么我们就可以得到以下 4 种可能性（主动力内部的小箭头表示该主动力处于运动状态）。这 4 种可能性为我们展现了致使、阻止和两个版本的抵制：一个是尽管受阻，但仍然保持其原有的运动（见图 3-17 左下）；另一个是尽管受到推动，但仍然保持其原有的稳定性（见图 3-17 右上）。

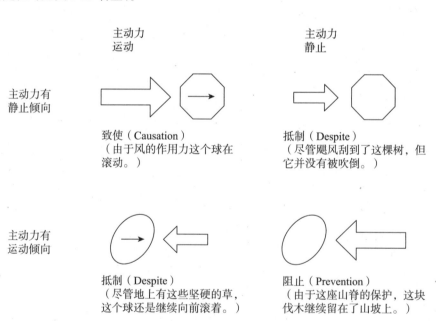

图 3-17 进行中的因果场景

要想圆满地描绘出语言所表达的这些原因类型，我们必须将目光从这些非终结性活动转移到终结性活动上。现在让我们来想象这样一种场景：拮动力制造了一个入口或出口，而不是一直保持一种状态待在那里。

图 3-18 为我们展现了一种动态的致使关系以及一种阻塞和两种许可关系：一种是允许某事做自己的事情（见图 3-18 左下），另一种是令某事顺其自然地发展（见图 3-18 右上）。一些其他场景（例如，拮动力和主动力方向相同，或者拮动力置于主动力之外等）给我们展示了其他类型的因果关系，例如帮助（helping）、阻碍（hindering）、使能（enabling）、停留（staying）、保持（keeping）、听其自然（leaving alone）。因果动词间的最后一个区别是，该动词到底是宣布结果，让说话者事后提及其原因，例如，The window broke because a ball hit it（玻璃碎了，因为一只球打中了它）；还是宣布原因的，让说话者事后提及其结果，例如，The ball hit the window, causing it to break（一只球击中了玻璃，打碎了它）。

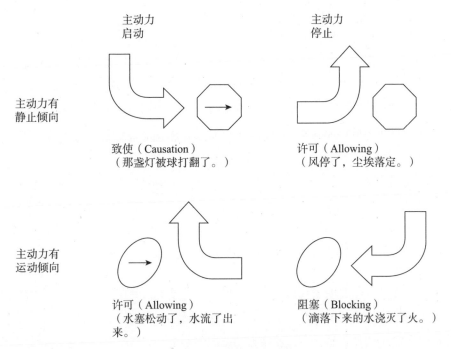

图 3-18 终结性因果场景

毫无疑问，你肯定已经注意到了，图 3-18 中的那些例句听起来都有些不大自然。一般情况下，我们会说 wind blew the ball（风吹球）或者 the ball hit the lamp（球击中了灯），而很少会说 the ball kept rolling because of the wind blowing on it（因为风吹着球，所以它不停地翻滚）或者 the ball's hitting it made the lamp topple（球的撞击使灯翻倒）。我之所以选用这些笨拙的句子，目的是揭示这样一个事实：只有一个事件才能导致另一个事件的发生，这绝不是一个物体自身能做到的。一个球，仅凭自身的存在是什么也做不了的；只有当它被抛出去的时候，事件才开始发生。遗憾的是，我们的日常语言掩盖了这个逻辑细节。就一种以主语角色出现在谓语前面的自治力（比如风、海浪、火，或者一个发挥自由意志的人）来说，其谓语所表达的是位于这个因果关系链末端的那个事件，它对其他介于这个链条中间的事件则避而不谈。这就是为什么我们通常会说 Cal made the lamp break（卡尔把灯弄破了，也许是将其打翻在地所致的破损），或者 The wind made the tree topple（大风将树弄倒了，也许是刮风导致的树倒）。我们在第 1 章和第 2 章中所遇到的那个过程可以使因果语言变得更加简单：一个拮动力直接作用于一个主动力，也就是说，行动和结果全部都被打包进一个动词之中，因此，我们直接就说 Cal broke the lamp（卡尔打破了灯）或 The wind toppled the tree（大风吹倒了树）。回想一下，要想通过这种简洁式来表达因果关系，其所涉及的因果顺序就必须被识解为一个直接的、没有任何介入链接的"粒度"。举例来说，假如西比尔打开了窗户，大风吹掉了桌上的台灯，那么人们一般不会说 Sybil broke the lamp（西比尔打碎了那盏台灯）。对许多因果动词来说，拮动力必须"意指"其结果。在实验中，一个女孩起身时不小心碰飞了她的气球，气球碰到了棚顶灼热的吊灯，针对这种情况，受试者一致认为，小女孩并没有使气球爆炸；同样的，一个在大风天被人举起的旗子，它的飘扬并不是人力所为；一台面包机的温度开关被人调低了，它的指示灯变暗也同样不是人力所为的。

不同组合和结果所表现出的主动力的趋向、拮动力的作用以及主动力的反应的基本脚本，构成了大多数乃至所有语言的因果结构式的语义基础。无论在哪种语义的最简洁的使役结构中，这种力动态原型心态——拮动力直接地、刻意地导致主动力改变其固有状态，都占据着头等重要的地位。

为了验证力量动力学对人们使用因果语言方式的支配作用（即使是他们第一次看到一个情景），飞利浦·沃尔夫（Phillip Wolff）利用一个物理模拟器将托尔密的图表活生生地搬上了计算机屏幕，并要求受试者对自己所看到的东西进行描述。他为受试者播放的是这样一个情节：在一个水箱中，一只小摩托艇（一种主动力）在行驶过程中突然遭到一排鼓风机的连续猛吹（拮动力）。观看完毕，他要求受试者对鼓风机的行为进行描述，在描述鼓风机打偏了船的界标并将其推向一个浮标的时候，人们使用了动词 cause（致使）。在描述鼓风机将正驶向那个浮标的船更迅速地吹到了那里时，他们使用了动词 help（帮助，使能类动词）。在描述那只小船朝着浮标出发，却被鼓风机吹离了航线时，他们使用的动词是 prevent（阻止）。在另一个精彩的扩展实验中，沃尔夫向人们证明了这样一个事实：这种力动态心理也同样适用于一些隐喻版本的动力，比如构成个人影响力概念基础的那种动力，就像当我们谈论"社会势力"和"同伴压力"时那样。在一个扩展的动画中，沃尔夫向受试者展示了这样一个情景：一个站在街角的女人（主动力）正向一个交警（拮动力）示意她希望或者不希望过这条马路的想法，并且，在她横穿或者不过马路时，那个交警要么挥舞着手臂，要么撑起手掌。那些体验过这些场景的受试者分别用 cause（致使）、enable（使能）、prevent（阻止）以及 despite（尽管）对这一情节进行了描述，他们所依据的就是适用于小船和鼓风机的同样的推理方法。

假如人们借助力动态术语来构思因果关系是自然而然发生的，那么我们就不难理解为什么因果关系这个概念会与反事实思想有着如此密切的关系了。按照定义，主动力的内在趋势就是，在没有拮动力作用的情况下，它会起什么作用（换句话说，在拮动力缺失的可能世界中，它能做些什么）。这很可能是深埋在我们认知组成中的基石，现代逻辑学家们以反事实为依据所提出的那个更精准的因果定义正是在这个基础之上提出来的。而这座反事实理论的大厦目前之所以会如此飘摇，很可能是这一认知基石的某些特征所造成的。尽管原因和条件之间的区别（划火柴与防风）在反事实理论中并没有多大的意义，但它在力量动力的理念体系中却发挥着直截了当的作用：这正是"原型致使"（在此过程中，拮动力压倒了主动力的内在倾向）与各种形式的协助、使能以及许可（在这些过程中，拮动力联合主动力或置身于主动力之外）之间的区别。而且，由于力量动态理念体系将我们的因果概念等同于基于直观物理的一种隐喻，而不是形式逻辑中的一个公式，因此我们的因果概念并不需要一定遵守逻辑的必然性，比如传递性。假如拮动力 A 致使主动力 B 运动，而 B 随后被拮动力 C 所阻截，那么我们根本没有理由设想 A 影响了 C。

一些实验证明，即使在逻辑上，各种力量动力作用的因果链都是等价的，但人们仍然会用区别的态度对待它们。在一个乏味却非常有益的实验中，心理学家克莱尔·沃尔什（Clare Walsh）和斯蒂文·斯洛曼（Steven Sloman）告诉他们的受试者，一枚搭边放置的硬币马上就要掉下来。在一个场景中，这枚硬币即将面朝上坠下来，此时，比尔将一个弹球弹向它，使它背朝上着陆；在另一个场景中，这枚硬币即将背朝上落下，一个未提及姓名的人令这个弹球滚向它，企图把它翻转过来，但在弹球接触到那枚硬币之前，弗兰克将其截住，最终使这枚硬币还是以背朝上的方向着陆。从逻辑上讲，这两个人所做的事情对那枚硬币最终得以背朝上着陆都是必要的——假如他们没那么做，那么这枚硬币将会面朝上着陆。但是，针对第一种场景，受试者的反应是：硬币背朝上着陆是比尔造成的；而针对第二种场景，他们却认为硬币的背朝上着陆不是弗兰克造成的。这里的差别就在于，比尔（滚动弹球）被人们视为这枚硬币的内在下降趋势的拮动力，而弗兰克（阻止了弹球）却被视为是对弹球的内在运动倾向的拮动力。

托尔密指出，隐藏在动力学背后的理念系统和我们对牛顿物理学的力以及动量的最佳理解是极为不同的。语言中的动力学模型总是先挑选出一个实体，当发生碰撞时，将另一个实体设想成它的影响；而在物理学中，任何相互作用的物体均无此特权。语言所设想出的那个主动力具有倾向运动或静止的内在驱动力，而物理学则认为物体只是在简单地按其当前速度持续运动。语言视不同的倾向来定性地辨别运动和静止，物理学则认为静止就是速度恰好等于零的运动。语言认为拮动力所施加的外力要比主动力的内在趋势更强些。牛顿物理学则认为，作用力与反作用力相反且对等，所以，当两个接触在一起的物体处于静止或匀速运动状态时，相互施加的外力一定是相等的，否则，两个物体将在施力较强的方向上产生加速度。在语言中，事情可以无缘无故地发生——"书从架子上掉了下来""人行道裂缝了"；而在物理学中，每个事件都必须有一个充分的前提。不仅如此，在物理中，致使、阻塞、允许以及帮助之间的区别其实并没有多么明显。

嵌入语言中的直觉物理学也会影响人们的物理推理。当要求学生们图解一个被径直抛起的球所受到的阻力情况时，大多数学生都认为，在上行过程中，球所受到的向上推动力远比它所受到的向下拉力强；当上行到最高点时，球所受到的这两股力势均力敌；下落时，下拉力则更强些。遗憾的是，这个问题的正确的答案却是，在整个过程中，这个物体始终受一种唯一力量的影响，那就是地心引力。

20世纪，在相对论和量子物理刚刚被人们接受的时候，许多物理学家都批判它们违背了人们的常识。比如，理查德·费曼（Richard Feynman）曾说："我认为，我可以非常有把握地说，没有人能理解量子力学……如果可能的话，请不要总问自己'它怎么会是这样的呢？'……因为没有人知道它为什么会那样的。"同样深深违反人类直觉的古典牛顿物理学比这更令人难以接受。比较而言，在物理学史上，中世纪时期的动力观算是比较接近人们的直觉的，该理论主张，运动中的物体就是被灌输了某种活力或热情的物体，这种活力或热情先是对该物体的运动起着推波助澜的作用，随后便渐行渐远了。

总而言之，直觉物理学与现实物理学之间存在着巨大的差距，直觉物理学中不仅有离散的致使、帮助情节，而且还克服了静止的倾向，而现实物理学只是一大堆详细说明物体随时间而改变速率的方式及方向的微分方程式。据说，只有拉普拉斯妖（一个熟知宇宙中任意一个粒子的即时位置及速度的小魔）才能将上述数值插入力学和电磁学规律的方程式中，并能依此来计算整个宇宙的未来或过去。"致使"，甚至离散"事件"的概念，在现实物理学中起不到任何作用。面对直觉物理学与现实物理学间的这种不可调和的矛盾，一些哲学家提议，从科学的角度来说，"因果关系"已经成为一个过时的概念，它只是人类沿着地面拖拉树枝、用石头捕猎长颈鹿的进化史过程中的一个残余而已。正如伯特兰·罗素所说的那样："因果规律……不过是往昔岁月留下的一个足迹而已，就像君主制那样，它之所以得以幸存下来，是因为人们误以为它并没有什么害处。"

遗憾的是，人们的这种认识是错误的。当专家们设法断定到底是什么原因导致了"挑战者号"航天飞机的失事或者到底是什么原因造成了约翰·肯尼迪总统的死亡时，他们并不是科学盲。但他们也不会对那个希望他们查阅失事前航天飞机或者11 月的那个下午迪利广场的原子测量值并将它们通通带入一个非常、非常、非常大的方程式集合中去的建议表示满意的。在那些人们感兴趣的心理平台上，也就是那些在他人大脑内部充满了摩擦、化学反应以及数万亿的微观相互作用的心理平台上，运动中的物质遵循着自身的原则，在这里，牛顿定律显得是那样的苍白且无力。

这里有一个固定的模式。作为对物质、空间以及时间语言的总结，我认为，我们不能仅凭天平、时钟以及卷尺来理解它们，还需要借助人类的目标。现在我们了解到，"因果关系"这个概念语义学中的第 4 个主要范畴，与人类的意图和兴趣息息相关。或许我们一直都是在错误的地方寻找着语言表达的概念标准。也许我们不该沿着康德的足迹步入物理学院和数学院的殿堂，而是穿过这座校园，去工程学院或法律学院寻找它的答案。

纯理与应用

根据进化心理学家的观点，使人类从其他动物中脱颖而出的天赋除语言外，还有其他两件法宝：一件是使用工具的天赋，即操控物质世界，使之为人类服务；另一件就是协作天赋，即操控社会世界，使之为人类服务。而工程和法律恰恰是这两大天赋的制度化版本。

当物质、空间、时间以及因果关系的概念被应用于服务于人类的物体时，我们便涉足了工程学领域。而工程学解释事物所采用的语言恰恰是人们的普通日常语言，无论这种解释对逻辑学家或理论物理学家来说有多么不可靠。经过仔细推敲，人类语言能够入木三分地传达出人类发明创造的背后所隐藏的一切，它并不需要借助方程式或者计算机模拟，或者说，至少在概要执行层面上是这样的。让我们来看看下面这段关于马桶冲水的说明书，文章节选自"科学生活知识问题"（How Stuff Works）网站。

> Take a bucket of water and pour it into the bowl. You will find that pouring in this amount of water causes the bowl to flush. That is, almost all of the water is sucked out of the bowl, and the bowl makes the recognizable "flush" sound and all of the water goes down the pipe. What's happened is this: You've poured enough water into the bowl fast enough to fill the siphon tube. And once the tube was filled, the rest was automatic. The siphon sucked the water out of the bowl and down the sewer pipe. As soon as the bowl emptied, air entered the siphon tube, producing that distinctive gurgling sound and stopping the siphoning process.
>
> 取一桶水倒入水箱。你会发现，你所注入的这个水量正好能驱动水箱冲水。也就是说，几乎所有水都能从马桶中被抽出去，水箱同时还会发出可识别的"哗哗"声，随后水就流进了管道。它的工作原理是这样的：当你迅速地将足量的水倒入水箱时，虹吸管会被注满了水。而一旦虹吸管被注满，其他事情就是自动完成的了。虹吸管首先将水从马桶中吸出，然后再将它排入下水道。一旦水箱里的水被吸空，空气便进入了虹吸管，发出独特的汩汩声，虹吸过程就此结束。

首先，让我们来看看，在这个说明书中，物质是如何被阐释的。上述说明中，可数名词被用于描写那些在解释过程中一直受关注的、具有稳定形状和边界的物质，例如 the bowl（水箱）、siphon tube（虹吸管）、the sewer pipe（下水道）。物质名词被用于描写那些从其容器获得形状的物质，而在解释过程中，它们的存在并未受到我们的关注，例如 water（水）、air（空气）。接下来，让我们再来看看，当这些不可数物质的成分需要被测量时，其他可数名词是怎么被使用的。比如 a bucket of（一桶水）、this amount of water（这个数量的水）。不难看出，它们是利用数量词来补充的，比如 all of the water（所有水）、enough water（足够的水）。最后，请注意那几个将缥缈事件具体化成物质的可数名词的用法，the flush sound（哗哗声）、the gurgling sound（汩汩声）以及 the siphoning process（虹吸过程）。

现在让我们再来看看，在这个说明中，空间是如何被阐释的。这里有被概念化为 2D 边界的 3D 体积物体——比如，"水桶"和"水箱"以及被概念化为由一个主维度和两个次级维度构成的体积的边界——tube（虹吸管）、pipe（下水道）。它们形状的其他方面并没有被提及（例如，水桶或水箱可以是圆形的、椭圆形的或矩形的），此外，那些用于解释的必要细节也没有被提及。这些界限不仅由它们的几何定义来界定，还由它们的力动态来界定，比如容纳或指向它们的内容。介词为我们提供了这个运动轨迹的一个名副其实的图解：水进"入"（into）水箱里、吸"出"（out）水箱、顺着下水道"下"（down）流。另外，这里还有一个动词 enter（进入），它也构成了一种空间意义 go into（进"入"）。

接下来再谈谈时间问题。说明中有这样一句话 What's happened is this（所发生的情况是这样的）。其中的表达式 what happened（所发生的情况）是语言学家将一段时间识解为一个事件而不是一种状态的试金石（体的最基本差别）。这里，冲水被表述成一个持续的、完结事件：随时间展开的一个过程，并在一个新状态应运而生的时刻结束（一个空水箱）。这里，体也被巧妙地用来引发读者的理解力。前面那几个要求读者设身于马桶冲水实验中的句子均采用的是一般现在时态：causes（引起）、is sucked（被吸出）、makes（使得）、goes（去）。接下来的两个小句用的是完成时，What [has] happened（所发生的情况）、You [have] poured（你已经注入了），以便帮助人们辨别出引起他们当前兴趣的那些事情的情况。随后出现的句子改用了过去时态，以便帮助读者按照顺序去回顾他们业已了解的情况：the tube was filled（管子被充满了）、sucked the water（吸水）、the bowl emptied（水箱空了）、air entered（空气进来了）。另外，那些副词短语，

Once the bowl filled（一旦水箱被注满水）、As soon as the bowl emptied（一旦水箱清空）则为随即发生的事件做好了铺垫。

最后让我们来看看，在这个说明中，因果关系是如何被阐释的。我们发现，这里表达因果概念的动词没有受任何修饰，cause the bowl to flush（导致水箱冲水）、make the sound（发出声音）、produce the sound（发出声音）、stop the process（结束过程），此外还包括那些使役动词部分与特定结果直接相连的动词，pour（允许流动）、suck（通过吸力而导致的运动）、fill（使充满）。此外，3种主要类型的因果关系——致使、允许、阻塞都出现在此说明中，当然还有第4种类型——使能，它被融入了时间副词 once（一旦）和 as soon as（一……就）中。这里还有一个被认为是没有原因的事件，即"空气进入虹吸管"。当然，说明里还出现了一个主动力，即意欲留在马桶中的水以及一个拮动力，即倒入的那桶迫使它流走的水（连同显微镜下那些更细小的粒度中的因果序列中的微主动力和拮动力）。

由此看来，尽管人类对康德哲学概念的那些演绎令从事抽象研究的物理学家、几何学家、逻辑学家感到束手无策，但对于从事与人类兴趣和目的相关的事情的工程师来说，它们却相当地得心应手。诚然，英语并不总是能够保证为我们提供清楚明了的解释——它很容易把事情搞砸（正如我在前面提到的那些我从报纸上剪辑下来的令人困惑的描述那样），而且不同的语言表达方式也有所不同（就像我们看到的参考坐标系和一词多义的空间术语那样）。但在描述人们对事物运作原理的基本理解方面，英语和其他语言所采用的概念清单的大小和类型却是大同小异的。虽然在日常生活中，我们也许不会花很多时间来谈论马桶和其他专业的工程产品，但是我们确实会花很多时间谈论那些业余的工程产品，例如我们的烹饪食谱、急救指南、家政指南、缝纫模式、家庭维修手册以及运动技巧等。

就像人类在操控物质环境时离不开因果关系那样，人类对社会环境的操控也同样离不开它。事实上，因果关系和人类行为这两个概念是结伴而行的。尽管在一个有趣的因果链中，第一个环节偶尔也会是一个天气或者岩石滑坡之类的自然事件，但在通常情况下，它更有可能是一个代表着自由意志的人。一个典型的使役动词的原型主语就是人，正如我们所看到的那样，它的原型宾语往往是受其刻意直接影响的实体，而且这个实体往往位于该因果链的最后一个环节上。

　　尽管我们将自愿行为设想为独立自存的，但这并不妨碍我们对它进行干预的意图。我们可以通过要求人们为自己的行为负责来干预它。当我们看到一件令我们喜欢或不喜欢的事情，并将其归因为一个人有目的的行动时，我们便会对其大加赞扬或谴责，希望以此引导他继续或不再那样做。我们对动词的选择也是如此。我们所选择的行为往往是那些人们故意地、直接地、可以预见地触发的行为，而不是那些人们或偶遇或意外或无意触发的行为。这大概是因为这些行为属于其未来发展会受到人们的赞美和责备的影响的类型。我们会因为助理没有备份文件而责备他，因为这可能会让他以后更认真些，但我们却不会因为硬盘崩溃了而责怪他，因为他对此也无能为力。当我们对不当行为给予实质性的惩罚而不是口头上的谴责并将这些政策编撰成法典时，我们便将其称为法律。

　　人们都说"法律是个语言职业"。不过，人类行为与语言并不是如影随形的，现实生活这部电影并没有画外音或字幕。为了将一种法律语言应用到一个特定的事件上，律师们必须挖空心思地寻找这种语言所表达的概念实例。当我们的因果直觉概念与一个案发情景相吻合时，也就是说，在所有观察者对此都能达成一致的情况下，这个案件便是一个简单明朗的事件。但当这个因果概念必须介入一个违反我们直接因果范型的场景时，有关各方会各执己见、争论不休。在法律辩论中，因果关系语言中所包含的这个因果概念的任何一个组成成分都将扮演导火索的角色。

　　下面我们以因果关系中最基本的差别为例来阐释这一问题，即那些纯粹的事件延续与那些由因果力所连接的事件之间的区别。以色列评论家诺曼·芬克尔斯坦（Norman Finkelstein）曾呼吁民众关注发生在 1995 年的一起事件，在该事件中，一名以色列监狱的在押巴勒斯坦犯人哈里泽德在遭到狱警的恐吓后不久死亡。法医病理学家和以色列最高法院对此次事件进行了调查，根据芬克尔斯坦的报道，调查者们一致认为"哈里泽德死于惊吓"（Harizad died from the shaking）。以色列的一名辩护人艾伦·德肖维茨（Alan Dershowitz）指出，调查结论的原文是"调查对象受到惊吓后死亡"（the subject expired after being shaken）。德肖维茨指出，"'死于惊吓'与'受惊吓后死亡'间存在着相当大的差别"。事实上，这种差别属于：一种简单的延续与实际上的因果关系之间的区别。在此案例中，因果关系是由介词 from（于）传达的，该介词利用了一个力动态的"由因及果"的隐喻。介词 after（之后）与 from（于）的语义区别指向一种延续与影响的因果关系之间的差别，这种差别则进一步衍生了一场关乎于哈里泽德之死到底是一场悲剧还是一个蓄意阴谋的辩论。

THE STUFF OF THOUGHT ▶▶ 语言与思想实验室

力动态的另一种差别，即关于"致使"与"允许"的差别，也同样深深地影响着我们的道德推理。为了深刻地揭示这一区别，哲学家菲利帕·福德（Philippa Foot）设计了一个著名的心理实验——"电车难题"（the trolley problem）。实验设计大致是这样的：一辆疾驰的有轨电车突然失控，它瞬间将会撞向 5 个毫无察觉的铁路工人。此刻，你正巧站在交换机旁，你完全可以将这辆电车扳道岔入另一条轨道上去，问题是，如果你这样做了，它就会撞到另外一个同样毫无察觉的铁路工人。现在的问题是，为了挽回 5 条生命，你是否应该以另一个人的生命为代价去转换交换机呢？针对这个问题，大多数人给出的答案都是"应该"。点头表示赞许的并不只是那些哲学期刊的读者，在马克·豪泽所进行的一项大规模的实验中，来自 100 多个国家的 15 万名志愿者，在对此问题进行了深入的思考之后，纷纷在豪泽的网站上分享他们的直觉感受，其中竟有 90% 的人对这个问题给出了肯定的答案。

下面请你再设想一下这样一个情景：你站在桥上俯瞰时，突然发现一辆失控的电车正朝着 5 个毫不知情的铁路工人冲去。现在，你能够阻止它的唯一办法就是将一块沉重的东西扔到它前方的轨道上去。但是，你唯一能够找到的一个重物就是你身边的一个大胖子。现在的问题是，你到底应不应该将这个人扔下桥去？事实上，这个问题和上面的那个问题实质是一样的，即是否为了挽救 5 个人而牺牲 1 个人的问题，因此有些人认为，这两种困境在道德上是等效的。不过，世界各地的绝大多数人对这一看法表示强烈反对。尽管在第一种情况下，他们会选择转换交换机，但在第二种情况下，他们却绝对不会选择将一个胖子扔到桥下。有趣的是，当被问及原因的时候，他们却想不出什么明确的答案，不仅普通民众如此，就连大多数道德哲学家们也说不出什么道理来。

哲学家、认知神经学家约书亚·格林（Joshua Greene）指出，反感粗暴地对待无辜的同类是人类与生俱来的一种天性，这种反感的强度压倒了任何一种在拯救生命与牺牲生命间进行的功利计算。人类的这种反粗暴待人的冲动可以用来解释下面一些例子，比如，人们不忍心以一个人的生命为代价去拯救多人的生命：为了挽救 5 个需要移植器官的垂死病人而为一个垂死病人实施安乐死，以便获得移植所需的器官；在战争时期的隐蔽处，人们不忍心捂死一个啼哭不止的婴儿，从而引来了敌兵，使隐蔽处的所有人（包括这个婴儿在内）全部遇难。为了证实这个观点，格林和认知神经科学家乔纳森·科恩（Jonathan Cohen）对一些正在考虑这些难题的受试者的大脑进行了扫描观察。他们发现，那些要求人们徒手杀人的难题所激活的不只是参与解决冲突的大脑区域，它们同时还激活了与情感相关的特定大脑区域。

因此，这里我们所看到的，分明是力动态理念系统在思考一桩深刻的道德难题。此类道德难题的共同特点是，其参与者所充当的是一种拮动力，而他的牺牲者（那个胖子）却充当了一种主动力（使役动词的原型意义），这种情景唤起的情感压倒了我们对拯救生命与牺牲生命间的得失计较，而那种得失计较的场景则恰恰相反，它的参与者只是一个拮动力的促成者（那辆有轨电车），因此，这个场景并不能唤起人们对粗暴待人的反感。

那么，这是否意味着我们的力动态理念系统使我们在道德的竞技场上变得荒谬无理了呢？"致使"与"使能"之间的显著区别真的玷污了我们的道德标准从而使我们的直觉变得不可信了吗？事实未必如此。我们在评价一个人的时候，是不会只看他的所作所为的，还要看他的本质。一个人既然可以举起一个苦苦挣扎的人并将其扔到桥下，或者捂住一个婴儿直到他窒息，那么他很有可能会做出与拯救他人生命无关的其他可怕的事情来。暂不考虑那些为了达到目的不得不表现出的麻木不仁，对那种只根据预期成本和收益来决定自己的行为的人来说（通过越权计算来估计），一旦概率与回报不确定时（现实生活总是这样的），他们便会做出对自己有利的选择。所以，大多数对这些思想实验给出"前后不一致"答案的人很可能成为道德哲学家所设下的一个圈套的牺牲品。他们所设计的思想实验是这样的：一个平时经常做好事，并因而常常受到人们称赞的品质高尚的人，结果却会做出导致更多的人死亡的事情。在一则哲学幽默中，哲学家们这种过于丰富的想象力，连同其假设的那些令人困惑的冒险以及对人们因果直觉的诱导，遭到了尖刻的讽刺："孪生地球上，一颗装在大桶里的大脑正驾驶着一辆失控的有轨电车。在一侧轨道上，有一个铁路工人，他叫琼斯，他正预谋要杀害另外 5 个人，而其中一个人正打算要炸毁一座大桥，大桥上，一辆载着 30 名孤儿的巴士正要由此经过……"

事实上，这些哲学家们的假设也并非一点道理都没有，对于电视连续剧《法律与秩序》（*Law & Order*）的任何一个影迷来说，他们都清楚地知道，在法律体系中，此类令人烦恼的事情的确屡有发生，而这些情况的裁决均取决于一种行为到底被视为"致死"或"促使"死亡，还是"允许"死亡。事实上，你甚至不需要打开电视机，这种案例在报纸和历史书籍中也随处可见。我们在前面也提到过类似的案例，比如詹姆斯·加菲尔德的遇刺案。

假如当时有人能够想到在处理前总统的伤口前应该对医生的手进行清洗消毒，或者应该通过口腔而不是肛门来帮助总统进食的话，那么枪手查尔斯·吉特奥就很有可能侥幸免于绞刑。有这么一个由间接因果关系引发的实际难题，这个难题就连哲学家们也都无能为力。长岛的一个寡妇提交了一份 1 600 万美元的过失致死的诉讼，她起诉的对象是贝尼哈娜日式连锁餐厅。该餐厅的一名厨师模仿成龙在电影《好好先生》（*Mr. Nice Guy*）中的表演，试图用锅铲将一只烤虾投进其丈夫的嘴里。该厨师第一次将一只烤虾投向了该男子的妹夫，但没投中，结果烤虾打中了他的额头。随后他又将另一只烤虾投向该男子的儿子，结果打中了他的手臂。最后，厨师又将第三只烤虾投向了正试图扭头躲开的本案受害者——她的丈夫。晚餐过后，她的丈夫开始感到颈部疼痛。在接下来的几个月里，他接受了两次脊髓手术。第二次手术后，由于术后感染，他最终死于败血症。据《纽约法律期刊》（New York Law Journal）报道，该妇女的家族律师援引了反事实因果关系理论："如果不是因为那次投食物事件……（这个人）现在可能还活着。"贝尼哈娜方的律师则含蓄地援引了力动态的相关理论："贝尼哈娜对其（该男子）死亡不予承担任何责任，因为这个因果链中的第一个环节或第二个环节与该男子5个月之后的死亡之间存在着一个断档。"大概是出于人类心智的本色，陪审团最终还是做出了对贝尼哈娜有利的裁决。

到目前为止，我们在因果关系语义学中所发现的每一种因果关系要素均已成为法庭辩论的焦点问题。究其原因，这里存在着一个由另一个人类施事者的自愿行为所构成的中间链接的难题。举例来说，一个冷酷的爱尔兰共和军枪手勒令一个无辜的司机驱车送他去一个地方，在那里他将要行刺一个警察。现在的问题是，这个司机到底算不算是他的同谋呢？再比如，一个申辩自己当时只是在执行命令的战犯，或者一个宣称自己被绑架者洗了脑的被绑架者，比如帕蒂·赫斯特（Patty Hearst），他们又算不算是同谋呢？

另外，这里还有一个不作为犯罪的问题（未能阻止，而不是有意导致）。我们到底应不应该对一个未能阻止其男友将其子女殴打致死的女人提出起诉呢？那些对无家可归的人视而不见听而不闻、眼睁睁看着他们横尸街头的过路人又该如何判决呢？假如一个人出于自卫击中了攻击者的腿部，由于耽搁了很久才叫救护车，袭击者失血而死，那么这个自卫者又该被如何审判呢？

不仅如此，由于一种因果行为目标往往是隐藏在人们心里的，因此，这里还存在着一个如何来识别这一目标的难题。当我们所面对的只是一些偶然后果和预期后果时，这个目标是一目了然的。比如，一个在冰路上驾车的女人无意间将行走在人行道上的丈夫压死的案例，这与一个女人用枪瞄准自己的丈夫，并蓄谋将其杀害是完全不同的。问题是，我们到底该如何来处理那些行动中的私人意图与它所带来的公共后果不相匹配的案件呢？举例来说，一个女人从看台偷偷地拿走了一把雨伞，她自以为是偷来的，但结果证明，那把伞就是她本人的。

因果概念在我们对日常生活中的称颂和谴责的归因中是不可或缺的。然而，在人类经验的完整情节中，它有时也会与那些不符合其标准的情景发生冲突。考虑到那些源自人类因果概念的不胜枚举的难解之谜，再加上它那独特的直接性、意向性、接触性以及内在倾向性的情节发展模式，难怪系列电视节目《法律与秩序》不分早晚地占据着几乎每一个电视频道。

康德是正确的，人类的思想确实伸展着物质、空间、时间以及因果关系概念的翅膀"划破长空、迎风翱翔"。这些概念正是人类意识经验的基质，它们构成了下面这些主要语法元素的语义内容：名词、介词、时态、动词。正是它们赋予了我们推断物质和社会世界所必需的词语、语言及心智。由于它们只是大脑的组件而不是现实的读出器，因此，当我们将它们推向科学、哲学以及法律的前沿时，它们便会不时地为我们呈现一些小小的悖论。此外，在第 4 章中我们将会看到，这些概念还是人类赖以生存的那些隐喻的重要来源。

然而，当我们透过语言这扇窗户对这些概念进行仔细观察时，我们却惊奇地发现，它们完全不同于康德时代对它们所做的最佳猜测，比如一个无限的水族馆、永恒的时钟或重播按钮。在模拟世界中，它们是数字的，在丰富多彩、变化万千的世界中，它们是简单、图式化的。无论我们是否渴求精准，它始终保持自己的模糊，即使当我们无处看世界的时候，它们依然泰然处之、无动于衷。

一想到那些人类的基本常识只不过是我们身体某个脏器的设计规定，这不禁让人感到自己的卑微。幸好，人类科学和理性已经设法揭开了它们（物质、空间、时间以及因果关系）许多伪装的面纱，尽管它们确实有悖于我们的基本常识，但最终我们还是看到了它们的本来面目。人类的这种自我超越在很大程度上应该归功于我们对那些出现在语言和思想中的相关概念的认真思考，这使得它们终于被视为人类的组成部分，并因此不再受到人们的小视。牛顿的鸽子梦想着能够在真空之中扶摇直上九万里，今天，人类的这种自我超越应该算是我们实现那只鸽子梦想的最佳途径了吧。

The Stuff of Thought

Language
as a Window into
Human Nature

04

隐喻之隐喻

　　"煞风景论"认为，语言中的绝大多数都是死喻，人们早已不记得它们的原始含义。"弥赛亚论"认为，思想是对隐喻的领会，也就是"隐喻之隐喻"。"朱丽叶是太阳"是一种充满诗情画意的隐喻，而"爱即旅程"则属于"概念隐喻"。概念隐喻为人们指明了一种最显而易见的方法，人们据此可以学会如何推理出一个全新的、抽象的概念。隐喻是开启人类思想和语言的金钥匙。

在人类事务（event）的发展过程（course）中，当一个民族必须
（necessary）解除（dissolve）其与另一个民族相联结（connected）的政治
纽带（bands），并像其他世界列国那样扮演（assume）"自然法"（nature
laws）和"自然神明"赋予（entitle）它们的独立平等的身份（station）时，
出于对人类舆论正当（decent）的尊重（respect），它们必须（require）声
明驱使（impel）它们独立（separation）的原因。

《美国独立宣言》（简称《独立宣言》）是一篇以散文手法阐释抽象政治概念
的最杰出的文章。长期以来，它的主题——挑战政权，一直都是人类境况中的一
部分。然而，迄今为止，任何一种形式的政权挑战都是相当艰辛的战斗，更不用
说这个《独立宣言》，它还要经得起启蒙运动的哲学家们所炮制的第一原则的检验。
事实上，《独立宣言》所明确宣告的并不只是这场政权挑战的基本原理，还有关
于这一基本原理的原理。

请注意，隐藏在这段抽象论证背后的是一连串具体的隐喻。《独立宣言》
指出，眼下急需解决的问题是一个将殖民地与英国"联结"（connected）在一起
的"纽带"（bands）问题。要想实现"独立"（separation）的目标，这条纽带就
必须被"解除"（dissolve）。（虽然现代英语中的 dissolve 一词是"溶解"的意思，
但它最初却是"解散"的意思）。"联系"、"纽带"、"独立"和"解除"这 4 个比

喻的背后其实隐藏着一个共同的、不言而喻的隐喻，那就是"联合就是纽带"。透过《独立宣言》中其他一些表达式，比如 bonding（联系）、attachment（附着）、family ties（家庭关系）等，我们同样能洞察到这一潜在隐喻的存在。

在开宗明义的这段宣言中，我们还能体会到另一个隐喻的存在，那就是动词 impel（驱使）所蕴含的隐喻。英语动词 impel 即"强迫运动"的意思，它的字面意思存在于名词 impeller（叶轮）中，即推动泵里的水或空气旋转的零件，而从相关名词 propeller（螺旋桨）中也可以清楚地看到。"驱使"所蕴含的隐喻是"行为的根源是作用力"。这一隐喻也同样潜伏在"驱使"的同源动词 repel（抵制）、compel（强迫）以及其他诸如此类的动词，如促进、驱使、迫使、推动和压迫等词的背后。此外，在 powers of the earth（世界列国）这一表达式中，还蕴含着一个与此类隐喻相关的隐喻［它让我们联想起 horsepower（马力）和 electric power（电力）］，这一隐喻就是"主权国家是物力的来源"。

比起上面提及的这些隐喻，用于人类历史的隐喻则略显晦涩，以《独立宣言》中的 course（通道）为例，course 指奔跑或流动的路径，就像它在表达式 course of a river（河道）、a racecourse（跑道）以及 headlong course（径直向前的道路）中的意思那样。这里的隐喻是"一系列事件沿着一条路线运动"，它是我们在前面章节中提到的那个"时间是运动"隐喻的一个特例。

Declaration of Independence（独立宣言）这个标题本身就隐含着两个比较陈旧的隐喻，这两个隐喻可以从下面几个相关的英语动词上体会到。与 clarify（阐明）一样，动词 declare（宣称）也来自拉丁语，意为"澄清"。它是隐喻"理解就是看"的一个实证，例如"我看透了你的意图""一个让人看不透的作家""与其说让人看清问题不如说是在煽情"等。英语 independence（独立）是"并非从某物之上垂下来"的意思，这一意思也隐含在 suspend（悬浮）、pendant（坠儿）和 pendulum（钟摆）中。"独立"暗含着这样一对隐喻：一个是"依靠是被支撑"［例如，propped up（支撑）、financial support（财政支援）、support group（援救队）］；另一个是"从属是在下方"［例如，control over him（控制他）、under his control（在他的掌控下）、decline and fall（衰亡没落）］。

如果我们对词源进一步进行挖掘的话，物质隐喻背后的那些更加抽象的概念也会浮出水面。《独立宣言》中的 event（事件）来自拉丁语 evenire，起初为"出现"的意思 [比如 venture（冒险尝试）]；necessary（必须）源于 unyielding（不妥协的，比如 cede（放弃）；assume（扮演）原本是"拿起"的意思；station（身份）指一个"站脚的地方"，它是被广泛使用的隐喻"身份就是位置"的一个范例；nature（自然）也是个拉丁语词，意为"出身"或"先天素质"，就像它在 prenatal（产前）、nativity（出生）以及 innate（先天）中所表达的意思那样；law（法则）这个词所表达的"法则"这一含义源于其原始意思"人为规定"，这一含义来自古斯堪的那维亚语中的 lag，意为"制定好的事情"。"道义上的责任是规定"这一隐喻构成了同样来自拉丁语、意为"铭文"的 entitle（授予权利）的隐喻基础；此外，decent（得体的）的原意为"被试穿"，respect（尊重）的原意为"回顾"，kind（种类）来自相同的日耳曼词根 kin（同族），require（要求）源于 to seek in return（为了回报而寻求）。

即便是那些小语法词也都有自己的物理词源。有时，它们的词源在现代英语中显而易见，如下面这些语法词：代词 it（状况即事情）、介词 in（时间即空间）、to（意图是朝向目标的运动）以及 among（亲和即靠近）。但有些时候，这类词的词源却要上溯到其原型阶段才能找到。例如：of 来自与 off 有关的日耳曼语；for 源自印欧语系中的 forward。

下面我们再来看看那段《独立宣言》中仅剩的几个单词：political（政治）源自希腊语 politês，意为 citizen（公民），"公民"又源自 polis，意为 city（城邦）。这实际上是一种换喻而非隐喻，但它毕竟与某个实在的东西有联系。The 和 that 来自古印欧语系的指示语（then、there、they 和 this 也源于此），它们被标准地用作指称。God（上帝）、man（人）和 people（民族）这三个词没有什么意思上的演变。此外就剩下那几个准逻辑术语 and（和）、equal（等价）和 cause（致使）了。

上述分析表明，假如语言真的是我们的向导，那么《独立宣言》这一体现抽象原则的崇高声明也就真的成了一个荒诞不经的故事：

一些人被绳子吊挂在另一些人下面。在漂浮的过程中，迫于某种力量的驱使，挂在下面的人要割断绳索，以便可以站在上面那些人的旁边，这是法则的要求。漂浮中，他们看到了一些旁观者，于是他们要向那些旁观者们澄清他们希望砍断绳索的动机。

那么，语言到底应不应该是思想的向导呢？一方面，在阅读这份《独立宣言》时，任何人似乎都不大可能去玩味隐藏在字面意思背后的奇异意象，或者它们的词源。另一方面，我们又惊奇地发现，即便最空灵的思想也是从那些相当具体的隐喻中表达出来的（准确地说，是"挤压出来的"）。通过前面章节对语言和思想的探讨，我们已经挖掘出了一些潜藏于语言背后的隐喻："事件即物体"、"状态即位置"、"知道即拥有"、"交流即发送"、"帮助即给予"、"时间即空间"以及"因果关系即作用力"等。不难看出，没有暗喻（allusions）和讽喻（allegories）的帮助，人们是很难将两个毫不相干的词组合在一起的。现在的问题是，我们究竟该如何解释这个发现呢？针对这个问题，目前主要有两种极端的看法。在本章中，我将设法在这两种极端的观点中另辟蹊径去寻找这一问题的合理答案。不过，我会首先介绍一下这两个极端的假说。

第一个极端的主张是，这个问题根本用不着考虑。也许所有词语都是某个词语大师在人类历史发展的某个时期杜撰出来的。因为这位杜撰大师心里有了一个需要传达出来的想法，而且他需要通过声音来表达这一想法，于是，相关的声音符号也就因此而诞生了。原则上，任何语音都能起到表达思想的作用（音、义结合的任意性原则是语言学的一个基本原则），因此，第一个发明表达 political affiliation（政治联盟）这一术语的人，完全可以采用 glorg、schmendrick 或 mcgillicuddy 等声音符号的组合来创造这个词。但问题是，人类并不擅长突发奇想地组配声音，而且他们很可能更希望自己的听者能够轻而易举地理解他们的发明，而无须再做进一步的定义或举例说明。在这种情况下，他们探索出了一种既可以唤醒自己的思想又能引起听众共鸣的隐喻，例如，表达"政治联盟"的术语 band（纽带）或者 bond（契合）。与仅仅借助语境因素的构词法相比，这种隐喻的暗示力量能够帮助听众更快地理解这个词的意思，当然，条件是这个词必须在达尔文新词竞争中独具优势（我将在第 5 章详细讨论这个话题）。隐喻一旦形成，这个单词便开始在社团中被广泛传播并渐渐变得家喻户晓，同时，它也为该种语言增添了一个明显的隐喻。然而，由于它被不厌其烦地应用于各种场合，久而久之，其隐喻所指也就变得屡见不鲜了，于是人们开始过河拆桥。尽管这样一个单词很可能会被作为供词源学家和词语爱好者玩味的"珍品"而幸运地流传下来，但在我们的脑海中，它再也无法激起比其他语音组合更强烈的共鸣了。就让我们把这个极端的观点叫作"煞风景论"（Killjoy）吧。按照这种说法，语言中的绝大多数暗喻都是死喻，以英语短语 coming to a head（到了紧急关头）为例，假如人们知道它曾暗指"疮疖化脓"，那么他们很可能就再也不会使用了。

另一个极端的主张是，人类的心智只能对具体经验，比如景象与声音、物体与作用力以及我们赖以成长的文化中的行为习惯与情感表达等进行直接思考，而除此之外的其他一切思想都是对这些具体场景的隐喻性暗指。举例来说，只有借助于唤起（也许是无意识地唤起）头脑中的某种黏合剂或绳索，我们才能够思考什么是"政治联盟"。当我们对时间进行思考时，那些原本致力于空间思想的各个大脑机制便会被唤醒。具备无限抽象思想潜能的人类智力是从灵长类动物致力于应对物质和精神世界的神经环路进化而来的，而隐喻的抽象化（metaphorical abstraction）则将这一神经环路进一步扩展到了很多全新的领域。既然人类是利用隐喻进行思考的，那么若想搞清楚思想的工作原理，问题的关键就在于隐喻，具体来说，即我们需要对隐喻进行解构。人与人之间之所以会存在意见分歧，是因为每个人都能用不同的隐喻对同一个事物进行框架；人们之所以偶尔会将自己的生活搞得一塌糊涂，是因为他们并不总能选择出一个有百利而无一害的框架方式，恰恰相反，有时他们甚至会在不经意间选中一个有百害而无一利的方式。一种基于语言的文学批评是解决从心理疗法、法律到哲学以及政治间的冲突的关键。让我们姑且将这种极端的主张称作"弥赛亚论"（Messianic）吧，这一主张的理论前提是"思想即是对一种隐喻的领会"（TO THINK IS TO GRASP A METAPHOR）——即我所说的"隐喻之隐喻"（the metaphor metaphor）。

煞风景论与弥赛亚论

乍听起来，煞风景论和弥赛亚论可能有点儿像我们之前提到的那两瓶被那个精明的酒商分别放置在酒架两端的昂贵的酒幌子，但不管怎么说，这两个理论确实很值得我们关注。毫无疑问，有些隐喻确实就像一潭死水般了无生息——不是什么"解除纽带""到了紧急关头"，就是由拉丁语和古斯堪的纳维亚语词根所构成的比喻。先人们最初充满想象力的隐喻早已随风而逝，而如今的英语母语者也并未被赋予荣格式的"集体记忆"。而且，即使有些隐喻作为"活化石"被保留了下来，它们也早将自己的隐喻内涵隐匿于雾里云端了。退一步说，即使我们发现了它们的隐喻内涵，也无法保证我们能够像使用"人"或"狗"那样洞若观火般地使用它们。正如一位著名的符号界行家所说的，有时候，雪茄不过就是支雪茄而已（它并没有什么深层的含义）。

在混合隐喻中，我们经常能够看到违反常规的隐喻使用。所谓混合隐喻（mixed metaphor），即说话人或作者将深层含义相关，而字面内容却很离谱的两个隐喻胡乱地拼凑在一起所构成的一种隐喻。请看下面的例句。

> I'm not going to stick to my laurels [actress Kate Winslet, at the 2002 Academy Awards].
>
>   我不会守着我的月桂树。→我不会满足于我的荣誉。（女演员凯特·温斯莱特在 2002 年奥斯卡金像奖颁奖仪式上的获奖感言。）
>
> Once you open a can of worms, they always come home to roost.
>
>   一旦打开虫罐，虫子终究还是要爬回去的。→出来混终究是要还的。
>
> Those professors tilt at the windmills of a capitalist patriarchy from whose teat they feed.
>
>   那些教授们以唐吉诃德击打风车攻击假想敌人的方式抨击着他们赖以生存的资本主义政体。→他们对自己赖以生存的资本主义政体的抨击是枉费心机的。
>
> Once again, the Achilles' heel of the Eagles' defense has reared its ugly head.
>
>   老鹰队那犹如希腊战神阿基里斯未被冥河浸泡过的脚后跟般的防卫弱点再次暴露出来。→老鹰队再次暴露了致命的防卫弱点。

　　此外，隐喻的这种模糊性在日常会话中同样随处可见，事实上，这种例子数不胜数，比如日常生活中那些漫不经心、平淡无奇的闲谈。一个电台精神治疗医师就曾说过这样一句话：For some patients, cancer can be a growth experience（对某些患者来说，癌症可能是一次成长的经历）；模棱两可的新闻标题：CHEF THROWS HIS HEART INTO HELPING FEED NEEDY（大厨一心扑在吃需上）；高德温式的妙语：An oral agreement isn't worth the paper it's written on（一个口头协议都抵不过书写它的那张纸）以及美国人给俱乐部入口取的那个绰号：AWFUL，即 Americans Who Figuratively Use "Literally"（比喻性地使用"字面意思"的美国人），它的发明人是拉比·巴鲁·科尔夫（Rabbi Baruch Korff），在水门事件的审理过程中，此人曾担任尼克松的辩护人，他一度辩称："美国媒体已经用语言阉割了尼克松总统。"

　　至此，我们已经切身体会了一些隐喻所表现出的了无生机，不过，在酒架的另一端，学者们对遍布于日常用语背后的那些隐喻的开发也着实令人叹为观止。即使是煞风景论者也不得不承认，在最初那些词语发明大师的心中，隐喻的确存在，而且，正是这些隐喻才唤起了他们的灵感。众所周知，一个简单的意象（它本身并未被提及）可以产生大量的修辞格，这一事实说明，对于当初的发明者和早期的采用者来说，这个缄默的意象（隐喻）一定是相当透明的，而且这种状态会持续相当长一段时间。下面让我们来看看语言学家乔治·莱考夫和哲学家马克·约翰逊搜集的隐喻表达式，首先请看"辩论即对抗"（ARGUMENT IS WAR）的英语表达式：

> Your claims are indefensible. He attacked every weak point in my argument. His criticisms were right on target. I demolished his argument. I've never won an argument with her. You don't agree? Okay, shoot! If you use that strategy, he'll wipe you out. She shot down all of my arguments.
>
> 　　你的主张根本没有辩护的余地。他攻击了我论据中的每一个弱点。他的批评切中要害。我驳倒了他的论点。与她辩论我从来就没赢过。你反对？好啊，那就反击吧！如果你使用那种策略，他定会让你彻底失败。她击垮了我所有的论点。

再请看"爱即旅程"（LOVE IS JOURNEY）的各种表达方式：

> Our relationship has hit a dead-end street. It's stalled; we can't keep going the way we've been going. Look how far we've come. It's been a long, bumpy road. We can't turn back now. We're at a crossroads. We may have to go our separate ways. The relationship isn't going anywhere. We're spinning our wheels. Our relationship is off the track. Our marriage is on the rocks. I'm thinking of bailing out.
>
> 我们的关系已走进了死胡同。到尽头了，我们再也回不到过去了。看看我们都发展到了什么地步。那是一段漫长而崎岖的情路。我们无法回头了。我们正处在一个十字路口。我们也许不得不分道扬镳了。这种关系是不会有未来的。我们正在钻冰取火。我们的关系正误入歧途。我们的婚姻关系正在破裂。我正在考虑摆脱困境。

由于这些隐喻并不具有华丽的诗情画意，因此它们有别于 Juliet is the sun（朱丽叶是太阳）这类文学隐喻。它们有时也被称为"概念隐喻"（conceptual metaphors），因为在日常生活中，没人一定要说"辩论即对抗"或"爱即旅程"这样的话；这类潜在隐喻是隐含于一类相关比喻之中的。它们也被称作"生成隐喻"（generative metaphors），因为基于它们，人们很容易生成一些隶属同一类型的新隐喻，例如，He protected his theory in a hardened bunker（他全副武装地捍卫了他的理论），或者 Marsha told John they should step on the brakes（玛莎告诉约翰他们应该罢手了）。由于这些表达式可以被轻而易举地创造出来，因此，说者和听众就必须即时剖析其潜在的隐喻内涵，以便揭示出该隐喻所要谈论的事物与它们实际谈及的抽象概念之间的关系〔在文学理论中，这些概念有时被称为隐喻的"本体"（vehicle）和"喻体"（tenor）；认知科学家则分别用"源"（source）和"目标"（target）来指称它们〕。例如，要想熟练掌握各种"爱即旅程"的表达式，人们就必须对这类概念隐喻了如指掌。对此，莱考夫曾做过如下的解释：

> 一对恋人在人生的旅途相伴而行，他们憧憬着共同的生活目标，并将其作为共同归宿。这种恋人关系就是他们旅行的工具，有了它，他们便可以携手奔向共同的目标。只要这种关系允许他们继续在实现共同目标的道路上前进，那么，它就会被视为实现了目标。然而，旅

行并非易事。旅途中会有各种障碍，在有些地方（十字路口）他们必须做出抉择：往哪里走、是否还要继续风雨同舟。

对于那些不了解上述情节的人来说，虽然他们可以靠死记硬背来使用其中的一些表达方式，但无法创造或理解新的表达方式。一个缺乏想象力的社会永远也不会了解隐喻在跻身语言过程中所表现出的不可抗拒的力量。当你把一种类型的生成隐喻所生成的隐喻与众多其他类型的生成隐喻结合在一起时（莱考夫本人就记录了数百种生成隐喻，从"大的即重要的""视野即容器""美德即清洁"到"自我即一组人"等），你不得不承认，生成隐喻不仅极有可能是语言的一种主要现象，更有可能是解开人类认知构造之谜的重要线索。这里，抽象概念和具体经验被系统地联系在了一起。

隐喻的重要作用

对于心智是如何处理概念隐喻这一问题的回答利害攸关。首先，对这一问题的答案可能会对儿童的认知发展与教育起到很大的启迪作用。孩子们也许不懂什么是"政治联盟"或"知识论证"，但他们一定知道什么是"橡皮筋"和"相互斗殴"。概念隐喻为人们指明了一种最显而易见的方法，利用这种方法，人们就可以学会如何推理出一个全新的、抽象的概念。人们会注意到，隐喻或许已为他们指明了，他们所熟知的一个物理领域与一个他们尚未了解的概念领域之间是平行的。这一发现不仅可以解释儿童在成长过程中是如何习得那些难懂的概念的，而且还可以解释各年龄段的人是如何从学校或一篇说明文中习得那些晦涩的概念。"原子即太阳能系统"或"抗体即一把锁的钥匙"等类似的类比法，如果用于教学，它的效果要远远优于其他任何手段；这些类比将是人类心智用于理解那些晦涩概念的一种机制。

而诉诸"隐喻之隐喻"则更加意义深远。自达尔文和华莱士提出自然选择的进化论之日起，人们就开始怀疑，人类的心智到底是如何进化出对那些抽象域，如物理域、象棋域或政治域的推理能力的，而且这些推理能力与生存和繁衍生息毫不相关。也正是这些质疑导致了华莱士与达尔文之间的分歧，以致华莱士最终将人类的心智归因于一种天赐的方案，这也为一个多世纪之后在美国兴起的"智设运动"（Intelligent Design movement）埋下了伏笔。事实上，这里我们所说的概念隐喻恰恰将目标指向了一条通向这一谜底的道路。

我们在第 1 章和第 3 章中所遇到的那些概念隐喻均根植于物质、空间、时间和因果关系（它本身根植于作用力）。可以肯定地说，这些概念一定是我们的祖先在进化过程中能够理解的。在第 3 章中，我们还看到了马克·豪泽及其同事们所做的实验，实验结果表明，猕猴也能对因果关系进行推理（比如，它们知道拿刀的手可以切苹果，但拿水的手却做不到）。通过其他实验，豪泽还发现，金丝猴对人类利用名词、介词和动词来表达空间和力学关系的行为也有着深刻的理解。在实验人员让猴子选择放在面前的物件去获取放在窗后的一块食物时，它们果断地选择了坚固的钩子和藤条，而没有选择那些可一分为二的或者由绳和糨糊制成的物件。而且在获取食物的过程中，即使遇到了障碍或道路狭窄等问题，猴子们也丝毫没有耽搁它们完成任务的时间。现在，让我们假设在人类的进化过程中，存在着这样一个进化步骤，该步骤允许执行推理的神经程序摆脱实物的束缚，并转而专门致力于对那些象征万物的符号进行加工，因此，这个用于计算事物、地点和原因之间关系的认知机器就可以被指派去处理抽象的观念了。这个抽象思想的先祖也因此在那些具体的隐喻中，即一种认知遗迹中，得以抛头露面了。

当然，莱考夫庞大的隐喻库中的隐喻并非均源于物体、空间、时间和因果关系等概念。其中的许多隐喻还源于其他一些概念，而对于早期的人类祖先来说，这些概念很可能是一些似是而非的迷念，比如，"冲突"、"植物"以及"疾病"等。而且，即使那些复杂的隐喻也是由较基础的概念建构而成的，例如，"爱即旅程"这一隐喻中的"交通工具"可以被设想成一个沿着路径将人送往目的地的容器。假如所有抽象思想都是隐喻性的，并且所有隐喻又都是由生物基本概念构成的，那么我们就可以借此来解释人类智能的进化之谜了。根据这种假设，人类智能可以被理解成一种隐喻和组合论（combinatorics）的产物。隐喻允许心智使用一些基本概念，例如，"物质""位置""作用力""目标"等去理解更抽象的域。组合论则允许一组有限的简单概念生成一组无限的复合概念。

隐喻之隐喻的另一个辐射效应就是所谓的"框架"（framing）现象。人类事物中的许多分歧最终并非发生在数据或逻辑上，而是发生在对问题的框架方式上。这种现象往往出现在辩论双方"各执一词"，或当人们需要借助"转移范式"来理解某一事物时。我在引言中提到过一些例子，比如"入侵伊拉克与解放伊拉克""结束妊娠与杀死一个未出生的孩子""重新分配财产与没收收入"，上述例子中的每一种对立都取决于人们对隐喻的选择，比如，是选择入侵背后潜在的那种"力 - 动态"竞争模式（即一个拮动力通过克服来自主动力的阻力而进入一个区域），还是选择一个"解放"模式（即一个拮动力摆脱掉另一个正在阻碍主动力自由运动的拮动力）。我在第 1 章中之所以对动词结构进行解释，原因之一就是这些动词结构表明，即使是最日常的人类行为也可以由不同的方式来框架，例如，spraying paint on the wall（往墙上喷漆，即致使油漆运动）和 spraying the wall with paint（用油漆喷墙，即致使墙发生变化）所表达的意思的区别。

THE STUFF OF THOUGHT ›› 语言与思想实验室

阿莫斯·特沃斯基和丹尼尔·卡尼曼的实验为我们提供了一个最著名的认知心理学框架效应实例（我在第 2 章中简要地介绍过）。实验中，他们向受试医生提出了下面这个问题："一种流感新变种预计致死 600 人。现在有人提出了两组抗击疾病的方案。"其中一组医生要对下面这个进退两难的情况做出选择。

假如采纳方案 A，你可以使 200 人获救。假如采纳方案 B，你会有三成的把握使 600 人全部获救，同时也会有七成的可能，使这 600 人无一幸免。你希望选择哪种方案？

如果你和多数面对这一抉择的医生做出的反应相同，那么你会选择方案 A，并放弃那个冒险的方案 B。另一组医生面对的则是一种完全不同的选择。

如果采纳方案 C，400 人就会死于流感。如果采纳方案 D，你会有三成把握使所有人免于死亡，但同时也有七成可能使

　　　　600 人无一幸免。你愿意选择哪种方案？

　　　　　　如果你也和多数面对这一抉择的医生的反应一样，那么你会宁
　　　　愿放弃毫无风险的方案 C，而去选择那个冒险的方案 D。

　　不过，假如你再仔细阅读一下这两道难题，你就会发现，这两组不同选择的
结果却是完全一样的。假如有 600 人不治将死的话，那么，拯救了 200 人与失去
了 400 人的结果是一样的；一人都未能获救与失去所有人也是一样的。然而，医
生们在做选择时所依据的却是同一选择清单的不同框架方式。事实上，这种措辞
上的差别所暗示的是一种隐喻上的差别。相对于那些救治不及而身亡的人而言，
被治愈的人会被识解为一种"增益"；而相对于那些从未遭受流感威胁的生命而
言，死于流感的人则被识解为一种"损失"。目前已有研究表明，与对有所得的
喜爱程度相比，人们对有所失的憎恨会更强烈。举例来说，即使明知现金缴费可
以享受折扣，人们仍然愿意刷信用卡；但如果他们被告知信用卡缴费要支付与现
金缴费所享受的折扣等额的附加费，他们便会对那笔额外费用产生强烈的反感。
正因如此，人们往往会拒绝为预期收益而打赌（例如，"正面，你就不再欠 120
美元了；背面，你现在又多欠了 100 美元"）。（尽管经济学家对这种行为大为不
解，但成了唯利是图的投资公司热衷的研究项目。）就特沃斯基的实验结果而言，
医生们做出的选择完全可以用这种"损失规避"和"框架效应"加以解释："增益"
隐喻促使医生们做出了规避风险的选择；而"损失"隐喻则促使他们毅然决然地
选择了孤注一掷、铤而走险。

　　尽管这个问题听起来略显晦涩，但特沃斯基和卡尼曼于 1981 年所做的这个
研究却为我们提供了一个判断框架效应的黄金标准：相同的事件、不同的隐喻、
心动的决定——而且，那并不是一个无足轻重的决定，它牵涉到了数百人的生死
存亡。自那以后，框架影响思想的观点被广泛应用于人类诸多生活领域的研究。
城市规划师唐纳德·施安（Donald Schön）认为，导致城市规划者用对待患病植
物的方法（即一种要想防止腐烂扩散就得将其彻底根除的方法）来对待居民区拥
挤问题的罪魁祸首就是"城市衰退"隐喻。而施安的这一论断则引发了 20 世纪

60 年代那场灾难性的"市区重建"工程。法官迈克尔·布丁（Michael Boudin）曾指出，法官也同样会受到诸如"毒树果实论"（非法获得的证据）、"政教分离"、"瓶颈垄断"（控制诸如电网或房地产上市服务等分销渠道的公司）等一些不法隐喻的影响。《头脑中的隐喻》（*Metaphors in Mind*）是一本关于心理治疗的书籍，它呼吁治疗师们潜心研究病人的隐喻，比如"我对侮辱雷达般的敏感""我被困在门后了"。还有一本关于企业管理的书叫《框架的艺术》（*The Art of Framing*），书中集中探讨了如何将商业指称为"旅行"、"游戏"、"战争机器"、"生物体"和"社会"等隐喻的问题。

这些思想很多都源于"心智就是个隐喻商人"的观念。下面让我们来看看人类的心智究竟在哪些方面扮演着隐喻商人的角色，而在哪些方面又并不具备一个隐喻商人的资质。

隐喻的弥赛亚论

假如人们对隐喻的崇尚将迎来一个弥赛亚时代的话，那么弥赛亚本人便是乔治·莱考夫。20 世纪 60 年代，莱考夫曾师从乔姆斯基，后来他另辟蹊径，并一举成为生成语义学和认知语言学运动的首创者。自《我们赖以生存的隐喻》（*Metaphors We Live By*）一书发表以来（1980 年与马克·约翰逊合著），莱考夫在一系列引人入胜的论著中，以其令人瞠目结舌的洞察力对这个概念隐喻的世界进行了深度剖析，并已得出一些令人瞩目的结论。

迄今为止，莱考夫是隐喻之隐喻最坚定的倡导者。他认为，隐喻并非语言的饰物，而是思想的重要组成部分。他指出："就其本质而言，我们所赖以思想和行动的普通概念系统是隐喻性的。"精神生活始于一些非隐喻的经验，这些经验就是被植入我们机体内并与外界物质世界打交道的感觉、行动和情感。概念隐喻就是在这里被我们大脑中的一个神经链所捕获的。我们之所以能够认识到"控制即在上面"，是因为我们有过最终占上风的体验；同样，我们之所以能够认识到

"目标即终点"，是因为我们曾有过靠近目标的体验；而我们之所以能认识到"时间即运动的物体"，是因为我们随时都在体验着，即随着时间的流逝，未来的事情会渐行渐近。

但这还不是弥赛亚论的全部目的所在。既然人类的思想活动借助的是根植于物理的经验隐喻而不是逻辑公式和真值条件，那么这就等于说，自希腊以来的整个西方思想传统从根本上就是错误的。弥赛亚论坚持认为，由于思想根植于身体体验，所以，推理根本不是建立在抽象规律的基础上的，而且，一切客观或绝对真理的概念都应该被驳回。只有处于竞争中的隐喻才是人们赖以生存的唯一法宝，它们或多或少地合宜于人们的目的。

如此说来，西方哲学将不再是关于知识、伦理和现实的永无休止的辩论，而将转型为对一系列概念隐喻的论证。举例来说，笛卡儿哲学基于"我思故我见"隐喻；洛克的思想基于"心智即容器"；而康德的思想则是建立在"道德即严父"隐喻的基础上；等等。就连数学也难逃厄运，它不再是关于柏拉图式的永恒真理的现实，而实质上是对人类身体和感知的缔造，只不过这种感知源于沿着路径运动的人类活动以及同样沿着路径所进行的收集、建构和物体测量等。此外还有政治意识形态，它同样也无法再根据价值观的假设进行定义，而只能根据"社会即家庭"之隐喻的竞争版本来界定。政治权利将社会比作一个由严父掌管的家庭，政治则被交由这个家庭的一方父母来照料。

在隐喻间进行较量的还包括人们日常的政治争论。莱考夫主张，除非公民受约于那个"固定于大脑神经结构中"的框架，否则他们往往是缺乏理性的，甚至会无视事实。举例来说，乔治·布什在第一个总统任期内曾向美国人民承诺税项宽免。"税项宽免"（tax relief）这一术语将税收框架成一种"苦难"，而将解除税收者框架成一个"英雄"，同时它还将妨碍解除税收的人框架成一个"恶人"。与此同时，民主党人也提出了一个"税项宽免"，该版本愚蠢地沿袭了共和党人的"税项宽免"框架。用莱考夫的话说，民主党的这种做法就好比要求人们"不要去想大象"（实验证明，当人们被要求"不要去想一头大象"时，他们却怎么也做不到这一点）。莱考夫认为，民主党应将"税收"重新定义为"用于维系社会服务和基础设施的'会员费'"。就在民主党在总统竞选中惨遭失败的第二年，即 2005 年，莱考夫就扮演起了"民主党救世主"的角色。他广泛地与民主党领导人和战略家们交换意见，致信其核心成员。同年，其所著的《不要去想一头大象！》（*Don't Think of an Elephant!*）出版发行。这本书不仅很快就成为畅销书，而且，它还成了自由党人的一个护身符。

到目前为止，语言学已向心智世界输出了许多了不起的理论思想。这些理论包括：启迪达尔文物种起源说的"语言多样化"观点、为结构主义人类学和文学理论提供分析范式的"音位对立"、"语言决定论假说"以及乔姆斯基的"深层结构"和天赋的"普遍语法"。可以说，与这些伟大的理论相比，莱考夫的概念隐喻论也毫不逊色。假如他的主张是正确的，那么概念隐喻不仅可以颠覆西方思想2 500 年来对真理和客观性的错误依赖，而且还能为民主党人入主白宫助上一臂之力。

尽管我本人也认为概念隐喻对理解语言和思想发挥着深刻的启迪作用，但我还是觉得，在这个问题上，莱考夫走得确实有些太远了。

首先，让我们从概念隐喻的最高纲领出发，谈谈莱考夫对真理性、客观性以及非体验性推理的蛮横漠视。公正地说，莱考夫并不是位后现代主义者或激进的文化相对论者。他相信非隐喻世界，即物质世界的存在；他相信隐喻的普遍经验是由某种内嵌于人体并与外部世界相互作用的人之天性所提供的，而这些普遍经验反过来又赋予了隐喻人性化的表达方式；他也相信，许多作为推理基础的隐喻都是文化专属的，事实上，就连他的普遍论都是一种关于"物种"的相对论：我们的知识只不过是一种适合"智人"利益和身体的工具。尽管如此，在下面这两个相对论的标准反证面前，莱考夫版本的相对论总体上来说还是显得有些苍白无力。

第一个标准反证是：假如理论不描写现实特征的话，那么，我们最好的科学和数学便能预言世界是如何以令人惊愕的方式运转的。理查德·道金斯（Richard

Dawkins）①指出，在准备前往参加一个学术会议时，即使是那些最坚定的相对论者也会选择乘坐根据现代物理学隐喻设计出来的喷气式飞机，而绝不会选择根据其他竞争隐喻设计出来的魔毯。（就像他本人所说的那样："如果让我在9 000 米高空飞翔的喷气式飞机上看到一个相对论者，那我会当众为你揭开这个伪君子的面纱。"）单凭口头上说"科学的隐喻才是唯一'有用的'隐喻"，这种做法恐怕只会徒劳无功吧，当然，除非你能扼杀所有人对"为什么有些隐喻是有用的而另一些则不然"的好奇心。我认为，对这一问题的一个浅显的答案就是，有些隐喻是能够表达关于世界的真理的。因此，即使语言和思想都离不开隐喻，也不意味着知识和真理就应该被摒弃。这倒很可能意味着，隐喻能够客观、真实地捕捉到现实的方方面面。在后面的章节中，我们将会看到它们是如何做到这一点的。

　　另一个标准反证是，在努力说服其他人相信"相对真理"的过程中，相对论者们本身却在致力于"客观真理"。举例来说，他们通过游说来吸引支持者——当然是通过对事实和逻辑的整理，而不是通过贿赂或威胁；他们利用辩论和证据来回应批判者，而不是用手枪决斗，又或者像日间脱口秀节目中的嘉宾那样，乱扔椅子；当自己的相对论"品牌"被质疑为一派胡言时，他们会予以坚决否认，并毫不含糊地说，这个问题毫无意义。莱考夫和约翰逊的《体验哲学》（*Philosophy in the Flesh*）开宗明义地写道：

> 心智天生就是体验性的。
> 思想多半是无意识的。
> 抽象概念在很大程度上是隐喻性的。

　　以上是认知科学的三大主要发现。先验哲学对于理性这些方面所进行的历时2 000 多年的猜测应该到此结束了。由于这些发现，哲学再也不会与从前一样了。当这三大发现被综合地加以认真思考时，我们就会发现，它们与西方哲学的核心思想是背道而驰的。

---

① 英国著名进化生物学家，牛津大学教授，英国皇家科学院院士，有"达尔文的斗犬"之称。道金斯在其著作《基因之河》中将生命的进化过程比作一条基因之河，在时间长河中，基因相互碰撞和重组，不断分叉，不断消亡。该书中文简体字版已于2019 年由湛庐引进、浙江人民出版社出版。——编者注

他们说"心智天生就是体验性的"——而不是说"我们提出一种心智天生的体验性隐喻"。他们用"这些发现"和"这三大发现"——而不是"这些有用的框架"。他们说"与西方哲学的核心思想是背道而驰的"——而不是说"一个与西方哲学隐喻不同的隐喻"。显而易见,莱考夫和约翰逊已经无法自圆其说。他们每一次的理论推进都是以动摇真理、客观性和逻辑必然性的先验性概念为前提的。退一步说,即使我们赞同莱考夫关于抽象概念是隐喻性的主张,那么接下来需要解决的关键问题也应该是"为什么隐喻性的思想是合乎情理的",而不应该是"是否应该彻底抛弃理性"的问题。

当我们把目光从哲学转移到心理学上,我们就会发现,"人类思想大部分是隐喻性的"这一主张存在一个十分严重的问题:事实上,人们可以毫不费力地领会那些出现在他们母语中的潜喻(underlying metaphors)。根据前面所说的"煞风景论"的观点,对当今的语言使用者来说,许多概念隐喻——即便不是大多数,也并非透明的。这意味着语言使用者有办法玩味出那些潜在的概念:它们是用于气候研究的抽象概念,而不是"脓包出头"这样的具体概念;它们是从错综复杂的问题中抽象出来的概念,而不是"一罐蠕虫"这种具体概念。

THE STUFF OF THOUGHT ▼▼ 语言与思想实验室

实验心理学是"煞风景论"的天地。一些实验已经表明,人们在理解常规隐喻时,并不是每次都要对概念隐喻寻根究底才肯罢休。心理学家波尔兹·科萨(Boaz Keysar)、塞缪尔·格卢克斯伯格(Samuel Glucksberg)以及他们的合作者们在实验中给受试者出示了一系列句子链,这些句子链是围绕着一个概念隐喻建构起来的,请看下面这个句子链:

> 丽莎说:"爱是个病人,我觉得我们的关系已经'命悬一线'了。如果你总是赞赏别的女人,那我们的婚姻怎么才能'稳固'呢?""那是你的猜忌。"汤姆回答说。

实验人员推断,假如读者真的会考虑"爱是个病人"的潜喻的话,那么他们就应该对"你染上了这种病"这样的探针句有心理准备。也就是说，在看了前面那段包含常规隐喻的句子后，他们对"你染上了这种病"这个句子的理解速度应该比在看了下面这个不包含任何隐喻的句子后要快一些。下面我们来看看这个没有比喻的句子：

> 丽莎说："爱是一种挑战，我觉得我们的关系遇到麻烦了。如果你总是赞赏别的女人，那我们的婚姻怎么才能长久呢？""那是你的猜忌。"汤姆回答说。

但实验结果表明，这种优势其实并不存在：第一个句子中的常规性隐喻并未加快读者对"你染上了这种病"这样的探针句的理解速度。这说明"爱是个病人"的潜喻并未被调用。第三种实验的情况是，受试读者被迫去考虑"爱是个病人"这个概念隐喻，因为实验人员这次使用的引导句是一个非常规的新鲜隐喻句：

> 丽莎说："爱是个病人，我觉得我们的关系快'无药可医'了。如果你总是赞赏别的女人，那我们怎么才能'对症下药'呢？""那是你的猜忌。"汤姆回答说。

这一次，受试者非常快地理解了"你染上了这种病"这个探针句——速度就如理解某个真实的疾病感染故事一样快。心理学家们于是得出了这样一个结论：只有当隐喻是新鲜的，人们才能够通过隐喻表达式读取其潜在概念。当隐喻是常规性的时（就像莱考夫列举的多数隐喻那样），人们则会选择直接处理那些抽象含义。

更有甚者，人们不仅会忽略隐喻，而且会质疑和低估它，他们甚至还会分析隐喻的哪些方面可以利用、哪些方面应该被忽略掉。生活中，人们还常常通过吸引听众对常规隐喻的注意力来达到一种幽默效果，史蒂文·莱特（Steven Wright）曾说过："如果整个世界都是一个舞台，那观众该往哪里坐呢？"或者"你妈太蠢了，她把尺子放在床边测量自己睡了多长"，这是一个非裔美国人的笑话。下面这个例子选自漫画《呆伯特》（Dilbert）。

Dilbert © United Feature Syndicate, Inc.

　　玩笑归玩笑，假如人们没有调动一种比隐喻本身更抽象的潜在的思想介质的话，那么他们肯定无法解析那些隐喻，也同样无法借助概念隐喻思考问题。当然，在推理一种关系时，假如人们有足够的时间对这种关系的隐喻对应性，比如共同目的地、速度以及沿途的坎坷等方面的对等关系进行揣摩的话，那么，将这种关系推导出来并没有太大问题。但当人们担心是否来得及收拾行囊，或者不知道下一个加油站会在多远的地方时，他们的思想就会遭到严重干扰。在为一场辩论做准备时，我可以想象应该如何击败对方并捍卫自己的观点，但前提是我不会被诸如防卫补给线、发行战争国债以及处理国内反战分子等问题分散精力。思想是不能用隐喻来直接交易的，它必须通过一种更加基本的"货币"形式进入流通，而这种货币必须能够捕捉到隐喻及其话题所共享的那个抽象概念（就"旅行"和"关系"而言，就是朝着一个共同的目标前进；就"辩论"与"战争"而言，就是朝着冲突前进），同时将无关紧要的概念抛弃掉。

　　因此，人们才能够坦然接受这样一个事实，即像"时间即空间"这样无处不在的隐喻也不是基于时间概念的比喻，因为时间概念实际上位于空间概念所使用的大脑神经领地之外。大卫·凯默勒（David Kemmerer）的研究表明，一些脑损伤患者可能会失去理解空间介词的能力，比如像 She's at the corner（她在拐角处）和 She ran through the forest（她跑过树林）中介词的用法，但他们却保留了对这些介词在表示时间时的理解能力，比如像 She arrived at 1:30（她是 1:30 抵达的）和 She worked through the evening（她整晚都在工作）中介词的用法。其他一些病人的表现则刚好相反。这个研究结果表明，尽管时间和空间被隐喻地重叠在一起，但它们却是由大脑的不同神经回路分别负责处理的。

　　不仅对隐喻的内涵的思考需要在一个更深的层面上进行，而且当我们思考概念隐喻的习得问题时，同样需要借助一个比隐喻思想更深的思想层面。让我们一起回顾莱考夫所借用的巴甫洛夫的理论。举例来说，人们对"多即在上面"这一隐喻的理解是通过观察将书堆放在桌面上，放得越多，书堆积得越高这种类似的现象得来的。然而，当我们转向更复杂的隐喻时，这种理解方式就显得有些荒唐了。比如，在乘车旅行中，人们并不需要通过一对倾心于彼此的游客才能理解"爱是一次旅程"；也不一定非要看到一对荷枪实弹的辩论者，才能领会"辩论就像战争"。事实上，莱考夫也注意到了这个问题，正是出于这个原因，他援引了"相似性"这个概念，希望以此作为解释概念隐喻习得问题的一个辅助性理论：人们在通过巴甫洛夫方法（即只有朝着操场迈步，我们才能抵达它）习得了"目标即旅程"的隐喻后，然后再将这一隐喻扩展到某种浪漫的关系上，因为关系目标与物理目标（如一个操场）在本质上是一样的。不过，请注意，真正起作用的并不是物质目标，而是诸如"目标"这样的抽象概念！是这个抽象概念界定了相似性的维度（比如一个操场与一种浪漫愿望的相似之处）。而相似性则决定了一个概念隐喻的可习得性和可使用性。一言以蔽之，人类是无法单凭隐喻进行思维的。

隐喻的背后

　　假如隐喻的学习和使用确实像我所说的，需要在一个更深的思想层面上处理概念的话，那么这些概念到底是什么？我们又是否了解它们呢？杰弗里·格鲁伯（Jeffrey Gruber）在他的概念隐喻理论中曾提到过一些这样的概念。杰弗里·格鲁伯是莱考夫在麻省理工学院的同学。较之莱考夫提出的概念隐喻理论，格鲁伯的理论显得更温和一些，该理论后来得到了他们的另一位校友杰肯道夫的进一步发展。

　　其中的主要现象在第 1 章中有所介绍：动词，例如 go、be 和 keep，不仅可以被用于表示"位置"，比如，The doctor kept Pedro at home.（医生让佩德罗待在家里）；还可以被用于表示"状态"，例如，The doctor kept Pedro healthy（医生维持了佩德罗的健康）；表示"拥有"，例如，Pedro kept the house（佩德罗保管了房子）以及"时间"，例如，Pedro kept the practice session at noon（佩德罗坚持中午练习）。在此基础上，杰肯道夫指出，在物质性和非物质性的交叉使用过程中，只有一部分含义被这些动词保留了下来，而其他部分的含义则被它们给丢掉了。那么，什么样的含义才会被保留下来呢？杰肯道夫认为，被保留下来的那部分含义就是"空间"（spatial）和"力－动态"（force-dynamic）概念的"骨架"，就像我们在第 1 章和第 3 章中探讨过的那些概念那样：事情、物质、集合体、地点、路径、主动力、拮抗力、目标、手段，等等。被保留下来的概念骨架在交叉使用过程中被一个隶属于某个语义场的符号，比如位置、状态、拥有或时间等冠以名称。举例来说，在 He kept the money（他保留了那笔钱）中，隐藏在动词 keep（保留）背后的那个概念骨架就是指"一种抵制主动力离开的拮抗力"，这个"骨架"被命名为"占用"。而在 He kept the book on the shelf（他把书存放在书架上）中，隐藏在同一个动词 keep（存放于）背后的概念骨架并没有发生变化，但在这个语境中，keep 却被"位置"所命名了。

语言的隐喻味道源于这样一个事实："去往"、"地点"和"主动力"等诸如此类的骨架性概念始终保持着与物理推理之间的联系。它们被人们最容易获得的那些对运动物体的体验触发；在被用于抽象含义之前，它们常被儿童当作空间含义使用；它们很可能是从灵长类动物的祖先用于物理推理的大脑神经回路，并由此进化而来。然而，由于它们参与的是即时即地的思想活动，因而成了一些抽象符号且无须随身携带物质意象的光环。出于这个原因，我们完全有理由认为，这些概念并不是真正意义上的隐喻，至少不是莱考夫所说的那种隐喻。

就此，人们可能会问：如果一个概念隐喻背后的概念最终只是一些像 x、y、z 这样的抽象符号，那么，它们是如何在一个成人的心智中起作用的呢？在历史、发展或进化过程中，假如人类头脑中存在的与现实空间有关的全部内容都被冲刷掉了的话，那为什么原本专属"位置"的心理机制会被用于"占有"、"环境"或者"时间"等概念的心理加工呢？

上述问题的答案就是，人类大脑不仅拥有推理工具，它还能将这些推理工具从物质世界推广到非物质世界，并在其中发挥同样的作用。举例来说，假如 A 将 B 移向 C，那么说明，B 之前并不处于 C 的位置，尽管现在如此；同理，假如 A 没有发起这个运动，那么 B 目前就不会处于 C 所在的位置。这个三段论所牵涉的实际上是一个"时－空－因果"关系。现在问题的关键是，这个"时－空－因果"关系的三段论同样也适用于"占有"。比如，如果 A 将 B 交给 C，那么说明，B 之前不归 C 所有，尽管现在如此；同理，如果 A 没有发起这个行为，C 当前就不会占有 B。这说明，一个具有空间推理能力的有机体如果能够探测出"空间"内容的规律的话，那么它便自动获得了对"占有"进行推理的能力，即对"占有"的未来和过去做出与"空间"同样的推理能力。

当然，将空间域推理拓展到"占有"域以及其他抽象领域的推理只能到这个程度为止。原因是，物理空间是三维连续体的，而"占有"是一维的，即要么拥有要么没有。鉴于此，隐喻"给予即移动"也并非总是合理的：你无法向上或朝前给予，你也无法在未接近一个人之前就把东西亲手交给他。但如果部分空间规则被转嫁到"占有"域，同时其他部分被删掉的话，那么人们至少拥有了对"占有"进行推理的基础。

时间、状态以及因果关系也都同理。由于时间的维度与空间的维度相同，因此，我们可以设法利用认知空间的手段来认知时间（条件是，时间是一维的且未来不同于过去，就像我们在第 3 章中看到的那样）。一般来说，任何一种处于连续体中的变量，从健康到智力乃至国内生产总值等，都可以由空间心理机制来处理。按照这种推理方法，"力－动态"的认知机制与反事实逻辑（"如果没有拮动力的作用，主动力会待在原地不动"）之间的相同之处已经足以使它胜任框架抽象因果思想的使命（"如果没出那件丑闻，梅尔文还会是州长"），即使它已经失去了民俗物理学意义上的内容。这就是有关空间和力的语言在人类话语中无处不在的原因：生活中，几乎没有什么事情不能被变量和变化的因果关系刻画。

根据上述观点，我们完全可以从类比（analogies）的角度来看待隐喻——它们支持"A 之于 B 犹如 X 之于 Y"的推理形式。尽管许多暗喻和明喻只对知觉的相似性进行评论（如"夕阳余晖中的云朵就像白灼的虾"），但那些更有意义的隐喻则能映射出喻体的组成方式。喻体（source，如一次旅程）可以被分解成一些基本成分（A、B、C）。隐喻将这些成分对等地分配给本体（target）成分（如一段浪漫关系）：A 之于 X，B 之于 Y，C 之于 Z。然后，某个与喻体中的成分 A 相关的概念，比如 B，被用来在本体中挑出一个与之类比相关的概念，比如 Y。在旅行中，人们有时不得不经过崎岖的道路才能到达目的地。而爱与旅行相似的地方就在于，人们对恋爱关系的体验好比他们在旅途上的体验，且恋爱双方的共同目标就好比旅行的目的地。因此我们可以推断，如果一对恋人想要实现共同的目标，他们就必须做好忍耐各种冲突的心理准备。

这也正是莱考夫的主张，即概念隐喻不只是文学饰品，更是推理的帮手——隐喻是"我们赖以生存的"东西。当然，隐喻不仅有助于浅显的日常推理，例如，"如果你把东西给出去了，你就不再拥有它了"或者"如果你遇到一次矛盾就抽身了，那你永远也不会获得一种令人满意的关系"，而且也有助于复杂推理。唐纳德·施安曾讲述过一个关于设计师在设计第一只人造猪鬃刷时所遇到的技术困难的故事。与天然猪鬃刷相比，人造猪鬃刷这种新型刷子刷漆时刷得不够均匀，工程师们绞尽脑汁（比如变化直径，使之像天然鬃毛那样分叉）也无法解决这个问题。正在设计者们一筹莫展之时，突然有人灵机一动："我想起来了，刷油漆时刷子实际上就是个油泵！"设想，当刷子被弯曲地压在物体表面时，刷油漆就会从鬃毛的空隙间被挤压出来，这些空隙所起的作用就像是水槽或管道。当一支天然刷子被弯曲地压在墙面上时，刷毛所形成的是一条渐进式的弧线；而当一支人造刷子被弯曲地压在墙面上时，刷毛所形成的却是一个锐角，这个锐角会阻碍油漆从缝隙间形成的通道中流出，就好像浇花用的软管被一簇头发堵住了一样。据此，设计师们对人造毛刷的密度进行了分层次的调整，通过这种调整，人造刷子的弯曲度变得更加柔和，涂抹效果也因此更加均匀了。可以说，解决这个问题的关键就在于那个关于"泵"的比喻，借助这个比喻，设计师们更新了自己对刷子这一概念的认识。换言之，在他们心中，刷子已经由一个简单的涂抹工具变成了一个挤压液体的油泵。（顺便一提，请回顾一下我们在第 3 章中探讨的那些关于隐喻是如何利用名词和介词的几何原理的内容。）

施安的油漆刷故事表明，类比的威力并非源于人们对相似成分的关注（人造猪鬃与天然猪鬃相仿，既然天然猪鬃末梢是分叉的，那么就让我们把人造猪鬃的末梢也分开吧），而是源于人们对相关成分之间的关系的关注，即使这些成分本身风马牛不相及。从外观上来看，漆刷与油泵并无任何相似之处，但刷子各部件间的关系却与油泵同理：刷毛之间的空隙就好比一个软管内部的空间；被压弯的刷子迫使油漆通过这些空隙所形成的通道流出去的方式和挤压油泵的腔体使其中的水通过软管喷出去的方式是一样的；等等。心理学家黛德·金特纳（Dedre Gentner）及其合作者的研究已经证明，对关系的关注是类比力成为推理工具的关键。他们注意到，许多科学理论最初都是被作为类比来表述的，不仅如此，类比往往还是理论的最佳解释方式：重力像光、热像液体、进化像选择性繁殖、原子像太阳系、基因像加码的信息，等等。尽管如此，科学要想有效地利用一种类比，就不能仅仅将喻体与本体之间的对应关系应用于两个相似的部分上，还必须应用于各部分之间的关系上，而且最好是应用到关系与关系之间，甚至是关系与关系的关系之间。

　　下面我们来举一个这方面的例子。早在 19 世纪，法国物理学家萨迪·卡诺（Sadi Carnot）就提出了热力学原理，用它来解释热力发动机的工作原理，即为什么温度的变化可以被转化成机械能的问题。（以蒸汽发动机为例，处于封闭汽缸一端的加热蒸汽会膨胀，并将活塞推向另一端。但只有当另一端是冷却的，活塞才有可能发生运动，并压缩气体；如果另一端不是冷却的，进入该端的蒸汽就会被抵挡回去，导致活塞无法运动。）卡诺的热力学原理利用的是一个"项对项"（point-by-point）的类比，他将两个连接汽缸间的热量转移比作向下坠落的瀑布水流。瀑布顶端与底部之间的高度差对应于汽缸的冷热温差。瀑布顶端的水量对应于汽缸加热端的热量。瀑布的最大有效功率取决于高度差和顶端的水量，同理，蒸汽机的有效功率取决于温差和加热体中的热量。假如我们采用方框－箭头示意图来说明这两个系统间的依赖和因果关系的话，除标签不同外，两个图形的几何形状是完全一致的。

　　卡诺仔细地对两个系统中的不同项进行了一一对应的派对（例如，加热体中的热量与瀑布顶端的水体积的匹配等）。他主要关注的是对应项之间的关系（热量的温差、水的高度差等），而不考虑每一项的个体特征，比如，水是透明的液体，或物体加热会变红等。他也不受两个系统中项与项之间的亲疏关系的干扰，例如，水本身可以是热的或蒸汽引擎需要用水等。（事实上，呆伯特的老板在考虑"老鹰使用软件"时，就是受到了这种事实的干扰。）

金特纳及其合作者迈克尔·杰兹奥斯基（Michael Jeziorski）指出，要想在科学中有效地使用类比推理，心智训练必不可少，但这种训练并非易事。科学时代到来之前，大多数实践者和伪科学家们被事物表面的相似性所迷惑，武断地搭配隐喻关系，弄错了本体与喻体之间的联系。例如：炼金术士将太阳类比作黄金，因为两者都是黄色的；将木星比作锡，因为木星是宇宙之神，而据说宇宙是由锡构成的；将土星比作铅，因为它移动缓慢，重得就像铅一样，另一个原因是，铅也是黑色的，像漆黑的夜晚，而漆黑的夜晚被比作死亡，由于土星离给予人类生命的太阳最远，这使得土星成了死灵骑士。人们曾一度认为，这些将隐喻和转喻性的典故堆积在一起的方法令隐喻系统更有说服力。然而，根据现代科学标准，这种做法反而降低了隐喻的可信度。

在当今社会中，一些朦胧的象征、肤浅的类比、诡辩的设计等成了各种骗术的代名词。例如，顺势疗法中的"以毒攻毒"原理（比如，利用从洋葱中提取的药剂治疗花粉热）、民间医术中的"以形补形"（比如，用犀牛角粉治性功能障碍）；再如，犹太神秘哲学中利用一个与字母相匹配的数字来解读其意义的做法，伏都教中用针刺貌似仇人的娃娃和其他形式的感应巫术等。

松散、重叠的类比手法也是学术写作和教学不严谨的标志之一。比如：忽而将免疫系统比作一个哨兵；忽而又将它比作一把锁和钥匙；哦，对了，忽而它又被比作一个垃圾清理工！与这种做法恰恰相反，在描述含义的匹配关系时，学风严谨的科学家们会选择最精确的概念进行类比，并设法将那些误导性的匹配关系排除在此类比之外。在《盲眼钟表匠》（The Blind Watchmaker）中，理查德·道金斯对雌雄选择是如何成就凤凰雀那巨大且艳丽的尾巴这一问题进行了精彩论述。道金斯注意到，在进化过程中，雄性用于吸引雌性的特征会发生很大变化，这是因为雌性喜欢的稳定的尾长组合多种多样，而普通群体的实际尾长却只有一种（这本身就是挑剔的雌性祖先偏爱的尾长与最适宜飞翔的尾长的妥协）。这种现象在数学上被叫作"平衡线"（a line of equilibria），要知道的是，为了确立这种平衡线的成立条件，数学家们需要借助于深奥的方程式。而道金斯对这种现象却做出了如下别具一格的解释：

假设一个房间里同时放置了一台加热器和一台冷却器，每台机器都有各自的自动调温装置。两台机器的温度已被设定好，以确保房间始终处于同一固定温度，即21℃。一旦室温低于21℃，加热器会自动开机，同时，制冷机会自动关闭；一旦温度高于21℃，制冷机会自动开机，加热器则会自动关闭。请注意，这里的<u>凤凰雀尾长的类比项并不是这个室内的恒温（始终保持21℃不变），而是那个用于维持这一恒温的总耗电率。</u>这样类比的原因是，我们可以有很多不同的办法来获得所需的恒温。我们可以让两台机器同时大功率地工作，让加热器输送出大量热气，再让制冷器全力将多余的热气中和掉；或者让加热器少输出一些热量，让制冷器相应地减少中和热量的工作量；或者还可以让这两台机器几乎都不工作。<u>显然，从节省电费的角度出发，后者是最令人满意的。然而，就保持恒温这一目标而言，任何一种切实有效的方法都同样令人满意。我们所拥有的是一条由很多平衡点构成的平衡线，而不是一个单一的点。</u>

在我加了下划线的表述中，道金斯预测到了读者们很可能会错误地将世界中的实体和类比中的实体联系起来，他其实是希望将读者的注意力重新引向那些有目的的对应点上。

卡诺、施安和道金斯等使用的这些合理的科学类比向人们提出了这样一个问题：既然人类自以为对知识领域中的真理最有把握，那为什么隐喻和类比还会在此大显身手呢？如果仅就空间和力的隐喻来说，这并没有什么可大惊小怪的，因为隐喻和类比在这里只是被用来讨论变量和因果关系变化，它们本身就是一种普遍的科学语言。但当涉及更加复杂的隐喻时，它们的实用性就有些不可思议了。它们到底对这个世界做了什么，或者它们到底对人类做了什么，使得我们竟然允许自己利用加热器和制冷器来重新认识凤凰雀的尾巴造型？让我们一起来回顾一下，莱考夫曾经说过，我们所拥有的科学知识以及其他所有知识都会受到隐喻的限制，这些隐喻可能会或多或少地适用于或适宜客观真理，但它们绝不是对客观真理的精确描述。哲学家理查德·博伊德（Richarel Boyd）的表述则截然相反，他写道："隐喻的运用是科学界为完成将语言纳入世界之因果结构的任务所采用的众多手段之一。我所说的'将语言纳入世界之因果结构'的任务是指引进术语和限定现有术语用法的任务，这么做就是为了使那些描写和解释世界因果关系的语言范畴能够为我们所用。"

博伊德认为，科学隐喻是一种日常加工版本的隐喻，在这一过程中，隐喻被迫去填补语言中的词语空白，以 rabbit ears（兔子耳朵）为例，这个词被用于指称电视机顶部支出去的两根天线。由于科学家们不断发现新的、未被英语命名的实体，所以他们经常会开发一个隐喻，以此为这些实体提供一个所需的标签：进化论中的 selection（选择）、地质学中的 kettle pond（釜塘）、遗传学中的 linkage（连锁），等等。不过，它们并不受隐喻内容的束缚，因为这些词所表达的全新的科学含义与它们在日常语言中的含义是不同的（它们是一种一词多义的关系）。一旦科学家对一个本体现象有了更加深刻细致的了解，他们就会突出该隐喻中那些应该引起重视的方面，并同时将那些应该被忽略的方面淡化掉，就像道金斯的"加热器－制冷器"隐喻那样。该隐喻最后将演变成为一个既包含本体现象又包含喻体现象的抽象概念的技术术语。下面这个事实是每个科学哲学家都心知肚明的，但它却常常引起外行人的误解：科学家们在开始调查研究之前是不会"认真定义他们的术语"的。相反，他们会随便使用一些单词来指称一种世界现象，随着他们对这个现象的了解的加深，这些单词的含义也会变得愈加精准（详见第 5 章）。

但这并不等于完全回答了为什么隐喻会发挥作用的问题。为什么会有如此多的科学类比都能引导我们推论出正确的结论，而不仅仅是 quark（夸克）或 Big Bang（宇宙大爆炸）之类令人难忘却未及详情的标签呢？博伊德指出，对于那些以单一性状或本质为特征的事物来说（例如，作为 H_2O 的水），科学隐喻往往是可有可无的。但对于那些由多部件、多属性构成且只有通过协调工作才能维持稳定的复杂系统（博伊德称其为"自我平衡性集群类型"系统）来说，科学隐喻却是不可或缺的。博伊德的基本观点是，复杂系统中存在着一些统领性的法则，这些法则支配着自然界中的多变现象。有一套法则用于解释为什么太阳能系统、原子、行星和它们的卫星以及拴在杆上的球体等能够进入一种稳定的运行模式。另一套法则用于解释生态系统、人体与经济体的相似性：比如，这三个系统均须吸收能量、均有内部功能的分工且资源均得到回收。第三套法则用于解释动物调节血糖、恒温器调节室温、巡航控制装置调节车速的反馈回路。在这些法则的范围内，当科学家们对这些法则支配下的系统进行研究时，他们就会发现这些法则的基本属性。而且，他们既有权将隐喻用作该系统的标签，也有权将隐喻当作从一个熟知的领域到一个半生不熟的领域的类推手段。

在科学的日常行为中，这一切还为科学辩论留下了广泛的空间，比如，一种现象是否真的是一个以其隐喻性标签命名的系统实例，或者相似性是否只停留在隐喻性的术语上等问题。没有人怀疑眼睛的晶状体与望远镜镜头是透镜的两个实例，而不是把望远镜作为眼睛的"隐喻"。在"遗传密码"中，没有什么是以隐喻的方式存在的：代码是一种映射方案的信息论术语，它把"病毒密码"和"DNA"作为特例纳入其中。但问题是，认知心理学专家是否把计算机作为心智的一种"隐喻"呢？或者，我们是否可以说（我相信可以）人类心智"直接"参与了计算呢？人类心智是否也像商业数字计算机那样，是这个"计算系统"的一个范例呢？

可见，隐喻在语言中的普遍存在并不意味着所有思想活动都基于身体的体验，也不意味着所有概念都只是竞争的框架，而不是能够证实的命题。概念隐喻只有被分析成因果、目标、改变等构成实际思想传播的抽象概念要素时，才能被掌握和运用。对科学隐喻系统的使用表明，隐喻是语言适应现实的一种方法，反之则不然。隐喻能够捕捉到世界的真正法则，而不只是将人们熟悉的意象投射到这些法则之上。

概念隐喻的现实主义解释阐明了隐喻和框架在政治领域中的应用。出于对其认知理论的忠诚，莱考夫指出，"在公众心目中，框架胜过事实"，而且，那些主导框架都是由当权者为满足自身利益而强加给事实的。这是一个谦逊的、愤世嫉俗的政治理论，其言外之意是，普通老百姓倾向于不加选择地轻信，而政治辩论不可能，而且也不应该是关于政策和人的实际优、缺点的。但莱考夫的政治理论并不比他的科学知识理论更遵循概念隐喻的本性。隐喻和它们的框架并不"固定在人的大脑神经结构里"，而是可以被检查、怀疑，甚至嘲笑的（还记得前面提到的伍迪·艾伦将自己的下巴放在某个家伙的拳头上吧）。假如真的有哪个政客接受了莱考夫奥威尔式的建议，将"税收"改名为"会员费"，那么，我们就不难想象人们表达对他的嘲讽时所发出的狂笑声了。［事实上，在 1949 年所著的著名的《政治与英文》（*Politics and the English Language*）短评中，奥威尔选择了"扩充财源"一词来代替"增加税收"，"扩充财源"后来也因此成了一个恶名昭彰的委婉语。］人们并不是一定要听过"税项宽免"的比喻才能感觉到税收之痛，我怀疑自从税收诞生之日起，这种伤感就已经存在了。那么，框架真的总是胜于事实吗？莱考夫提出这种观点的依据是，人们并不觉得宽免税收会使他们的生活真的富裕起来，因为他们认为联邦政府减税所节省下来的全部收入都将被地方税收的增加和一些私人业务所抵消。但是，如果这是事实，那这个事实就必须经过验证，方可作为一个数字证据。同时，我们既要正视人们的感觉，又不能完全轻信这些感觉，比如，人们会觉得部分联邦税收被用于地方建设项目、企业福利、官僚浪费等。许多民主党人指责莱考夫是在企图重新打造 20 世纪 60 年代的激进主义，并没有提出什么令人信服的新思想。他们认为，莱考夫的这种做法是对选民的轻蔑。

那么，框架方式影响信仰和决策，这一点是不可否认的吗？答案是肯定的，但这并不等于说人是不理性的。例如，就一句话所涉及的情景而言，尽管几种不同的框架方式均有可能符合这句话所描写的事实，但不同的框架方式对其他未被提及的事实所做出的承诺却很可能是不同的。正因如此，不同的竞争框架会受到检验和评价，它们并不是仅靠诱惑力或者迫于压力才得以传播。就那个最明显的"税项宽免"的例子来说，"税收"和"会员费"并不是对同一个事物的两种不同框架方法：如果你不支付会员费，会员组织只会停止为你提供服务；而如果你不纳税，执法人员就会将你送进监狱。同样，"解放"和"入侵"也不能被实质性地互换使用。"解放"意味着大部分民众对当前统治不满，对抵达的军队表示欢迎；而"入侵"的意思则恰恰相反。如果辩论者采用上述两种方式来框架同一起事件的话，那么他们实质上是在争相预言一个未被观察的事实，这就好比科学家试图通过对相同数据的反复核查来争相推进理论一样，而这些理论实际上是要由新的实证测试来验证的。

即使在框架的黄金标准中，特沃斯基－卡尼曼流感问题的框架也不是真正的同义词。关于"200 人会获救"的描述是指那些因治疗而幸免的人。这与由于其他不同或不可预见的原因（比如，流感实际上并没有预测的那么有杀伤力，或者医生会想出替代疗法等）而幸免的人是不相矛盾的。它意味着，至少 200 人能够幸免。而另一方面，那个"400 人将会死去"的方案不计死亡原因地囊括了所有死亡人数。这就意味着，幸存者不会超过 200 人。

有时候，不同的框架也会选择相同的事实，但它们所采取的策略却不同。将"杀死一个未出生的孩子"框架成"堕胎"意味着，在逻辑和道德上，堕胎合法化与杀婴合法化是一致的；将"限制选择"框架为"医疗国有化"意味着，它与允许政府限制其他人的选择是一致的。人们可以通过论证这些框架背后所隐含的一般规律来玩味这些框架：堕胎可以合法化而杀婴却不能，这是因为早期胎儿被武断地当作孕体（我们不把孕体的死亡判定为违法）。国有化医疗保险可以被强制，而其他私人选择却不能，这是因为"国有化医疗保险"属于一类有公共后果的选择范畴，就像警用防护和垃圾清理，我们已经强制人们付费了。针对任何一种隐喻，我们都可以通过对哪些相似方面应认真对待，哪些方面不予理睬的发问来评价一对竞争框架的优、缺点。

人肯定会受到框架的影响，正如我们从数百年来人们对修辞和游说艺术的评论中所了解到的那样。隐喻，尤其是概念隐喻，是一种基本的修辞、日常交流和思想的工具。但这并不意味着人们就必须受这些隐喻奴役，也不意味着人们对隐喻的选择只是品味或教化的结果。隐喻就是归纳：它们把一个特例归入某个包罗万象的范畴中。正如不同词语可以描写相同物质、不同语法可以生成同一种句子变体、不同科学理论可以解释同一组语料那样，不同隐喻同样可以框架相同的情景。也正如其他归纳法一样，隐喻的预言可以被测试，它们的优劣性（包括它们对世界的仿真度）也同样可以受到审查。

善、恶、丑

在我们转向隐喻思想是否真是自然而然出现在人们心中这一问题之前，让我再从人们所熟悉的诗歌、文学作品、辞藻华丽的演讲中的文学手段入手，考察一下隐喻之隐喻的喻体，即"隐喻"本身，以便为本章讨论的隐喻之隐喻问题画上一个圆满的句号。

显然，文学隐喻表明的是喻体与本体的相似性。"朱丽叶，就像太阳，照亮了我的心。""生活，就像舞台，人们扮演着各种各样的角色。"乍看起来，文学隐喻就像一个浓缩了的明喻。不过，同样显而易见的是，如果我们将一个隐喻变成明喻，那就等于耗尽了它全部的生命和活力。"那扇窗子就像太阳升起的东方，而朱丽叶就像那太阳""世界就像一个舞台，天下所有的男男女女都是演员"，这也太无聊了吧。文学隐喻的特色必定源于某些额外的因素，正是这些额外因素为事物特征间的纯粹搭接增添了情趣。不仅如此，这些因素还必须使文学隐喻的表现力比日常概念隐喻〔例如，"她驳倒了我的证据"（She shot down my argument），或者"我们的关系已走到尽头了"（Our relationship isn't going anywhere）等〕更加淋漓尽致。

这些额外因素之一就是隐喻的句法。通过将一个实体的特征表述为一个名词短语谓词（或仅仅用这个名词短语指称那个实体），隐喻所征集到的是一个范畴或者一种类型的语义。正是这个语义取消了我们在第3章中提到的那个 Boys will be boys（男孩就是男孩）的结构重复性，也正是这个语义使得乔纳森·米勒可以巧妙地回答说自己只是个犹太族，而不是一个犹太人。在预言主语时，名词短语传达的是一种特质，这种特质让人觉得它关系到该主语的存亡。这种特质定义的是一个范畴，相比于对特征的纯粹归因，这个范畴对主体的分类显得更深刻、更持久，意义也更深远，比如，"律师是条鲨鱼"的言外之意远远大于"律师像条鲨鱼"。

隐喻是一种断言身份的方式，而不是单纯地进行比较。正因如此，莱考夫主张，我们实际上是利用隐喻来思想。这也是他提出文学隐喻与日常隐喻并无本质差别的真正原因所在。在一部与人文学者马克·特纳（Mark Turner）合著的、极具见解的有关诗学隐喻的书中，莱考夫指出，诗学隐喻也常常会用到日常的概念隐喻，但它利用的是那些一般被省略的元素，并以非同寻常的方式或者一个接一个地将相关隐喻并置起来，以此来充实细节。举例来说，当罗伯特·弗罗斯特（Robert Frost）谈及那条"未曾选择的路"（the road not taken）时，他所阐述的概念隐喻就是"生活即旅行"，这也是我们在日常话语中常见的，比如，I've come a long way（我已经取得了很大的进展）；再如，He had to get out of the fast lane（他不得不摆脱忙碌而快节奏的生活）。

在该书的书评中，杰肯道夫［还有学者大卫·亚伦（David Aaron）］对这个等式提出了挑战。他们指出，人们不仅会区别地对待诗学隐喻和字面断言，而且还会将诗学隐喻从日常隐喻中区分出来。文学隐喻是一种特殊的隐喻，因为它们唤起的是一种不符合常规的感觉——那是片刻的战栗，那一刻听者要对那些乍听起来似乎毫无意义的东西苦苦地思索。（他为什么要把一颗行星等同于舞台呢？为什么选择了一条人迹罕至之路就会有"天渊之别"呢？）证明这一点的一个最简单的方法就是：首先承认这种非常规性，然后再指出其中的隐喻相似性。就诗学隐喻而言，其最终结果听上去都是非常合理的，因为它们所揭示的是隐喻的逻辑。

> 毫无疑问，世界并不是一个真正的舞台，但假如是，你就可以说襁褓阶段是第一幕。
>
> 毫无疑问，人也并不是真正的天体，但如果是，你就可以说朱丽叶就是太阳。
>
> 毫无疑问，生活并不是一条真正的道路，但假如是，你就可以说最好选择一条人迹罕至的路线。

但这种方法并不适用于字面陈述。杰肯道夫和亚伦对《利未记》（Leviticus）中的一节——"生命体的生命存在于血液中"进行了认真探讨。对我们来说，这其实是一种文学隐喻，它是由概念隐喻"生命是流动的体液""死亡就是丧失体液"衍生而来的。这个隐喻还衍生出了诸如 She feels drained（她感到筋疲力尽）、My juices were flowing（我热血沸腾）、His life ebbed away（他已经油尽灯枯了）等表达式。古希伯来人将心智功能毫不夸张地归因于人体器官和生命物质。《利未记》中的这一节指的是一则消费动物血液的禁令。现在让我们用上面的那个

"试金石"来验证一下。

> 毫无疑问，生活并不是一种真正的体液，但假如是，你就可以说它在血液中流淌。

尽管我们会赞成第一部分的说法，但古希伯来人却不会。这证明了将一个隐喻的内容当作确实的信仰与将该隐喻理解为一种文学手段是完全不同的。它同时还证明了这一差别是可以通过前面那个"并不是真正的"测试来判断。

上面那个测试还表明，日常概念隐喻与文学隐喻的工作原理也不尽相同。

> 毫无疑问，时间并不是真正的位置，但假如是，你就可以说，我们正走近圣诞节。
>
> 毫无疑问，目标并不是目的地，但假如是，你就可以说，我还没有到达完成这本书的目标。
>
> 毫无疑问，爱并不是一次真正的旅行，但假如是，你就可以说，我不喜欢我们感情的发展路线。

这些句子都是不符合逻辑的推论。尽管第一部分中陈述的那个非常规性是真的，但它似乎与第二部分毫不相干。因为第二部分的表达根本没有被诠释为隐喻，它不过是一种将思想标准地编码于语言中的方法而已。

新文学隐喻中的非常规性是使隐喻"言之有物"的另一个额外因素。一旦搞清楚潜在的相似性，听者会迅速地将这个非常规性排解掉，不过，起初的迟疑和随后的集思广益都会传达一些额外的东西。这意味着，在单调的日常生活中，相似性并非显而易见。而且通过将其强加于读者的注意力，作者所要呈现的是真实的信息。我们在第 2 章中讨论激进语用学时遇到过这种效应：字面解释与预期解释间的张力能够传达一个第三方信息，这个信息可用于粗话、幽默和潜台词。

文学隐喻的第三种风格源于喻体及其渗透到本体中的情感色彩。莱考夫将本杰明·迪斯雷利（Benjamin Disraeli）的话"我已经爬到了权力之柱的顶端"解析为"他已经通过努力获得了地位，已经承受了暂时的挫折，取得了不能再高的地位，而且很可能用不了多久就会失去这个地位"。莱考夫的诠释中缺少的是一句嘲弄的潜台词：政治竞争很可能是令人生厌的、玷污名誉的，而且终究是毫无意义的。在那些更富有诗意的隐喻中（例如纳博科夫的"连雀的幽灵／凶手便是那片窗玻璃投射的碧空幻影"），情感色彩随处可见：影子的空灵、反射的虚幻以及幻觉的出卖、漫不经心投射在玻璃窗上的死亡警示、一个毫无戒心的可爱生灵意外的悲惨结局，等等。这些盘根错节的引喻也标志了文学隐喻与科学类比的一个关键区别。尽管这些多层次的、充满情感色彩的相似性丰富了诗的内涵，但它们却妨碍了我们对科学的理解。

据说，理解事物的最好方法莫过于证伪，若果真如此，我们倒是可以通过一些糟糕的幽默来深刻理解文学隐喻了。多年来，《纽约客》（New Yorker）杂志目录的下方有一个叫作"Block That Metaphor"（阻止那个隐喻）的专栏。该专栏会转载一些小城镇出版物上牵强而可笑的典故。不过，我最喜欢的还是那些广为流传的"世界上最糟糕的类比"（World's Worst Analogies），它们通常被视为世界各地英语国家的高中生们的杰作，获胜者可以进入《华盛顿邮报》（Washington Post）的比赛。请看下面三个例子。

> 约翰和玛丽从未谋过面。他们就像两只素昧平生的蜂鸟。
> 她的眼睛像两个中间嵌着大黑圆点的棕色圆圈。
> 雷声是一种不祥的声音，那声音很像话剧院上演雷雨场景时后台摇晃金属薄片发出的声音。

在上述隐喻中，对喻体的了解丝毫也不会增进人们对本体的认识，所以它们不能通过支持推论的测试。再来看看下面这些隐喻。

> 她的约会倒是挺开心的，但她也明白，如果她的生活是一部电影，那么这个男人只会以"第二个高个子"这样的名字被埋没在演职人员表里。
> 即使是在生命最后的那些日子里，祖父的心扉仍然像一个捕兽夹那样紧锁着，因为被忽略了太久，它已锈死了。
> 他的话语充满了智慧，而这智慧只能源于经验，就像一个人在观察日食时，曾因没有使用带孔的盒子而导致失明，现在却走遍全国各地的中学，为学生们讲解不使用带孔的盒子观察日食的危害性。

在这里，隐喻的小创作者们挖空心思地对喻体进行解释，但由于解释得过于详尽，他们没有留下任何非常规性的东西以供读者去揣摩，因此没有读者愿为这份修辞买单。让我们再来看看下面的例子又怎么样呢？

> 30 年的婚姻被他老婆的出轨毁于一旦，这个出乎意料的消息让人大跌眼镜，好像先前免收手续费的自动提款机突然要收费了一样。
>
> 芭蕾舞女优雅地踮起脚尖，一条纤细的长腿向后舒展着，就像一只消防栓旁边的狗。
>
> 麦克布莱德从 12 楼跌下，砸到人行道上，就像一个装满蔬菜汤的大袋子。

这三个例子中的类比一览无遗，信息量甚至更丰富，但喻体的情感色彩与本体的情感色彩严重冲突，以致无法实现两者间互相渗透的目的。

隐喻与心智

既然已经了解了隐喻在科学、文学和推理中能做和不能做的，现在让我们重新回到本章一开始提出的那个问题：对一个普通人来说，创造和掌握隐喻到底有多难？任何一个隐喻和类比都必定有一个出处，它们有可能是出于文人墨客之笔，随后成了世代相传的家珍。但鉴于它们在语言中普遍存在，它们似乎更有可能是人类心智运作的自然产物。如果真是这样，在人们对类比或概念隐喻的表面差别和深层对等进行感知的过程中，我们应该能够捕捉到对它们的加工机制。

人们对"快乐是向上"这样的简单隐喻的感知基于单一的维度，这一点很容易在实验中得到验证。当受试者看到屏幕上的单词并被要求说出哪些是褒义词（如敏捷的、优雅的、真诚的），哪些是贬义词（如尖刻的、浮躁的、粗俗的）时，他们对出现在屏幕上方的褒义词或屏幕下方的贬义词的识别速度要快一些，反之则较慢。当他们看到"亚当给你传信儿"这样的句子时，手会迅速地移向身边的验证钮；当他们看到"你给亚当传信儿"这样的句子时，手的移动速度则会缓慢一些。而当他们被要求对上述这两种句子做出反应后，迅速将手从验证钮上挪开时，情况正好相反。这就好像手的生理运动与信息的隐喻性运动先天就属于同一个心理空间一样。当实验人员用"占有"和"捐赠"进行实验时，受试者对"迈克出售土地给你"和"你出售土地给迈克"以及"狄安娜为你花时间"和"你为狄安娜花时间"的身体反应速度的情况和前面"传信"中的两种情况完全一致。

心理学家莱拉·博格迪特斯基（Lera Boralitsky）以及合作者们所做的一组精巧的实验表明，人们也会根据"时间即进程"和"时间即远景"的隐喻来感知空间隐喻。请记住，"进程"和"远景"这两个概念是不兼容的，它们会导致时间句的歧义。举例来说，"星期三的会议提前了 / 前移（moved forward）两天"，这句话可以理解为"会议时间已改到星期一"，因为如果我们调用的是"时间即进程"这一隐喻，那么"前移"更符合时间朝着我们自己的方向前进—— 一直处于行进中的事件现在离我们越来越近了。这个句子也可能被理解为"会议时间已改到了星期五"，因为如果我们调用的是"时间即前景"的隐喻，那么"前移"则更符合我们自己穿越时间的前行——我们必须继续往前走，穿越更多的日夜，以便到达一个已被移到前方某个位置的事件。如果人们近期读到过一个与其中一种隐喻相符的句子，比如，"会议两天前就过期了"（会使人们倾向于前面那个"星期五"的解释），或者"最后期限已经过去两天了"（会使人们倾向于"星期一"的解释），那么他们很可能会倾向于一种或另一种解释。这种解释其实与我们前面谈到的那个把概念隐喻的新鲜实例分析成"爱是病人"的实验解释是相仿的。而这两种情况之间唯一的共同之处就是这个潜在的隐喻，因此可以说，隐喻一定已经驻于人们的心智中。

博格迪特斯基进一步发展了这种逻辑，她的研究证明，不仅是那些利用隐喻表达运动的语言，就连真实的运动体验也会影响人们对"前移"之类的歧义的解读方式。假如先让人们设想推一张办公椅的场景，他们便会倾向于"星期五"的解释方式（在这种解释方式中，"前移"和他们自己朝那个隐喻前景的方向前进吻合）。但如果先让他们设想用一根绳子拉那把椅子，那么他们则倾向于"星期一"的解释方式（在这种解释方式中，"前移"与时间朝他们的方向前进相吻合）。诸如此类的倾向性可以通过实践运动的体验来诱导：如果人们最近经历过排队进餐厅、下飞机、抵达火车旅行的终点，他们就更有可能将"前移"理解为会议延期至"星期五"了。

但是，与人类的鸿鹄之志相比，这种将一维空间与一维经验联系在一起的潜能只不过是人类进行隐喻思想时一种微不足道的表现。还记得我说过，隐喻的有效性完全可以与受益于复杂概念关系结构的类比相媲美。事物间的隐喻性关联牵涉着一系列以特定的方式相互作用的实体，那么，我们能否证明人们完全可以轻而易举地发现这种关联呢？我们能否证明人们是在辨别一种全新的隐喻性关联，而不只是在不经意间习得那些陈词滥调式的关联呢？

众所周知，儿童即兴话语中的错误是心智的隐喻性功能的一种表现。心理学家梅利莎·鲍尔曼就曾对自己的两个学龄前女儿进行过跟踪观察，鲍尔曼注意到，两个孩子在谈论占有、状态、时间和成因时，偶尔会非常规性地使用那些表达空间和运动的词语。

You put me just bread and butter.
　　你只放（给）我面包和黄油。
You put the pink one to me.
　　把粉色的那个放（给）我。

I'm taking these cracks bigger [while shelling a peanut].
　　我在弄大这些裂缝（一边剥花生）。
I putted part of the sleeve blue so I crossed it out with red [while coloring].

我把袖子的一部分放成（涂成）蓝色了，所以我用红色把它涂掉（一边着色）。

◇　◇

Can I have any reading behind the dinner?

在晚餐的后面（之后）我能读点什么吗？

Today we'll be packing because tomorrow there won't be enough space to pack.

我们今天就得打包了，因为明天就没有足够的地方来装东西了。

Friday is covering Saturday and Sunday so I can't have Saturday and Sunday if I don't go through Friday.

星期五盖住了（早于）星期六和星期天，如果我不过星期五，就不能过星期六和星期天。

◇　◇

My dolly is scrunched from someone... but not from me.

我的小车被别人给划坏了……但不是我弄的。

They had to stop from a red light.

他们要在红灯前停车。

　　在首次对儿童话语进行研究时，这些报告令我兴奋不已，因为它们几乎就是出自吃奶娃娃之口的隐喻之隐喻的证据。当然，这些证据还远远不够，因为它们仅仅来自两个孩子，而且她们的母亲还是个学者—— 一位对儿童语言的特殊现象细心观察了三年半之久的心理学家。

　　为了发现孩子们这种跳跃性地使用概念的偶发率，我特意雇用了一个学生——拉里·罗森（Larry Rosen），协助我对一个由近50 000个句子转录而成的计算机数据进行了整理，数据库中的语料取自另外三个儿童。遗憾的是，我们收获甚微。

I goin' put de door open.

我去打开（放开）房门。

Now I think I take the whole crayoned [coloring in a picture].

现在我全涂完了（给一张画涂色）。

It's gonna stay raining.

天会一直下雨。

He put his bread and butter folded over.

他把面包和黄油卷起来了。

随后，我和罗森又做了一个实验，希望能从我们身边的孩子们那里诱导出此类错误。我们让孩子们描述一些表现"占有"和"状态"概念的图片，比如，一位母亲把一个球交给一个女孩，或者一个男孩在一张纸上涂色。我们还特意告诉孩子们用哪个词来回答问题——例如："你能用 put（放置）这个词告诉我她在做什么吗？"希望以此能引发出一个不经意的错误回答，比如，He's putting the paper blue〔他在把纸涂（放）成蓝色〕。共有 30 个孩子参与了我们的实验，每个孩子描绘 19 张图片，总共用了 570 个隐喻性地使用空间术语的诱导句，但这一次的收获还是微乎其微。

Mother takes ball away from boy and *puts* it to girl.

妈妈从男孩那里把球拿走交（放）给了女孩。

Square *go* big.

广场变（去）大了。

Boy *puts* flowers to girl.

男孩把花交（放）给女孩。

Square *went* bigger.

广场变（去）得更大了。

在其余 99.3% 的时间里，即使使用目标动词，孩子们也是按照目标动词的标准含义使用的，比如，He put water on him〔他在他身上倒（放）水〕。这个结果反倒为"煞风景论"增添了一个筹码。很显然，孩子们完全能够发现位置变化与状态或占有变化之间的平行关系，但他们却极少向人炫耀这种洞察力。大多数时间里，他们对空间词语的使用与父母们的使用方法是完全一样的。

人工智能研究员罗杰·尚克（Roger Schank）在一次关于记忆的研讨会上所

讲述的个人联想经历让我再一次领悟到人类思想的隐喻性。当然，尚克并不是第一个对联想心理进行反思的人。我们经常将这种心理当作由感官体验所引发的往事回忆，就像马塞尔·普鲁斯特（Marcel Proust）在其著作《追寻逝去的时光：第一卷·去斯万家那边》中所描述的那样：

> 　　母亲着人端上一块点心，这名叫小玛德莱娜的、小小的、圆嘟嘟的甜点心，那模样就像是用扇贝壳瓣的凹槽做模子烤出来的。天色阴沉，看上去第二天也放不了晴，我心情压抑，随手掰了一块小玛德莱娜浸在茶里，下意识地舀起一小匙茶送到嘴边。可就在这一匙混有点心屑的热茶碰到上腭的一瞬间，我冷不丁打了个颤，注意到自己身上正在发生奇异的变化。我感受到一种美妙的愉悦感，它无依无傍，悠然而至，其中的缘由让人无法参透。这种愉悦感，顿时使我觉得人生的悲欢离合算不了什么，人生的苦难也无须萦怀，人生的短促更是幻觉而已。我就像坠入了情网，周身上下充盈着一股精气神：或者确切地说，这股精气神并非在我身上，它就是我，我不再觉得自己平庸、凡俗、微不足道了。如此强烈的快感，是从哪儿来的呢？　①

5 段文字过后，叙述者回忆起儿时的一次经历：一个星期天的早晨，他的姑妈莱奥妮为他端上了一盘浸泡在椴花茶中的玛德莱娜蛋糕，想到这里，他终于找到了这个问题的答案。

尚克对往事的联想风格与普鲁斯特截然不同：

> 　　有人曾经告诉我，有一次，邮局里排着很多人，可他站在长长的队伍中竟然发现，排在他前面的那位闹了半天就是为了买一张邮票。这让我联想起了在加油站排队买两美元汽油的那些人。

好吧，你指望一个计算机科学家的文学水平能是什么样呢？不过，尽管这段叙述缺乏文学的奔放，但这点缺憾完全可以被它在科学上的重要性所抵消，因为它所证明的是某些关于人类记忆的非同寻常的东西。记忆不仅可以由一脉相通

---

① 本段采用周克希译版，华东师范大学出版社出版。——编者注

的味道、纹理和形状等因素唤起，而且还可以通过共享抽象观念框架来激活，就上面这种情况来说，这个共享的观念框架就是"获利甚微的耗时是低效的"。在下面尚克所讲述的这个故事中，叙述者对回忆起来的往事的感官重叠（sensory overlap）甚至更少。

> X 描述了他妻子是如何永远也不会把牛排煎到他所喜欢的程度的事。当 Y 得知后，此事令他想起了过去某个时刻：30 年前，当时他想把头发剪成英式短发，但那个理发师无论如何也不能剪短到他想要的那个长度。
>
> X 的女儿正在潜水捞海胆。X 指了一处盛产海胆的地方，但他的女儿却继续在原地潜水。X 问为什么。她回答说，因为她原来潜水的地方水浅。这让 X 想起了一个笑话：一个醉汉在路灯下寻找钥匙，因为这里的光线比较好，尽管他的钥匙是在别处丢的。

出于对这种鸣钟术（bell-ringing）使用频度的好奇，最近我对自己的联想进行了连续记录，并把那些普鲁斯特式的"共享－知觉－触发"联想与尚克式的"共享－概念－结构－触发"联想区分开来。几天下来，我竟记录了多达十几个尚克式的例子。下面是其中的几个例子。

> 我一边慢跑一边听 iPod，歌曲的播放顺序被设定成随机选择。我不停地按动着"跳过"键，直到找到了一首旋律适合的歌曲为止。这让我联想起棒球投手站在投球墩处向本垒板处的击球手传达发球方式的情景：击球手不停地用一系列手指－代码来示意对方投球的类型，只有当投手看到了他需要的投球方式时，他才会点头表示同意。
>
>
>
> 在电脑上修补数码照片时，我尝试着用一个补光修补程序进行补片，但我发现，这个程序刻录出来的亮度明显不如它旁边另外一个修补程序，于是我又使用了那个程序。就这样，我不停地将其他修改程序刻录进来，一次又一次。这让我联想起人们反复锯短茶几腿来阻止茶几晃动的情景。
>
>
>
> 一个同事说，一个健谈者的诡辩给她留下了深刻的印象，因为她无法理解他在说什么。另一个同事回答说，他也许根本就不是个健谈者。这让我想起了一个得克萨斯人去堂兄的牧场做客的笑话，他堂兄的牧场在以色列。"你们管这也叫牧场？！"他说："在得州老家，我一大早就驱车出发，可直到太

> 阳落山，我连牧场对面的边界都没看到呢。"他的堂兄回答说："是啊，我过去也有过这么一辆汽车。"

有趣的是，我在对这些联想进行反思时，这些反思又唤起了我对另一件往事的回忆。上大学时，我和一个朋友曾经听过一场令人心酸的演唱会，歌手是一位身患喉癌的病人。一小段幕间休息后，她返回了舞台，开始唱这一场的第一首歌，这时她的嗓音更清澈了一些。我那个朋友低声地说："你把一支干涸的荧光笔盖上帽，它又能写字了，但不能用很久了。"

尚克式的联想一定是一种难以捉摸的心智行为，但这种心智行为却能带给世界一种全新的隐喻或类比。它既不同于我们前面提到过的那种糟糕的类比，也不同于那些炼金术士或"世界上最糟糕的类比"中选手们所创造的肤浅类比。它是一种深刻的类比，透过感觉经验的外表，它所捕捉到的是一个共享的关于事件、状态、目标、成因以及范围的骨架。这些联想是自然而然地出现在尚克和我的头脑中的，假如它们确实是人类心智剧本中来无影去无踪的幻影剑客，那么语言中为什么会有如此多的隐喻这一问题也就不难回答了。当然，一些诸如推理为什么必须借助隐喻之类的问题也就迎刃而解了。借助这个假设，我们甚至可以对人类为何如此睿智给出合理的解释：尚克式联想是一种进化的天赋，这种天赋赋予了人类革新变旧的智慧。（这个革新始于人类从灵长类祖先那里继承下来的概念。）

或者，也许尚克、我还有我们的朋友都有些过于另类了。也许正如那些小孩子的偶然语误那样，联想中的类比跳跃并不是很容易就会在脑海中重现，尤其是在你当街找一些人并鼓励他们即兴类比时，这会让类比的生成显得更难。事实上，假如你向认知心理学家询问，人们是如何使用类比的，他们中的大多数人都是坚定的"煞风景论"者。他们会说，人们只会对表面相似性有印象，他们看不到事物间相通的结构——一种与尚克式联想观大相径庭的回答。

自 20 世纪 50 年代起，赫伯特·西蒙（Herbert Simon）和艾伦·纽厄尔（Allen Newell）两位认知科学和人工智能的奠基者就已采用了计算机编程的方法来解决问题。他们首先从一个问题中提取出一个状态集合（一盘国际象棋的可能布局）和一个操作集合，操作将一种状态转换成另一种状态（例如，移动棋子）。然后再将这两个集合中的状态和操作表征为符号和电脑中的计算步骤，并使它们不带有任何有关世界本身的外部感官标志（比如棋盘和棋子的外观等）。计算机在解决一个问题时，首先要对目标状态与现行状态间的差别进行探测，然后对那些用于减少差异的已知操作进行尝试。一个问题一旦得到了解决，计算机便会自动将解决方案推广到下一个与此问题有着类似逻辑结构的新问题上，条件是，这个新问题也必须以类似的形式被表征在电脑的内部—— 一种通过类比进行的推理［西蒙将不同版本的相同问题称为"同构问题"（problem isomorphs）。］汉诺塔（Tower of Hanoi）问题就是其中一个最著名的例子，一个汉诺塔是由堆放在一个圆柱上的若干分度盘组成的（见图 4-1）。

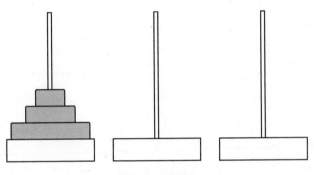

图 4-1　汉诺塔

你可以一次移动一个分度盘，但不允许将一个较大的分度盘放置在一个较小的分度盘的上面。目标就是将最左边那个钉锥上的那堆分度盘移到最右边的钉锥上去。如果给一段时间考虑，多数人都能想出解决这个问题的办法。不过，现在让我们来看看下面这个问题。

喜马拉雅山某客栈正在举行一场茶道仪式，仪式只有 3 个人参加：1个主人、1 个做客的长者、1 个做客的年轻人。仪式按照表演者的尊卑程度依次进行表演：点火、敬茶、诵诗。这个顺序需要重复多次。每一项表演结束后，在场的任何一个人都可以向其他人请求："尊敬的先生，这次我可以替你表演这个繁重的任务吗？"不过，一个人只能请求接替另一个人从上一个表演者那里所接替下来的项目中的最卑微的那一项任务。

此外，如果一个人刚表演完一项任务，那么他就不可以再承担一项比他刚完成的那项更高贵的任务。按照茶道习俗的规定，茶道仪式结束时，所有任务都得移交给那个年轻人来表演。这是怎么做到的呢？

这个问题与汉诺塔问题是同构的，而且它们可以被缩减到一个相同的步骤序列中（假设主人是左钉锥，长者是中间的那个钉锥，青年人是右钉锥，任务是钉锥上的分度盘，诵诗处于钉锥的最底部）。但茶道仪式问题似乎比汉诺塔问题要难懂得多。事与愿违的是，人类的心智对抽象概念的骨架并无透视力，在力不从心的情况下，人们很可能会找出一个问题的各种截然不同的"同构"，除非有上帝指引，否则他们很难将自己的解决方案推广给别人。

另一个例子的灵感源自格式塔心理学家卡尔·邓克尔（Karl Duncker，我们在第 3 章中看到的那个蜡烛和图钉问题也是他发明的）。设想你是个医生，正在设法为病人杀死一颗胃部中无法手术的肿瘤。你可以采用狭束辐射照射肿瘤，但只有在高强度下，这种照射才能将肿瘤杀死，但同时，肿瘤周围的健康组织也会遭到它的破坏。如果使用低强度，这样虽不会殃及健康组织，但肿瘤也不会被彻底杀死。不过，我们还是有一种解决方案，尽管它的成功率仅有十分之一：采用几束辐射分别从不同的方向照射这个肿瘤，这样，肿瘤得到的辐射剂量就等于所有光束的数量之和，而周围健康组织只能得到一束辐射的剂量。令邓克尔感兴趣的是，人们是怎样出人意料地找到这个问题的解决方案的呢？几十年后，认知心理学专家玛丽·吉克（Mary Gick）和基思·霍利约克（Keith Holyoak）预言，通向这个问题解决之路的方法之一也许就是类比。

在一项极具始创性的研究中，吉克和霍利约克向受试者提出了前面那个肿瘤问题，但他们首先为受试者提供了一条线索，这条线索是以问题同构连同问题解决方案的形式给出的：一位独裁者在一个要塞里统治着一个小国，这个要塞四通八达。一位将军坚信他的军队足以接管这个要塞。不过他却得知,通往要塞的道路布满了地雷，只有小股部队才能通过，如果大部队通过就会引发爆炸，这个消息使他的全面入侵计划成了泡影。然而，将军急中生智：他将军队分成若干个小分队，每个小分队从不同的道路通过，然后再会师于要塞，这样就可以轻而易举地将要塞攻打下来。对于一个擅长类比的人来说，他应该能够发现这个同构，并将入侵问题的解决方案应用到肿瘤问题上。然而实验结果表明，只有35%的参与者看到了这片曙光——可以肯定的是，这一比例仍旧比没有提示的情况下的实验结果增加了3倍，但这个人数比例还是很小。其他"煞风景论"的实证研究也证实了人们这种想象力的匮乏。大多数人都很少能体验到眼前一亮的感觉，这一感觉预示着他们可以将一个问题的解决办法推广到与此问题同构的另一个问题上，除非这两个同构问题在表面上也非常相似，比如，在通过阅读一名医生采用多辐射光束治愈脑瘤的方法后，医生们确实成功地解决了那个胃－肿瘤问题。当然，假如一个类比的内容无论在潜在结构还是表面特征上都很接近的话，那么它也就配不上"类比"的称号了。比如，你想凭借在麦当劳点餐的经验来搞定在汉堡王点餐的方法，这根本就谈不上什么类比天赋了。

那么，这到底是怎么一回事呢？一方面，类比思想似乎是上天赋予我们的。隐喻关联与人类语言如影随形，它推动着科学并促进着文化的发展。它甚至在不经意间（至少偶尔）现身于儿童的日常话语中，还能不时唤起我们对往事的回忆。而另一方面，经验主义者们只能将马牵下水，却无法强迫它将水咽下去（人类就好比这匹拒绝喝水的马，他们只会做自己愿意做的事情）。

究其原因，人们对简单的专业知识的欠缺应该是造成这种现象的一方面原因。对于多数学生来说，茶道、辐射疗法以及入侵的军队等都是些似是而非的概念，因此，他们手头上并没有所需的概念框架。随后的研究表明，专业知识确实可以使一些深层类比的问题迎刃而解。举例来说，让一个仅上过一节物理课的学生从一堆问题中找出相似的来，他们会将那些用相同种类物体的图片所标识出来的问题放在一起，如将那些带有斜面图标的放一组、有滑轮的放在另一组，等等。

但让水平更高的物理研究生进行排序时，他们则会将那些由相同的原则约束的问题集中在一起，比如节能问题，而不考虑这些问题是否带有沿着斜面往上推的箱子，或者吊挂在弹簧上的砝码。人们之所以擅长现实生活中的概念隐喻，也许就是因为我们都是旅行、恋爱、辩论和战争的专家吧。

不过，原因远不止于此。心理学家凯文·邓巴和他的同事们指出，在实验室中，受试者处于劣势：由实验人员来挑选类比。他们往往将类比隐藏在一个故事里，测试受试者能否将这个类比找出来。这种寻宝式的问题远比儿童语误中自己往外冒的类比要难得多，儿童语误中的类比不过是一种类比联想，是一种在语言史上创造全新隐喻的过程。

THE STUFF OF THOUGHT ▶▶ 语言与思想实验室

为了支持加拿大开展的一场辩论——该辩论围绕的主题是是否应该以削减社会事业为代价来维持联邦预算的平衡，邓巴邀请了一些学生自己构思类比。几分钟之内，学生们为每个主题平均设计出 11 种类比。其中 80% 的类比与金钱或政治无关，但涉及一些冷僻的喻体，例如，农业（"如果你因为苹果树的农药太贵而决定不买，那你的苹果树全部会死掉"）、家庭生活（"赤字就像烘干机里的软抹布，如果你不把它取出来，它就会堵在里面，最后变得毫无用处"）。此外，他还在大约 400 篇有关 1995 年魁北克独立全民公投的报道中进行了搜索，结果发现了 200 多个类比。他也再次发现，其中大多数类比都基于深层的相似性，而不是表层的相似。这些类比对喻体的全方位挖掘完全可以同家庭（"这就像父母离异，也许争取你监护权的那个家长正是你不喜欢的那个"）、医药（"分离就像一场大手术，重要的是让病人知道手术是公正的"）、国家性质的消遣活动（"魁北克通往主权的道路就像一场曲棍球比赛，全民公投是第三阶段的尾声"）的类比相媲美。

弥赛亚时代还未到来。尽管隐喻与语言如影随形，但在当今语言使用者心中，许多隐喻实际上已经死掉了，而那些活着的又永远不能被习得、理解或者作为推理工具被使用，除非它们出自那些能够捕捉能指与所指之间异同且更为抽象的概念。出于这个原因，概念隐喻既不能将真理与客观归于陈词滥调，也不能使哲学、法律和政治的话语让位于竞争框架间的择优之争。

但我仍然坚信，隐喻是一把开启人类思想和语言的金钥匙。人类心智天生就具有一种透过现象看本质的潜能——它虽不是呼之即来、无懈可击，却也足以派上用场、明察秋毫。人类强大的类比力使他们能够用古老的神经结构去诠释崭新的主题、发现隐藏的自然规律和体系，尤其值得一提的是，它还放大了语言本身的表达力。

语言，由于其本身的设计，似乎是一种定义明确，但功能有限的工具。尽管一种语言只有有限的符号和更为有限的遣词造句的规则，但它却使得人们分享了无数概念组合——即"谁对谁在哪里做了什么"的最重要工具。然而，从世界的数字化方式上来看，语言却是一种"瘦损"（lossy）的介质，因为它丢掉了关于体验的那部分稳定的、多维度的结构信息。语言的贫乏其实是臭名昭著的。举例来说，面对诸如气味和声音等既微妙又丰富的感觉，人们往往会发现自己无以言表。而且它看起来与其他那些并非由离散、易感的成分所构成的感知渠道一样笨拙。灵光一现的顿悟（就像那些在数学或音乐创作中表现出来的灵感）、情感的波澜起伏、片刻的苦思冥想，这些都不是被我们叫作"句子"的线－珠结构所能捕获到的体验类型。

值得庆幸的是，隐喻却为我们提供了一种弥补语言"不可言状"的方法。也许语言带给人们的最大快乐就是，它让人们对一个精于文字的作家所创造的隐喻崇拜得五体投地，从此便行不知往地栖身于他人的意识当中。隐喻能够让我们了解，数学天赋是怎样炼成的：

> 有时候，我常常漫无目的、一圈一圈地徘徊，踟蹰不前，迷离恍惚。就这样僵持着，一连几个小时、几天，甚至几个星期……但我知道，如果给自己足够的时间去思考，乱麻般的思绪总会被理清、被简化。

我保证！一旦灵感降临，便会让人猝不及防。嘣！嘣！嘣！一个接一个，让人目不暇接。于是，你知道，我觉得自己仿佛来到了世外桃源，人迹罕至、美不胜收……记得有一次在瑞士，几个朋友带着我乘缆车上山，是那种很高的缆车……据说在那座山的山顶，有一家酒店，周围的景色无与伦比。然而，清早起来，眼前的景色却令我们大失所望，漫山弥漫的乌云，遮天蔽日。就在此时，云雾间骤然出现了一条裂缝，透过这条云间缝隙，少女峰和其他两座巍峨的山峰赫然出现在我们眼前……这便是这里风景独好的独到之处吧。

它还能帮助我们了解，乐章是怎样谱写的：

那是上天赐予他的礼物。当他走近一只灰色的大鸟时，鸟儿警觉地发出了一声尖叫，腾空而起。鸟儿越飞越高，很快便悠然翱翔到了山谷上方，它一边盘旋，一边敞开它那风笛般的只有三个音符的歌喉唱了起来。歌声蓦然闯入了他的耳朵，他惊觉，这不正是自己谱的那首短笛曲的反奏吗！歌声是那么质朴而又不失优雅。正是这顺序的颠倒赋予了这天籁之音简单和美丽，这本应是他在寻常间就可以听到的声音。故事到此并未结束。一串伸展的台阶旋即浮现在他的脑海，不知它是从阁楼的天窗还是轻型飞机的舱口滑下来的，管他呢。一颗音符跃然而上，稍作停顿，预告着下一颗音符的即将登场。他听见了，领悟了，然后那个小音符便转身离去，留下了一抹撩人的背影和一声渐渐远去的忧伤呼唤……这些音符彼此相得益彰，它们就像一些摇摆着的抛光小铰链，完美的圆弧间不时地摩擦出美妙的旋律。终于爬到了山顶那块倾斜的岩石板上，他停下来，伸手到口袋里去取乐谱本和铅笔，此刻那个声音仍然依稀地回荡在他的耳畔。

它也可以帮助我们了解，心怀一种难以名状的欲望是什么样的：

你必须是一个艺术家、一个狂人、一个多愁善感的尤物。在你的欲望中，炙热的红毒翻滚着泡沫；在你的骨子里，超肉欲的火焰永远熊熊。（哦，你怎么要退缩和隐藏！）怎样才能在人群中立即寻到你的踪影？那本是些不可言喻的气质——略具猫科轮廓的颧骨、纤细柔韧的四肢，还有很多其他的气质，但失望、惭愧和那柔情的泪水让我无法再列举下去——你这个孩子中的精灵。

它甚至还能帮助我们了解，人们是如何反思语言自身的缺陷的：

　　没人能完全准确地表达自己的需求、想法或痛苦。事实上，人类语言不过是个破茶壶，我们用它敲击出来的粗糙乐曲只能为狗熊伴舞，可我们却一直希望它能感动群星。

The Stuff of Thought

第三部分

语言与社团

The Stuff of Thought

Language
as a Window into
Human Nature

05

名为何物

　　任何一个人名或事物名称都是先由人类历史上某个时期的某个人物凭空杜撰出来，随后被语言社团接受并流传开来的。正是这一过程将我们的世界、心智以及人类社会以一种令人惊奇的方式网罗在了一起。命名这种谦逊的行为，一方面颠覆了我们对逻辑、含义以及知识与现实之间的关系的认识；另一方面也颠覆了我们对文化和社会的认识。

　　我这一生无时无刻不被"史蒂芬"（Steven）这个常见得不能再常见的名字提醒着。这个名字的出处其实还挺吉祥的：Stephanos，即希腊语"皇冠"的意思。尽管如此，自圣·史蒂芬（St. Stephen）——人类第一个基督教殉道者，遭石刑之后的2 000多年间，史蒂芬这个名字几乎就再未被人使用过，只是在一年一度的"史蒂芬日"（圣诞节的第二天），也就是好国王温塞拉斯（Good King Wenceslas）雪天出行救济农民的那一天，人们才会记起这个名字。到了19世纪，不知何故，这个名字又悄然登上了历史舞台，不过，当时使用它的人还不是很多——奥斯汀、道格拉斯、福斯特、里柯克以及克兰——即使到了20世纪上半叶，也只增加了贝尼特、斯彭德和迪达勒斯，而最后一个史蒂芬·迪达勒斯还只是小说中的一个人物。

　　20世纪30年代，在美国，史蒂芬这个男孩名的使用率名列第75位，排在克拉伦斯、勒罗伊和弗洛伊德后面。而到了我出生的50年代，史蒂芬以及同源名Steven（史蒂文）、Steve（史蒂夫）骤然飙升到了第7位。我个人认为，在我的家乡，这个名字好像比在其他地方都受人欢迎。因为每次我们一大群孩子在一起玩耍的时候，我总会发现身边有好几个Steve。上小学时，因为每个班级都有两到三个孩子叫这个名字，所以我总是被叫作史蒂芬 .P。随着年级的升高，我发现，叫史蒂芬的同学也变得越来越多。我在研究生学院的室友、我的导师以及我的一个同门师兄都叫 Steve（结果我们学院同时收藏了一份有三个 Steve 署名的毕业论文），再后来，我有了自己的实验室，结果我先后雇用了两个 Steve 为我工作。

到了我开始写市面上的科技书时，我已经彻底被史蒂芬们给包围了。我渴望自己能站在史蒂芬·古尔德前辈和史蒂芬·霍金的肩膀上，于是，我发现自己先是与古尔德进行论战，然后是史蒂文·罗斯［Steven Rose，那场论战的文字被记录为《两个史蒂夫》（The Two Steves）］，这些史蒂夫的科技书籍，连同史蒂芬·步狄安斯基（Stephen Budiansky）和史蒂夫·琼斯（Steve Jones）的，都被摆放在书店的同一个书架上。当然，我这么说并不是因为这对我的书有什么不好的影响。

基珀·威廉姆斯（Kipper Williams），《星期日泰晤士报》（The Sunday Times），经作者许可转载。

自那以后，市面上科技书的撰写队伍里又增加了约翰逊、兰德博格、利维、杰米森、温伯格、沃尔夫拉姆以及畅销书《魔鬼经济学》（Freakonomics）的那两位作者（列维特和都伯纳）。此外，史蒂夫还统治着高科技领域，其中包括微软和苹果的 CEO（鲍尔默和乔布斯）、苹果的两位创始人（乔布斯和沃兹尼亚克）以及美国在线的创始人（凯斯）。

在世纪之交的科学领域中，许许多多的史蒂夫已经形成了一股当今世界上最强大的抵制新达尔文主义的力量：他们被称为"史蒂夫计划"（Project Steve）。

该计划是美国国立科学教育中心（NCSE）为反击美国神创论组织（美国发现研究所）发起的"反对达尔文主义科学家"签名活动而掀起的一场极具讽刺性的活动。仿效美国发现研究所的做法，NCSE 也搞了一次签名活动，但不同的是，NCSE 提出的口号是"反对'新达尔文主义'的科学家"，并且只允许叫史蒂夫的科学家参与签名。NCSE 反击美国神创论组织说："哦，是吗？哇，你们有几十个人签名，不过遗憾的是，我们有几百名科学家都因拥护进化论而签名——仅仅是叫史蒂夫的就有这么多！"［其中包括同源名 Stephanie（史蒂芬妮）、Steffi（史蒂菲）、Stefan（史蒂芬）以及 Esteban（埃斯特万）］。其实，NCSE 之所以这么做，一方面是为了讽刺美国神创论组织，另一方面也是为了纪念史蒂芬·杰·古尔德前辈。目前，"史蒂夫计划"的网站上一直保留着那个投票统计表（到本书发稿时，投票已经达到了 800 人次）。此外，他们还发行了一款文化衫、一首歌曲以及一个吉祥物（教授史蒂夫·史蒂夫，一只熊猫玩偶），并在极负盛誉的《不可能的研究年鉴》（*Annals of Improbable Research*）上发表了一篇名为《史蒂夫的形态学》（*The Morphology of Steve*）的项目报告（报告基于签名者订购 T 恤的尺寸分布完成）。

超史蒂夫主义（Hyperstevism）是 20 世纪下半叶兴起的一种社会现象。就像郁金香革命、互联网股票以及其他疯狂人群的命运一样，"史蒂夫"这个名字也是命途多舛。如今，青少年以下年龄段的孩子已经没有人再叫这个名字了。估计用不了多久，它就会变得跟"埃尔默"或者"克莱姆"一样老掉牙。

到底是什么原因使得一个名字的走势竟然如此跌宕起伏？和绝大多数用一个全新的名字给自己的孩子命名的父母一样，我的父母也许根本没想到，他们竟成了一种流行趋势的一部分，其实，他们只是喜欢这个名字的发音而已。我的祖父母曾经提起过这个名字的含义，说这个名字让他们想起了一个乡巴佬。不过，我倒觉得它更像是一个愚鲁而迟钝的汉子的象征，就像电影《取舍之间》（*To Have and Have Not*）中的劳伦·巴考尔对亨弗莱·鲍嘉的评价那样：

> 你知道你不必和我一样，史蒂夫（他的名字不叫史蒂夫）。你什么都不要说，什么都不要做……一件都不要。哦，也许你只要吹个口哨

就好。你知道怎么吹的，对吧，史蒂夫？把双唇合拢，然后向外吹口气就是了。

总之，不管怎么说，我的祖父母无论如何也不会想到，经历了一代人的光景后，这个名字的内涵竟会发生如此翻天覆地的变化，它居然成了美国反同性恋运动口号的代名词——"上帝所创造的是亚当和夏娃，而不是亚当和'史蒂夫'"。

本章的内容是关于命名的问题——命名孩子及普通事物。对于绝大多数人来说，在他们的一生中，给自己的孩子取名是他们有权选择一个事物名称的唯一机会。而对于《牛津英语词典》中的近 100 万个单词来说，其中的任何一个都必定是人类历史上某个时期的某个人物凭空杜撰出来的，随后，它还得被同一个语言社团的人所接受并流传千古。正是这一过程将我们的世界、心智以及人类社会以一种令人惊奇的方式交织在了一起。正如我们将要看到的，最近的一些研究结果证明，命名这种谦逊的行为，一方面颠覆了我们对逻辑、含义以及知识与现实之间的关系的认识，另一方面也颠覆了我们对文化和社会的认识。

词的含义栖身何处

我们对人名逻辑的认识始于一个基本问题：词语的含义到底栖身何处？到目前为止，这个问题有两个答案，即共有两个可能的栖身之处。一处是外部世界，在那里我们可以找到一个单词的所指；另一处就是我们的头脑，在那里我们可以发现人们对一个单词使用方法的理解。

语言是通往人类灵魂的一扇窗口，对于任何一个热衷于此观点的人来说，外部世界似乎只是一个希望渺茫的栖息地。举例来说，"猫"这个词所指称的是世界上所有猫的集合，无论是已经死去的还是即将出生的。但在现实生活中，没有哪个人能够了解所有的猫，死去的、活着的、即将出生的。同时，在这个世界上，语言中还有许多词根本就没有对应的所指物，比如独角兽、伊莉莎·杜利特尔以及复活节的兔子，但对于那些了解这类词的人来说，它们无疑是有意义的。此外，人们还可以用意思相去甚远的单词来指称世界上的同一个事物。就这一点而言，教科书上经常引用的例子就是"长庚星"和"启明星"，事实上，这两个截然不同的名称所指称的都是那颗独一无二的金星。然而，对于那些天文盲以及无法了解它们所指的人来说，这两种称谓的意思肯定是完全不同的。此外，希腊也有一个有关两个单词指称同一事物却不被人所知的家喻户晓的传说。故事的主人公就是那位底比斯的国王俄狄浦斯，他在不知情的情况下娶了一个女人——伊俄卡斯忒，也是他的生母。正如我们常看到的那样，语义的细微差别可以导致同一事件的后果大相径庭。

与这种"词义即其所指称的全部事物的集合"的看法相对立的观点是，词义是某种描写（摹状），类似于字典中的定义，或者逻辑或概念符号的公式。数学为我们提供了一个用有限的描写代表无限集合的显著模式。举例来说，"被 2 整除的自然数集合"，这仅仅由 10 个字组成的描写却归类出一个由无限多偶数组成的集合。不仅如此，数学还向我们展示了利用两种不同描写方法来归类同一组数字的方法，如偶数的另一种表述方法是："包含 0 的自然数集合，且集合中所有数都可在 0 上加任意多次的 2 来获得。"回到语言上，利用这种数学方法，我们可以将猫的语义描写为："一只小型驯化的哺乳动物，身上有柔软的皮毛、尖爪、尖耳朵，通常还会有一条毛茸茸的长尾巴，且被广泛地当作宠物饲养或用于捉老鼠。"

"含义"的两种意思有时也被分别称为"所指含义"（reference，外部世界中的一起事件或一组事件）和"概念含义"（sense，一种总结范式）。一个词的"概念含义"未必存在于每个人的头脑中；所谓概念含义是对隐藏在一个单词背后的概念的理想化描述（ideal characterization），而对于该语言的个体使用者来说，他们对每个词的概念含义只有一些不同程度的了解而已。不过，他们头脑中确实存在着某些概念，并能将这些概念与一个词语的概念含义相匹配，就这一点来说，他们应该算是了解这个词所表达的意思的。相比于猫的集合定义，具体指一只猫的定义更具优势，因为它可以被装进人们的头脑中。当然，无论哪种定义，作为一个了解词义的人，他起码得具备识别词语所指的基本能力。不过，至少在原则上，一个词的概念含义可以帮助人们挑选出它在外部世界中的所指物（referents）。以前面提到的猫的词义为例，人们只要找到一个具有小型、驯化、尖爪、尖耳朵特征的哺乳动物就可以了。因此我们可以说，一个词的概念含义起着维持人们与该词的可能所指物之间的联系的作用，不管这个词的概念含义有多么数不胜数，或者多么远离人们日常的生活体验。

遗憾的是，由于不同类型词的概念含义与所指含义的分工相去甚远，因此，"含义究竟存在于外部世界还是人们的头脑中"这个问题并没有一个肯定的答案。对于像"这个""那个"这样的词来说，在选择外部世界中的所指物时，它们本身的概念含义丝毫也派不上用场，因为它们对事物的指称方式完全取决于说话人使用它们的时间、地点和场所。逻辑学家们因此将这类词称为指示语（indexicals）。Indexicals 这个单词来自拉丁语 forefinger（食指），因为指示语的含义取决于人们所实际指向的东西。语言学家则将它们称为指别语（deictic），deictic 一词来自含义相同的希腊词根，即指向（pointing）。属于这一类的词还有：这儿（here）、那儿（there）、你（you）、我（me）、现在（now）和那时（then）。

上述这类词只是个极端的例子。与此相反，语言中还有一些词语，当人们根据规则中的系统来支配它们的意思时，它们就指称那些人们意欲它们指称的事物。至少从理论上说，你大可不必走进外部世界去亲自观察到底什么是着陆、什么是议会成员、什么是美元、什么是美国公民，或者什么是"大富翁"游戏里的 GO，因为它们的意思已经由游戏或系统中的规则精确地制定出来了。这类词有时被称为名义类（nominal kinds）——一种所指物的选定只能由人们对其命名的方式来决定的词语类型。

这样，我们就有三类区别并不十分明显的词类了：自然类（natural kinds），例如猫、水、黄金；人工类（artifacts），例如铅笔、燕麦片、粒子回旋加速器；专有名词类（proper names），例如亚里士多德、保罗·麦卡特尼、芝加哥；等等。现在的问题是，在面对这三类实体时，人类的心智与外部世界到底扮演着怎样的角色呢？

首先，让我们来观察一下专有名字的情况。乍看起来，要想了解一个名字，人们首先要了解它的概念含义，而不只是它的所指含义。我们不可能，而且也没有必要耳闻目睹所有名字的所指物，因为众所周知，有些人的名字（比如亚里士多德）在我们出生前的几千年就已经存在于这个世界上了。而且我们也知道，在有些情况下，意思不同的名字还可以指称同一个事物：这类例子不仅包括我们前面提到的长庚星与启明星，还包括塞缪尔·克莱门斯与马克·吐温、克拉克·肯特与超人、吹牛老爹（Puff Daddy）与吹·老爹（P. Diddy）。那么，存储在人们头脑中的那个名字的意思究竟是什么样子的呢？想必，它大概就像一个"限定摹状词"（definite description）：一种能区分出一个个体的特征描写。比如，"乔治·华盛顿"这个名字的意思特指"美国第一任总统"。有时，一个限定摹状词还会被某些个人或团体作为自己的个性称呼，比如那个曾经被誉为"王子"（Prince）的艺人。不过请注意，名字和限定摹状词并不完全是一回事，伏尔泰的"神圣罗马帝国"既不是神圣、罗马，也不是帝国；而格鲁乔语录中的"军事情报"的军事和情报根本就是两个自相矛盾的术语；还有那个抨击美国右翼势力组织的车尾贴标语："道德多数派同盟既不道德也不代表多数。"上述这些隽语均提醒我们：名称与限定摹状词之间存在着逻辑上的差别。按照我们目前所提及的这个理论，一个名称的含义应是一个限定摹状词的缩写词形式，尽管像前面那些笑话所传达的那样，它未必包含于这个名称自身。

现在是该哲学家索尔·克里普克（Saul Kripke）和希拉里·普特南（Hilary Putnam）的独创理论（早期版本是由露丝·巴肯·马库斯［Ruth Barcan Marcus］提出来的）大显身手的时候了，该理论曾一度被普遍誉为 20 世纪最惊人的哲学发现。它的建构基础来自一些匪夷所思的思想实验。下面我将借用一个听起来略微合理的思想实验来介绍一下克里普克的理论，不过，它可不是哲学家精心炮制出的思想实验，而是出自底特律一个与克里普克理论同时代的电台节目主持人的遣词造句。

让我们从当前的假设，即名称是限定摹状词的缩略词形式开始我们的介绍。举例来说，保罗·麦卡特尼这个名字的含义可能类似于你在字典中查到的如下定义。

麦卡特尼，保罗（**Paul McCartney，1942—**），人名。英国音乐家，流行乐团披头士乐队（1960—1971）成员，与约翰·列侬合作谱写过许多著名歌曲，其中包括《生命中的一天》（*A Day in the Life*）和《顺其自然》（*Let It Be*）（同：**麦卡特尼、詹姆斯·保罗·麦卡特尼爵士**）

现在我来介绍这个思想实验——它其实就是盛行于 1969 年秋，至今依旧真假难辨的关于保罗·麦卡特尼死讯的传闻。根据这个报道，1966 年 11 月一个星期三的早上 5 点，麦卡特尼在与披头士乐队一起录音的过程中愤然离开，中途他让一个叫丽塔的女人搭了车，后来他们误闯红灯，结果麦卡特尼在一场可怕的车祸中丧生。事发当年，披头士乐队正处于事业的巅峰期，保罗之死无疑意味着他们的名声和财富都将为泡影。为了挽回损失，他们招募了一个替身顶替保罗的位置 [即保罗模仿秀大赛的获胜者，比利·希尔斯（Billy Shears）]，并成功策划了一个瞒天过海的计划。这就是披头士当年突然终止巡回演出计划的原因（现场表演太容易泄露天机），这也是为什么他们突然都蓄起了胡子（为了掩盖那个替身嘴唇上的一个疤痕）。正如人们对一起精心设计的阴谋所预期的那样，在歌曲和专辑封面上，他们刻意为阴谋论者们埋下了许多暗含玄机的线索。

在《佩珀军士孤独之心俱乐部乐队》（*Sgt. Pepper's Lonely Hearts Club Band*）的专辑封面上，披头士乐队站在一块墓地上，保罗的那把左撇子低音吉他被插花点缀着。在专辑的封底上，披头士乐队的所有成员都面向前方，唯独"保罗"一人背对着镜头。这张专辑中有一首歌，描写的是一个男人神情恍惚地坐在车里，而另一首歌则哀叹："已经没有可以挽救他生命的回天之术了。"此外，在其他歌曲和专辑中，人们也能发现一些若隐若现的线索。比如，在那首《永远的草莓地》（*Strawberry Fields Forever*）的结尾处，人们可以隐约听到约翰·列侬的歌声——"我安葬了保罗"；而当回放《革命9》（*Revolution No.9*）时，人们可以清晰地听到约翰在反复吟唱那句"给我点激情吧，你这死去的家伙"。他们的另一张专辑《艾比路》（*Abbey Road*）的封面为人们呈现的则是一个葬礼的画面，葬礼行列中，约翰扮演传教士的角色，林格是送葬者，乔治是掘墓人，而保罗的那个替身则光着脚板（意大利人就是这样埋葬死者的）。在该专辑的开场曲中，约翰为乐队的复兴而高声歌唱："1+1+1=3，在一起，马上来我这里。"

假设传闻属实，正如逻辑学家们所说的那样，存在着一个可能世界，在这个可能世界中，那个传闻"确实是"真的。现在让我们再来回想一下前面提到的关于保罗·麦卡特尼的定义。在这个可能世界中，我们心目中的那个人，事实上已经不是披头士在1960—1971年的那个保罗·麦卡特尼了，当然，《生命中的一天》和《顺其自然》也就不是他写的了，而且他也不再是1997年被封爵的那个人了。所以，假如"保罗·麦卡特尼"这个名字的意思就是那个定义的话，那么，1942年出生于利物浦、1966年死于伦敦的那个人就不是保罗·麦卡特尼了。不过，这显然违背了人们的直觉。大多数人都会说，尽管发生了那场悲剧，定义中的那个人依然是麦卡特尼。

为了进一步阐明这个问题，让我来扩展一下这个思想实验。还记得"披头士第5号成员"斯图尔特·苏利夫（Stuart Sutcliffe）吧，他于1961年离开了披头士，第二年死于不明原因，或者"据说如此"。与麦卡特尼一样，在许多歌迷心中，苏利夫也曾是个外表俊朗的低音吉他手，且被视为披头士乐队的化身（他首创了披头士乐队的名称、服装风格以及他们著名的发型）。这难道真是巧合吗？我个人认为这不可能。很显然，披头士乐队没有位置能同时容下苏利夫和麦卡特尼两人，否则，苏利夫是绝不可能离当时正处于成功边缘的披头士乐队的。我想也许是麦卡特尼想了一个妥协的办法。这很有可能——也不难想象，即存在着一个可能世界，在这个可能世界里，苏利夫私下仍为乐队效力，并以保罗的名义写歌、演奏低音吉他、演唱专辑中的歌曲，而保罗则不过是乐队中的一张漂亮脸蛋而已。当保罗死于车祸时，除了前台表演的那个人，什么都不必改变！现在再回头看前面的定义，我们就会得出这样的结论：定义中的名字"保罗·麦卡特尼"

指的是苏利夫，就是 1971 年前一直为披头士乐队效力、并与列侬合作谱写《生命中的一天》的那个人。不过，这还是有些不对头。即便结果证明苏利夫符合"麦卡特尼"的标准定义，但我们仍会觉得，这个名字并不真的指称他，而是指称1942 年出生时被其父母命名为詹姆斯·保罗的那个人。

所有这一切让我想起了引言中遇到的与此同构的问题：那个隐藏于莎士比亚名下的剧本并非莎士比亚所著"事实"的阴谋问题。与"麦卡特尼"的定义一样，即使传闻是真的，人们直觉中的"莎士比亚"这个名字所指的仍然是那个生下来就叫这个名字的人，而不是写了那些剧本的什么人。我们在引言中探讨的有关身份窃取的问题也是这样，即使你名字的定义遭到了篡改，你仍有权宣称，你的名字所指称的就是你本人。

不过，请你大可不必为此感到纠结，这些现实生活中的传闻恰恰捕捉到了克里普克理论的精神实质。下面我来介绍几个克里普克本人采用的案例。以亚里士多德为例，尽管亚里士多德被认为是哲学家、柏拉图的学生、亚历山大大帝的老师，但是，即使他当时决定做个木匠而不是老师，或假设他两岁就夭折了，我们仍然会认为，我们心目中的那个人就是亚里士多德。再比如，很多人认为，"克里斯托弗·哥伦布"这个名字所命名的是证明了"地球是圆的"的那个人，而"爱因斯坦"所命名的则是那个发明了原子弹的人。即使这些信念是错误的，但我们仍然会觉得，这些被误传的人名所指称的还是我们认定的那两人。同样，就西塞罗来说，很多人除了知道他是罗马的演说家，对于他的其他事情却一无所知。很显然，演说家并非只有西塞罗一人，可是，每当人们提起这个名字时，他们意欲指称的就是罗马的那个人，而不是其他任何一个古罗马时期的演说家。

基于上述情况，克里普克得出的结论如下：一个名称根本就不是一种缩略的描述，而是一个"固定指示语"（rigid designator）—— 一个指定在任何一个可能世界中均相同的个体的术语。换句话说，一个名字所指称的就是一个个体，而这个个体必须具备以下特点，即无论情况如何变化，我们均能够理性地谈论他 / 她，而无须考虑关乎他 / 她的任何传记事实。事实上，在一个人的父母为其指定了某个名字的那一刻起，这个名字的所指就被固定了下来。随后，在这人的有生之年及其死后，人们会一直用这个名字指称他，这要归功于人们之间的口口相传（给你讲一个关于一位伟大哲学家的故事，他的名字叫亚里士多德……）。从某种意义上来说，比起描述（如"美国第一任总统"或"一只小型驯化的哺乳动物，身上有柔软的皮毛、尖爪、尖耳朵"），名字更接近于指示语（如"这个""你"等）。当我们知道一个名字时，便可以毫无疑虑地用它去指称一个人，而不用考虑对其都了解了些什么。

你会发现，就这些在可确认的时间里由一个命名者授予的专有名称来说，这个理论是很容易被接受的。问题是，其他两种词类——自然类和人工类词的情况是不是也是这样的呢？以自然类词为例，如"黄金"、"原子"、"水"和"鲸鱼"。它们中的任何一个词都有一个定义，从"黄金"开始，"黄金"即原子序数为79的元素，"水"即H_2O，"鲸鱼"即鲸目的几个家族。而且，科学家的任务正是设法发现这些词语的定义。

不过，就像我们通过"麦卡特尼"和"莎士比亚"的定义所了解到的那样，这种看似无害的观点却与人们某些强大的直觉发生着冲突。其中一种直觉源于我们对词语定义的观察。人们发现，现代科学对一个词的界定很可能与他们（包括科学家本人在内）对其所指的习惯看法不一致。举例来说，鲸鱼曾被认为是巨型鱼（曾经吞食过约拿的动物，古希伯来语称其为"大鱼"），但现在我们知道，鲸鱼是哺乳类动物，而绝不会是其他什么碰巧长得很大的鱼，比如"鲸鲨"。毫无疑问，当"鲸鲨"这个词被那些不懂科学者使用时，他们指称的与我们指称的肯定是完全相同的动物。同理，就"黄金"这个词的界定来说，古代炼金术士与20世纪物理学家会给出完全不同的描写，不过，无论定义的差别有多大，有一点可以肯定：他们谈论的是完全相同的物质。界定原子的物理学家也是如此，无论他们将原子定义为不可分裂还是可分裂的单位，原子就是原子，它们不会因为定义的不同而发生任何改变。

当我们对一种自然类的科学认识发生变化时，用于命名这一自然类的那个词并不会改变它的含义，至少我们可以说，这个"含义"与这些词的指称物之间的关系并没有发生任何改变。原始指称物总会被人们的心智记住。假如不是这样的话，不同时代的科学家（或持不同理论的同一时代的科学家）根本就无法对同一事物进行探讨，而他们之间的分歧自然也无法消除。因此，代表一个自然类的词义与一个名字的含义是一样的，它并不是一种描述或定义，而是指向外部世界某个事物的"指针"。创世伊始，当某人意欲使用一个词来指称一类事物时，他便用这个词为这种物质或物体命了名，这个词也就因此获得了一种含义（比如，父母给孩子命名）。随后，出于同样的目的，人们将这个名称世代相传，比如，他们会说："这东西叫作'黄金'。"

当然，一个自然类术语的所指与第一个命名者指称的不可能是同一块黄金或同一个水坑里的水，就这一点来说，它与一个名字的所指就是父母当时命名的那个人是不同的。这并不是说那块黄金或者水坑被掩藏到什么地方去了。一个自然类术语包含的是所有属于此"类"的物质——一般来说，就是那些具有某种共同隐藏特征的物质或者具有某些可能会被科学发现的共同本质的物质。对于当初那个命名者及其随后的沿用者们来说，他们也许并不知道那种共同的本质是什么，但能感觉到其存在，也或许那是一种用某种复杂方法统计学公式才能捕捉到的特性。举例来说，普特南就曾承认，他不知道"榆树"与"山毛榉"之间有什么区别。不过，他知道这两个单词并不是同义词——对他来说，尽管他自己不能区分这两种树木，但他知道专家们能做到，这就足够了。普特南认为，词语就像商品和服务，它们属于一个社会内部劳动分工的产物：我们往往要仰仗专家去区分含义上的不同，而无须自己亲自去做。

借助当今著名的思想实验，普特南为我们阐释了自然类术语并无定义的观点。设想遥远的天边有一颗行星，它是地球的一个复制品。生活在那里的人不仅和我们长得一样，就连思维方式也一样。他们的生活环境也与我们差不多，甚至他们说的语言也很接近英语。但唯独有一件事情是不同的，那就是，被当地人称为"水"的液体，它的化学成分并不是 H_2O，而是一种由长而复杂的化学方程式组成的化合物，其方程式可以缩写为 XYZ。在这个孪生地球上，XYZ 是一种维系生命的无色液体，它可以解渴、灭火、从天而降、溢满湖泊和海洋。这意味着，我们地球人大脑中存储的有关水的知识与孪生地球人大脑中所存储的知识是一样的——孪生地球人天生具有与人类相同的大脑，而且他们的大脑体验与我们在成长过程中的大脑体验也是一样的。换句话说，我们要一杯水（碰巧是 H_2O）喝的情景也适合他们（碰巧是 XYZ）。

现在，假设词语的含义是存储在头脑中的，那么地球上"水"的词义和孪生地球上"水"的词义应该是一样的。然而，这种推理与多数人（参与过这个问题思考的人）的直觉是相悖的——他们一致认为，"水"这个词在两个行星上的意思不同。我估计，假如有一天我们的化学家们有机会造访这个孪生地球并对他们的水龙头里流出来的"水"物质进行检验，这种差别会被渲染得更大——他们会说："孪生地球人不喝水，他们喝 XYZ！"即使这只是想象，但我们还是觉得，水是地球人和孪生地球人所使用的同音同形异义词，当然，他们自己并不知情。基于这个孪生地球的故事和上面提到的榆树－专家的例子，普特南总结说："爱怎么给词义下定义就怎么下吧，反正'意思'就是不在人的头脑中！"

你可能会反驳："好吧，'水'这类词倒是说得过去，但是，那些复杂概念系统的自然类词语，比如动物种类词的情况也会是这样吗？假如一个人连猫是一种动物都不知道的话，那么他就不算知道'猫'这个词的词义，这一点总归可以肯定的吧？"但是请注意，假设科学家们发现了这样一个惊人事实："猫"原本指的就是达雷克（dalek）①，一个来自虚构星球 Skaro 的 Kaled 族人的变种人。Kaled 族人是个一心想要征服并控制宇宙的冷酷民族，他们穿着自己巧妙设计的机械盔甲，将自己伪装成动物，横行于宇宙之中。如果真是这样的话，我们能仅仅因为"猫"被定义为一种带毛的动物，就说世界上没有这样的猫吗？或者，我们能说，与我们先前的信仰相反，猫就不是动物了吗？假如我们在其他星球上发现了"喵喵"叫的小型毛茸茸的动物，那又该怎么办呢？换句话说，我们还能谈论"它们"吗？如果你对第一个问题的回答是"不能"，第二个问题的回答是"猫是动物"，第三个问题的回答也是"不能"的话，那么就等于说，你和普特南的观点是一致的，即与名称一样，自然类术语也是"固定指示语"（rigid designators）。

现在就剩下最后一个词类了——人工类词。你起码可以说，铅笔是手工艺品，即书写工具是"铅笔"这个词的部分含义。但现在让我们假设，科学家又发

---

① 英国科幻电视节目《神秘博士》（*Doctor Who*）中的机器人。——译者注

现了一个更令人叹为观止的事实：铅笔是个生物体。当我们把它切开并放在显微镜下观察时，我们会发现，它们有神经、血管和脏器。不过，有谁曾见过它们产卵生小铅笔呢？又有谁见证过一支婴儿铅笔的成长过程呢？（普特南说："说实话，这确实很奇怪，很多这类有机体的外表都有个商标，不过，也许它们本来就是智能生物，那些标签只不过是它们用于伪装的外形而已。"）如果你承认它们还是铅笔的话（反对"科学家已经发现世界上根本没有'铅笔'这种东西"的说法），那么就等于已经承认，即使"铅笔是人造工具"，它也不是"铅笔"含义的一部分。

当然，词义的某部分一定在人们的头脑中。我们不仅需要某些东西来区分哪些人了解一个词的词义、哪些人不了解，而且，正如我们在本章前面所看到的，两个不同的名称可以指向外部世界中的同一个事物（启明星与长庚星；伊俄卡斯特与母亲），但由于说话者在知识状况上的差别，它们的含义却可以是完全不同的。

如此说来，普特南的否定（ain't）断言（他所说的"反正含义'就是不在'头脑中"）应该改成选择（either-or）断言："词义要么不决定其所指（词语所代表的事物），要么就不在人的头脑当中。"当今，就含义的切分方法而言，许多哲学家采取了与普特南略有不同的方式，他们主张"含义"有"两种"意思，即狭义和广义。"狭义"以定义、概念结构或者常规范式的形式存在于人们的头脑中。（英语中的"水"和孪生地球人所使用的英语中的"水"具有相同的狭义）。"广义"指向外部世界中的事物，它基于说话者头脑之外的许多事情：说话者从哪些人那里学来这些词，又是从哪里学到的这些词；如果你能追溯到足够遥远的年代，那么，当初的造词者们在使用这些词的时候，他们所指向的又是些什么（英语中的"水"和孪生地球人所使用的英语中的"水"因此也就有了不同的广义）；等等。

问题是，为什么人们总是可以无视头脑中的狭义与将外部世界带入自己头脑中的广义之间的区别呢？为什么我们从来都不用担心语言背后的思想会错误地刻画我们所使用的词语呢？原因其实很简单，除哲学家与阴谋论者的思想实验之外，人们头脑中的含义与外部世界中的含义往往指称的都是同样的事物。我们的心智与世界如此协调，以致在大多数时候，我们的所想与我们认为的我们的所想完全一致。当然，这并不排除例外的存在。确实有误识身份的情况，比如，用"哥伦布"指称伊斯帕尼奥拉岛的印第安居民。也确实有重新划定界限的情况，比如，"海豚"被动物学家重新归类为鲸的一种。在世代相传的过程中，当"圣·尼古拉斯"（Saint Nicholas）这个固定指示语演变成"圣诞老人"（Santa Claus）时，这期间一定发生了不小的错误。尽管如此，在绝大多数时间里，我们并不需要担心这些匹配上的错误。其中一部分原因是，这个世界上的事物远远没有我们的哲学所幻想出来的那么多。现实世界中确实存在某些法则，只不过我们的词语习得官能对它们熟视无睹而已。事实上，宇宙中根本不存在任何看起来像水、喝起来像水，但是由 XYZ 构成的物质；不存在不仅长得像猫，而且行动也像猫的达雷克；更不存在什么看起来像铅笔的生物体、杀害亲生父亲并迎娶亲生母亲的悲惨巧合、披头士乐队瞒天过海的骗局，等等。幸亏有这些来自世界运转方式的约束法则，我们才不至于那么轻而易举地就被这些奇思妙想愚弄。

然而，仅凭世界本身的合作性来建立人类与世界间的可靠联系还远远不够，人们还必须对词语受制于外界事物这一心照不宣的事实深信不疑。不仅如此，人们还必须相信与自己同一个语言社团的其他人，不管是健在的还是已故的，也都对这个事实深信不疑。在那些思想实验面前，正是这种坚定的信念才使人们坚定地认为，词语是锁定在某些人或事物上的，即使知道那些人和事物与他们想象中的相去甚远，他们的信念也不会动摇。也正是因为这个信念，人们得以学会了那些无法亲自验证的词语，因为他们坚信，总是有人可以去验证它们的。也许正是人类这种直觉，让那条词语习得链从词语的始创者开始从未中断过，无论那个起点离我们有多么遥远，无论它的历史有多么悠久，也无论我们对它们的理解发生过多么大的变化。一想到每次谈及亚里士多德，我们就要穿越一条源远流长的语言链，追溯到古希腊时期被这个名字所指称的那个人，这实在有些令人既惊奇又毛骨悚然。事实上，每当你用一个词指称某一事物时，就等于将自己系在了一条蜿蜒曲折的时－空线上的一端，而它会将你连线到那个第一次看着这个事物（比如一颗星星、一个生物、一种物质）并决定用这个词为它命名的人。

　　请注意，词语所连接的是人与外界事物，而不是人与自己所"认为"的外界事物。这种联系方式并不只是在人们直觉地处理稀奇古怪的思想实验时才会有所表现，即使没有侦破欺诈和身份盗窃案件等诸如此类的实际应用问题，科学和法律上的重大难题同样会引发我们对词语与概念指称的实质问题的深思。

　　以"物种"为例，在生物学的发展史上，这一术语的含义问题应该是最重要的问题。在达尔文之前（以及当今的创世论者中），人们习惯性地认为，每个物种都可以被一组必要的特征所定义，具体来说，人们认为金枪鱼、山雀、响尾蛇等生物都有一个准确定义。然而，当生物进化论思想出现后，这种观念却令他们陷入一种难堪的困境，因为按照进化论的观点，生物进化势必衍生出非驴非马的中间类生物。按照实在论（essentialist）的理论体系，恐龙具有恐龙的本质，它不可能进化成鸟，这就好比三角形不可能演变成正方形一样。达尔文对概念的一个重要突破在于，他一改过去用一组固定特征来定义一类物种的方法，将物种名称处理成生物种群的指示语（pointer，一种固定指示语）。也就是说，在一段给定的时间内，一个种群的成员特征是可以发生改变的，不仅如此，该种群后代的特征分布也会随着时间逐渐发生变化。作为一种固定指示语，物种名称可以直接指向一个巨大的物种谱系树中的某个分支，其中包括一开始就用这个标签命名的成员、它们的同种物种、它们的部分祖先以及部分与它们足够类似的其他物种。

　　对许多外行来说，学术界近来对名称本质论战的煽动性并不亚于人们对进化论本身的论战。触发这场名称论战的原因是，人类确实在太阳系中发现了类似于 XYZ 的水、机器人猫、有生命的铅笔等想象世界中的物质。以冥王星为例，冥王星曾被认为是一颗行星——或者我应该说，冥王星的前身是颗行星。而结果证明，冥王星并不同于水星、金星、地球、火星、木星、土星、天王星和海王星 8 大行星。与首次发现冥王星的天文学家当时的认识正相反，冥王星只是一颗很小的冰球，比月球还要小，它沿太阳系不稳定的轨道缓缓运行，与周围其他同样绕轨道运行的小冰球并无多大差别。为解决冥王星的归属问题，2006 年国际天文联合会委任的一个专家小组特意展开了一场激烈的论战，整个世界都对这场论战的最终结果异常关注。如果天文学家们将其贬出 9 大行星，那么他们同时也会令数以百万计的卧室手机和课堂挂图变得一文不值。不仅如此，他们还将激起一代青年学生的强烈愤慨，因为他们从小就是背着 9 大行星的顺口溜长大的，比如，My very eager mother just served us nine pizzas（我那非常热心的妈妈为我们准备了 9 个比萨）或者 Many vile earthlings make jam sandwiches under newspaper piles（很多卑鄙小人在报纸堆下面做三明治果酱）。①不幸的是，那些能够用来将冥王星留在 9 大行星俱乐部里的相关规则同时也会将各式各样的小行星、人造地球卫星以及冰球等混入这个行星俱乐部中。而不划定界限，这个定义就无法保证"行星"这个词仅仅指称 9 大传统天体。

　　客观地说，这其实并不是一场真正意义的科学论战，而是一场关于词语逻辑的克里普克 - 普特南式的游戏大战。在多数人心目中，如同其他名字一样，"行星"这个词就是个固定指示语。在我们的语言社团中，它指称的是 9 大行星构成的集合——在这个例子中，它指向的并不是一个命名时刻（因为冥王星是在 1930 年被发现的，而"行星"一词在这之前就被使用了），而是一种过去的命名行为，在我们首次接触"行星"这个词时，这种行为就已经完成了。因此，尽管有关它的知识（我们设法给予这个词的概念含义）已经发生了变化，但人们仍然会觉得这个名字依旧指称那些处于他们集体记忆当中的事物。针对这一问题，天文学家们面临的困境是，他们既需要一个能够科学地涵盖一个连贯类型的技术术语（比如化学中 H_2O 的对等词，或者生物学中一个物种的名字），又不忍心放弃这个语言中固有的单词。不过，为了成就科学的严谨，最终他们还是冒着天下之大不韪，将冥王星从一颗行星的身份降级成了"矮行星"，而为此付出的代价就是：牺牲了人们长期以来对这一固定指示语的直觉。

　　关心名称所指问题的不仅有科学界，法律体系同样关心人们会利用词义来指称什么的问题。要做到公正，法律就必须划清事前人们用于支配一种行为的潜台词与事后陪审团用于判断那个行为的潜台词之间的界限。这就要求指称类型、行为的法律术语务必与法律定义完全一致。然而，能够进入人们思想和行为当中的

① 这两个英文口诀中每个单词的首字母均代表着一颗行星的名字，9 大行星的顺序就是它们在这两个口诀中的先后顺序，分别为 Mercury（水星）、Venu（金星）、Earth（地球）、Mars（火星）、Jupiter（木星）、Saturn（土星）、Urans（天王星）、Neptune（海王星）和 Pluto（冥王星）。——译者注

概念往往都是自然类和人工类的概念。而这两类概念又都是些固定指示词，就这一点而言，法律希望用定义取代概念的企图在原则上是行不通的。在《不良行为和犯罪心理》（*Bad Acts and Guilty Minds*）一书中，利奥·卡茨曾经借助如下例子对这个问题进行阐述。在非洲殖民统治时期，英国政府曾经通过了一项《巫术法案》（*Witchcraft Suppression Act*），该法案对"巫术"进行了详细的定义。不幸的是，法案的起草者们并不谙熟当地的风俗，他们将"巫术"定义得一塌糊涂，甚至将某些原本用于探测巫术的宗教仪式也定义成了巫术。现在的问题是，假如一个被告人确确实实实施了巫术，但他实施的却不是法令上所"定义"的巫术，面对这样的被告，法官该如何为他定罪呢？假定一个单词的含义就是它的定义的话，那么这个被告应被判无罪。但假定"巫术"之类的术语是一种固定指示语的话，那么它所指称的就应该是立法者在起草法令时为其规定的行为，即使他们当时对这一行为的特征做出的表述并不准确。许多美国人都知道，我们的法律体系中也有一个与此平行的问题。这个问题就是，几十年来，我们的立法者和法院一直都没能就"淫秽"一词的定义达成一致。1964 年，最高法院首席大法官波特·斯图尔特（Potter Stewart）曾给出过一个模棱两可的定义："我见到了就知道它是不是淫秽的了。"

此外，克里普克还从命名语义学中得出另一个怪诞的结论，这个结论出现在其题为《命名与必然性》（*Naming and Necessity*）的论著中。至少从康德开始，思想家们就已经区分两种类型的知识了。一种是先验知识（priori knowledge），先验（在事实发生之前）知识即人们常说的躺在扶手椅上就可以获得的知识——通过神的启示、内省、先天思想，或者通过逻辑和数学推导获得的知识。另一种是后验知识（posteriori knowledge），后验（在事实发生之后）知识即只有通过走入世界亲身观察才能获得的知识。有这样一个故事，我估计是杜撰的，在中世纪的一次研讨会上，学者们试图从第一性原理出发推导一匹马的嘴里到底有几颗牙齿。讨论过程中，一个年少妄为的学者突然提出了这样一个建议：找来一匹马，观察一下它的嘴巴，然后数一数它的牙齿，问题不就迎刃而解了么。然而，这个建议一经提出，在座的学者们却被惊得目瞪口呆。

对哲学家来说，"先验知识"意味着很多东西，其中之一便是一组"必然"（necessary）事实——即只能如此的事实，因此，它在所有可能世界中都是成立的。与此相反，后验知识是关于"偶发"（contingent）事实的知识。它们取决于人们对世界的体验，体验不同，获得的后验知识也会不同。毕竟，仅凭一组公理和规则，人们是很难对某些事情做出合理推断的，尤其对那些由原始太阳系的斗转星移、变幻莫测的方式所决定的事情，或者由某个碰巧在地球惨遭彗星撞击时出现的物种所引发的事情。相反，假如有人能够对这类事情做出合理的推断，那么，鉴于这种推断所使用的词语的逻辑蕴含（比如，所有"单身汉都未婚"），或者这个推理蕴含的数学真理的普遍永恒本质，人们便会认为，这类事情"必然"是这个样子的。

康德还设法对第三种可能性进行了论证：知识是先验的，但它不只是语义的结果——知识是对我们所了解的物质世界的实际描述。康德认为欧几里得几何公理是对空间特征的描述，尽管这些公理是通过数学推导出来的，而不是利用卷尺和水准仪测量出来的，但它们却是人们生来就有的先验知识。今天，几乎没有人再接受康德的这种先验时空观了，因为至少现代物理学已经向世人证明，空间并不是欧几里得几何。

克里普克则对另一种可能性进行了论证，这种可能性是多数哲学家连想都不曾想到的：知识不仅是后验的（在事实之后被发现的），而且是必然的。举例来说，长庚星和启明星指称的是同一颗星体（金星），这个事实的发现是后验的。但一经发现，这一知识就成为必然真理——没有任何一个可能世界中的长庚星和启明星指称两颗不同的星体（尽管长庚星和启明星本身可以被"称作"不同的事物——但克里普克所说的是我们用这两个词语所指称的事物，而不是这两个词语本身）。同样的道理，如果科学家们对水是 H_2O 的定义是正确的，那么水就"必定是" H_2O ——如果某种事物不是 H_2O ，那么，根据我们所说的"水"的含义，它最初就不是水（还记得我们不承认孪生地球上的物质是水的那个例子吧）。同样，黄金就"必定是"原子序数 79 的物质（如果这碰巧就是它的原子序数），热就"必定是"分子运动（假设它实际上就是分子运动），等等。

　　与中世纪的学者座谈马的牙齿数量不同，上述这些观点都不是学者们舒服地坐在扶手椅中的想入非非。最终被人们接受的必然事实取决于科学实验的发现。这里，克里普克真正想要澄清的实际上是一个逻辑问题，即人们在使用专有名称和自然类名称时，他们所致力的到底是什么样的逻辑承诺的问题。令人惊讶的是，他的研究表明，人们所致力的是逻辑必然真理的某一类型（尽管我们无法知道它们是什么样的先验）。克里普克的后验必然性主张修正了人们对真理的种类以及认识方式的理解——所有这一切均源于我们对名称使用的直觉。

　　可以肯定的是，站在这个距离上观察含义的概念，我们会嗅到悖论的气息。当我用一组单词来表达什么时——当我指称亚里士多德、半人马座阿尔法星、水、偶数、2050 年出生的第一个婴儿，或者如果保罗已经死了，这个世界会是什么样子时，我到底是在做什么呢？仅仅激发一些神经元或是动动嘴，我就可以和一位已故的哲人或者一个遥远的天体发生联系，这着实令人振奋不已。至少在这些例子中，我们瞥见了说话者与处于词语习得链另一端的含义之间的关系。每当人们反思是什么将我们与语言的所指连接在一起时，思绪便开始不停地盘旋于种种实体之上：水（无论宇宙中哪里的水）、抽象实体的无穷集合、一个尚未出生的人（一个特定的人，而不是其他数十亿人中的任意一个已出生的人），或者一个没有现实存在，却遵循着一定自然规律的平行宇宙等。尽管这些实体并不以我们的意志为转移，人类的身体也没有用于感知它们的器官，但是，一条精致的语义链却将它们与人类巧妙地连接在了一起。

　　正如哲学家科林·麦金（Colin McGinn）所说，含义似乎"能使思想超越生疏之界：带领我们穿梭于亘古亘今，畅游天涯海角，它肆意穿越现实，但始终不会偏离自己的正确轨道"。如此说来，难怪有那么多不同文化中的名门贵族们都相信，词语具有神奇的魔力（正如我们将要在有关发誓赌愿那章中所要看到的那样）；也难怪一本福音书会如此开宗明义地写道："太初有道（语言），道与上帝同在，道就是上帝。"对此，麦金做出了一个更加淡定的解释：含义的问题，就像哲学上许多其他未解之谜一样，可能永远都会被笼罩在迷雾中，因为正是这个问题将人类的常识推向了那些原本不属于它的概念王国。

新词是如何创造出来的

假如一个名字的含义真的可以将我们与一个原始的命名行为联系在一起的话，那么这个具有划时代意义的事件到底是一个怎样的事件呢？在为一个概念标签时，人们又是如何构思这个新的声音符号的呢？什么样的无名概念才会被人们认定是值得拥有一个标签的呢？一个名称的传播链不仅能使其广泛流传于一个语言社团当中，而且还能使它跨越时空、世代相传，这又是什么因素决定的呢？在本章后面的章节中，我们将依次对这些问题展开讨论。

事实上，在那些令人类感到新奇的领域中，人类最初创造的词语也是独具匠心的，它们往往具备下面一些特点：（1）知识含量惊人；（2）废话含量惊人。一些涉及词源的信息还会被人们添枝增叶。我这里就有一些这样的例子，它们曾通过电子邮件被人们郑重其事地广泛传播过，该邮件的主题是"献给琐事爱好者：短语的由来"：

> 在莎士比亚的时代，床垫是由绳索固定在床架上的。当你拉绳子时床垫就会收紧，这样，床睡上去就会更加坚固。这就是"Goodnight, sleep tight"（晚安，睡个好觉）的出处。
>
> ◇　◇
>
> 4 000 年前，巴比伦有这样一个风俗，婚礼后的一个月内，新娘的父亲要为女婿提供"米德"（Mead），女婿能喝多少就得提供多少。米德是一种蜂蜜酒，当时巴比伦的历法基于月亮的圆缺（阴历），因此，这一新婚阶段便被称为"蜜月"（honey month），或者我们今天所熟悉的"度蜜月"（honeymoon）。
>
> ◇　◇
>
> 在古代英国，除非得到国王的许可，否则人们是不可以擅自过性生活的（除非你属于皇室家族）。假如有人想要生孩子，他们必须先得到国王的应允，一旦应允，国王会给他们一个招牌，日后做爱时，他们必须将那块招牌挂在门上。牌子上写着 F.U.C.K.〔Fornication Under Consent of the King（国王应允下的私通）〕。现在你知道 fuck 这个词的来历了吧。

这些传言让人们想起了词源学（Etymology）。Etymology 一词源自拉丁语

etus-（被吞噬）、-mal-（坏的）以及 -logy（研究）。它的字面意思是"对那些不容易吞噬的事物的研究"。只要查一下字典，上面那些荒诞的词语典故很容易就能被戳穿。这说明学者们已经掌握了不少英语单词的真正起源，这些词源有时会追溯到原始的造词者，但在大多数情况下，只需要追溯到原始词根，或者几百或上千年以前的毗邻语言。一般来说，真正的词源远不如民间传说那般丰富多彩、栩栩如生。Tight（紧）的词源含义是"稳定和安全"，例如 sit tight（坐稳）；honeymoon（蜜月）暗指一种隐喻性的甜蜜，这种甜蜜会像月亮一样逐渐隐退；fuck（性交）来自斯堪的纳维亚语。顺便说一下，testify（做证）并非源自古罗马男子以自己睾丸（testicles）发誓的习惯；shit 也不是 Ship High in Transit（航海过程中升高货舱甲板）的首字母缩略词，Ship High in Transit 是航运货物上的警告语，提醒水手在航海过程中切记升高货舱甲板以防海水浸湿货舱中的肥料、产生沼气，从而引起货舱爆炸。不过，正如我们将看到的，有时，真正的词语典故也非常妙趣横生，那绝不是一个编造者能臆造出来的。

到目前为止，人们使用的最常见的造词法就是对旧词或词的部分组件（词素）进行重组。每种语言都拥有一系列组合操作程序，该程序以一套可预测的方式不断地创造着新词。以英语为例，通过在动词后面添加词缀 -able，我们就可以创造出一个指称该行为的可能性或难易程度的形容词，例如 learnable（可学的）、fixable（可固定的）、downloadable（可下载的）等。将两个名称合并起来，我们就可以创造出一个合成词，以此来指称以第二个名称为核心语的事物，例如 ink cartridge（墨盒）、lampshade（灯罩）、tea strainer（滤茶器）等。一般来说，这类新词的产生根本不会引起人们的注意；说话者在不经意间便可以将它们创造出来，听话者也不费吹灰之力就能弄懂它们的所指，例如 outdoorsiness（户外商品）、uncorkable（不能用软木塞的）、pinkness（粉红色）等。

假如这些就是全部的构词法，那么我们的语言将远比现在乏味得多，不过，这倒是能让语言更加循规蹈矩一些。如果真是这样，理查德·莱德勒也就没有理由再质疑：婴儿（infants）是否犯步兵罪（infantry）、人道主义者吃什么、婴儿油是什么制成的以及其他那些修辞性问题了（参见本书第 1 章中提到的那些修辞）。英语（以及其他语言）之所以变得如此疯狂，就是因为词语具有一种累积特性的习惯，而且这种特性无法通过它们赖以生成的规则逻辑进行预测。举例来说，transmission（传输）不仅指一种传递行为，还指一种汽车零件（变速器）；一句言辞如果是 unprintable（不宜刊印的），并不是因为它会弄坏印刷机，而是因为它是淫秽的；arrow-head（箭头）是箭的"头"，而 redhead（红发女郎）却指一个红色头发的女人。不仅如此，我们有很多类似的 head（头），比如，egghead（秃头）指称知识分子，blackhead（黑头）指称粉刺，pothead（瘾君子）指称大量吸食大麻的人，还有 Deadhead，一个指称"感恩而死"乐队的粉丝的专属名词。造成这种疯狂的原因之一是，由一条规则生成的词语可以直接进入一个有记录的词形当中，并同时将使用者赋予它的特殊含义也累加给这个词形（就像上面提到的"传输"的例子那样）。造成这种疯狂的另一个原因是，一些规则为所生产出来的新词留下了语义细节上的空缺，而这些空缺的填充必须建立在逐词逐句的基础上［就像上面提到的由 head（头）构成的那些合成词那样］。

除了像上面提到的加词缀法和合成法等系统构词法，还有许多即兴的造词法。在任意一个新词表中，比如字典出版商一年一度公布的"年度词汇表"，都不难发现这些造词技巧的蛛丝马迹。以收录在《麦克米伦英语词典》（*Macmillan English Dictionary*）中的"2005 年度词汇表"为例，这个词汇表实际上是一本造词法的指南大全：

- 加前缀法（Prefixing）：de+shopping 意为"出于仅仅使用一次便要求退货的意图而购买的商品"。

- 加后缀法（Suffixing）：Who+vian 意为"英国科幻系列剧《神秘博士》的粉丝"。

- 词性转换（Changing the part of speech），比如，将一个名词或形容词变成动词：supersize（超大型快餐）意为"提供一个特大号的版本"。

- 合成词（Compounding）：gripesite 意为"一个专门警告消费者伪劣产品和服务的网站"。

- 外来语（Borrowing from another language）：wiki（维基百科），意为"用户可以对文本进行集体编辑的一个网站"（wiki 源自夏威夷语，意为"迅速"）。

- 首字母缩略词（Acronyms）：ICE 意为"In Case of Emergency（以防万一），联系电话存储在手机的通讯录里"。

- 截词（Truncation）：fanfic（同人小说），意为"由粉丝而非原创作家创作的新故事，故事人物、情景均来自一部电影、一本书或一个电视节目"。

- 混成词（Portmanteau，由一个词的开头部分和另一词的结尾部分混合而成）：spim (spam + I.M.) 意为"通过即时通信（Instant Messaging）发送的垃圾广告"。

- 逆构词（Back-formation，对一个词的错误分析并对其中一个成分再利用）：preheritance 意为"在世的父母为子女提供经济援助而不必以遗产的方式将财产留给子女（子女无须缴纳遗产税）"。

- 暗喻（Metaphor）：zombie（行尸走肉），意为"个人电脑在遭到病毒攻击后，在用户不知情的情况下，由病毒驱动发送垃圾邮件"。

- 换喻（Metonym）："7/7"意为"恐怖爆炸事件"，源自 2005 年 7 月 7 日伦敦地铁爆炸事件。

此列表中的 40 个单词中，只有一个词的词根是全新的：dooced，意为"由于在博客中发布了某事而被解雇的"。这个词根诞生的故事几乎超出任何一个民俗词语学家的想象力。它的创造者是一个因在自己的博客上粘贴了某个消息而失业的人，其博客地址是 www.dooce.com。她用自创的、惯用的错别字 dooce（代替 doode）为自己的博客命名。而 doode 这个词是她刻意杜撰出来的，她用这个词的发音来记录她的一个冲浪朋友在发 dude（纨绔子弟）的元音时夸张的发声。

这个滑稽的故事引发了我们对这样一个问题的思考：人们到底是怎样酝酿出新词根的呢？那些与其他多数新词的发音不同的词根，不仅发音独特，从词根的构成上来看，它们也不是对现有词语和语素的再利用，它们是一套原创的元音和辅音的组合体。毫无疑问，dooce 这种来源的词根毕竟是少数（即人们为了描写某种时尚的发音而杜撰出来一个错别字，然后用此错别字为自己的博客命名，dooce 因其博客而得名）。当然，绝大多数词根并非来自博客的起名人。

一种最常见的新词根来源就是拟声词（onomatopoeia），即发音类似于其所指的声音的单词，例如呼噜声、叮当声、呕吐、昏迷、低音扬声器以及高频扬声器。但拟声词能发挥的作用相当有限，它只适用于有噪声的事物，而且就连一个听起来十分相似的事物，拟声词也未必派得上用场。与事物发声的自然输出相比，拟声词更多地受语音模式的管辖，就像我们在下面的漫画中看到的不同语言中动物的叫声也不同。

Robotman © United Feature Syndicate, Inc.

比纯粹拟声构词更方便的是声音象征（sound symbolism），在这种情况下，一个词的发音仅仅"提醒"人们这个声音所指的某个方面。长词可能会被用于指称较大或较粗糙的事物，节奏不连贯的词用于锋利或迅猛的东西，用口腔或喉咙深处发音的单词用于很久以前或在很远的地方发生的事件。例如，比较 this（这儿）与 that（那儿）、near（近处）与 far（远处）、here（这里）与 there（那里），等等。图 5-1 中的两个平面图是一个声学或发音语音学的暗喻，在世界上绝大多数的语言中，它们都可以被发现。实验证明，人类对模式非常敏感，即使是虚构的词语模式也不例外。下面请你猜一猜，这两个图形哪一个可能是 malooma、哪个是 takata？

图 5-1　语音学的暗喻

大多数人都会赞成左边的是 takata，因为尖状图形提醒人们尖尖的声音；右边的是 malooma，因为雾状的形状会让人们想起缥缈的声音。假如我告诉你，汉语中的"重"（heavy）和"轻"（light）读平调或降调，现在你来猜猜，哪个读作 qīng、哪个读作 zhòng？我想，大多数英语使用者都能猜得出来，那就是 qīng 对应着 light，zhòng 对应着 heavy，反之不然。人们已不止几十次地"发现"过这种声音象征，而且，每一次的发现者们都声称，这一发现证明了索绪尔倡导的"任意性音意结合原则"是错误的。事实上，这些发现并不能真正驳倒索绪尔的观点，因为你永远也无法从一个词的词义中预测出它的发音，你也同样无法从它的发音中预测出词义。不过有一点可以肯定，当人们创造或改造一个新词时，声音象征一定是构成他们创作灵感的一部分。

语言中还存在一种更为普遍的现象——象声词（phonesthesia），拟声和声音象征是它的种子。在这类词语中，整个词类共享着同一个微弱的语音和一个微妙的含义。举例来说，英语中，许多单词都有一个 sn- 音，这个音与鼻子有关，可能是因为当你发这个音时，几乎可以感受到鼻子的皱起。这类词包括有关鼻子本身的单词。

> snout（鼻子）；类似鼻子的器具，如 snorkel（潜水通气管）、snoot（聚光镜头筒，引导射光的锥状体）；与鼻子有关的指称行为和事件的词语，如 sneeze（打喷嚏）、sniff（嗅）、sniffle（鼻塞）、snivel（流鼻涕）、snore（打鼾）、snort（喷出）、snot（鼻涕）、snuff（鼻烟）、Snuffleupagus（动画人物，长鼻先生）；还有往鼻子下面看，表示歧视某人的词语，如 snarky（尖刻的）、sneer（冷笑）、snicker（窃笑）、snide（暗讽的）、snippy（暴躁的）、snob（势利）、snook（轻蔑）、snooty（傲慢的）、snotty（下贱的）以及 snub（冷落）。

> sn- 还与迅速、秘密或贪得无厌的行为有联系，比如 snack（快餐）、snag（意外障碍）、snap（猛咬）、snare（陷阱）、snatch（抢夺）、sneak（告密者）、snip（剪断）、snitch（顺手牵羊）、snog（爱抚）以及 snoop（窥探，或者它是一个表示多管闲事的单词吗）。

不过，其中的依据远不如 sn- 与鼻子有关的词的依据那样显而易见。也许人们在 sn- 的发音中能够嗅到一丝速度和柔和的味道吧，但这种解释似乎有点事后诸葛亮的嫌疑，而且只能应用于英语的音节首辅音（onset）。象声词更有可能是从一些出于各种原因联合在一起的相似词语的一个共同核心中发展出来的。有些词可能是声音象征的产物。有些可能是某个形态规则的化石标本，这个形态规则既有可能是活跃于本族语言初期的一条构词规则，也有可能是活跃于外族语言（这些象声词的起源族的语言）中的一条规则。还有一些词的出现可能纯属偶然，由于一种语言的语音结构只允许这么多数量的元音和辅音的组合，因此它们就被随意地安排在同一个语音空间里了。但是，一旦这些词语发现它们正在并肩携手时，便会利用人类记忆所特有的物以类聚的联系本能吸引或生成新成员。在《词与规则》中，我曾经向读者介绍过"物以类聚"这种记忆特征是如何催生出一族相似的不规则动词的，比如 sing-sang（唱）、ring-rang（按铃）、drink-drank（饮）以及 wind-wound（缠绕）、find-found（发现）、grind-ground（磨碎）等。这里有一些其他辅音连缀，你可以对它们语音的象征情况做出自己的判断：

cl- 黏着体或者相连的一对平面：clad（覆盖的）、clam（钳子）、clamp（夹紧）、clan（氏族）、clap（鼓掌）、clasp（扣住）、clave（劈开）、cleat（夹板）、cleave（裂开）、cleft（崩裂）、clench（握紧）、clinch（钳住对手）、cling（附着）、clip（夹牢）、clique（小团体）、cloak（斗篷）、clod（土块）、clog（阻塞）、close（亲密的）、clot（凝块）、cloven（劈开）、club（俱乐部）、clump（集群）、cluster（丛）、clutch（抓紧）。

gl- 光线发射：glare（眩光）、glass（玻璃）、glaze（光滑面）、gleam（闪烁）、glimmer（闪光）、glimpse（一瞥）、glint（闪亮）、glisten（闪耀）、glitter（闪烁）、gloaming（黄昏）、gloss（光彩）、glow（发光）。

j- 突然运动：jab（戳刺）、jag（狂欢）、jagged（起伏）、jam（挤进）、jangle（吵架）、jarring（冲突）、jerk（痉挛）、jibe（转帆）、jig（抖动）、jigger（阻止）、jiggle（轻摇）、jimmy（撬开）、jingle（发出叮当声）、jitter（振动）、jockey（移动）、jog（轻推）、jostle（推挤）、jot（匆匆记下）、jounce（颠簸）、judder（颤抖）、juggle（变戏法）、jumble（混乱）、jump（暴涨）、jut（突出）。

-le 小物体、小孔、小斑点的集合体：bubble（泡沫）、crinkle（条子泡泡纱）、crumble（面包屑）、dabble（蘸）、dapple（斑点）、freckle（雀斑）、mottle（色斑）、pebble（卵石）、pimple（丘疹）、riddle（谜语）、ripple（波纹）、rubble（瓦砾）、ruffle（皱褶）、spangle（亮晶晶的小东西）、speckle

（斑纹）、sprinkle（洒）、stubble（须茬）、wrinkle（皱纹）。

一些拟声、声音象征、象声词的组合还催生出一系列空洞的词语，在本书引言的结尾部分，我曾列举过这些言之无物的词语。

当孩子们对词语突发奇想时，象声词便在他们的心中复苏了。作家劳埃德·布朗曾经给我讲过他女儿琳达的一些发明：

> 水哗哗啦啦地（drindling）流进了下水道。
> 一只老鼠沿着踢脚线飞快地窜过（scuttered）。
> 我那时正和那群男孩子们摸爬滚打（scrumbling）着呢。
> 我要用（面包）蘸（sloop up）肉汁。
> 为什么奶奶的脸皱皱巴巴（crimpled）的呢？
> 用手摇晃灯泡的时候，它为什么会发出细小的"咝咝"声（ringle）呢？

有趣的是，象声词还为比较语言学提出了一个可爱的难题：在世界各种语言中，为什么 butterfly（蝴蝶）很少分享同一个词根呢？以西欧的语言为例，我们发现德语中的蝴蝶是 schmetterling，荷兰语是 vlinder，丹麦语是 somerfugl，法语是 papillon，西班牙语是 mariposa，意大利语是 farfalla，葡萄牙语是 borboleta。令人费解的是，这些语言中的几乎所有其他类的词语都不规则地共享着某些词根。举例来说，英语的 cat（猫）在上面提到的各种语言中分别为 katze、kat、kat、chat、gato、gatto、gato。不难看出，butterfly 这个词在世界各种语言中都是独创的，这个词往往会有一个叠音，最常见的是 b、p、l 或者 f 的叠音，就像希伯来语中的 parpar、意大利语中的 farfalla、巴布亚语中的 fefe-fefe 所表现的那样。就好像人们期望这些单词可以振翅高飞一样！当然，并不是"蝴蝶"的所有名字都是象声词，我们也发现了暗指蝴蝶特征的名称，这些特征有些是真实的，有些则是虚构的。在英语中，蝴蝶被描写成一种黄油色翅膀的两翼昆虫，或者是吃黄油的昆虫，或者排泄物像黄油一样的昆虫。民间词源学认为 butterfly 是 flutter-by（飘过）的首音误置词（spoonerism），这种解释尽管很有吸引力，但遗憾的是，那不是真的。为什么各民族文化不愿意共享这些隐喻和典故呢？这个问题的答案无从得知，不过，我倒很喜欢语言学家哈吉·罗斯（Haj Ross）的遐想：

始于一只前途未卜的毛毛虫，最终却以一对美丽得令人瞠目结舌的翅膀完成了蛹变成蝶的全过程，加之人们意识中无法忘怀的翩翩舞姿，蝴蝶所呈现给世界各个文化群体的是一种独特而强大的概念／意象。各种文化均将蝴蝶尊奉为旋乾转坤的完美象征，几乎没有哪个民族情愿接受其他民族赋予这个神话般造物的充满诗意的名字。每种语言都在寻找自己的隽言妙语来赞美蝴蝶的一生所带给人们的绝妙启迪。

近几十年来，象声词在那些一夜成名的英语词根中发挥了巨大的作用，例如：

> bling（锦衣珠宝）、bonker（疯狂）、bungee（蹦极）、crufty dongle（混沌电子狗）、dweeb（白痴）、frob（小物品）、glitzy（炫目的）、glom（一瞥）、gonzo（疯狂的）、grunge（蹩脚货）、gunk humongous（一大堆黏状物）、kluge（异机种系统）、mosh（狂舞）、nerd（呆子）、skuzzy（小型计算机接口）、skank（卑鄙小人）、snarf（狼吞虎咽）以及 wonk（书呆子），等等。

当然，这些单词远非"蝴蝶"那样抒情。当象声词的松散联系被应用到较长的语言组合中时，它们还将成为品牌命名的一种不可忽视的资源。过去，公司常常以下面一些方法来为自己的品牌命名：公司创始人的名字（福特、爱迪生、西屋电器等）、表达公司之庞大的主题词（例如美国通用汽车公司、美国联合航空公司、美国钢铁公司等）、代表新技术的混合词（例如微软、傻瓜相机、宝丽来自动显影电影设备等）、公司意欲传达的比喻或换喻（例如黑斑羚、新港、公主、开拓者、反叛者等）。如今，它们正在寻求用人造的拉丁和希腊新词来传达自己产品的某种难以言表的好品质。这些人造词语由词语片段构成，而这些词语片段则是一些被认为可以传达某种品质、无须亲自体验便可以被感知的语素。Griffy（格里菲），这个名字令读者与动画家的困惑（第二自我）产生了共鸣。Acura（阿库拉，本田的一款车型）——准确的？尖锐的？这些含义与轿车品牌又有什么关系呢？Verizon（威瑞森通信）——一个名副其实的新视野吗？它是否意味着良好的电话服务将一去不复返了呢？Viagra（伟哥）——男性雄风？充满活力？充满生机？最臭名昭著的例子当属美国菲利普·莫里斯母公司（以万宝路香烟闻名）的更名——Altria（奥驰亚集团），这大概是为了转变该公司曾向一些见利忘义的地区和国家出售让人上瘾的致癌物质的丑陋形象吧。

Zippy-Bill Griffith. King Features Syndicate.

未命名，还是无以为名

现在我们对新词的语音命名从何而来的问题已经有了一些了解，接下来摆在我们面前的另一个难题就是，究竟哪些含义需要命名呢？换言之，命名的动因是什么呢？

常言道，"需求是发明之母"（ Necessity is the mother of invention），这句老生常谈为我们眼下这个问题提供了一个最直接的答案。有人可能会想，新单词应该被用于填补词语的空缺：一个人人都想表达，却没有现成贴切的词语可以表达的概念。人们只要偶然听到某个专有名词，如摄影、滑板运动、街舞以及任何一个学术领域的术语便会认为，总会有人提供新词来满足交际上的需求。例如，上一代的大多数人对现如今普通计算机用户使用的命令几乎闻所未闻——打开调制解调器、重启、运行随机存取存储器、上传、打开浏览器，等等。在声称男女平等的时代，假如没有"女士"这个词，那怎么能行？

不过，请别忘了，我们还有另一句谚语："假如所有希望都能变成骏马，那叫花子也就有坐骑了"（ If wishes were horses, beggars would ride ）。语言中的许多空缺甚至拒绝被填充。我们在引言中已经遇到过两个这样的例子：一个是指称 21 世纪头 10 年的词，另一个是形容未婚异性恋的同居伴侣的词。此外还有许多其他拒绝填补空缺的例子。比如，一个用于替代 he（他）或 she（她）的性别中立的第三人称代词——几个世纪以来，人们曾先后提出过 60 种建议（例如 na、shehe、thon、herm 等），但没有一种得以采纳。再如：指称一个成年子女的术语；指称子女配偶双亲的一个集体名词（例如意第绪语中的 machetunim）；指称一个你学了 100 次也记不住的事实的术语；指称在火车上或在机场休息室里一个坐在你旁边一直冲着手机大吼大叫的笨蛋的名词；指称堆积在车轮后面并落了车库一地棕色的、令人恶心的雪块的词语；指称黎明时分憋了一肚子的尿液让你无法继续睡觉，而你又困得实在不想起来上厕所的术语；等等。

英语中如此之多的词语空白甚至催生出一种幽默类型。喜剧演员里奇·霍尔（Rich Hall）给了我们这样一个词 sniglet（这个词本身就是一个例子），意为"本应存在，但实际却不存在的一个单词"，请看下面一些例子。

> elbonics，名词。两个人在电影院暗争一个扶手的行为。
> peppie，名词。一家豪华餐厅的服务员，他的唯一目的似乎就是随处看看顾客是否需要胡椒粉。
> furbling，动词。在机场或银行，即使没有人在排队，还是沿着绳索隔出来迷宫般的通道前行的人。
> phonesia，名词。折腾半天拨打电话号码，结果在接通对方的时候，却忘了要和谁通话。

不过，这些 sniglet（本应存在，却不存在的单词）并不是首创。在它们之前，我们还有 liffs（苏格兰一个小镇的名字）。1983 年，作家道格拉斯·亚当斯［Douglas Adams，以《银河系漫游指南》（*The Hitchhiker's Guide to the Galaxy*）著称］和电视制片人约翰·劳埃德（John Lloyd）出版了《Liff 的意义》（*The Meaning of Liff*）一书，这本书是基于以下的观察著成的："在生活中（实际上是在苏格兰的小镇 Liff 中），存在着成百上千的词语空缺，比如，描写某些共同体验、情感、情景，甚至那些广为人知的物体的词语。与此同时，却又到处充斥着无所事事的闲置词语，它们不过偶然出现在路标上用来指示地点而已。"于是，亚当斯和劳埃德决定将那些指称人迹罕至之地的地名用于为那些没人命名过的体验加标签，请看下面这些单词。

> sconser，名词。指称一个人一边和人聊天，一边环顾四周，伺机寻找自己更感兴趣的人。
>
> lamlash，名词。指称酒店梳妆台上放置的、令人乏味的信息文件夹。
>
> shoeburyness，名词。指称当你坐在一个还留着别人体温的座位上时的那种难以名状的不适感。
>
> hextable，名词。指称在某人的收藏中发现的、让你立刻就能意识到自己永远也不能跟他们一起外出的记录。

《词语逃兵》（*Word Fugitives*）是语言专家芭芭拉·沃拉芙（Barbara Wallraff）所著的一本关于娱乐造词的历史的书，也是她在《大西洋月刊》（*Atlantic Monthly*）中的同名专栏集，沃拉芙一反《词语逃兵》专著的表述方式，在专栏中，她要求读者们提交一份词语空缺表，然后其他人来设法填补这些空缺。

> 形容你在对自己的孩子说话时，意识到你的语气听起来很像你自己的父母的词语：déjà vieux、mamamorphosis、mnemomic、patterfamilias、vox pop、na-gativism、parent-riloquism。
>
> 形容一个不确定的时刻，你本应该介绍两个人，但记不起其中一个人的名字的词语：whomnesia、persona non data、nomenclutchur、notworking、mumbleduction、intro-ducking。
>
> 形容辩论结束三个小时后才想起来的一个机敏的反击：hindser、stairwit、retrotort、afterism。
>
> 形容那种每个人都经历过的瞬间困惑，即当手机来电铃响，但谁也不知道是谁的手机在响的词语：conphonesion、phonundrum、ringchronicity、ringxiety、fauxcellarm、pandephonium。

《华盛顿邮报》的"风格邀请赛"专栏偶尔要求读者通过改变一个现成词的字母的方式来填补词语的空缺。

> sarchasm，名词。辛辣讽刺的作者与百思不得其解的读者间的鸿沟。
>
> hipatitis，名词。终端服务器冷却。
>
> Dopeler effect，名词。当一些愚蠢的想法突然而至时，你会倾向于认为它们很精明。
>
> Beelzebug，名词。凌晨三点钟，化身蚊子的撒旦闯入你的卧室，你又无法将它赶走。

此外，还有下面这个经常在电子邮箱中流传的题为"增加你的犹太词语"的词汇表。

> yidentify，动词。尽管一些名人的名字为圣约翰、柯蒂斯、戴维斯或泰勒，但人们仍然能够识别出他们的种族本源。
>
> mishpochamarks，名词。在亲吻了所有叔叔、阿姨、表兄、表妹后，脸上留下的口红和化妆品的痕迹。
>
> santa-shmanta，名词。给犹太儿童的解释：为什么在其他各国都在庆祝圣诞时，他们却要庆祝光明节。
>
> meinstein，名词。我的儿子，真正的天才。

尽管这些词多少给人们带来一丝望梅止渴般的快感，但这种以娱乐方式打造出来的词语绝大多数都不会成为语言中的永久成员。它们也很少会像deshopping（出于使用一次便要求退货的意图而购买商品者），或者preheritance（在世的父母为子女提供经济援助而不必以遗产的方式将财产留给他们）那样被"年度词语"征集。我在引言中曾经提到过，美国方言协会每年都会选出一些最引人注目、最有用、最可能流行的新词。一项对20世纪30年代以来的年度词的跟踪调查表明，社会专家们对流行词的预测水平几乎可以和小报灵通人士持平。有些词是针对政客的冷嘲热讽，随着政客的淡出而变得黯然失色，比如to newt（纽特）和to gingrich（金里奇）。另一些以某个可爱的语素构成的新词，就像从人们记忆中逐渐淡出的那些曾令人激动一时的相关事件一样渐行渐远，举例来说，-razzi指一个咄咄逼人的追捕者，这个词缀流行于1997年，即戴安娜王妃因躲避狗仔队（paparazzi）的追踪而不幸遭遇车祸身亡那一年；drive-by大约流行于1996年，即比尔·克林顿反对drive-by deliveries（即美国妇产医院在新生儿出生24小时后就不再对母子负责的惯例），这个词是从drive-by shootings（飞车射击）衍生来的。还有一些包含了一项发明的错误名称的新词：notebook PC（笔记本电脑），在日常交流中，人们仍然用laptops称呼它；s-mail，随着它的来源snail mail（蜗牛邮件）的黯然失色而渐渐被人遗忘；W3，人们错误地以为World Wide Web（全球资讯网）会简化成这种形式；information superhighway（信息高速公路），这个词与美国前副总统阿尔·戈尔有关（指刊登有关美国前副总统阿尔·戈尔相关消息的网站）；Infobahn（德语：信息高速公路）；等等。

事实上，新词的命运是一个不解之谜。填补了词语的空缺并不能保证它们可以流传下来，也不能保证它们具备另外两个卖点特征：简洁性和透明性。说WWW 所需的时间要比说 World Wide Web 的时间还要长。然而，无论我们反复多少次地发这 9 个音节，它就是抵制被更短一点的音节，如 triple-dub、wuh-wuh-wuh 和 sextuple-u 所替代。

就透明性而言，面对 start up（启动）和 restart（重启，这两个术语用于操作系统的菜单）这两个言简意赅动词的挑战，新动词 boot up（启动）和 reboot（重启）仍然坚守着自己的阵地，尽管事实上没有多少人知道 boot（引导、踢）暗指的是什么。Boot（引导、踢）并不是"对着你的电脑猛踢一脚"的意思，在我做博士研究的那个年代，它指的是"计算机技术中生代时期电脑的开启方式"。那个时代的微型电脑简直就是一张白板，它甚至不能从磁带或磁盘上读取自己的操作系统。你得将程序和数据按字节逐个输入，为此，你还得在一个前端面板上安装一堆转换开关，字节中的每一个二进制位表示为 1 或 0，这些 1 和 0 的组合构成程序指令或者数据块。即使对一个受过专业训练的研究生来说，这也过于单调乏味了，为了简单起见，你也可以装配一个只有几个字节的短小程序，给出计算机所需的一些信息，然后用穿孔纸带输入计算机即可。那些字节随后会合成一个略大一些的程序，告诉计算机怎样加载磁带上剩余部分包含的操作系统。纸带前端的小程序被称为"引导装入程序"（bootstrap loader），这是因为它的自动载入功能会让人们想起那句老话 lift yourself up by your bootstraps（凭自己的力量重新振作起来）。这整个过程被称为"启动"（booting up）你的电脑。也许你觉得这听起来有点像民俗词源学的杜撰，就像"国王应允的私通"（FUCK）那样，不过，我确实见证了那个时代，我可以发誓，这个词就是这么流行起来的。

艾伦·梅特卡夫（Alan Metcalfe），美国方言协会前董事长，《预测新单词》（Predicting New Words）的作者，曾经对为什么有些词得以广泛流行，而另一些词却销声匿迹这种现象做过解释。他用 FUDGE 这个缩略词总结了自己的看法：F 代表频率（Frequency），U 代表不要太惹眼（Unobtrusiveness），D 代表使用者和使用情景的多样性（Diversity of users and situations），G 代表其他形式和含义的生成性（Generation of other forms and meanings），E 代表概念的耐久性

（Endurance of the concept）。虽然这是个良好的开端，但实际上，它提出的问题比解决的问题还要多。所有词语均源自一个始创者，因此我们可以说，它们的频率（F）和使用者的多样性（D）均始于 1。不过在流通过程中，一些词的使用频率和多样性得到不断的提升和扩展，问题是，这种现象是个事实，而这一事实正是我们需要解释的问题本身，它并不是成因，因此，它不能用来自我解释。相同的循环解释也威胁到了梅特卡夫提出的新词形（一词多义）的生成性（G），例如，blockbuster（轰动）从指称一个大炸弹引申到指某种商业性的巨大成功。事实上，越是高产词，越容易一词多义（参见第 2 章），因此，这个问题很有可能是这样一种情况：一个词语的成功会使这个词变成更好的新词义的生成者，而不是像梅特卡夫所说的，一个词的生成能力决定着它的成功。同样，概念的耐久性（E）也不是对一个词的生存境况的合理预测。尽管现在我们很少有机会谈论cabooses（守车）、flappers（苍蝇拍）、zoot suits（左特套服）和 Cold War（冷战），但如果需要的话，这些词就在那里，它们随时恭候人们的召唤，呼之即来挥之即去。

现在，让我们再来看看梅特卡夫的"不要太惹眼"（U），事实上，它是给娱乐造词者以及"年度词语"的裁决者们的一句言简意赅的提醒，即绝大多数招摇过市的词最终都会被淹没在历史的尘埃中，而真正的赢家却波澜不惊地融入了语言的大潮。当然，前面提到的 sniglets、liffs 以及 word fugitives 中的大多数词都聪明反被聪明误了，这注定了它们终将被抛弃的命运。还有那些由诙谐的记者们有感而发所创造出来的妙语，尽管它们曾一度令"年度词语"的评判者们眼前一亮，但其中的大多数还是未能逃脱被淘汰的厄运。举例来说，Brown-out 形容糟糕的紧急情况处理，它让人想起卡特里娜飓风过后的那位联邦应急管理局局长；flee-ancée 指称一个珍妮弗·威尔班克斯式的逃跑新娘，珍妮弗·威尔班克斯（Jennifer Wilbanks）曾在 2005 年一夜成名。幽默作家吉利特·伯吉斯（Gelett Burgess, 1866—1951）1907 年创造的 blurb 和 bromide 这两个词的运气还算不错，可是 alibosh（公然的谎言）、quisty（耐用但不漂亮）、cowcat（活着浪费空气死了浪费土地的人）和 skyscrimble（八卦）就没那么幸运了。

即使有人甘愿使出浑身解数来传播一个新词，以此来填补某些词语的空缺，但老百姓还未必愿意领这个情。2000 年，概念艺术家米勒杜斯·美尼塔斯（Miltos

Manetos）注意到，在产品设计学中，英语缺少一个形容高科技审美的词，比如，"新苹果第三代 MP3 播放器真的 X"以及一个指称由科技驱动的艺术媒体流派（例如，视频艺术、电脑绘图、数字动画）的词语，如"我们的美术馆展示了 X 派新艺术家的作品"。美尼塔斯希望找到一个既可以做形容词又可以做名词的词来填补这一空缺。本着他正在命名的那场艺术运动的精神，他特意聘请了品牌推广公司 Lexicon Branding（就是那家设计了奔腾、赛扬、起亚远航、美国磁通公司和雪佛兰阿雷罗品牌名称的公司），希望该公司的计算机算法和从事语言研究的员工能为他提供一些候选词。在随后得到的候选词名单里，米勒杜斯选中了其中的 neen 这个词，neen 在希腊语中的意思为"现在"。在纽约一个大型艺术馆中举行的一次发布会上，米勒杜斯隆重地推出了这个词，与会者包括新闻记者、批评家以及一个包括我在内的评论家组。我当时的预测是，这个词不大可能流行，因为它是个错误的象声词，它的共鸣过于倾向 sn- 音词或者像小孩子奚落人时发出的 nyah-nyah 和 neener-neener。不幸的是，我的预测后来被证实是对的（只要谷歌一下 neen 就能验证这一点），事实上，做出这样的预测并不难，因为任何过于惹眼的新词最终都逃不脱被淘汰的厄运。

　　尽管如此，也不是每一个新词最终都会被摒弃，因为有些新词非常诙谐且自我。英语最近接纳了 podcast（播客）这个新词，意为"下载到数字音乐播放器的音频节目"，它是 iPod（苹果公司音乐播放器）和 broadcast（广播）的双关语；另外还有 blog（博客），即 Web log（网络日志），blog 利用的是 blob（难以名状的一团）和 bog（沼泽）的无定形态（amorphousness），并以 20 世纪 70 年代校园俚语的风格对一个词音节进行了漫不经心的切分，如 shroom（mushroom，蘑菇）、strawb（strawberry，草莓）、burb（suburb，郊区）和 rents（parents，父母）。加拿大人将一加元硬币戏称为 loonies（潜鸟），是对硬币背面的"潜鸟"的一种嘲讽。当二加元硬币进入流通时，它立即被戏称为 toonie。数十年前，英语中有 Yuppie（雅皮士），指专门居住在城市的年轻人，后来又衍生了 hippie（嬉皮士）、Yippie（雅皮士）和 preppy（预科生）；还有 couch potato（成天靠在沙发上看电视的懒虫）、palimony（分居抚养费）、qwerty（标准的传统键盘）；当然，还有那个最愚蠢的 spam（垃圾邮件）。这也算不上什么新生事物。Soap opera（肥皂剧）发明于 20 世纪 30 年代；hot dog（热狗）于 19 世纪 90 年代出自一个校园里对热狗所含原料的恶搞；gerrymander（改变选举区）则更早，它发明于 1812 年。动词 razz（冷笑）和名词 raspberry（咂舌声，舌头伸出发出粗鲁的噪声）并不是拟声词。它们从伦敦腔的押韵俚语中炮制出来，这种词的发音特点是，用一个短语代替一个单词，该短语与这个词相谐音，并且押韵的部分被省略掉了。比如，用 loaf（面包）代替 head（头，head → loaf of bread → loaf），或用 apples（苹果）代替 stairs（楼梯，stairs → apples and pears → apples）。按照相同的逻辑，如果我告诉你 raspberry 是 raspberry tart 的缩略语，你应该就能想象出 raspberry 是怎样被创造出来的了。

尽管这些诙谐的发明偶尔会取得成功，但在指出"不要太惹眼"是新词能够成功留存于语言的常见条件时，梅特卡夫实际上已经认识到了某种东西的存在。然而，这种东西并不是"不惹眼"本身，而是一种能够满足词语的认知要求的能力。并不是所有在我们心里一闪而过的东西都有词义所需的连贯性和稳定性。对于一个可命名的概念来说，它通常会指称一类有序的事物，或者是一起在任何情况下都有一定规则可循的事件。此外，与专有名词不同，一个可命名的概念还必须是类属的（generic），而不能是个别的（particular）。举例来说，新通用名词 latte-drinker（拿铁饮用者），指的是一类通常喝拿铁的人群（比方说，见过世面的城市青年），而不是指称某个此刻正在喝拿铁的人。这解释了为什么在下面的句子中，"拿铁饮用者"可以毫无矛盾地被使用："除了并不真的喝拿铁，克雷格是个彻头彻尾的拿铁饮用者。"（但你却不能说："除了并不真的喝拿铁，克雷格从哪种意义上说都喝拿铁。"）词语往往用于描写有机整体（如"兔子"，而不是"未分离的兔子身体"）、稳定的品质（如"绿色"，而不是"2020 年之前是绿色，之后是蓝色"）、自然种类、由一次状态改变或目标改变而终结的事件、具有某种功能的产品；也用于描写由显著因、果、手段或方式的行动。词语是供那些在我们所断言的事件中发挥作用的参与者使用，而不是供断言本身所使用的。因此，一个句子可以有真假之分，而词却没有。

鉴于词语的以上特性，充满趣味的新词往往顾此失彼——注重趣味性却忽略了精确性，它的趣味性并不是构词精巧所致，而是由于构造者对所命名的事物的评论，换言之，它实际上并不是在给事物命名，而是在对事物进行主观评价。以典型的年终新词列表为例，egosurfing（自我搜索）、celanthropist（名人慈善家）、infomania（过分沉迷于检查电子邮件和短信）、security mom（一个特别关注恐怖主义活动的选民）、ubersexual（一个不仅阳刚而且敏感，具有社会意识的异性恋男子）、greenwashing（一种意欲让公司看起来有很强环保意识的公共姿态）。这些词确实是符合社会潮流的新闻报道，你几乎可以感觉到这些造词者用胳膊肘轻轻地碰着你说："看啊！互联网正在改变着我们的生活！"——或者说性别角色、高科技、恐怖主义、环保意识正在变革着我们的生活方式。

那些站在自己立场上的 sniglets（本该有却没有）以及其他相关词语的造词者们，他们其实是在说"你不讨厌……"、"那不太傻了么……"或者"你有没有注意到……？"事实上，通过把这些瞬间的评价打包进一个词里，这些造词者们所做的就是对自己的评价进行再评价。他们总是说："这种现象如此普遍、如此容易识别，它实在值得拥有一个专属于自己的词语！"我认为，这些造词者对词语心理学和俏皮话的非法利用才是造成这类新词幽默诙谐的真正原因。不幸的是，这也正是他们创造的新词无法留存在语言中的原因所在，他们同时也搞砸了这些词。假如你在没人排队的情况下，沿着银行的隔道线自行排队走向窗口；或假如在公交车上，你坐在了一个还留着别人体温的座位上，你可能会觉得自己很愚蠢，不过，人们谈及这些情景的机会毕竟比评论觉得自己有多傻的机会还要少得多。还有一个问题就是，大部分 sniglets 都用于描述错误和愚蠢的行为（比如，purpitation 意为"从杂货店的货架上拿下来东西，当不想要的时候，把它随手放在其他摆货区"），对于做荒唐事的人来说，这可能是一种慰藉，但对于这些词来说，它们却很难成为由一个标准动词划分的事件类型。

退一步说，即便掌握了所有这些知识——构成工具、词语空缺、联觉音语境以及词语的概念要求，我们仍然无法预测一个新词什么时候会选择一个词根。余下的不解之谜将引导我们以全新的方式来认识文化与社会，不过，在此之前，我们还得先回到史蒂夫之谜的那个话题上。

引爆流行的神秘力量

史蒂夫和其他婴儿名字的兴衰史告诉我们，对于一个名称来说，仅凭悦耳的声音和一个可命名的概念还不足以达到流行的目的，这之外一定还有什么其他因素。命名一个孩子应该是我们能够想象的、为一种语言增添新词语的最简单的例子。父母可以随意选择语音，社团也会尊重他们的选择。即便如此，给婴儿命名还是暗藏着一种神秘的力量，这种力量不仅决定着一个单词的流行趋势，也许还能解释为什么有些词能够成功流行起来，而其他词却没这么幸运。

在某些方面，命名一个孩子与创造其他词语是有区别的。我们从来没有遇到一个本应存在却不存在的人名（比如一个可怜的孩子，他的父母一直就没能抽空为他取名）；我们也不会拒绝接受一对父母为他们的孩子选择的名字，只不过偶尔会给那孩子取个昵称而已。大多数时候，父母在给孩子取名时，会从常见的名字中挑选一个，他们一般不会临时杜撰。但因为给自己的孩子取名是人类最纯粹、最民主的行为，而且有关婴儿名字的数据精确又丰富（美国社会安全管理局保留着一个自 19 世纪 80 年代起至今的全美人名数据信息库），这些名字为人们了解词语流行趋势提供了一个信息宝藏。

一个人不一定要叫那个名字才会了解这个名字的兴衰史。假如仅说出一个人的名字，大多数人也能预测出而不只是猜测出她的大致年龄。一个叫埃德娜、埃塞尔或贝莎的人，一般会是个上了年纪的人；苏珊、南希或者黛布拉可能是一个处于生育期的少妇；詹妮弗、阿曼达或者希瑟应该是个 30 多岁的年轻女性；伊莎贝拉、麦迪逊或奥利维亚应该是个孩子。我曾写过一篇题为《猜她的年龄》（*Guess Her Age*）的文章，因为女孩名字的变化比男孩的更快：罗伯特、大卫、迈克尔、威廉、约翰、詹姆斯等名字始终都有人在用。不过，即便就男性的名字来说，如果让你猜测伊桑、克拉伦斯、杰森，当然还有史蒂夫的年龄，猜中的概率也会比投飞镖的中标率要高。当然，名字也并不都有流行周期——在许多社会中，婴儿必须以圣人或祖先的名字来命名，而且许多家长仍旧想方设法用世系味道浓重的名字为他们的儿子取名；而相比于儿子，女儿名字中的宗亲味道则略微淡一些。不过，不管怎么说，名字的使用情况总会有一些波动，而且在 20 世纪时，西方国家的这种波动率呈迅速攀升的趋势。

　　和我父母一样，大多数父母都不记得在给自己的孩子取名前，他们是否因为曾听过哪个婴儿的名字，于是就给自己的孩子也取了那个名字。他们往往会说，他们曾有一个最喜欢的亲人或心目中的人物；或者他们会说，他们只是喜欢那个名字的悦耳声音。但当他们去托儿所接孩子，招呼着他们的"泰勒"或"佐伊"时，3个小孩的同时回应仍会让他们大吃一惊。事实证明，他们本以为细致审慎的选择，到头来也是其他成千上万的父母们深思熟虑的选择。莱布尼兹曾经这样写道，如果你看到两个时钟显示着同一个时间，那么这种情况可能有3种解释：首先，它们的同步是连接它们的一条轴或线所致；其次，它们的同步是一个负责保证它们同步的熟练表匠不断调节的结果；最后，它们的同步归功于自身极其相似的运作机制。假如父母们不是通过彼此效仿来协调他们的选择的话，那么，其他那两种备案又是什么情况呢：一种受外因影响，另一种出于品位而独立开发出了相似性？

　　就外部因素而言，我们立刻就可以把那些常常被其他品位和时尚援引的各类影响排除掉。在与妻子一起给他们的女儿取名"瑞贝卡"之后，社会学家斯坦利·李柏森（Stanley Lieberson）惊奇地发现，有太多太多的同龄人也给他们的女儿取了同样的名字。在这件事情的启发下，他出版了一本书，取名为《品位的问题》（A Matter of Taste）。他很清楚，单凭呼吁像他一样可能用这个名字给自己孩子命名的父母们是不能解释清楚这个名字的发展态势的：

　　　　国家档案登记处从来没有赞助过任何有关"国家瑞贝卡协会"的广告宣传活动，当然，它也从未做过任何诋毁那些争相使用这个名字的人的事。"瑞贝卡"的兴起与其他名字的退落所呈现出的激烈的竞争态势与"百事可乐"和"可口可乐"之间的竞争并不完全一样。无论沃尔玛还是内曼·马库斯，都没有促销过这个时尚潮儿的名字，也没有哪个厂家肯因为你给女儿取名"瑞贝卡"而为你打折优惠。

　　当然，此外还有其他可能的外部影响因素。关于婴儿命名发展趋势的一个最流行的民间说法就是，家长们给自己的孩子命名时，常常会受英雄人物、领袖、演员或演员所扮演的角色的影响。希拉里·克林顿曾说过，她的父母是以攀登珠峰第一人的名字给她取名的。但她出生于 1947 年，而当时埃德蒙·希拉里（Edmund Hillary）还只是一个默默无闻的新西兰养蜂人，他是在 1953 年才登上珠峰的，那一年希拉里·克林顿已经 6 岁了。

李柏森仔细研究了婴儿名字的兴衰隆替与公众眼中著名人物（无论是现实生活中的还是虚构的）的宦海沉浮之间的关联。他研究的几乎所有例子都证明了这样一个事实：在一个名人横空出世之前，他被命名的那个名字就已经处于上升的态势了。而这个名人的出现也进一步推动了这个名字的流行态势，使它的流行度再创新高——李柏森称之为"曲线骑乘"（riding the curve）。不过，它并不是最初引爆这个名字的导火索。

以"玛丽莲"为例，这个名字在 20 世纪 50 年代相当受欢迎，很多人都会认为，这要归功于玛丽莲·梦露的名望。遗憾的是，梦露之前的几十年，这个名字的使用率就已经开始飙升了，而且在 1946 年，当珍妮·贝克（Jeane Baker）用它做自己的艺名时，这个名字就已经相当流行了。事实是，在梦露成名之后，这个名字的流行度已处于下降趋势。对此，人们猜测这还是梦露的功劳：在循规蹈矩的 20 世纪 50 年代或女权主义初期的 60 年代，人们不希望用一个性感女星的名字来命名自己的女儿。不幸的是，这种猜测又是个错误——20 世纪 30 年代，这个名字就达到了流行的鼎盛期，而当梦露一夜成名时，它已经开始走下坡路了。

在李柏森调查的一些例子中，一个真实的或虚构的名人还真能带来一个新名字。20 世纪 60 年代，英国引入了一部情景喜剧《家有仙妻》（Bewitched），剧中一个女巫的丈夫名叫达伦（Darren），在此之前，英国人连听都没听过这个名字。还有麦迪逊，这个当前已经名列最受欢迎女婴名字第三位的名字之前根本就没有被用来命名过任何女孩，直到 1984 年《美人鱼》（Splash）上映后，情况才发生了转变。电影《美人鱼》中，达丽尔·汉纳（Daryl Hannah）扮演的美人鱼爬出了东河，在路标上发现了"麦迪逊"（Madison）这个词，于是便用它做了自己的名字。此外，李柏森还发现了一些由著名的名字引发的突发性变迁。在 20

世纪 30 年代，"赫伯特"呈下降趋势；与此同时，"富兰克林"则处于上升趋势；而自那以后，"阿道夫"便彻底消失了；众所周知，这 3 种情况都是事出有因的。不过，总的来说，名人名字的断续性主要是人们的认知错觉。人们在回想起一两个这样的例子，例如，名字由于名人而闻名、许多婴儿都用同一个名字命名时，于是他们便推测说，第二种情况是第一种情况的成因。当然，他们无法为了确保时间的正确性而按照年代来排序名字；也无法回忆起一些反例，例如，成千上万的婴儿本应该也被命名为汉弗莱、宾、卡里、赫蒂、葛丽塔、埃尔维斯等（但他们却没有被这样命名）。人们并不擅长区分因果关系。编剧们必须用更合理的名字为他们的角色命名，而志向远大的演员则必须为自己选择一个耐人寻味的艺名。很显然，他们承受着与当今准父母们为孩子取名时所承受的同样的压力。

那么，其他像民族主义、宗教、性别角色等这样更大的社会趋势对命名又会有什么影响呢？这个问题的结论仍然有悖于你的想象力。最近几十年见证了《圣经》中一些人名的复苏，比如雅各、约书亚、瑞秋、莎拉等。对于这种现象，几乎每个人的第一个猜测都是，它反映了宗教在美国社会生活中的复兴。不幸的是，李柏森的研究却表明，在此期间，《圣经》中人名的使用趋势与宗教活动的走势恰恰相反。而且，与未用《圣经》中的人名为子女命名的父母相比，那些选择了这些名字的父母并不比其他人更信奉宗教。相比之下，女权主义对命名的影响似乎会更大一些，遗憾的是，实际情况也并非如此。例如，自 20 世纪 70 年代起，一些基于花名的女孩名开始没落（如玫瑰、紫罗兰、菊花）；但与此同时，其他同样基于花名的女孩名却变得越发受欢迎起来（如百合、茉莉）。在绘制那些由男孩名加小词缀派生出的女孩名的流行趋势时，你也可以选择任何一种流行走向：一些呈下降趋势，例如罗伯塔、宝拉、弗里达；而另一些则呈上升趋势，比如埃里卡、米凯拉、布丽安娜，当然还有斯蒂芬妮。

造成这种世俗认知与事实之间差距的原因是，多数人的文化变革理念都是错误的。他们认为，变革是由可预测的外部因素所影响的结果，例如政府、广告商、名人、经济、战争、汽车、技术等外部因素。不仅如此，他们还认为，文化变革是易于理解的，换言之，他们认为，人们可以用解释个人行为方式的方法来解释整个社会的行为方式。

作家爱德华·特纳（Edward Tenner）曾经记录过一个与这种世俗认知谬误有关的实例。在 20 世纪 60 年代之前，在公共场合，大多数男人都会戴一顶浅顶软呢帽，当然，今天几乎没有哪个男人会戴那种帽子了。那么，这到底是为什么呢？事实上，对于这个问题的猜测从未间断过。有人说，是约翰·肯尼迪在其总统就职典礼之后首先开了不戴礼帽的先河。有人说，人们搬到郊区居住后，他们要在汽车里花好多时间，因此，他们的脑袋就不再像以前那么冷了，而且戴着个软呢帽也不方便从汽车里出出进进。还有人说，男人留长发已经成为一种个性标志，他们不想把头发藏起来，更糟的是，如果戴着帽子，他们还得忍受"帽头"的尴尬。此外还有一种强调自然的说法，认为帽子代表了自然的不完善性。还有人认为，帽子与政治体制有关，而年轻一代反对政体。也有人认为，文化开始转向对青年人的推崇，而帽子只与老年人有关。

在有关社会发展趋势的报道中，这种流行社会学的解释随处可见。遗憾的是，所有这些解释都是错误的。如果你对男性帽饰在过去几十年里的流行趋势做一下定量研究，你就会发现，自 20 世纪 20 年代起，它一直处于稳步下降的趋势（20 世纪 60 年代刚好见证了它的最后一搏，当时帽子的佩戴情况刚好降到了临界点以下）。这种下降趋势恰好与同期妇女佩戴帽子和手套的下降趋势平行。在上面那些流行社会学的解释中，没有一种说法与这些事实的编年史相符。可以说，那个时代确实有某种事情正在进行——那就是各个生活领域的繁文缛节正在日益减少，其中包括服装、仪表、公共举止以及称谓语（例如，用名字代替先生、女士，或者某某先生）。换言之，任何一种外因或目的（战争、政治、经济、科技）都无法稳步地将这种时尚趋势从 20 世纪 20 年代推向 21 世纪以及其后的年代。针对女性裙长的定量研究也得出与此相同的结论。与大众的观点恰恰相反，尽管在过去的几十年里，裙长确实表现出了缓慢、平稳的跌宕起伏，但女性裙子的长短与股市、面料短缺、具有高度刺激性的广告活动或别的什么东西毫不相干。

　　李柏森认为，我们必须对到底应该如何解释文化变革的问题进行重新思考。"趋势"是指数以百万计的男男女女在对他人所做的决定进行预期与反应的同时做出个人决定的集总效应（aggregate effects）的简称。这种效应催生了一种变革的内动力——一年中帽子佩戴的情形影响着下一年的情形。同时，它还促成了具有自身逻辑的其他各种趋势，而不是去随声附和作为整体的社会选择。

　　许多时尚——裙子长度、西装翻领的宽度、尾翼、胡须，当然还有婴儿的名字经历的都是此起彼伏的平滑波动，而不是从一个层面到另一个层面的突起突降，或是股市般的变化无常。虽然调用一个诸如动力或钟摆运动的隐喻来解释一种趋势的变化并不是件难事，但我们还是需要对为什么可以用这类隐喻，而不是其他类型的隐喻这一问题做出解释。经济学家托斯丹·凡勃伦（Thorstein Veblen）和艺术评论家昆汀·贝尔（Quentin Bell）指出，时尚周期可以用身份心理学来解释。精英们想通过服饰将自己与凡夫俗子区别开来，但随后，仅次于精英的人群也开始对他们的着装打扮进行效仿，接下来是再下一层民众的效仿，直到这种风格惠及黎民大众为止。而当另一种新的时尚出现时，精英们又转向了那种新时尚，于是，中产阶级又开始模仿他们，然后是下层中产阶级，以此类推，便形成了内部推动的无休无止的跌宕起伏的时尚大潮。（这不禁让人想起了道金斯利用加热器和冷却器对另一种身份象征的进化——即凤凰雀尾巴的类比。）按照传统，身份等级是用财富和阶级来计算的，不过，在不同的圈子和团体中，它也可以由其他声望指数来计算，比如威望、时髦、精于世故。

　　李柏森补充说，一种时尚的前沿会尽可能一直朝着同一方向推进，因为任何回溯都将使潮人们企图与众不同的目的落空。这就是所谓的隐喻性动力（metaphorical momentum）。但它也有到达极限的时候——裙子再短也不能短过吊袜的束腰带，裙摆再长也不会超过6米。届时，精英们会被迫将这种风格反转过来的。这就是所谓的隐喻性钟摆（metaphorical pendulum）。听起来，它似乎什么都可以解释，但这恰恰说明，它实际上什么都解释不了。不过，李柏森也指出，每当一种时尚潮流复兴的时候，潮流先锋们总会同时将一些"其他"变革引入其中。因此，新潮的裙子、胡须、挡泥板永远不可能与上一个10年的潮流式样相混淆。

　　这又将我们带回到名字的问题。与西装翻领大小的流行趋势不同，人名并不始终朝着一个方向发展，但它们之间确实存在许多共同的特征：它们的音节首辅音（onsets）或音节尾（codas）的声音、它们的词源（希伯来语、拉丁语、希腊语、凯尔特语、盎格鲁－撒克逊语）、它们的字面意思（鲜花、珠宝、武器、月份）、它们与名人的联系，等等。名字有着庞大的词库资源，它可以由小说来填补（"米兰达"来自莎士比亚的《暴风雨》，"温迪"来自《彼得·潘》）；由姓过渡到中间名，进而再过渡到第一个名字（比如摩根和麦肯齐）；外来名（例如索伯汉、纳塔莉亚、迭戈）；通过加前后缀，例如 -a、-ene、-elle，非裔美国人则加 La-、Sha-、-eesha（例如 Latonya、Latoya、Lakeesha 等）。难怪不同阶级和种族群体会从不同的名库中选择自己的"样本"。

　　一方面，大多数父母想给自己的孩子取一个独一无二的名字，以避免和周围小朋友同名，山姆·高德温（Sam Goldwyn）曾建议一个员工"千万别给你儿子取名威廉。几乎每个姓汤姆、迪克和哈利的名字都叫威廉"；另一方面，父母们又不想让自己孩子的名字过于另类，免得让人觉得这个孩子来自一个不谙世故或者离群索居的家庭。在这个时尚的一个极端上，我们有女演员瑞秋·格里菲斯（Rachel Griffiths），她给儿子取名 Banjo（班卓琴）；魔术师佩恩·吉列特（Penn Jillette），为其女儿取名 Moxie Crime-Fighter（摩羯座·通天干警）；摇滚歌星鲍勃·吉尔道夫（Bob Geldof），他的三个女儿分别叫 Little Pixie（小精灵）、Fifi Trixibelle（菲菲·特丽克丝贝利）和 Peaches Honeyblossom（蜜桃·蜜花）。而在另一个极端上，美国有位拳击手乔治·福尔曼（George Foreman），他的 5 个儿子都叫乔治。例外总归例外，在选择名字时，大多数父母都喜欢介于这两个极端之间。不过问题是，由于每个家长都不想走极端，又都想与众不同，结果就是，他们对孩子的命名如出一辙。20 世纪 60 年代，美国的中小学里到处都是叫苏姗和史蒂夫的孩子，现在又到处都是克罗伊和迪伦。不过，请不必担心，未来的父母们将会对这种史蒂夫或者迪伦过热现象做出积极的回应，他们会找到一个全新的名字，从而将这一潮势扭转到另一个方向上去。这种动态不禁让我想起了尤吉·贝拉（Yogi Berra）的那句酒店评语："没有人再去那儿了，那儿的人太多了。"婴儿取名顾问们，比如帕梅拉·撒特兰（Pamela Satran）试图向家长们建议一些既不俗又不怪异的名字——也许是一些英雄的名字，例如莫奈、柯法斯；或者某种颜色词，比如灰褐色或者蔚蓝色。[Yogi（瑜珈信徒），听过有人叫这名字吗？]

象声词是挖掘中庸名字的强大劲旅。一个流行的名字将它的魅力传播给那些与其共享同一个音节首辅音、音节或音节尾辅音的现成名称。20世纪早期，珍这个名字引出了贾尼斯、珍妮特、简、詹妮尔，这几种名字各自都有许多种不同的拼法。卡罗尔引出了卡洛琳、凯伦、凯莉、卡拉、卡丽娜。最近，詹妮弗这个名字中的"詹"字催生了杰西卡和詹娜，"妮弗"则催生了希瑟和安布尔。李柏森指出，许多被归因于名人效应的流行名字（珍妮特·盖纳、杰西卡·兰格）确实只是对流行语音的追捧。因此，象声词有助于帮助我们了解为什么一些名人的名字会渐渐石沉大海。举例来说，20世纪60年代，达伦在英格兰呈直线上升的趋势，而其他电视角色的名字却没这么幸运（例如瑞奇和麦克斯韦），因为在当时，有超过三分之一的英国男孩名字都是以 n 音结尾的。

在几乎所有文化中，男孩与女孩的名字均有所不同，很显然，这是性别在起作用。然而，性别在命名中所起的作用还不止这些。父母们偶尔会给他们的女儿取一个男孩的名字，也许是因为他们希望能有个男孩。不过还有一种更大的可能性，那就是，他们希望借此暗示女孩子们要自立自强。不知道为什么，这些名字往往会落在那些命中注定成为性感女星和模特的女孩子头上（或者是她们自己选择了这类名字），比如德鲁·巴里摩尔、布莱尔·布朗、格伦·克洛斯、杰米·李·柯蒂斯、卡梅隆·迪亚兹、杰瑞·霍尔、达丽儿·汉娜、梅尔·哈里斯、詹姆斯·金、肖恩·杨（所有这些人的名字都是与她们同龄的女孩子所不常使用的）。要不是女权运动的进程已经持续了百年或者更长时间，它应该是对这种现象的一个最简单的解释。在20世纪初，贝弗利、黛娜、伊芙琳、盖尔、莱斯利、梅瑞狄斯、罗宾、雪莉等名字主要用于男子。在这一时期里，男女同名命名只是单方面的。一个男孩的名字一旦过多地被用于女孩，这个名字就失去了它自身的价值，这大概是因为父母们能够接受将男孩的特征赋予女孩，却无法接受将女孩的特征赋予男孩。正如约翰尼·卡什（Johnny Cash）所说："生活对于一个叫苏的男孩子来说是件不易的事情。"

年龄是流行趋势的另一个推动力。许多名字和声音随着它们主人的年迈而变得缄默，以至于最终被遗弃，因为家长们不想将他们的孩子想象成小老头或小老太太。这就是许多这类名字的劫数吧，比如埃塞尔、多萝西、米尔德里德以及以 -s（斯或丝）结尾的名字，例如格拉迪斯、弗洛伦斯、路易斯、多丽丝、弗朗西斯、艾格尼丝。一旦它们的主人过世或失踪，这些名字便会失去它所固有的那种年迈的含义，并重新被人们召回，其条件是，它们必须符合新时代象声词的最强音。举例来说，伊丽莎白、克里斯蒂娜、约瑟夫就曾获得过重生，假如你发现自己属于马克斯、玫瑰、山姆、苏菲、杰克、赛迪中的一员，那么，你不是在养老院长大的，就是在托儿所长大的。

我们所说的这些与一个新词能否被接受有什么关系呢？就像我曾说过的，在某些方面，名字与其他词类是不同的。当名字被用于命名孩子时，每个人都会得到命名，但名字的资源库是有限的，而且，一般来说，名字都是一成不变的；然而，当它被用于命名概念时，许多概念却依然是难以名状的，那些被命名的概念往往会得到一个新的声音组合，而大多数年度词语的存活时间都短暂得可怜。尽管如此，驱动人名时尚循环的内动力仍然部分地适用于造词和其他词类的接纳。

前面我们已经领教过了公司及其商品的名称时尚，从别克到野马再到伊兰特。此外，与名称时尚一样，青少年、校园、潮人俚语等时尚趋势，例如, the cat's pajamas（卓越的人或物）、hep（玫瑰）、groovy（时髦的）、far out（激进的）、way cool（很酷）、phat（酷毙了）、da bomb（太牛了）也可以被准确地测定出来。还有另外一种时尚周期，它特别青睐那些表示最高级的术语。说话者总是想用自己的非凡经历去打动他们的听众，于是，他们就采用了形容词的最高级来描述它，遗憾的是，这种做法贬低了最高级的原始价值。因此，紧随其后的说话者就只能求助于某个表示极度经验的词，从而创造出一个新的最高级，以此类推，一个螺旋式的语义膨胀就这样产生了。很久以前，语言前辈们曾经对一些词的原始含义进行了淡化处理，例如 terrific（引起恐慌）、fantastic（值得幻想）、tremendous（使人发抖）、wonderful（鼓舞人心的奇迹）、fabulous（虚构的显赫）。最近几十年间，人们又对下面一些词的原始含义做了同样处理，例如 awesome（了不起的）、excellent（优秀的）、outstanding（出色的），在英国还有 brilliant（杰出的）这个词。

此外，还有一个例子。人类生活中存在着一些领域，它们高度地受控于情感，比如性、排泄、老年化以及疾病等，用于这些概念的术语往往运行在我所说的"委婉跑步机上"（euphemism treadmill）。由于与某个令人担忧的概念间的联系，它们会被玷污，于是人们便用另一些未被污染的术语来取代它们，然而，这些术语也同样逃脱不了被污染和取代的噩运。举例来说，toilet 原本是个表示身体护理的术语［例如 toilet kit（如厕工具包）和 eau de toilette（盥用水）］，后来被用来指称排泄设备和场所。随后，它又被 bathroom（浴室、厕所）取而代之，于是就出现了下面这些荒唐的说法。例如，The dog went to the bathroom on the rug（狗在地毯上如厕），In Elbonia, people go to the bathroom on the street（在艾尔波尼亚①，人们在大街上如厕）。当 bathroom 再次遭到玷污后（例如，在一些厕所幽默中），它又被滔滔而至的其他术语所取代，例如 lavatory（盥洗室）、WC（洗手间）、gents'（男洗手间）、restroom（更衣室）、powder room（化妆室）、comfort station（公共厕所）等。与此类跑步机式循环术语类似的还有其他类术语，例如：指称残疾人的 lame（跛足的）、crippled（致残的）、handicapped（有缺陷的）、disabled（不能自理的）、challenged（受到挑战的）；指称令人不悦的职业的 garbage collection（垃圾回收）、sanitation（环境卫生）、environmental services（环保服务）；指称学术活动的 gym（健身）、physical education（体育）、human biodynamics（人类生物动力学）；指称受压迫少数民族的 colored（有色人种的）、Negro（黑人的）、Afro-American（美国黑人的）、black（黑人的）、African American（非裔美国人）；等等。

在时尚大潮面前，即使是科学也只能随波逐流。人们原本以为科学家们会用希腊语和拉丁语为他们的发现命名，比如 ligand（配合基）、apoptosis（细胞凋亡）、heteorskedasticity（异方差性），结果出人意料的是，这些术语首先让位给了英语中的那些遁词（circumlocutions），例如 frequency-dependent selection

---

① 漫画《呆伯特》中虚构的城市。——译者注

（依赖频率的选择）、secondary messenger（第二信使），进而又让位给了更加异想天开的引喻，比如 quark（夸克）、Big Bang（宇宙大爆炸）以及 Sonic Hedgehog（音猬因子）—— 一种以视频游戏角色的名字命名的基因，而现在，它已经让位给了截词（hip truncations），例如物理学中的 brane theory（膜理论），其中的 brane 截自英语单词 membrane（薄膜）。

请注意，时尚的潮涨潮落并不是决定一个词语存亡命运的唯一内动力。即使一个新词的品位保持稳定，其成功与否仍然取决于词语流行病理学（lexical epidemiology）—— 一个新词从始创者到一个新的采用者的传播方式。当然，这个人还将继续将其传播给下一个使用者，一传十、十传百，辗转无穷。最终，这个新词要么渐渐消失，要么被地方的流行方言所接受，这取决于了解它的那个人一天之内对多少人谈及过它，还取决于听说过它的那些人对它的关注及乐于记忆的程度。就像真的流行病那样，人们很难预料究竟结果会如何。换言之，一个新词在上口度、熟悉度、可信度，或者第一个采用者的魅力等方面的细微差别，决定着它最终能否打进一个语言社团并被人们世世代代相传下去的命运。在这个背景下，梅特卡夫提出的那 5 个成功秘诀（即 FUDGE）中的频率性和多样性才有了真正的意义。

可以毫不夸张地说，我们对词语和人名传播途径的考察颠覆了传统的文化起源与发展观。20 世纪，人们将文化看成是一种追求目标、发现意义以及刺激反应的超有机体（superorganism），它既可以是人类进行操纵的牺牲品，也可以是人类参与干预的受益者。然而，作为一种典型的文化实践活动，名字的兴衰命运并不符合这种文化模式。尽管名字随着时代的变迁而变迁，但它们却并不反映其他社会趋势，也不受其他榜样的推动。它们所受到的唯一一次影响来自那条"麦迪逊大街"，其结果是，发生在那条大街上的一系列离奇的美人鱼事件使得麦迪逊这个街名成为全美第三流行的女孩名。要想搞清楚这些现象，我们必须对人性在命名决定中所表现出的特征进行仔细观察——地位心理学、家长心理学以及语言心理学，再加上之前的命名者们的选择结果以及前面提到过的观念流行病心理学（epidemiology of ideas）—— 一个几乎还不存在的学术领域。

在 1978 年出版的《微观动机与宏观行为》(*Micromotives and Macrobehavior*)一书中，经济学家托马斯·谢林（Thomas Schelling）呼吁人们关注一些突发的、非必要的社会现象，这些现象往往出现在人们进行个人选择时，因为这些个人选择会影响到其他人的选择。谢林提到的一个例子是城市被隔离的方式。一个城市被隔离开来，并不是政府的隔离政策所致，也不是人们只希望和自己的同族住在一起，而是没有人愿意成为自己居住区中的少数外族人之一。出于避免被边缘化的目的，当一个个家庭不断地搬进搬出的时候，它们就成了这个社团的一部分，并影响着其他家庭何去何从的选择。最终，黑人与白人两个截然不同的社团出现了，也就是说，无论哪种社团都不是谁设计出来的，或者是谁需要的。谢林提到的另一个例子有关车道被堵：当现场的每一个司机都放慢几秒车速并伸出脖子去观望一场交通事故时，车道就有可能被堵住——这是一场假如司机们之前没有放慢车速看热闹的话，没有人会接受的、为了摆脱拥堵所进行的讨价还价。谢林还解释了在人们的个人决定相互影响时，这些模式就产生了的原因：

> 如果你的问题是交通太拥堵了，那么你本人就是交通问题的一部分。如果你因为喜欢人群而加入一个人群，那么你就为这个人群增加了一员。如果你因为那些和你的孩子一起上学的小学生而将自己的孩子从学校带走，那么你就带走了一个和"他们"一起上学的小学生。如果你为了让自己的声音被听到而提高嗓门，那么你就增加了其他人为了让他们的声音能被别人听到而发出的更高的噪声。当你剪短你的头发，你所改变的只是其他人对人们留了多长头发的印象。

最近，在一本名为《引爆点》(*The Tipping Point*)的畅销书中，记者马尔科姆·格拉德威尔（Malclm Gladwell）将谢林的观点应用到一些社会趋势的解释中，例如识字率、犯罪率、自杀率、青少年吸烟率的变化。传统观点将以上每种趋势都归因为外部社会力量，例如广告、政府计划或各种榜样模式。事实上，它们的真正驱动力并不是这些外因，而是个人选择、影响及其反馈等内部动力在起作用。婴儿的命名以及普遍意义上的事物命名为我们提供了另一个佐证，在这个佐证中，一种大规模社会现象——语言组合，出人意料地从众多彼此影响的个体选择中浮出了水面。

乍看起来，一个名称似乎很简单——它不过是一个语言社团共享的声音和含义的结合体而已。然而，当我们走近它的工作原理，展现在我们面前的却是一个无限广阔的人类经验领域。在之前写的那些书中，我曾对名称是如何在一个人的大脑中表征的问题进行过反复探讨。我也曾为一个人到底能够了解多少词语、儿童习得词语到底有多迅速、词语的构造到底有多优雅、大脑对它们的识别到底有多难等问题而惊叹不已。在本章前面的部分，我们已经看到了概念结构在捕捉词义时表现出的精确性和抽象性。在这一节中，我们又看到了名字是如何将我们与我们头脑之外的世界紧密联系在一起的。一个名字从命名者那里获得含义，该命名者首先选定一个声音，用它来指称一个个体或一类事物，然后再将他选择的这个声音传递给一系列意欲用同样方式使用这个声音符号的人们。而这个过程中的每个环节都会将我们卷入一起具有讽刺性意味的事件当中去。指称行为以及复制它的意图将我们与现实直接连接在一起，而绝不仅仅是将我们与我们对现实的设想连接在一起，尽管人们可能会觉得我们很难把这两者区分开来。以将一种巨大的矛盾压缩进人类社会生活的方式，一种声音的选择将我们与社会紧密地联系在了一起，而这个矛盾正处于人类随波逐流与匠心独具的两种不同欲望之间。

The Stuff of Thought

Language
as a Window into
Human Nature

第四部分

语言与情感

The Stuff of Thought

Language
as a Window into
Human Nature

06

7 个电视禁忌语

尽管一些原本干干净净的词语会变得污浊不堪，另一些原本肮脏下流的词语却被岁月漂洗得一尘不染，但脏话总是存在的。因为富载情感的禁忌语，最擅长捕获人们的注意力。Shit、Piss、Fuck、Cunt、Cocksucker、Motherfucker 和 Tits 是 7 个饱受争议的电视禁忌语。当咒骂被人们明智而审慎地使用时，它可以起到搞笑、一针见血、独具匠心的作用；但过度使用禁忌语，则会削弱它们的情感表现力。

美国最高法院划定了5种不受法律保护的言论，其中就有"欺诈"和"诽谤"，因为它们违背了言论保护的精神实质，即人们必须共同寻求并分享真理。"紧急不法行为煽动"和"挑衅言辞"也不受法律保护，因为它们的目的是触发人们的本能行为（例如，在拥挤的剧院有人喊"着火了！"），而不是交流思想。

这里尤其值得一提的是，第5种不受法律保护的言论——"猥亵言辞"（obscenity）似乎有失公允。尽管一些色情的文字和图像确实得到了政府的保护，但其他超出模糊与争议界限而进入"猥亵言辞"范畴的文字和图像就没那么幸运了，它们随时有可能被美国政府定为非法言论。尤其在广播传媒业，政府在这方面的权限更大，它甚至可以责令媒体禁止使用那些仅仅被定性为"不检点"（indecency）的、与性和污浊物有关的言辞。现在的问题是，为什么一个民主政府竟会动用国家机器来干涉人们用语言表达性和排泄这两种行为呢？它们并没有伤及任何人，不仅如此，它们还是人类生存不可或缺的两大组成部分。

无论从理论还是实践上来看，将猥亵言论列入不受保护的范围都是件令人困惑的事情。电视机旁，每天晚上都围坐着数以百万计的观众，他们开心地观赏着脱口秀主持人对自己国家领导人的智商和诚信的肆意嘲讽。当然，这种自由是要付出代价的，那就是人们要对自己的言论时刻保持警惕（eternal vigilance）①。事

---

① 援引自美国总统托马斯·杰斐逊。——译者注

实上，公民自由的支持者们也确实非常关注对某些言论类型的潜在限制，比如，著作权法、大学演讲条例以及《美国爱国者法》（*USA Patriot Act*）等。遗憾的是，在过去的一个世纪里，那些围绕着言论自由的著名法律论战并没有朝着人们所期待的方向发展——挑战权威、讲真话；恰恰相反，它们演变成了一场场围绕着某些言辞的战役，比如用于交配、生殖器、腔道以及排泄物的词语。请看下面这些著名的案例：

- 1921 年，一本杂志节选了詹姆斯·乔伊斯的《尤利西斯》（*Ulysses*），美国法院借此宣布该小说为淫秽作品，并定为禁书，直到 1933 年，《尤利西斯》才得以解禁。

- D. H. 劳伦斯的《查泰莱夫人的情人》（*Lady Chatterley's Lover*）完成于 1928 年，直到 1960 年，这部小说才得以在英国出版。然而，根据 1959 发行的《淫秽出版物法案》（*Obscene Publications Act*）的有关规定，出版该书的企鹅出版社却遭到了起诉（尽管起诉最终以失败告终）。

- 在美国，《查泰莱夫人的情人》同样遭到了禁令，与该书同时被列为禁书的还有亨利·米勒（Henry Miller）的《北回归线》（*Tropic of Cancer*）和约翰·克莱兰德（John Cleland）的《芬妮希尔》（*Fanny Hill*）。经过一系列法庭判决（从中我们可以看到 20 世纪 60 年代人们在性观念上的转变），该禁令最终于 1973 年被废除，这场庭辩还曾在美国掀起一场轩然大波。

- 1961—1964 年，喜剧演员莱尼·布鲁斯（Lenny Bruce）曾多次因大放猥亵言辞而遭逮捕，许多城市甚至禁止他的演出活动。1966 年，纽约法院再次判处他 4 个月监禁，但布鲁斯在上诉期间不幸过世。布鲁斯最终在谢世后的第 37 年获得了州长乔治·帕塔基（George Pataki）的赦免。

- 1973 年，帕锡菲卡无线电台因为播放了乔治·卡林（George Carlin）的独白《你永远不能在电视上说的 7 句话》（*Seven Words You Can Never Say on Television*）而遭到美国联邦通信委员会（FCC）的处罚，最高法院力挺了这一行动，裁定联邦通信委员会在儿童可能收听广播的特定时段禁止使用"不检点"的语言。

- 联邦通信委员会曾多次对霍华德·斯特恩（Howard Stern）颇受欢迎的广播节目进行处罚，斯特恩被逼无奈，最终于 2006 年离开了广播电台，投奔到卫星广播的自由王国。许多媒体专家预测，这将是卫星广播普及的一个引爆点。

其他受到处罚的对象还包括肯尼斯·泰南（Kenneth Tynan）、约翰·列侬、波诺（Bono）、2 Live Crew 乐队、伯纳德·马拉默德（Bernard Malamud）、埃尔德里奇·克利弗（Eldridge Cleaver）、库尔特·冯内古特（Kurt Vonnegut）、埃里克·艾铎（Eric Idle）以及电影《毛发》（*Hair*）和《陆军野战医院》（*M*A*S*H*）的制片人。

迫害辱骂者的行为有着悠久的历史。《圣经》十诫的第三诫命规定："你不可妄称耶和华——你的神的名字"；《利未记》24:16 阐述了这么做的后果："亵渎耶和华名字的人必被处死。"可以肯定的是，在刚刚过去的一个世纪里，人们可以谩骂的范围确实扩大了。早在 1934 年，科尔·波特（Cole Porter）对抒情诗做了这样的评价："曾经拥有更优美辞藻的优秀诗人 / 现在只使用庸俗的语言 / 写散文。什么事情都可能发生。"在法律诉讼中，20 世纪那些满嘴脏话的名人们绝大多数都打赢了官司（即使只是在死后），而且，近代许多艺人，比如理查德·普赖尔（Richard Pryor）、伊娃·恩斯（Eve Ensler）以及《南方公园》（*South Park*）的演职人员们，不仅污言秽语，而且还拒绝处罚。庆幸的是，这并不能代表污言秽语将侵蚀整个社会。2006 年，乔治·布什签署了《广电节目风化法》（Broadcast Decency Enforcement Act），该法案不仅将使用不雅言语的罚款提高了 10 倍，而且还警告那些重犯者，他们将因此失去从业许可。

由此可见，人类对禁忌语（taboo language）的担忧进入了一个令人惊讶的数组（array），从《圣经》里记载的死罪到电子传媒的未来。在奉行自由主义的民主国家里，言论自由的尺度是严格受限的，这种限制不仅表现在政府对媒体的监控，而且还表现在人们对憎恨、挑衅、性骚扰等言辞的辩论中。当然，人们在日常生活中对他人性格和意图的判断也不例外。

禁忌语的代名词五花八门。例如：它们时而被指称为咒骂、诅咒、乱骂、亵渎、淫秽、无礼、粗俗、渎神、诅咒语、誓言、诨名；时而被指称为脏话、4 个字母的词（如 fuck）或禁忌词；时而又被称为邪恶的、粗俗的、粗鲁的、污秽的、多彩的、朴实的、邋遢的、低俗的语言。无论它们被冠以什么名称，对于那些倾向于将语言看成是通往人性窗口的语言爱好者们来说，这些表述式都会令他们百思不得其解。事实上，人们对这些表达式的恐惧和厌恶并不是这些概念本身所触发的，因为人类语言中存在着成百上千的体面词语，人们完全可以不用这些禁忌语来命名那些脏器和行为，而采用其他词语代替它们。若与概念无关，那么是否与声音有关呢？实际上，这些词语的发音也不是引发人们恐惧和厌恶的原因所在，当被用于动物、行为甚至是人类时，许多这类表达式都有体面的同音异义词；借助一个连字符或星号，那些原本不能出版印刷的表达式就变得完全可以公开发行了；同样，借助一个元音或辅音的转换，那些难以启齿的话语瞬间就可以脱口而出了。既然不是概念也不是声音，那么，引起人们恐慌的罪魁祸首就只能是禁忌语带给人们情感上的那份巨大的震撼效应，它源于禁忌语的含义与其发音的配对组合（pairing）。

莎士比亚写道："但是，语言就是语言。我从来也没听说过／耳朵能刺伤人的心。"然而，在现实生活中，绝大多数人并不这么看问题。一旦某个演员或者顾客顺嘴说出一句脏话，一大批听众随即会随声附和，势如破竹。因此，公正地说，美国联邦通信委员会及其网络监察官们并不是礼仪规范的瘾君子，这些体面的守护者们所做的不过是对此类听众做出积极的回应而已。就他们而言，猥亵语言，尤其对于年轻人来说，是一种不证自明的堕落行为。尽管人们对这些脏话并不陌生，其中包括多数孩子们，也没人曾清楚地阐释过一句脏话到底是如何败坏了人们的道德观念，但人们对此始终坚信不疑。

在那些思想放纵者们看来，语言禁忌是荒谬可笑的，这才是真正不证自明的事实。他们说，一个真正的道德家应该坚持主张，语言暴力和不平等才是"淫秽的"，而绝不是什么性和排泄行为。压制人们通俗地谈论性行为只能导致青少年早熟早孕、性传染疾病以及健康的性能量被破坏性行为所取代的悲剧。这种进步的调子使布鲁斯一举成为艺术家和知识分子中的殉道者。评论家拉尔夫·格里森（Ralph J. Gleason）评价他是"一个首屈一指的道德良知"；表演艺术家埃里克·博格西安（Eric Bogosian）则说："我应该尊称他圣·莱尼，他是为我们的原罪而献身的。"

然而，自 20 世纪 70 年代起，在崇尚布鲁斯的进步阵营中，一些人就开始为语言强加禁忌了。在对橄榄球运动员辛普森（O. J. Simpson）的审判过程中，检察官克里斯托弗·达顿（Christopher Darden）将那个 n- 开头的词（negro，黑人）说成是"英语中最卑鄙、最下流、最肮脏的词，而且在法庭中，根本就不应该有它的一席之地"。遗憾的是，这个词总能找到进入法庭的途径，对辛普森的审判就是一个最佳的案例，这个 n- 开头的词的出现证明，警察也是种族主义者。此外，它还曾出现在其他一些审判中，例如，判决一个人是否可以因为使用这个词而遭解雇，或者是否可以因为攻击了其他使用这个词的人就可以被赦免。在"新维多利亚主义"时期，对性的随意暗指，即使它们没有任何性歧视的痕迹，也会被当成性骚扰的一种形式。因此我们可以说，即使那些鄙视正人君子的人，在听到他们自己也会用的禁忌词语时，同样会觉得自己被严重冒犯了。

咒骂的另一个令人疑惑不解的难题是作为禁忌目标的话题范围。7 个电视禁忌语是指性方面的事情和排泄物：它们分别指称 feces、urine、intercourse、the vagina、breasts、fellatio、Oedipal。而"摩西十诫"里的死罪却源于一个完全不同的主题——神学主题，而且，许多语言中的禁忌语所指称的都是地狱、神灵、救世主以及与它们相关的圣物和身体器官。催生禁忌语的另一个语义场是死亡和疾病，此外还有一个语义场就是那些不受待见的阶层，比如异教徒、敌人、下属族裔等。但这些概念——从乳房到救世主、从救世主到疾病乃至少数族裔，究竟有哪些共同之处呢？

咒骂令我们疑惑不解的最后一个难题是我们进行诅咒的环境范围。语言中有宣泄性的诅咒，比如我们一不小心用锤子砸到了大拇指或打翻一杯啤酒时的咒骂；也有祈求降祸的诅咒，比如在给别人提建议或出主意时，对方却突然挂断电话，我们便会随口骂上一句；还有关于日用品和日常活动的粗话，举例来说，当贝丝·杜鲁门（Bess Truman）受命帮助总统改掉用"大粪"（manure）来代替"肥料"（fertilizer）的说话习惯时，她回答说："你根本不知道我用多少时间才让他习惯说'大粪'这个词的。"还有将污言秽语他用的各种修辞格，例如表示伪君子的粗俗俚语、美国军队中常用的首字母缩略语 snafu① 以及那个表示妻子处于主导地位的术语——妻管严。不仅如此，语言中还有一些类似于形容词的咒骂语，它们丰富

---

① 即 situation normal, all fucked up，意为"一切正常还让你他妈的给搞得一塌糊涂"。——译者注

了语言的色彩，彰显了士兵、青少年、澳大利亚人以及其他对语言的活泼风格产生积极影响的人群的语言特色。

本章是关于诅咒的问题，即关于下面这些单词的神奇冲击力和感染力问题。

> fuck、screw、come；shit、piss、fart；cunt、pussy、tits、prick、cock、dick、asshole；bitch、slut、whore；bastard、wanker、cocksucker、motherfucker；hell、damn。
>
> Jesus Christ（上帝呀）；faggot（男同性恋）、queer（同性恋）、dyke（女同性恋）；spick（美籍西班牙人）、dago（外国佬，对意大利人、西班牙人和葡萄牙人的蔑称）、kike（犹太人）、wog（中东佬）、mick（米克，对爱尔兰人的蔑称）、gook（东亚人，对日本人、韩国人和菲律宾人的蔑称）、kaffir（非洲黑人）、nigger（黑鬼）。

我们将探讨诅咒的生物根源、孕育禁忌语的经验领域以及其他禁忌语可以被派上用场的场合。最后，在提出我个人对究竟该如何面对说脏话这个问题的几点看法之前，我将就这样一个问题提出我个人的疑问，即为什么这些单词不仅会令人感到不爽，而且还必须被禁忌——为什么仅仅听到或读到它们就会令人们感到自己在堕落。

有语言存在的地方，就有脏话存在

正如语言的其他形式那样，诅咒可以说是无处不在的，尽管它的普遍存在是有条件的。当然，由于时空的变迁，被视为禁忌语的那些具体词语和概念也在不断发生着变化。在语言发展的历史过程中，我们经常能够发现一些原本干干净净的词语变得越来越污浊不堪，相反，一些原本肮脏下流的词语却被岁月漂洗得一尘不染。举例来说，当今天的英语使用者在早期的医学教科书上读到"女性膀胱颈短，靠近 the cunt"时，他们中的绝大多数人都会为此大跌眼镜的。然而，这是《牛津英语字典》援引自 15 世纪课本中的原话。记录此类语言演变的历史学家杰弗里·休斯（Geoffrey Hughes）指出："随着生机勃勃的男性内裤广告的问世，蒲公英可以被称作 pissabed、shitecrow、windfucker 的时代已经一去不复返了。"禁忌语命运的变迁还直接影响着一部文学作品的可接受性。举例来说，因为"黑鬼"（nigger）一词，《哈克贝利·费恩历险记》（*Huckleberry Finn*）不止一次被美国学校定性为禁书。尽管这个词从来就不是个礼貌术语，但是，对于当今的读者来说，它远比在马克·吐温那个时代的煽动力更强。

当然，随着时间的推移，一些词语也从它们的禁忌身份中解放了出来。《卖花女》（*Pygmalion*）中有这样一个情节，在一次上流社会的茶会上，女主角伊莉莎·杜利特尔尖声地喊道：Not bloody likely！（这绝对不可能！）1914 年，这部作品被搬上了银幕，电影中，杜利特尔的这句话不仅令她身边的那些虚构人物心生反感，就连观众也无不对她嗤之以鼻。然而，到了 1956 年，当这部作品被改编成音乐剧《窈窕淑女》（*My Fair Lady*）时，bloody（血腥）一词已经变得毫无惊艳之处，以致编剧们竟然担心这个词是不是还能达到原来的诙谐效果。为此，他们还特意添加了这样一个场景——伊莉莎被带到爱斯科特赛马会上，她朝一匹马尖声地喊道：Move your bloomin' arse！（甩开你的大屁股，快跑啊！）现在，许多父母都经历过这样的难堪，孩子们从学校回来，天真无邪地使用着一些动词，如 suck（吸吮）、bite（咬）、blow（吹），殊不知，这些词均源于描写口交（fellatio）的词语。不过，家长们是否也考虑过他们自己也不假思索地使用着那些如今被视为无伤大雅的单词呢？比如 sucker（笨蛋，源自 cocksucker）、jerk（混蛋，源自 jerk off）以及 scumbag（人渣，源自 condom）。在这方面，喜剧演员们曾做过很多努力，他们希望通过不断地重复使用这些猥亵词语，使之最终达到脱敏点（the point of desensitization，也就是心理语言学家所说的语义饱和过程），或者瞬间将自己扮演成语言学教授，以此呼吁大家去关注语言符号的任意性（arbitrariness）原则。以下片段摘自著名的莱尼·布鲁斯语录。

> Tooooooo 是个前置词。To 是个前置词。Commmmmme 是个动词。To 是前置词。Come 是个动词。To 是个前置词。Come 是个动词，一个不及物动词。To come. To come… 这就像一个大架子鼓的独奏：To come to come, come too come too, to come to come uh uh uh uh uh um um um um um uh uh uh uh—

> TO COME! TO COME! TO COME! TO COME!—Did you come? Did you come? Good. Did you come good? Did you come good? Did you come? Good. To. Come. To. Come—Did you come good? Didyoucomegooddidyoucomegood?

下面这个片段摘自卡林关于 "7 个禁忌语" 的独白。

> Shit、Piss、Fuck、Cunt、Cocksucker、Motherfucker 还有 Tits，哇。你知道，Tits 根本不应属于这个列表。它听起来如此亲切，像个昵称。听起来像一个昵称。"嘿，Tits 到这儿来。Tits，这位是 Toots。Toots，这位是 Tits。Tits，这是 Toots。" 它听起来像一份小吃，不是吗？是的，我知道，它确实像。不过，我并不是暗指那个男性至上主义的小吃，我是想说，新纳贝斯克（食品公司）Tits、新奶酪 Tits、玉米 Tits 以及比萨 Tits、芝麻 Tits、洋葱 Tits、马铃薯 Tits，是的。

现在，tits 这个词已经是个干净的词语了，它已不会被列入《清洁电视广播法案》，而且完全可以堂而皇之地出现在严肃报刊 "灰色女士"（The Gray Lady），即《纽约时报》上。[1] 不过，并不是所有禁忌语都有 tits 的运气，几个世纪以来，它们中的许多词语始终被禁忌着，而且，就像 Steve（史蒂夫）的兴衰史那样，在历史的长河中，究竟哪些词会被净化、哪些会被污染，一直是个变化莫测、反复无常的谜。

类似的脱敏运动（desensitization campaigns）将目标指向了一些妇女和少数族裔的诨名，在这类人群内部，人们尽量有意地、堂而皇之地使用这些诨名，目的是希望将它们 "沙化"（reclaim）。因此，我们的语言中有 NWA（Niggaz With Attitude，即暴躁的黑鬼，一个黑人嘻哈乐团）、Queer Nation（酷儿国度）、queer studies（酷儿研究）、*Queer Eye for the Straight Guy*（美国一档极其火爆的电视节目《粉雄救兵》，一群在各行各业有成就的男同性恋者为在事业和生活各个方面失意的异性恋男人出谋划策的故事）、Dykes on Bikes（机车女同志，一群骑摩托车的女同性恋）及其网址 www.classicdykes.com；我们还有 Phunky Bitches（在线婊子），一个 "面向女性（以及男性）的实时在线社团"，致力于现场音乐表演、旅游以及其他一些有趣的事情"。在（犹太）寺庙兄弟会上，我从来没有听过会

---

① 由于风格古典严肃，《纽约时报》曾被戏称为 "灰色女士"。——译者注

员们互相这样打招呼："咋样，犹太佬！"但是，在20世纪70年代，小说家金基·弗里德曼（Kinky Friedman）却领导了一个取名为"德州犹太小子"的乡村乐队，此外，还有一本专门为年轻犹太读者创办的嘻哈杂志，取名为 *Heeb*（对犹太人的蔑称）。不过，令人遗憾的是，这些词语并没有被中性化成反抗和团结的象征，准确地说，这是因为在大多数语言社团里，它们仍然具有很强的冒犯性。倒霉总是青睐那些不知情的局外人，在电影《尖峰时刻》（*Rush Hour*）中，成龙扮演了一个香港侦探，他傻傻地模仿着他的非裔美国人搭档向一个洛杉矶酒吧黑人老顾客打招呼"咋样，黑鬼"，于是引起了一场小骚乱。

当一种语言中的某些特定词语进入另一种语言时，它们的攻击力会变得更加强大。在魁北克法语中，merde（相当于英语中的 shit）远比其英语对等词 shit 温和，它更接近于英语中的 crap 的意思；此外，还有 con（相当于英语的 idiot）这个词，大多数人至多也就依稀地知道，它原本是 cunt 的意思。这还不算最糟糕的，在魁北克法语里，最糟糕的是你对一个人说 Tabernac!［相当于英语中的 tabernacle（圣体龛）］、alisse!［英语 chalice 中的（圣杯）］、Sacrement!［英语 sacrament 中的（圣餐）］。2006年，天主教会将这几个词语连同它们的原始宗教定义喷绘在户外广告板上，希望借此沙化这些词。（一位专栏作家感叹道："难道没有什么神圣可言了吗？"）目前，在其他天主教地区，宗教亵渎语十分常见，这种情况与英格兰宗教改革前的情况十分相似，有关性和粪便的各种术语泛滥成灾。

不过，除了这些跨时空的语言变体，我敢说，世界上绝大多数语言中（或许是全部）都存在着许多用于非高雅社交场合的、富有情感的词语。一个最极端的例子也许当属澳大利亚的 Djirbal 语，一种当地的土著语言。这种语言的特点是，只要是在婆婆和某些堂兄妹面前，"每一个词"都是禁忌语。当这些亲属在身边的时候，人们不得不使用一套完全不同的词语（尽管语法相同）。当然，这只是个极端的例子，像英语和法语那样，其他大多数语言中的诅咒词语一般都来自这些有限的话题：性、排泄物、宗教、死亡与疾病，此外还有一些令人不爽的社会群体。

对于声称某某语言中根本没有猥亵语的言论，我们不得不采取客观的接受态度。事实是，在许多地区，假如你要求那里的人列出他们的脏话，他们很可能会表示抗议。但请不要忘记，脏话和虚伪总是结伴而行的，一些性格调查问卷甚至将人们对"我有时说脏话"作为核实一个人是否说谎的选项。在《污言秽语已删除：对脏话的认真思考》（Expletive Deleted：A Good Look at Bad Language）一书中，语言学家露丝·韦津利（Ruth Wajnryb）记录了这样一个事实。

　　利用我获取日语数据的问题，我的一个被调查者，一位娶了日本女人的英国绅士，对他的妻子进行了问卷调查。她告诉他，她无法回答这些问题，因为她根本不知道日语中有什么脏话。在明知自己丈夫心知肚明的情况下，她瞪着一双无辜的大眼睛望着自己的丈夫所说的这番话确实让人领教了她在这方面的本事。

《亵渎性格言：言语侵犯研究国际期刊》（Maledicta：The International Journal of Verbal Aggression）上的一篇综述文章中收录了大量的性侮辱和低俗的日语词语，此外，发表在那本期刊上的其他跨文化调查也给出了一些类似的词汇表。

　　事实上，禁忌语只是一种叫作"咒语"（word magic）的语言现象的其中一个组成部分，也就是说，咒语所涉猎的范围更大。尽管音、义结合的任意性是语言学的基础前提之一，但多数人却直觉地认为，其中一定还潜藏着其他奥秘。他们将一个实体的名称作为其本质，因此，说出一个名称这样简单的行为却被看成是对其所指称物的侵犯。

　　咒语、法术、祈祷以及诅咒是人们试图通过言语影响世界的一种途径，相反，禁忌语和委婉语则是人们尽量不去影响它的一种手段。在提及一个期盼的事件之后，就连那些头脑冷静的唯物主义者们也会下意识地敲敲木头[①]；而当提及一桩可怕的事情时，他们则会插上一句 God forbid（上帝禁止它，即但愿别发生这种事）；也许出于同样的原因，丹麦著名物理学家尼尔斯·波尔（Niels Bohr）在他的办公室门上挂了一只马蹄铁："我听说，即使你不信它，它也会显灵的。"

---

① 接触木制的东西可以确保好运、甩掉坏运气。——译者注

禁忌语最擅长捕获人们的注意力

咒骂的普及性及其威力表明，禁忌词语很可能被接进了情绪脑（emotional brain）的古老而深远的部位。在引言中，我们已经了解到，词语不仅有外延而且还有内涵：一种与该词字面所指并不完全等同的情感色彩，例如"有原则的"之于"顽固的"、"窈窕的"之于"骨瘦如柴的"。这种语义上的差别让我们想起了禁忌词语与它们的近义词之间的区别，例如 shit 与 feces、cunt 与 vagina、fucking 与 making love 等。早在很久以前，心理语言学家们就甄别出了词语内涵的 3 个主要不同方面：好与坏、弱与强、积极与消极，尽管内涵肯定还会有其他维度。举例来说："英雄"是好的、强大的、积极的；"懦夫"是不好的、懦弱的、消极的；"叛徒"是邪恶的、软弱的、主动的。所有禁忌词都汇集在非常坏、非常强的边缘地带。

那么，内涵与外延真的被存储在大脑的不同部位了吗？其实这并没有什么难以置信的。除了其他系统，哺乳动物的大脑中还有一个边缘系统（limbic system），该系统是一个调节动机和情绪的古老的网络系统、一个新大脑皮质（neocortex），即大脑的褶皱表面，它随着人类的进化而激增，它是感知、知识、推理和规划的加工中心。这两个系统相互关联、协同工作，因此，我们有理由假设，词语的外延集中在新大脑皮质，尤其是在大脑左半球，而词语的内涵则遍布新大脑皮质与边缘系统的连接处，尤其是在大脑的右半球。

在边缘系统内部可能存在着一个组织，这个组织就是大脑杏仁核（amygdala），一个埋在大脑颞叶（两侧半球每侧各一个）前部的、杏仁状的器官，它协助大脑授予人们记忆与情感。一侧杏仁核被移除的猴子虽然还能学会识别一种新形状，比如一个带条纹的三角形，但很难再学会那些预示令人不快的事件的形状（比如一次电击）。就人类而言，当一个人看到一张愤怒的面孔或者一个令人不快的单词，尤其是一个禁忌词时，其大脑中的这个杏仁核就会被"点燃"——在大脑扫描中，它会表现出更多的代谢活动。事实上，在还未掌握扫描工作中的人类大脑这项技术之前的很多年，心理学家们就已经掌握了测量一个禁忌词影响人的情绪的技术，他们将一个电极绑在人的手指上，测量由突如其来的汗波（wave of sweat）所造成的皮肤电传导的变化。这种皮肤反应伴随着杏仁核内部的活动，而且，正如从杏仁核本身记录下来的内部活动那样，它可以由禁忌词触发产生。词语的情感色彩或许是在儿童时期习得的：在表达思想方面，双语使用者们通常会觉得自己的第二语言在表达思想上不如第一语言那么酣畅淋漓，相比于第二语言，第一语言中的禁忌词语和谴责更容易令他们的皮肤做出相应的反应。

双语使用者这种下意识的不寒而栗是由听到或读到一个来自语言系统某个基本特征的禁忌词触发的：词义的理解是机械的。这并不是因为我们没有可以将不想听的声音拒之耳外的"耳塞子"（earlids），而是因为一旦一个单词被看到或听到，我们根本无法将它当作一幅涂鸦或一声噪声；相反，我们会条件反射般地在记忆中进行搜索，并对其含义做出相应的反应，其中包括它的内涵。

THE STUFF OF THOUGHT ▼▼ 语言与思想实验室

斯特鲁普效应（Stroop effect）就是这方面的一个典型例证。打开任何一本心理学教科书，你都可以看到有关这个实验的介绍，不仅如此，到目前为止，仅围绕这一主题撰写的科学论文就有 4 000 多篇。这个实验的情况大致是这样的：实验人员要求受试者迅速观看一个字符串列表，然后让他大声地说出每个字符的印刷颜色。下面请你试一下这组字符，从左向右依次大声说出：black（黑色）、white（白色）、gray（灰色）。

word word word word word word

这应该是个极其简单的任务。再请看下面这组字符，这一组字符应该更容易说出。

gray white black white black gray

现在请注意，说出下面这组字符将要比说出上面那两组困难得多。

white black gray black gray white

针对上述现象，心理学给出了如下的解释：就识字的成年人而言，朗读单词这种技能已经被他们过度习得（overlearned）至一种强制的程度：即使你设法忽略这些词语的含义，而将精力集中在它们的印刷颜色上，你也无法用主观意志力将这一过程"关闭"。这就是为什么当实验人员将字符安排成与其含义相同的颜色时，你就能迅速地读出它们，而当他们将字符安排成不同于其含义的颜色时，你的阅读速度就会减缓的原因。与此类似的表现还有口头命名的情况，实验中，实验人员要求人们对下面这样的颜色块进行命名。

当受试者佩戴的耳机里传出"黑色、白色、灰色、白色、灰色、黑色"的指令时，这组让人分神的颜色词顺序会加强这项任务的难度。

我们说过，禁忌语是最擅长捕获人们的注意力的。现在，你可以通过这个斯特鲁普效应来亲自感受一下它们在这方面的特长。下面请你尝试着命名这些单词的印刷颜色。

cunt　shit　fuck　tits　piss　asshole

心理学家唐·麦凯（Don MacKay）也曾做了这个实验，他发现当人们的目光落在每个单词上时，一种下意识的犹豫的确减缓了他们的命名速度。他所得出的结论是，一个语者或作者完全可以利用一个禁忌词来唤起受众的情感反应，不过，这种做法相当违反他们的意愿。

一些企业利用仅次于禁忌语的名词为它们的产品命名，希望借此来吸引顾客的注意力，实际上，它们是在开发利用斯特鲁普效应的潜能，比如那个名为Fuddruckers（福德洛克）的连锁酒店、FCUK（French Connection UK，意为英国法式联结）服装品牌以及电影《拜见岳父大人》（*Meet the Fokkers*）。在语言发展

的历史过程中，人们对禁忌语的下意识反应实际上有助于塑造一种语言。我这么说的根据来自一个语言版本的格雷沙姆定律（Gresham's Law）：坏的言辞将好的言辞驱逐出语言流通域。人们通常会避免使用那些可能会被误解为脏话的术语。Coney 原本是一个指称 rabbit（兔子）的旧名称，它与 honey（蜂蜜）谐音，但在 19 世纪晚期，它退出了语言历史的舞台，究其原因，这很可能是因为它听起来有点过于接近 cunt 了。与 coney 有着类似经历的还有下面这些词的礼貌含义：cock、prick、pussy、booty 以及 ass（至少美国人用 ass；英国人仍然用 arse 这个粗鲁名词，ass 在英国只有驴子的意思）。取名 Koch（科赫）、Fuchs（福克斯）、Lipschitz（李普希茨）的人，常常会改变他们的姓氏，比如，Louisa May Alcott（路易莎·梅·奥尔科特家族）之前的姓氏是 Alcox（阿尔科克斯）。1999年，在一次管理层会议上，由于在预算中使用了 niggardly（吝啬的）这个词，华盛顿特区市长助理被迫辞职。原因是，他的一个同事对这个词非常不满，事实上，niggard（吝啬鬼）是一个中古英语词，意为 miser（吝啬鬼），而 nigger（黑鬼）这个绰号则是从几个世纪之后才进入英语中的西班牙语 negro 演变而来的，在西班牙语中，negro 是个表示"黑色"的单词。换句话说，niggardly 与 nigger 毫不相干。然而，无论对市长助理或 niggardly 这个单词来说有多么不公平，niggardly 这个词注定逃脱不了被淘汰的厄运。同样的厄运还降临到了 queer（奇怪的／同性恋）和 gay（快乐的／同性恋）这两个指称同性恋者的名词的原始含义上。

　　正如听到别人说脏话那样，大声咒骂将触及大脑深处那个古老的部位。失语症（Aphasia）是一种语言遗失现象，由脑皮质和脑白质损伤造成，脑白质沿着大脑横断面（大脑外侧裂）潜存于大脑的左半球中。神经学家们几乎在失语症研究初期就注意到，失语症病人并没有丧失诅咒的能力。英国一个失语症病例的研究记录显示，该患者反复地说 Bloody hell、Fuck off、Fucking fucking hell cor blimey 以及 Oh you bugger 等。此外，神经病学家诺曼·格什温德（Norman Geschwind）还曾经对一个美国病人进行过跟踪研究，该患者因脑癌切除了整个大脑左半球。病人不能说出图片的名称，不能说或听懂别人的话语，不能重复多音节的单词，然而，在 1 次 5 分钟的采访过程中，他竟然重复地说了 7 次 Goddammit、1 次 God 和 1 次 Shit。

　　失语症患者咒骂能力的幸存表明，禁忌的诨名是以预先构造的公式形式（prefabricated formulas）存储于大脑右半球中的。此类公式位于一端始于命题话语的连续统的另一端，在这个连续统中，按照语法规则，词语组合表达概念组合的含义。这并不是说大脑右半球里包含着一个脏话模块（profanity module），而是说明大脑右半球的语言能力受限于存储于记忆中的那些公式，而不是由规则制约的句法组合。一个单词就是一个典型的记忆组块（chunk），而且，对于许多人来说，他们的大脑右半球中都有一个相当数量的词汇表被用于话语理解。不仅如此，大脑右半球中可能还存储着一些由规则制约的语言特殊形式的对应体，如动词的不规则变化形式。此外，它还常常参与调配较长的记忆公式，比如歌词、祈祷以及 um（嗯）、boy（嘿，乖乖）、well yes（嗯，可以啊）等插入语，此外还有会话起始语，例如，I think（我认为）、You can't（你不能），等等。

　　我们说大脑右半球与脏话有关还有另外一个原因：相比于大脑左半球，右半球更热衷于参与人们的情绪波动，尤其是消极情绪的波动。事实上，那些禁忌诨名也许并不是大脑右半球中的大脑皮层触发，它们很可能是由一个更早进化的大脑结构，即那个被叫作基底神经节的大脑结构所触发。基底神经节（basal ganglia）是一组深埋在大脑前半部的神经元集群。它们的环路会从大脑的许多其他部位接收输入，其中包括杏仁核以及边缘系统的其他部位，然后将这些信息回送到大脑皮质，主要是大脑前额叶（frontal lobes）。大脑前额叶的功能之一就是将运动或推理顺序打包进一些组块，当我们学习一种技能时，那些组块可以用来进一步重组。大脑前额叶的另一个功能是抑制那些被打包进组块中的行为的执行。由于基底神经节组件彼此相互抑制，因此，不同部分的损伤会产生相反的效果。如果一部分基底神经节发生了退变，则很可能会引发帕金森病，其临床表现为颤抖、僵硬、运动困难。如果是另一部分基底神经节发生退变，则会导致亨廷顿氏舞蹈症，其临床表现为舞蹈性运动和失控性运动。

　　我们有两条证据线索可以证明基底神经节（扮演着行为的打包者和抑制者的双重角色）与人类的咒骂行为有关。一条线索来自一个右基底神经节中风病人的病例研究，此次中风给患者留下了一种经典失语症的镜像综合征。该患者能用语法句进行流利的交谈，但无法唱出自己熟悉的歌曲，无法背诵原本谙熟的祈祷文、祝福语或者脏话——即使你说出某句脏话的一部分并引导他将那句脏话补充完整，他也做不到。

　　除了打包者和抑制者的双重角色，基底神经节在人类的咒骂行为中还扮演着一个更著名的角色。20 世纪 80 年代，图雷特综合征（Gilles de la Tourette Syndrome），或称妥瑞综合征（Tourette syndrome）或简称为妥瑞症（Tourette's）突然出现在很多电视剧的情节中，对当时的许多人来说，这种症状十分令人费解。妥瑞症其实就是一种由基底神经节部分遗传性畸形造成的神经疾病。就像电视迷们所了解的那样，它最显著的症状就是发声痉挛，同时患者还会高声喊出猥亵的言辞、民族禁忌语及其他各类污言秽语。医学上称这种症状为秽语症（coprolalia），coprolalia 这个希腊词根还见于下面一些单词，例如 coprophilous（癖粪的，生存于粪便之中）、coprophagy（食粪症，以粪便为食）以及 coprolite（粪化石，石化的恐龙粪便）等英语单词。事实上，只有少数患有图雷特综合征的人才会患上秽语症，较常见的痉挛包括眨眼，面部肌肉迅速抽动，发出怪异的声音、重复的词语或音节。

　　秽语症不仅为我们呈现了一个完整的禁忌范畴，而且还包括了不同语言的相似含义，这一事实表明，诅咒行为确实是一种连贯的神经生物学现象。最近，一篇文献综述列出了下列一些美国图雷特综合征病人喊出的污言秽语，依次从最频繁到最罕见：

> fuck、shit、cunt、motherfucker、prick、dick、cocksucker、nigger、cockey、bitch、bastard、tits、whore、doody、penis、queer、pussy、coitus、cock、ass、bowel movement、fangu、homosexual、screw、fag、faggot、schmuck、blow me、wop

　　病人也有可能喊出较长的表达式，例如，Goddammit、You fucking idiot、Shit on you 以及 Fuck your fucking fucking cunt。该文献还列举了西班牙语病人的秽语，它们是：puta、mierda、coño、joder、maricon、cojones、hijo de puta、hostia。日语病人的秽语列表包括：sukehe、chin chin、bakatara、dobusu、kusobaba、chikusho 以及一个在列表中被小心地界定为"女性的性部位"的空白。综述中甚至还报告了

一个耳聋妥瑞氏症患者用美国手语表达的 fuck 和 shit。

图雷特综合征患者突然爆发出的污言秽语不只是一种无意识的经验，而是对一种难以抗拒的冲动的反应，这就好比无法抗拒的瘙痒，或者频繁的眨眼或打哈欠的欲望一样强烈。这种无法拒绝的冲动与人类自我控制的较量让人想起了一种被称为"恐怖诱惑"的强迫症（obsessive-compulsive disorder，简称 OCD）——一种可能令人做出可怕事情的具有强迫性的恐惧，比如，在一个拥挤的剧院中高喊"着火了"或者把某人推下地铁站台。像妥瑞症（强迫症常常伴随妥瑞症）那样，强迫症似乎也涉及制动机制与基底神经节加速环路间的一种不平衡。这说明，基底神经节的作用之一是将某些想法和欲望指派成不可思议的东西——禁忌语，以便使它们处于自己的掌控之中。通过标注、封装、抑制这些想法，基底神经节解决了这样一个悖论，即为了了解什么是不该加以思考的，人们却不得不去思考那些不该思考的东西——这就是为什么人们无法按照指令做到"不要去想一头大象"。正常情况下，基底神经节能够利用一个"不要去那里"的指令将我们的坏思想和坏行为巧妙地隐藏起来。但是，当基底神经节遭到削弱时，它们的加密锁和安全制动装置就会瓦解，于是，那些被我们标注为不可思议的或不能说的想法就会肆意地溜达出来。

在未受损伤的大脑中，大脑操作系统（包括前额皮质和大脑边缘系统的另一个部分，即前扣带皮质）能够对大脑的其他部位发出的行动实施监视，并将其拦截在途中。当彬彬有礼的朋友们一起聊天时，或者当一个牧师和老处女碰了自己的脚趾头时，那些从他们嘴里溜出来的、略有删减的咒骂（truncated profanities）就是这么来的：每一句标准的污言秽语都会提供一些删减后的替换选择。

> god 的替换选择：egad、gad、gadzooks、golly、good grief、goodness gracious、gosh、Great Caesar's ghost、Great Scott
>
> Jesus 的替换选择：gee、gee whiz、gee willikers、geez、jeepers creepers、Jiminy Cricket、Judas Priest、Jumpin' Jehoshaphat（传说中犹大国王的名字，表示惊讶）
>
> Chris 的替换选择：crikes、crikey、criminy、cripes、crumb
>
> damn 的替换选择：dang、darn、dash、dear、drat、tarnation

> goddam 的替换选择：consarn、dadburn、dadgum、doggone、goldarn
>
> shit 的替换选择：shame、sheesh、shivers、shoot、shucks、squat、sugar
>
> fuck 和 fucking 的替换选择：fiddlesticks、fiddledeedee、foo、fudge、fug、fuzz；
> 　　effing、flaming、flipping、freaking、frigging
>
> bugger 的替换选择：bother、boy、brother
>
> bloody 的 替 换 选 择：blanking、blasted、blazing、bleeding、bleeping、blessed、
> 　　blighter、blinding、blinking、blooming、blow

《卖花女》中有这样一个情节，管家皮尔斯夫人告诫亨利·希金斯不要在伊莉莎的面前说脏话。

> **皮尔斯夫人：** ……有一个特殊的词我必须要求你不要使用。因为洗澡水太热，那个女孩自己（伊莉莎）刚刚说出了它。它的首字母与 bath 的首字母相同。没有人比她更了解这个词：她是在她母亲的膝盖上学会的，但她绝不能从你的嘴里听到这个词。
>
> **希金斯（傲慢地）：** 我不能因为说过这个词就责备自己，皮尔斯夫人。（她死死地盯着他。他一边用一种公正的样子掩饰着内心的不安，一边补充说）也许除了在极端兴奋的时刻。
>
> **皮尔斯夫人：** 就在今天早上，先生，你就将这个词用在你的靴子、黄油和黑面包上了。
>
> **希金斯：** 哦，原来是那个啊！那只不过是为了押头韵而已，皮尔斯夫人，对于一个诗人来说，这是再自然不过的事情了。

诗人们所说的那些自然的修辞手段实际上是大多数禁忌词语的委婉形式的来源。在我们刚刚看到的那个改了调的脏话列表中，是头韵（alliteration）和谐音（assonance）在起着积极作用。就是这个韵律将 bloody 变成了 ruddy、son of a bitch 变成了 son of a gun。此外，我们还有其他几十个伦敦俚语中禁忌语的委婉说法也是这样演变出来的，比如，raspberry（树莓，源自 raspberry tart，树莓馅饼）替代了 fart，Friar（男修道士，源自 Friar Tuck，塔克修道士）替代了 fuck。还有法语中那个老套的脏话 Sacre bleu！变成了委婉说法 Sacre Dieu。

一般来说，这些诗学手段通常会对我们心智中某种组织词语的心智结构进

行重复，比如音节首辅音（onsets）、韵律（rimes）、音节尾辅音（codas）。音位学家已经甄别出另一些更复杂的结构，构成一个单词的音节被连接到一个界定这一单词的节拍及其结构的骨架上。在诗歌或修辞中，当一个语言框架的部分被重复时，这就是所谓的平行结构，就像第 23 首《圣经》诗篇中所描写的 He maketh me to lie down in green pastures / He leadeth me beside the still waters（他让我躺卧在青草地上 / 他领我来到安静的溪水边）那样。在咒骂的王国里，这种平行结构在无数胡说八道的委婉表达式中随处可见，这些委婉形式所共享的只是这种结构的韵律和形态结构。许多表示"伪善"的术语都是由两个重读单词构成的合成词，它们要么是单音节词，要么是首音节重读的一重一轻的单词。

> applesauce（胡说）、balderdash（胡言乱语）、blatherskite（爱说废话的人）、claptrap（讨好的）、codswallop（废话）、flap-doodle（瞎说）、hogwash（废话）、horsefeathers（胡说八道）、humbug（骗子）、moonshine（突谈）、poppycock（废话）、tommyrot（无聊）

谩骂术语的另一个来源是语音象征。人们在谩骂时，往往会使用那些听上去既快又刺耳的语音。它们往往是单音节或首音节重读的单词，并且往往包含短元音和阻塞音（stop consonants），尤其是 /k/ 和 /g/ 这两个爆破音。

> fuck、cock、prick、dick、dyke、suck、schmuck、dork、punk、spick、mick、chink、kike、gook、wog、frog、fag
> pecker、honky、cracker、nigger、bugger、faggot、dago、paki

20 世纪 70 年代，我的一位朋友曾经见过这样一张保险杠贴纸，上面写着：NO NUKES（禁止核武器），那个时候他还不知道这个术语，于是他竟认为那是一个种族主义的口号！休斯指出："尽管下面这一观点可能会遭到合理的反对，即多数谩骂行为并非独创……不过，它与诗意之间的某些亲密关系确实可以被观察到。在谩骂与诗歌创作这两个领域中，语言的使用不仅是高负荷的，而且都极具隐喻性；它们所表现出的极致和锐利的效果都是通过压头韵，或者通过挑起词语在不同语域间的对抗而创造出来的，而且韵律至关重要。"

咒骂语义学

既然我们已经大致了解了一些有关咒骂语言学、咒骂心理学、咒骂神经逻辑学等方面的知识，那么，现在我们是否就能找到一条有关诅咒的含义与用法的共同主线了呢？是的。一条最明显的主线就是它们带给人们的强烈负面情绪。由于人们对语言的感知是在无意识或者下意识的情况下进行的，因此，他们的注意力会不知不觉地被某个禁忌词语所捕获，并被迫去思考其令人不爽的内涵。正是出于这个原因，只要与他人交流，我们就有可能遭受精神上的打击，就好像我们被绑在一张椅子上，随时都有可能遭人一击。要想彻底搞清楚咒骂这种语言现象，我们必须首先弄明白这样两个问题：第一，什么类型的想法会令人感到沮丧；第二，人们为什么会希望将这些不愉快的想法强加于人。

说来也怪，宗教竟然是英语及其他许多语言的咒骂语的发祥地。这一点在许多方面都能得到印证，举例来说，《圣经》的第三诫就是个最好的证明。此外，hell（地狱）、damn（该死的）、God（上帝）、Jesus Christ（耶稣基督）等词语的风靡以及用于指称禁忌的许多术语本身：profanity（不敬的言语，非神圣的）、blasphemy（亵渎神明，字面意思是"邪恶的言论"，但在实际使用中指对神性的不敬），还有 swearing（咒骂）、cursing（诅咒）、oaths（发誓赌咒），这些词原本是指借用某个神或其某个象征［另类地出现在天主教的诅咒中的词语，比如，圣体龛（tabernacle）、圣餐杯（chalice）、圣饼（wafer）等］的符咒来担保的意思。

在当今英语国家中，宗教诅咒行为几乎不会让人感到有任何惊奇之处。一句 Frankly, my dear, I don't give a damn.（坦白地说，亲爱的，我根本不在乎）会惊得观众一片哗然的年代已经随风而逝了。今天，如果再有哪个角色被这样的语言所激怒的话，这只能说明他是个老古董了。宗教禁忌词语在民间的泛滥是西方文化"世俗化"的最直接后果。正如切斯特顿（G. K. Chesterton）所评论的那样："亵渎神明的现象不可能比宗教本身出现得更早；如果有人对此表示怀疑的话，那么就让他去亵渎奥丁神试试吧。"因此，要想理解这些宗教粗口，我们必须站在语言祖先的角度上设身处地地想想上帝和地狱到底对谁来说才是真实的。

Swearing（发誓／咒骂）和 oaths（宣誓／诅咒）的字面意思是"某人对履行自己的承诺而做出的担保"。这个字面意思往往会将人们带入那个充满矛盾策略（paradoxical tactics）的奇爱博士的世界①，在那里，人们出于个人利益，心甘情愿地自我设限（self-handicapping）。以承诺为例：如果你需要向别人借钱，你必须承诺归还；如果你需要某人为你生儿育女，并发誓放弃一切、一心忠于你，你就必须保证要以同样的忠诚对待对方；你也许需要与他人做生意，为了得到你眼下所需要的东西，作为交换条件，你就得承诺将来会如期交货或保证服务。现在的问题是，那个受约人（promisee）为什么要相信你呢？很显然，如果食言，受益者很可能是你。这个问题的答案就是，假如你确实食言了，你就得自愿承担一种惩罚，而且这种惩罚的严重后果足以让你心甘情愿地信守自己的诺言。以这种方式，你的合作伙伴就无须通过你的口头承诺来判断你是否可信，他完全可以通过衡量你的利益得失来决定是否可以与你合作。

在当今社会中，人们用法律契约作为承诺的担保，如果违约，我们就得接受合同所规定的惩罚条款。贷款购房时，我们以房屋作为抵押，如果不能偿还贷款，银行就有权收回我们的房产。我们遵守婚姻法，如果遗弃或虐待配偶，他们就有权索要离婚赡养费并分割财产。我们缴纳履约保证金，如果未能履行自己的义务，保证金就会被没收。不过，在我们有资格借助商业和法律手段执行合同之前，我们必须首先进行自我设限。担保承诺时，孩子们会使用那些最原始的说法，"如果骗你我就去死"。就成人而言，过去，他们常常用上帝的惩罚作为起誓，比如，May God strike me dead if I'm lying（要是我说谎，愿上帝赐我死）以及这句话的一些其他表达形式，例如，As God is my witness（上帝做证），Blow me down!（太惊人了！），Shiver me timbers!（你吓唬我！），God blind me!（老天爷！）——英国人的 blimey（天哪，blind me 的缩略形式）就是由这个表达式衍生出来的。

人们之所以这么说是因为他们曾一度坚信，上帝随时都在倾听他们的恳求，并会救赎他们，当然，在过去那些日子里，这些誓言会更可信些。可是后来人们逐渐发现，即使他们信誓旦旦地以上帝的名义发誓赌愿后食言了，上帝也不曾对

---

① 奇爱博士系列电影《我如何学会停止焦虑并爱上炸弹》的主人公。——译者注

自己实施过任何惩罚，于是，他们便开始怀疑这个世界上真有上帝吗？上帝真的
会救赎他们吗？退一步说，至少人们对上帝对他们的关注程度开始心存疑虑。当
然，上帝在尘世的那些代言人们倒是宁愿人们保持之前的信仰，坚信上帝始终都
在聆听自己的呼声，并会在大是大非面前救赎自己；他们希望人们相信，上帝的
冷漠是因为人们不分事情的大小轻重，事事都要祈求保佑，而这让上帝觉得自己
的威严受到了小视，因而心生不悦。而同样由于这个原因，人们的起誓也变得徒
劳无功了。

　　既然没有上帝的直接托管代理，人们便可以更加圆滑地借用圣名来担保自
己的承诺，他们拐弯抹角地将上帝扯进自己的讨论中。（在第 7 章中，我们将看
到，最奏效的威胁往往是那些隐性威胁。）人们将自己的信誉与上帝可能始终感
兴趣的附属物联系在一起，比如他的名字、他的象征、他的著述、他的身体部
位等。于是便出现了以……的名义起誓（swearing by）和凭……发誓（swearing
on）等诸如此类的起誓现象。即使在当今，美国的审判程序上仍然有这么一个步
骤，证人将手放在《圣经》上起誓，仿佛在告诉人们，如果做了伪证，即使他可
以侥幸逃脱法律的监督，却无法逃脱无所不知的上帝的眼睛，上帝一定会严惩他
的。早些年间，英国人以耶稣殉难的名义起誓：他的血（'sblood）、他的指甲、
他的伤口（zounds）、悬挂他的吊钩（gadzooks）以及他的身体（odsbodikins）。
此外，人们还会以十字架的名义起誓，这就是孩子们说的那句 Cross my heart.（我
发誓）的出处。不过，最有创意的还是奥利弗·克伦威尔（Oliver Cromwell）写
给苏格兰长老会的那句话："我恳请你们，看在基督内脏的份上，相信你们自己
也有犯错误的可能。"

　　即使人们并不相信这些誓言真的能够带来惩罚，但它们却传达了这样一种信
息，即蝇头小利的日常保证与重大事件的庄严承诺是性质完全不同的两件事。保
持一种宗教圣物的神圣性实际上是一种社会建构，它取决于一个社团中的每个成
员对其宗教圣物的敬畏和虔诚。这需要一种对集体精神的控制，任何人都不能随
随便便地看、想或者谈论一件神圣的东西。起誓时，人们将这一圣物牵扯到辩论
中就是为了迫使对方去思考那些平时不会轻易去思考的问题，因此，这就意味着，
说话人是绝对认真的。出于同样的原因，如果人们过于随便地利用一种圣物发誓

赌愿的话，那么它的神性就会受到这种语义膨胀的威胁，这就是为什么那些基于神圣统治的政权会采取各种手段遏制这种情况发生的原因。反对"滥发誓"的法律可能会更受欢迎，因为人人都希望，在他们需要用誓言约束自己时，这种语言的威力能够发挥作用，而且，他们并不希望由于自己的滥用而使得这种语言的魔咒遭到解除。

现在看来，尽管以上帝的血和内脏之名发誓显得有些过于陈腐，但隐藏在其背后的禁忌心理却依旧鲜活。作为家长，即使没有任何宗教信仰，他们也不会轻易地做出"我以我孩子的生命起誓"这样的承诺。只要一想到要以孩子的生命为代价，无论为了什么利益，人们都会觉得极其不爽，假如那个孩子恰巧是自己的，那么，这根本就是不可想象的事情，人们大脑中的每一根神经都会站出来抵制这种念头。即使这只是个闪念，也会令他们毛骨悚然，不过，这种强烈的自我威胁感确实能够提高一个人的可信度。普通禁忌心理学正是建立在人类难以接受背叛亲人或同伴这一事实的基础之上。人们在以某种神圣为名进行起誓的过程中，无论它是一种宗教的象征符号还是一个孩子的性命，这种心态始终贯穿其中。由于语言加工是机械地进行的，用于神圣起誓的敬神话语——也就是 swearing 这个词的"发誓"的意思既可以被用来吸引人的注意力并震慑他人，也可以用来造成对方精神上的痛苦——这就是 swearing 的"咒骂"的意思。

另一个歧义动词 cursing（诅咒）也是个宗教禁忌语。就像人们可以通过一句诅咒将任何形式的不幸或侮辱强加给他人那样，基督教将一种令人极其不爽的想法打包进各种诅咒中，并强加给他们的仇视者：这种想法就是他们可能会在地狱中度过来世今生。今天，Go to hell!（见鬼去吧！）和 Damn you!（你这该死的！）已经演变成常见的温和修饰语，不过在很久以前，人们确实担心会被永远地处以烈火焚身、唇焦口燥的刑法，并终生与可怕的食尸鬼以及毛骨悚然的尖叫声和呻吟声为伴，在那些年代里，这些说法的冲击力远比现在大得多。从下面这些咒骂中，我们仍然可以依稀感受到那些诅咒人下地狱的话给当时的人们所带去的那股原始的冲击力，设想有人盯着你的眼睛说"我希望你因税务欺诈而被判处 20 年监禁。我希望你的单人牢房炎热潮湿、蟑螂泛滥，到处散发着粪尿的臭味。我希望 3 个恶棍和你同住在一间牢房，他们每晚都暴打并鸡奸你"。如此这般。对于那些曾经相信地狱存在的人们来说，诅咒到底有多残酷？它究竟意味着什么？当我们对这些问题进行反思时，我们真该感谢当今那些极端又头脑发热的人们手下留情，他们毕竟只是将自己局限于一小部分污浊物和性的陈词滥调之内，我之所以说它们是陈词滥调，是因为这些咒语的意象很久以前就已经枯槁了。

同样失去锋芒的禁忌语义场还包括疾病和瘟疫，例如，A plague on both your houses!（愿瘟疫降临到你们两家！／意为：你们两个都别说了！）①、A pox on you!（愿你脸上出水痘！／你该死！）以及波兰 - 意第绪语中的 Cholerya!（愿你得霍乱！／不得好死！）。随着环境卫生大幅度改善以及抗生素的诞生，这些隐喻的杀伤力也变得越来越弱，人们很难再感受到它们曾经带给人们的那种致命的打击。不过，这两个语义场倒是可以帮助我们理解《巨蟒与圣杯》（Monty Python and the Holy Grail）中的那一场 Bring out your dead!〔拉（死于黑死病的）尸体的马车过来了！〕的情节，或医学教科书中的脓疱、大出血、眼溃疡、腹泻以及与这些疾病有关的其他一些可怕症状。在现代社会中，与这类话语平行的说法大概包括这样一些诅咒："但愿你陷入火海，让大火把你烧成三度重伤。但愿你中风抽搐，流着口水终生瘫痪在轮椅上。我希望你患上骨癌，在你的亲人面前油尽灯枯、气息奄奄。"看来，那些将发誓赌愿说成是文化粗俗化走势的标志的评论家们，应该再次反省一下他们的定论了，与上述提到的那些历史标准相比，我们今天的诅咒该是多么温和淡雅啊。就这一点来说，我这里还有一个更有力的证据，很显然，现代人忌讳用癌症（cancer）这种最令人恐慌的疾病起誓。这个词已经衍生出了一些委婉语，例如 the big C（大 C）、malignancy（恶性肿瘤）、neoplasm（囊肿）、mitotic figure（分裂象）等，此外还有一种常常出现在讣告中的说法：a long illness（长期患病）。

尽管人们已经不再以疾病的名义发誓，但体液、身体上的孔洞以及排泄行为等依然是人们借用于起誓的对象。shit、piss、asshole 等词语还是不能在网络电视中随便使用，或在报刊上出版发行。以《纽约时报》为例，这家报纸最近将哲

---

① 选自《罗密欧与朱丽叶》。——译者注

学家哈利·法兰克福（Harry Frankfurt）写的那本畅销书《论扯淡》（*On Bullshit*）改成了"On Bull——"。fart 也不比上面那几个词更被大家接受，《泰晤士报》已决定将其用于印刷体写成的 old fart 这个表示年龄歧视的表达式的一部分，而不是那个表示肠胃气胀的方言词。ass、bum、snot 以及 turd 也无一例外地游走于体面的边缘。

bloody 是另一让人联想起体液的词。正如许多禁忌语那样，没有人真正了解它到底出自何处，因为人们往往不会公开发表他们的不敬言辞。尽管如此，各种通俗语源学（folk etymologies）的无稽之谈从未销声匿迹过。就像我们在第 5 章中所看到的 Fornication Under Consent of the King（国王应允的私通）以及 Ship High in Transit（航海过程中升高货舱甲板）那样。以 bloody 为例，休斯曾说过："我相信我并不是第一个（多次而且是十分有把握地）被告知 bloody 这个词起源于那句宗教惊叹 By our lady!（圣母做证！）的词语爱好者。"然而，根据历史学家的观点，这是绝对不可能的，因它也同样不可能出自 God's blood（上帝的血）。

还有 cunt，一些人始终搞不懂这个词怎么就变成禁忌语了呢。这个词不仅是对 vagina（阴道的学术说法）的一种猥亵表达法，而且，对于美国妇女来说，它还是一个最具侵犯性的绰号；对于英联邦的男人来说，它也是个不大礼貌的术语。

一般来说，禁忌语的可接受性与它们所指称的物种的可接受性之间的关系是很松散的，不过，有关体内废物这一类的禁忌语却是个例外，它们能否被接受完全取决于它们的所指物。shit（屎）比 piss（尿）难于接受，piss（尿）比 fart（屁）难于接受，fart（屁）比 snot（鼻涕）难于接受，snot（鼻涕）则比 spit（唾液，spit 根本不是禁忌语）难于接受。这个顺序与人们对在公共场所的排泄物的可接受性完全一致。

针对人们对这些物质的反感程度，语言学家基思·艾伦（Keith Allan）和凯特·布里奇（Kate Burridge）对他们在澳大利亚的大学的员工和学生们进行了问卷调查，希望以此扩大这项研究的调查范围。他们的调查结果如下：排泄物和呕吐物并列第一，女性经血排在第二位（男性的看法），尿液和精液名列第三。接下来的排列顺序为（按照递减顺序排列），胃肠胀气方面：脓液、鼻屎、经血（女性的看法）并列第四，紧随其后的物质依次为：打嗝的气味、皮屑、汗液、剪下的指甲、口气、伤口渗出的血液、剪掉的头发、母乳以及泪水。不过，它们与粗俗语的对应关系并不完美：尽管呕吐物和脓液均属于令人作呕之物，但英语中却没有关于它们的禁忌语。相反，与体内废物有关的粗俗词语却位居首位，其中包括有关精液的各种粗俗的说法，比如 cum、spunk、gizzum、jizz、cream 等。

表示体内废物的这类词语在许多文化中都是禁忌的，当然也包括这些废物本身。生物学家瓦莱丽·柯蒂斯（Valerie Curtis）和亚当·比兰（Adam Biran）从他们在欧洲、印度和非洲所做的调查问卷中总结出如下的结论："诸多报道中，身体排泄物都是最容易引起人们反感的触发因子。全部调查列表中均有粪便，而呕吐物、汗液、唾液、血液、脓性液体以及性交产生的体液的出现频率也很高。"体内废物带给人们的是一种特殊的情感纠葛，这种情感纠葛使它们与伏都教、巫术以及其他种类的交感魔法结下了不解之缘。许多不同文化中的人们都相信，如果对一个人的粪便、唾液、血液、指甲以及毛发等施咒，这个人就会受到伤害；而假如这些污物受到诅咒、埋葬、淹没或者其他明显的抛弃，那么，人们就可以免遭伤害。由于这些物质在人们心目中的威力，他们还将与这些物质有关的词语应用到医药或符咒中，尤其是顺势疗法或净化的药剂中。厌恶情感与交感魔法心理是互相交织的。心理学家保罗·罗津（Paul Rozin）和艾普利·法伦（April Fallon）的研究表明，在面对自己的厌恶反应时，比如，只要看到一种看起来令人恶心的东西或过去曾经碰到过类似的东西就不会去碰它，现代西方人往往会诉诸伏都教。词语魔法仅仅通过一种链接就能扩展这一联系链，并且赋予那些表示体内废物的词语一种可怕的魔力。

当然，人们的这种恐惧心理也是可以调节的，因为它毕竟只与性、医药、哺乳以及动物和婴儿护理有关。正如我们将要看到的，委婉语的使用将逐渐淡化人们对这些物质的反感，脱敏运动有时也是可以发挥作用的。

人类对自己体内废物（既包括它们的禁忌词，也包括这些物质本身）的异常反应令许多观察者们都感到不解。就像宗教学者莱因哈特（A. K. Reinhart）所说的那样："出于某些原因，许多文化都倾向于将脓汁、呕吐物、小便、月经、性液体等体内废物看成是令人讨厌的物质或行为，尽管它们伴随着人类生活的始终，但人们却将其看成是变态的物质和行为。"柯蒂斯和比兰找出了其中一些原因。他们注意到，那些最令人恶心的物质往往是最危险的疾病传播源，他们认为这绝非巧合。粪便是传播病毒、细菌和原生动物的一种途径，原生动物至少能导致20种肠道疾病以及蛔虫病、甲型和戊型肝炎、脊髓灰质炎、阿米巴痢疾、钩虫病、蠕虫病毒、鞭虫、霍乱、破伤风等。血液、呕吐物、黏液、脓性液体以及性交体液对病原体同样也有很大的吸引力，它们往往被病原体当作人际传播的载体。在高度现代化的社会里，冲洗厕所和垃圾清运迅速地将我们与我们所产生的废物分离开来，但在其他落后国家，这些废物每年都会传播出无数的疾病。在战争时期或天灾横行的年代，比如2005年新奥尔良那场紧随卡特里娜飓风而至的大洪水，即便是在高度工业化的国家，人们也同样难免霍乱和伤寒病的威胁。

厌恶反应的最强烈表现就是不想吃或碰那些令人厌恶的东西。不过，只是想到那些体内废物、产生废物的身体器官与身体活动，人们同样也会感到恶心，而且，由于语言感知是无意识的，所以，一听到描写它们的词语，人们就会感到不爽。处于令人生厌之首的物质当属那些黏性物质，其次是尿液，而且piss（小便）这个词本身也属于一个轻度的禁忌语。尿液通常没有传染性，当然，它也是一种携带人体代谢物和毒素的废物，因此，它肯定不是讨人喜欢的东西。寄生虫是传播疾病的主要载体，它们因此遭到广泛的憎恶。毫不奇怪，它们的名字在英语的诅咒中随处可见，例如老鼠、虱子、蠕虫、蟑螂、昆虫、鼻涕虫等，尽管它们还没有达到禁忌的地步。有关为什么这类词会成为某个特定文化和年代的禁忌语，而另一些词却并未遭此厄运的问题始终是个谜。也许禁忌语的习得只能发生在童年时代，或者充满情感气息的语境中。或许它们本身有着生生不息的生命力，只要人们视它们为禁忌语，它们就永远保持着自己的禁忌身份。

禁忌词语的另一个主要来源是有关性方面的事情。自20世纪60年代以来，许多进步的思想家都认为，这类禁忌实在太荒谬了。他们指出，性是一种共同快乐的源泉，它本不应该是件耻辱和羞愧的事。性语言的过分拘谨只能是一种迷信行为、一种不合时宜的做法或者一种恶意的产物，就像门肯（H. L. Mencken）给"清教主义"下的定义那样："它是对某人、某地可能是幸福的这种想法的一种驱之不散的恐惧。"莱尼·布鲁斯在他著名的独白 Did you come?（你来／高潮了吗？）的结束语中说："在这个房间里，如果有人发现不及物动词 to come（来）是淫秽的、邪恶的、粗俗的——如果这个词真的让你觉得不舒服，而且你觉得我说这话很讨厌，那么'你'很可能不能来（高潮）。"

对那些最常见的性诅咒，布鲁斯同样感到不解。

> 什么是你跟谁都能说的最糟糕的事情？"Fuck you, Mister."这实在很奇怪，因为假如我真的想伤害你，我应该说"Unfuck you, Mister"。因为 Fuck 你实际上是件"好事"啊！"喂，妈，是我。是的，我刚回来。噢，fuck you，妈！当然，我是说真的。爸在吗？噢，fuck you，爸！"

布鲁斯的部分疑虑来自 fuck you 的奇怪句法，正如我们将要看到的，它实际上并不是"发生性关系"的意思。此外，他的不解还来自现代人（尤其是青年男子）对性在整个人类体验中所扮演角色的肤浅认识上。

试想两个刚刚做完爱的成年人，他们两人都开心吗？事实并不一定如此。一方可能会将做爱看成是一种终身关系的开始，另一方则很可能只把它当作一夜风流。而且，一方还有可能将疾病传染给另一方。不仅如此，这份激情还可能会造成意外怀孕，而这个胎儿并不是此次激情计划之中的产物。假如这对男女再有亲缘关系，那情况就更糟糕了，因为他们的孩子很有可能会继承同一个隐性有害基因的两个副本，而且极易受到该基因缺陷的影响。当然，即使没有怀孕的问题，还会有其他问题，比如，他们之间是不是还存在着一个妒火中烧的情敌、一个处于为别人抚养孩子的危险之中的绿帽丈夫，或者一个处于失去抚养自己孩子权利的危险之中的不忠妻子。此外，其中一方的父母很可能已经为他／她安排了婚姻计划，这个计划可能涉及大笔金钱或与另一个家族的重要联姻。当然，还有可能是这样一种情况，即这一对恋人并不都是成年人，或并不都是出于自愿的。

进化心理学为我们揭示了人类性行为中固有的利益冲突，其中的一些冲突是置身于语言领域之外的。直截了当地谈论性，这种行为所传达的是一种不严肃的性态度，即性不过是一种类似于网球或集邮之类的平凡小事而已，在性关系发生的时候，这种态度会被对方感受到。而天长地久的愿望则可能受到更大范围的相关人群的关注。对于父母和其他年长的家族成员来说，他们主要关心的是自己家族传宗接代的计划是否会受到妨碍；而就整个社团来说，它所关心的则是性自由可能带来的婚外生子、竞争，甚至暴力等问题。在一夫一妻制度下，尽管夫妻间的理性交流可能过于陈腐，甚至有些不切实际，但对于一个家庭的长者们和整个社会来说，毫无疑问，这种理性化的性交流是最有利于他们的统治的。因此，在谈论有关性方面的问题时，个人与社团的守卫者们之间存在的严重分歧（伴随着社团的守卫者们在涉及自己的草率性行为时的道貌岸然），实际上并没有什么可值得大惊小怪的。

性冲突在男女之间的表现最为突出，它远远超过了年轻人与老年人以及个人与社会之间在这方面的冲突。我们是哺乳动物，而生殖的不对称性是这类动物的先天特征：在整个繁殖过程中，雌性必须致力于很长一段时间的妊娠和哺乳，而雄性则只需几分钟的交配便可以万事大吉。如果一个男人与许多女人发生过性关系，他就可能会有很多后代；而如果一个女性与很多男性发生过性关系，她则不会有更多的后代——即使她选择了一个愿意为她的后代投资的伴侣，或者一个能够把良好的遗传基因传给下一代的伴侣。对于男人来说，在所有条件均等的情况下，无论从遗传还是从情感的角度来看，随心所欲的性行为都是有百利而无一害的。我们可能会认为这种不对称性在人们对性的闲谈中也应该有所表现，事实正是如此。就平均而言，男人更喜欢说脏话，而许多性禁忌语所带给人的感觉都是对女性的侮辱——因此才有了那个禁止在"妇女和儿童面前"说脏话的传统禁令。

男女对性语言耐受性的差别可能会让人想起维多利亚时期的妇女，在听到粗俗的言辞时，她们会把手腕举到前额上，并随即昏倒在沙发上。由于扫黄运动语言指南的出现，20世纪70年代女权运动的第二次大潮意外地复活了脏话对妇女的侵犯。格鲁乔·马克思如果知道当今的大学和企业已经实施了他在《鸭羹》

（*Duck Soup*）中治理弗里多尼亚（Freedonia，《鸭羹》中一个虚构的国家）的纲领"不许吸烟或者讲黄色笑话"，他一定会大吃一惊的。许多公开发表的性骚扰指南都将"讲性笑话"列入其定义当中，1993 年，仅仅因为一位女职员偶然在编辑部听到他对一个拒绝与他下班后一起去打篮球的男同事说了句 pussy-whipped（怕老婆），《波士顿环球报》（*Boston Globe*）的资深记者大卫·尼汉（David Nyhan）被迫向一个妇女组织道歉，并捐赠给该组织 1 250 美元。以激进的反黄主义闻名于世的女权主义作家安德里亚·德沃金（Andrea Dworkin）提议，一切性交行为均属强奸，均是对女性公然的性压迫：

> 性骚扰即男性对一个权力不及自己的人所实施的性行为，而且这种定性在这种性行为中是如此根深蒂固，以至于使那个性行为的承受者蒙受耻辱……在男权社会体系中，性就是他们的生殖器，生殖器就是他们的性主权，而这种性主权在性交中的使用就是他们所谓的男子气概。

尽管维多利亚时期对性侮辱的过分讲究遭到了现代人的嘲讽，但有一个事实是毋庸置疑的，那就是，在一种放荡的社会氛围中，受到伤害更多的是女性而不是男性。从 20 世纪 60 年代的性解放运动早期到 20 世纪 70 年代的女权主义革命早期这 10 年间，许多流行文化的作品都以同情的手法来描写那些好色之徒，以此庆祝清教主义的彻底瓦解〔乔·奥尔顿（Joe Orton）、汤姆·莱勒（Tom Lehrer）、伍迪·艾伦、滚石乐队的杰作以及詹姆斯·邦德系列电影、《罗文和马丁斯的大家笑》（*Rowan and Martin's Laugh-In*）节目都是典型的例子〕。重读这些创作，那些对女性的肆意伤害会让人感到痛心疾首。作品中的妇女们往往被描写成放荡不羁的荡妇或供男人取乐、骚扰、虐待的天生尤物。中产阶级文化中对这种淫荡行为的短暂赞颂（一端是年轻人对长者、个人对社会的挑战，另一端是女性对男性的挑战），部分地揭示了操控性语言所带来的利益冲突。

尽管当今的人们比以往任何时候都更容易观赏、谈论或者亲身体验性行为，但性交这一话题仍然无法摆脱禁忌的身份。绝大多数人仍然不会在公共场合发生性关系、在宴会结束后交换配偶、与同胞兄弟或自己的孩子发生性关系或者公开进行性交易活动，等等。即使在性解放运动之后，对性的彻底探索仍然任重道远，而且，这意味着，人们对某些有关性的想法仍然心有余悸。而在人们设置这种心理障碍的过程中，性语言则起着推波助澜的作用。

诅咒的 5 种方式

有了上述这些关于禁忌语的基本内容（它的语义知识）为基础，现在我们就可以转向对其使用方法的探究了（它的语用知识）。回想一下，我们前面说过，所有诅咒的一个共同之处就是那些没有人愿意去体验的情感纠葛——敬畏感（针对上帝及其外部标志）、恐惧（针对地狱和疾病）、厌恶（针对体内废物）、仇恨（针对背信弃义的人、异教徒及少数民族）或者堕落（针对性行为）。由于言语感知是机械的，因此，只要听到一个禁忌词，人们就会被迫去思考一些平时不会去思考的问题。这个现象有助于我们研究脏话是如何被使用的，说话者为什么希望将自己的意志以这种方式强加给听众呢？对于这个问题，我们并没有一个统一的答案，因为人们至少会以 5 种不同的方式进行诅咒：叙述性的（Let's fuck）、习惯性的（It's fucked up）、滥用性的（Fuck you, motherfucker!）、强调性的（This is fucking amazing）、宣泄性的（Fuck!!!）。让我们一个个地进行考察吧。

关于脏话的许多不解之谜归根到底都是一个问题：一个禁忌词是如何使自己有别于其他指称同一事物的文雅术语的？到底是什么激起了人们如此强烈的反应？举例来说，人们在什么情况下会选择使用 feces 而不是 shit，penis 而不是 prick，vagina 而不是 cunt，have sex 而不是 fuck。

它们的主要差别就在于，禁忌词是恶俗的——它使人想到它所指称之物令人最不愉快的特征，而不仅仅是指称这个事物。对于排泄物来说，人们不仅讨厌看到它、闻到它、碰到它，就连想到它都会感到恶心。然而我们是肉体化身的生物，排泄恰恰是我们生活中的一部分，因此，在某些场合下我们不得不共同商议处理它的办法，别无选择。解决这一问题的办法就是将委婉语（euphemisms，以不引起不良情绪的方法指称一个实体）和恶俗语（dysphemisms，包括禁忌语，被用于我们希望反复重申这个实体的讨厌程度的夸张场合）区别对待。

无论在物化方面还是传播方面，禁忌概念的委婉语和恶俗语都表现得相当迅速。据艾伦和布里奇的统计，到目前为止，英语已经积累了超过 800 个有关性交的表达式、1 000 个男性生殖器表达式、1 200 个阴道表达式以及 2 000 个有关放荡女人的表达式（这是不是会让你怀疑，人们为什么还要对爱斯基摩语中有关雪的词语量大惊小怪呢？）。在当代英语中，我们还发现了几十个表示排泄物的专业术语，这大概是因为它既令人厌恶，又不可避免吧。

> 禁忌：shit
>
> 温和的粗俗语：crap、turd
>
> 温和的委婉语：waste、fecal matter、filth、muck
>
> 正式的表达式：feces、excrement、excreta、defecation、ordure
>
> 儿童的表达式：poop、poo、poo-poo、doo-doo、doody、ka-ka、job、business、
> 　　　　　Number 2、BM
>
> 尿布上的：soil、dirt、load
>
> 医学上的：stool、bowel movement
>
> 动物的，大单位：pats、chips、pies
>
> 动物的，小单位：droppings
>
> 动物的，科学的：scat、coprolites、dung
>
> 动物的，农业的：manure、guano
>
> 人类的，农业的：night soil、humanure、biosolids

大多数这类礼貌术语仅限于某种特定的语境，在这种语境中，那些排泄物不得不被提及，而且它们所涉及的行为恰恰适合这种语境（作为肥料播撒、换尿布、出于医学或科学的目的进行分析，等等）。因此，委婉语自然而然地带给这个话题一种亲近感。

就禁忌术语所指称的对象而言，英语表现得有些过于专门化，它没有给人们提供用于闲谈的中性表达方式。闲谈中，如果你的朋友使用的是 feces、flatulence 或 anus 等专业术语，而不是它们的禁忌替代词，那么，你即使只是在极端兴奋

或情绪波动的情况下说了几句脏话，他们也会感到尴尬的。奇怪的是，其他所有与人体部位相符的盎格鲁－撒克逊词根在我们的日常用词中都可以找到，但阴茎和阴道却例外，当人们需要指称它们时，就不得不使用 penis 和 vagina 这两个拉丁语。正如刘易斯（C. S. Lewis）所说："只要明确地涉及'性'的问题，你就只能从托儿所、贫民区以及解剖课上的语言中间做出一种选择。"

当然在交流中，我们有时会希望提醒对方某事令人不爽之处，此时，我们就不得不求助于那些俗语了。还有的时候，为了使我们的叙事活灵活现或者出于愤怒，我们也会使用禁忌语，借此来形容一个事物到底有多么肮脏不堪。

> 那个管道工一边在水槽下面工作一边要跟我聊天，我只好一直看着他的屁沟（crack in his ass）跟他聊。
>
> ◇　◇　◇
>
> 他的座右铭是：如果它（斗牛）冲过来，就 X 它；如果它不过来，就刺（stab）它。①
>
> ◇　◇　◇
>
> 把你的狗屎（dog's shit）捡起，别让你的狗在我的玫瑰花上撒尿（pissing）！

假如我们用委婉语（例如臀部、性交等）将上述句子中的那些禁忌语替换下来，那么它们就会让人觉得缺少了些东西，因为我们替换掉的不仅是禁忌语，还有说话人的感情力量。由于禁忌词语唤起的是听众和读者心中的性欲细节，因此，它们常常被用于色情描写，或被许多成年男子用于激情的唤起请求："说点刺激的。"

毫无疑问，并不是每个人都会为特殊的修辞效果而储备禁忌词语。To swear like a sailor（像水手一样说脏话）、to cuss like a stevedore（像装卸工一样骂人）以及 locker-room language（水手在储藏室里说的下流话）等语言表达式表明，说脏话是许多男权和蓝领阶层社交圈选择的语言。其中的原因之一是，诅咒将迫使听众去思考一些令人不快的事情，它实际上是一种温和进攻的表现。因此，它与

---

① 选自歌曲《轻装》（*Suit of Light*）。——译者注

男人们在战乱时期炫耀自己的威武雄风、不畏牺牲的其他外部标志（沉重的靴子、金属钉、暴露的肌肉，等等）是相辅相成的。另一个原因是，人们故意打破一些忌讳，目的是建立一种随和的气氛，即一种大可不必谨言慎行的交际环境。近几十年来，诅咒行为已经蔓延到了妇女和中产阶级阶层。（在我还是个少年的时候，正赶上"代沟"问题的全盛时期，我一位朋友的父亲曾对她说："南希，你的嘴就像个厕所。"）事实上，这一发展趋势是 20 世纪追求不拘一格、男女平等以及男子气概和酷风尚传播的一部分。

禁忌语不仅能在人们希望向他人传达痛苦时唤起对方的情感反应，而且，当人们希望无故造成他人的痛苦时，它也同样可以大显身手。这就是为什么我们会在侮辱、诅咒以及其他语言虐待形式中使用亵渎语言。

每个人的生活中都会有这样的时刻，你会特别想威胁、惩罚或挫败他人的名誉。也许正是这种口头侵略的艺术将人们的语言本能训练得比任何其他类型的言语行为都更加富有生机，在许多文化中，它已经被提升到一个极其高雅的艺术层面。16 世纪时，英国将这种口头侵略艺术称为"攻击性对诗大赛"（flyting）。请看下面这段莎士比亚风格的谩骂。

> **亨利亲王：**……【你】这满脸红光的懦夫，这睡破床垫、坐断马背的家伙，你这座庞大的肉山——
>
> **福斯塔夫：**他妈的！你这饿鬼，你这张小鬼儿皮，你这干牛舌头，你这枯槁的公牛鞭，你这干瘪的腌鱼！啊！我简直气得连气都喘不过来了；你这裁缝的码尺，你这刀鞘，你这弓袋，你这倒插的锈剑——

再请看意第绪语中的诅咒。

> 她应该怀石头而不是孩子。
> 愿你掉光所有牙齿，只剩下一颗留着牙疼。
> 他应该把自己的一切都献给医生。

在打造一句诅咒时，那些能够引起听众或旁观者不爽的词语随手可及，它们方便得让人根本无法克制自己的想法，这就是为什么禁忌词会大量出现在诅咒中的原因。人或人体部位可能被比作体内废物以及与它们相关的器官和附件，比如：

> piece of shit（讨厌的家伙）、asshole（很讨厌的人）、cunt（淫妇）、twat（娘们）、prick（蠢人）、schmuck（笨人）、putz（笨蛋）、old fart（老鬼）、shithead（脑残）、dickhead（白痴）、asswipe（笨蛋）、scumbag（人渣）、douchebag（变态）

人们可以被建议做丢脸的事情，如 Kiss my ass、Eat shit、Fuck yourself、Shove it up your ass，还有那个我喜欢的 Kiss the cunt of a cow（这个说法的最后一次使用是在 1585 年）。再如，I'll rip your head off and shit down your windpipe（我要揪下你的脑袋塞进你的气管里），这句话是我在波士顿公共汽车站偶然听到的。对其他语言中的脏话调查结果揭示了与此类似的主题。接下来就是英语中那个最常见的淫秽诅咒语 Fuck you 了，不过，要想真正理解它的意思，我们必须仔细考察一下有关性的禁忌语。

英语中表示性的动词呈现出一种古怪的模式。人类学家阿什利·蒙塔古（Ashley Montagu）将 fuck 称作"一个用于描写人类行为中最及物动作的不及物动词"，它的古怪性就在于此。想一想有关性的及物动词——哪个符合 John verbed Mary 中的 verbed 这个及物动词的用法：

> fuck、screw、hump、ball、dick、bonk、bang、shag、pork、shtup

它们听起来不是很好，是吧？说好听点儿，这些动词有些打趣或失礼的意味；说难听了，它们其实就是对人的侵犯。那么，在上流社会中，人们到底使用什么动词来指称做爱这一行为呢？

> have sex、make love、sleep together、go to bed、have relations、have intercourse、be intimate、mate、copulate

上述动词均为不及物动词。英译中，指称性伴侣的词往往是由一个介词引入的：have sex with（与……发生性关系）、make love to（和……做爱）等。实际上，它们中的大多数动词本身连动词都不是，而是由一个有名无实的"轻动词"（light verb），例如 have（有）、be（是）或 make（使得），加上一个名词或形容词构成的习语［在《疯狂英语》中，理查德·莱德勒问道："To sleep with someone（与某人睡觉），是谁在睡觉呢？ A one-night stand（一夜情），又是谁站着呢？"］我们在上一节中已经看到，在很多情况下，人们对词语的选择是恪守礼仪的。但为什么社会礼仪一定要将某种东西授权得像一个语法结构那样令人费解呢？

这里，我们在第 1 章中对动词结构所做的分析又能派上用场了。还记得我曾说过，每一种句法构式都从一组微类（micro-classes）中选择适合它的动词，而每个动词都有一个与该构式本身的含义相符合的含义，二者至少隐喻性地兼容。那么，利用这一原理，我们是否可以从有关性的动词［即那些不同于传统语法的"系词性动词"（copulative verbs）］的句法中发现一些人类性行为的蛛丝马迹呢？

礼貌习语都有一些泄露天机的语法特征。由于缺乏独特的动词词根，它们便无法指定一个动作特有的运动方式或效果类型。由于缺乏直接宾语，它们也无法指定受该动作影响的实体或被动发生改变的实体。不仅如此，它们的语义还是对称性的（symmetrical）：如果约翰和玛丽做了爱，这就意味着玛丽也和约翰做了爱，反之亦然。因此，所有这些动词都可以出现在另一种不及物动词的替换构式中，在这个构式中，性爱伙伴并不需要通过介词引入，相反，它构成了一个复数主语的一部分：John and Mary had sex（约翰和玛丽发生了性关系）、John and Mary made love（约翰和玛丽做爱了）、John and Mary were intimate（约翰和玛丽亲热了），等等。而那些具有同样句法特征的、与性无关的动词的语义则属于一种联合自主行动（joint voluntary action），例如，dance（跳舞）、talk（说话）、trade（贸易）以及 work（工作）：John danced with Mary（约翰与玛丽跳舞）、John and Mary danced（约翰和玛丽一起跳舞），等等。因此我们可以说，在心理模型中，礼貌性动词预设着性是一种未指定方式的、双方共同参与的活动。

下面我们来比较一下那些与性有关的粗俗及物动词。回忆一下我们在第 1 章中的发现，及物动词所描写的是一个故意对一个实体实施侵犯、影响，或者既侵犯又影响的施事者。尽管 fuck 与我们在第 2 章中看到的那 5 类及物动词都不完全符合，但它确实与运动 - 接触 - 效果（motion-contact-effect）那类动词微类有着密不可分的关系。它可以被意动类（conative）、物主提升类（possessor-raising）或者中间构式（middle constructions）所接纳，但不能进入接触格构式（contact-locative）和反使役构式（anticausative construction）中。这与 fuck 这个动词在古斯堪的纳维亚语中表示 beating（有节奏地伸缩）、striking（敲打）或者 thrusting（插入）的动词词源学是一致的，此外这与 fuck 的两个及物同义词 bang 和 bonk 是动词这一事实也是符合的。

如果描写性的及物动词意味着其直接对象受到了影响，那么，准确地说，它到底是怎样受影响的呢？我们可以从莱考夫对性动词参与概念隐喻的方式所做的分析中找到这个问题的答案。许多性及物动词都可以被隐喻性地用来指称不择手段地利用（exploitation），这一隐喻还包括：I was screwed（我完蛋了），They fucked me over（他们要了我），We got shafted（我们受骗了），I was reamed（我被 X 了）以及 Stop dicking me around（别逗我了）。

这些性及物动词的另一个隐喻性主题是严重的伤害，例如 fucked up（彻底完蛋了）、screwed up（搞砸了）、buggered up（搞糟了）以及英国人说的 bollixed（搞乱了）和 cockup（一团糟）。第二次世界大战期间，军队中的俚语包括首字母缩略词 snafu、tarfu（Things Are Really Fucked Up，简直他妈的一塌糊涂）、fubar（Fucked Up Beyond All Recognition，乱得他妈的面目全非）。后来，这些术语被工程师们采纳，并成为他们的行话，现在，当计算机程序员在创建一个临时文件或教初学者命名一个临时文件时，他们往往会使用 foo.bar ——有点儿书呆子气的幽默。性及物动词背后的隐喻就是"发生性关系就是不择手段地利用某人""发生性关系就是伤害某人"。

许多其他语言中也都有这些概念隐喻。在巴西葡萄牙语中，fuck 的粗俗等价词是 comer，"吃"的意思，这个单词也是以男性（或采取主动的同性恋伙伴）做主语。假如站在交配力学隐喻的角度，这个动词是不可思议的。不过，它却符合人们对性行为的理解，因为在性交过程中，总是女人被男人所享用和开发。

因此我们可以说，性动词的句法揭开了两种截然不同的性心理模式。第一种模式让人联想起性教育课程、婚姻手册及其他更为社会认可的观点：性是一种细节不明的共同活动，是两个平等伙伴的交互参与。第二种性心理模式则比较阴暗一些，它介于哺乳动物生物社会学与德沃金式女权主义之间：性爱是一种强有力的行为，它在一个主动的男性的鼓动下发起，并对一个被动的女性实施影响，其中的女性要么被不择手段地利用，要么遭到严重的伤害。两种模型均捕获了人类性行为的全部临床表现，假如语言真是我们思维模式的向导，那么我们便可以说，第一种性心理模式是公共话语所许可的，而第二种模式是禁忌的，尽管它在私下里还是会受到人们的广泛认可。

正如我所说的，纯粹恶俗语与跨域到禁忌中的术语之间的界线是很难判断的。对许多人来说，excrement 的内涵远比 shit 令人作呕，因为 excrement 专供描述污秽和肮脏之物，而 shit 则可以被广泛地用于习语和非正式语境中。然而，尽管如此，shit 还是比 excrement 更令人难以接受。同样，被冠以 fuck 的行为带给人的不安程度无论如何也无法与被冠以 rape 的行为相提并论，可是 rape 连禁忌词都不是。人们将一个令人不爽的词处理成禁忌语的习惯是如此根深蒂固，以至于一旦有人将其处理成禁忌语，其他人也会这么做，因此，这些词语的身份也许只能听任那个决定着一般词语和名字命运的"兴衰"的流行病学的摆布了。

所有这一切意味着，尽管禁忌词唤起的是人们头脑中关于它们的指称对象最糟糕的印象，但并不会因此而遭到人们的排挤。禁忌身份本身就赋予了它们一种情感上的活力，这与它们所实际指称的东西毫不相干。正是出于这个原因，无数习语中都包含着禁忌术语。一些习语还将这些术语的某些令人不快的方面隐喻性地投射到话语的主题上，例如，bullshit（胡说）、They fucked me over（他们耍了我）、He pissed on my proposal（他亵渎我的提议）、She pissed away her inheritance（她把遗产挥霍殆尽）等。然而，更多的习语并不这样，出现在它们当中的那些禁忌词只起到了激发听众兴趣的作用。

He went through a lot of shit. (他经历了很多挫折。) Tough shit (糟透了！) We're up shit's creek. (我们进退维谷。) We're shit out of luck. (我们倒霉透顶了。) A shitload of money. (一大笔钱。) Shit oh dear! (〔新西兰〕天啊！) Shit, eh? (〔新西兰〕祝你好运。) Let's shoot the shit. (有空一起扯扯皮。) Put your shit over there. (我们倒霉透顶了。) A lot of fancy shit. (许多花哨的东西。) He doesn't know shit. (他什么都不懂。) He can't write for shit. (他什么也写不了。) Get your shit together. (收拾一下你的烂摊子。) Are you shitting me? (你耍我呢？) He thinks he's hot shit. (他以为他有什么了不起。) No shit! (胡扯！) Shitfaced [drunk]. (烂醉如泥。) Apeshit. (发疯。) Diddly-shit. (废物。) Sure as shit. (肯定。)

It's piss-poor. (太差了。) Piss off! (滚！) I'm pissed at him. (我生他的气。) He's pissed off. (他被惹怒了。) He's pissed. (他喝醉了。) Full of piss and vinegar. (朝气蓬勃。) They took the piss out of him. (〔英国〕他们嘲弄他。)

My ass! (才怪呢！) Get your ass in gear. (挪挪你的屁沟。) Ass-backwards. (搞错了。) Dumb-ass. (蠢驴。) Your ass is grass. (你死定了。) Kiss your ass goodbye. (滚蛋吧。) Get your ass over here. (快点过来。) That's one big-ass car! (一辆超大的车！) Ass-out [broke]. (一毛不剩。) You bet your ass! (你太他妈的对了！) A pain in the ass. (眼中钉。)

Don't get your tits in a tangle. (〔新西兰〕用不着这么激动。) My supervisor has been getting on my tits. (〔英国〕我导师总是无缘无故地跟我发火。)

Fuckin-A! (操！) Aw, fuck it! (噢，他妈的！) He's a dumb fuck. (他是个白痴。) Stop fucking around. (别瞎胡闹了。) He's such a fuckwit. (〔新西兰〕他就这么白痴。) This place is a real clusterfuck. (这地方一塌糊涂。) Fuck a duck! (去你的！) That's a real mindfucker. (那可真是个痛苦的局面。) Fuck this shit. (真他妈的见鬼。)

在词典编纂者杰西·薛洛尔（Jesse Sheidlower）所编辑的专业词典《脏词》（*The F-Word*）中，类似于上述这种类型的词条至少有 250 个。正如我们在第 4 章中看到的，隐喻和习语可以凝练成无须进一步分析的公式。这一点似乎已经在这些粗俗习语上（至少部分地）得到了验证，在禁忌语的冒犯使用方式中，连同 fucking amazing（太他妈的让人震惊了）这样的咒骂语，它们构成了最温婉的表达方式。

　　禁忌词对情感的超强影响力使得它们进入了一个同义词的怪圈：即使在语法或语义方面没有任何关系，它们也可以在习语中彼此替代。我猜测，许多令人不解的不合语法的脏话一定源自一些更可理解的宗教脏话，尤其当它们在从宗教到性以及污秽的咒骂的转变过程中时。

> 　　Who (in) the hell are you?（你到底是谁？）→Who the fuck are you?（你他妈的是谁？）(Also: Where the fuck are you? What the fuck are you doing? Get the fuckout of here, etc.)（亦作：你到底他妈的在哪儿？你到底他妈的在干啥？给我滚出去，等等。）
>
> 　　I don't give a damn.（我根本不在乎。）→ I don't give a fuck; I don't give a shit; I don't give a sod.（我才不在乎。）
>
> 　　Holy Mary!（天哪！）→Holy shit! Holy fuck!（天哪！）
>
> 　　For God's sake（看在上帝的份上）→For fuck's sake; For shit's sake（他妈的）

　　就禁忌词语间的内部关系而言，它们的内涵要比语义或句法更能说明问题。它有助于我们理解英语脏话句法中的两个重大奥秘：fuck 在 Close the fucking door（关上那该死的门）和 Fuck you! 中分别扮演了怎样的角色。

　　对于这些难解之谜的探讨最初见于纪念文集:《关于胡言乱语的研究：值此詹姆士·D. 麦考莱 33 或 34 年诞辰之际献给他的诽谤文章》。它可以称得上是学术史上最新奇的一本文集了。已故语言学家吉姆·麦考莱（Jim McCawley）是生成语义学的创始人之一［此外还包括当代语言学家乔治·莱考夫和哈吉·罗斯（Haj Ross）等人］。麦考莱的贡献包括一本名为《语法理论三千万》(*Thirty Milion Theories of Grammar*）的指南、一本名为《语言学家们一直想了解（但都羞于咨询）的全部逻辑问题》[*Everything That Linguists Have Always Wanted to Know about Logic（But Were Ashamed to Ask）*] 的初级读物和一本《食者的汉字指南》(*The Eater's Guide to Chinese Characters*），最后这本是教授读者用中文菜单点菜的指南手册。1971 年出版的这本纪念文集中汇集了众多的反常规文章，其中有几篇是麦考莱以笔名 Quang Fuc Dong 和 Yuck Foo（这两个名字据说都是他所创作的虚构的南河内理工学院的语言学家的名字）所创作的。在这部文集中，尽管有些诙谐和实例令人一知半解和乏味，但麦考莱对英语禁忌表达式所做的精细的语法分析，至今仍被学术研究所引用［有时被称为"Quang（1971）"或"Dong, Q. F."］。

感叹词，如 bloody（非常的）和 fucking（他妈的）也许是闲谈中最常用的禁忌词了，尽管它们的语义和语法都很荒唐。一本有百年历史的英国俚语词典对 bloody 这个词条做了如下的定义："最常见的……因为在伦敦底层人口中，每两到三个音节中就会反复乏味地出现一次这个词；它的使用并没有什么特别的含义，更不用说什么血腥的含义。"汤姆·沃尔夫（Tom Wolfe）对一种叫作 Fuck Patois（他妈的方言）的方言也做过类似的观察，比如，在一个关于士兵的故事中，那个士兵说："I come home to my fucking house after three fucking years in the fucking war, and what do I fucking-well find? My wife in bed, engaging in illicit sexual relations with a male!"（打了他妈的三年仗，我他妈的回到了家，进了该死的房间，我他妈的看见了什么？我的妻子和一个男的正在床上呢！）

这种扮演咒骂角色的 fucking 语法成了 2003 年的头版新闻，当年，美国全国广播公司直播了金球奖的实况，爱尔兰老牌摇滚乐队 U2 的主唱波诺发表了如下感言："This is really, really, fucking brilliant"（这他妈的实在、实在太好了。）事后，美国联邦通信委员会并没有马上处罚有关媒体，因为他们的相关指南将"下流"定义为"描述或描绘性或排泄器官或活动的语料"，而波诺对这个 fucking 的使用属于"强调一种感叹的形容词或虚词"。然而，文化保守派对此却表现出了强烈的愤慨，加州参议员道格·奥赛（Doug Ose）还试图利用美国国会规定的最污秽的法案，即《清洁电视广播法案》来弥补委员会的这一漏洞：

法案

对《美国法典》标题 18 项中的第 1 464 款进行修正，并为某些亵渎广播节目的行为提供惩治条例及其他用途。

国会会议中，众议院和参议院代表制定了如下法案：《美国法典》标题 18 项的第 1 464 款现修正如下——

（1）通过在"任何人"前面插入"（a）"。

（2）在此条款的结尾处补偿如下内容：（b）本条款规定，就语言而言，profane（亵渎的）这个术语的内容包括英语单词 shit、piss、fuck、cunt、asshole 以及短语 cock sucker、mother fucker、ass hole 以及这类词和短语相互使用，或者与其他词或短语或其他语法形式（包括动词、形容词、动名词、分词和不定式形式）相互使用。

不幸的是，对于奥赛议员来说，该项法案丝毫没能弥补美国联邦通信委员会的那个漏洞，因为它未能恰当地指定波诺所说的那句脏话的句法（更不用说法案里面 cocksucker、motherfucker 以及 asshole 的拼写错误，或者将它们认定为"短语"的错误）。

《清洁电视广播法案》假定 fucking 是一个分词性形容词（participial adjective）。遗憾的是，这是个错误。正如 Quang 所指出的那样，对于一个真正的形容词来说，比如 lazy（懒惰的），你可以将它们交替地用于这样两种构式中：Drown the lazy cat（淹死那只懒猫）和 Drown the cat which is lazy（把那只懒惰的猫淹死）。但 Drown the fucking cat（淹死那只该死的懒猫）肯定不能与 Drown the cat which is fucking（淹死那只正在发情的懒猫）替换使用。同样的，Drown the bloody cat（淹死那只该死的懒猫）并不意味着 Drown the cat which is bloody（淹死那只血腥的懒猫）。你也不能说 The cat seemed fucking（那只猫似乎他妈的），或者 How fucking was the cat?（那只猫有多么他妈的？），或者 the very fucking cat（那只非常他妈的猫），这是 3 个经常用来测试形容词词性的小实验。

一些批评人士还对《清洁电视广播法案》中另一个语法上的无知进行了调侃。如果有什么不同的话，短语 fucking brilliant（太他妈的好了）中的 fucking 应该是个副词，因为它修饰的是形容词，英语中只有副词才能修饰形容词，就像下面短语中的副词那样：truly bad（确实很坏）、very nice（非常好）、really big（确实很大）。然而，在上面的 profane 一词的定义中，奥赛恰恰忘了将"副词"这一语法范畴包括进去了！碰巧，禁忌感叹语（expletives）也确实不是真正的副词。关于胡言乱语的研究中的另一篇文章指出，尽管你可以说 That's too fucking bad

（太他妈的糟糕了）和 That's no bloody good（不咋地），但你却不能说 That's too very bad（那太非常坏了）或者 That's no really good（那不真的好）。同时，正如语言学家杰弗里·纳恩伯格（Geoffrey Nunberg）所指出的那样，尽管你可以用 very（太精彩了）来回答 How brilliant was it?（到底有多精彩？）但你却永远也不会听到这样的对话："How brilliant was it?"（到底有多精彩？）"Fucking"（他妈的）。

还有比这更反常的情况，禁忌感叹语竟然还可以出现在一个单词或一个合成词的中间，举例来说，in-fucking-credible（难以他妈的置信）、hot fucking dog（热他妈的狗）、Rip van fucking Winkel（瑞普·凡他妈的温克尔）、cappu-fucking-ccino（卡布－他妈的－奇诺）以及 Christ al-fucking-mighty（全能－他妈的－上帝）——英语中唯一一种利用中缀来构词（infixation）的情况。此外，bloody 也能做中缀，例如，abso-bloody-lutely（相当绝对）、fan-bloody-tastic（相当奇怪）。威尔士作家狄兰·托马斯（Dylan Thomas）在他的回忆录《青年狗艺术家的画像》（*Portrait of the Artist as a Young Dog*）中写道："你总是能辨别出从大桥那端传来的布谷鸟的叫声……cuck-BLOODY-oo, cuck-BLOODY-oo, cuck-BLOODY-oo。"

禁忌感叹语的语义与它的句法一样离奇。bloody 和 fucking 一般表达不赞成的意思，不过，这个反对却未必是针对那个被修饰的名词的。

> **面试官**：英国食品为什么这么糟糕？
> **约翰·克里斯**：因为我们要经营我们了不起的帝国，你明白了吗？
> （Because we had a bloody empire to run, you see?）

克里斯实际上并不是在讽刺英国这个日不落帝国；他是在表达对英国食品很糟糕这一事实的嘲讽。同样，如果我说 They stole my fucking laptop（他们偷了我该死的笔记本电脑），毫无疑问，我肯定不是在诅咒我的笔记本，它说不定还是个手感极佳的钛强力笔记本（苹果）呢，17 寸的显示屏、1.67 千兆赫的处理器。禁忌感叹语所传达的信息是，整个事态，而不是由那个名词所命名的实体令人不开心，尽管那个实体与整个事态有必然的联系。同样重要的是，我们说这个情况令人不爽，一定是站在说话者的立场上的，而绝不是这个句子所提及的任何其他人。如果有人告诉你 John says his landlord is a fucking scoutmaster（约翰说他的房东简直就是个他妈的童子军团长），你应该将他对童子军团长的不敬归罪于向你报告的那个人，而不是约翰，尽管 fucking 被用在了传达约翰话语内容的从句里。

这一语言难题的部分解释是，bloody 和 fucking 这样的禁忌感叹语很可能是在禁忌语更新换代的过程中产生的（尽管它们之间并没有相同之处），比如，允许 Where in hell（究竟在哪）转变成 Where the fuck（究竟在哪）、Holy Mary（圣母啊）转换成 Holy shit（天啊）的过程。就 fucking scoutmaster（他妈的童子军团长）或者 bloody empire（了不起的帝国）中的禁忌感叹语而言，它们的历史源头很可能是 damned（该死的）或 God-damned（该死的），在一些表达式中，它们现在依然存在，例如，Damn Yankees（该死的美国佬）、They stole my goddam laptop（他们偷了我该死的笔记本电脑），还有 abso-goddam-lutely（绝对地）。Damn 是在 damned 的虚缀 -ed 被吞音并在感知上被忽视的情况下演变而成的，例如 ice cream（冰激凌）、mincemeat（甜馅）、box set（盒子布景），它们之前分别为 iced cream、minced meat、boxed set。如果有什么东西是被诅咒的（damned），那么它就是该受谴责的、值得怜悯的、不再有世俗用处的。fucking、bloody、dirty、lousy、stupid 这些与 damned 有着类似情感弦外音的词语能够让人联想起 damned 的含义。因此，在英语史上，一旦某些宗教禁忌感叹语失去了锋芒，它们便与 damned 一道将其取而代之。

这一语言难题的另一部分解释方案是，富载态度（attitude-laden）的词语有时会躲开标准的语法机制，即在句法树形图上通过词语的组织顺序来计算"谁对谁做了什么"的语法机制。克里斯托弗·波茨（Christopher Potts）等语言学家主张，英语语法不仅允许说话者在一句话中做出断言——什么是"有待解决的问题"，而且还为他们提供对该断言发表个人评论的科学方法。这些方法有时被称为规约含义（conventional implicatures），它允许说话者表达自己对正在谈论的事情的态度，比如，他对结果的意见或他对参与者之一的尊重程度。其中一种方法就是，允许一个富载态度的词语摆脱被描写事件中的人物，转而倾向于说话者的世界观。例如，如果我说"苏相信那个混蛋戴夫得到了晋升"，这很可能意味着苏对戴夫有着很高的评价，但它同时暗示着，我并不这么看待戴夫。这恰恰就是 fucking 和 bloody 这样的禁忌感叹语的解释方案。

禁忌术语的可更新性（swappability）还可以用来解释 Fuck you 之谜。还记得伍迪·艾伦那个诅咒司机的笑话吧——"多子多孙，枝繁叶茂，见你的鬼去吧"，这个笑话假设 Fuck you 是第二人称祈使语气，就像 Get fucked（去死吧）或者 Fuck yourself（滚）那样。莱尼·布鲁斯也做过同样的假设，正如比尔·布莱森（Bill Bryson）在他那本令人赏心悦目的小书《母语：英语以及来龙去脉》（*The Mother Tongue：English and How It Got That Way*）中所写的那样：

> 英语的非凡表现就在于它既囊括了无稽之谈，也囊括了令人神清气爽的事物。我们的语言有一个不被人知的怪癖好，当我们希望表达自己的极度愤怒时，我们会恳请我们的愤怒目标去做一件解剖学上不可能的事情，更有甚者，我们甚至会恳请它去做一件势必让它快乐无比的事情。你想想，还有什么能比 Get fucked 更不可思议的情绪吗？我们有时也会咆哮着说"祝你发财"或"祝你好心情"。

Quang 对上述理论进行了细化。首先，在第二人称祈使语句中，人称代词必须是 yourself（你自己）而不是 you（你）——麦当娜的那首流行歌曲题为 Express Yourself（表现自我）而不是 Express You（表达你）。其次，真正的祈使句，例如，Close the door（关上门），可以嵌入在许多其他构式中。

I said to close the door.
　　我说关门。

Don't close the door.
　　不要关门。

Go close the door.
　　去把门关上。

Close the door or I'll take away your cookies.
　　关上门，否则我拿走你的饼干。

Close the door and turn off the light.
　　关上门，然后再关上灯。

> Close the door when you leave tonight.
>
> 晚上离开的时候关门。

而 Fuck you 却不能这么用：

> *I said to fuck you.
>
> *Don't fuck you.
>
> *Go fuck you.
>
> *Fuck you or I'll take away your cookies.
>
> *Fuck you and turn off the light.
>
> *Fuck you when you leave tonight.

此外，在第三人称宾语中，这种差别也可以被观察到，例如，Fuck imperialism!（X 帝国主义！）。尽管可以通过一个共享宾语将两个祈使句联合在一起，例如，Clean and press these pants（清洗并熨烫这些裤子），但不能用同样的方式将一个诅咒语和一个真正的祈使句联系起来，例如，Describe and fuck imperialism（描述并 X 帝国主义）。

Quang 并没有就 Fuck you 的民俗词源学观点——它是 I fuck you 的省略形式，进行任何评价（就像在引言中那个不耐烦的顾客和空姐的故事里所描写的那样）。很显然，这种民俗看法与"性是一种不择手段的利用或伤害"这一概念隐喻是相辅相成的，但遗憾的是，就语法来说，它却是讲不通的。首先，fuck 的时态是错误的；其次，主语的缺失也是无法解释的；最后，语言中并不存在与此类平行的结构。还有更重要的一点，没有任何证据能够证明，在英语中，I fuck you 曾经是一种常见的诅咒。

最简单的解释是，fuck you 中的 fuck 与 Where the fuck（究竟在哪）和 fucking scoutmaster（他妈的童子军团长）中的 fuck 是一样的：对一个有着类似情感弦外音的老宗教脏话的更新。在这种情况下，它的一个最可能的词源就是 Damn you（该死的），也许是 God damn you（天罚你）和 May God damn you（愿上帝惩罚你）的缩略形式。它原来的语义应该是一种第三人称的祈使含义 May it be so（但愿如此），这个含义常见于祝福［May you be forever young（愿你永远年轻）〕和诅咒〔May you live like a chandelier: hang by day and burn by night（愿你的生活像一盏吊灯：白天挂着晚上发热）〕。但其诅咒却渐渐融入了对不满的整体声明中。正如 Quang 所说的，Fuck you 不仅与 Damn you 类似，而且与仅仅表达说话者对某个对象的强硬态度的其他构式也相类似：To hell with you!（见鬼去吧！）、Shit on you!（去死吧！）、Bless you!（祝福你！）、Hooray for you!（为你喝彩！）以及那句常用的挖苦话 Bully for you!（哦，你可真行！）

禁忌语的最后一个用途是宣泄——当人们感到莫名的痛苦、挫折或遗憾突如其来时，damn、hell、shit、fuck 或者 bugger 等便脱口而出。如果你问他们为什么这样做，他们会说，这样可以"释放压力"或者可以帮助他们"宣泄愤懑"。这就是所谓的情感液压隐喻（hydraulic metaphor），这种隐喻还见于宣泄情感、寻找出路、大发雷霆时。尽管这种隐喻捕获了愤懑的感觉，但它却不能对这种情感本身做出解释。到目前为止，神经科学家还没有发现大脑中的血管或管道携带加热液体（除复杂模式中的燃烧神经元网络以外）。而且，目前也没有哪个热力学定律能够解释为什么 Oh 和 fuck 能比 Oh、my 或者 Fiddle-dee-dee（胡言乱语）的发音能更有效地消耗热量。

不过，在宣泄式辱骂的过程中，大脑的一些其他机制也会参与活动。举例来说，触角电生理反应（electrophysiological response）机制在人们刚意识到犯错时就开始启动了。这一机制源于前扣带皮质（大脑边缘系统的一部分），它主要参与对认知冲突的监测。在公开场合，认知神经学家称这种反应为"错误相关负电位"（Error-Related Negativity），而私下里，他们则称其为"狗屎波"（Oh-Shit Wave）。

一些构成哺乳动物愤怒基础的边缘环路也与此有关。其中一个边缘环路叫作愤怒环路，它始于杏仁核（amygdala）的一部分，下行通过下丘脑（那个极小的调节动机的大脑集群），然后进入中脑的灰质。这一愤怒环路最初封装着一种反射，这种反射能让一个突然受伤或遭围捕的动物对惊恐、伤害做出剧烈反抗，并且在逃离捕食者的过程中，它常常会发出一阵令人毛骨悚然的吼声。任何人不小心坐到一只猫身上或踩了狗尾巴都可能发现他们的宠物会发出一种新的声音，有时，它们还会在腿上留下爪痕或牙印。实验心理学对这种被称为挫折－攻击假设（Frustration-Aggression Hypothesis）的观点进行了一系列研究。例如，当两只老鼠一同放进一只笼子里并对它们进行电击时，它们就会打架。当奖赏它们的食物被突然取出时，一只老鼠会对另一只老鼠进行攻击，这大概是出于对其他同伴突然窃取食物、空间或别的资源的适应吧。在人类进化的过程中，就是这个潜在的大脑环路被保留了下来。在手术过程中，当病人大脑中的这一部位受到电刺激时，他们会表现出暴怒。

　　这里我们所谈的是一种关于宣泄式咒骂的假说。大脑愤怒环路起着对边缘系统与消极情绪相连成分的激活作用，因此，人类的疼痛或挫折感都来自这里。与消极情绪相连成分包括具有强烈情感负荷的概念表征以及与它们相关的词语，尤其是大脑右半球中那些积极参与负面情绪的表征和词语。在正常情况下，这些成分由一个基底神经节控制下的安全制动机制所控制，但这个制动机制并不是万无一失的，在强烈的神经冲动的作用下，它就会崩溃。因此，失去理智的人很难再做到谨言慎行。就人类而言，受控反应主要是禁忌语的脱口而出。我们前面说过，动物的愤怒反应中也包括一种可怕的尖叫。也许正是这些词语的火上浇油，再加上人们释放反社会情绪的冲动以及他们对吼叫的强烈渴望，才使得大脑中的那些负面概念最终以诅咒的形式（而不是那种传统的哺乳动物的尖叫）得到了淋漓尽致的表达。（当然，人们对剧痛的反应说明，人类这一物种仍然保留着动物的咆哮本能。）综上所述，宣泄式咒骂很可能源于那个被赋予了人类概念和发音惯例的哺乳动物的愤怒环路的串线（cross-wiring）。

　　这种串线假说有一个问题，即人们愤怒时发出的咒骂并不是随心所欲的，而是约定俗成的。就像其他单词和公式那样，它们是基于记忆中声音和含义的一种组合方式，而这种组合方式是一个语言社团所共享的。当我们撞了自己的头，我们不会喊 Cunt! 或 Whore! 或 Prick!，尽管这些话与 shit、fuck、damn 一样，都是禁忌词（实际上，在其他语言中，它们是人们脚被踩时所发出的喊叫的英文翻译）。同时，根据人们所遇到的不愉快事情的成因，这些脏话也会做出相应的调整。当人们突然受到他人的侮辱时，他们会喊 Asshole!（混蛋），而假如他们的手指被掉下来的热锅烫到或被捕鼠器夹住，他们就不会这么喊了。因此，宣泄式咒骂是有场合和语言专属的。就像皮尔斯夫人谈及伊莉莎使用 b-word 单词（bloody）时所说的那样，我们是在母亲的大腿上，或更多情况下，是在父亲的大腿上学会这些用法的。在我 4 岁那年的某一天，我坐在爸爸身边的副驾驶座位上，车转弯时，车门被甩开了，我随即说了句："哦，该死！"当时，我为自己能在这种情况下说出像大人一样的话而感到无比骄傲。可遗憾的是，话音刚落，我就遭到了父母的虚伪训斥，没办法，这也许就是做父母的特权吧。

人们为什么一定要出于咒骂的目的而刻意去学一些特定的词语呢？换言之，他们为什么不让自己的愤怒随便去激活某个头脑中固有的古老禁忌语呢？事实上，语言中还有一种比宣泄诅咒更加普通的现象，即所谓的"脱口而出"（ejaculations）或称"应急叫喊"（response cries），我们这里所说的宣泄式咒骂只是这种现象的一个组成部分而已。请看下面这个词语列表。

> Aha（啊哈）、ah（啊）、aw（哦）、bah（呸）、bleh（哦）、boy（嘿）、brrr（呵）、eek（呀）、eeuw（噢）、eh（嗯）、goody（太好啦）、ha（哈）、hey（喂）、hmm（嗯）、hmph（哦）、huh（哼）、mmm（嗯）、my（哎呀）、oh（哦）、ohgod（噢）、omigod（天哪）、ooh（哦）、oops（哎哟）、ouch（哎哟）、ow（哦）、oy（嗯）、phew（唷）、pooh（呸）、shh（嘘）、shoo（嘘）、ugh（啊）、uh（恩啊）、uh-oh（噢唔）、um（嗯）、whee（呦）、whoa（咳）、whoops（哎呀）、wow（哇）、yay（哇）、yes（是）、yikes（呀）、yipe（呀）、yuck（啐）

乍看起来，上述这些单词似乎并不怎么像真正的英语，它们倒像是一些人们在痛苦降临时所发出的本能叫声的意译形式（transliterations of the noises）。它们根本无法用于语法句，如 *I like goody（我喜欢太好啦）；*I hate ouch（我讨厌哎哟）。而且，其中许多单词还违反了英语的语音模式，例如 eeuw（噢）、hmph（哦）、shh（嘘）。它们甚至无法用于交换意见。

遗憾的是，它们确实是有着约定俗成的语音和语义的英语单词。人们热衷于对它们进行标准的改造，而不仅仅将其作为某种情感的自然流露。许多人甚至将漫画家们用于渲染人们惊厥的拟声形式也改造成这类感叹词，例如 Gulp!（狼吞虎咽）、Tisk, tisk!（看看看！）以及 Phew!（唷！）等。感叹词的误用最容易暴露一个人的外地身份，比如在谈话间，一个说着流利法语的美国人错误地使用英语中的 um（嗯）或 ouch（哎哟）等。有这么一个笑话，在一个高级乡村俱乐部里，一个试图冒充欧裔美国人的犹太妇女走进了一个冰冷的游泳池。她不顾一切地大声喊道："Oy vey!"（不，不！）……管它是什么意思呢。

与语言中的其他词语一样，oy vey 以及其他应急呼喊词都是约定俗成的。当你看到一个可爱的婴儿，你会说什么？当你觉得周身发冷或者在送到嘴边的苹果里发现了一条虫子，你又会说什么？把餐巾掉在地上呢？或者发现开着的窗子正在往屋里刮着风呢？当一勺热汤暖遍了你的全身，你又会做何感叹呢？毫无疑问，针对上述情景，任何一个正常的英语使用者都能从前面那个列表中准确地选出一个恰当的感叹词。

在日常生活中，人们苦心经营着自己在真实或假想观众心目中的形象，作为生活这个大舞台上的一个剧院评论家，社会学者欧文·戈夫曼（Erving Goffman）为我们分析了人们在生活这场大戏中的表演，尤其是他们的言辞。他指出，人们这种表演的目标之一就是让旁观者们放心，自己是理智的、称职的、通情达理的，不仅如此，他们对当前的时局有着明确的目标和理性的看法。一般来说，要想实现这一目标，人们就不能在公开场合自言自语，然而，在理性受到突发事件的挑战时，他们有时也会破例。就这一点而言，我有个很好玩的例子。我们有时会将该带的东西落在办公室，可是发现时却已经走到半路了，于是就不得不原路返回，这时，我们往往会喃喃自语，似乎在告诉身边的人，我们并不是漫无目的瞎溜达的精神病患者。

高夫曼认为，人们之所以发出应急叫喊是有原因的：暗示同类，我们有能力且我们对某种情形的看法与他人是相同的。一个撞到玻璃的人很可能被认为是个笨手笨脚的家伙，但如果他说了 whoops（哎哟），那么至少能让我们知道，他是不小心为之，而且他对此感到很遗憾。如果某人把比萨酱撒到衬衫上，或者踩到了狗的粪便，然后说声 yuck（啐），那么这个人至少比那些对此无动于衷的人更容易被大家理解。宣泄式咒骂也是如此。面对人生目标或幸福带来的突如其来的挑战，我们告知世界，这次挫折对我们来说很重要，事实上，它的重要性主要体现在我们的情感层面上，因为它不仅会唤起我们最坏的想法，而且令我们濒于自控的边缘。与其他应急叫喊一样，破口而出的禁忌语也是按照挫折的严重程度校准的，shoot（唉）表示微不足道的烦恼，而 fuck 则表示相当严重的打击。按照人们对词语和说话口吻的选择，一句破口而出的禁忌语可以起到求救、恐吓敌人的作用，或者警告一个粗心大意的家伙，他正在无意中造成伤害。高夫曼总结说："应急叫喊并不代表情感的宣泄，它所代表的是人们对同类事件看法的心照不宣。"

将宣泄咒骂看作一种副产品的愤怒环路理论与将其看作一种适应性的应急叫喊的理论其实并不矛盾。绝大多数应急叫喊也都是以约定俗成的语音表现形式出现的，例如，brr（哇）表示冷得牙齿打颤，yuck 表示从嘴里面吐出来。这种仪式化很可能是构成宣泄式咒骂的基础。起初，这类诨名可能是由愤怒环路所释放出的禁忌词演变而成的，这些禁忌词从妥瑞症患者的口中脱口而出，随后被俗化成针对某一种冒犯或不幸的标准化应急叫喊，于是就有了我们现在看到的这些宣泄咒语了。目前，达尔文主义的观点已经被一些认知神经科学家们再次采用，他们主张，语言化的爆发（verbalized outbursts）是灵长类动物的叫声向人类语言进化过程中的一个缺失环节。如果真是这样的话，那么，咒骂在人类文明中发挥的作用远远要超出一般人的想象。

关于诅咒的利弊权衡

那么，针对这些粗话，我们究竟应该采取怎样的措施呢？咒骂的科学研究能否有助于一些社会问题的解决呢？比如，广播节目主持人语言低俗的问题以及广播电视节目的净化与风化问题等。就政府的方针政策而言，我个人的言论也许是无足轻重的，而且也毫无新意可言。在我看来，一方面，言论自由是民主政治的基础，惩罚或承诺人们对某些话语的使用并不是政府的正当权利；另一方面，根据人们的品位标准和市场需求，私营媒体有权强制执行一种独特的媒体风格，并将听众不喜欢的言辞排除在外。换句话说，一个艺人说 fucking brilliant（太他妈的精彩了），这与政府毫不相干；如果有人不愿意告诉自己的孩子什么是口交，那么就应该为他们开设不会让他们感到为难的电视频道。这里，我并无意评论政府的相关方针政策，我只是希望就下面这个与语言相关的问题再谈谈我的看法，这个问题就是：禁忌心理语言学是如何帮助我们对什么场合下应该禁止脏话、什么场合下应该宽容甚至欢迎，做出合适的判断。

语言常常被视为一种武器，既然是武器，那么在瞄准何处、何时开火等问题上，人们肯定会三思而行。所有禁忌行为的一个共同之处就在于，它们均属于一种将讨厌的想法强加于他人的行为。因此，我们有必要认真思考这样一个问题：一个人认为到底多长时间向他的听众提及一次粪便、尿液和滥交这样的脏话是合适的。即使只是为了引人注目而说出的一句最温和懒散的脏话也同样会让人感到不舒服。对于听众来说，那句话会令他们心烦意乱，而说话者却说，他想不出还有什么比这更能吸引听众注意力的办法了。那些作家们就更是过火，要知道，英语中有 50 多万个单词可供他们慢条斯理地进行选择。如果哪个记者在撰写关于东德斯塔西警卫的暴行时，选不出比 fucker（混蛋）更恰当的名称来指称那个警卫，那只能说明他需要一本更好的同义词词典了。

还要提醒大家反思的是，语言禁忌是否总是一件坏事。为什么我们会遭到冒犯、为什么我们应当被冒犯——什么时候一个局外人士会用 nigger 来指称一个非洲裔美国人、用 cunt 来指称一个女人或者将一个犹太人指称为 fucking Jew（该死的犹太人）？这些术语本身并没有什么实际意义，所以它们的冒犯性也不可能来自它们本身。当然，它也不是对说话者令人生厌的态度的反应。当前，人们完全可以通过直截了当地说出"我讨厌非洲裔美国人、女人和犹太人"来表达自己的反感，问题是，这种做法与其说是对攻击目标的侮辱，倒不如说是对自己的侮辱，而且他们很快就会被当成令人憎恶的疯子。我猜想，人类的攻击意识很可能源于人们对语音识别和词语内涵的理解。如果你是一个英语使用者，当你听人说 nigger、cunt 或者 fucking 时，你肯定会联想到整个英语文化对这些词的理解，其中包括它们所隐含的情感意义。听到别人说 nigger 时，事实上就是在迅速地验证这样一个想法，即非洲裔美国人的身上有一些令人鄙视的品质，而且整个文化一致将这一判读标准定位在一个单词中。其他禁忌诅咒词也是这个道理：仅仅听到这些词语就会让人感到不道德，所以，人们不仅会将它们看成是令人不爽的言辞，而且还觉得根本就不该去想它们——这就是禁忌的真正含义吧。请注意，我并不是说这些禁忌词应该被禁止，而是我们应该理解并能预期它们给听众带去的影响。

另一个值得反思的问题是：祖辈遗赠给我们的语言为什么会在处理某些话题时表现得如此谨小慎微和缩手缩脚呢？回想一下，按照 20 世纪 60 年代言论自由者们的观点，禁止性语言不仅毫无意义，而且相当有害。他们辩称，将性行为从脏话中解放出来将消除人们的羞耻心和愚昧无知，从而减少性病、未婚生育以及性带来的其他危害。不幸的是，圣·莱尼的这种观点最终被证明是错误的。自 20 世纪 60 年代早期开始，性语言变得空前普及，然而，未婚生育、性传播感染、强奸以及性竞争所带来的附带结果（女孩子们的神经性厌食症和男孩子们的吹牛文化）却愈演愈烈。虽然没有人可以确定其中真正的因果关系，但有一点是可以肯定的，这些变化与人们对性的恐惧和敬畏的降低以及性禁忌语的解禁有必然的联系。

以上事实解释了我们重新审视诅咒问题的原因。除此之外，其实还有另外一个原因。如果过度使用禁忌词语，无论是精心策划还是随心所欲，都将削弱它们的情感表现力，这就等于剥夺了人们拥有的一种必要的语言应急工具。这让我想起了那些诅咒赞成者们的论断。

首先，遭人类诅咒的都是些无法改变的事实。作家的义务是为人们呈现一幅"有关人性的、恰如其分的生动意象"，其中包括当艺术需要的时候，他们必须对人物的语言加以如实的描写。1948 年，在创作第二次世界大战写实小说《裸者与死者》（*The Naked and the Dead*）时，诺曼·梅勒（Norman Mailer）清楚地知道，如果不让士兵说脏话，那就会违背对他们的描写。然而，出于咒骂在当时的敏感性等问题的考虑，他还是采取了妥协。小说中，他让士兵们一律使用伪诨名（pseudo-epithet）fug（即 fuck）。（当多萝西·帕克遇见作者时，她说："你就是那个不知道 fuck 怎么拼的男人。"）可悲的是，这种谨慎的态度并不是那个时代的专利。今天，一些公共电视台仍然不敢播放马丁·斯科塞斯（Martin Scorsese）有关蓝调音乐发展史的纪录片和肯·伯恩斯（Ken Burns）关于第二次世界大战的纪录片，其原因就是，在这两部片子中，作者与他们所采访的音乐家和士兵们都操着满口的脏话。广播媒体对脏话的禁令将艺术家和历史学家们逼成了骗子，不仅如此，它还颠覆了成年人探索世界的使命感。

　　为了令人信服地渲染人类的激情，即使他们的主人公不是士兵，作家们有时也必须让他发誓赌愿。在一部根据艾萨克·巴什维斯·辛格（Isaac Bashevis Singer）同名小说改编的电影《伪情半生》（*Enemies : A Love Story*）中，一个甜美的波兰农村姑娘将一名犹太男子隐藏在一个干草棚里，当时正是纳粹占领时期，战争结束后，她自然而然地成了他的娇妻。然而好景不长，不久他有了外遇，而且还当着那个女人的面失控地打了自己妻子一个耳光。强忍着愤怒的眼泪，她目不转睛地看着他，一字一句地说："我救过你的命。在干草棚里，我把最后一口食物给了你。我为你端屎端尿（shit）！"此时，除了 shit 这个词，再没有其他任何词语能淋漓尽致地表达她对他忘恩负义的极度憎恨了。

　　对于语言爱好者来说，著名作家的作品并不是他们享受脏话乐趣的唯一来源。任何一个习语都是某个有创意的前辈的脑力劳动的结晶，其中许多世俗化的表达方式都值得我们敬佩。我们真的应该放慢奔波的脚步，细心品味这些语言大师们留给我们的丰富遗产，是他们赋予了我们的士兵 shit on a shingle（鹅卵石上的炉渣，指军队里对抹在吐司上的熏牛肉片的描述）、我们的男人与男人之间的性忠告 Keep your pecker in your pocket（把你的命根子揣好）①。还是这些语言大师们，他们所构思的这些表达方式是任何其他形式所无法替代的：pissing contest（毫无结果的辩论）、crock of shit（一团狗屎，荒唐可笑的谎言）、pussy-whipped（受女人支配的，怕老婆的）、horse's ass（脓包，无能之辈）以及 He doesn't know shit from Shinola（他不分狗屎和鞋油，意为毫无判断力、一无所知）。就评价人的言辞而言，下面这几位大师独特的遣词方式堪称首屈一指：林登·约翰逊（Lyndon Johnson），见长于描写那些令他不能信服的人，其中包括肯尼迪的助手〔He wouldn't know how to pour piss out of a boot if the instructions were printed on the heel（如果指南印在了他的脚后跟上，他都不知道该怎么才能把靴子里的尿倒

---

① 言外之意，还是少惹麻烦为妙。——译者注

出去）]、杰拉尔德·福特 [Gerald Ford, He can't fart and chew gum at the same time（就连嚼口香糖和放屁他都不能同时进行）] 以及埃德加·胡佛 [J. Edgar Hoover, I'd rather have him inside the tent pissing out than outside pissing in（我宁愿让他站在帐篷里面往外撒尿，也不愿意让他站在外面往里撒）]。

脏话在诗歌中也同样奏效，比如，菲利普·拉金（Philip Larkin）1974 年的那首《这就是诗》(*This Be the Verse*) 中关于"人们是如何手把手传递痛苦"的主题。

> They fuck you up, your mum and dad.
> They may not mean to, but they do.
> They fill you with the faults they had
> And add some extra, just for you.
>
> 他们生出了你，你的老妈和老爸。
> 这也许并不是他们的本意，但他们确实生出了你。
> 他们将自己的缺陷全部传给了你。
> 还苦心孤诣地增加了不少额外的不足，只为你。

这类语言还可以用于科学论证，比如，朱迪·哈里斯（Judith Rich Harris）对孩子的人格是父母塑造的观点所做的如下反驳：

> 可怜的老爸老妈：公开地被他们的那个诗人儿子指责，却从未得到过任何机会为自己辩护。他们现在该有一次机会了，请允许我冒昧地为他们说两句：

> How sharper than a serpent's tooth
> To hear your child make such a fuss.
> It isn't fair—it's not the truth—
> He's fucked up, yes, but not by us.
>
> 多么锋利的牙齿，比蛇蝎还毒。
> 听到自己的孩子如此小题大做。
> 这不公平—也不是真相—
> 他确实被搞糟了，确实，但并不是被我们搞糟的。

这类语言甚至还可以用于抗议政府制裁脏话的处罚规定，比如，巨蟒剧团（Monty Python）的艾瑞克·爱都（Eric Idle）的那首著名的《美国联邦通信委员会之歌》（*The FCC Song*）。

> Fuck you very much, the FCC.
>
> Fuck you very much for fining me.
>
> Five thousand bucks a fuck.
>
> So I'm really out of luck.
>
> That's more than Heidi Fleiss was charging me.

> 算你他妈的狠，联邦通信委员会。
>
> 你罚了我的款，我算你他妈的狠。
>
> 五千块钱 X 一次。
>
> 我着实倒霉透了。
>
> 这比海蒂·弗蕾丝要的价还高。

在众多表现逻辑学家们对词语的"提及"与"使用"之间的差异的例子中，这是我所听过的最直观的一个。

当咒骂被人们明智而审慎地使用时，它可以起到搞笑、一针见血、独具匠心的作用。它比其他任何语言形式都更能激发我们的语言表现力：句法的组合能力，隐喻的唤起能力，对押韵、节拍、韵律的欣赏能力以及对态度（意料之中的以及意料之外的）的情感操控能力，等等。此外，它还可以调动我们大脑的全部时空范畴：左右、上下、远古、当代。众所周知，莎士比亚以擅长诅咒闻名于世，他笔下的卡利班①就曾说过这样一句话："你教会我人类语言，而我所收获的绝非一种语言而已，现在，我知道怎么骂人了。"就因为这句话，卡利班被莎士比亚塑造成了全人类的代言人。

---

① 《暴风雨》中那个半人半兽形的怪物。——译者注

The Stuff of Thought

第五部分

语言与社会关系

The Stuff of Thought

Language
as a Window into
Human Nature

07

直截了当地说话不好吗

　　为了准确传达信息，说话者应该遵守"会话 4 准则"。人是社会动物，很在意自己留给他人的印象，因此说话拐弯抹角也是常有的事。一段会话的含义分为字面含义和意欲传达的信息两层意思。句子的字面含义当然要起一些作用，但如果意欲传达的信息是消极的，最巧妙的方法就是用积极的字面含义去传达。我们可以将"命令"包装在"请求"里，或者用模糊的逻辑在博弈中受益。

　　错认身份、张冠李戴是一种揭露人性弱点的极佳文学素材，在莎士比亚的作品中，至少有 8 部喜剧涉及这个话题。面对各色矫情饰诈的家伙，文学作品中人物们形形色色的反应往往与读者内心深处的欺骗与自我欺骗、幻想与现实以及日常生活中的自我表演等主题产生共鸣。正如人们的外貌和举止那样，在社会自我中，语言扮演着极其重要的角色，正因如此，那些张冠李戴的故事情节将人类口蜜腹剑、心口不一的伎俩暴露得一览无余。

　　1982 年上映的喜剧《窈窕淑男》（*Tootsie*）大概讲了这样一个故事：失业男演员迈克尔·多尔西将自己伪装成中年女演员桃乐西·迈克尔斯，并不可思议地一举赢得了饰演一部肥皂剧主角的机会。在一场堪比《第十二夜》（*Twelfth Night*）的剧情中，桃乐西与一位年轻漂亮的女演员朱莉·尼科尔斯成了好朋友，而伪装桃乐西的迈克尔本人却深深地爱上了朱莉。剧中有这样一幕情节：两个女人彻夜长谈，交谈中，朱莉对桃乐西作为一位现代单身女性的艰难处境深表同情：

　　　　你知道我希望什么吗？我希望哪个诚实的男人能径直地走到我面前，然后对我说："你听我说。我也不知道自己为什么会这样，我本可以在你面前装腔作势、含糊其词的。可是，事实其实就是这么简单：我对你真的很有感觉，而且我很想和你做爱。"就这么简单。难道这不是一种释怀吗？

在随后的剧情发展中，命运让朱莉与迈克尔在纽约的一次鸡尾酒会上再次相遇，不过，朱莉当时并没有认出迈克尔。迈克尔径直走向站在阳台上的朱莉：

> 嗨，是我，迈克尔·多尔西。这里的景色太壮观了，是吧？你知道，我本可以在你面前装腔作势、含糊其词的。可是，事实其实就是这么简单：我对你真的很有感觉，而且我很想和你做爱。就……

不等迈克尔说出"就这么简单"，朱莉举起一杯酒倒在了他的脸上，愤然离开了酒会。

人们会在交谈的过程中彼此含糊其词，变着法地扮演各种角色，他们时而拐弯抹角、吞吞吐吐，时而又含糊其词、旁敲侧击。他们不仅自己这么做，而且希望他人也这么做，不过，有趣的是，人们一边这么做，一边却又口口声声地说自己渴望坦诚相待，渴望他人言简意赅、直截了当地表达意图，就像朱莉所说的"就这么简单"。事实上，虚伪是人类的一种共性。即使在最愚钝的社会中，人们也不会不假思索地说出自己的真实意图；相反，他们会利用各式各样的礼貌、托词和委婉将自己的意图巧妙地包装起来。

在引言中，我曾举过一些间接言语的例子——一些对话片段。在这类对话中，就言者而言，在确信对方完全能够领会自己意图的前提下，他们往往会含沙射影地侃侃而谈。而就听者来说，他们也对言者的意图心照不宣，他们知道，对方是故意用这种方式传达自己的言外之意。当然，言者知道听者明白了他的意图，听者也知道言者知道他明白言者的意图……以此类推。

就这个问题而言，性诱惑就是一种典型的例子。那句黄色双关语（double entendre）"难道你不想过来看看我的蚀刻画吗"有着相当悠久的历史。早在1939年，詹姆斯·瑟伯（James Thurber）就曾画过这样一幅漫画，在一所公寓的大堂里，一个倒霉的家伙对他女友说："你在这儿等着，我把蚀刻画给你拿下来。"隐性威胁（veiled threat）这一概念也有一个典故：一个自作聪明的黑手党以软性推销的方式向一个店家提供"保护"，他对店家说："你这商店不错啊。它要是出点什么事的话，那就有点太可惜了吧！"与错认身份一样，隐性贿赂（veiled bribe）也是一种揭露人性虚伪的最佳素材。以电影《冰血暴》（Fargo）为例，在被迫向交警出示驾照时，那个驱车绑匪故意将一张 50 美元的钞票露出钱夹，并暗示警察说："我看咱们最好还是在这儿就地解决了吧。"对参加过募捐晚宴的人来说，下面这些委婉的说法他们应该不会感到陌生："我们都指望您带个头呢""我们希望您能为打造赫胥黎学院的未来伸出援助之手"。礼貌请求的形式同样花样百出："我不知道你是不是可以把鳄梨酱递给我"、"你能把鳄梨酱递给我吗"、"如果你能把鳄梨酱递给我，那就太好了"以及任何其他能够避免"把鳄梨酱递给我"这类直接请求的方式。

本章是关于间接言语的探讨，即为什么我们总是不能站出来、直截了当地说出自己的想法。人们对词语的推敲在许多领域都发挥着重要作用，比如修辞与说理、谈判与外交、亲密与引诱以及勒索、诉讼、贿赂、性骚扰等。不过，反过来，它对我们作为一个社会人的本性也提出了许多疑问。就像对心智其他方面的诸多探索一样，在这个问题面前，我们所面临的危险仍旧是诉诸直觉解决问题这一不良习惯。要知道，尽管在人们的感觉中，直觉是最自然不过的东西，但遗憾的是，直觉本身是需要被证明的。举例来说，上述有关人们会含糊其词地回避尴尬、挽回面子，或是为了缓解社会紧张气氛的理论都存在这方面的问题。尽管对这一理论原理的阐述完全正确，其科学性却无法令人满意。我们需要了解到底什么是"面子"（face）；为什么会有诸如尴尬、紧张、羞愧等情感交织于这个"面子"当中。最理想的解释方法是，在交换信息的过程中，社交双方会根据他们所面临的具体问题来解释这些疑虑。当然，我们并不能保证间接言语的背后肯定隐藏着一个什么原理。不过，就像我们将要看到的那样，间接言语中的细节与说话者、听话者以及会话情景的特殊性之间所表现出的那种协调性让人们几乎可以肯定，间接言语行为背后一定隐藏着某种逻辑，它绝不可能是一种随意的仪式。

在本章中，我将首先介绍一个著名的语言哲学理论，该理论试图将间接言语建立在一种纯理性的基础上——交际双方进行有效交流的必要条件。这个斯波克

式的理论 ① 在之后的社会心理学领域中得到了升华，它提醒我们，人们并不仅仅是像电脑解调器那样单纯地交换信息，他们还要设法保全自己的面子，这里所说的面子既包括说话者的，也包括听话者的。不过，即使是这样一个理论最终也将被证明过于简单化了，原因是，它将理论的前提建立在了人们总是乐于合作的基础上。事实上，在实际交际中，双方目标既统一又矛盾的情况屡见不鲜，然而，对这种情况的反思将使我们陷入一种合理推诿的复杂逻辑之中，无论在言辞话语可能对自己不利的法律语境下，还是在法律以外的日常社会行为中，这种复杂逻辑随处可见。很显然，这种与合作截然不同的社会关系类型同样需要一个理论。它那些令人头晕目眩的阴谋背后的 A 了解 x，B 知道 A 了解 x，A 知道 B 知道 A 了解 x，B 知道 A 知道 B 知道 A 了解 x，A 知道 B 知道 A 知道 B 知道 A 了解 x 以及那个合理无知的悖论，即人们有选择性地忽略一些与自己利益息息相关的事情，这些同样需要人们认真思考。

会话 4 准则：数量、质量、方式、关联

假如有人这样谈论一场音乐演出："温特伯顿女士发出了一串类似于《再见英格兰玫瑰》的音符。"那么你很可能会把他的话理解成对歌手演唱水平的挖苦。为什么你会这么想呢？因为那位评论者选择的是一种冗长遁词的说法，他并未直接使用"演唱"这一音乐术语，于是我们便假设，他如此拐弯抹角一定是另有隐情，换句话说，他是在暗示，歌手的表演并未达到"演唱"这一术语所定义的一般标准。

这个例子出自哲学家保罗·格莱斯（Paul Grice）最重要的论文之一《逻辑与会话》（*Logic and Conversation*），它是我们用心领悟言外之意的一个实证，领悟言外之意的能力是人类智力的一部分。格莱斯的论述始于一个众所周知的事实，即"且""非""或""所有""部分"这类逻辑术语在日常语言中的含义与它们在

---

① 斯波克为电视剧《星际旅行》的主要角色之一。这里的斯波克指的是博弈论猜拳游戏：石头、剪子、布、蜥蜴、斯波克。——译者注

形式逻辑中的含义是不对等的。在日常交谈中，"他坐下来，并（AND）告诉我他曾是个共和党人"意味着，他不只做了两件事情（and，和）的逻辑意义，而是按照这句话的顺序先后做了两件事情（首先坐下，然后告诉）；"要钱还是（OR）要命"意味着，你要么保住钱，要么保住命，但不能两者兼具，而按照严格的逻辑意义来说，在均为真的情况下，由"或"连接的两个析取条件是可以同时存在的。从逻辑学上看，"马就是马"（A horse is a horse）是一种循环逻辑，因此它毫无意义可言；然而在现实生活中，人们却利用这些重言式来表达一种明确的目的，比如，利用它来解释大多数马都具备马所特有的一些原型属性。

　　格莱斯无意指责普通说话者的粗心大意或缺乏逻辑。相反，他意在指出，语言在会话中的使用是有其自身的合理性的，这种合理性根植于会话双方在传达信息时的合作需要。说话者默默地遵守着"合作原则"（cooperative principle），他说："他们按照会话方向和即时目标来调整自己的话语。这就需要说话者对其听话者的知识和预期进行监控，此外，他还要预期她对自己话语做出的可能反应。"（顺便说一下，本章中，我将用"他"来指称说话者，用"她"来指称听话者，这么做只是为了帮助读者搞清楚到底谁是谁；这也是语言学文献中一种约定俗成的指称方法。）在此基础上，格莱斯提出了4条会话准则（maxim），以此进一步充实并具体化他所提出的合作原则。他同时指出，在交际过程中，这4条准则是人们默默遵守的（或应该遵循的）戒律（commandments）。

数量准则（Quantity）：
- 所说的话语不要少于会话要求。
- 所说的话语不要超过会话要求。

质量准则（Quality）：
- 切忌说自认为是假的事情。
- 切忌说缺乏证据的事情。

方式准则（Manner）：
- 切忌晦涩难懂。
- 切忌模棱两可。
- 务必言简意赅。

● 务必言而有序。

关联准则（Relevance）：

● 务必息息相关。

乍看起来，这些准则可能会让你觉得有点荒唐。它要求人们只说证据确凿的事，不可赘言晦涩，说话要切题，思想阐述要有条不紊，但假如人们真的履行了这些准则，那我们的学术界、政府、酒吧等公共场所就会被一股诡异的寂静所笼罩。不过还好，这4条准则并不都那么荒诞，我这么说主要有以下两方面的依据。

毫无疑问，人们既能做到少言寡语，也能滔滔不绝；既能嘘寒问暖，又能漠不关心；他们既能艰深莫测、模棱两可，又能分星擘两、旗帜鲜明，甚至可以完全远离主题，漫无边际地高谈阔论、喋喋不休。尽管如此，如果你仔细观察人们的谈话，你就会发现，实际上，他们并不会淋漓尽致地发挥自己那份语言天赋。举例来说，假如我向一个朋友咨询如何在线购买电影票，他肯定不会先教我如何打字，或者简单地说一句"上售票网呗"。他也不可能告诉我个色情网站，或凭直觉胡编乱造一个网站地址，比如 www.buymovieticketsonline.com。当然，他更不会为了回答我的问题而花上半小时的时间，大谈特谈网络是如何改变人们的生活的，或者香煎鳕鱼是如何烹饪而成的。人类所有这些语言天赋都不应该被看成是理所当然的。电脑和语音菜单系统有时也会迟钝得令人抓狂；还有那些针对对手而非同伙的法律措辞，它们更是繁杂琐碎。在阅读和聆听的过程中，人们之所以能够领会语者字里行间的言外之意，排除话语中掺杂的非目的性歧义，并将其中的关联串起，正是因为他们"某种"程度地遵循了这些准则。2002年的一次跨国网络调查评选出了当年全球最搞笑的一则笑话，该笑话讲述的是，两个终于从丛林中跋涉出来的猎人，其中一人由于体力不支停止了呼吸。他的同伴用手机拨通了紧急救助电话，并带着哭腔喊道："我的朋友死了！我该怎么办？"接线员说："别慌，我来帮你。首先，你得'确认/确保'（make sure）他死了。"一阵沉寂过后，一声枪响，然后猎人说："已确认，现在我该做什么？"两百万读者被逗得捧腹大笑，为什么呢？原因就是，猎人未能用格莱斯准则去理解 make sure（确认/确保）这一有歧义的短语。

当观察这些准则被违反的情况时，你会发现，它们才是这些准则在会话中应用得真正有趣的地方。就说话者而言，他本人往往会无视这些准则的存在，并指望听话者能根据合作原则来解读他们的意图。这也是为什么我们会将评论者的"发出一串音符"解读成对表演者的挖苦的原因所在。这里，评论者违反的是"方式准则"（即他没有做到言简意赅）。就听话者而言，她往往会假设，说话者正在为自己提供一种评价信息，于是她得出了这样的结论，即说话者在向自己暗示，这个演员的表演是不符合标准的。这一推理路线被格莱斯称为"会话含义"（conversational implicature）。会话含义并不是逻辑上所说的必然；评论者完全可能毫不矛盾地取消对方的这种推理，他可以接着说："这是我这些年来听过的最华丽的音符。"但是，假如没有这段附加文字，那么该评论者就是刻意将自己的言外之意留给听者去解读了。

会话含义强化了人们对综合多种间接言语的理解。在电影《莎翁情史》（Shakespear in Love）中，威尔兴奋地讲述着他新剧本的剧情：

> 因为杀死了朱丽叶的亲戚伯尔特——就是杀死了罗密欧的好朋友茂丘西奥的那个人，罗密欧被流放了。见证他俩婚礼的那名修道士给朱丽叶喝了一剂药水。这是一种神秘的药水，它让朱丽叶看上去像死人一样。然后他们把朱丽叶放在凯普莱特家族的坟墓里。如果罗密欧能再次来到她的身边，她就会苏醒过来，并仍然深深地爱着他。厄运作祟，当消息传到罗密欧的耳朵时，它早就面目全非了，罗密欧得到的只是朱丽叶的死讯。于是，他去药店买了致命的毒药。他走进了坟墓，向死一般冰冷地躺在那里的朱丽叶告了别，然后喝下毒药，静静地躺在她身边，死去了。随后醒来的朱丽叶看见躺在身边的罗密欧，拿起他的短剑自刎了。

一个制片人说："嗯，这会让观众们捧腹大笑的。"这里威尔所违背的是格莱斯的"质量准则"，很明显，他说的不是真的。不过，多亏了格莱斯的会话含义，听众会理解他想要表达的是，这个剧本过于悲情了。事实上，这也是隐藏在反语和讽刺等修辞手段背后的基本逻辑，当然还包括夸张和贬低等修辞格。

对剩下三条准则的违反可以用来解释其他一些修辞格（在第 2 章中，我们已经讨论过其中一些情况）。当一封推荐信的写作者说她推荐的这位学生有着一头极好的头发时，她实际上是在刻意违反"关联准则"，以此来暗指这位学生在学习上的平庸——这就是言不由衷的恭维。而当一个学生的文化衫上写着"我在哈佛上了四年学，也不过如此而已"，这种对"数量准则"的违反，暗示着他认为人们过誉了哈佛，或者自己是一个很酷、很超然的家伙，又或者两者都是。

格莱斯是从一个毫无生气的逻辑世界来谈论会话的，他基本没有谈及为什么人们要煞费苦心地暗示他们的言外之意，而不是直截了当地把它们表达出来。别忘了，人类每天要做的不只是将信息传输到其他人的头脑中，他们是社会动物，还要顾忌自己留给他人的印象。这就是他们拐弯抹角的原因。一个会话含义包含两层意思：字面意思［有时称为句子含义（sentence meaning）］和意欲传达的信息［有时称为语者意思（speaker meaning）］。句子的字面意思当然要起一些作用，否则说话者一开始就不必费心去使用它了。在我们刚刚谈到的那些会话含义中，意欲传达的信息始终是消极的，而字面意思却是积极的，或者中性的。也许说话者是在试图传达一种"鱼我所欲也，熊掌亦我所欲也"的效果——他们既不想给人留下牢骚满腹或愤世嫉俗的印象，又不想放弃抒发自己愤懑的情怀。心理学家艾伦·温纳（Ellen Winner）及其同事的研究表明，善于利用讽刺手法表达批评的人（"你刚才那场游戏玩得也太棒了点儿吧"）给人留下的印象要比直言不讳的人（"你刚才那场游戏玩得太烂了"）好得多。与心直口快的人相比，人们会觉得善于利用讽刺的人不那么易怒、不那么爱挑剔，他们倾向于更加自控。当然，对于那些遭讽刺的对象来说，这根本算不上是什么安慰，因为来自一个睿智评论家的批评远比一个脾气暴躁者的更具杀伤力。

礼貌的逻辑：以请求的方式下达命令

在礼貌这种最常见的间接言语形式中，会话含义传达的双重信息是最有用武之地的。在语言学中，礼貌（politeness）指的并不是社交礼仪（social etiquette），比如不要用餐刀吃豌豆，它指的是说话者为避免使听众对自己的话语产生反感而对其进行的无数次调整。要知道，人类相当敏感，说话者为避免激怒他们，会不惜倾尽全力。在他们的权威之作《礼貌：语言使用中的一些共性》（*Po- liteness: Some Universals in Language Use*）中，人类学家佩内洛普·布朗（Penelope Brown）和史蒂芬·列文森（就是我们在第2章和第3章中提到的那个列文森）向人们展现了世界各地的人们是如何利用礼貌来融通互动的，以此为契机，他们还对格莱斯的会话含义理论进行了拓展。

礼貌理论（Politeness Theory）最初始于欧文·戈夫曼的观察，戈夫曼发现，人们在互动中常常为了维护一种叫"面子"［源于成语"保全面子"（to save face）］的既朦胧又至关重要的东西而感到焦虑。戈夫曼将面子定义为"一个人为自己索取的积极社会价值"。在此基础上，布朗和列文森将戈夫曼的"面子"进一步划分为"积极面子"（positive face），即得到认可的愿望（尤其是，与其他人意见统一）和消极面子（negative face），即不受阻挠，或者自主行事的愿望。尽管听起来有点拙劣，但这一术语指向的却是社会生活中一个最基本的二元属性，这种属性曾以多种形式被人们发现，并被冠以多种名称：团结（solidarity）与社会地位（status）、关联（connection）与自主（autonomy）、沟通（communion）与动力（agency）、性行为（intimacy）与权力（power）、共享（communal sharing）与权威等级（authority ranking），等等。在后面的章节中，我们将会看到这些需求是如何从人类生活三大主要社会关系中的两大关系中衍生出来的。

布朗和列文森认为，格莱斯的"合作原则"不仅适用于信息交流，也同样适用于保全面子。交谈双方共同努力，每个人都希望自己和对方的面子得以保全。在这种情况下，人们面对的挑战就是，语言中绝大多数话语类型都会对听话者的面子造成或多或少的威胁。平铺直叙地娓娓道来，会给听话者带来时间和精力上的浪费；发号施令，又是对其身份和自主权的挑战，仿佛说话者自以为有资格对他指手画脚一般；提出请求，他就要面临不得不遭到回绝的困境，这又会给他落下个小气或自私的名声；提醒某人某事，又暗示了他对此事的忽视；此外还有批评、自夸、打断、突然爆发、传达坏消息以及提出有争议的话题等，所有这些话语类型都可能直接伤害到听者的面子。难怪人们与陌生人打招呼时，一开口便是那句请求谅解的"请原谅"（Excuse me）。

尽管存在如此多可能殃及听话者痛处的会话方式，但说话者总不能因噎废食吧。人们总要谈正事，在这一过程中，他们就不得不传达请求、消息以及抱怨。于是，解决这一矛盾的办法就是利用礼貌来补救了：说话者将自己的话语打包进一些能够重申对听者关怀，或能确认他的自主权的贴心话语之中。布朗和列文森将上述礼貌策略称为积极礼貌和消极礼貌，不过，我倒觉得"同情"（sympathy）和"恭顺"（deference）这两个术语更适合它们。

"礼貌即是同情"（politeness-as-sympathy）实质上就是通过处处为听话者着想来营造一定程度上的亲近感。在给"礼貌"下定义时，两位睿智的词典编纂者也对其策略做出了评价。塞缪尔·约翰逊（Samuel Johnson）将其解释为"假意善行"（fictitious benevolence），安布罗斯·比尔斯（Ambrose Bierce）则称之为"最可忍受的伪善"（the most acceptable hypocrisy）。下面两个有关礼貌的例子是大家都十分耳熟能详的：一个是对好运的空头祝愿（"保重""祝你今天好心情"）；另一个是对生活状况的假意嘘寒（"你好吗""一切都好吧"）。除此之外，还有一些蹩脚的赞许（"毛衣不错"）、关于对方需求的假设（"你一定饿了吧"）、贴心但毫无意义的建议（"保重"）以及谈论像天气这类必定达成共识的话题。查尔斯·达德利·华纳（Charles Dudley Warner）曾为此感慨地抱怨道，人人都在谈论天气，但从来没人为此做点什么。

与"假意善行"相比，"假意友好"（fictitious solidarity）更是有过之而无不及。说话者可能会用虚伪的爱称来称呼他们的听众，例如我的朋友、伙伴、伙计、朋友、宝贝、亲爱的、亲、兄弟、诸位、小伙子们等。他们也可能会使用一些自认为的对方家乡的话，比如，Lend me two bucks or two quid（借我两美元或者两英镑，buck 是美国民间说法，quid 是英国民间说法）。他们还可能会把对方强行拉进自己的意图，例如，"让我们再来一杯啤酒吧"。此外，他们还会将许多语言手段结合在一起，例如，恳请对方同意（"你知道吧"）；避免正面表达他们的意见（"比如""诸如此类"）；肯定对方对情况的了解（"你知道的"）以及通过自问自答的方式来确认对方的关注和认可。当然，这些都是中学生和加州人〔尤其在电影《绯闻女孩》(*Valley Girls*)中]的特色方言,但它们早已向各处蔓延开来。1993 年,记者詹姆斯·戈尔曼(James Gorman)写了下面这段文字:

> 以前,我一直用正常语调说话。断言、要求、提问都用正常语调。后来我开始教学。在一所大学啊!我的学生都用这种升调说话啊!特别在电话留言中,这种升调更加明显。"喂啊!戈尔曼教授啊!我是艾伯特啊!来自专题写作专业啊!"
>
> 据语言学家所说,"语音面貌"可以像普通流感那样蔓延,可我当时对此一无所知。不过没过多久,我在自己的语音面貌中发现了一个翻天覆地的变化。在一次给他人的电话留言中,我第一次感觉到了这种变化。"我是詹姆斯·戈尔曼啊!我正在做一篇关于克林贡语的论文啊!语言啊!来自《星际迷航》啊!"随后我意识到,自己在不经意间情非得已地使用着升调。我被自己的转变吓到了啊!

这种升调说话的方式很可能始于一种礼貌反射(属于 20 世纪崇尚平等和社会亲近度的一部分),但由于在爱尔兰、英国和美国南部的一些方言中,它已经存在了将近几个世纪,因此,它正日益发展为标准美式英语中的一种中性特征。这种升调说话方式的传播是一种宝贵的实证,因为它让我们体会到了人类作为语言经历的历史性变革的一分子的感受。同时,它也让我们观察到了一个原本有着清晰依据的语言结构是如何变成一种任意性的社会规约的。

至此,关于礼貌的故事也变得越发妙趣横生起来,当我们转而观察那些口头的恭顺手势语时(也就是布朗和列文森所说的消极礼貌),它又重新将我们带回到了间接言语的轨道上。命令和要求这两种言语行为对人们的面子最具威胁性,因为这两种言语行为假定听话者将欣然接受说话者的命令和请求,因此,它们挑战了听话者的自主权。说话者发号施令,或至少让听话者感到意兴阑珊,我敢说,你永远也不会对一个生人或上司做这种事情的,就是对你的好朋友,你也会三思而后行。这就是为什么人们的请求往往会伴随着各种卑躬屈膝的讨好形式的原因。

请求代替命令：能借您的车子用用吗？

悲观表达：我想您不会把窗户关上的。

避免正面请求：把窗户关上，如果您方便的话。

最小化索取：我就想借几张纸。

表达为难：我能……嗯……借您的自行车吗？

承认打扰：我知道您忙，但……

说明情非所愿：我一般不会请求您，但……

道歉：很抱歉打扰您，但……

非人称化：禁止抽烟。

承诺亏欠：如果您能……我将不胜感激。

人们根据威胁听话者面子的水平来调整他们的礼貌度。威胁水平反过来取决于说话者的强加尺度、他与听话者的社会距离（缺乏亲密关系或团结）以及他们之间的权力差距。当人们要求获得的恩惠较大，而对方又是陌生人，或者对方比自己的地位或权力高的时候，他们溜须拍马的谄媚程度就会高一些。而当人们需要向一个陌生人寻求一点小小的帮助时（比如询问时间），或者需要向自己的配偶或助手寻求大一点的恩惠时（比如用一下电脑），一个充满寒暄的请求就会让人觉得过于虚情假意、惹人生厌了，举例来说："实在抱歉，麻烦您了，要不是实在没办法了，我不会请求您的，如果您觉得您能……我将不胜感激。"

没有什么比称谓语（forms of address）更能揭示团结（solidarity）和权力（power）这两大介入面子威胁的社会维度了。通过称谓，说话者就已抓住了对方的注意力，但接下来该如何与之交往，这就是一个需要三思而后行的重要问题了。在许多语言中，第二人称代词都有两种形式，例如法语中的 tu 和 vous、西班牙语中的 tu 和 usted 以及德国中的 du 和 Sie。第二人称代词在英语中也曾经有过这样的区别，如 thou 和 ye（即现代英语中的 you），但 thou 现在只限于在祈祷和其他一些守旧的言谈风格中使用。T 代词和 V 代词（语言学家的称呼方法）既取决于团结的维度又取决于权力的维度，T 代词表示熟悉（用于称呼密友或下属），V 代词表示恭敬（用于称呼陌生人或上级）。至交密友通常用 T 代词称呼彼此，而陌生人则用 V 代词。下级称呼上级用 V 代词，上级称呼下级用 T 代词。

称呼细节也因语言、双方关系（孩子与父母、服务员与顾客、教师与学生）以及所处历史时期的不同而不同。在做作的平等主义背景下，V 代词通常被禁用，例如，法国大革命战后时期、社会党的会议中以及一直保留着古英语第二人称代词 thou 和 thee 的传统贵格会这类宗教社群中。语言心理学家罗杰·布朗（Roger Brown）和英国学者阿尔伯特·吉尔曼（Albert Gilman）的研究表明，西方大多数语言中已经呈现出了这样一种必然趋势，即权力正在让位于团结这个社会维度，于是，无论什么社会等级的陌生人都被称为 V（例如，顾客称呼售货员），无论什么头衔的密友都被称呼为 T（例如，成年人称呼父母）。在这些规约的基础上，人们便可以有目的地将这些代词当作一种挑战面子的武器。利用 T 代词（法语 tutoyer）称呼那些期望人们称呼他们 V 的人，所传达的是一种失礼，而用 V 代词（法语 vouvoyer）称呼那些希望人们用 T 代词称呼他们的人，所传达的则是一种让人不寒而栗的感觉。在《第十二夜》中，托比·培尔契爵士试图怂恿安德鲁·艾古契克向男扮女装的薇奥拉发出决斗的挑战，他说："用笔墨去奚落他，如果你连着用三遍 thou（你）来称呼他，那保证奏效。"

传达恭敬的 V 代词往往是从表示类属的第二人称"复数"代词演变而来的，并可以继续充当复数代词。也就是说，当称呼不止一个听话者时，说话者就得使用 V 代词，而无须考虑权力或团结等社会因素。这种单复数合并现象的历史渊源是，为了表达恭敬之意，那些没有此类代词的语言往往会指定一个复数代词来充当这个角色，因为在称呼上级或者陌生人时，说话者总是会情不自禁地使用复数代词。人们这样选择的原因之一是他们对听话者权势的屈从：说话者似乎并不是在唤起人们的注意，听话者才是他讲话的唯一目标，他的表现就好像听话者身后跟着一个令人敬畏的侍从一般。另一个原因是，复数代词似乎为听话者提供了一个忽视对方的选择，仿佛你所召唤的是一个分散的人群而不是个人。在许多社会中，人们对单数第二人称代词的恐惧心理甚至膨胀到一种禁忌的程度，人们根本不能对他人直呼其名，只用敬语（honorifics）或委婉语（euphemisms）称呼彼此。在美国社会生活中，某些受人顶礼膜拜的人无法忍受与普通民众相提并论，仿佛这样会让他们觉得自己也是凡夫俗子一般；有求于他们的人必须用他们的某个尊贵品质来称呼他们，例如殿下、阁下、主教大人、大使阁下、法官阁下或者大人等。

即使平民百姓，用单数"你"指称听话者也会被认为是一种公然失礼的行为，例如，人们在例行公事的寒暄之后，冲着孩子吼道："你把那只狗现在就给我弄出去"；再比如"嘿，你！"，这是一种多么典型的引人注意的粗鲁方式啊！

尽管 thou 和 you 在英语中的区别已经不复存在，但人们仍然会利用其他称呼形式来传达这种称呼上的微妙差别。"平克教授"和"史蒂芬"之间依然存在着礼仪规范上的差别，前者通常是本科教学课程的学生和陌生人写求助信时对我使用的称谓，而后者多是在我实验室工作的本科生、研究生以及我们系里的同事对我的称呼。当尊敬地称呼一个没有头衔的成年人时，人们可以选择使用那些默认的敬语，比如先生、太太、小姐、女士等，尽管人们不会用它们来称呼孩子、下属或好朋友——这就是"莫逆之交"（first-name basis）的由来。在《完整的高人一等作风》（*The Complete Upmanship*）中，史蒂芬·波特（Stephen Potter）利用一个英国公司总裁对下属的不同称谓方式，向人们展示了那两个礼貌维度是如何定义礼节的。

老板对下属的称谓：

联席主任迈克尔·耶茨	迈克
助理主任迈克尔·耶茨	迈克尔
部门经理迈克尔·耶茨	耶茨先生
部门助理迈克尔·耶茨	耶茨
不可或缺的秘书迈克尔·耶茨	耶茨先生
实习生迈克尔·耶茨	迈克尔
更夫迈克尔·耶茨	迈克

就像 T 代词与 V 代词那样，称谓语也会随时间的改变而改变。研究生过去称呼他们的教授为"教授"；在称呼他们最亲近的朋友时，我的祖父母甚至也用先生、太太。许多老年患者对医院最常见的抱怨就是，年轻医生对他们直呼其名，这让他们觉得没有受到应得的尊敬。奇怪的是，在现实生活中，尽管当今人们不大可能被冠以花哨的头衔，但在官场上的情况则不然，在如今的大学里，几乎每一个管理者都是院长；在公司里，几乎每一位高管都是副总。

对这种头衔膨胀现象，上层社会的体会最为深刻，这使得当权者们不得不授予自己更多崇高的头衔。海尔·塞拉西一世（Haile Selassie），1934—1974 年埃塞俄比亚的皇帝，曾被冠以"万王之王、神的选民、征服犹大的雄狮"的美誉，他对此称谓怡然自得。西班牙国王胡安·卡洛斯一世（King Juan Carlos of Spain）竟有 38 个头衔，其中包括"雅典公爵""金羊毛骑士团最高大头领"等。

礼貌，在语言学家的眼里，似乎是人类的一种共性。在已调查的语言当中，超过 25 种语言有关于权力和社会距离（distance）之分的称谓形式的文献记载。布朗和列文森就其中两种语言中的完整礼貌形式进行了一丝不苟的详细记载，无论在地理位置还是文化习俗方面，这两种语言都与欧洲迥然不同：一种语言是泽套语，即墨西哥人使用的玛雅语，我们曾在第 2 章中讨论过这种语言；另一种语言是泰米尔语，一种在南印度和斯里兰卡使用的非印欧语系的语言。在这两种语言中，布朗和列文森发现了与他们之前在英语中发现的与恭顺和同情这两种礼貌形式对等的形式，仅有细节上的差异。例如，英语中的那种附带否定、虚拟语气以及附言的悲观请求，在泰米尔语中（例如，"你身上不会带钱的，你会吗？"）和泽套语中（例如，"你不会卖掉你的鸡，据说。"）也都存在。再如，英语中质疑不做某事的原因的话语为："我们为什么不去海滨呢？"在泽套语中是："为什么不把你的电唱机都借给我们呢？"而在泰米尔语中则是："为什么我们不去康卡仰呢？"布朗和列文森还用了许多来自其他语言的例子支持了他们的礼貌策略的基本纲要。

毫无疑问，文化的差别也存在于它们对礼貌运用的预期上。这就是为什么差点引发一场国际事件的失误话语竟然是一篇轻松游记中的主题句。文化差异不仅在于礼貌策略上的准确措辞，还在于人们对实施一种策略的恰当场合的甄别上；在于人们对日常行为是否威胁面子的认识度以及对调整礼貌策略的需求上。此外，它们的差别还在于人们究竟更注重权力还是社会距离，以及他们觉得更有权享受恭顺还是同情；在于谁应该从哪类说话者那里（妇女、儿童、教师、服务员、陌生人等）得到哪种礼貌。这些方面的突出差别会使得这种文化给外人造成一种距离感和可疑感，或者让外人觉得它很自负和妄自尊大，又或者热情友好，或刻板正统。在《戴夫·巴里做客日本》（*Dave Barry Does Japan*）一书中，幽默作家戴夫·巴里（Dave Barry）尝试对一种需要大量恭顺礼貌的文化与一种需要少量同情礼貌的文化进行了对比，以期发现它们之间的差异。

典型的日本商务会谈：

第一个商人：你好，先生。

第二个商人：你好，先生。

第一个商人：对不起。

第二个商人：我非常抱歉。

第一个商人：我不能忍受自己。

第二个商人：我肮脏。

第一个商人：我下流。

第二个商人：我该死。

典型的美国商务会谈：

第一个商人：鲍勃！

第二个商人：艾德！

第一个商人：混成啥儿样了？

第二个商人：吊儿郎当吧！

第一个商人：哈！

第二个商人：听着，关于那些 R-243-J's，我能给你开的最好价位就是每单位 3.80 美元。

第一个商人：鬼才信呢，鲍勃。

第二个商人：哈！

有些文化因恭顺礼貌少得可怜而著名，以色列就是其中一个典型例子。以色列土生土长的当地人被称为萨布拉人，其在希伯来语中的意思为"食用仙人掌"。据说，这种植物外表多刺但内里却很甜。另一个典型例子可以从下面这个笑话中甄别出来。有 3 个人正在大街上走着：一个沙特阿拉伯人、一个俄罗斯人、一个纽约人。一位记者冲到他们面前说："打扰一下，能说说你们对肉类短缺这一问题的看法吗？"沙特阿拉伯人说："短缺——什么是短缺？"俄罗斯人说："肉——什么是肉？"纽约人说："打扰一下——什么是打扰一下？"

　　为什么文化会因礼貌程度和种类的不同而不同呢？等级森严的社会比平等社会更注重权力的加强，更期待恭顺礼貌。那些身份地位取决于社会习俗的精英们憎恨索取，他们更倾向于跟周围的人保持一定的社会距离，更多地使用和期待礼貌。而那些无权无势、互助互利的普通民众则较少使用礼貌，而且他们使用的礼貌往往是同情多恭顺少。历史、阶级、意识形态和生态学等各个方面可能都会影响到礼貌策略。社会心理学家理查德·尼斯比特（Richard Nisbett）指出，在有"荣誉文化"（culture of honor）的社会中，公然的冒犯行为必须得到迅速、有时甚至是极端的纠正，这些社会往往极其讲究礼貌，一次意想不到的冒犯就有可能升级为一场决斗或一段世仇。历史上，美国南部曾经是一个充满荣誉文化的社会，得州本地人尼斯比特回忆说，当他作为大一新生走进耶鲁大学时，他对耶鲁的第一印象就是所有人看起来都很粗鲁。

　　既然我们已经探讨了礼貌的心理状态，现在让我们再回到本章的话题——间接言语。无论哪种恭顺礼貌形式，比如尊称、道歉、模糊限制语，它们的背后都隐藏着一个请求，而且，这个请求也同样需要以非常精致的方式加以表达。人们通常不会直截了当地请求，而是借助于一种会话含义间接地表达自己的愿望。疑问祈使句（whimperative）就是这种表达的产物，例如，"你能把盐递给我吗？"或者："如果你能把盐递给我，那就太好了。"从字面上看，第一个例子违反了关联准则，因为这个问题的答案是不言而喻的。第二个例子违反了质量准则，因为条件句的结果是一句空话。正因如此，听话者才将它们理解为请求（如果听话者坐在放着盐瓶的餐桌一端，说话者坐在没有盐瓶的餐桌另一端，那么，这就是个合理的推理）；而从措辞上看，说话者是在试图避免让对方觉得自己将她当成了佣人。

　　尽管如此，礼貌请求的措辞也必须符合逻辑。合理请求通常会伴随着一个先决条件，语言学家将其称为适切条件（felicity conditions）。假如你已经有盐了、假如你不喜欢盐、假如你不想让听者递盐给你、假如听者无法将盐递给你、假如听者不愿意将盐递给你，或者假如你确定听者不会将盐递给你，那么你再要求某人将盐递给你，就没有道理了。在拐弯抹角的递盐请求中，上述先决条件中的任何一个都可以被声明、询问或者怀疑：

我这儿没有盐，我可能要用一些。

如果你能把盐递给我，我将不胜感激。

你能把盐递给我吗？

你有可能把盐递给我吗？

请你把盐递给我好吗？

你那儿有盐吗？

我在想你是否可以把盐递给我呢？

　　这里的基本原理就是，听话者并没有被勒令或要求，说话者只是请求或者就听者能递盐这一事实的必要条件提出一个建议。即使不肯答应，听者也不必让对方难堪，她只要行使自己的权利，不做就是了。举例来说，假如说话者以评论的方式发出一个间接请求，那么听话者需要做的只是不予理睬，因为评论是不要求响应的。假如这个请求是针对递盐行为的一个前提而提出来的，那么，从理论上来说，听者也完全可以否认这些前提的存在。总之，在上述所有情况中，听话者都能进退自如、游刃有余。

　　就双方对递盐一事所进行的商榷来说，他们的大脑是不会对这些推理过程进行逐字逐句的加工的。人类语言发展到今天，这些会话含义早已被固化到社会规约中了。程式化的说法，例如"你能把盐递给我吗"很大程度上是含糊的，就像习语和死喻（dead metaphors），而且它们已经被当成了直截了当的请求。关于这一点，我们可以在疑问祈使句的形式开篇语（pro forma openings）中找到证据，举例来说，疑问祈使句只用 Can you（你能）开头，而不用其他表达同样含义的措辞，比如，Are you capable of passing the salt（你有能力把盐递给我吗）。人们一般并不留意间接请求的表面含义，除非它引起了我们的注意，比如，你要求一个 13 岁的淘气少年将盐递给你，虽然他点头答应却坐着不动。有这么一个笑话，一对老夫妻躺在床上，妻子说："欧文，外面很冷。"欧文起身关上了窗子，然后对她说："现在外面暖和了吗？"

　　尽管如此，间接请求的措辞还是让我们看到了活跃在语言最初的使用者心中的那条推理线。我们请人递盐时，毕竟不会将所有与盐相关的措辞都用上，比如，"盐最初是腓尼基人从海水中发现的"，或者"盐是一种钠和氯的离子化合物"

而且，在许多语言中，间接请求的文字内容都十分相似，这些语言多到足以证明这种相似性绝非一种巧合。间接请求已经石化到某些推理思路中去了：合理推诿逻辑、听话者下台阶逻辑等。事实上，某些字面意思现在仍需人们去记忆。心理学家赫伯特·克拉克（Herbert Clark）指出，用问题形式表述一个请求时，说话者必须事先为对方选设一个至少看似合理的最小障碍。例如，你可以这样询问时间："你知道现在几点吗？"但你永远都不能这么问别人的中间名："你知道你的中间名吗？"人人都知道自己的中间名，所以，即使在礼貌这个虚伪的世界中，一个听话者无论多么不情愿回答问题，她也不会用这种无知作为自己的台阶下的。

由于这种老套的间接请求可以被任何一个懂英语的人识别，因此我们就可以说它们已被人们有效地"记录在案"（on the record）。假如在正常用餐的情况下有人说"你能把盐递给我吗"，那他就无法合理地否认他曾要过什么东西。而根据布朗和列文森的研究，即兴的间接言语行为和约定俗成的间接言语行为对听话者的影响是不一样的，即兴的间接言语属于"未记录在案"（off the record）的范畴。假如有人构思出一个新的间接请求，比如，"这道杂烩太淡了"或者"这家餐馆好像从来就没准备过足够的盐瓶"，那么听话者则无须公开拒绝说话者的请求，她只要对他的评论不予理睬就是了。出于这个原因，布朗和列文森认为，未被心智记录在案的间接言语行为是临时的现场发挥——提示、有保留的陈述、无根据的泛泛而谈以及设问句，它们都是些礼貌形式。当有人说"太黑了，没法读书了"，他其实是在暗示听话者的一个请求，即请求对方将灯打开，他可能会用"草坪需要修剪了"来代替"去修剪草坪"，或者用"看起来有人好像喝得太多了"来代替"你醉了"。礼貌的间接言语可以使用任何一种暗示形式，尽管从字面内容上看，那些暗示语并无任何请求之意，但能启发一个明眼的听众从中推导出言外之意，如此说来，间接请求所能采用的即兴表达形式数不胜数。

现在我们可以再次连线本章开宗明义的间接言语问题了。礼貌理论让我们对间接言语的一种表现形式，即未记录在案的请求，有了深刻的理解。说话者暗中给了听话者一个无须公开拒绝便可以不接受的机会，同时，它还意味着，即使她接受了对方的请求，那也不是迫于他的命令。用布朗和列文森的话来说，这使得双方均保全了面子，尤其是那个希望维护自主权的听话者。

那么，间接言语这个难题是否就此得到了解释呢？问题远没这么简单。首先，我们需要考察一下这个证据到底有多少说服力。到目前为止，已经有很多人用实验对这一礼貌理论进行了验证，心理学家通常采用的实验方法是询问人们在某些特定的情景下如何提出请求，或要求他们对其他人可能提出的请求的礼貌程度进行评价。实验结果表明，这个理论的大部分都可以得到证实。毫不奇怪，基于布朗和列文森的礼貌策略提出的请求的确让人听起来文质彬彬。比起直截了当的表述方式，间接请求确实更有礼貌。此外，正如相对势力差对间接话语的影响那样，说话者强加给听话者的请求程度也能对间接请求的效果产生影响。

不过，有一个假设并没有得到验证。布朗和列文森断言，面子威胁是一种单阶（single scale），即权势悬殊、社会距离与请求强加程度累加的结果。他们主张，这三种礼貌形式沿着一个阶排列。同情传达的礼貌程度最小，适用于较小面子威胁的请求。恭顺表达的礼貌程度较同情略高一些，适用于较大面子威胁的请求。相比之下，未记录在案的间接言语行为（根据场合临时杜撰出来的言语行为）所表达的礼貌程度最高，适用于最大面子威胁的请求。

就上述两种情况而言，布朗和列文森很可能是将多个不同维度定性地塞进了一个单阶里。人们头脑中并非只有一种威胁面子的标准，也并非只有一种对它进行跟踪的礼貌标准，事实上，针对某些特定"类型"的面子威胁，人们往往会采取某些特定"类型"的礼貌。举例来说，批评朋友（威胁到团结）时，人们往往强调同情礼貌（"嘿，兄弟，咱们一起看看这篇论文，看能不能想点办法让它展现出你的最高水平"）。但要请人帮忙（威胁到权力）时，人们则倾向于强调恭顺礼貌，比如向人借用电脑（"非常抱歉麻烦你……"）。

此外，这个阶的概念根本不适合我们这一章的难题——未记录在案的间接言语。礼貌理论将其视为所有策略中最礼貌的策略，但人们却说它远远"赶不上"恭顺礼貌的礼貌程度。事实上，在某些情况下，这种间接言语可能会相当粗鲁。例如，"我昨天没告诉你收拾一下你的房间吗？"或者，"你不应该告诉我谁来参加聚会吗？"其中的原因之一就是，假如一个听话者的能力和意愿遭到过于露骨的质疑，这表明，她要么太无能，要么就是不合作。另一个原因是，这种间接请求会让人觉得说话者过于转弯抹角了，令听话者不得不挖空心思去推断，他到底想表达什么。这正是《窈窕淑男》中的女演员朱莉在与桃乐西彻夜长谈时抱怨的。

间接言语行为遭到听话者抱怨的这些事实引出了另一个问题。我在本章开头举的那些例子——嘘声恫吓、隐性贿赂、性引诱，可绝不是表达"礼貌"的例子。我敢肯定，当一个本地人向一个店主宣传一系列可能发生在商店里的意外事故时，那个店主并不会觉得这是一种隐性威胁。而且，在面对无关痛痒的不得体提议时，无论是拿着本票的警察还是火车电动门旁的女人都会宽容地认为，提议者是在设法阐明自己所关心的事情，而不是他们所关心的事情（我们将在后面看到，这要排除双方串通一气的情况）。

礼貌理论的最后一个问题是，在处理未记录在案类请求的问题上，该理论自身存在着进退维谷的尴尬。如果一种会话含义过于隐蔽，那么说话者就会失去一次请求的机会。因为假如听话者确切地知道说话者是在请求她，她也许会相当乐意效劳！（还记得《阿飞正传》吧，乔治就没想到"咖啡"其实并不意味着咖啡，但当他想明白后，已经为时已晚）。另一方面，假如听话者不费吹灰之力就能将一种会话含义看穿，那么其他明眼人也同样可以将其识破，也就没有道理将这个请求看作未记录在案了。有谁会宣称自己会被"蚀刻板画"或者"在布雷纳德这儿处理罚款"这样的潜台词给愚弄了呢？

尽管礼貌理论是个良好的开端，但它还不够完善。就像社会科学中的许多"服从于集体利益的理论"（good-of-the-group theories）那样，它假设说话者和听话者处于一种完美的和谐之中，具体来说，人们都在努力保全对方的面子。（就试图从"合作原则"中推导出会话规律这一做法而言，连格莱斯本人也深感内疚。）事实上，我们还需要了解，在利益部分地发生冲突时，人们之间的对话到底是什么样子的，因为在现实生活中，这种情况极其常见。不仅如此，我们还需要对人际关系的类型以及每一种类型的协商和维系方法加以区分，而不是将所有形式的面子威胁都系于一个单阶之上，并对任何形式的面子保全都一视同仁。最后，我们还需要对这个神秘"面子"以及它对既可以将其记录在案又可以将其排除在外的"心智档案"的依赖程度进行更加深入的探究。

模糊的逻辑：在博弈中受益

为了弄清楚下面这些模糊概念，比如"提供台阶"（providing an out）、"合理推诿"（plausible deniability）以及"记录在案"，我先向大家介绍这样一个情景，在该情景中，上述这些模糊概念的含义将一目了然。让我们来设想有这么一个完美的格氏（格莱斯）说话者，此人无论谈及什么问题都直截了当，绝不拐弯抹角。一次，这个"准则男"（Maxim Man）闯了红灯，警官喝令其将车停靠在路边，于是他就想，要不要贿赂一下这个警官呢。但是，对他来说，遵守会话准则比遵守交通法则或行贿法更重要，因此，他对那个警官所能采取的唯一贿赂办法就是对他说："如果你不开罚单就放我走，我给你50美元。"

遗憾的是，准则男并不确定那个警官是否会徇私枉法地接受他的贿赂，他也不确定那个警官是否会因自己的贿赂表达而秉公执法地将其带走。凡是最佳方案由对方来决定行动的都是博弈论的研究范畴。托马斯·谢林指出，博弈论涉及事件的一个共性就是，行动者并不了解对方的价值观。他将这一现象称为"甄别问题"（Identification Problem）。我们可以将上例中那个司机（准则男）的受益情况（payoffs）概括如下，纵向文字代表司机的选择，横向文字代表的是他所面对的警官的可能类型，方框里的文字内容代表的是可能会发生在司机身上的情况。

每种选择（纵向）的诱惑力都取决于它们后面所对应的两个单元格中的可能受益情况。现在让我们一个个地仔细分析。假如司机并未企图贿赂警官（第一行），那么警官是否秉公执法就无关紧要了。因为无论他是哪种人，司机都要被开罚单。但如果他确实实施了贿赂（第二行），无论怎样，他所面临的风险系数都增加了。如果这个准则男走运，遇上了一个徇私枉法的警察，那么这个警察就会接受他的贿赂并放他一马；但是，如果他不走运，碰上了一位秉公执法的警察，那他就会被警察戴上手铐，并因实施贿赂而被绳之以法。影响司机是否实施贿赂决定的因素有很多，比如交通罚款的数额、执法警察的好坏概率以及贿赂行为的惩罚力度等。不过，无论哪种选择，结果都不令人满意。此刻，准则男进退维谷、左右为难。

	徇私枉法的警官	秉公执法的警官
不行贿	被开罚单	被开罚单
行贿	被免罚放行	因贿赂被捕

现在让我们再来看看另外一个"含义男"（Implicature Man）的情况。含义男懂得如何含沙射影地使用暧昧的贿赂语，例如，"嗯，最好我们在这儿就把事儿了了吧"。假如他确信警官能听出他的话外音，并将这句话当作刻意贿赂，假如他还清楚地知道，那个警察肯定了解这样一个事实，即如果自己因此而指控他受贿的话，那么自己的这些话在法庭上是不能成立的，因为检察官无法根据那些模棱两可的措辞来排除合理怀疑（beyond a reasonable doubt），并宣告警察有罪。现在，含义男又多了第三种选择。

	徇私枉法的警官	秉公执法的警官
不行贿	被开罚单	被开罚单
行贿	被免罚放行	因贿赂被捕
隐性行贿	被免罚放行	被开罚单

从上面新出现的第三行中我们可以看出，司机有两种可能受益的情况：一种情况是贿赂了一个徇私枉法的警官并获得了很大的好处；另一种情况是贿赂了一个秉公执法的警官并被判罚了违章罚金。这是一种很容易的选择。我们已经解释了含义男的心理过程。

到此为止，若从司机的立场来考虑这件事，基本情况也就是这些了。现在我们再从秉公执法的警官和法律体系的立场来考察一下这起事件。秉公执法的警官为什么不会逮捕实施隐性贿赂的司机呢？对他来说，假如这个隐性贿赂是一目了然的，那么陪审团也应该是毫无疑问的，鉴于此，他是有机会将这个坏家伙绳之以法的。但问题并没有这么简单。为了解释清楚为什么警官不会轻易逮捕那些将话语含义拿捏得跟赤裸裸的贿赂一般的危险行贿者，我们必须做出两个合理的假设。第一个假设是，即使所有不诚实的司机提供的都是些可以被理解为（正确地）与贿赂有关的暗示，但仍然不能排斥这样的可能，即一些诚实的司机也会说出同样的话来。所以，任何一次绳之以法都有可能是一次错捕。第二个假设是，一次错捕的代价是相当昂贵的，它不仅会给这个警官带来一场由错捕而招致的官司，而且他还得上缴警察部门的惩罚性赔偿。鉴于上述情况，这个警官很可能会做出如下决定：

	徇私枉法的警官	秉公执法的警官
不实施逮捕	开罚单	开罚单
实施逮捕	成功定罪	错捕

（当然，在警察看来，交通罚单是件好事，而不是坏事。）是否逮捕司机的决定将取决于 4 个单元格中的后果值以及它们分别的概率。这些概率则取决于暗示行贿的不诚实和诚实司机的比例，也就是说，它取决于左右两列表格中事件的数量比。假如暗示行贿的话语听起来无伤大雅，而且很多诚实的司机也可能会那么说（或者，至少说这话的人数足以让陪审团无法根据这些话排除合理怀疑并宣告说话者有罪），那么成功定罪的可能性就会降低，而错捕的可能性就会增长，因此警察选择实施逮捕的可能性就会变得很小。这解释了含义男敢向警察施压的原因。他精心地打造自己的言辞，以便使徇私枉法的警官不费吹灰之力就能听出他的弦外之音。不过，对于秉公执法的警官来说，他所炮制的那句暗示行贿的话语就不一定有贿赂之意了（或至少他不会利用这个机会）。［注意，顺便提一下，与大多数语言学家的看法相反，这一分析表明，间接言语并非一个纯粹合作的例子。此例中，含义男操控的是一个秉公执法的警官所做的两种不同的选择，一种是对含义男有利的选择，另一种是对警官本人不利的选择。这完全符合生物学家理查德·道金斯和约翰·克雷布斯（John Krebs）提出的理论，即动物王国的交流常常是一种操控形式，而不仅仅是信息分享。］

在现实生活中，隐性贿赂构成了执法和法律系统的一大难题。在大多数情况下，美国法院都是根据常识执法，它们对隐性贿赂与直白贿赂采取同等处理办法。假如被告说"我没想贿赂他，我只是询问（纯粹出于好奇心）是否有缴罚单的某种方法"，在司法人员看来，这种说法无法通过法庭上的测谎测试（giggle test）。因此，现实生活中的贿赂不得不十分小心地加以隐藏，有时甚至连一个愿意受贿的官员也是丈二和尚摸不着头脑。不过，现实生活中还有另一种情况——即使一个一目了然的隐性贿赂也能奏效。在这些情况下，言论自由是个问题。按照定义，贿赂必须被视为言论自由权的一个例外，所以当涉及政治程序的时候，比如与政治代表的谈话，法院便会谨言慎行地对其进行狭隘的定义。在这种情况下，直接说法和间接说法之间的区别可能具有决定性的意义。

对于来自全美妇女联盟的说客万达·布兰兹塔特（Wanda Brandstetter）来说，这节语言学课程似乎来得有些太迟了。1980 年，布兰兹塔特被判处行贿罪。为了争取伊利诺伊州一个议员对《平等权利修正案》（Equal Rights Amendment）的赞成票，布兰兹塔特给这位议员递上一张商务名片，她在上面写道："施万通先生，我们将为您的选举提供帮助，并为您为《平等权利修正案》所做出的积极努力再加上 1 000 美元。"检察官称这张名片为"行贿合同"，而且陪审团也赞同这种看法。对大部分看惯了金钱在政治中的影响力的美国人来说，这个判决听起来可能有些令人难以置信。如果不是在贿赂立法者们，那么华盛顿市游说集团（Gucci Gulch）的说客们又是在干什么呢？这个问题的答案很简单，他们是在用会话含义进行贿赂。假如布兰兹塔特当时在名片上是这样写的："正如你所了解的，施万通先生，NOW（可转让存单账户）历来就有捐助政治运动的传统。而且，现在它更愿意帮助那些为我们的目标而投票的候选人。目前，我们的目标之一就是争取《平等权利修正案》的获准。"假如这样写，她就不会被迫支付500 美元罚金、参加 150 个小时的社团服务，并在监狱中服刑一年了。

在外交上，模糊语的使用可谓历史悠远。这里有一个关于女士与外交官的老笑话，要知道，这两者的区别仅仅在于：

> 当一名女士说"不"，她的意思是"也许"。
>
> 当她说"也许"，她的意思是"是的"。
>
> 如果她说"是的"，那她也就不是女士了。
>
> 当一个外交官说"是的"，他的意思是"也许"。
>
> 当他说"也许"，他的意思是"不"。
>
> 如果他说"不"，那他也就不是外交官了。

女权主义者将其改编成了下面这个版本。

当一个女人说"是的",她的意思是"来吧"。

当一个女人说"也许",她的意思就是"嗯,算了吧"。

当一个女人说"不",她的意思就是"不要"。

假如那个男人还要坚持,那他就是个强奸犯。

这个修订版本也许是两性关系间的一个好政策,但当用于外交时,还是原始的那个更奏效。在一篇名为《外交语言》(*The Language of Diplomacy*)的评论文章中,美国前财政部官员迈克尔·兰根(Michael Langan)写了这样一段个人经历:

在政府职业生涯中的某一时期,我曾以一种自认为相当清楚且可信的方式写过一份关于一起复杂事件的报告。接到报告的那位高级官员仔细地看着那份说明,他一边沉思,一边下意识地调整着他的眼镜。然后他起了抬头,看着我说:"这份说明写得一点儿都不好,因为我一看就彻底明白了。拿回去把它写得艰深晦涩一些,我需要这份报告里的说明可以用两种或三种方式来理解。"结果,基于报告终稿中那些模棱两可的说明,联邦政府最终在相互抵触的利益上达成了妥协。

随着 1967 年第三次中东战争的到来,联合国安全理事会通过了著名的"242号决议",除了其他倡议,该决议还呼吁"从最近的冲突占领的领土中撤回以色列军队"。"最近的冲突占领的领土"是一个没有外显量词修饰的名词短语,它的模棱两可性表现在,到底是"部分领土",还是"全部领土"。按照前者的解释,这项决议迎合了以色列及其盟友的胃口,而阿拉伯国家及其盟友所关心的则是后者。因此,任何明确版本的决议都将遭到一方或另一方的反对。

但是,正如女权主义者对关于女士和外交官的笑话做出的反应那样,过于创意性的模棱两可(creative vagueness)也可能导致危险。四十多年来,人们一直在辩论着"242 号决议"的语义学问题,比如语言学研讨会上的研究生们(另一个"纯语义学"所带来的高风险例证)。以色列和阿拉伯国家之间的更大纠纷至今仍悬而未决。在商业协定中,策略上的模糊语也可能会适得其反。一个著名的案例是,强生公司早年曾给安进公司投资过 1 000 万美元,并得到了一种化合物的"二次/代理使用权"（secondary uses）。谈判代表当时并未对 secondary 的模糊含义做出任何解释，而且，就像谈判代表们经常喜欢说的那样，也许正是那个歧义帮他们"达成了共识"。但自那以来，为了解决这个歧义所带来的争端，这两家公司已经花了 3.5 亿美元的律师费，为此，双方都恨透了彼此。

那么，创意性的模糊语到底是不是一种明智的策略呢？如果它能做的只是暂时的息事宁人，那么谈判者们为什么不仔细推敲出一份一目了然的协议，或者正视彼此间不可调和的矛盾并离开谈判席呢？就国际外交政策而言，其中的原因之一是，一份协议的语言不仅要符合领导者的胃口，还要符合其民众的胃口。当一份模棱两可的协议有利于双方蒙骗自己那些更难应对的民众时，通情达理的领导人很有可能会彼此达成谅解。另一个原因是，仅仅拥有一个协议，即使是一个无法实施的协议，也可以将互相仇视的双方拴在一个共同利益上，这样它们之间的仇恨很可能会因为这个纯象征意义上的协议而得到缓解。最后，外交官们敢打赌，时代会改变的，时局总会让协议双方走到一起，到了那时，他们便可以友好地解决这个歧义的内容了。有这么一个古老的故事，一个男人因冒犯苏丹而被判处了绞刑，他在法庭上提出了一笔交易：如果能让他再多活一年，他能教会苏丹的马唱歌，作为回报，他将因此获得自由；如果他失败了，他会心甘情愿接受绞刑。当他回到关押处时，一个狱友说："你疯了吗？"他回答说："我是想，一年的时间里可能发生很多事情。也许老苏丹死了，而新苏丹会原谅我的。也许我死了，如果我死了，那我什么也没损失。也许马死了，那我就更没麻烦了。谁知道呢？说不定我真的能教会那匹马唱歌呢！"

上述这些创意性模糊语的例子均取材于特殊状况，人们所说的那些话都可以得到考证，而且它们的风险也可以被切实地感受到：交通罚单、因行贿被捕、战争与和平，等等。那么，日常生活中的含糊其词又是怎样一种情况呢？生活中的提供与索取就不必担忧法律的处罚吗？毕竟，没人希望接受审判。在日常的意见交换中，我们本可以自由发表言论、各抒己见，而不必担心某个听话者的某种理解方式就可以将我们投入大牢。遗憾的是，现实情况并没有这么乐观。当涉及贿赂、威胁以及提议时，人们的言行会受到自身情感的控制，他们表现得谨言慎行、如履薄冰，仿佛自己正处于审判或处罚的危险处境之中，于是，我们每个人都蜕变成了那个含义男。

那么，到底什么是“日常贿赂”（everyday bribes）呢？在什么情况下，一个守法的公民才会利欲熏心地实施贿赂呢？让我们来看看这种情况怎么样：你打算去一家市中心最火的餐厅就餐，但没预订。现在，假设你给餐厅领班 50 美元，他就能立即安排你就餐，那你又何乐而不为呢？这并不是什么臆造出来的故事，2000 年，作家布鲁斯·费勒（Bruce Feiler）接受了《美食杂志》（*Gourmet*）的委托，专门负责跟踪报道此类事情。费勒的调查结果真可谓让人大开眼界。

对于大多数能为费勒设身处地着想的人来说，他第一次的调查结果是可想而知的：这是个十分可怕的任务。尽管据我所知，并没有人曾因贿赂哪个餐厅领班而遭逮捕，但费勒还是觉得自己就像惊悚电影《冰血暴》中那个绑匪般心惊肉跳：

> 我很紧张，紧张极了。当出租车颠簸地向南驶过曼哈顿时尚的居民区——南福莱特村苏豪区（休斯敦以南地区）时，我不停地设想着某个被我激怒的餐厅领班的种种过激反应。
>
> “你以为这是什么地方？！”
>
> “你怎么敢对我如此无礼？”
>
> “你以为你用‘这招’就能进来吗？”

第二次调查的结果是，费勒在确实没有勇气贿赂餐厅领班时，现场想出了一种间接言语行为的贿赂方式。那天，他浑身大汗地出现在巴尔萨扎——一家极受曼哈顿人欢迎的餐馆。他心跳加速地对视着餐厅领班，随即递上一张 20 美元的钞票，含糊其词地说：“我希望你能把我们安排进去。”两分钟后，他们真的被安排就座了，这大大出乎他女朋友所料。在随后的任务中，他仍旧使用类似的间接行为向领班暗示了自己的行贿企图：

> 我想知道有没有人取消预订呢。
>
> 你有没有办法让我们少等会儿呢？
>
> 我们想知道您是否有两个人的台位呢。
>
> 今天的晚餐对我来说真的很重要。

这种受益情况的图解与上面提到的含义男贿赂警官的那种情况是一致的。

	滥用职权的餐厅领班	秉公办事的餐厅领班
不行贿	长时间等待	长时间等待
行贿	即刻就座	当众丢脸
隐性行贿	即刻就座	长时间等待

这种隐性行贿行为（不仅令一个食客着迷，就连语言心理学家们也同样爱不释手）"屡试不爽"。费勒每次都会在 2 ~ 4 分钟之内被安排就座。一次，在同事的挑战下，他决定用同样的方法进入阿兰·杜卡斯就餐—— 一家新开张的法国餐厅。这家餐厅每次最低消费为 375 美元，而且要提前半年订餐，"假如你预订了茶水，就餐时，他们会把'马鞭草枝'送到你的餐桌上，服务员戴着白手套，当着你的面用银质剪刀为你剪下枝叶"。一天，费勒突然出现在餐厅门口，像往常一样，他先询问餐厅领班是否有人取消了预订，然后递上 100 美元的钞票。不过，这一次领班的反应看上去却"相当的惊恐"。"不，不，先生。你不明白！我们只有 16 个台位。这绝对不可能！"他说。费勒并没有灰心，他执意留下了自己的名片，并将那 100 美元钞票小心翼翼地附在了名片的下面。两天后，他的电话响了，领班为他提供了一张四人桌。幸亏那 100 美元钞票和格莱斯的会话含义，费勒如愿地跃居于 2 700 名食客的行列之首。

当一个领班说"不"时，他的意思是"也许"。正如《窈窕淑男》中的女演员朱莉或我们所有人那样——餐馆的虚伪行径也是系统性的。当费勒给餐馆管理人员打电话，询问他们对受贿安排座位的行为采取什么样的惩罚措施时，他们的回答五花八门，从"这太令人恶心了"到"如果我们抓住那个这样做的领班，我们会解雇他的"。然而，行贿始终屡试不爽。究其原因，我认为，合理推诿逻辑能够部分回答这个问题。言语行为的间接性使费勒得以成功行贿且无须遭到社会惩罚，这等于解决了博弈论的甄别问题。由于行贿实际上在所有餐馆里都有市场，因此，合理推诿逻辑的作用远不止这些。不管怎么说，这类贿赂的隐晦性使得"双方"都可以自欺欺人地认为，他们可以否认彼此之间达成的交易，就好像他们觉得会有一台隐形的录音机随时记录下他们的谈话，而且在高级餐厅礼貌用语的法庭上，他们会因此而被指控有罪。

现在，情况变得更加复杂了。为什么拒绝一种行贿行为（或者其他提议，比如发生性关系的愿望、请求捐助等）的前景会令人如此堪忧呢？如果这种交易确实发生了，那么为什么将其"拒之于心智档案的门外"就会给双方带来方便呢？（什么又该被记录在案呢？）要想找出这些问题的答案，我们必须将目光从语言学和博弈论移至进化社会心理学上，在那里，我们可以寻找到窘迫（embarrassment）和禁忌（taboo）的本源。

人际关系的 3 种模式：分享、等级、交易

是什么让行贿一个餐厅领班如此令人提心吊胆呢？最多不过遭到他的拒绝而已。是因为行贿会让人感到不道德吗，可这又是为什么呢？在寄包裹、坐头等舱出行以及从事其他商业行为时，为了享受更好的服务，我们会支付加速服务费。生活中，我们要向许多人支付小费，如出租车司机和导游。但不知何故，人们觉得领班向我们索取的却是一种不同"类型"的关系，这与其他那些无可非议的补偿交换完全不同。偷越雷池的企图会让人感到无地自容，甚至道德败坏。

人类学家阿兰·费斯克（Alan Fiske）提出了一个广义的人类社交关系理论，该理论为我们展示了人们彼此间的各种类型关系以及维系各种关系的思想、感情和社会实践。就像布朗和列文森的礼貌理论那样，费斯克的人类社交关系理论也对礼貌进行了分类。其中一种关系类型围绕的是团结，而另一类则围绕的是权力。不同的是，费斯克认为，这两种关系类型有着迥然不同的逻辑，它们并不是那枚被称为"面子"的硬币的正反面。在此基础上，费斯克还补充了第三种关系类型，该关系类型聚焦于社会交易（social exchange）。费斯克主张，这三种关系类型根植于人类进化史，每种类型均本能地适合于人类二分体（human dyads）的某些类型。但是，随着特定沟通渠道的使用（包括语言），我们可以试着将一种给定关系类型的倾向强加到其他二分体上。根据人类学的文献记载，这类商榷行为驱

动着许多文化实践活动，正如我们将要看到的，它们似乎激发了间接话语的"可接受性虚伪"（acceptable hypocrisy）。

费斯克将第一个关系类型称为公共分享（Communal Sharing），简称集体性（communality），其潜在逻辑就是"我的就是你的，你的也就是我的"。这也正是礼貌理论中的"社会距离"关系，它是一种由叫作"积极面子"的情感来维护的关系，一种"你所需要的正是大家所需要"的愿望。集体性在血亲之间会自然发生，对于进化生物学家来说，其中的原因不言而喻。在人类进化的历史进程中，任何一个预设着与亲人友善相处的基因都有助于自己在那个亲人体内的自我复制（因为血亲基因的共享），而且这个基因以及它所复制的那些副本必将受到自然选择的优待，并在染色体上占据一席之地。共享的基因遗传并不是唯一的基因纽带。一对一夫一妻制的终身夫妇可以使他们的遗传命运合并进入一个单独的个体中，即他们的子女，所以那些对他们有好处的东西同样也可以造福于他们的子女。此外，共享品位或共同敌人也可以将朋友绑定在一个共同志趣的契约上。假如两个室友在音乐方面爱好相仿，那么每次当一个人带回来一张 CD 时，就会让另一个人也受益，因此，每个人都应该珍惜他人的幸福，这是一种关系的社会类比，生态学家称之为互惠共生（mutualism），经济学家称之为正面外部效应（positive externalities）。

许多读者认为，进化参数意味着生物体对自己与其他生物体间的相关性的实际预测以及对自己行为做出的相应调整，这种想法是错误的。针对基因中的共同兴趣或资源是如何转化为利他行为的问题，就连大多数社会生物学家也思之甚少，他们对待生物体的方式就好像它们只是些程序化地执行自身基因指令的僵尸一般。而实际上，人类心智是将集体性作为一种"情感"和一组"理念"来执行的。"情感"是我们在与朋友和亲人交谈时所收获的那份温暖而舒适的感觉。"理念"由一些概念隐喻组成。其中之一是"团结即身体上的接近"，它是许多有关团结的习语的来源，也包括"社会距离"这个术语本身在内。另一个概念隐喻是"团结即被连接在一起"，我们曾在第 4 章有关《独立宣言》的分析中遇到过这种概念隐喻（例如联系、纽带等）。一种尤其能说明问题的隐喻是"团结即由相同的血肉筑成的"。这些直觉进入那些促成我们和所爱之人唇齿相依的原始行为中：

母亲对婴儿的搂抱、情侣间的热烈相拥、朋友间的握手和拥抱、哺乳和性爱时的体液交换、家庭成员以及密友间共同分享美食，等等。

公共分享从来都不是完美的，即使亲朋好友也不例外，对于那些点头之交和视同陌路的人来说，它就更加难以维系了。造成这种情况的原因是，人人都希望不拖累或依靠他人就能得到自己想要的东西，一旦这种愿望成为一种社会风气的主流，那些不看重亲情与友情的人便会利欲熏心地谋取本不该属于他们的利益。在这种情况下，团结友爱很难与贪婪的欲望相抗衡。这是一个社团，尤其是其领导人的悲剧，因为那种"我为人人，人人为我"（one-for-all-and-all-for-one）的社会心态能够成就一个更加繁荣强大的社会。假如这种良好的心态能够变成一种人类的本性，那该多好啊！这就是为什么人们常常会设计一些巧妙的思想控制之术，并以此将集体主义的思想灌输、培植进他人思想中的原因。

亲缘关系隐喻是这类思想控制技术常常采用的手段，这种隐喻遍布邪教、宗教、俱乐部、政党以及社会运动等诸多社团中：弟兄会、大学生联谊会、妇女团体、女学生联谊会、祖国、故土、人类大家庭，等等。回想一下，同情礼貌的手段之一就是昵称，比如，那部描写美国大萧条时期的电影名《兄弟，能给个铜板吗？》（Brother, Can You Spare A Dime?）中的"兄弟"。现在我们所看到的，与其说同情礼貌是一种双方协力保全面子的共同努力，倒不如说它是在陌生人间触发公共情感（communal feelings）以及在朋友与同盟间强化这些情感的一种策略。

另一项控制技术就是设法强化人们的民俗生物学意识，即人类是由相同的血脉铸成的，我们每个人只是这个强大的超生物体的组成部分。无论在世界上哪个角落，聚餐都是一种最常见的社交礼仪，仿佛人们相信，人就是自己所吃的那些食物一般，所以如果人们吃的食物相同，那么他们就是志同道合的。这种想法导致的一个必然结果就是"食物禁忌"，这种禁忌以禁止本族成员与邻族共享某种食物的方式来捍卫自己的族界。许多部落和盟党（例如黑手党）的成员会割破手指并将伤口紧紧贴在一起，让彼此的血液流淌在一起，语言中的表达式"热血兄弟"（blood brothers）就是由此应运而生的。此外，人们还会破坏自己的身体——疤痕、文身、穿孔、拉伸、锉削、发型设计、割礼以及其他生殖器重塑方式，仿佛这样做后自己的族群就会成为一个与众不同的物种，至少在生物特征方面有别于人类的其他群体。

处于同一族群中的人还会参与各种同步活动，比如跳舞、鞠躬、站立、久坐、游行、训练和运动等。远远看去，活动中的人群不再是一个个分散的个体，他们组成了一个单一的整体，这正是被称作"共同命运"（common fate）的感知法则的结果：共同运动的事物被视为连接在一起的整体。由内而外看去，在通常情况下，人们对自己身体的界限就是通过这种方式感知的，他们会有意识地驱动自己身体的某个部位进行运动，然后观察是什么部分参与了这个运动。这就是为什么人们会觉得工具、自行车、汽车等是他们自身躯体的延伸，为什么心理学家能用镜子或视频显示器诱导人们相信自己正在自主控制着别人的手，哪怕是自己几年前就已经被切除的幻觉中的手。如果我们将感觉运动心理学的这一点与族群范围的韵律活动结合起来的话，一个人确实可以感觉到自己仿佛是一个公共整体中的一部分。当然，个人界限也可以被打破，当人们共同承受一种强烈的情感体验时，比如一场饥饿的折磨或者恐怖、疼痛、药物所引起的迷幻状态等。在世界各地的宗教入会仪式上，这类廉价的把戏比比皆是。

通过民俗生物学体验到的集体感还能得到神话及意识形态的强化。人们被告知，他们来自同一个家族、同一个祖先、同一个发祥地、同样的造化或者同一种图腾动物。此外，还有一条人类学的经验法则（rule of thumb）：一个社会（包括我们的社会），无论何时发起一场匪夷所思的文化实践，其成员都会巧妙地篡改自己的生物直觉，以此来增强他们的集体性。

近年来，一种机制的缺失引起了人们的关注，那就是社会契约（social contract），这种社会机制被社会和政治理论家们视为社会基础。无论朋友、家人、夫妻还是宗族都不可能坐下来，口对口地传授那些将他们联系在一起的社会权利和义务。即使他们使用了语言，也只是公开声明他们之间的一种团结友爱的关系，例如，"我爱你""我宣誓效忠于你""我完全相信"。人们最讨厌的事情就是对他们的集体性条款的讨价还价。任何对额外报酬和义务的口头描述行为都会破坏人与人之间的（在他们心目中是身体上的）融洽感，这种感觉让他们本能地同甘共苦、不计个人得失。当然，当发生冲突时，人们往往会诉诸口头协商，协商的形式多种多样，从夫妻双方的心理治疗到法院裁决。不过请注意，冲突并不是公共关系的核心，而且它常常会让人们感到窘迫和不自在。举例来说，安提亚克学院（Antioch College）为 1996 年迷奸法案所做的一项提案曾遭到美国社会的广泛嘲讽，因为该法案要求当事学生在每次感情升级的时候都要获取明确的口头许可。电影《窈窕淑女》中一首歌的歌词（我曾在第 1 章中用它来说明与格结构）也反映了人们所喜欢的巩固关系的方式："不用为我唱歌，不用为我咏诗，不要浪费我的时间，拿出你的行动来！"

人们不仅不喜欢公开谈论他们最亲密的关系，也不喜欢仔细思考它。一个琢磨婚姻条约、父子关系、友谊或所属团体的忠诚问题的人，会被看成是一个无赖、坏父亲、酒肉朋友、叛徒、异教徒或者一个"不可理喻"的人。这里，我们再次发现了禁忌心理学的蛛丝马迹，婚前协议悖论（Prenup Paradox）就是一个显而易见的例子。出于理性的考虑，每对订婚的夫妇都要签署一份婚前合同，合同规定的是婚姻一旦解体，财产的分割情况，因为美国有一半的婚姻以离婚告终。然而许多情侣抵制这项建议，他们的做法并非完全缺乏理性的表现。商榷婚前协议这种行为本身让人觉得婚前协议是婚姻不可或缺的，因为假如情侣们的婚姻建立在正确的共同情感基础上，那么，这种协商行为则逼迫他们不得不去思考那些本不应该思考的问题。

第二种关系类型被称为权威等级（Authority Ranking），又名为权力、地位、自主权以及主导地位。权威等级的逻辑是"别惹我"，它的生物基础根植于动物王国普遍存在的优势等级（dominance hierarchies）。基于体型、力量、资历或盟友等优势，一个生物体向另一个生物体索取资源权，在双方力量悬殊的情况下，处于弱势一方的生物体将自己的资源割让，这就等于说，双方已达成了协议，它们就此不会再陷入不可避免的流血厮杀。以这种方式，动物们将自己排列在了一条等级线上。

正如其他公共分享一样，权力的传达同样不以语言信号为主，它主要通过调用对其他生活领域的感受来完成这个任务。就集体性的传达而言，它调用的是直觉生物学（intuitive biology）；就权威等级而言，它调用的则是直觉物理学（intuitive physics），即我在第 3 章中探讨过的那些空间、时间、物质以及力的范畴。人在一种支配等级中的排序通常被象征性地表示为时间、空间、大小或者力量的排序。占主导地位的个人（比如首长、董事长、牧师、萨满、将军等）会在下属面前趾高气扬、出入优先、居高临下（通常在讲台和露台上），他们要么看上去伟岸（借助帽子、盔甲、头饰等）；要么确实身居要职（领导人，包括美国总统，往往比副总统高一些）；要么被描绘得更加伟岸（在巨幅肖像和雕像中）；他们有宽敞的办公室、宅邸和巨大的纪念碑。成百上千的隐喻都可以用来表达这种等级关系，例如首位平等（时间）、铁腕人物（力量）、大亨（大小）、当权派（空间位置）等。

尽管上面那些在竞技场占上风的可视标志是权威们最抢眼的广告，但它们未必是起初赢得权威的必需品。人类的主导地位与身份紧密相关：对优势资源的占有，比如天资、美貌、智慧、技能、学识等。而且最终，无论主导地位还是身份都将成为完全取决于他人和自己看法的社会结构。一个人拥有权力的大小取决于他准备索取多少以及他人愿意让给他多少。我认为，这才是布朗和列文森挖空心思但未能找到一个满意理论的"面子"概念的实质所在（尽管戈夫曼曾不止一次地提到过它）。布朗和列文森的"消极面子"，即不受阻碍的愿望，是对主导地位的一种索取；而他们的"积极面子"有时也被定义为对认可或尊敬的渴望，是对地位的一种索取。（在某些情况下，他们也把它定义为对同情的渴望，但我怀疑那是一种不同的情感，它应该更接近于集体性。）

当我们基于权威来考虑面子时，面子就不仅是对自尊的慰藉，更是一种具有实际价值的社交货币了。在许多人生竞技场中，我们的所得取决于我们的直觉，即我们认为自己有资格索取些什么。在买卖双方进行一笔交易时，总会有个价格幅度令双方均感到应将交易达成而不是放弃。举例来说，一辆成本为 2 万美元的汽车，对销售者来说，其最高价值可达 3 万美元，对卖主和买主来说，只要在这个价差范围内成交，这笔交易就是双方都获利的。不过，在此价差范围内，究竟哪个具体价格能够被商定，这完全取决于双方的决心。如果买主能说服经销商自己不能再让步了，那么经销商就会缓和态度并以较低的价格出售；如果卖方能够说服客户自己不能再让步了，那么客户就得以较高的价格买进。同样，假如有两个人因为一辆出租车或一个停车位发生了争执，赢家肯定是表现得最锲而不舍的那位，无论是口头上还是行动上。在上面两种情况下，"表现"（appearances）起着至关重要的作用。一般来说，在一方不肯让步的情况下，另一方都会在一定程度上有所让步，然后，他会在自己认为对方将会让步的另一个范围内坚持自己的立场。当然，双方均可以利用这种外交冒险策略挑战彼此的勇气，不过，他们因此而付出的代价——甩袖离开，动手互殴，也可能是很大的。有时，借助于第三方的恭顺与尊敬，恐吓和自信便成了具有决胜性的武器。这种恭顺与尊敬可以通过拥有他人所看重的有利条件或者在之前的意志或武力战中屡占上风而赢得。这些武器一旦因公开挫败或者众目睽睽之下遭遇无礼而被缴械——"丢面子"，那将是一次相当痛苦的经历。

人们自然会想方设法保全自己的面子，于是，那些无心挑战面子的人——比如既想让别人帮忙递盐又不想引起是非的同席进餐者，就会采取一些恭敬礼貌的策略，其中包括间接言语。会话含义不仅可以用于尊重他人的面子，也可以用来保护自己的面子，而且，那种隐晦的信息有时甚至可以被隐藏在狗哨中。

在电影《红潮风暴》（Crimson Tide）中，一个霸道专权的海军上尉指挥着一艘潜水艇，后来，一位睿智的中尉加入他的指挥。表面上，他们相互尊敬，但实际上却彼此敬而远之。随着电影情节扑朔迷离的发展，他们收到了一份有关是否对一艘苏军潜艇发射核导弹的电报命令，这项命令事关重大，稍有偏差就有可能导致第三次世界大战的爆发，但遗憾的是，电报在传输过程中遭遇乱码。在此种紧急情况下，中尉主张慎行，而好战的上尉却坚决要求发射导弹，经过与上尉多次激烈的较量，中尉最终成功地阻止了核导弹的发射。结果也证明，中尉是对的，因为那个命令是错误的。在影片接近尾声时，中尉的叛乱指控已被解除，上尉走到他面前说："你是对的，我错了。"中尉扬了扬眉毛，说道："那几匹马——利皮萨。它们产自西班牙，不是葡萄牙。"在一篇关于男人为什么不道歉的文章中，语言学家黛博拉·坦纳（Deborah Tanner）重述了这一电影中的情节，她恼火地写道："为什么上尉不能把那件事直接说出来呢？'我错了，你是对的。在是否发起核战争这件事上我犯了个大错。'"即使像坦纳这么机敏的观察者似乎也没有注意到，上尉"的确"道歉了，但是一种也许只有男人才能听得到的超声波式的歉意，一种让他不至于放下架子的语言形式。所有这一切都将支持语言学家坦纳［因《你就是不懂》（*You Just Don't Understand*）一书而出名］的理论——即男人和女人往往以不同的方式进行交流，并不是遣词造句的不同，而是会话含义的不同。

会话含义不仅能维护权威，也能挑战权威。当它用于挑战时，人们将其称为"幽默"。2001 年，由于心律失常，迪克·切尼（Dick Cheney）被迫住进医院，当时有位喜剧家这样形容此事：这回情况可严重了，乔治·布什的总统任期马上就要结束了。这句话违反了质量准则，因为他所说的不过是个关于副总统和总统就职的陈词滥调而已。①不过从他的言辞中，听众完全能够推断出，他真正想说的是，布什无法胜任总统，是切尼在操纵着政局。人们总是能找到嘲讽的对象，请注意，这里我所说的是一个被你嘲笑的人，而不是与你一起欢笑的人。这个倒霉的家伙往往被描述成一个不称职的、愚蠢的、轻浮的、不受人待见的人。正如乔治·桑塔亚纳（George Santayana）所说："挫败他人，特别是那些盛气凌人、不可一世的家伙，是件再爽不过的事情了。"尽管只是含沙射影、旁敲侧击，但这种手段远比赤膊上阵更有杀伤力，因为任何一个会心的听众——也就是对这个笑话"心领神会"的人都能意识到这样一个事实，即挑战者完全了解那个被攻击对象的致命弱点，不仅如此，其他随声附和的人也同样了解他的这些弱点。

尽管如此，多数幽默都是善意的嘲讽和自嘲，这类幽默所嘲讽的对象往往是好友或自己，而并不是那些气焰嚣张的达官贵人。下面这几句小笑话是心理学家罗伯特·普罗文（Robert Provine）偷偷从大学生们的交谈中记录下来的。

> 你那是衣服还是斗篷啊？
> 能和她一起蹚浑水，就算花 100 美元我也愿意。（一种亲昵的表达方式）
> 你交往的是人类吗？
> 我尽量过人的生活！

---

① 美国副总统是总统的第一继任人选，一旦总统于任内死亡、辞职或被撤职，副总统立刻继任。——译者注

尽管幽默主要用于取悦而不是藐视对方，但它主要仍是对尊严的一种贬损。我认为它是被作为一种暗号使用的，即嘲弄与被嘲弄者之间的关系基于团结友爱，而不是统治与被统治。只要有人际交往的地方，支配欲就有了温床，因为正如塞缪尔·约翰逊所说："两个男人在一起不出半个小时就会有一个人明显地占上风。"起初，人们可能认为占上风一方会一直心安理得地享受这份特权，但实际情况并非如此：位高心不宁。拥有支配地位当然是件好事，但随着年龄和环境的变化，它也会渐渐消失。但无论何时，友情却会常驻人们心间，因为人们离不开朋友。让你的伙伴知道你们之间的关系是友谊而不是隶属关系的方法有很多，其中一种方法就是设法让对方了解你本人是随和友善的，或者你们的相处是平等互助的，以此排除你们彼此制约的可能性。

第三种关系类型叫作平等互惠（Equality Matching），通常被称为互惠、交易和公正。它的逻辑是"你帮我，我就帮你"，其进化论基础是互惠利他主义（reciprocal altruism）。在交换关系中，人们要么平均或轮流分配或获得资源，要么等价交换实物和服务，或者一报还一报地进行贸易活动。当平等互惠被用于那些无法却有权共享互惠的人进行资源分配时，它可以防止权力竞争以及人们为获得资源而付出的代价。它还可以让人们尽情享受交易中获得的收益，因为在此类交易中，任何拥有较多资源的一方都会将多余的资源与他人分享、互惠互利。

费斯克的研究表明，交换的心理实现是一种具体运算：一种确保平等付出与平等受益的玩家的行为算法（behavioral algorithm）。他们有时抛硬币、抽签、玩"一二三四五，上山打老虎"（eeny-meeny-miney-moe）的绕口令、将东西码成排或用秤来称。尽管如此，交换毕竟是一个由语言文字主导的领域。"如果你做了这个，那我就做那个"是平等交易无形商品和服务或者有形商品的最简单的方法。不仅如此，语言还是传播有关一个人是否诚信的信息渠道，这种现象被称为"八卦"（gossip）。就权力而言，我们用"面子"来比喻声望（也许可以追溯到灵长类动物的那种支配性的凝神）；而就公平来说，我们会用"好名声"作为信誉的隐喻。

费斯克的分类中还有第 4 种关系类型，他称之为市场估价（Market Pricing）。

此种关系类型涵盖了现代市场经济中的全部问题：货币、价格、工资、福利、租金、利息、信贷、期权、衍生品，等等。它的流通媒介是象征性的数字、数学运算、数字会计和转账以及正式合同中的语言。市场估价远不及另外三种关系类型普遍。对于一种没有书面语、计数系统最大不超过 3 的文化来说，就连最初级的市场估价也令人望尘莫及。不仅如此，这种市场逻辑在认识上同样是不自然的。全世界的人都认为，每一个物体都有一个固有的公平价格（而不是人们愿意付多少钱它就值多少钱），而中间商都是"寄生虫"（尽管他们从遥远的地方把物品收集过来，方便了买家），他们收取差价的行为是不道德的（某些时候人们会比平常更看重钱的价值）。这些错误的想法自然而然地成就了人们只有等价交换才是公平的交换心态。在一些复杂的市场经济问题面前，面对面、一报还一报的心智模型常常显得有些力不从心，因为市场经济使得生活在不同时空的人们随心所欲地交换各色商品和服务成为可能。

据我看来，市场经济将市场估价驱逐出了人性的领域范围，似乎并不存在为市场估价量身定制的自然发展思路或情感。从这一点来看，市场估价这一关系类型完全可以与那些科技发达社会中用于组织数百万民众并经过几个世纪考验的正式社会组织范式归为一类。不过，在那些未教化的心智中，它是不可能自发产生的。在民主政体的政治机构中，我们倒是可以找到一个与市场估价相平行的例子，民主政体的特点是权力并不分配给一个权威人物，而是分配给一个由正式投票程序选举产生的代表人物，而且他的权力还要受限于一个复杂的制衡体系。另一个平行的例子来自一些大型社会机构，比如公司、大学或非营利组织。它们的员工没有权力自行雇用朋友和亲戚（集体性），也没有权力自行发放奖励（交换）；相反，他们的行为要受信托义务和条例的制约。

尽管集体性、权力和交换是人们设想各种关系的普遍模式，但各文化间的差别主要表现在下面这种模式上：在什么样的背景之下，哪种关系类型应用于哪种资源、哪类二分体。在西方文化中，我们买、卖、交易我们的土地（交换），但不买、卖、交易女人作为新娘；这在其他一些文化中可能正好相反。公司老板可以控制雇员的薪水和办公空间（权威），但不能随便霸占员工的财产或妻子，尽管这些初夜权是许多不同时代和地区的国王和暴君追加的特权。在美国，应邀出席晚宴的客人（集体性）不必在晚宴结束时付费，也不必出于答谢的目的而邀请主人次日晚上共进晚餐。但在许多文化中，这种礼尚往来是完全必要的，这种情况有点像在一年一度的圣诞节到来之际，西方文化中的人们互送卡片的情形。

当一种特定文化中的人们错误地判断了一种指定情景下的关系类型时，他们的情绪会因此受到极大的影响。毕竟，人们所面对的是该文化对其资源与权力的分配方式问题。在一种关系类型背景下，任意占用一种资源可能是一种特权；而在另一种关系类型下，这可能被看成是巧取豪夺。在一种场合下，对周围人指手画脚可能是你的工作需要；而在另一种场合下，却可能是"强奸"民意。

有时，人们对上述情况的张冠李戴不过是一种偶然，它可能是由误解、试探一种新关系或一起独特的紧急事件引发。我们将这种情况所触发的情感称为"尴尬"，而这类事件则被称为"失礼"或"失态"。处于尴尬中的人一旦意识到自己的错误，便会敏锐地留意这个情景中的细节（特别是别人对他的行为举止的反应），在找到挽回局面的办法之前，他一般不会再轻举妄动。几乎所有关系错配都会引发尴尬。因此，人与人之间存在着一种普遍的共识，即好朋友之间（集体性）坚决不该进行大规模的金融交易（交换），例如买卖汽车或房子，因为这很可能会危及友情。当一个上司（权威）与他的一个雇员或者学生（集体性）产生了友谊时，这可以从他们之间的称谓变化或者由 V 代词称谓变成 T 代词称谓上察觉出来，一些敏感的时刻也可能随之出现于他们之间。而当这种职权关系威胁到性关系时，它的后果就不只是尴尬了，因为这很可能会引起一场有关性骚扰的诉讼。性，就其本身而言，是一种特殊的公共关系，这种关系可能与其他类型的集体性关系（比如友谊）相抵触，从而给社会紧张（social tension）创造另一个触发机制。此类尴尬往往是娱乐界的热门谈资，一些娱乐公司甚至将其开发成风尚喜剧（comedy of manners），电视剧《宋飞正传》和《老友记》就是两个典型的例子。

假如此类错配并不是偶然的而是刻意的，那么这种情绪很可能由尴尬升级为道义上的谴责。一个卖掉孩子的母亲、向学生提出性要求的老师、利用朋友谋取私利的人，均会被社会视为丧尽天良、卑鄙无耻的小人。正如婚前协议悖论，此刻是人们的禁忌心理在发挥着作用：那些超越一种关系类型界限的"想法"都会使人们有一种犯罪感。费斯克的前合作者、心理学家菲利普·泰洛克（Philip Tetlock）对此类问题的研究证明，尽管只是被问及是否会用交换或市场心态对待公共关系或权威关系，人们也会感到异常愤怒。举例来说，当人们被问及他们对下列一些问题的看法时——是否应该存在一个领养权市场、器官是否能被出售以及是否可以用钱来免除牢狱之灾或免除兵役等，他们会感到十分恼火。

站在虚构作品中令人舒适的心理距离上，我们的目光往往被锁定在这样一些角色的身上——他们不得不对自己与他人之间不可思议的亲密关系加以思考，就像电影《苏菲的抉择》（*Sophie's Choice*）和《桃色交易》（*Indecent Proposal*）中的主人公那样。而站在幽默这种更加令人轻松愉快的心理距离上，我们甚至可以对这类角色进行嘲笑。举例来说，《纽约客》上曾刊登过这样一幅幽默漫画，一位坐在安乐椅上的绅士对一个年轻人说："儿子，你已经长大了。现在你欠了我21.4万美元的抚养费。"此外还有一个不容忽视的老笑话，一个男人对一个女人说："给你100万美元，你会陪我睡觉吗？"女人回答："嗯……我想我可能会的。"男人又问："给你100美元，你会陪我睡觉吗？"女人反问道："你把我当成什么样的女人了？"男人回答说："我们之间的买卖关系已经确立了，现在，我们不过是在讨价还价而已。"

现在我们可以回到日常生活中未被记录在案的间接言语行为的问题上。以前面提到的首次贿赂餐厅领班时大汗淋漓、哆里哆嗦的美食评论家为例，假如他当时遇到的是个诚实的领班，那么他就制造了一个权力（领班一贯宣称的与客户的正常关系）与交换（费勒设法提供的关系类型）的错配。难怪费勒会感到尴尬（如果不是感到不道德的话）；他的恐惧心理完全符合关系模型理论的假设。事实上，正是那个会话含义拯救了费勒。他的话语的字面意思（"我想知道是否有人取消了预约"）完全符合权威关系，但他的言外之意（"如果你能马上安排我们入座，我就给你100美元"）却传达了他所希望达成的交换关系。这样，对诚实的领班来说，他并不会受到什么冒犯，而对于不诚实的领班来说，他就可以借机接受这个贿赂。（人们还会觉得这个餐厅领班保全了他的权力，至于这个蹩脚的借口为什么会发挥作用，那是我们将在本章最后部分讨论的另一个难题。）

尽管诱惑逻辑有时花样百出，但总的来说，它们仍旧大同小异。下面这个博弈论矩阵，想必大家是不会感到生疏的。

	合作伙伴	不合作伙伴
什么都不说	握手	握手
"我很想和你做爱。"	发生性关系	用酒泼对方的脸
"你不想过来看我的蚀刻板画吗？"	发生性关系	握手

不过，这里需要提醒你注意的是那个"用酒泼对方的脸"的格子。在《窈窕淑男》的那场戏里，迈克尔违反常规的表白为什么不仅给对方带来了尴尬——错误关系匹配的通常惩罚形式，而且还遭到了对方的攻击呢？尽管承诺性的恋爱关系属于一种公共关系，但是，处于初期的两性关系中却有一种交易的成分在里面，因为比较而言，男人对发生一夜情的愿望更强烈一些。对于一个性感的女人来说，她往往期望得到她所心仪男子的特别关注和包容，而且她对其基本条件的要求标准也很高，尤其是他的社会地位。朱莉是一颗绚丽的新星，而迈克尔只不过是一个逗她开心的小人物而已。因此，对于朱莉来说，迈克尔的引诱不仅仅是关系错配的问题，更是对她面子的威胁——她认为自己在性市场上应该享有的资格，这就是她为什么不得不去捍卫它的原因。

事实上，大型募捐活动中的招募善款之举与求爱行为有许多相似之处。招募活动中，一场丰盛的宴席是十分有必要的，因为这有助于营造一种温暖融洽的氛围。整个募捐过程始终笼罩着友谊的光环，使被引诱的对象乐在其中，有时甚至还提供娱乐消遣（那就是我和其他外形俊朗的教授们的任务了）。整晚的大部分时间里，手头那件要紧事始终没有被提及，尽管它一直萦绕在人们心头。招募人（诱惑者）不得不小心翼翼地拿捏着火候，既不能让这个夜晚白白溜走，又不能在人们情绪还未被恰如其分地煽动起来之前提出捐助的动议。这与求爱行为的唯一一点差别就是，当最后一刻到来时，院长不能径直走到捐赠者面前，并若无其事地把手伸向捐赠者的支票簿。不过，他必须对捐赠"动员词"（交易的行业邀请）加以小心谨慎的推敲和润色，每位捐赠者都会被尊称为"领导"和"朋友"，不仅如此，"善款"的主要利他属性会被不厌其烦地反复申明。而有关这笔交易的讽刺性言论——例如，那所大学正在推销捐赠者的冠名权、声望、与一些有趣的人的虚假友谊等，都是禁忌。交易只是极其隐晦地进行着，整个交易过程自始至终都笼罩着集体主义的光环；实际的捐赠条款也不会在现场签署，它会被延迟到"我们这里的负责人会与您的助手电话联系"那个阶段。正如求爱那样，有时候，双方当事人最终还真的成了好朋友。

下面我们再来谈谈隐性威胁。就各种形式的威胁本身而言，它们之所以被隐藏在会话含义中，往往出于两个方面的原因。对于其中一个原因，我们并不陌生：直截了当的敲诈者不仅会暴露自己的身份，而且极有可能像行贿者那样有招致法律处罚的风险。另一个原因是，他可能遇到贿赂对象不惧其威胁，并很有可能揭穿其把戏的风险。而为了维护自己赖以为生的名誉，该敲诈者却不得不将此次威胁进行到底，而这个威胁本身很可能会给他带去极其昂贵的代价和风险，不仅如此，一旦失败，这种行为也将变得毫无意义。不过，隐性威胁却可以同时解决这两方面的问题。假如这个威胁是未记录在案的，敲诈者很难被证明有罪，而且，如果遭到抵制，他还可以选择放弃此次贿赂，而无须收回自己的言辞，也不会给自己的信誉造成很大的损害。就这一点而言，英语为他提供了一个尤其便利的选择：将来时自身所固有的未来（futurity）和意志力（volition）之间的歧义（就是我们在第3章中所探讨的话题）。举例来说，"假如你不与我们的运输公司合作，你的工会就会举行罢工"这句话完全可以被辩称为一种远见卓识的预测，而非蓄意的威胁。《教父 II》（*The Godfather Part II*）也是一个极富创意的例子。电影中，弗兰克·科莱奥内即将在国会听证会上出庭做证，反对迈克尔·柯里昂，由于他被 FBI 扣押着，所以他并没有收到任何来自迈克尔的威胁。刚刚从西西里飞回来的科莱奥内的哥哥很快就打听到科莱奥内打算出庭做证的事情。于是，在他的陪同下，迈克尔出现在旁听席上，当科莱奥内出现在法庭时，他正好面对着他的哥哥。（汤姆·哈根解释道："他来了，自费而来，目的是助他弟弟一臂之力。"）弗兰克于是放弃了他的做证计划。

有时，语言不仅会令人尴尬，而且还会带来危险。事实上，人们传达隐性信息的方法五花八门，科莱奥内对弟弟的威胁暗示仅仅通过轻轻的一瞥。在自传中，罗杰·布朗（Roger Brown）解释了19世纪50年代早期（当时他还是个大学生）男同性恋们所面对的收益矩阵以及他们是如何在男厕所里解决那个甄别问题的：

你得带上一本书，坐在马桶上，关上门，在一间鸭草棚般的厕所里尽可能把心思放在那本书上。当你的"鸭子"出现并进了隔壁的隔间时，你就可以扔下手里那本书，专心致志地观察他那只你所能观察得到的脚和脚踝。对方杂乱无章的脚步或顿足对你来说是毫无意义的，你所关心的是其中的"模式"。当然，可供解读的模式并非只有一种，但最容易解读的却是对方始终朝向你移动的那只脚：先是大脚趾，然后是脚后跟，他的动作总是那么微妙，微妙得让人永远也无法确定那就是一种挑战，假如不是专攻此类解码的人，你甚至都不会注意到他脚上的那些动作。不过，最可怕的一种可能性还是隔壁传出的一串低沉的声音："嘿，小子，怎么回事？"

在自己的隔间里，你的脚也要按照隔壁那个人的方式进行移动，渐渐逼近他的方向。最后，其中总要有一个人冒险……"接触"对方。其实也算不上什么太大的风险；除非双方之间产生了一种难以压抑的激情，否则一句道歉也就摆平了。然而，一旦这种激情被激发出来，情况就会变得一发不可收。

上述这些别具匠心的托词表明，人们方方面面的情商都可以用于特殊会话含义，而并不只限于对语言本身的解释。

"间接言语"真的那么奏效吗

现在，我们还有一个有待解决的问题：在日常交谈中，一种提议到底应该以"记录在案"的方式还是以"未记录在案"的方式提出的心理意义（psychological import）的问题。这个问题一般出现在下面两个前提均成立的条件下。第一，甄别问题已经得到了解决，而且双方对彼此的意图均心知肚明。第二，说话者明确表达的隐性意图在听话者心里毫无悬念。我们在前面提到的例子，如蚀刻画、取消订餐、领导才能、事故的可能性等，都是些显而易见的把戏，因此事实上，任何一种"合理推诿"都是不合理的：它们都无法通过测谎实验。正如你所了解的，在法庭上，通过排除合理怀疑就可以定罪，尤其针对牵涉到言论自由的案例，这一定罪标准实际上为我们解释了为什么人们只要稍加推诿就可以使自己免于困境。不过，这毕竟是法庭上的事情，我们的问题是，为什么在日常生活里我们还要像辩护律师那样行事呢？为什么餐厅领班接受了顾客直截了当的行贿就会对他的处境不利呢？在冠冕堂皇的交换条件的煽动下，为什么一个捐赠者的内心深处却始终清楚这只是游戏规则呢？为什么用一个毫无修饰的语句来断然拒绝一次提议要比用暗示或者肢体语言来拒绝更令人难堪呢？

像许多人际互动一样，这个引诱动力学（dynamics of seduction）的话题过于微妙和敏感，以至于实验人员根本无法在实验室中重现它们。在这种情况下，我们所能利用的最好方法也许只有被称为"风尚喜剧"的思想实验了，在剧情发展的过程中，社交潜规则被各色花言巧语的人物栩栩如生地呈现在我们面前。几个小时前刚刚结识了莎莉的哈利，由于没有把握好恭维的最佳境界，竟被对方指责为企图轻薄人家。

> **哈利：** 什么？如果不是出于轻薄，男人就不能赞赏女人的魅力了吗？好吧，好吧。出于辩论的目的，就算我刚才的话是对你的轻薄，那你要我怎么样呢？把它收回去吗？我现在就收回我所说的那些话。
> **莎莉：** 你收不回去了。
> **哈利：** 为什么不能？
> **莎莉：** 因为你话已出口。
> **哈利：** 那我们该怎么办？叫警察？可那些话已经说出来了啊！

问题是，一个"话已出口"（out there）的命题到底是什么样的概念呢？为什么一旦出口就无法"收回"呢？就像哈利说的，就连警察也无济于事了。

尽管会话含义的很多特征都可以通过理性推理的一般程序加以推断，不过，最终我们还是不得不面对人们心智中的语言专属问题。用语句来表达一份情感——露骨地、记录在案地、直截了当地，这些情况完全不同。因为有些话一旦出口，覆水难收。

在我们所考察的上述情况中，单方或双方在进行手头上的交易时（性请求、贿赂、捐赠），希望彼此仍然保持那种与一个命题的字面措辞相一致的关系类型（比如，男人和女人是朋友或同事、餐厅领班是权威、捐赠者与院长是朋友关系），然而，他们手头上的交易却假定了一种与此迥然不同的关系类型，且这种关系类型会被含沙射影地暴露在话里话外的字里行间。那么，为什么人们会认为间接言语可以让他们侥幸逃脱直言不讳所无法规避的虚伪惩罚呢？事实上，我也不知道确切的答案是什么，不过，对此问题我倒是有如下一些看法。

● 间接言语可以作为对听话者"象征性的鞠躬"（The token bow）。通过将命题精心打造成间接言语行为，说话者希望听众明白，他正在努力维护着她的尊严、情感或面子。出于对说话者意图的心领神会，听话者会对他的善解人意心存感激，双方因此感到轻松和愉快。而直截了当的命题则恰恰相反，命题自身的高效性所传递给听话者的信息是，说话者根本就不在乎自己的感受。

● "用不着说什么，拿出行动来"（Don't talk at all; show me）。一种集体性的关系并不是靠语言协商出来的，而是由诸如礼仪、宴席和身体接触等交流形式构建起来的。设法用语言澄清一种关系的行为本身就意味着这种关系并不属于互惠型，因为互惠关系（communal relationships）是一种骨子里的感受，而绝不是由理性决定的。同理，职权关系（authority relationships）也不是语言就能协商出来的关系类型，它是由大小、强度以及优先权等非语言符号的形式建立起来的。

● "虚拟听众"（The virtual audience）。对于对话双方来说，一种间接言语的行为意图可能是毋庸置疑的，因为他们不仅了解当前的会话背景，而且还能为彼此的言谈举止做证。但对于一个道听途说的局外人或第三方来说，情况就不同了。他们并不了解这些方面的信息，因此，他们唯一的凭证就是那些断章取义的措辞。当然，这并不等于说道听途说的局外人就不能解读会话含义，但比起双方当事人，他们对含义确定性的把握程度要差得多。举例来说，一种推诿即使对双方当事人来说均是不合理的，但在局外人眼里，它却完全可能是合理的。而一个直截了当的命题则不然，与会话含义相比，命题不仅能让当事人更加心中有数，而且在传播的过程中，它的保真性也更高。这是因为语言是一种数字媒介，而数字信息可以被毫发无损地加以传播。当然，即使是最精确的语言也有模糊性，而且，人们对措辞的记忆能力也不完美。不仅如此，一个句子的内容远比当事人的语调，或者双方当时就座的距离等信息更容易被复制。基于这种思维方式，人们会设想一个虚拟的听众，并在他面前精心地表演（就像欧文·戈夫曼所一贯主张的），这么做的唯一理由就是尽可能使那些可能泄露给外人或八卦的信息无懈可击。

● "保留咒语"（Preserving the spell）。说话者和听话者共享的公共关系是一种令人愉快的幻觉，就像看一出戏、参观一所天文馆或观赏一瓶绢花。人们可以各从其志，餐厅领班可以统治他富丽堂皇的"封地"，女人可以陶醉于倾心于她的男人的注视和谄媚，捐赠者可以享受与名人共进晚宴的虚荣。尽管一个间接言语行为的隐含信息能够被这种幻觉挽救，但它却会被一个直言不讳的命题消灭殆尽，就好比一场戏中的咒语会被说错台词的演员解除，或者一朵玫瑰绢花带给人们的美好幻觉会被一个"台湾制造"的标签毁灭一样。即使咒语被解除了，但当事人仍旧可以享用这一借口，他们要付出的唯一代价不过是被对方看成骗子或受骗者而已。根据这一理论，出于自欺欺人的目的，人们的自我被分裂开来，一部分自我坚信这种推诿是合理的，即使这种合理性会遭到另一部分自我的怀疑。

● "作为谢林点的确定性"（Certainty as a focal point）。日常生活中的一些情况与那项法律政策——只有排除合理的怀疑才能定罪，极其相似。各种关系类型是离散的、迥然不同的互动模式，而对于一种关系体中的双方来说，角色转换并非易事。由于涉及的是双边问题，人们必须在何时切换角色的策略上达成共识。正如人们不能公开协商他们的关系一样，这一角色切换的临界值也同样不能公开进行商榷，因此，它只能演变成一种未声明的契约。一个男人到底可以坐在距离一个女人多远的地方、他到底可以多过分地恭维她、邀请她去自己住处的托词需要多么圆滑才不至于让她知道自己是醉翁之意不在酒呢？尽管她私下里会小心翼翼地对这些线索进行追踪，但她与他的关系只能要么这样要么那样，绝不能不伦不类。在叫停之前，她一定已经忍受了大量暗示的折磨，因为转换关系是要付出代价的，而且人们很难知道底线到底在哪里。直截了当的命题当然会落在这条底线的另一边，而且这也正是它与那一连串旁敲侧击间的主要差别。这类推诿的合理性可能微乎其微——百分之一或者千分之一，但只要它不是零（因为只有直截了当的命题才会是零），她就无法指责他。

● 下面是谢林探讨的另一种场景，即协调博弈（Coordination Game）的一个例子。一对夫妇在百货商店走散了，两个人都猜测在哪里才能找到对方。或者，两个伞兵分别降落在外国领土上，他们身上只有地图，所以只能在没有通信交流的条件下实现会合。在这种情况下，双方还必须对对方对自己可能出现位置的预测进行判断。在一场协调博弈中，对双方玩家来说，任何凸显的谢林点（即焦点）都可以成为一个解决方案，即使除凸显之外，这个焦点没有其他任何适合会合的优势。对伞兵来说，他们可能会把沙漠中的唯一一棵树作为会合点，或最高的山脚下，又或两条河流的交汇处。即使这个会合点距离他们降落的地方很远，他们也会如此选择，因为面对一片毫无特色的地域，这个焦点是唯一可以被挑选出来的地方。谢林指出，这就是为什么谈判双方经常会在出现分歧的问题上进行一些妥协，或在一个大数目上达成一致的原因："推销员在推销一款'最低销售额'为 2 507.63 美元的汽车时，双方最后达成的协定很可能是抹掉那个尾数 7.63 美元。"同样，"如果一个一直坚持60% 利润的人最后让步到了 50%，他可以算是守住了底线；但如果他让步到了 49%，别人就会认为他没有守住底线，而且还有可能继续让步。"

● "相互知识"（Mutual knowledge）。设想一个女人刚刚拒绝了一个男人发出的"欣赏他的蚀刻版画"的邀请。就这个女人而言，她很清楚或至少相当自信——她所拒绝的是一次性邀请。而就那个男人来说，他也清楚她拒绝了自己所提出的那个邀请。但问题是，双方是否知道对方都清楚自己了解这个事实呢？也就是说，男人是否知道女人对自己所了解的事情也已心知肚明了呢，或者女人是否知道男人对她所了解的事情也是心知肚明的呢？当有人设法揣摩你的心思时，原本在你心中的一个微不足道的不确定性很可能被他放大成一个巨大的疑惑。毕竟，女人私下里对这个潜台词的笃定很可能是建立在她对社交的敏锐度、对异性的广泛了解以及从其他与这个男人有过交往的女人那里所了解的有关这个男人的一贯表现的基础上的。但是，在自己造成的这种局面中，那个男人只能站在普通人的角度进行推理。反过来说，即使那个男人很聪明，他了解当女人说"不"时，她的意思是"不行"，但那个女人又未必能确定对方是不是天真地觉得自己没有领会他的真正意图。也许，否认这个性企图的存在并不是不合理的，但否认对方知道这种性企图的存在就是不合理的了。相比之下，假设这个男人用赤裸的话语直接向女人发出性邀请并遭到拒绝，在这种情况下，这种高阶不确定性（higher-order uncertainty）就等于被公之于众了。不仅当事人双方都清楚女方拒绝了男方，而且双方都确切地知道彼此对这一点也如指掌。

上述这种情况就是学者们所说的"相互知识"、"共同知识"（joint knowledge）、"常识"（common knowledge）和"共同基础"（common ground）。从格莱斯开始，许多理论家们都将自己的理论建立在这样一个假设基础上：一种语言中的规则、一种文化中的背景信念（background beliefs）以及人类理性的共同知识是成功交际，尤其是通过会话含义实现的成功交际的必要条件。不仅如此，共同知识在语言中很可能还起着其他作用。对于一个特殊请求或提议的共同知识很可能是双方当事人被迫改变他们之间的关系类型的先决条件，而纯粹的个人知识（mere individual knowledge）却不是（尽管双方都了解同样的事实，但他们彼此都不知道对方是否知道自己知道这一事实）。假如你心里明白我向你发出了性邀请并拒绝了我，我心里也明白我向你发出了性邀请被你拒绝了，那么我们完全可以假装它从未发生过，而且，我们仍然可以继续做朋友（或至少假装做朋友）。但如果我们确切地知道彼此对这一事实也都很清楚，那么这种哑谜就再也无法继续打下去了。

语言利用个人知识引爆相互知识的独特魅力奠定了大量的寓言和脑筋急转弯的基础，最著名的例子当属《皇帝的新装》。人人都看得出国王光着身子，但没人能确定其他人是否也看出了这种情况，所以他们谁也不敢声张。不过，万事俱备只欠东风，小男孩的一句"皇帝没穿衣服"即刻引发了整个观众队伍的哄堂大笑。问题的关键是，尽管那个男孩的无忌童言所道出的是所有人的共识，但他的话仍然传达了信息——现在所有人都知道了这样一个事实，即不仅他们自己看出皇帝没有穿衣服，在场的所有人也都看出了皇帝没有穿衣服。

下面还有一个更出人意料的例子——被人们戏称为"烧烤酱问题"（Barbecue Sauce Problem），这一问题常以各种同构（isomorphs）形式出现在人们的日常生活中。故事是这样的：有 20 位逻辑学家一起去野餐，在野餐的过程中，厨师为他们上了一道酱排骨。其中三个人不小心把排骨酱弄到了脸上，但由于身边没有镜子，所以他们自己并不知情，当然，其他人也不知道他们自己的脸上是否也弄上了酱。在场的所有人都能看到这三个人脸上的酱，但谁也不想告诉他们，因为那样做会让他们感到尴尬，不仅如此，他们中也没有人想擦拭一下自己的脸，因为他们担心，假如自己的脸上没有酱，那么胡乱擦抹会让大家觉得很愚蠢。不久，厨师端着一盘西瓜过来了，他很快就发现了问题，说道："你们当中至少有一个人的脸上弄上了排骨酱。一会儿，我会按一下上餐铃，给诸位一个机会把脸上的酱擦掉。按一下之后，我会再按一次，再按一次……当每个人脸上的酱都擦干净后，我就为大家上西瓜。"说完，厨师按了第一下餐铃，但是谁也没动。他又按了一下，还是没人动。当他第三次按下餐铃时，那三位逻辑学家均将脸上的排骨酱擦干净了。随后，厨师将西瓜摆上了餐桌。

事实上，在厨师将情况挑明之前，在座的每一位逻辑学家都知道，他们 20 个人中至少有一个人的脸上有排骨酱，因此，对他们来说，厨师宣布的并不是什么新闻。不过请注意，厨师是当众宣布这件事情的，而恰恰是这一事实改变了在座所有人的个人知识。它使在场的每个人都确定了这样一个事实，即不仅自己知道有人把酱弄到了脸上，而且其他人也都知道自己所知道的事情。这也正是他们可以加以利用的信息。下面是它的具体使用方法。

让我们来设想一个比这简单一点的故事，20 位野餐的逻辑学家只有一个人把脸弄脏了。当厨师说至少有一个客人的脸是脏的时，这位客人环顾四周，发现别人的脸都是干净的，于是得出结论，那个人就是自己。当第一声铃声响起时，她就将脸上的酱擦掉了。这再简单不过了。现在假设有两个食客弄脏了脸。当厨师宣布时，第一个人看到了另一个人的脸脏了，但她却不知道自己的脸是否也是脏的，于是，她什么也没做。第二个脸脏的人与第一个人的想法完全相同。第一声铃响过了之后，他们两个谁都没动，不过，这时第一位逻辑学家意识到，他的脸一定是脏的，因为，假如第二位逻辑学家是唯一弄脏脸的人，那他应该已经将自己的脸擦干净了，就像我们在只有一个人弄脏脸的场景中看到的那样。而他并没擦脸的事实表明，他一定是看到了另一张脏了的脸，而由于自己所能看到的都是干净的脸，所以她可以肯定，那另一张脏了的脸一定是自己的。当第二次铃声响起时，他擦干净了自己的脸。与此同时，第二位逻辑学家也擦干净了自己的脸，因为他也做了同样的演绎推理。这个逻辑同样可以应用于第三个脸脏的食客：两次铃声过后，每个人都可以从无人采取行动的事实中推断出，加上他们自己看到的两张脏了的面孔，他们自己一定就是那另一张面孔。事实上，这个逻辑可以被推广到任何数量的食客身上，他们都将在相应的铃声之后擦净自己的脸。（10 个弄脏脸的食客会在第 10 次铃响后把脸擦干净，11 个弄脏脸的食客会在第 11 次铃响后把脸擦干净，以此类推。）

相互知识的最简单解释是，A 知道 x、B 知道 x，并且 A 知道 B 知道 x、B 知道 A 知道 x，无限循环。尽管如此，人类有限的大脑根本无法容纳无限多的命题集合。而且，除了此类烧烤酱问题，人们往往无须被这些层层叠叠的"A- 知道 -B- 知道"的命题弄得头晕目眩。

就像语言学的其他例子那样，据说，一个人"知道"无限多的语言表达式（词语、句子、命题），而且相互知识中的知识是"隐性的"（implicit）。人们的头脑真正需要的只是一个递归公式，换言之，一个包含自身例子在内的公式。人们的心智所共享的是下面这个陈述，我们可以把它叫作 y："人人都知道 x，且人人都知道 y。"为了解决一个指定的问题，如果有必要的话，只要他们的记忆跟得上，需要多少个递归命题参与，他们就能激活多少个。但他们都知道，只要留意头脑中那条共享信息的递归属性，他们就能获得相互知识，甚至可以通过留心观察自己及他人获取个人知识的环境来推断他们所获得的知识的共性，比如从响铃或者男孩子的大喊声中。

相互知识可以用来解释日常生活中很多面子保全及面子威胁的问题，因为从本质上来看，"面子"本身就是一种相互知识的现象。你之所以能理直气壮地占据一场谈判的优势，是因为不仅你知道你是受人尊敬的或有足够的实力守住这个优势，而且你还知道别人也知道你自己了解这一点。不敬的言辞一旦被公开就会造成致命的破坏，因为它们会将上面这一循环扼杀在萌芽状态。任何一个成熟的人都知道，每个人，哪怕是他们的好朋友，都可能背着他们说三道四。有时甚至在电话交谈中，你都能意外地听到别人对你的坦率评论。还有电子邮件，如果不小心的话，那里也潜伏着只言片语的不敬。不过，只要没人知道你听到过或者看到过这些伤人的话，那么它们就不会惹出什么大的是非来。相反，如果那些话通过第三方渠道传到你的耳朵里，或者你从一群丝毫没有注意到你出现的人的谈话中偶然听到，或是从某个没搞清楚"回复"和"回复所有人"之间的区别的家伙发送出的邮件中看到的，那它们所造成的后果可就严重了，而且，它们极有可能会激起你的斗志。为什么会这样呢？因为现在所有人都知道你知道他们了解这一情况了，假如你相安无事地接受了它，那将严重地威胁到你的面子。

一种被称为"通达谙练"（tact）的技巧可以有效防止敏感的个人知识演变成相互知识。举例来说，晚宴上，人人可能都会注意到有位客人很胖，或者另一位客人口齿不清。然而，假如有人大声地说出来，虽然人们的相互知识是建立起来了，不过，这也会令当时的局面异常尴尬。再如，这是我的一次亲身经历，事情非常微妙，为此，我还在实验室做过进一步的研究。事情的经过是这样的：一个研究生向我提出申诉，他认为助教给他的成绩过低。我仔细阅读了他的论文，觉得成绩确实有问题。于是我告诉那个学生，我会和助教谈这件事情的。在我跟助教谈话的时候，我告诉他，我已经跟学生说过为他改成绩的事情了。不过，在处理这件事情上，我非常谨慎，我从来没有在他们两个同时在场的情况下谈起过这件事，我甚至都没将他们两人中的任何一人的电子邮件转给过另一个人，因为我觉得这样做会有损助教的尊严。正是这种个别交流的方式有效地阻止了他们之间相互知识的建立。助教也许知道他对学生论文做出的评判已经被驳回，学生也许也知道这一点。但学生并不知道助教知道自己知道这一点；就学生所知，助教很可能会认为我被他磨得没办法了。而助教也并不知道学生知道自己已经意识到自己的评判是被驳回的；就助教所知，学生很可能会认为，为了提高课程的人气，我要求他采取一些积极的合作态度。在这种情况下，要不是相互知识有损助教的面子，那么这一共同信息就应该成为他们的相互知识了。

就这一事实的成因，即人们明明能够看穿间接言语行为却又偏偏对此乐此不疲，相互知识做出的解释最为深刻。但这并不等于说上面提到的其他 5 种解释无足轻重。也许，关于为什么一个直截了当的命题要比一个闪烁其词的命题更容易损害人际关系的问题存在着某种阴谋推理。对于一个直截了当的命题，假如它恰巧表述的是公共认知，那么它就不仅不能被忽略，而且还是我们前面所说的那条唯一清晰的底线，且很容易被一个虚拟的听众识别出来。更有甚者，它还将打破人们对这种关系的幻想，从而彻底粉碎人们从中获得的每一分快乐。公共关系更是如此，因为任何针对这种关系条款所进行的公开协商行为，其本身就是对这种关系的严重危害。也许正是出于这个考虑，某个审时度势的人才采取了这样一个措施：用间接话语取代直接命题，含蓄委婉地传达真正意图。渐渐地，此人所采取的措施因保全了说话者的面子而赢得了大家的赞赏。总之，出于上述所有原因，我们往往会有这样一种感觉，直言不讳的话一旦"说出去"，就再也"无法收回"了。

理性无知：故意不去了解一些事情

人们在语言使用方面玩的游戏绝不是轻率的。语言游戏均遵循这样一条规则：交际是一种典型的社会活动。人们以言行事——他们毛遂自荐、发号施令、威逼利诱、觅爱寻欢，而且他们的言语行为必定会影响到与他人的关系。人们谨慎地推敲言辞，因为他们的言辞必须同时完成两项任务：传达人们的意图、维持或重新协商他们与自己同伴的关系。

那么，人类这种避实就虚的话语习惯到底是人类心智的设计漏洞呢，还是有什么更深层的合理性（即预言任何一个社交者都将参与到间接言语行为中的合理依据）呢？乍看起来，这一合理性似乎不太可能存在。人类拥有语言的全部理由就是要传达信息，因为知识就是力量，所以很显然，语言所传递的信息越多越好。也许有人会天真地认为，了解某事总比不了解好，这就好比富裕总比贫穷要好是一样的：如果你很富有，你就可以把钱送给别人，然后成为穷人。如果你了解某事，你就可以决定不去理睬它。

无处不在的电子媒体让现代人饱受信息超载之苦，当然，这已是我们这个时代的老生常谈。在过去的半个世纪里，认知科学家一直喋喋不休地提醒人们有关人类大脑在信息加工方面的局限问题。一些学者辩称，格莱斯的合作准则是对交际中信息流的一种管理方法，它最大化了可用知识的传输率。

遗憾的是，最终造成人类这种避实就虚的话语习惯的原因却很可能源于信息所带来的另一种危险——并不是信息量多少的问题，而是信息内容的毒害问题。所谓"理性无知悖论"（rational ignorance），是指不管人们需要多少信息大脑都能不分良莠地全部容纳，但对于一个理智的头脑来说，总会有某些信息是它所不希望接受的。

有时我们会有选择性地不去了解一些事情，因为我们能够预感到，它们可能会对我们的情绪产生一种无法控制的影响。心理学家格尔德·吉仁泽（Gerd Gigerenzer）在论证其"不可或缺的无知定律"（Law of Indispensable Ignorance）

时列举了一些理性无知的实例。比如，人们在还未来得及观赏一部电影或阅读一本书之前，一般会刻意避开相关述评，因为它们很可能会泄露故事的结局；假如一个球迷手头上有一盘一场篮球赛的实况录像，他通常不会去收看相关媒体的报道，以便让自己带着悬念去观看赛事的结果；在孩子出生前，许多准父母都选择不去了解胎儿的性别，而且在一些国家里，由于对女婴实行选择性堕胎的事件屡见不鲜，因此，泄露胎儿性别的信息被法定为犯罪行为；对于为数不少的家庭来说，假如不做 DNA 测试的话，那些与子女毫无血缘关系的名义父亲们很可能会非常快乐地享受着天伦之乐；父母本身有亨廷顿氏舞蹈症的孩子往往会拒绝做遗传基因的检测；而绝大多数人宁愿不去想这样一个事实，即我们总有一天会离开这个世界。

人类心智系统选择性无知的另一个原因是，假如我们的心智系统生来就是个公正的决策者，那么，哪怕一丁点儿额外信息都可能会令它有失公允。正是出于这个原因，法庭不允许陪审团事前了解有关被告人的犯罪记录或者警方通过非法手段所获取的信息。这也是为什么科学家要通过双盲研究来试验药物有效性的原因，即他们不会让自己知道哪些人将其作为药物服用、哪些人将其作为安慰剂服用。学术论文的手稿审阅也都是匿名进行的，无论作者的身份还是评审人的身份都要被隐去。行政合同也是通过密封投标的程序进行招标的。

不过，真正可以用来解释人们为什么总是避实就虚这一问题的，还是那类源于奇爱博士困境的理性无知，这类理性无知的特点是，人们的理性能够转而抗衡自己，而针对这种情况的唯一对策就是知识的单方面裁军（这是另一组由谢林首先提出的悖论）。如果人们无法接受威胁，那么他们就能过得更好。这就是为什么做了坏事的孩子会避开父母的目光、目击证人会被单独监禁的原因。我有个同事，他因为听不懂歹徒操着浓重口音的威胁，所以依然留着一件漂亮的夹克，过着自己的精彩生活。一个人如果知道的秘密太多，那么他就很容易受到一些想打探这些秘密的坏人的敲诈，甚至可能受到会杀人灭口的凶恶歹徒的伤害。因此，不去看绑匪的脸，这对遭绑架者来说是件好事；外交使者出于对自身安全的考虑会刻意让自己远离那些高度机密的信息；反间谍电影中有一句老语："我可以告诉你真相，不过那样的话，我就必须杀了你。"在协调博弈中，人们知道得越少就越有优势：假如两个朋友正在商量去哪家餐馆就餐，手机突然没电关机了，那么，关机前一瞬间提议去的那家方便自己的餐厅的一方就可以少走些路。

仅仅被问及某些问题也同样能置人于不利的境地，因为如果一种回答是具有破坏性的，那么另一种回答就会是一个谎言，而拒绝回答事实上就等于承认这个问题只有这两种答案。根据《美国宪章》第五条，即《反对自证其罪的权利修正案》的规定，证人有权拒绝回答问题，不过，如果这样做了，他们往往会遭到公共舆论的谴责。当某个显赫的位置出现了空缺并急需选拔能胜任的人才时，候选人一般不会公开承认自己想要竞聘上岗，因为万一消息传到别人的耳朵里，他将会被对手轻松击败；不过，他又不能说自己不想争取这个位置，因为如果那样做，他会丧失取胜的机会。候选人甚至连"无可奉告"也不能说，因为如果对这个职位不感兴趣，那他们为何还要参加竞聘呢？在最近一次对哈佛大学某学院院长人选的物色期间，新闻媒体发现，那些有望取胜的候选者突然神秘地（难以置信地）与他们的助理失去了联络。当然，我们前面已经看到过很多有关相互知识将负面信息转换成面子威胁的例子。很多作者拒绝阅读那些对他们不利的评论，这样他们就可以诚实地说，他们因没有读过而无法答复。还有一些作者，他们甚至不会去阅读"任何"评论，唯恐看到熟人对他们自己设法回避的东西做出最差的评论。

如此说来，知识完全可能是危险的，因为一个理性的心智很可能会被迫以理性的方式运用它，这会令恶意或粗心大意的语者运用我们的知识来对抗我们自己。可以说，人类语言的表达力令人喜忧参半：在满足了人们好奇心的同时，它也让人们了解了他们不欲了解的东西。语言不仅是通往人性的一扇窗户，它更像是我们身体上的一段瘘管：一块将我们的内心世界暴露于危机四伏的外部世界的对外伤口。难怪我们如此期盼人们用优雅、含蓄以及其他形式的欺人之谈来粉饰他们的言辞。

逃离心智洞穴，发现真实人性

正如盲人摸象那样，人类对自身本性的探索也可以从很多方面展开。以各种当代科学为例，人类学能够将各文化民族的相似性与差异性记录成册。生物学能够详细绘制出人类的大脑系统，或基因发展程序，或人性化利基（human niche）中那些必须解决的适应性问题。心理学能够在实验室中诱导人们暴露自身弱点，或详细记录他们在正常范围与超正常范围中的不同表现。文学则能够在那些传奇和故事中，或者仅仅在莎士比亚的作品中，探索那些永恒的、令人如醉如痴的主题。

我在本书中采用的视角是语言——在词义、语法构式以及它们的使用方法中探讨人性的本质。与其他科学立场一样，我所采取的这种立场在为您揭示出事物的本来面目的同时，它自身也存在着盲区。众所周知，语言是一种公共的、数字性的介质。然而，人类的经验则不然，它不仅极具隐私性，而且还有血有肉、栩栩如生。正因如此，我们的语言不得不对人类经验的方方面面加以掩饰：我们的灵感、我们的情绪、我们的暗示和直觉以及我们的肢体语言，等等。不过，请不要忘记，人类是一种群居动物，人们喜欢彼此教化、说长道短，并对周围人发号施令，可以毫不夸张地说，人类日常生活中的方方面面都渗透着礼尚往来。作为上述信息的主要交流渠道，语言适应于我们经验中的每一种能够与他人共享的特征，不仅如此，人类境况中很大一部分都在它的权限范围内。

还记得前面提到的那个家喻户晓的火星科学家吧，在这里，我们完全可以说他是个火星语言学家，就他而言，尽管他确实掌握了一些有关人类语言的语义学和语用学知识，但是，仅凭这些知识，他是无论如何也无法准确描写我们人类这种物种的特征的。在这一章中，我将为您提供一种语言视域下的人性观，即一种从前面各章节中提及的现象背后自动浮现出来的人性观。尽管前面的很多例子都来自英语，但它们所反映出的却是一些最能体现人性共同特征的现象，因为它们遍布于世界各地毫无历史瓜葛的语言社团。当然，在一种指定语言中，由于词语和语法构式的使用不仅取决于语言使用者的心理，还取决于该语言所经历的时尚史、战争史以及邻邦史。因此，这些现象可能未必具有完全的普遍性，也未必能直接反映出我们人类大脑的遗传模式；而且有些现象可能只是我们的大脑和身体与人类生态学在人类历史的进程中相互作用的产物。不过，即使存在这么多的前提条件，这种语言视域下的人性观依然为我们生动地展现了一个以独特方式进行思想、体验和相互制约的物种。

人类建构了一种独特的认知世界的方式，然而这种认知方式与世界所呈现给他们的那种感觉模拟流（analogue flow of sensation）之间存在着巨大差别。在建构的过程中，他们首先将自己的体验打包进物体和事件当中，然后再将这些物体和事件组装进那些被他们视为真实世界和可能世界的特性命题里。这些特性是高度图式化的：在从一种情况中挑选出一些方面的同时，它们会将其他方面忽略掉，以便允许同一种情况获得多种方式的建构。这就是即使人们在物质是如何通过空间这一问题上达成了一致，却仍然可能在一种指定的情况到底是什么的问题上产生分歧的原因。

现实中的人类特性是由一个可识别的思想清单建构起来的。这一清单始于一些基本单位，比如事件（events）、状态（states）、事物（things）、物质（substances）、位置（places）以及目标（goals）。它也详细地说明了上述这些单位的基本工作原理：进行（acting）、前进（going）、改变（changing）、存在（being）、拥有（having）。通过致使（causing），或使能（enabling），或者防止（preventing）另一起事件的发生，一起事件可以被看作对另一起事件所发挥的作用。一次行动可以被人们目标明确地发起，尤其是那些针对运动目标（例如装干草）或者变化状态（例如装马车）的行动。物体是按照属性特征加以区分的，比如人类的或非人类的、有生命的或无生命的、固体的或聚合体的；还可以按照它们沿着空间的三个维度的不同分布情况加以区分。事件被看成是占据了一段时间并相对于彼此而进行的排序。

上述每一种观点均基于一种独特的解剖学原理。人类善于识别各种独特的个体，并将它们分门别类地归入一个个范畴中去。不仅如此，他们还能辨别出哪些是捕获了一种个体本质的稳定范畴，而哪些不过是偶遇的瞬息万变的表面特征而已。他们的心灵深处隐藏着一个变焦镜头，既能够追踪一个实体的组成物质（比如塑料材质），也可以反过来追踪这一实体的边界（比如一只杯子）。换言之，一种物质既可以被视为一种连续介质（continuous medium），比如苹果酱；也可以被视为一个由内部成分组成的集合体（aggregate），比如鹅卵石。

尽管人类对较大的数量也能做出粗略的估量，但他们所拥有的数字概念却十分初级，它仅能区分 1、2 和许多。人类不仅要利用这种粗劣的定量法对物体进行计数（例如单数、双数、复数），而且还要利用它对事物进行空间定位，例如 at（在……地方）、near（在……附近）、far（远处）；以及时间定位，例如 present（当前）、the recent past（近期以来）、the remote past（遥远的过去）。

在思考一个实体所处的位置，或它的属性，或其运动和变化的方式时，人们往往会从整体的角度去设想，将其想象成一个难以名状的团儿（blob），或者一个没有内部成分的点（point）。在这一过程中，整个物体要么被视为位于某一位置上，要么被当成一个移动的整体，要么被想象成拥有弥漫其中的某一特质；又或者从一种状态整体地转变成另一种状态（例如一辆装满干草的马车或一个飞满蜜蜂的花园）。当然，人类还能用一个物体的组成部分来指称整个物体，并将它们之间的关联方式进行注册，就像表达式 the bottom of the wagon（那个马车的底部）或者 the edge of the garden（那个花园的边缘）。而当他们所思考的这个物体恰巧是人体时，另外一个实体就开始发挥作用了：这个实体就是"人"，请注意，这个"人"既被认为其自身"就是"自己的身体脏器，又被认为是自己身体脏器的"拥有者"。因为人类所拥有的不仅是自己的身体器官和有形动产，他们还拥有自己的思想（人与人之间可以相互传达彼此的思想）和运气。

当人类用肉眼或心理意象来观察世界时，物体和事件往往被他们置于一个空间连续介质（continuous medium of space）中。不过，这并不是他们领会物质世界的唯一方式。在另一套心智系统下，人们并不认为空间处于匀称的坐标系上，这里所谓的匀称坐标就是标尺、分角器、测量水平仪等呈现出的那种坐标；相反，他们将一个坐标系强加于一个引用对象（reference object）上，然后相对于该坐标系定位出一个图形（figure），比如 in（在……里面）、on（在……上面）、above（在……上方）。此外，人类还能够利用地球、自己的身体或者一个凸显的物体对一个坐标系进行调整。不仅如此，为了能以多种方式对一个物体的位置进行推测，人类的心智还能在这些坐标系之间来回切换。这些参考坐标系均能十分清晰地区分上与下、前与后，但当它们对"左与右"进行区分时，却表现得十分不尽如人意。就图形与背景之间的关系而言，人类轻而易举便能注意到它们之间的拓扑关系（topological relationships），比如，一个物体是靠近还是隶属于另一个物体，或位于另一物体内部；再如，这个图形是在其背景的上面（on）还是在其上方（over），距离它是远（far）还是近（near）。隐藏在人们内心深处的那个变焦镜头允许这些空间概念以任何规模加以应用，它们小至亚原子的概念，大到浩瀚的银河系的概念。

人类心智能够将物体溶解为图解模型（schematic models），而这些模型则由延伸至某一数量维度（例如一维、二维、三维）内的类物质（generic matter）构成。与其中某一种或多种维度相符的物质可以被一条边界分割，也可以被无限期地放出，或者保留一点与自己黏着的相邻物质（adjacent matter，例如丝带、横梁、台面板）。这种几何学同样可以应用于将一大块物质从周围的空间中分离出来的界限上（就像物体的末端、外壳、边界），也或者应用于一块物质被掏出后留下的空缺上。当人们以空间方式进行思考时，构成一个物体外形的轮廓、角度和长度会渐渐融入背景中，这就是为什么"横穿"既可以用于一只手，也可以用于一个地区的原因。当然，当人们将该物体归类到一个由名称标签的范畴中时，它的外形特征依然能够重新返回到人们的意识中。空间思维方式完全是为满足人类操控事物的需求应运而生的，所以，仅凭几何学是无法对其进行完整界定的，换言之，它的界定还需要借助于诸如安装（fitting）、支撑（supporting）、容纳（containing）、覆盖（covering）等直觉物理学（intuitive physics）知识以及人类使用这些物体的其他方式。

尽管人类的意识以一段连续的时间流为媒介，但它并不是人类的语言思想在处理时间上所采用的真正方式。事实上，在人类语言思想的大脑分区中，时间被大脑处理成了空间的一个维度，而事件则被理解成沿着这一空间维度排放的原材料（material）。时间可以被看作人们行进的一条道路，或是从人们面前走过的一支游行队伍。时间并不是用秒表或日历来计算的，实际上，它被我们的心智分解成了若干个离散的区域。人类倾向于采用三分法来划分时间：一段是心理上的现在（一段大约持续三秒钟的意识时刻），一段是无限期的过去（有时，它还被进一步区分为最近的过去和遥远的过去），还有一段则是不确定的未来（有时，它也被进一步划分为不久的将来和遥远的将来）。过去和将来这两个概念通常并不属于纯粹的时间概念，它们沾染了浓厚的形而上学色彩：过去（the past）被并入了实在（the actual）这一概念中，非过去（nonpast）被并入了假设（the hypothetical）这一概念中，而将来（the future）则被并入了可求（the willable）这一概念中。处于这类心智时间线上的事件被设想成挤出来的时间物质（time-stuff）：就像真正的物体那样，它们可以是点状的，也可以被拉伸；它们可以有脆弱的界限，也可以无限定地淡出；它们既可以由一起单一的事件构成，也可以由一些重复发生的事件所组成的集合体构成。换言之，人类的心智变焦镜头既可以对准一次行动的微观性质，如过马路；也可以将整个事件尽收眼底，如穿过了马路。与这种心智卷尺的原理相同，心智秒表也是以人类目标为参照校准的。当一种行为被视为一起人为事件时，它会表现出一种运行方式；而当这种行为被视为天灾人祸时，它则会表现出另一种运行方式。每当人们心生愿望，这个心智秒表便开始运行；而每当人们如愿以偿，它便悄然停下脚步。

人类往往将一些事情视为自然发生，而将另一些事情看成是人为所致。在对因果关系进行评定时，人们所依据的并不只是即时事件间的关联，或是对相反情况的反思（例如，如果当初是另一种情况，又会怎样呢），他们更多依据的是自己对一种推动力（impetus）的直觉，这种推动力由一个主动发起运动的强势施事者发起，并由它强加给一个宁愿留在原地不动的弱势实体。各种推动与抵制的心智动画变体又催生了人们对协助（helping）、妨碍（hindering）、防止（preventing）以及允许（allowing）等行为的直觉。

处于一个因果链上的第一个链接通常被识解为由一个施事者（agent）所发起的一次行动（action），这个施事者通常是一个人。人类通常采用行为方式、行为后果，或两者的结合体来划分行为类型。通常情况下，人们关注的是一种行为后果到底是刻意的还是无意的，是直接产生的还是在施事者的干预下产生的，是该行为的手段还是其最终目标。不仅如此，他们往往还会站在道德立场上对这些差别进行诠释，并坚持主张，凡是自愿的、刻意的直接肇事者均应受到法律或道德的惩罚。

正如英国诗人多恩所说，这世界上没有人是一座孤岛。人们利用各种心智艺术品（mental artifacts），如各种名称以及其他词类，丰富着自己的内心世界，这些艺术品都是他人心智加工的结晶。在特定的历史时期和特定的社会中，它们共同构成了我们所谓的文化，而文化的一个组成部分就是它的语言。尽管词语这类心智产品普遍存在于社会群体中，但它们最初必定源自一个做好事不求回报的始创者的心智，而他原创的心智产品能否流传下来则主要取决于两方面的因素：一方面是它们对其他人的吸引力，另一方面是连接了那个始创者与他周围的人的势力网络。事实上，每个人都是这类艺术品的生产者，同时也是它们的消费者，这一点在给婴儿命名上显得尤为突出。在现实生活中，人类在自己究竟应在这一势力网络中扮演什么角色的问题上表现得十分矛盾，具体来说，他们常常会是在该随波逐流还是匠心独具这两种欲望间进退维谷、举步维艰。

当然，人类并不只是一味地玩味自己的想法，他们也为自己的想法付诸情感。他们敬畏神明，敬畏自己的身体和财产，敬畏自己所能控制的超自然领域。他们害怕疾病、死亡和衰弱。他们厌恶自己身体的分泌物。他们对各种情色都充满了欲望。他们憎恶敌人、叛国者以及地位卑微的民族。与上述这些想法同样令人生厌的是，他们还愿意强加于人，他们时而会威胁或诋毁他人，时而又希望备受他人关注，有时甚至会表现出心甘情愿地容忍这些想法。在人们度过的每一天中，他们都会对自己生活中的起起落落，尤其是那些沮丧与挫折，给出极富情绪化的反应，有时他们甚至还会向他人宣泄自己内心的愤懑。

在人类社会中，人际关系是一个相当敏感的话题。维护"面子"竟能让人们在谈判或冲突中固执己见、决不妥协。此外，他们对自己的社会地位以及与他人的团结、沟通也表现得十分敏感。当人们与自己的伙伴在一起时——通常是他们的亲属、爱人和朋友，他们会资源共享，并不计代价地相互支持，以此来感受那份浑然一体的直觉所带给他们的情感共鸣和亲密无间；而在与其他人交往时，有时甚至会不择手段地为自己谋取优势或炫耀自己的地位，以此来证明自己的权威或影响力。此外还有一些人，就这些人而言，人们只是怀着一报还一报的心态，与他们进行商品和服务等方面的交易，或者与他们平分责任与义务。

在对人际关系进行投资时，人类总是带着一种道德的色彩。当由于疏忽而违背了某种关系逻辑时，他们会感到非常内疚，也极其鄙视那些故意违背这种关系逻辑的人。人际关系建立在共识的基础上，人们清楚地知道，不仅他们自己知道这是一种特殊的关系类型，而且其他人也知道他们了解这一点。这使得人类对那些公然承认违背这种关系逻辑的行为，比如威胁、提议、要求或侮辱等公开行为，表现得十分敏感。然而尽管如此，还是有人常常会冒天下之大不韪，他们有时是迫于生计，有时则是为了重建一种社会关系。这就是为什么即使在处理一件与此大相径庭的公事时，人们也希望尽量去维护那个维系人际关系的共识，为了达到这一目的，他们会不惜花言巧语，又或者恶语相加、威逼利诱。

任何一种人性都会令那些满怀希望的人们忧心忡忡，因为它们似乎为人们的思想、情感以及它们相互影响的方式设置了限制。人们不禁会问："生活真的不过如此吗？"（Is that all there is?）① "难道我们注定只能从一个数量有限的选项菜单中来选择那些我们能够想得到的想法、感受得到的感受以及生命游戏中那些规定了的玩法吗？"

　　在柏拉图著名的"洞穴寓言"中，我偶然发现了人类这种焦虑的发祥地。这个寓言故事是这样的：一些囚犯被镣铐在一个洞穴里，他们的头和身体都被紧紧地锁在一起，除了洞穴的后壁，他们什么也看不到（见图 8-1）。洞穴的样子看上去很像动画片《摩登原始人》（The Flintstones）中的剧场，在剧场的舞台上，放映师们举着一些剪贴画和玩偶，舞台的背后放着一堆火，火光将那些剪贴画和玩偶的影子投射到洞穴的后壁上。对于囚犯们来说，墙壁上放映的这部电影就是他们所了解的全部世界。那些被他们当作物体的东西实际上只是它们的投影而已，而且，即使他们设法逃离了这个洞穴，外面光明世界中的物体也会令他们头晕目眩、眼花缭乱，因为他们的眼睛早已习惯了洞穴中的暗无天日和墙壁上的那些阴影。在这则寓言的一种解读本中，山洞被解读成我们的头骨，而我们对现实世界的了解只不过是心智为我们呈现的一些朦胧的表征而已。

图 8-1　柏拉图的"洞穴"

　　在本书的写作过程中，我一直都在设法寻找隐藏于语言的含义和语言使用之

① 这是一部美国老电影的片名。——译者注

中的思想、情感以及社会关系的主要类型。难道它们就是一直禁锢着我们心智的洞壁幻影吗？不幸的是，本书中的许多讨论都加剧了我的这种恐慌，因为它们警示人们，概念语义学的机制将会使我们永久地承受来自各种推理谬论和我们自身机制的残缺的伤害。

在限制人类理性的多种因素中，最突出的当属人们的框架能力，换言之，人类利用不同方式框架同一事件的能力允许他们仅仅凭借一个行为的一种描写方式（例如"确保收益"与"防止损失"）就可以改变自己对该行为的看法。另一种限制因素来自我们运用的概念本身，尽管它们在工具制造和日常协作中发挥着举足轻重的作用，但它们却很难被应用于自然科学和社会科学构造的这个全新的概念世界。举例来说，人们习惯于以整体的方式来看待一个实体，这种倾向使得他们对两个群体之间在力量上的悬殊差别感到迷惑不解；人们将财富理解为只能出现在同一时间和地点的实物商品，这种观念使得他们对数字媒体新兴市场的调控力不从心；人们将运动设想成一种拮抗力对主动力的推动力所造成的变化，这种思维方式导致他们对普通物理学心存疑虑（例如，人们本能地认为，飞行中的球具有一种推动自身向前运动的动力）。不仅普通物理学，人们对进化论的理解也同样不堪一击，就连那些自称信仰达尔文主义的人也都认为，生物体是应需而变的（就好像它们是追踪目标的施事者一样），而且，同一生物种群中的所有成员的进化都是同步发生的（就好像该物种具有整体发生改变的性质一样）。人们将人类看成是无因之因的施事者，他们能对受事者产生台球碰撞般的即刻影响，这种认知方式的后果就是，他们对大脑中各种原因的更好理解和对世界复杂因果关系的深入考察，却搞得法官和陪审团们一头雾水。

正如物理世界中的这些自然概念，人类社交界中的自然概念同样能够迷惑它们赖以蜗居的心智。在山野村间式的面对面原始交际中，人类拥有的为人处世的本能策略（比如集体性、支配性以及互惠精神等）可能还行得通；然而在现代社会的正式竞技场中，它们却会将我们引入歧途。对于社会体制来说，裙带关系与任人唯亲始终是一种驱之不散的威胁，权力之争也在不断地威胁着我们的民主政治。人们对互惠原则所寄予的厚望使得他们根本无法正确理解中间商们在经济中扮演的角色。经济学家托马斯·索维尔（Thomas Sowell）的研究表明，纵观整个人类历史，中间商们——零售商和放债者，从未真正摆脱过遭人鄙视的困境，因为他们既不直接生产，也不直接进行等价交换，他们手中的唯一商品或周转资金就是利润。当一些少数族裔专攻中间商利基时，他们会被视为"吸血鬼"，尽管他们在当地经济中扮演着不可或缺的角色，但也终究不可避免地成为遭人迫害，甚至屠杀的目标。法律学者蔡爱眉（Amy Chua）在《起火的世界》（*World on Fire*）中指出，自由市场民主体制的对外输出很可能会引发种族仇恨以及全球动荡的局面，因为自由市场为中间商利基打开了一扇大门，这些少数族裔的繁荣将会激起那些困惑不解的多数民族的极大愤慨。

此外，人类倾注于语言中的情感同样能将人们的视线从五彩缤纷的现实世界重新带回到我们心智的洞穴中来。那些经过情感粉饰的词语在不经意间所表现出的感染力足以让人误以为，它们绝非一些简单的、任意的规约组合，相反，它们是魔法无边的咒语。从哥白尼天文学说到进化论，那些似乎挑战权威或威胁社会安定的科学发现无不引来嘘声一片，仿佛它们公然冒犯了社会或家庭而招致谴责和定罪。还有一些迫切需要处理的技术问题，如美国社会安全系统，始终是美国政治中的第三轨问题，任何触及此类问题的政治人物都将付出惨痛代价。再比如，反对党可以将自己的任何一种解决方案框架为"为了我们长辈的福利"（或者为了我们的孩子、我们的退役军人），目的是给人一种与家庭和朋友相关的亲切感，而不仅只是为一个三亿人的国家制定政策。

尽管语言暴露了人类思想洞穴中的那堵后墙，但它同时也为我们指明了（至少在某种程度上指明了）逃离这个洞穴的冒险路径。不管怎么说，逃离了洞穴的人们毕竟目睹了五彩缤纷的现实世界。尽管人类有种种缺点和不足，但我们毕竟争取到了自由民主制的自由、技术经济带来的财富以及现代科技中蕴含的真理。尽管我并不相信我们终将迎来一个乌托邦式的万事都会迎刃而解的认知世界，但我却坚信，人类心智的确有办法超越那几幕反复重现的洞壁幻影。事实上，在设法摆脱自身认知和情感束缚的道路上，语言为人类敞开了一扇最明净的窗。

接下来，我将为你介绍几种人类逃离自身心智洞穴的方法。第一种方法就是所谓的"概念隐喻"法。人类首先利用他们所拥有的空间、时间、因果关系和物质等概念工具腐蚀掉那些为他们量身定制的、如铅一般的物理材料,然后再利用残余下来的框架去认知一些难以想象的主题。举例来说,人们可以指派一个处于某一位置上(at a location)的物体的空间概念,然后将它用于对处于某状况下(in a circumstance)的一个实体的理解。例如,从底特律到芝加哥,从恶劣到更恶劣(即每况愈下)。他们也可以指派一个发力的拮抗力概念,然后再将其用于其他类型的因果关系,比如社会压力或内部冲突(关上抽屉→逼走安妮)。这类抽象的认知方法合在一起为人类提供了一种表达、一个变量值、一种原因及其结果的手段,换言之,它们为人类框架科学的基本规律提供了足够的概念机制。此外,人类还拥有很多相互关联的隐喻,而且,他们还可以将这类隐喻应用到更加复杂的思想集合上去——例如,将爱情比作旅行,将辩论比作战争,将政治立场比作束缚,等等。这些隐喻并不只是文学上的修辞手法,它们所捕捉到的是因果关系网络上的深层对等关系,人们使用它们的目的也绝不只是简单的交流,而是更有效地进行认知推理。

第二种方法是语言的"组合力"(combinatorial power)法,即对"有限手段的无限使用",通过这种组合力,词语可以被编辑成短语和句子,而它们的含义则可以从词义以及它们在语句中的组合方式推导出来。语法的组合方式反映着思想的组合方式,每个短语都表达着一种复杂的思想。在本书前面的章节中,我之所以没有提及语言的这种无限组合性问题,是因为在我之前所著的有关书籍中已经对此问题做过系统的讨论。不过这里我觉得有必要提醒读者这样一个事实:尽管我们与生俱来的概念和关系资源如此有限,但正是语言、思想所具备的这种组合优化的特点才使得人们可以酣畅地玩味那些人类的突发奇想,就好比我们在星巴克点餐一样,即使你只想点一杯咖啡,你也可以有数十种不同的选择(比如,杯子大小的不同、烘焙方法的不同、咖啡因含量的不同、是否加糖以及糖浆的种类、咖啡的冲泡风格、牛奶的种类,等等),作为心智的拥有者,人类就是凭借着对物体、事件、原因以及目标等概念进行组合的天赋,为自己编织出了无数五花八门的奇思妙想。

为了彰显这种超强的语言繁殖力以及它所传达的各种思想，语言学的传播者们争先恐后地设计出了许多切实有效的方法。我最喜欢的是一家网站，人们在那里上传了各种他们在办公室、地铁和其他地方不经意间听到的奇闻趣事。我认为，没有什么比这些真人的真实话语片段（没人能编得出来）更能彰显人类心智的超强组合力了，它们是心智组合力的最佳广告词，因为从中体现出的生生不息的动力简直让我们这些之前不善于脑筋急转弯的人瞠目结舌。

> 售票员：各位乘客，请不要用您的贵重物品或孩子拦挡正在关闭的火车门！
>
> ◇　◇　◇
>
> 女孩 #1：正如莎士比亚所说的"不应该杀人"（Thou shalt not kill）。
> 女孩 #2：那不是莎士比亚说的，那是上帝说的。
>
> ◇　◇　◇
>
> 办公室的同事：从现在开始，我要用第三人称称呼自己了，我会称呼自己为"一个愤怒的中国寡言人"。现在这个愤怒的中国寡言人对你的行为表示强烈的不满。
>
> ◇　◇　◇
>
> 一个正在打手机的人：我昨天给你打电话，你不在家。你去哪里了？什么？去结肠镜那儿了？他至少也得给你买束鲜花，再说点下流话什么的吧？哦，对不起，是，我是有点不靠谱了。不说废话了。哦，哈哈，不就是开个玩笑么，又不是故意的。别……别，对不起，喂？喂？

当你将这两种资质，即隐喻力和组合力结合在一起时，思想的语言（the language of thought）就可以被用于构思和表达人们源源不断的思想了。不仅如此，在设法理解某些事情的过程中，人们还能够发现新的隐喻，进而将它们组合到更新、更复杂的隐喻和类比中去。

当然，这些能力同样可以滋生出源源不断的"坏"思想。幸运的是，其他心智天赋也赋予了人类区分善恶的方法。在思考问题时，人们并不会将自己的思想禁锢在一种单一的隐喻上，他们完全可以在各种隐喻间来回切换，以便筛选出隐喻中各种概念关系与有待解决的问题中所涉及的事物之间的最佳匹配。这种切换可以由一种核心直觉来驱动。人们能够感觉到，他们的词语是"关于"这个世界的种种情况的，并不仅是一些陷于自我指涉的定义（正如我们从人们对名字语言学的直觉中所感受到的那样）。基于类似的方法，人们可以将命题看成是"客观意义上"的真或假，而不仅仅是他们认为的真或假，正如我们从人们对叙实动词（factive verbs），如"获悉"和"知道"的直觉中感受到的那样。人们对一些问题的直觉，比如，思想到底能否指向外界的真实事物，再如，他们对世界的信念到底是真实的还是仅仅只是信念而已，能够促使他们去验证自己对这个世界的因果结构所进行的类比的可靠性，进而删除类比中与世界本来面目无关的特征，并将注意力集中在解释性的特征上。

　　毫无疑问，这两种天赋的结合并没有使我们中的任何一个人获得发现真理的必需手段。不仅每个个体的心智要受到经验和独创性的限制，就连整个社团的集体心智也不能齐心协力、集思广益，除非他们出于这一目的重新调整自己的社会关系。日常生活中的分歧常常会威胁到人们的面子观，这就是为什么礼貌交流总是围绕着大家共同认同的理性话题，比如天气、官僚机构的腐败无能、航空公司的劣质服务或集体宿舍的伙食等。为了满足人们对礼貌共识的渴望，那些负责对知识体系进行评价的团体，比如学术界、商界、政府及新闻界等，不得不寻找变通的方法。举例来说，在学术讨论会上，当一个学生指出大会发言者的实验中存在某种问题时，我们总不能因为发言者是德高望重的前辈，或者因为他为了这个实验呕心沥血，又或者因为指出问题会伤害他的感情等因素就让那个学生闭嘴吧。不过，在基于权力或合作的日常交往中，上述的顾虑却是完全合乎情理的。

　　不仅在纯粹的思想领域，就连在社会关系领域中，我们同样需要将自己的心智模型从为它们量身定制的先验领域中解放出来，并以全新的组合形式将它们隐喻性地应用到手头需要解决的问题上。事实上，人们很清楚自己完全能够做到这一点，因为各种社会关系的差别无非在于它们对商品和社团关系类型的不同分配方式上。在以科学和其他知识驱动的社会关系中，人们必须以社团心态来看待被当作共享资源的正确思想，与这种心态相比，其他类型的社会关系驱动下的社团心态则更加自然一些，它们将思想看作对个人性格的反应，或是自愿维护公共关系的社会成员们的内在需要。这就是科学和知识驱动下的社会关系与其他类型的社会关系截然不同之处。在科学与知识驱动的社会关系中，人们对思想的评价必须与自己的权威意识截然分开：系主任们有权要求获得更大的办公空间或更高的工资待遇，但他们却不能强迫同行默许自己的理论学说。科学上的公开辩论和同行评议就是建立在这些全新的关系原则基础之上的，此外，它们也为其他正式机构中的相互制衡和问责体系奠定了基础。

当一切准备就绪的时候，人们就可以朝着洞口的方向摸索前进了。在初等教育阶段，在老师的指导下，孩子们通过体验粗略地增加着与计数序列中的数词顺序之间的类比关系，将自己原有的数字常识从"1""2""许多"扩展到对较大数值的估量。到了高等教育阶段，在导师的鼓励下，学生们将人口看成是一个个体集合而不是一个整体数字，借此，人们对统计学或进化论的错误认识得到了纠正。此外，教师还会鼓励学生重新看待金钱，将它从沿着一条时间线发生变化的东西看成是能够改变价值的东西，或者将它看成是可以进行继续投资的利润，这种思维方式能够改掉人们之前对民俗经济学的错误理解。在科学与工程学领域，为了搞清楚研究对象的本质，人们设想出了多种类比（比如，油漆刷是一种泵，热是一种流体，遗传是一种代码等），并将它们应用于其他类比（例如，性选择就是一个同时放置了加热器和冷却器的房间）。如果细致地解读这些类比，你就会发现，它们绝不仅仅是一些诱人的框架，事实上，它们起着实际理论的作用。它们提出的是可以验证的假说，而且，它们还能催生出新的发明与创造。在机构管理过程中，为了强化社会公开与问责，政府会不断地提醒它的公民，他们个人生活所依据的那些有关真理的直觉——他们对欺骗、误导或诱惑的抵御等，在更大的社会竞技场中同样有用武之地。因为这些提醒能更正人们在禁忌、礼貌共识、服从权威等方面的自然倾向。

当然，发现这一切并不是一件轻而易举的事情。因为凡事都依赖于自己的感官，人们很容易倒退回原始的直觉概念的方式。这使得教育在科学民主制度中的地位显得尤为重要，它甚至还为教育提出了一个目标性的口号（一条当今高等教育中令人极其难以捉摸的原则）。教育的目标是设法弥补人们对物质世界和精神世界的认识缺陷。教育的成功与否并不在于设法为一个空白的大脑植入了多少抽象的概念陈述，而在于它是否能设法捕获到那些本应属于我们自己的心智模型，是否能将它们以选择类比的方式应用于新问题的解决以及是否能将这些类比重组进更新、更复杂的概念组合中去。

　　来自语言的这种观点不仅向人们展示了我们所赖以蜗居的心智洞穴,它还为我们指明了逃离这一桎梏的最佳途径。借助概念隐喻和组合优化,人们完全可以对支配人类事物的新思想和新方法进行认真思考和细细玩味。即便我们的心智仍在那些构成人类思想本质的事物(例如:主动力与拮抗力;点、线、面;行为过程与最终结果;神、性与排泄物;怜悯、尊重与公平;等等)之间不断闪烁,我们也一样能够完成这个使命。

Abarbanell, L., Li, P., & Papafragou, A. 2005. Spatial language and reasoning in Tseltal. Paper presented at the Annual Meeting Of the Linguistics Society Of America.

Adams, D., & Lloyd, J. 1990. *The deeper meaning of Liff*. New York: Harmony Books.

Allan, K. 1977. Classifiers. *Language, 53,* 285–311.

Allan, K., & Burridge, K. 1991. *Euphemism and dysphemism: Language used as shield and weapon*. New York: Oxford University Press.

Allison, H. E. 1973. *The Kant-Eberhard controversy: An English translation, together with supplementary materials*. Baltimore: Johns Hopkins University Press.

Aman, R. 1987. *The best of Maledicta: The International Journal of Verbal Aggression*. Philadelphia: Running Press.

Anderson, J. R. 1976. *Language, memory, and thought*. Mahwah, N.J.: Erlbaum.

Anderson, J. R., & Bower, G. H. 1973. *Human associative memory*. New York: Wiley.

Anderson, S. R. 1971. On the role Of deep structure in semantic interpretation. *Foundations of Language, 6,* 197–219.

Apresjan, J. D. 1973. Regular polysemy. *Linguistics, 142,* 5–32.

Attneave, F. 1968. Triangles as ambiguous figures. *American Journal of Psychology, 81,* 447–453.

Aunger, R. 2000. *Darwinizing culture: The status of memetics as a science*. New York: Oxford University Press.

Ayer, A. J. 1936. *Language, truth, and logic*. New York: Oxford University Press.

Baayen, R. H., & Moscoso del Prado Martin, F. 2005. Semantic density and past-tense formation in three Germanic languages. *Language, 81,* 666–698.

Bach, E. 1986. The algebra Of events. *Linguistics and Philosophy, 9,* 5–16.

Baddeley, A. D. 1986. *Working memory*. New York: Oxford University Press.

Baker, C. L. 1979. Syntactic theory and the projection problem. *Linguistic Inquiry, 10,* 533–581.

Barbour, J. B. 2000. *The end of time: The next revolution in physics*. New York: Oxford University Press.

Barner, D., & Snedeker, J. 2005. Quantity judgments and individuation: Evidence that mass nouns count. *Cognition, 97,* 41–66.

Barry, H., & Harper, A. 1993. Feminization Of unisex names from 1960 to 1990. *Names, 41,* 228–238.

Barthes, R. 1972. To write: An intransitive verb? In R. Macksey & E. Donato (Eds.), *The languages of criticism and the science of man: The structuralist controversy.* Baltimore: Johns Hopkins University Press.

Bates, E. 1976. *Language and context: The acquisition of pragmatics.* New York: Academic Press.

Bates, E., & MacWhinney, B. 1982. Functionalist approaches to grammar. In E. Wanner & L. R. Gleitman (Eds.), *Language acquisition: The state of the art.* New York: Cambridge University Press.

Beeman, J.-J. 2005. Bilateral brain processes for comprehending natural language. *Trends in Cognitive Science, 9,* 512–518.

Beeman, W. O. 2001. The elusive butterfly. *Iconicity in Language.*

Bell, Q. 1992. *On human finery.* London: Allison & Busby.

Berent, I., Pinker, S., & Ghavami, G. In press. The dislike Of regular plurals in compounds: Phonological familiarity Or morphological constraint? *The Mental Lexicon.*

Berent, I., Pinker, S., & Shimron, J. 1999. Default nominal inflection in Hebrew: Evidence for mental variables. *Cognition, 72,* 1–44.

Berent, I., Pinker, S., & Shimron, J. 2002. The nature Of regularity and irregularity: Evidence from Hebrew nominal inflection. *Journal of Psycholinguistic Research, 31,* 459–502.

Berkeley, G. 1713/1929. Three dialogues between Hylas and Philonous. In M. W. Calkins (Ed.), *Berkeley selections.* New York: Scribners.

Berko, J. 1958. The child's learning Of English morphology. *Word, 14,* 150–177.

Bertolo, S. (Ed.). 2001. *Language acquisition and learnability.* New York: Cambridge University Press.

Bickerton, D. 1990. *Language and species.* Chicago: University Of Chicago Press.

Biederman, I. 1995. Visual Object recognition. In S. M. Kosslyn & D. N. Osherson (Eds.), *An invitation to cognitive science,* Vol. 2: *Visual cognition and action.* Cambridge, Mass.: MIT Press.

Blackmore, S. J. 1999. *The meme machine.* New York: Oxford University Press.

Blakemore, S.-J., & Frith, U. 2005. *The learning brain: Lessons for education.* Malden, Mass.: Blackwell.

Blanchette, I., & Dunbar, K. 2000. How analogies are generated: The roles Of structural and superficial similarity. *Memory & Cognition, 28,* 108–124.

Blanchette, I., & Dunbar, K. 2001. Analogy use in naturalistic settings: The influence Of audience, emotion, and goals. *Memory & Cognition, 29,* 730–735.

Block, N. 1986. Advertisement for a semantics for psychology. In P. A. French, T. E. Uehling, & H. K. Wettstein (Eds.), *Midwest studies in philosophy: Studies in the philosophy of mind* (Vol. 10). Minneapolis: University Of Minnesota Press.

Bloom, P. 1994. Syntax-semantics mappings as an explanation for some transitions in language development. In Y. Levy (Ed.), *Other children, other languages: Theoretical issues in language development.* Mahwah, N.J.: Erlbaum.

Bloom, P. 1996. Possible individuals in language and cognition. *Current Directions in Psychological Science, 5,* 90–94.

Bloom, P. 1999. *How children learn the meanings of words.* Cambridge, Mass.: MIT Press.

Bloom, P. 2003. *Descartes' baby: How the science of child development explains what makes us human.* New

York: Basic Books.

Bok, D. C. 2006. *Our underachieving colleges: A candid look at how much students learn and why they should be learning more*. Princeton, N.J.: Princeton University Press.

Borer, H. 2005a. *Structuring sense,* Vol. 1: *In name only*. New York: Oxford University Press.

Borer, H. 2005b. *Structuring sense,* Vol. 2: *The normal course of events*. New York: Oxford University Press.

Boroditsky, L. 2000. Metaphoric structuring: Understanding time through spatial metaphors. *Cognition, 75,* 1–28.

Boroditsky, L. 2001. Does language shape thought? Mandarin and English speakers' conceptions Of time. *Cognitive Psychology, 43,* 1–22.

Boroditsky, L., & Ramscar, M. 2002. The roles Of body and mind in abstract thought. *Psychological Science, 13,* 185–188.

Borregine, K. L., & Kaschak, M. P. In press. The actionsentence compatibility effect: It's all in the timing. *Cognitive Science*.

Boudin, M. 1986. Antitrust doctrine and the sway Of metaphor. *Georgetown Law Journal, 75,* 395–422.

Bowdle, B., & Gentner, D. 2005. The career Of metaphor. *Psychological Review, 112,* 193–216.

Bowerman, M. 1982a. Evaluating competing linguistic models with language acquisition data: Implications Of developmental errors with causative verbs. *Quaderni di Semantica, 3,* 5–66.

Bowerman, M. 1982b. Reorganizational processes in lexical and syntactic development. In E. Wanner & L. R. Gleitman (Eds.), *Language acquisition: The state of the art*. New York: Cambridge University Press.

Bowerman, M. 1983. Hidden meanings: The role Of covert conceptual structures in children's development Of language. In D. R. Rogers & J. A. Sloboda (Eds.), *The acquisition of symbolic skills*. New York: Plenum.

Bowerman, M. 1988. The "no negative evidence" problem: How do children avoid constructing an Overly general grammar? In J. A. Hawkins (Ed.), *Explaining language universals*. Malden, Mass.: Blackwell.

Bowerman, M., & Levinson, S. C. 2001. Introduction. In M.

Bowerman & S. Levinson (Eds.), *Language acquisition and conceptual development*. New York: Cambridge University Press.

Boyd, R. 1993. Metaphor and theory change: What is "metaphor" a metaphor for? In A. Ortony (Ed.), *Metaphor and thought* (2nd ed.). New York: Cambridge University Press.

Braine, M. D. S. 1971. On two types Of models Of the internalization Of grammars. In D. I. Slobin (Ed.), *The ontogenesis of grammar: A theoretical symposium*. New York: Academic Press.

Bransford, J. D., & Franks, J. J. 1971. The abstraction Of linguistic ideas. *Cognitive Psychology, 2,* 331–350.

Breedin, S. D., & Saffran, E. M. 1999. Sentence processing in the face Of semantic loss: A case study. *Journal of Experimental Psychology: General, 128,* 547–562.

Bregman, A. S. 1990. *Auditory scene analysis: The perceptual organization of sound*. Cambridge, Mass.: MIT Press.

Bresnan, J. 2005. Is knowledge Of syntax probabilistic? Experiments with the English dative alternation. In S. Kepser & M. Reis (Eds.), *Linguistic evidence: Empirical, theoretical, and computational perspectives*. New York: Mouton de Gruyter.

Bresnan, J., Cueni, A., Nikitina, T., & Baayen, R. H. In press. Predicting the dative alternation. In

G. Bourne, I. Kraemer, & J. Zwarts (Eds.), *Cognitive foundations of interpretation* . Amsterdam: Royal Netherlands Academy Of Science.

Bresnan, J., & Nikitina, T. 2003. On the gradience Of the dative alternation. Unpublished manuscript, Dept. Of Linguistics, Stanford University.

Bromberger, S. 1992. *On what we know we don't know: Explanation, theory, linguistics, and how questions shape them*. Chicago: University Of Chicago Press.

Brown, D. E. 1991. *Human universals*. New York: McGraw-Hill.

Brown, P., & Levinson, S. C. 1987a. Introduction to the reissue: A review Of recent work. In *Politeness: Some universals in language use*. New York: Cambridge University Press.

Brown, P., & Levinson, S. C. 1987b. *Politeness: Some universals in language usage*. New York: Cambridge University Press.

Brown, R. 1958. *Words and things*. New York: Free Press.

Brown, R. 1985. *Social psychology* (2nd ed.). New York: Free Press.

Brown, R. 1987. *Theory of politeness: An exemplary case*. Paper presented at the Society Of Experimental Social Psychologists.

Brown, R. 1996. *Against my better judgment: An intimate memoir of an eminent gay psychologist*. Binghamton, N.Y.: Haworth Press.

Brown, R., & Gilman, A. 1972. The pronouns Of power and solidarity. In *Psycholinguistics: Selected papers by Roger Brown*. New York: Free Press.

Brown, R., & Hanlon, C. 1970. Derivational complexity and Order Of acquisition in child speech. In J. R. Hayes (Ed.), *Cognition and the development of language*. New York: Wiley.

Bruce, L. 1965/1991. *How to talk dirty and influence people: An autobiography*. New York: Simon & Schuster.

Brugman, C. 1988. *The story of* Over: *Polysemy, semantics, and the structure of the lexicon*. New York: Garland.

Bryson, B. 1990. *The mother tongue: English and how it got that way*. New York: Morrow. Burchfield, R. 1995. *The English language*. New York: Oxford University Press.

Buss, D. M. 1994. *The evolution of desire*. New York: Basic Books.

Butterworth, B. 1999. *The mathematical brain*. London: Macmillan.

Bybee, J. L. 1985. *Morphology: A study of the relation between meaning and form*. Philadelphia: Benjamins.

Bybee, J. L., Perkins, R., & Pagliuca, W. 1994. *The evolution of grammar: Tense, aspect, and modality in the languages of the world*. Chicago: University Of Chicago Press.

Carey, S. 2008. *Origins of concepts*. Cambridge, Mass.: MIT Press.

Carlson, L., & van der Zee, E. (Eds.). 2005. *Functional features in language and space*. New York: Oxford University Press.

Carter, R. J. 1976. Some constraints On possible words. *Semantikos, 1, 27–66.*

Carter, R. J. 1988. Some linking regularities. In B. Levin & C. Tenny (Eds.), *On linking: Papers by Richard Carter* (Lexicon Project Working Paper #25). Cambridge, Mass.: MIT Center for Cognitive Science.

Casasanto, D. 2005. Crying "Whorf" (letter). *Science, 307,* 1721–1722.

Casati, R. 2006. The cognitive science Of holes and cast shadows. *Trends in Cognitive Science, 10,* 54–55.

Catrambone, R., & Holyoak, K. J. 1989. Overcoming contextual limitations on problem-solving transfer. *Journal of Experimental Psychology: Learning, Memory, and Cognition, 15,* 1147–1156.

Cave, K. R., Pinker, S., Giorgi, L., Thomas, C, Heller, L., Wolfe, J. M., & Lin, H. 1994. The representation Of location in visual images. *Cognitive Psychology, 26,* 1–32.

Chapman, L. J., & Chapman, J. 1982. Test results are what you think they are. In D. Kahneman, P. Slovic, & A. Tversky (Eds.), *Judgment under uncertainty: Heuristics and biases.* New York: Cambridge University Press.

Chi, M. T. H., Feltovich, P., & Glaser, R. 1981. Categorization and representation Of physics problems by experts and novices. *Cognitive Science, 5,* 121–152.

Chierchia, G. 1998. *Plurality of mass nouns and the notion of "semantic parameter."* Boston: Kluwer.

Chierchia, G., & McConnell-Ginet, S. 2000. *Meaning and grammar: An introduction to semantics* (2nd ed.). Cambridge, Mass.: MIT Press.

Chomsky, N. 1965. *Aspects of the theory of syntax.* Cambridge, Mass.: MIT Press.

Chomsky, N. 1972a. *Language and mind* (extended edition). New York: Harcourt Brace.

Chomsky, N. 1972b. *Studies on semantics in generative grammar.* The Hague: Mouton.

Chomsky, N. 1981. *Lectures on government and binding.* Dordrecht, Netherlands: Foris.

Chomsky, N. 1988. *Language and problems of knowledge: The Managua lectures.* Cambridge, Mass.: MIT Press.

Chomsky, N. 2000. *New horizons in the study of language and mind.* New York: Cambridge University Press.

Chua, A. 2003. *World on fire: How exporting free market democracy breeds ethnic hatred and global instability.* New York: Doubleday.

Chung, T. T. R., & Gordon, P. 1998. The acquisition Of Chinese dative constructions. Paper presented at the Boston University Conference On Language Development, Boston.

Clancy, J. J. 1989. *The invisible powers: The language of business.* Lexington, Mass.: Lexington Books.

Clark, H. H. 1996. *Using language.* New York: Cambridge University Press.

Clark, H. H., & Brennan, S. E. 1991. Grounding in communication. In L. B. Resnick, J. M. Levine, & S. D. Teasley (Eds.), *Perspectives on socially shared cognition*. Washington, D.C.: American Psychological Association.

Clark, H. H., & Marshall, C. R. 1991. Definite reference and mutual knowledge. In A. K. Joshi, B. L. Webber, & I. A. Sag (Eds.), *Elements of discourse understanding.* New York: Cambridge University Press.

Clark, H. H., & Schunk, D. 1980. Polite responses to polite requests. *Cognition, 8,* 111–143.

Code, C. In press. First in, last Out? The evolution Of aphasic lexical speech automatisms to agrammatism and the evolution Of human communication. *Interaction Studies.*

Cohen, D. B. 2004. Plays Of genius: A psychological exploration Of Shakespeare's ten great themes. Unpublished manuscript, Department Of Psychology, University Of Texas.

Cohen, L. B., Amsel, G., Redford, M. A., & Casasola, M. 1998. The development Of infant causal perception. In A. Slater (Ed.), *Perceptual development: Visual, auditory, and speech perception in infancy.* East Sussex, UK: Psychology Press.

Cole, P. (Ed.). 1981. *Radical pragmatics.* New York: Academic Press.

Collins, R. K. L., & Skover, D. M. 2002. *The trials of Lenny Bruce: The fall and rise of an American icon.* Naperville, Ill.: Sourcebooks.

Comrie, B. 1976. *Aspect*. New York: Cambridge University Press.

Comrie, B. 1985a. Causative verb formation and Other verbderiving morphology. In T. Shopen (Ed.), *Language typology and syntactic description III: Grammatical categories and the lexicon*. New York: Cambridge University Press.

Comrie, B. 1985b. *Tense*. New York: Cambridge University Press.

Corballis, M. C., & Beale, I. L. 1976. *The psychology of left and right*. Mahwah, N.J.: Erlbaum.

Cosmides, L., & Tooby, J. 1992. Cognitive adaptations for social exchange. In J. H. Barkow, L. Cosmides, & J. Tooby (Eds.), *The adapted mind: Evolutionary psychology and the generation of culture*. New York: Oxford University Press.

Cosmides, L., & Tooby, J. 1996. Are humans good intuitive statisticians after all? Rethinking some conclusions from the literature On judgment under uncertainty. *Cognition, 58*, 1–73.

Coventry, K. R., & Garrod, S. C. 2004. *Saying, seeing, and acting: The psychological semantics of spatial prepositions*. New York: Psychology Press.

Croft, W. In press. *Verbs: Aspect and argument structure*. New York: Oxford University Press.

Croft, W., & The Manchester Cognitive Collective. 2001. Discriminating verb meanings: The case Of transfer verbs. Paper presented at the conference Language Acquisition in Great Britain.

Crystal, D. 1997. *The Cambridge Encyclopedia of Language* (2nd ed.). New York: Cambridge University Press.

Crystal, D. 2003. *The Cambridge Encyclopedia of the English Language* (2nd ed.). New York: Cambridge University Press.

Curtis, V., & Biran, A. 2001. Dirt, disgust, and disease: Is hygiene in Our genes? *Perspectives in Biology and Medicine, 44,* 17–31.

Cushing, S. 1994. *Fatal words: Communication clashes and aircraft crashes*. Chicago: University Of Chicago Press.

Daly, M., Salmon, C., & Wilson, M. 1997. Kinship: The conceptual hole in psychological studies Of social cognition and close relationships. In J. Simpson & D. Kenrick (Eds.), *Evolutionary social psychology*. Mahwah, N.J.: Erlbaum.

Darwin, C. 1874. *The descent of man, and selection in relation to sex* (2nd ed.). New York: Hurst & Company.

Dawkins, R. 1976/1989. *The selfish gene* (new ed.). New York: oxford University Press.

Dawkins, R. 1986. *The blind watchmaker: Why the evidence of evolution reveals a universe without design*. New York: Norton.

Dawkins, R. 1998. *Unweaving the rainbow: Science, delusion, and the appetite for wonder*. Boston: Houghton Mifflin.

Dawkins, R., & Krebs, J. R. 1978. Animal signals: Information Or manipulation? In J. R. Krebs & N. B. Davies (Eds.), *Behavioral ecology*. Malden, Mass.: Blackwell.

Dehaene, S. 1997. *The number sense: How the mind creates mathematics*. New York: oxford University Press.

Dehaene, S., Spelke, L., Pinel, P., Stanescu, R., & Tsivkin, S. 1999. Sources Of mathematical thinking: Behavioral and brain-imaging evidence. *Science, 284,* 970–974.

Denfeld, R. 1995. *The new Victorians: A young woman's challenge to the old feminist order*. New York: Warner Books.

Dennett, D. C. 1997. Darwinian fundamentalism: An exchange. *New York Review of Books, 44*.

Denny, J. P. 1976. What are noun classifiers good for? *Papers from the Twelfth Regional Meeting of the Chicago Linguistics Society*.

Dershowitz, A. 2005. The marketplace Of ideas: Know who you are listening to Or reading: The Norman Finkelstein Top Ten Lists.

http://www.law.harvard.edu/faculty/dershowitz/currentlist.html.

Devlin, K. 2000. *The Math Gene: How mathematical thinking evolved and why numbers are like gossip*. New York: Basic Books.

Dews, S., Kaplan, J., & Winner, E. 1995. Why not say it directly? The social functions Of irony. *Discourse Processes, 19,* 347–367.

di Sciullo, A. M., & Williams, E. 1987. *On the definition of word*. Cambridge, Mass.: MIT Press.

Dixon, R. M. W. 2000. A typology Of causatives: Form, syntax, and meaning. In R. M. W. Dixon & A. Y. Aihenvald (Eds.), *Changing valency*. New York: Cambridge University Press.

Dollard, J., Miller, N. E., Doob, L. W., Mowrer, O. H., & Sears, R. R. 1939. *Frustration and aggression*. New Haven, Conn.: Yale University Press.

Dooling, R. 1996. *Blue streak: Swearing, free speech, and sexual harassment*. New York: Random House.

Dowe, P. 2000. *Physical causation*. New York: Cambridge University Press.

Dowty, D. R. 1979. Dative "movement" and Thomason's extensions Of Montague Grammar. In S. Davis & M. Mithun (Eds.), *Linguistics, philosophy, and Montague Grammar*. Austin: University Of Texas Press.

Dowty, D. R. 1979/1991. *Word meaning and Montague Grammar: The semantics of verbs and times in generative semantics and in Montague's PTQ*. Boston: Kluwer.

Dowty, D. R. 1982. Tenses, time adverbs, and compositional semantic theory. *Linguistics and Philosophy, 5,* 23–55.

Dronkers, N., Pinker, S., & Damasio, A. R. 1999. Language and the aphasias. In E. R. Kandel, J. H. Schwartz, & T. M. Jessell (Eds.), *Principles of neural science* (4th ed.). Norwalk, Conn.: Appleton & Lange.

Druks, J., & Masterson, J. 2003. The neural basis Of verbs. *Journal of Neurolinguistics, 16* (Special Issue).

Dryer, M. S. 1986. Primary Objects, secondary Objects, and antidative. *Language, 62,* 808–845.

Dunbar, K. 2001. The analogical paradox: Why analogy is so easy in naturalistic settings yet so difficult in the psychological laboratory. In D. Gentner, K. J. Holyoak, & B. N. Kokinov (Eds.), *The analogical mind: Perspectives from cognitive science*. Cambridge, Mass.: MIT Press.

Duncker, K. 1945. On problem solving. *Psychological Monographs, 58*.

Dworkin, A. 1979. *Pornography: Men possessing women*. New York: Penguin.

Eco, U. 1995. *The search for the perfect language*. Malden, Mass.: Blackwell.

Etcoff, N. L. 1986. The neuropsychology of emotional expression. In G. Goldstein & R. E. Tarter (Eds.), *Advances in clinical neuropsychology* (Vol. 3). New York: Plenum.

Etcoff, N. L. 2008. *Liking, wanting, having, being: The science of happiness*. New York: Farrar, Straus & Giroux.

Everett, D. 2005. Cultural constraints On grammar and cognition in Pirahã: Another look at the design features Of human language. *Current Anthropology, 46,* 621–646.

Fairhurst, G. T., & Sarr, R. A. 1996. *The art of framing: Managing the language of leadership*. San Francisco: Jossey-Bass.

Fareh, S., & Hamdan, J. 2000. Locative alternation in English and Jordanian spoken Arabic. *Papers and Studies in Contrastive Linguistics, 36,* 71–93.

Feist, M. I., & Gentner, D. 1998. On plates, bowls, and dishes: Factors in the use Of English IN and ON. Paper presented at the Twentieth Annual Conference Of the Cognitive Science Society.

Fillmore, C. 1967. The grammar Of hitting and breaking. In R. Jacobs & P. Rosenbaum (Eds.), *Readings in English transformational grammar.* Waltham, Mass.: Ginn.

Fillmore, C. 1968. The case for case. In E. Bach & R. J. Harms (Eds.), *Universals in linguistic theory.* New York: Holt, Rinehart & Winston.

Fiske, A. P. 1992. The four elementary forms Of sociality: Framework for a unified theory Of social relations. *Psychological Review, 99,* 689–723.

Fiske, A. P. 2004. Four modes Of constituting relationships: Consubstantial assimilation; space, magnitude, time, and force; concrete procedures; abstract symbolism. In N. Haslam (Ed.), *Relational models theory: A contemporary overview.* Mahwah, N.J.: Erlbaum. Fiske, A. P., & Tetlock, P. E. 1997. Taboo trade-Offs: Reactions to transactions that transgress the spheres Of justice. *Political Psychology, 18,* 255–297.

Flaubert, G. 1857/1998. *Madame Bovary: Life in a country town* (G. Hopkins, Trans.). New York: oxford University Press.

Fodor, J. A. 1968. *Psychological explanation: An introduction to the philosophy of psychology* . New York: Random House.

Fodor, J. A. 1970. Three reasons for not deriving "kill" from "cause to die." *Linguistic Inquiry, 1,* 429–438.

Fodor, J. A. 1975. *The language of thought.* New York: Crowell.

Fodor, J. A. 1981a. The present status Of the innateness controversy. In J. A. Fodor (Ed.), *RePresentations.* Cambridge, Mass.: MIT Press.

Fodor, J. A. 1981b. *RePresentations: Philosophical essays on the foundations of cognitive science* . Cambridge, Mass.: MIT Press.

Fodor, J. A. 1987. *Psychosemantics: The problem of meaning in the philosophy of mind.* Cambridge, Mass.: MIT Press.

Fodor, J. A. 1994. *The elm and the expert: Mentalese and its semantics.* Cambridge, Mass.: MIT Press.

Fodor, J. A. 1998. *Concepts: Where cognitive science went wrong.* New York: oxford University Press.

Fodor, J. A. 2000. *The mind doesn't work that way: The scope and limits of computational psychology.* Cambridge, Mass.: MIT Press.

Fodor, J. A. 2001. Doing without what's within: Fiona Cowie's critique Of nativism. *Mind, 110,* 99–148.

Fodor, J. A., Garrett, M. F., Walker, E. C. T., & Parkes, S. 1980. Against definitions. *Cognition, 8,* 263–367.

Fodor, J. A., & Pylyshyn, Z. 1988. Connectionism and cognitive architecture: A critical analysis. *Cognition, 28,* 3–71.

Fodor, J. D., & Crain, S. 1987. Simplicity and generality Of rules in language acquisition. In B. MacWhinney (Ed.), *Mechanisms of language acquisition.* Mahwah, N.J.: Erlbaum.

Foley, W. A., & Van Valin, R. D. 1985. Information packaging in the clause. In T. Shopen (Ed.), *Language typology and syntactic description I: Clause structure.* New York: Cambridge University Press.

Foot, P. 1978. *Virtues and vices and other essays in moral philosophy.* Berkeley: University Of California

Press.

Francik, E. P., & Clark, H. H. 1985. How to make requests that overcome Obstacles to compliance. *Journal of Memory and Language, 24,* 560–568.

Francis, N., & Kucera, H. 1982. *Frequency analysis of English usage: Lexicon and grammar.* Boston: Houghton Mifflin.

Frank, R. H. 1988. *Passions within reason: The strategic role of the emotions.* New York: Norton. Fraser, B. 1990. Perspectives On politeness. *Journal of Pragmatics, 14,* 219–236.

Fraser, B. 2005. Whither politeness. In R. T. Lakoff & S. Ide (Eds.), *Broadening the horizon of linguistic politeness.* Philadelphia: John Benjamins.

Fukui, N., Miyagawa, S., & Tenny, C. 1985. *Verb classes in English and Japanese: A case study in the interaction of syntax, morphology, and semantics.* Lexicon Project Working Paper #3 Cambridge, Mass.: MIT Center for Cognitive Science. Gardner, M. 1990. *The new ambidextrous universe.* New York: W. H. Freeman.

Gelman, R., & Gallistel, C. R. 1978. *The child's understanding of number.* Cambridge, Mass.: Harvard University Press.

Gelman, R., & Gallistel, C. R. 2004. Language and the Origin Of numerical concepts. *Science, 306,* 441–443.

Gentner, D. 1975. Evidence for the psychological reality Of semantic components: The verbs Of possession. In D. A. Norman & D. E. Rumelhart (Eds.), *Explorations in cognition.* San Francisco: W. H. Freeman.

Gentner, D. 1981. Some interesting differences between verbs and nouns. *Cognition and Brain Theory, 4,* 161–178.

Gentner, D. 1983. Structure-mapping: A theoretical framework for analogy. *Cognitive Science, 7,* 155–170.

Gentner, D., Bowdle, B., Wolff, P., & Boronat, C. 2001. Metaphor is like analogy. In D. Gentner, K. J. Holyoak, & B. N. Kokinov (Eds.), *The analogical mind: Perspectives from cognitive science.* Cambridge, Mass.: MIT Press.

Gentner, D., & Goldin-Meadow, S. (Eds.). 2003. *Language in mind: Advances in the study of language and thought.* Cambridge, Mass.: MIT Press.

Gentner, D., & Jeziorski, M. 1989. Historical shifts in the use Of analogy in science. In

B. Gholson, W. R. Shadish, R. A. Beimeyer, & A. Houts (Eds.), *The psychology of science: Contributions to metascience.* New York: Cambridge University Press. Gentner, D., Ratterman, M. J., & Forbus, K. D. 1993. The roles Of similarity in transfer: Separating retrievability from inferential soundness. *Cognitive Psychology, 25,* 524–575. Gergely, G., & Bever, T. G. 1986. Relatedness intuitions and mental representation Of causative verbs. *Cognition, 23,* 211–277.

Gibbs, R. 1986. What makes some speech acts conventional? *Journal of Memory and Language, 25,* 181–196.

Gick, M., & Holyoak, K. J. 1980. Analogical problem solving. *Cognitive Psychology, 12,* 306–355.

Gigerenzer, G. 1991. How to make cognitive illusions disappear: Beyond heuristics and biases. *European Review of Social Psychology, 2,* 83–115.

Gigerenzer, G. 2004. Gigerenzer's law Of indispensable ignorance. *Edge.* http://www.edge.Org/q2004/page2.html#gigerenzer.

Gilbert, D. 2006. *Stumbling on happiness.* New York: Knopf.

Giralt, N., & Bloom, P. 2000. How special are Objects? Children's reasoning about Objects, parts, and wholes. *Psychological Science, 11,* 497–501.

Gladwell, M. 2000. *The tipping point: How little things make big differences.* Boston: Little, Brown.

Gleitman, L. R., Li, P., Papafragou, A., Gallistel, C. R., & Abarbanell, L. 2005. Spatial reasoning and cognition: Crosslinguistic studies. Unpublished presentation slides, Dept. Of Psychology, University Of Pennsylvania.

Gleitman, L. R., & Papafragou, A. 2005. Language and thought. In K. Holyoak & B. Morrison (Eds.), *Cambridge handbook of thinking and reasoning.* New York: Cambridge University Press.

Glucksberg, S., & Danks, J. 1968. Effects Of discriminative labels and Of nonsense labels upon availability Of novel function. *Journal of Verbal Learning and Verbal Behavior, 7,* 72–76.

Glucksberg, S., & Keysar, B. 1993. How metaphors work. In A. ortony (Ed.), *Metaphor and thought* (2nd ed.). New York: Cambridge University Press.

Goffman, E. 1959. *The presentation of self in everyday life.* New York: Doubleday.

Goffman, E. 1967. On face-work: An analysis Of ritual elements in social interaction. In *Interaction ritual: Essays on face-to-face behavior.* New York: Random House.

Goffman, E. 1978. Response cries. *Language, 54,* 787–815.

Gold, E. M. 1967. Language identification in the limit. *Information and Control, 16,* 447–474.

Goldberg, A. 1995. *Constructions: A construction grammar approach to argument structure.* Chicago: University Of Chicago Press.

Goldberg, A. 2005. *Constructions at work: The nature of generalization in language.* New York: oxford University Press.

Goldstein, R. 1983. *The mind-body problem: A novel.* New York: Random House.

Goldstein, R. 2005. *Incompleteness: The proof and paradox of Kurt Göel.* New York: Norton.

Goldvarg, E., & Johnson-Laird, P. N. 2001. Naive causality: A mental model theory Of causal meaning and reasoning. *Cognitive Science, 25,* 565–610.

Goodale, M. A., & Milner, A. D. 2004. *Sight unseen: An exploration of conscious and unconscious vision.* New York: oxford University Press.

Goodman, N. 1983. *Fact, fiction, and forecast.* Cambridge, Mass.: Harvard University Press. Gopnik, A., Glymour, C., Sobel, D. M., Schulz, L. E., Kushnir, T., & Danks, D. 2004. A theory of causal learning in children: Causal maps and Bayes nets. *Psychological Review, 11,* 3–32.

Gordon, P. 2004. Numerical cognition without words: Evidence from Amazonia. *Science, 306,* 496–499.

Gould, S. J. 1980. Natural selection and the human brain: Darwin vs. Wallace. In *The panda's thumb.* New York: Norton.

Green, G. M. 1974. *Semantics and syntactic regularity.* Bloomington: Indiana University Press.

Green, G. M. 1996. *Pragmatics and natural language understanding* (2nd ed.). Mahwah, N.J.: Erlbaum.

Greene, J. D. 2002. The terrible, horrible, no good, very bad truth about morality and what to do about it. Unpublished Ph.D. dissertation, Princeton University.

Greene, J. D., Sommerville, R. B., Nystrom, L. E., Darley, J. M., & Cohen, J. D. 2001. An fMRI investigation Of emotional engagement in moral judgment. *Science, 293,* 2105–2108.

Grice, H. P. 1975. Logic and conversation. In P. Cole & J. L. Morgan (Eds.), *Syntax & semantics 3: Speech acts.* New York: Academic Press.

Gropen, J., Pinker, S., Hollander, M., & Goldberg, R. 1991a. Affectedness and direct Objects : The role Of lexical semantics in the acquisition Of verb argument structure. *Cognition, 41,* 153–195.

Gropen, J., Pinker, S., Hollander, M., & Goldberg, R. 1991b. Syntax and semantics in the acquisition of locative verbs. *Journal of Child Language, 18,* 115–151.

Gropen, J., Pinker, S., Hollander, M., Goldberg, R., & Wilson, R. 1989. The learnability and acquisition Of the dative alternation in English. *Language, 65,* 203–257.

Gruber, J. 1965. Studies in lexical relations. Unpublished Ph.D. dissertation, MIT. Reprinted, 1976, as *Lexical structures in syntax and semantics.* Amsterdam: North Holland. Guerrero Valenzuela, L. 2002. Macroroles and double-object constructions in Yaqui. Unpublished manuscript, Dept. Of Linguistics, State University Of New York at Buffalo.

Guerssel, M. 1986. *On Berber verbs of change: A study of transitivity alternations* (Lexicon Project Working Paper #9). Cambridge, Mass.: MIT Center for Cognitive Science.

Gumperz, J. J., & Levinson, S. C. (Eds.). 1996. *Rethinking linguistic relativity.* New York: Cambridge University Press.

Hall, R., & Friends. 1984. *Sniglets (Snig'lit: Any word that doesn't appear in the dictionary, but should).* New York: Collier.

Halpern, D. 2000. *Sex differences in cognitive abilities* (3rd ed.). Mahwah, N.J.: Erlbaum.

Harlow, R. 1998. Some languages are just not good enough. In L. Bauer & P. Trudgill (Eds.), *Language myths.* New York: Penguin.

Harris, C. L., Gleason, J. B., & Aycicegi, A. 2006. When is a first language more emotional? Psychophysiological evidence from bilingual speakers. In A. Pavlenko (Ed.), *Bilingual minds: Emotional experience, expression, and representation.* Clevedon, U.K.: Multilingual Matters.

Harris, J. R. 1998. *The nurture assumption: Why children turn out the way they do.* New York: Free Press.

Harris, J. R. 2006. *No two alike: Human nature and human individuality.* New York: Norton.

Harris, M. 1989. *Our kind: The evolution of human life and culture.* New York: Harper-Collins.

Harris, R. A. 1993. *The linguistics wars.* New York: oxford University Press.

Haslam, N. (Ed.). 2004. *Relational models theory: A contemporary overview.* Mahwah, N.J.: Erlbaum.

Haspelmath, M. 1993. More On the typology Of inchoative/causative verb alternations. In B. Comrie & M. Polinsky (Eds.), *Causatives and transitivity.* Philadelphia: John Benjamins.

Haspelmath, M. 1997. *From space to time: Temporal adverbials in the world's languages.* Newcastle, U.K.: Lincom Europa.

Haspelmath, M. 2005. Argument marking in ditransitive alignment types. *Linguistic Discovery, 3,* 1–21.

Hauser, M. D. 1997. Artifactual kinds and functional design features: What a primate understands without language. *Cognition, 64,* 285–308.

Hauser, M. D. 2000. *Wild minds: What animals really think.* New York: Henry Holt.

Hauser, M. D. 2006. *Moral minds.* New York: Ecco.

Hauser, M. D., Cushman, F., Young, L., Kang-Xing, J., & Mikhail, J. 2007. A dissociation between moral judgments and justifications. *Mind and Language, 22,* 1–21.

Hauser, M. D., MacNeilage, P., & Ware, M. 1996. Numerical representations in primates: Perceptual Or arithmetic? *Proceedings of the National Academy of Sciences, 93,* 1514–1517.

Hauser, M. D., Pearson, H. E., & Seelig, D. 2002. Ontogeny of tool use in cotton-top tamarins (*Saguinus oedipus*): Recognition of functionally relevant features in the absence Of experience. *Animal Behavior, 64,* 299–311.

Hauser, M. D., & Spaulding, B. 2006. Monkeys generate causal inferences about possible and impossible physical transformations. *Proceedings of the National Academy of Sciences, 103,* 7181–7185.

Hawking, S. W., & Mlodinow, L. 2005. *A briefer history of time.* London: Bantam.

Hilton, D. J. 1995. Logic and language in causal explanation. In D. Sperber, D. Premack, & A. Premack (Eds.), *Causal cognition: A multidisciplinary debate.* New York: Oxford University Press.

Hinton, G. E., & Parsons, L. M. 1981. Frames Of reference and mental imagery. In J. Long & A. Baddeley (Eds.), *Attention and Performance IX.* Mahwah, N.J.: Erlbaum.

Hirschberg, S., & Hirschberg, T. (Eds.). 1999. *Reflections on language.* New York: Oxford University Press.

Hirschbühler, P. 2003. Cross-linguistic variation patterns in the locative alternation. Paper presented at the 13th Colloquium On Generative Grammar, Ciudad Real, Madrid.

Hirschbühler, P., & Mchombo, S. 2006. The location Object construction in Romance and Bantu: Applicatives Or not? *The Bantu-Romance Connection.*

Hirschfeld, L. A., & Gelman, S. A. 1994. Toward a topography Of mind: An introduction to domain specificity. In L. A. Hirschfeld & S. A. Gelman (Eds.), *Mapping the mind: Domainspecificity in cognition and culture.* New York: Cambridge University Press.

Holtgraves, T. M. 2002. *Language as social action.* Mahwah, N.J.: Erlbaum.

Holyoak, K. J., & Thagard, P. 1996. *Mental leaps: Analogy in creative thought.* Cambridge, Mass.: MIT Press.

Hughes, G. 1991/1998. *Swearing: A social history of foul language, oaths, and profanity in English.* New York: Penguin. Hull, D. L. 1989. *The metaphysics of evolution.* Albany: State University Of New York Press.

Hume, D. 1740/1955. An Abstract Of A Treatise Of Human Nature. In *An inquiry concerning human understanding: With a supplement, An abstract of A Treatise of Human Nature.* Indianapolis: Bobbs-Merrill.

Hume, D. 1748/1999. *An enquiry concerning human understanding.* New York: Oxford University Press.

Isaacs, E. A., & Clark, H. H. 1990. Ostensible invitations. *Language in Society, 19,* 493–509.

Isenberg, L., Nissen, M. J., & Marchak, L. C. 1990. Attentional processing and the independence Of color and orientation. *Journal of Experimental Psychology: Human Perception and Performance, 16,* 869–878.

Isenberg, N., Silbersweig, D., Engelien, A., Emmerich, K., Malavade, K., Beati, B., et al. 1999. Linguistic threat activates the human amygdala. *Proceedings of the National Academy of Sciences, 96,* 10456–10459.

Jackendoff, R. 1978. Grammar as evidence for conceptual structure. In M. Halle, J. Bresnan, & G. A. Miller (Eds.), *Linguistic theory and psychological reality.* Cambridge, Mass.: MIT Press.

Jackendoff, R. 1983. *Semantics and cognition.* Cambridge, Mass.: MIT Press.

Jackendoff, R. 1987. *Consciousness and the computational mind.* Cambridge, Mass.: MIT Press.

Jackendoff, R. 1990. *Semantic structures.* Cambridge, Mass.: MIT Press.

Jackendoff, R. 1991. Parts and boundaries. *Cognition, 41,* 9–45.

Jackendoff, R. 1992. *Languages of the mind.* Cambridge, Mass.: MIT Press.

Jackendoff, R. 1997a. *The architecture of the language faculty.* Cambridge, Mass.: MIT Press.

Jackendoff, R. 1997b. How language helps us think. In *The architecture of the language faculty .* Cambridge, Mass.: MIT Press.

Jackendoff, R. 2002. *Foundations of language: Brain, meaning, grammar, evolution.* New York: Oxford University Press.

Jackendoff, R., & Aaron, D. 1991. Review Of Lakoff & Turner's "More than cool reason: A field guide to poetic metaphor." *Language, 67,* 320–339.

James, W. 1890/1950. *The principles of psychology.* New York: Dover.

James, W. 1907/2005. *Pragmatism and the meaning of truth.* Cambridge, Mass.: Harvard University Press.

Jay, T. 2000. *Why we curse: A neuro-psycho-social theory of speech.* Philadelphia: John Benjamins.

Jespersen, O. 1938/1982. *Growth and structure of the English language.* Chicago: University Of Chicago Press.

Kahneman, D., & Tversky, A. 1979. Prospect theory: An analysis Of decisions under risk. *Econometrica, 47,* 313–327.

Kant, I. 1781/1998. *The critique of pure reason* (P. Guyer & A. W. Wood, Trans.). New York: Cambridge University Press.

Kant, I. 1783/1950. *Prolegomena to any future metaphysics.* Indianapolis: Bobbs-Merrill.

Kaplan, J., & Bernays, A. 1997. *The language of names.* New York: Simon & Schuster.

Kasher, A. 1977. Foundations Of philosophical pragmatics. In R. E. Butts & J. Hintikka (Eds.), *Basic problems in methodology and linguistics.* Dordrecht, Netherlands: Reidel.

Katz, L. 1987. *Bad acts and guilty minds: Conundrums of criminal law.* Chicago: University Of Chicago Press.

Kay, P., & Kempton, W. 1984. What is the Sapir-Whorf hypothesis? *American Anthropologist, 86,* 65–79.

Keane, M. 1987. On retrieving analogues when solving problems. *Quarterly Journal of Experimental Psychology: Human Experimental Psychology, 39,* 29–41.

Kemmerer, D. 2000a. Grammatical relevant and grammatical irrelevant features Of word meaning can be independently impaired. *Aphasiology, 14,* 997–1020.

Kemmerer, D. 2000b. Selective impairment Of knowledge underlying prenominal adjective Order: Evidence for the autonomy Of grammatical semantics. *Journal of Neurolinguistics, 13,* 57–82.

Kemmerer, D. 2003. Why can you hit someone On the arm but not break someone On the arm? A neuropsychological investigation Of the English body-part possessor ascension construction. *Journal of Neurolinguistics, 16,* 13–36.

Kemmerer, D. 2005. The spatial and temporal meanings Of English prepositions can be independently impaired. *Neuropsychologia, 43,* 797–806.

Kemmerer, D. In press. The semantics Of space: Integrating linguistic typology and cognitive neuroscience. *Neuropsychologia.*

Kemmerer, D., Weber-Fox, C., Price, K., Zdanczyk, C., & Way, H. 2007. "Big brown dog" Or "brown big dog"? An electrophysiological study Of semantic constraints On prenominal adjective Order. *Brain and Language, 100,* 238–256.

Kemmerer, D., & Wright, S. K. 2002. Selective impairment of knowlege underlying *un*prefixation: Further evidence for the autonomy Of grammatical semantics. *Journal of Neurolinguistics, 15,* 403–432.

Kennedy, R. 2002. *Nigger: The strange career of a troublesome word.* New York: Pantheon.

Keysar, B., Shen, Y., Glucksberg, S., & Horton, W. S. 2000. Conventional language: How metaphorical is it? *Journal of Memory and Language, 43,* 576–593.

Keyser, S. J., & Roeper, T. 1984. On the middle and ergative constructions in English. *Linguistic Inquiry, 15,* 381–416.

Kim, J. J., Marcus, G. F., Pinker, S., Hollander, M., & Coppola, M. 1994. Sensitivity Of children's inflection to morphological structure. *Journal of Child Language, 21,* 173–209.

Kim, J. J., Pinker, S., Prince, A., & Prasada, S. 1991. Why no mere mortal has ever flown Out to center field. *Cognitive Science, 15,* 173–218.

Kim, M. 1999. A cross-linguistic perspective On the acquisition Of locative verbs. Unpublished Ph.D. dissertation, University Of Delaware, Newark.

Kiparsky, P. 1973. The role Of linguistics in a theory Of poetry. *Daedalus, 102,* 231–244.

Kitcher, P. 1990. *Kant's transcendental psychology.* NewYork: Oxford University Press. Klein, D. E., & Murphy, G. 2002. Paper has been my ruin: Conceptual relations Of polysemous senses. *Journal of Memory and Language, 47,* 548–570.

Klein, D. E., & Murphy, G. L. 2001. The representation Of polysemous words. *Journal of Memory and Language, 45,* 259–282.

Kolodner, J. L. 1997. Educational implications Of analogy. *American Psychologist, 52,* 57–66.

Kordoni, V. 2003. Locative alternation in Modern Greek: At the syntax-semantics interface. Paper presented at the Sixth Internatinal Conference Of Greek Linguistics, Rethymno, Greece.

Körner, S. 1955. *Kant.* London: Penguin Books.

Kosslyn, S. M. 1980. *Image and mind.* Cambridge, Mass.: Harvard University Press. Kosslyn, S. M. 1987. Seeing and imagining in the cerebral hemispheres: A computational approach. *Psychological Review, 94,* 184–175.

Kosslyn, S. M. 1994. *Image and brain: The resolution of the imagery debate.* Cambridge, Mass.: MIT Press.

Kotovsky, K., Hayes, J. R., & Simon, H. A. 1985. Why are some problems hard? Evidence from the Tower Of Hanoi. *Cognitive Psychology, 17,* 248–294.

Kripke, S. 1972/1980. *Naming and necessity.* Cambridge, Mass.: Harvard University Press.

Kubovy, M. 1981. Concurrent-pitch segregation and the theory Of indispensable attributes. In M. Kubovy & J. R. Pomerantz (Eds.), *Perceptual organization.* Mahwah, N.J.: Erlbaum.

LaBar, K. S., & Phelps, E. A. 1998. Arousal-mediated memory consolidation: Role Of the medial temporal lobe in humans. *Psychological Science, 9,* 490–493.

Lagnado, D. A., & Sloman, S. 2004. The advantage Of timely intervention. *Journal of Experimental Psychology: Learning, Memory, and Cognition, 30,* 856–876.

Lakoff, G. 1987. *Women, fire, and dangerous things: What categories reveal about the mind.* Chicago: University Of Chicago Press.

Lakoff, G. 1993. The contemporary theory Of metaphor. In A. Ortony (Ed.), *Metaphor and thought* (2nd ed.). New York: Cambridge University Press.

Lakoff, G. 1996. *Moral politics: What conservatives know that liberals don't.* Chicago: University Of Chicago Press.

Lakoff, G. 2003. Lakoff's First Law. *Edge.* http://www.edge.org/q2004/page4.html#lakoff.

Lakoff, G. 2004. *Don't think of an elephant! Know your values and frame the debate: The essential guide for progressives.* White River Junction, Vt.: Chelsea Green.

Lakoff, G. 2006. *Whose freedom? The battle over America's most important idea.* New York: Farrar, Straus & Giroux.

Lakoff, G., & Johnson, M. 1980. *Metaphors we live by.* Chicago: University Of Chicago Press.

Lakoff, G., & Johnson, M. 2000. *Philosophy in the flesh.* Cambridge, Mass.: MIT Press.

Lakoff, G., & Núñez, R. E. 2000. *Where mathematics comes from: How the embodied mind brings mathematics into being*. New York: Basic Books.

Lakoff, G., & Turner, M. 1989. *More than cool reason: A field guide to poetic metaphor*. Chicago: University Of Chicago Press.

Landau, B., & Jackendoff, R. 1993. "What" and "where" in spatial language and spatial cognition. *Behavioral and Brain Sciences, 16,* 217–238.

Larkin, P. 2003. *Collected poems* (A. Thwaite, Ed.). London: Faber & Faber.

Lawley, J., & Tompkins, P. 2000. *Metaphors in mind: Transformation through symbolic modeling*. London: The Developing Company Press.

Lederer, R. 1990. *Crazy English*. New York: Pocket Books.

LeDoux, J. E. 1996. *The emotional brain: The mysterious underpinnings of emotional life*. New York: Simon & Schuster.

Lefebvre, C. 1994. New facts from Fongbe On the double Object construction. *Lingua, 94,* 69–123.

Lehrer, A. 1990. Polysemy, conventionality, and the structure Of the lexicon. *Cognitive Linguistics, 1–2,* 207–246.

Leibniz, G. W. 1768/1949. *New essays concerning human understanding* (C. I. Gerhardt, Trans. 3rd ed.). LaSalle, Ill.: Open Court.

Leslie, A. M. 1995. A theory Of agency. In D. Sperber, D. Premack, & A. Premack (Eds.), *Causal cognition: A multidisciplinary debate*. New York: Oxford University Press.

Lessig, L. 2001. *The future of ideas: The fate of the commons in a connected world*. New York: Random House.

Levin, B. 1985. *Lexical semantics in review: An introduction* (Lexicon Project Working Paper #1). Cambridge, Mass.: MIT Center for Cognitive Science.

Levin, B. 1993. *English verb classes and alternations: A preliminary investigation*. Chicago: University Of Chicago Press.

Levin, B. 2004. Verbs and constructions: Where next? Paper presented at the Western Conference On Linguistics, University Of Southern California.

Levin, B., & Pinker, S. (Eds.). 1992. *Lexical and conceptual semantics*. Malden, Mass.: Blackwell.

Levin, B., & Rappaport Hovav, M. 1995. *Unaccusativity: At the syntax-lexical semantics interface* . Cambridge, Mass.: MIT Press.

Levin, B., & Rappaport Hovav, M. 2005. *Argument realization*. New York: Cambridge University Press.

Levinson, S. C. 2003. *Space in language and cognition*. New York: Cambridge University Press.

Levinson, S. C., Kita, S., & Haun, D. 2002. Returning the tables: Language affects spatial reasoning. *Cognition, 84,* 155–188.

Levinson, S. C., Meira, S., & The Language and Cognition Group. 2003. "Natural concepts" in the spatial topological domain–adpositional meanings in crosslinguistic perspective: An exercise in semantic typology. *Language, 79,* 485–514.

Levinson, S. C., & Wilkins, D. (Eds.). 2006. *Grammars of space*. New York: Cambridge University Press.

Lewis, D. K. 1969. *Convention: A philosophical study*. Cambridge, Mass.: Harvard University Press.

Lewis, D. K. 1973. *Counterfactuals*. Cambridge, Mass.: Harvard University Press.

Lewis, P. A., Critchley, H. D., Rothstein, P., & Dolan, R. J. In press. Neural correlates Of processing valence and arousal in affective words. *Cerebral Cortex.*

Li, P., Abarbanell, L., & Papafragou, A. 2005. Spatial reasoning skills in Tenejapan Mayans. Paper presented at the Twenty-sixth Annual Conference Of the Cognitive Science Society.

Li, P., & Gleitman, L. R. 2002. Turning the tables: Spatial language and spatial cognition. *Cognition, 83,* 265–294.

Lieberson, S. 2000. *A matter of taste: How names, fashions, and culture change.* New Haven: Yale University Press.

Lieberson, S., Dumais, S., & Baumann, S. 2000. The

instability Of androgynous names: The symbolic maintenance Of gender boundaries. *American Journal of Sociology, 105,* 1249–1287.

Loewer, B., & Rey, B. 1991. *Meaning in mind: Fodor and his critics.* Malden, Mass.: Blackwell. MacKay, D. G., Shafto, M., Taylor, J. K., Marian, D. E., Abrams, L., & Dyer, J. R. 2004. Relations between emotion, memory, and attention: Evidence from taboo Stroop, lexical decision, and immediate memory tasks. *Memory & Cognition, 32,* 474–488. Majid, A., Bowerman, M., Kita, S., Haun, D., & Levinson, S. C. 2004. Can language restructure cognition? The case for space. *Trends in Cognitive Science, 8,* 108–114.

Malotki, E. 1983. *Hopi time: A linguistic analysis of temporal concepts in the Hopi language.* Berlin: Mouton.

Mandel, D. R. 2003. Judgment dissociation theory: An analysis Of differences in causal, counterfactual, and covariational reasoning. *Journal of Experimental Psychology: General, 132,* 419–434.

Maratsos, M. P. 1988. Metaphors Of language: Metaphors Of the mind? *Contemporary Psychology , 34,* 5–7.

Marcus, G. F. 1993. Negative evidence in language acquisition. *Cognition, 46,* 53–85.

Marcus, G. F., Brinkmann, U., Clahsen, H., Wiese, R., & Pinker, S. 1995. German inflection: The exception that proves the rule. *Cognitive Psychology, 29,* 189–256.

Marcus, G. F., Pinker, S., Ullman, M., Hollander, M., Rosen, T. J., & Xu, F. 1992. Overregularization in language acquisition. *Monographs of the Society for Research in Child Development, 57.*

Marcus, R. B. 1961. Modalities and intensional languages. *Synthèse, 13,* 303–322.

Markman, E. 1989. *Categorization and naming in children: Problems of induction.* Cambridge, Mass.: MIT Press.

Marr, D. 1982. *Vision.* San Francisco: W. H. Freeman.

Marshall, J., Chiat, S., Robson, J., & Print, T. 1996. Calling a salad a federation: An investigation Of semantic jargon, Part 2: Verbs. *Journal of Neurolinguistics, 9,* 251–260.

Mateu, J. 2001. Locative and locatum verbs revisited: Evidence from Romance. In Y. D'Hulst, J. Rooryck, & J. Schroten (Eds.), *Romance languages and linguistic theory 1999.* Philadelphia: John Benjamins.

Matthew, A., Richards, A., & Eysenck, M. 1989. Interpretation Of homophones related to threat in anxiety states. *Journal of Abnormal Psychology, 98,* 31–34.

Mayer, R. E. 1993. The instructive metaphor: Metaphoric aids to students' understanding Of science. In A. Ortony (Ed.), *Metaphor and thought* (2nd ed.). New York: Cambridge University Press.

Maynard Smith, J. 1988. *Games, sex, and evolution.* New York: Harvester Wheatsheaf.

Mayr, E. 1982. *The growth of biological thought.* Cambridge, Mass.: Harvard University Press.

Mazurkewich, I., & White, L. 1984. The acquisition Of the dative alternation: Unlearning overgeneralizations. *Cognition, 16,* 261–283.

McCawley, J. D. 1968. The role Of semantics in grammar. In E. Bach & R. T. Harris (Eds.), *Universals in linguistic theory*. New York: Holt, Rinehart & Winston.

McClelland, J. L., & Kawamoto, A. H. 1986. Mechanisms Of sentence processing: Assigning roles to constituents Of sentences. In J. L. McClelland & D. E. Rumelhart (Eds.), *Parallel distributed processing: Explorations in the microstructure of cognition*, Vol. 2: *Psychological and biological models*. Cambridge, Mass.: MIT Press.

McCloskey, M. 1983. Intuitive physics. *Scientific American, 248,* 122–130.

McCloskey, M., Caramazza, A., & Green, B. 1980. Curvilinear motion in the absence Of external forces: Naive beliefs about the motion Of Objects. *Science, 210,* 1139–1141.

McCormick, M. 2005. Immanuel Kant: Metaphysics. *The Internet Encyclopedia of Philosophy* . http://www.iep.utm.edu/k/kantmeta.htm.

McEwan, I. 1998. *Amsterdam*. London: Jonathan Cape.

McGinn, C. 1993. *Problems in philosophy: The limits of inquiry*. Malden, Mass.: Blackwell.

McGlone, M. S., & Harding, J. L. 1998. Back (Or forward?) to the future: The role Of perspective in temporal language comprehension. *Journal of Experimental Psychology: Learning, Memory, and Cognition, 24,* 1211–1223.

McGraw, A. P., & Tetlock, P. E. 2005. Taboo trade-offs, relational framing, and the acceptability Of exchanges. *Journal of Consumer Psychology, 15,* 2–15.

Meier, B. P., & Robinson, M. D. 2004. Why the sunny side is up: Associations between affect and vertical position. *Psychological Science, 15,* 243–247.

Metcalf, A. 2002. *Predicting new words: The secret of their success*. Boston: Houghton Mifflin.

Michotte, A. 1963. *The perception of causality*. London: Methuen.

Miller, G. A. 1991. *The science of words*. New York: W. H. Freeman.

Morgan, J. L., Bonamo, K., & Travis, L. L. 1995. Negative evidence On negative evidence. *Developmental Psychology, 31,* 180–197.

Morgan, J. L., & Travis, L. L. 1989. Limits On negative information On language learning. *Journal of Child Language, 16,* 531–552.

Murphy, G. 1996. On metaphoric representation. *Cognition, 60,* 173–204.

Myers, D. G., & Diener, E. 1995. Who is happy? *Psychological Science, 6,* 10–19.

Nabokov, V. V. 1955. *Lolita*. New York: Vintage.

Nagel, T. 1997. *The last word*. New York: Oxford University Press.

Nedyalkov, V. P., & Silnitsky, G. G. 1973. The typology Of morphological and lexical causatives. In F. Kiefer (Ed.), *Trends in Soviet theoretical linguistics*. Dordrecht, Netherlands: Reidel.

Newell, A., & Simon, H. A. 1972. *Human problem solving*. Englewood Cliffs, N.J.: Prentice-Hall.

Newman, M. L., Pennebaker, J. W., Berry, D. S., & Richards, J. M. 2003. Lying words: Predicting deception from linguistic styles. *Personality and Social Psychology Bulletin, 29,* 665–675.

Nisbett, R. E., & Cohen, D. 1996. *Culture of honor: The psychology of violence in the South*. New York: HarperCollins.

Nowak, M. A., & Komarova, N. L. 2001. Towards an evolutionary theory Of language. *Trends in Cognitive Sciences, 5,* 288–295.

Nunberg, G. 1979. The non-uniqueness Of semantic solutions: Polysemy. *Linguistics and Philosophy, 3,* 143–184.

Nunberg, G. 2004. Imprecational categories. *The Language Log*. http://itre.cis.upenn.edu/~myl/languagelog/archives/000614.html.

Nunberg, G. 2006. *Talking Right: How conservatives turned liberalism into a tax-raising, latte-drinking, sushi-eating, Volvo-driving, New York Times-reading, body-piercing, Hollywood-loving, left-wing freak show*. New York: PublicAffairs.

Núñez, R. E., & Sweetser, E. 2006. With the future behind them: Convergent evidence from Aymara language and gesture in the crosslinguistic comparison Of spatial construals of time. *Cognitive Science, 30,* 401–450.

Nwachukwu, P. A. 1987. *The argument structure of Igbo verbs* (Lexicon Project Working Paper #18). Cambridge, Mass.: MIT Center for Cognitive Science.

Oehrle, R. T. 1976. The grammatical status Of the English dative alternation. Unpublished Ph.D. dissertation, MIT.

Ornstein, P. 2004. Where have all the Lisas gone? In S. Pinker (Ed.), *The best American science and nature writing 2004*. Boston: Houghton Mifflin.

Ornstein, R. 1975. *On the experience of time*. New York: Penguin.

Osgood, C. E., Suci, G., & Tannenbaum, P. 1957. *The measurement of meaning*. Urbana, Ill.: University Of Illinois Press.

Osherson, D. N., Stob, M., & Weinstein, S. 1985. *Systems that learn*. Cambridge, Mass.: MIT Press.

Ostler, N., & Atkins, B. T. S. 1992. Predictable meaning shift: Some linguistic properties Of lexical implication rules. In J. Pustejovsky & S. Bergler (Eds.), *Lexical semantics and knowledge representation*. Berlin: Springer-Verlag.

Panksepp, J. 1998. *Affective neuroscience: The foundations of human and animal emotions*. New York: Oxford University Press.

Patai, D. 1998. *Heterophobia: Sexual harassment and the future of feminism*. New York: Rowman & Littlefield.

Pearl, J. 2000. *Causality*. New York: Oxford University Press.

Pederson, E., Danziger, E., Wilkins, D., Levinson, S. C., Kita, S., & Senft, G. 1998. Semantic typology and spatial conceptualization. *Language, 74,* 557–589.

Piatelli-Palmarini, M. 1986. The rise Of selective theories: A case study and some lessons from immunology. In W. Demopoulos & A. Marras (Eds.), *Language learning and concept acquisition*. Norwood, N.J.: Ablex.

Piatelli-Palmarini, M. 1989. Evolution, selection, and cognition: From "learning" to parameter setting in biology and the study Of language. *Cognition, 31,* 1–44.

Pica, P., Lemer, C., Izard, V., & Dehaene, S. 2004. Exact and approximate arithmetic in an Amazonian indigene group. *Science, 306,* 499–503.

Pinker, S. 1979. Formal models Of language learning. *Cognition, 7,* 217–283.

Pinker, S. 1984. Visual cognition: An introduction. *Cognition, 18,* 1–63.

Pinker, S. 1984/1996. *Language learnability and language development*. Cambridge, Mass.: Harvard University Press.

Pinker, S. 1988. A computational theory Of the mental imagery medium. In M. Denis, J. Engelkamp, & J. T. E. Richardson (Eds.), *Cognitive and neuropsychological approaches to mental imagery*. Amsterdam: Martinus Nijhoff.

Pinker, S. 1989. *Learnability and cognition: The acquisition of argument structure*. Cambridge, Mass.: MIT

Press.

Pinker, S. 1990. A theory Of graph comprehension. In R. Friedle (Ed.), *Artificial intelligence and the future of testing*. Mahwah, N.J.: Erlbaum.

Pinker, S. 1994a. How could a child use verb syntax to learn verb semantics? *Lingua, 92,* 377–410.

Pinker, S. 1994b. *The language instinct*. New York: HarperCollins.

Pinker, S. 1995. Beyond folk psychology (Review Of J. A. Fodor's *The elm and the expert*). *Nature, 373,* 205.

Pinker, S. 1997a. Words and rules in the human brain. *Nature, 387,* 547–548.

Pinker, S. 1997b. *How the mind works*. New York: Norton.

Pinker, S. 1999. *Words and rules: The ingredients of language*. New York: HarperCollins.

Pinker, S. 2002. *The blank slate: The modern denial of human nature*. New York: Viking.

Pinker, S. 2005. So how *does* the mind work? *Mind & Language, 20,* 1–24.

Pinker, S. 2007. Introduction. In J. Brockman (Ed.), *What is your dangerous idea?* New York: HarperCollins.

Pinker, S., & Birdsong, D. 1979. Speakers' sensitivity to rules of frozen word Order. *Journal of Verbal Learning and Verbal Behavior, 18,* 497–508.

Pinker, S., & Bloom, P. 1990. Natural language and natural selection. *Behavioral and Brain Sciences, 13,* 707–784.

Pinker, S., & Jackendoff, R. 2005. The faculty Of language: What's special about it? *Cognition, 95,* 201–236.

Pinker, S., & Rose, S. 1998. The two Steves: A debate. *Edge.*

Pomerantz, J. R. 2003. Wholes, holes, and basic features in vision. *Trends in Cognitive Science, 7,* 471–473.

Pöppel, E. 2003. Pöppel's universal. *Edge.* http://www.edge.org/q2004/page5.html#poppel.

Postma, A., & Laeng, B. 2006. New insights in categorical and coordinate processing Of spatial relations. *Neuropsychologia, 44* (Special Issue).

Potter, S. 1950/1971. *The complete upmanship*. New York: Holt, Rinehart & Winston.

Potts, C. 2005. *The logic of conventional implicatures*. New York: Oxford University Press. Prasada, S., & Pinker, S. 1993. Generalizations Of regular and irregular morphological patterns. *Language and Cognitive Processes, 8,* 1–56.

Premack, D., & Premack, A. 2003. *Original intelligence*. New York: McGraw-Hill.

Proust, M. 1913/1982. *Remembrance of things past*. New York: Vintage Books.

Provine, R. R. 1996. Laughter. *American Scientist, 84,* 38–45.

Pullum, G. K. 1991. *The great Eskimo vocabulary hoax and other irreverent essays on the study of language*. Chicago: University Of Chicago Press.

Pullum, G. K. 2003a. Passive voice and bias in Reuter headlines about Israelis and Palestinians. *Language Log.*

Pullum, G. K. 2003b. Verb semantics and justifying war. *Language Log.*

Pustejovsky, J. 1995. *The generative lexicon*. Cambridge, Mass.: MIT Press.

Putnam, H. 1975. The meaning Of "meaning." In K. Gunderson (Ed.), *Language, mind, and knowledge*.

Minneapolis: University Of Minnesota Press.

Pylkkänen, L., Llinás, R., & Murphy, G. 2006. The representation Of polysemy: MEG evidence. *Journal of Cognitive Neuroscience, 18,* 97–109.

Quang Fuc Dong. 1971/1992a. English sentences without Overt grammatical subject. In A. M. Zwicky, P. H. Salus, R. I. Binnick, & A. L. Vanek (Eds.), *Studies out in left field: Defamatory essays presented to James D. McCawley on the occasion of his 33rd or 34th birthday.* Philadelphia: John Benjamins.

Quang Fuc Dong. 1971/1992b. A note On conjoined noun phrases. In A. M. Zwicky, P. H. Salus, R. I. Binnick, & A. L. Vanek (Eds.), *Studies out in left field: Defamatory essays presented to James D. McCawley on the occasion of his 33rd or 34th birthday.* Philadelphia: John Benjamins.

Quine, W. V. O. 1960. *Word and object.* Cambridge, Mass.: MIT Press.

Quine, W. V. O. 1969. Natural kinds. In W. V. O. Quine (Ed.), *Ontological relativity and other essays.* New York: Columbia University Press.

Ramachandran, V. S., & Blakeslee, S. 1998. *Phantoms in the brain: Probing the mysteries of the human mind.* New York: Morrow.

Randall, D. B. J. 1989. X me no X's: Some examples (mainly from the Renaissance) Of the Neologizing imperative retort. *American Speech, 64,* 223–243.

Randall, L. 2005. *Warped passages: Unraveling the mysteries of the universe's hidden dimensions* . New York: HarperCollins.

Rappaport Hovav, M., & Levin, B. 2007. All dative verbs are not created equal. Unpublished manuscript, Hebrew University Of Jerusalem and Stanford University.

Rappaport, M., & Levin, B. 1985. A case study in lexical analysis: The locative alternation. Unpublished manuscript, Hebrew University Of Jerusalem.

Rappaport, M., & Levin, B. 1988. What to do with theta-roles. In W. Wilkins (Ed.), *Syntax and semantics 21: Thematic relations.* New York: Academic Press.

Reddy, M. 1993. The conduit metaphor: A case Of frame conflict in Our language about language. In A. Ortony (Ed.), *Metaphor and thought* (2nd ed.). New York: Cambridge University Press.

Redelmeier, D. A., & Tversky, A. 1996. On the belief that arthritis pain is related to the weather. *Proceedings of the National Academy of Sciences, 93,* 2895–2896.

Reichenbach, H. 1947. *Elements of symbolic logic.* New York: Macmillan.

Richards, I. A. 1936/1965. *The philosophy of rhetoric.* New York: Oxford University Press. Rijkhoff, J. 2002. *The noun phrase.* New York: Oxford University Press.

Robertson, L. C. 2003. *Space, objects, brains, and minds.* New York: Psychology Press.

Rock, I. 1983. *The logic of perception.* Cambridge, Mass.: MIT Press.

Roelofs, A. In press. The visual-auditory color-word Stroop asymmetry and its time course. *Memory & Cognition.*

Rosenblum, T., & Pinker, S. 1983. Word magic revisited: Monolingual and bilingual preschoolers' understanding Of the word-object relationship. *Child Development, 54,* 773–780.

Rosovsky, H. 1990. *The university: An owner's manual.* New York: Norton.

Ross, B. H. 1984. Reminders and their effects On learning a cognitive skill. *Cognitive Psychology, 16,* 371–416.

Ross, B. H. 1987. This is like that: The use Of earlier problems and the separation Of similarity effects. *Journal of Experimental Psychology: Learning, Memory, and Cognition, 13,* 629–639.

Ross, J. R. Undated. Butterfly gazette. Unpublished manuscript, University of North Texas.

Roy, D., & Pentland, A. 2002. Learning words from sights and sounds: A computational model. *Cognitive Science, 26,* 113–146.

Rozin, P., & Fallon, A. 1987. A perspective On disgust. *Psychological Review, 94,* 23–41.

Russell, B. 1913. On the notion Of cause. *Proceedings of the Aristotelian Society, 13,* 1–26.

Sadock, J. 1984. Whither radical pragmatics? In D. Schiffrin (Ed.), *Georgetown University Round Table on Languages and Linguistics.* Washington, D.C.: Georgetown University Press.

Salkoff, M. 1983. Bees are swarming in the garden. *Language, 59,* 288–346.

Sampson, G. 1982. The economics Of conversation. In N. V. Smith (Ed.), *Mutual knowledge .* New York: Academic Press.

Santos, L. R., Sulkowski, G. M., Spaepen, G. M., & Hauser, M. D. 2002. Object individuation using property/kind information in rhesus macaques (*Macaca mulatta*). *Cognition, 83,* 241–264.

Saporta, S. 1994. *Society, language, and the university.* New York: Vantage.

Sasse, H.-J. 2002. Recent activity in the theory Of aspect: Accomplishments, achievements, Or just non-progressive state? *Linguistic Typology, 6,* 199–271.

Schacter, D. L. 1996. *Searching for memory: The brain, the mind, and the past.* New York: Basic Books.

Schacter, D. L. 2001. *The seven sins of memory: How the mind forgets and remembers.* Boston: Houghton Mifflin.

Schaller, S. 1991. *A man without words.* New York: Summit Books.

Schank, R. C. 1982. *Dynamic memory: A theory of reminding and learning in computers and people.* New York: Cambridge University Press.

Schelling, T. C. 1960. *The strategy of conflict.* Cambridge, Mass.: Harvard University Press. Schelling, T. C. 1978. *Micromotives and macrobehavior.* New York: Norton.

Schiffer, S. R. 1972. *Meaning.* New York: Oxford University Press.

Schön, D. A. 1993. Generative metaphor: A perspective On problem-setting in social policy. In A. Ortony (Ed.), *Metaphor and thought* (2nd ed.). New York: Cambridge University Press.

Schütze, C. 1996. *The empirical basis of linguistics: Grammaticality judgments and linguistic methodology.* Chicago: University Of Chicago Press.

Scott, E. C., Matzke, N. J., Branch, G., & 284 scientists named "Steve." 2004. The morphology Of Steve. *Annals of Improbable Research,* 24–29.

Searle, J. R. 1975. Indirect speech acts. In P. Cole & J. Morgan (Eds.), *Syntax and semantics 3: Speech acts.* New York: Academic Press.

Searle, J. R. 1993a. Metaphor. In A. Ortony (Ed.), *Metaphor and thought* (2nd ed.). New York: Cambridge University Press.

Searle, J. R. 1993b. Rationality and realism: What is at stake? *Daedalus, 122,* 55–83.

Semenza, C. 2005. The (neuro)-psychology Of mass and count nouns. *Brain and Language, 95,* 88–89.

Senghas, A., Kim, J. J., & Pinker, S. 2004. The plurals-incompounds effect. Unpublished manuscript, Barnard College.

Shad, U. P., 1971/1992. Some unnatural habits. In A. M. Zwicky, P. H. Salus, R. I. Binnick, & A. L. Vanek (Eds.), *Studies out in left field: Defamatory essays presented to James D. McCawley on the occasion of of his 33rd or 34th birthday.* Philadelphia: John Benjamins.

Sheidlower, J. 1995. *The F-word*. New York: Random House.

Shepard, R. N. 1978. The mental image. *American Psychologist, 33,* 125–137.

Shibatani, M. 1976. The grammar Of causative constructions: A conspectus. In M. Shibatani (Ed.), *Syntax and semantics 6: The grammar of causative constructions*. New York: Academic Press.

Shtulman, A. 2006. Qualitative differences between naive and scientific theories Of evolution. *Cognitive Psychology, 52,* 170–194.

Shultz, T. R. 1982. Rules Of causal attribution. *Monographs of the Society for Research in Child Developments, 47.*

Simonson, I., & Tversky, A. 1992. Choice in context: Tradeoff contrast and extremeness aversion. *Journal of Marketing Research, 29,* 281–295.

Singer, H. S. 2005. Tourette syndrome: From behavior to biology. *Lancet Neurology, 4,* 149–159.

Singer, I. B. 1984. *Stories for children*. New York: Farrar, Straus & Giroux.

Sinha, C., & Kuteva, T. 1995. Distributed spatial semantics. *Nordic Journal of Linguistics, 18,* 167–199.

Siskind, J. 1995. A computational study Of lexical acquisition. *Cognition, 50,* 1–25.

Slobin, D. I. 1996. From "thought and language" to "thinking for speaking." In J. J. Gumperz & S. C. Levinson (Eds.), *Rethinking linguistic relativity*. New York: Cambridge University Press.

Smith, L., & Thelen, E. (Eds.). 1993. *A dynamic systems approach to development: Applications* . Cambridge, Mass.: MIT Press.

Smith, N. V. (Ed.). 1982. *Mutual knowledge*. New York: Academic Press. Social Security Administration. 2006.

Soja, N. N., Carey, S., & Spelke, E. S. 1991. Ontological categories guide young children's inductions of word meaning: Object terms and substance terms. *Cognition, 38,* 179–211.

Solt, J. 1987. Japanese sexual maledicta. In R. Aman (Ed.), *The best of Maledicta: The International Journal of Verbal Aggression*. Philadelphia: Running Press.

Sommers, F. 1963. Types and ontology. *Philosophical Review, 72,* 327–363.

Sowell, T. 1980. *Knowledge and decisions*. New York: Basic Books.

Sowell, T. 1987. *A conflict of visions: Ideological origins of political struggles*. New York: Quill. Sowell, T. 1996. *Migrations and cultures: A world view*. New York: Basic Books. Speedie, L. J., Wertman, J. T., & Heilman, K. M. 1993. Disruption Of automatic speech following a right basal ganglia lesion. *Neurology, 43,* 1768–1774.

Spelke, E. 1995. Initial knowledge: Six suggestions. *Cognition, 50,* 433–447.

Spelke, E. 2003. What makes us smart? Core knowledge and natural language. In D. Gentner & S. Goldin-Meadow (Eds.), *Language in mind: Advances in the study of language and thought*. Cambridge, Mass.: MIT Press.

Spellman, B. A. 1996. Acting as intuitive scientists: Contingency judgments are made while controlling for alternative potential causes. *Psychological Science, 7,* 337–343.

Spellman, B. A. 1997. Crediting causality. *Journal of Experimental Psychology: General, 126,* 323–349.

Spellman, B. A., & Kincannon, A. 2001. The relation between counterfactual ("but for") and causal reasoning and implications for jurors' decisions. *Law and Contemporary Problems* (special issue On Causation in Law and Science), *64,* 241–264.

Spellman, B. A., & Mandel, D. R. 1999. When possibility informs reality: Counterfactual thinking as a cue to causality. *Trends in Cognitive Science, 8,* 120–123.

Sperber, D. 1985. Anthropology and psychology: Towards an epidemiology Of representations. *Man, 20,* 73–89.

Sperber, D., & Wilson, D. 1986. *Relevance: Communication and cognition.* Cambridge, Mass.: Harvard University Press.

Stalnaker, R. C. 1978. Assertion. In P. Cole (Ed.), *Syntax and semantics 9: Pragmatics.* New York: Academic Press.

Symons, D. 1979. *The evolution of human sexuality.* New York: Oxford University Press.

Talmy, L. 1983. How language structures space. In H. Pick & L. Acredolo (Eds.), *Spatial orientation: Theory, research, and application.* New York: Plenum.

Talmy, L. 1985. Lexicalization patterns: Semantic structure in lexical forms. In T. Shopen (Ed.), *Language typology and syntactic description III: Grammatical categories and the lexicon.* New York: Cambridge University Press.

Talmy, L. 1988. Force dynamics in language and cognition. *Cognitive Science, 12,* 49–100.

Talmy, L. 2000a. Force dynamics in language and cognition. In *Toward a cognitive semantics 1: Concept structuring systems.* Cambridge, Mass.: MIT Press.

Talmy, L. 2000b. How language structures space. In L. Talmy (Ed.), *Toward a cognitive semantics.* Cambridge, Mass.: MIT Press.

Tarr, M. J., & Pinker, S. 1989. Mental rotation and orientation-dependence in shape recognition. *Cognitive Psychology, 21,* 233–282.

Tegmark, M. 2003. Parallel universes. *Scientific American, 288,* 41–51.

Tenner, E. 1989. Talking through Our hats. *Harvard Magazine, 91,* 21–36.

Tenny, C. 1992. The aspectual interface hypothesis. In I. A. Sag & A. Szabolcsi (Eds.), *Lexical matters.* Stanford: Center for the Study Of Language and Information.

Tetlock, P. E. 1999. Coping with tradeoffs: Psychological constraints and political implications. In A. Lupia, M. McCubbins, & S. Popkin (Eds.), *Political reasoning and choice.* Berkeley: University Of California Press.

Tetlock, P. E., Kristel, O. V., Elson, B., Green, M. C., & Lerner, J. 2000. The psychology Of the unthinkable: Taboo tradeoffs, forbidden base rates, and heretical counterfactuals. *Journal of Personality and Social Psychology, 78,* 853–870.

Thomson, J. J. 1985. The trolley problem. *Yale Law Journal, 94,* 1395–1415.

Tomasello, M. 2003. *Constructing a language: A usage-based theory of language acquisition.* Cambridge, Mass.: Harvard University Press.

Tooby, J., & Cosmides, L. 1992. Psychological foundations Of culture. In J. Barkow, L. Cosmides, & J. Tooby (Eds.), *The adapted mind: Evolutionary psychology and the generation of culture.* New York: Oxford University Press.

Tooby, J., & Cosmides, L. 1996. Friendship and the banker's paradox: Other pathways to the evolution Of adaptations for altruism. *Proceedings of the British Academy, 88,* 119–143.

Tooby, J., & DeVore, I. 1987. The reconstruction Of hominid evolution through strategic modeling. In W. G. Kinzey (Ed.), *The evolution of human behavior: Primate models.* Albany: State University Of New York Press.

Tootell, R. B., Silverman, M. S., Switkes, E., & De Valois, R. L. 1982. Deoxyglucose analysis of retinotopic organization in primate striate cortex. *Science, 218,* 902–904.

Treisman, A., & Gelade, G. 1980. A feature-integration theory Of attention. *Cognitive Psychology, 12,*

97-136.

Tversky, A., & Kahneman, D. 1981. The framing Of decisions and the psychology Of choice. *Science, 211,* 453-458.

Tyler, A., & Evans, V. 2003. *The semantics of English prepositions: Spatial scenes, embodied meaning, and cognition.* New York: Cambridge University Press.

Ullman, M. T. 1999. Acceptability ratings Of regular and irregular past-tense forms: Evidence for a dual-system model Of language from word frequency and phonological neighborhood effects. *Language and Cognitive Processes, 14,* 47-67.

Ullman, M. T., Corkin, S., Coppola, M., Hickok, G., Growdon, J. H., Koroshetz, W. J., & Pinker, S. 1997. A neural dissociation within language: Evidence that the mental dictionary is part Of declarative memory, and that grammatical rules are processed by the procedural system. *Journal of Cognitive Neuroscience, 9,* 289-299.

Valiant, L. 1994. *Circuits of the mind.* New York: Oxford University Press.

Van Essen, D. C., & Deyoe, E. A. 1995. Concurrent processing in the primate visual cortex. In M. S. Gazzaniga (Ed.), *The cognitive neurosciences.* Cambridge, Mass.: MIT Press.

Van Lancker, D., & Cummings, J. L. 1999. Expletives: Neurolinguistic and neurobehavioral perspectives On swearing. *Brain Research Reviews, 31,* 83-104.

Van Lancker, D., & Sidtis, B. 2006. Formulaic expressions in spontaneous speech Of leftand right-hemisphere-damaged subjects. *Aphasiology, 20,* 411-426.

Van Valin, R. D. 2005. *Exploring the syntax-semantics interface.* New York: Cambridge University Press.

Vanderschraaf, P., & Sillari, G. 2005. Common knowledge. *The Stanford Encyclopedia of Philosophy,* Winter 2005.

Varley, R. A., Klessinger, N. J. C., Romanowski, C. A. J., & Siegal, M. 2005. Agrammatic but numerate. *Proceedings of the National Academy of Sciences, 102,* 3519-3524.

Veblen, T. 1899/1994. *The theory of the leisure class.* New York: Penguin.

Vendler, Z. 1957. Verbs and times. *Philosophical Review, 66,* 143-160.

Vise, D., & Malseed, M. 2005. *The Google story.* New York: Delacorte Press.

Wajnryb, R. 2005. *Expletive deleted: A good look at bad language.* New York: Random House. Wallraff, B. 2006. *Word fugitives.* New York: HarperCollins.

Walsh, C. R., & Sloman, S. A. 2005. The meaning Of cause and prevent: The role Of causal mechanism. Paper presented at the Proceedings Of the Conference Of the Cognitive Science Society, Stresa, Italy.

Walsh, W. H. 1967. Immanuel Kant. In P. Edwards (Ed.), *The encyclopedia of philosophy.* New York: Macmillan.

Wattenberg, L. 2005. The Baby Name Wizard's NameVoyager.

Wegner, D. 1989. *White bears and other unwanted thoughts: Suppression, obsession, and the psychology of mental control.* New York: Guilford.

Wegner, D. 2002. *The illusion of conscious will.* Cambridge, Mass.: MIT Press.

Wheeler, J. A. 1994. Time today. In J. J. Halliwell, J. Pérez-Mercader, & W. H. Zurek (Eds.), *Physical origins of time asymmetry.* New York: Cambridge University Press.

White, P. A. 1995. Use Of prior beliefs in the assignment Of causal roles: Causal powers versus regularity-based accounts. *Memory & Cognition, 23,* 243-254.

Whorf, B. L. 1956. *Language, thought, and reality: Selected writings of Benjamin Lee Whorf*. Cambridge, Mass.: MIT Press.

Wierzbicka, A. 1987. *English speech act verbs: A semantic dictionary*. New York: Academic Press.

Wierzbicka, A. 1988a. Oats and wheat: Mass nouns, iconicity, and human categorization. In *The semantics of grammar*. Philadelphia: John Benjamins.

Wierzbicka, A. 1988b. *The semantics of grammar*. Philadelphia: John Benjamins.

Wierzbicka, A. 1988c. What's in a noun? (Or: How do nouns differ in meaning from adjectives?). In *The semantics of grammar*. Philadelphia: John Benjamins.

Wierzbicka, A. 1991. *Cross-cultural pragmatics: The semantics of human interaction*. New York: Mouton de Gruyter.

Wierzbicka, A. 1998. The semantics Of English causative constructions in a universaltypological perspective. In M. Tomasello (Ed.), *The new psychology of language*. Mahwah, N.J.: Erlbaum.

Wiese, H. 2003. *Numbers, language, and the human mind*. New York: Cambridge University Press.

Williams, G. C. 1966. *Adaptation and natural selection: A critique of some current evolutionary thought*. Princeton, N.J.: Princeton University Press.

Winner, E., & Gardner, H. 1993. Metaphor and irony: Two levels Of understanding. In A. Ortony (Ed.), *Metaphor and thought* (2nd ed.). New York: Cambridge University Press.

Winter, S. L. 2001. *A clearing in the forest: Law, life, and mind*. Chicago: University Of Chicago Press.

Winter, Y. 2002. Atoms and sets: A characterization Of semantic number. *Linguistics Inquiry, 33,* 493–505.

Wise, S., Murray, E., & Gerfen, C. 1996. The frontal cortexbasal ganglia system in primates. *Critical Reviews in Neurobiology 10,* 317–356.

Wolff, P. 2002. A vector model Of causal meaning. In W. D. Gray & C. D. Schunn (Eds.), *Proceedings of the 24th Annual Conference of the Cognitive Science Society*. Mahwah, N.J.: Erlbaum.

Wolff, P. 2003. Direct causation in the linguistic coding and individuation Of causal events. *Cognition, 88,* 1–48.

Wolff, P. 2007. Representing causation. *Journal of Experimental Psychology: General.*

Wolff, P., & Song, G. 2003. Models Of causation and the semantics Of causal verbs. *Cognitive Psychology, 47,* 276–332.

Wray, A. 1998. Protolanguage as a holistic system for social interaction. *Language and Communication, 18,* 47–67.

Wynn, K. 1992. Addition and subtraction in human infants. *Nature, 358,* 749–750.

Xu, F., & Carey, S. 1996. Infants' metaphysics: The case Of numerical identity. *Cognitive Psychology, 30,* 111–153.

Xu, F., Carey, S., & Welch, J. 1999. Infants' ability to use Object kind information for Object individuation. *Cognition, 70,* 137–166.

Yang, C. 2003. *Knowledge and learning in natural language*. New York: Oxford University Press.

Yeung, N., Botvinick, M. M., & Cohen, J. D. 2004. The neural basis Of error detection: Conflict monitoring and the Error-Related Negativity. *Psychological Review, 11,* 931–959.

Zwicky, A. M., Salus, P. H., Binnick, R. I., & Vanek, A. L. (Eds.). 1971/1992. *Studies out in left field: Defamatory essays presented to James D. McCawley on the occasion of his 33rd or 34th birthday*. Philadelphia: John Benjamins.

史蒂芬·平克，哈佛大学约翰斯通家族心理学教授，2004 年《时代周刊》全球百位最富影响力人物之一。平克教授公开发表的专著有 6 部之多，其代表作包括《语言本能》《心智探奇》《词与规则》《白板》等，《语言本能》一书更是被定为剑桥大学语言学专业必读书目。

呈现在您面前的这部《思想本质》融合了平克教授畅销著作中的两大主题——"语言"和"人性"。作为一部关于语言的探索之作，它不仅为《语言本能》（关于语言机制的问题）和《词与规则》（关于语言基本单位的研究）两部专著画上了一个圆满的句号，同时，本书也是平克教授关于人性及道德、情感和政治本来面目的三部曲的终结之作，另外两部著作是《心智探奇》和《白板》。在这个三部曲中，《思想本质》所探讨的主旨问题是：人们在交际过程中是如何透过光鲜亮丽的语言外衣来识破隐匿其中的虚伪的人性本质的。书中，平克教授引用了大量生动的流行文化和日常生活案例，通过对这些案例的分析，平克教授意在告诉人们，人类思想，甚至是"人类赖以生存"的隐喻，无一不源于诸如物质、空间、时间和力等这些大脑中的原始概念。总之，他希望人们相信这样一个事实：语言是观察人性的窗口。

萌生翻译这部著作的念头是在 2012 年去英国访学期间。记得当时，每当夜幕降临，闲来无事，我便会流连于 Youtube 和 TED 网站上，乐不思蜀。也正是在那里，我"结识"了史蒂芬·平克，为他那旁稽博采、深入浅出、妙语连珠的演讲风格深深吸引，不仅如此，他的演讲总能将我的思绪送回到我的导师——上海外国语大学梅德明教授的课堂上，要知道，那正是我所钟爱和毕生追求的学术风格！

　　这是我平生第一次翻译一部完整的著作，历时整整一年的翻译工作于我而言是一段痛且快乐的经历。翻译一部优秀学术著作的念头和想法早已有之，但当真的做起来，的确是需要勇气。从开始着手翻译工作的第一天起就一直在熬更守夜，废寝忘食便成了我国外访学生活的主旋律……

　　正如读者所见，平克教授的语言风格诙谐幽默，阐释观点的方式旁稽博采。囿于本人的翻译经验和水平，唯恐不能将原作的风貌准确生动地呈现给读者，译文初稿完成后，梅德明老师对译稿多次通篇审阅，并做了大量的修订完善工作。我们力求做到译文的术语前后统一，语言风格贴近大众化，表达方式言简意赅。

　　能完成本书的翻译工作，要感谢很多人。首先感谢我所在的哈尔滨师范大学给予我的这次出国访学机会，否则，也许就不会有这部译著的问世。感谢宁夏大学丁志义教授在数学和物理学术语翻译方面提供的帮助。感谢我的同事徐畔博士对译稿细致入微的阅读并提出了宝贵的意见，作为亲密的挚友，我特别感谢她在那段日子里给予我的极大的耐心和专注的倾听，还有彰显着我俩友情的无私陪伴。我的研究生隋亚男、狄雅、刘玉、徐爱迪、王婷、傅雪、李知博、魏晓、张英杰、刘月等分别对译著进行了认真的校对，这里一并表示感谢。当然，还有我的丈夫曹儒和爱子曹一轩，感谢他们对我的爱护、理解、宽容以及对我所孜孜追求的事业所给予的鼎力支持。

　　衷心希望这部倾注着我们心血的译著没有让各位读者和平克教授失望。能有机会翻译这样一部优秀的学术著作，我心存感恩。学海无涯，译域无疆。译文中的错误和疏漏之处在所难免，但也只好暂付阙如，翻译工作永远会存在着遗憾，真诚欢迎广大读者不吝指正。

张旭红

2015 年 5 月 11 日

于西语楼 421 室

未来，属于终身学习者

我们正在亲历前所未有的变革——互联网改变了信息传递的方式，指数级技术快速发展并颠覆商业世界，人工智能正在侵占越来越多的人类领地。

面对这些变化，我们需要问自己：未来需要什么样的人才？

答案是，成为终身学习者。终身学习意味着具备全面的知识结构、强大的逻辑思考能力和敏锐的感知力。这是一套能够在不断变化中随时重建、更新认知体系的能力。阅读，无疑是帮助我们整合这些能力的最佳途径。

在充满不确定性的时代，答案并不总是简单地出现在书本之中。"读万卷书"不仅要亲自阅读、广泛阅读，也需要我们深入探索好书的内部世界，让知识不再局限于书本之中。

湛庐阅读 App: 与最聪明的人共同进化

我们现在推出全新的湛庐阅读 App，它将成为您在书本之外，践行终身学习的场所。

- 不用考虑"读什么"。这里汇集了湛庐所有纸质书、电子书、有声书和各种阅读服务。
- 可以学习"怎么读"。我们提供包括课程、精读班和讲书在内的全方位阅读解决方案。
- 谁来领读？您能最先了解到作者、译者、专家等大咖的前沿洞见，他们是高质量思想的源泉。
- 与谁共读？您将加入到优秀的读者和终身学习者的行列，他们对阅读和学习具有持久的热情和源源不断的动力。

在湛庐阅读App首页，编辑为您精选了经典书目和优质音视频内容，每天早、中、晚更新，满足您不间断的阅读需求。

【特别专题】【主题书单】【人物特写】等原创专栏，提供专业、深度的解读和选书参考，回应社会议题，是您了解湛庐近千位重要作者思想的独家渠道。

在每本图书的详情页，您将通过深度导读栏目【专家视点】【深度访谈】和【书评】读懂、读透一本好书。

通过这个不设限的学习平台，您在任何时间、任何地点都能获得有价值的思想，并通过阅读实现终身学习。我们邀您共建一个与最聪明的人共同进化的社区，使其成为先进思想交汇的聚集地，这正是我们的使命和价值所在。

CHEERS

湛庐阅读 App
使用指南

读什么

- 纸质书
- 电子书
- 有声书

与谁共读

- 主题书单
- 特别专题
- 人物特写
- 日更专栏
- 编辑推荐

怎么读

- 课程
- 精读班
- 讲书
- 测一测
- 参考文献
- 图片资料

谁来领读

- 专家视点
- 深度访谈
- 书评
- 精彩视频

HERE COMES EVERYBODY

下载湛庐阅读 App
一站获取阅读服务

著作权合同登记号　图字：11-2023-136
The Stuff of Thought: Language as a Window into Human Nature by Steven Pinker
Copyright © Steven Pinker, 2007
All rights reserved.

本书中文简体字版经授权在中华人民共和国境内独家出版发行。未经出版者书面许可，不得以任何方式抄袭、复制或节录本书中的任何部分。

图书在版编目（CIP）数据

思想本质：语言是洞察人类天性之窗 /（美）史蒂
芬·平克著；张旭红，梅德明译 . — 杭州：浙江科学
技术出版社，2023.6
　ISBN 978-7-5739-0602-1

　Ⅰ. ①思…　Ⅱ. ①史… ②张… ③梅…　Ⅲ. ①思想－
研究　Ⅳ. ①B017

中国国家版本馆 CIP 数据核字（2023）第 075670 号

书　　名	思想本质：语言是洞察人类天性之窗
著　　者	[美] 史蒂芬·平克
译　　者	张旭红　梅德明

出版发行	浙江科学技术出版社
	地址：杭州市体育场路 347 号　邮政编码：310006
	办公室电话：0571-85176593
	销售部电话：0571-85062597
	网址：www.zkpress.com
	E-mail:zkpress@zkpress.com
印　　刷	唐山富达印务有限公司

开　　本	710mm×965mm　1/16	印　　张	35.25
字　　数	572 000		
版　　次	2023 年 6 月第 1 版	印　　次	2023 年 6 月第 1 次印刷
书　　号	ISBN 978-7-5739-0602-1	定　　价	159.90 元

责任编辑　余春亚	责任美编　金　晖
责任校对　赵　艳	责任印务　田　文